邗江方志丛书

邗江区杨寿镇地方志编纂委员会 编

杨寿镇志

YANGSHOU
ZHENZHI

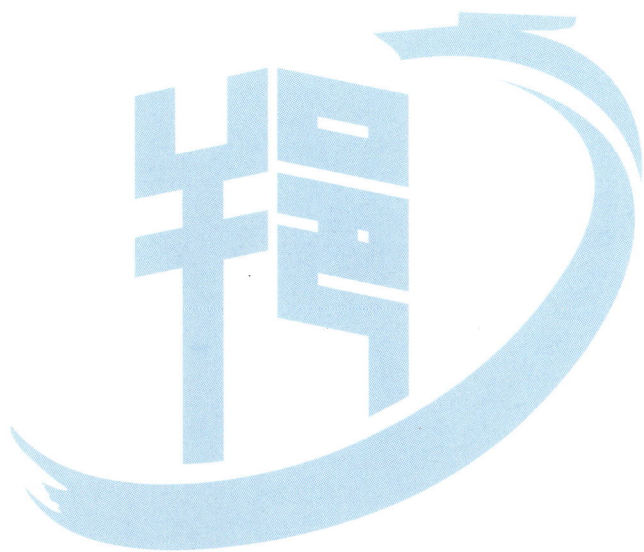

广陵书社

图书在版编目（ＣＩＰ）数据

杨寿镇志 / 邗江区杨寿镇地方志编纂委员会编. --
扬州 ：广陵书社，2022.4
　（邗江方志丛书）
　ISBN 978-7-5554-1841-2

　Ⅰ．①杨… Ⅱ．①邗… Ⅲ．①乡镇－地方志－扬州
Ⅳ．①K295.35

中国版本图书馆CIP数据核字(2022)第030064号

丛 书 名	邗江方志丛书
书　　名	杨寿镇志
编　　者	邗江区杨寿镇地方志编纂委员会
责任编辑	张艳红

出版发行　广陵书社
　　　　　扬州市四望亭路 2-4 号　　　邮编　225001
　　　　　(0514) 85228081 (总编办)　85228088 (发行部)
　　　　　http://www.yzglpub.com　E-mail：yzglss@163.com

印　　刷	扬州邗城数码印艺有限公司
开　　本	889 毫米 ×1194 毫米　1/16
印　　张	32
字　　数	864 千字
版　　次	2022 年 4 月第 1 版
印　　次	2022 年 4 月第 1 次印刷
标准书号	ISBN 978-7-5554-1841-2
定　　价	198.00 元

《杨寿镇志》编纂委员会

主　　任：贺宝兰　赵　鼎　李　晨
副 主 任：胡燕萍　冯大江　宋付荣　方正华
委　　员：（排名不分先后）
　　　　　李　军　陈立顺　詹坤田　纪广福　吴正班　苏思悦
　　　　　薛巨春　姬瑞红　冯华贵　盛开来　张宝和　吴晓耘
　　　　　周福纲　王付祥　纪圣来

《杨寿镇志》编纂委员会办公室

主　　任：胡燕萍　冯大江
副 主 任：宋付荣　方正华

《杨寿镇志》编辑部

主　　编：方秀祥
副 主 编：盛开来　薛洪礼
编　　委：成国扣　吴玉良

《杨寿镇志》审稿人员

刘扣林　王妮珊　冯玉梅　曹云飞　谈　茜　吴广成　帅国华　王慧敏

《杨寿镇志》审定单位

扬州市邗江区党史地方志办公室
中共扬州市邗江区杨寿镇委员会
扬州市邗江区杨寿镇人民政府

《杨寿镇志》资料采撷人员

（排名不分先后）

吴月华　赵庆稳　王尚洲　丁文昌　吴乃魁　王　娟　吴正龙　赵元山
邵富桃　马金才　李政有　郭永正　陶　仁　夏福才　殷久转　陈　凤
胡学科　杨　峰　王家祥　姚　琴　殷长禄　朱有禄　方延辉　涂少南
方华盛　方福生　崇　枚　方　权　宋春元　杨雪生　吴文连　耿国林

杨寿镇行政区划图

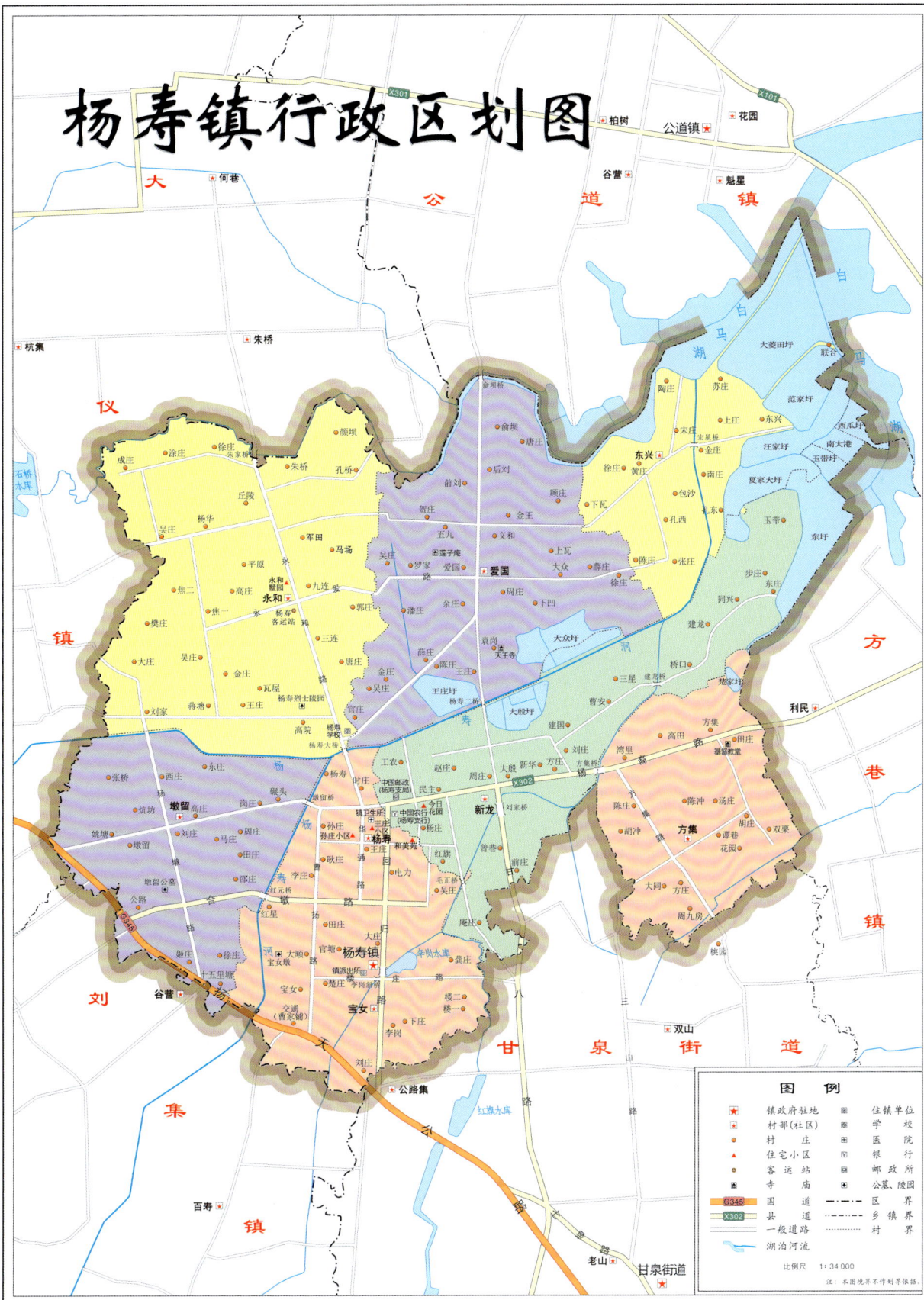

图 例

镇政府驻地　　住镇单位
村部(社区)　　学　校
村　庄　　　　医　院
住宅小区　　　银　行
客运站　　　　邮政所
寺庙　　　　　公墓、陵园

G345 国道　　　区界
X302 县道　　　乡镇界
一般道路　　　村界
湖泊河流

比例尺 1:34 000

注：本图境界不作划界依据。

审图号：苏K（2020）008号

集镇鸟瞰（2019年9月建成国家级卫生镇）

集镇中心广场

2008年8月恢复杨寿镇建制后，党委、人大、政府举行挂牌仪式

2010年8月8日，镇行政服务中心落成启用

1997年底，回归路建成通车

2010年，杨寿客运站建成使用

2006年，杨寿桥建成通车

中化道达尔杨寿加油站

中国邮政储蓄银行扬州市杨寿营业所

中国农业银行扬州杨寿支行

杨寿派出所

白马湖排涝泵站

杨寿垃圾处理站

2011年，孙庄小区一期工程建成使用

2017年11月，永和村建成全国文明村

新龙村生态民居

杨寿涧

白马湖

2017年底，北湖湿地公园开工建设

2020年4月，毛正涧风光带建成

2009年，润水湾休闲公园建成

扬州最美乡村道路——东兴村生态公路

东兴村大菱田藕鱼种养基地

爱国村千亩农业示范方

2019年10月，东兴现代农业产业园（江苏农村科技服务超市）一期工程建成

2010年7月，扬州永和现代农业科技开发有限公司四季果蔬生态农庄建成

2010年，扬州市创日营养畜牧科技有限公司生猪饲养基地建成

2019年底，全镇开始实施垃圾分类投放

镇工业集中区鸟瞰

江苏欧佩日化股份有限公司（新三板上市公司）鸟瞰

江苏欧佩日化股份有限公司生产车间

江苏欧佩日化股份有限公司产品

江苏省南扬机械制造有限公司

江苏省南扬机械制造有限公司鸟瞰

江苏省南扬机械制造有限公司生产车间

江苏省南扬机械制造有限公司产品

扬州金泉旅游用品股份有限公司

扬州金泉旅游用品股份有限公司生产车间

扬州金泉旅游用品股份有限公司产品

扬州市杰玛汽车部件有限公司

扬州华联电气设备实业总公司

扬州华通橡塑有限公司

扬州伟光机械制造有限公司

扬州市恒阳冶金科技有限公司

扬州高新橡塑有限公司

扬州市邗江信诚监控设备厂

扬州市华裕包装有限公司

扬州长泉电器设备有限公司

2010年4月30日，镇举行村级创业园开工奠基仪式

村级创业园鸟瞰

扬州老扬城食品有限公司

鑫生泰环保新材料科技有限公司

诺亚科技有限公司

江苏博利源机械有限公司

江苏龙迈环保设备有限公司

2009年2月26日，镇第十七届农民文化艺术节开幕式在文体中心广场举行

农民文化艺术节上的舞龙踩街表演

农民文化艺术节上的舞狮踩街表演

农民文化艺术节上的湖船和河蚌精踩街表演

农民文化艺术节上的送财神踩街表演

新杨广场上的中老年健身操表演

2018年5月3日，中国文联、中国曲协文艺志愿者服务团
"送欢乐、下基层"走进杨寿慰问演出在镇政府广场举行

2008年11月18日，
扬州电视台"大地飞歌"
栏目到杨寿镇巡回演出

爱国村体育健身广场

方集村农民篮球场

2012年10月，镇第
十三届农民体育运动会
开幕式在杨寿学校举行

农民体育运动会上的拔河比赛场面

2016年9月2日，《杨寿镇志》评审会召开

2008年8月，杨寿中心中学与杨寿中心小学合并组建九年一贯制的杨寿学校

杨寿学校鸟瞰

2013年，杨寿中心卫生院新址建成使用

杨寿镇爱国社区卫生服务站

1994年，35千伏国家电网杨寿变电所建成使用

扬诚益家生活超市

2016年底，杨寿镇农贸市场改建后投入使用

2010年9月，镇政府组织农民参加"致富工程"培训班

2009年10月，镇长贺宝兰为永和村高院组百岁老人吴松英发放万元敬老金

镇机关干部宣传新型农村合作医疗惠民政策

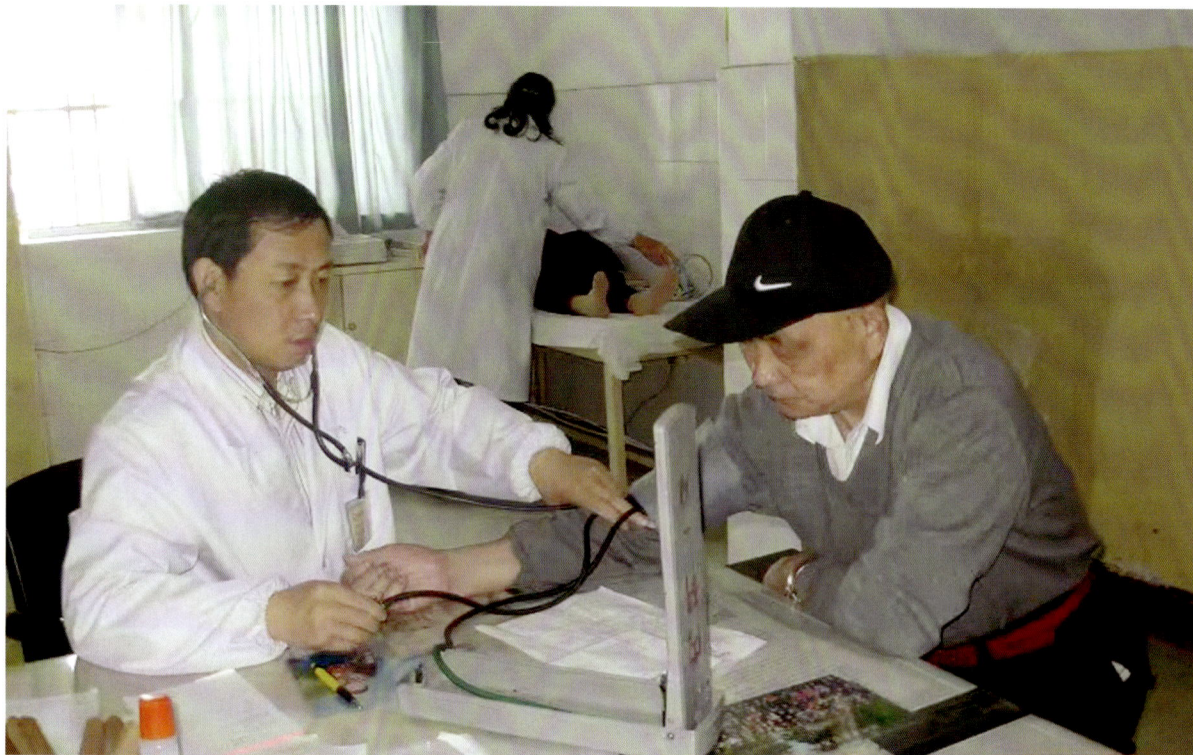

2011年起，镇政府每年免费为65岁以上老人体检

2010年2月4日，市委、市政府领导到镇敬老院向孤寡老人发放慰问金和慰问品

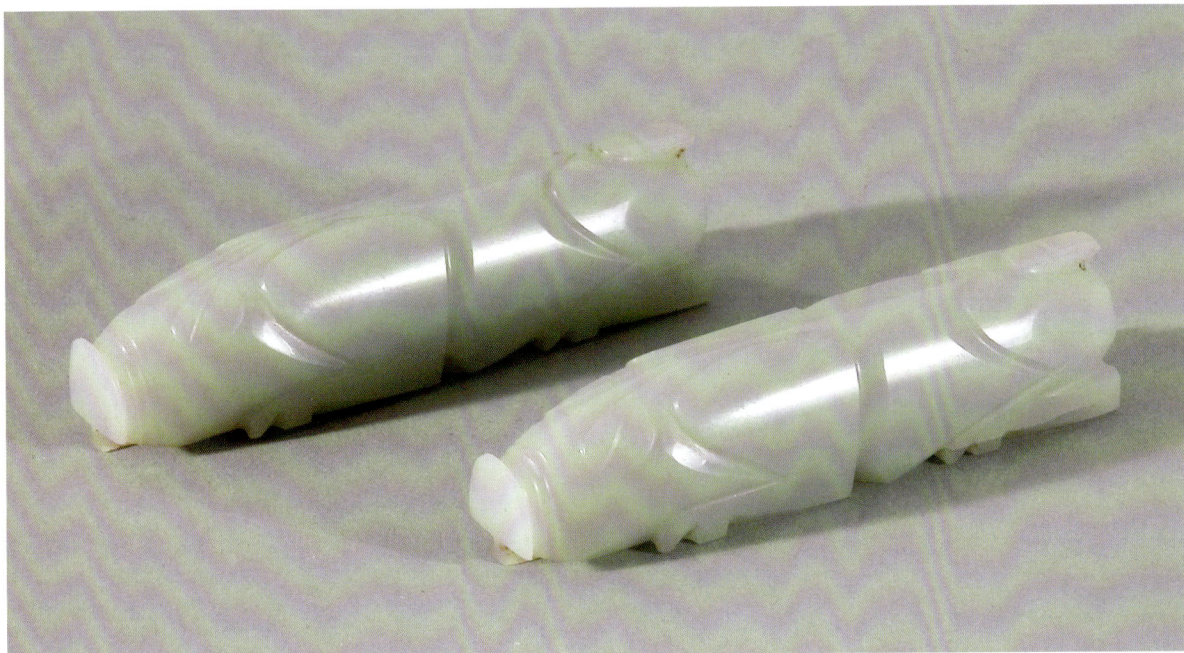

青玉猪握（1979年宝女墩出土）

玉塞（1979年宝女墩出土）

"广陵服食官"铜鼎（1979年宝女墩出土）

铜奁（1979年宝女墩出土）

齿轮及锁形器（1979年宝女墩出土）

"恭庙"铜灯（1979年宝女墩出土）

"日有熹"铜镜（1979年宝女墩出土）

"元康四年"铜扣锥刻山树云兽
纹漆盘（1979年宝女墩出土）

铜熨斗（1979年宝女墩出土）

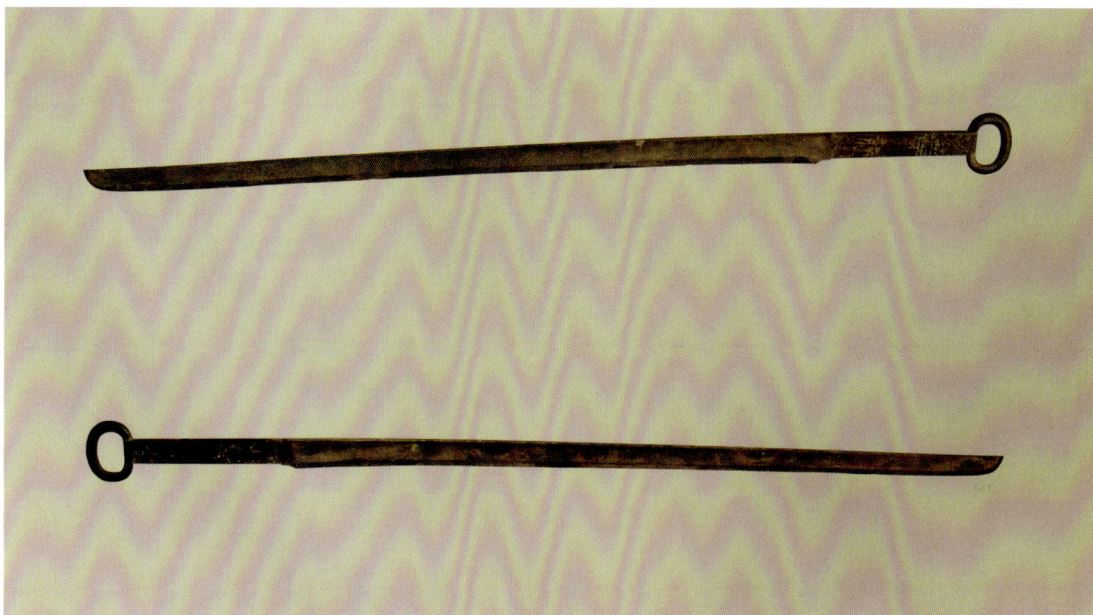

青铜环首刀（宝女墩出土，2012年收缴）

玻璃衣片（1979年宝女墩出土）

"元延三年"铜扣彩绘云气三熊纹漆盘（1979年宝女墩出土）

"河平元年"铜扣彩绘云气三熊纹漆盘（1979年宝女墩出土）

梅干菜焖猪头

黄颡鱼烩臭大元

青菜烩豆腐圆

啤酒老鸭汤

血子汪豆腐

盐水老鹅

活珠子

红烧老鹅

草炉烧饼

2008年5月，省委书记梁保华（中）到杨寿镇扬州金泉旅游用品股份有限公司视察

2007年11月21日，省委常委黄莉新到杨寿镇视察农业农村工作

2008年10月28日，市长王燕文（前排左二）在区委书记程裕松（前排右一）、镇党委书记黄金发（前排右二）陪同下视察杨寿镇永和村

2021年6月2日，邗江区委副书记闫伟（左二）视察杨寿镇农业农村工作，镇党委书记张伯达（右二），副书记、镇长李晨（左一），副书记张忠明（右一）陪同

序

　　盛世修志，存史资政。2011年下半年，杨寿镇启动《杨寿镇志》编纂工作。经过整整十年的精心打磨，几经修改，终于成稿。这是杨寿有史以来的第一部志书，是杨寿精神文明建设的一大硕果，也是杨寿两万两千多人的一大喜事。

　　《杨寿镇志》资料翔实、纵贯古今。记自然地理，述历史沿革，叙社会变迁，说风土人情，展时代风貌，是一部客观反映杨寿地情特点与时代特色的艰苦奋斗史、勤劳创业史和创新发展史。该书重现了杨寿在历史征途中前赴后继的峥嵘岁月，展现了杨寿在改革开放浪潮中的蓬勃发展，体现了杨寿人民"勤劳、智慧、团结、争先"的精神风貌。

　　《杨寿镇志》涉及百业，包罗万象，是杨寿地方的百科全书，囊括了一方物质文明、政治文明、精神文明和生态文明的宝贵经验。该书将为杨寿各级干部科学决策提供有价值的依据，为教育工作者提供生动的爱国主义乡土教材，为广大人民群众提供丰富的地情资料，也为旅居他乡的杨寿籍人士提供家乡发展和变迁的信息，让他们记住乡音，留住乡愁。作为首部志书，它既为历史变革留下了浓墨重彩的一笔，又为未来发展提供了可资借鉴的经验。

　　修志是一项巨大的文化工程。在《杨寿镇志》的编纂过程中，修志人员付出了辛勤劳动，同时也得到了方志界专家学者的悉心指导，得到了全镇各级部门的积极参与、通力协作，得到了社会各界人士的热心帮助和支持。《杨寿镇志》的编纂成书，凝聚了各方面的力量，是集体智慧的结晶。

　　"以史为鉴，昭示后人。"站在新起点，杨寿镇党委、人大和政府将以"苏中水乡、康养名镇"为发展定位，秉持"创新、进取、拼搏"的精神，全面实施乡村振兴战略，奋力开启社会主义现代化新征程，接续谱写"强、富、美、高"新杨寿的新篇章。

中共扬州市邗江区杨寿镇委员会书记

扬州市邗江区杨寿镇人民政府镇长

2021年10月

凡　例

　　一、本志以马克思列宁主义、毛泽东思想、邓小平理论、"三个代表"重要思想、科学发展观和习近平新时代中国特色社会主义思想为指导，以杨寿镇现辖境域为记述范围，坚持贯通古今、详今明古的原则，实事求是地记述杨寿镇自然、政治、经济、文化和社会的历史与现状。

　　二、本志记述时间上限因事溯源，下限止于2016年12月。2003年10月至2008年6月，杨寿镇与甘泉镇合并成立新甘泉镇，其间的内容择其要者记之。

　　三、本志按照事以类聚、类为一志的要求，横分门类，纵述史实，按章、节、目编排，部分目下根据需要设子目。全志共设专志26章144节。章下设序，节下序根据实际情况设定。

　　四、本志采用述、记、志、传、图、表、录等体裁，以志为主。志首列编纂机构及编纂人员、序言、凡例、彩插和目录，志中设概述、大事记和专志各章，志尾设附录和编后记。大事记以编年体为主，辅以纪事本末体。

　　五、本志行文采用语体文、记述体。按《江苏省地方志行文规范》执行，以第三人称记述，述而不论。

　　六、本志人物章以传略、简介和名录三种方式记载对本地发展有一定影响的本籍和客籍人物。人物传略记已故人物，以卒年为序。人物简介记在世人物，以生年为序。人物名录主要记载革命烈士、先进人物、高级技术职称人员、在外乡贤、能工巧匠等。或以事系人，或以"革命烈士名录""先进人物名录""高级技术职称人员名录"和"在外乡贤名录"等列表记之。

　　七、本志涉及不同时期的组织机构、会议、文件、职务和地名等，均按当时称谓记述，一般采用全称，如后文须用简称则在第一次使用全称时予以注明。志书中简称的"党"均指中国共产党，简称的省委、市委、县委、区委均分别指中共江苏省委、扬州市委、邗江县委和邗江区委。历史地名使用当时名称，括注志书下限时的标准名称。"境内""乡境""镇境"均指相对时期的镇（乡、公社）行政区域内，"现""今"均指2016年。

　　八、本志计量单位，一般采用国家法定计量单位，少数计量单位仍沿用传统计量单位，如亩、斤等。

九、本志所录入的照片,正文使用2016年12月以前的照片,并与文中内容相对应。志首彩页使用的照片下限延至志书定稿时。

十、本志标点符号按国家《标点符号用法》书写。

十一、本志采用资料以各类志书、文献和区(县)、镇(乡、公社)档案资料为主,兼收少量口碑资料。事存几说的,以一说为主。各类数据以区(县)、镇(乡、公社)统计部门提供为准,人口数以公安户籍资料为准,少数数据由镇(乡)相关部门提供,或为走访、调查的数据,所用资料均经鉴别核实后载入,为节省篇幅,均不注明出处。

目　录

概　述

　　杨寿镇位于扬州市西北郊,距邗江区政府 20 千米、瘦西湖景区 14.7 千米、扬州火车站 18 千米。东与方巷镇相邻,南与甘泉街道接壤,西与仪征市刘集镇和大仪镇毗连,北与大仪镇和公道镇隔朱桥涧相望。镇境东西长 8 千米,南北长 7.1 千米。

　　2016 年,杨寿镇下辖 7 个行政村、151 个村民小组及 1 个集镇社区、3 个居民小组。镇域总面积 39.93 平方千米,其中陆地面积 28.50 平方千米,占总面积的 71.37%;水域面积 11.43 平方千米,占总面积的 28.63%。耕地面积 1630.73 公顷,水产养殖面积 243.54 公顷。总人口 22056 人,其中 90 岁以上老人 77 人(含百岁老人 2 人),人口平均预期寿命 76.8 岁,人口密度每平方千米 552 人。境内多为汉族,少数民族有 11 个、45 人。地区生产总值 98.07 亿元(不含第三产业增加值)。其中,第一产业产值 2.28 亿元,第二产业产值 93.33 亿元。第三产业增加值 8.16 亿元。人均收入 2.56 万元。先后获得江苏省体育强镇、江苏省农村教育综合改革先进单位、扬州市新型小城镇、扬州市文明乡镇、扬州市乡镇工业示范镇、扬州市社会治安安全镇、扬州市广播电视先进镇等荣誉。

一

　　相传很久以前,一位杨姓兽医漂泊至扬州西北郊,拦河筑坝,并在坝上开了一家兽医诊所,人们不知其真实姓名,皆称其为杨兽医。后居住者增多,渐成集市。平时,他除在诊所接诊外,还四方行医,医术医德享誉方圆几十里。他去世后,人们为了纪念他,便将这个小坝称之为杨兽医坝,并将坝边的小集市取名为杨兽医坝集。后因这里长寿者较多,且"兽"字不雅,故改"兽"为"寿",省略"医"字,称杨寿坝。民国时期,以杨寿名乡。

　　中华人民共和国成立前,境内有杨兽医坝集和方家集两个集镇。据《扬州西山小志》记载,两者同属扬州北乡十三集。中华人民共和国成立初,境内设杨寿、墩刘、方集三个乡。后三乡合并,行政中心设于杨寿集镇,方集集镇逐步衰落。时杨寿集镇街面狭窄,总面积 0.3 平方千米,居民百余户,居民住宅多为土墙草盖房。只有东、南、北三条街,街长 1.12 千米,有"摊扒(一种翻晒粮食的农具,呈"丁"字形)街"之说,水患不断。1958 年始,政府重视集镇建设,制定向南发展规划,集中治理集镇水患,并逐步扩大集镇范围,强化各类功能建设。70 年代,农民住房逐步改善,土墙草盖房基本翻建为砖墙瓦盖房。80 年代初,政府制定中心村、基层村建设规划,村民翻建住房按规划进入中心村或基层村,有农户建楼房。90 年代末,绝大多数农民住进楼房或小别墅。到 2016 年,集镇面积 1.5 平方千米,呈"四纵四横"道路格局,配套 6 个功能区、6 个居民住宅区。常住人口 4000 多人,一座现代化的集镇已基本形成。镇下辖 1 个集镇社区、7 个中心村、33 个基层村。

境内党的组织活动开始较早。民国十七年(1928),中共地下党组织在境内相继建立双栗树支部和杨兽坝支部,开展党的地下工作,组织贫苦农民闹革命。民国三十一年(1942)春,建立抗日民主政权,境内设俞坝乡。同年秋,增设杨寿乡、墩刘乡、方集乡。民国三十四年(1945),墩刘乡与方集乡合并,取名方杨乡。次年 9 月,民主政权机关北撤。民国三十七年(1948)初,民主政权逐步恢复。同年 11 月 25 日,境内解放。中华人民共和国成立初,境内设立杨寿、墩刘、方集 3 个乡,乡设政府。1956 年 4 月,墩刘乡改为墩留乡,并入方集乡。是年 10 月,方集乡并入杨寿乡,成立中共杨寿乡委员会(简称"杨寿乡党委")。1958 年 10 月,撤乡设社,杨寿乡改称为杨寿人民公社(简称"公社"),杨寿乡党委改称为杨寿公社党委,杨寿乡政府改称为杨寿公社管理委员会(简称"杨寿公社管委会")。1969 年 12 月,杨寿公社管委会改称为杨寿公社革命委员会(简称"杨寿公社革委会")。1981 年,撤销杨寿公社革委会,恢复杨寿公社管委会。1983 年 5 月,恢复乡建置,杨寿公社党委改称为杨寿乡党委,杨寿公社管委会改称为杨寿乡政府,增设杨寿乡经济联合委员会(简称"乡经联委")。1990 年 3 月,乡经联委撤销。1991 年 3 月,建立中国人民政治协商会议邗江县委员会杨寿联络组(简称"政协组")。1993 年 9 月,增设杨寿乡农工商总公司。1995 年 5 月,撤乡建镇,杨寿乡党委改称为杨寿镇党委,杨寿乡政府改称为杨寿镇政府,杨寿乡政协组改称为杨寿镇政协组,杨寿乡农工商总公司改称为杨寿镇农工商总公司。2003 年 10 月,与甘泉镇合并。2008 年 7 月,恢复杨寿镇建置,同时恢复杨寿镇党委、杨寿镇政府、杨寿镇政协组、杨寿镇农工商总公司及其机关部门设置。2012 年 3 月,杨寿镇政协组改称为扬州市邗江区政治协商委员会杨寿镇工作委员会。2016 年底,机构设置未再变化。

二

杨寿镇境域地属宁镇扬丘陵地区的东部边缘,是苏北盆地的一部分,成陆较早。地形地貌多样,有圩田、丘陵、平原等。地势西南高、东北低,冈、冲、圩交错,圩田、塝田、冈田分布明显,大体各占地域面积的三分之一。地面最高处为宝女墩顶,海拔 32.63 米;最低处为夏家大圩圩田,海拔 5.2 米。土壤主要有黄泥土、白土、马肝土等土属。其中黄泥土类 200 公顷左右,约占耕地总面积的 12.3%;白土类 1200 公顷左右,约占耕地总面积的 73.5%;马肝土类 202 公顷左右,约占耕地总面积的 12.4%。除此之外,还有河土土属、黑黏土土属,共 28 公顷左右,约占耕地总面积的 1.8%。

杨寿镇境域属北亚热带湿润气候,无霜期长,四季分明,光照充足,雨量充沛。年平均气温 15℃左右,年降水量 1042.4 毫米,无霜期 222 天,平均年日照 2018.3 小时,平均风速 2.5 米 / 秒。境内植物有草本植物、木本植物两大类,动物有脊椎动物、无脊椎动物两大类。

境内地属淮河水系,大小河流纵横交错,自然形成塘、坝、河、涧、湖等。主要河流有杨寿涧、王冲涧、朱桥涧,呈"川"字形,由西向东经公道引水河,过邵伯湖入长江。其中,杨寿涧由西向东穿境而过,将全境分隔为南、北两大块。三涧总长26.96千米,面积75.43公顷。境内有4个水库、1个湖泊,其中毛正水库为区注册小二型水库,李岗水库为省注册小二型水库,白马湖为三镇(杨寿、公道、方巷)共有。有面积在2亩以上的塘坝536个,库容水量42万立方米。

三

中华人民共和国成立前,境内农业生产水平低,经济基础薄弱,发展缓慢。大量土地集中在地主、富农手里,无地农民生活十分贫苦。中华人民共和国成立后,通过土地改革、开展农业互助合作、建立农业生产合作社,农村生产力得到解放。60年代初,及时调整农业政策,纠正"大跃进"偏"左"错误,农业经济开始走上良性发展的轨道。60年代末,大力开展农田水利建设,兴修水利,平整土地,促进农业旱涝保收。引进推广农业科学技术,完善耕作制度,发展多种经营,农村经济出现平稳持续增长。1982年,境内全面推行家庭联产承包责任制,农业生产进入快速发展新时期。80年代中后期,取消农产品统购派购制度,调整农业产业结构,改单一的粮食种植为农、林、牧、副、渔综合发展。90年代起,推行规模经营,发展优质高效农业,鼓励土地向种田能手集中,引导农村劳力向工业、建筑业、商业、服务业转移,农村经济开始向专业化、商品化、市场化发展。随着农业机械化的推广普及,传统手工种植、收割稻麦的方式逐步被机械化所取代。2000年后,继续调整农业结构,大力发展现代农业、生态农业和外向型农业,引进外部和民间资金、科技,开发农业资源,先后建成农业生产、服务合作社11家,土地股份专业合作社9家,花卉苗木基地6个,建立农业项目7个,农业生产步入快车道。2016年,全镇粮食总产量1.96万吨、油料总产量295吨、生猪饲养累计4.3万头、家禽饲养累计19.73万只、水产品总量2303吨,实现农业总产值2.43亿元,农业增加值1.46亿元。

中华人民共和国成立前,境内有粮油、食品等加工作坊15家,铁匠铺4家,篾匠店6家,均属个人经营,体量小。1958年成立人民公社后,以"围绕农业办工业,办好工业为农业"为原则,兴办公社农具厂、布厂、粮油加工厂等企业36家。1962年,开展工业企业整顿,境内只保留公社农具厂、粮油加工厂和公社机电站办的五金厂。70年代初,社队办工业(公社办工业、大队办工业)迅速发展,行业不断拓展,有五金加工、玻璃制品、玩具服装、橡胶杂件、砖瓦、包装纸盒等行业。1979年,社队办工厂19家,产值290.64万元,利润40.80万元。80年代初,逐步推行责任制,扩大企业经营自主权,个体、私营企业异军突起,行业门类增多,工业经济发展突飞猛进。企业注重技术改造、开发新品,从过去以加工、配套为主转变为以自主开发产品为主,乡农具厂自主开发机箱机柜、母线,永和村办厂开发生产轧辊机组。1990年,乡村办企业共28家,工业产值5308万元,利润118.76万元。90年代中后期,镇村工业企业全面进行产权制度改革,推行股份合作制或个体、私营企业。当时,镇村26家集体企业(镇办企业12家、村办企业14家)全部改制为股份合作制企业或个体、私营企业。2002年,企业进行二次改革,股权流转,镇村集体在企业的股份全部退出,股份合作制企业全部改制为民营有限责任公司和私营、个体企业。同时,企业加大技改投入,高科技数控机械广泛运用于机械制造业,创高新技术产品、名牌企业成为企业共识。是年5月,镇工业集中区开工建设,占地100公顷。2008~2014年,政府划拨土地16.6公顷建立村级工业创业园,由村建厂房,筑巢引凤。至2016年,镇工业集中区进园企业54家,年产值 53.24 亿元,利税 3.99 亿元;村级创业园建成标准厂房 8 万平方米,入驻企业 13 家,年产值 1.95 亿元,利润 2400 万元。2016 年,全镇有工业企业 242 家,其中年产值过亿元企业 26 家、省级名牌企业 1 家、市级名牌企业 1 家、高新技术企业 12 家,实现工业总产值 93.33 亿元、增加值 16.6 亿元、利税 6.67 亿元(利润 4.20 亿元)、出口交易额 11.59 亿元,形成旅游酒店用品、机械冶金、钣金电气、橡塑化工、玩具服装、建筑材料等六大优势产业。

旧时,境内有瓦木匠为农户修造农具、家具,有时还自发组织起来,为农民翻建房屋。1958 年,公社将散落在民间的工匠组织起来,成立杨寿建筑站,当时规模小、人员少,只在境内承建简单的基础设施建设工程和房屋建设。1969 年,杨寿建筑站进入湖北省钟祥县承建工程。70 年代初,杨寿建筑站建筑市场不断拓展,施工质量不断提高。1972 年,杨寿建筑站下设 8 个工程队,先后开发北京、上海、沈阳、洛阳、黄山、宜昌、宝康、南京、盱眙、扬州等地建筑市场。承建的南京浦镇车辆厂幼儿园教学楼、刘家洼住宅区获全优工程,承建的上海铁路局住宅楼、北京力迈学校教学楼、湖北省宜昌市宜都县古老背轮窑、湖北中南橡胶厂厂房、河南省洛阳拖拉机厂住宅楼、铁道部扬州疗养院等建筑获好评。1984 年 8 月,杨寿建筑站更名为杨寿建筑安装工程有限公司(简称"杨寿建安公司")。同年,永和村建立永和建筑站,挂靠邗江县水利工程三处(简称"邗水三处")。1995 年,杨寿建安公司增设杨寿镇房地产公司。次年,邗水三处建筑施工队更名为江苏永和建设工程有限公司。1998 年,杨寿建安公司改制,公司经理陈正华等人买断经营权,由集体企业改制为民营企业。是年,杨寿建安公司更名为扬州市华都建设工程有限公司,并成立子公司扬州市熙龙房地产开发有限公司;杨寿镇房地产公司更名为扬州市广华房地产开发有限责任公司。2000 年,东兴村金宏星(原镇建安公司技术员)创建江苏华利地产集团有限公司。2006 年 9 月,扬州市熙龙房地产开发有限公司下辖的华远建筑工程集团以 1.11 亿元收购江苏省建筑安装工程公司,成立江苏省建筑集团(简称"省建集团")。2016 年,境内有江苏永和建设工程有限公司和扬州市广华房地产开发有限责任公司、扬州市熙龙房地产开发有限公司、江苏华利地产集团有限公司 3 家房地产公司,建安施工面积 29.28 万平方米,产值 2.21 亿元,增加值 1.35 亿元,利润 355 万元,非建安产值 830 万元,累计开发商品房、写字楼、商铺 356.9 万平方米,销售额 27.75 亿元。

唐代,境内集镇上始有坐商经营并逐步发展。清末民初,杨兽医坝集上有木行、粮店、饭店、茶馆、烧饼店、熟食店、浴室、理发店、客栈等 30 多家店铺,其中粮商在商户中占重要比例。中华人民共和国成立前,境内杨寿集镇、方家集镇、十五里塘集有店铺 140 多家,主要有粮行、木行、杂货店、百货店、餐饮店、药店、食品店、肉铺、油坊、磨坊等。中华人民共和国成立后,党和政府对私营商业实行"利用、限制、改造"的同时,建立国营商业,保护守法经营。1951 年,成立杨寿供销合作社(简称"供销社")。1953 年,成立杨寿粮站。1956 年,境内私营商业组成杨寿合作商店、合作小组,由杨寿供销社统一管理,形成以国营商业为主体、合作商店为辅助、个体商贩为补充的商业体系,基本完成对私营商业的社会主义改造。是年,建立饮食合作饭店 2 家、浴室 1 家以及杨寿理发合作小组 1 个。次年,杨寿供销社开设旅馆。1958 年,成立杨寿粮油管理所,对粮食实行统购统销。70 年代,两家合作饭店合并,建立杨寿饭店。中共十一届三中全会以来,在"改革、开放、搞活"的方针指引下,商业体制发生变化,逐步形成开放式经营的新格局,由计划经济向市场经济转变。粮食市场随之逐步放开。1979 年,建立杨寿农贸市场。80 年代初,增加个体旅馆 5 家。传统食品业先后转为个人经营,各类门店逐步兴起。1985 年,取消粮食统购统销。1988 年,杨寿农贸市场扩建。90 年代初,境内长毛绒玩具开始自营出口,杨寿饭店转为个人经营。同时,操办婚丧事的礼仪公司逐步兴起。1992 年,粮食购销全面市场化。1993 年 6 月,杨寿梦幻舞厅开业。同年 11 月,树林饭店开业。1996 年,青岛海尔股份有限公司扬州分公司在境内开设连锁店。1998 年,外贸企业扬州金泉旅游用品股份有限公司开业。是年,长毛绒玩具出口额达 1111 万美元。1999 年,雅迪电动车销售连锁店开业。是年起,境内开设私营药店。2000 年初,棋牌、网吧等娱乐业相继兴起。2000 年底,杨寿农贸市场迁址。2002 年,杨寿供销社、杨寿合作商店改制,集市贸易全面放开、搞活,个体商户崛起。2005 年,大胡子足艺开业。2009 年,南京苏果超市在境内开设连锁超市。2016 年,境内有农贸市场 1 个,面积 1.2 万平方米,分 12 个经营区、500 多个摊位,经商户 603 户,从业人员 5024 人,年商品销售额 5.87 亿元。外贸企业 3 家,年外贸销售额 1.40 亿美元。有超市 7 家、各类经营门店 186 家、餐饮业经营户 45 家、食品业经营户 81 家、药店 20 多家、生活服务业 57 家、文化娱乐业 120 家左右。扬诚益家、苏果、好又多等超市以及雅迪电动车、海尔家电、汇银家电等连锁店相继落户境内,商品丰富,满足境内居民生活需要。境内特色菜肴有青菜烩豆腐圆、黄颡鱼烩臭大元、草炉烧饼、活珠子、盐水老鹅、红烧老鹅、血子汪豆腐等。

四

境内旧式教育办学形式为私塾。民国时期,境内开办有两所国民小学,但贫苦农民子女无钱入学,受教育程度低,文盲率高。中华人民共和国成立后,党和政府十分重视教育,在加强基础教育的同时积极扫除文盲。1949 年 9 月,相继建成杨寿小学、方集小学。1957 年,建立杨寿中心小学,同时开办扫盲班,办冬学、夜校。1958 年 9 月,成立杨寿公社农业中学。60 年代初,各自然村庄兴办耕读小学,最多时达 66 所。1968 年,杨寿农业中学改为杨寿中学。次年,杨寿中学开设高中班,招收首届高中生。1974 年,成立杨寿中学"五七"农场。1976 年,成立杨寿公社幼儿园。1979 年,各大队办幼儿园,公社幼儿园改为公社中心幼儿园。1988 年,境内有小学 10 所、初中 3 所、幼儿园 10 所、成人教育中心校 1 所、职业中学 1 所。1995 年,镇扫盲工作通过验收,达到国家脱盲标准。1999 年,镇中心幼儿园由公办转为民办。2000 年,境内学校整合为小学 6 所、初级中学 1 所、幼儿园 5 所、成人教育中心校 1 所。2005 年,由于学生人数减少和交通条件的改善,境内小学合并为 3 所,即杨寿中心小学、爱国小学、永和小学。2008 年 8 月,杨寿中心中学与杨寿中心小学合并,成立杨寿学校,为九年一贯制学校。先后撤销爱国小学、永和小学,并入杨寿学校。是年 12 月,杨寿中心幼儿园创成省优质幼儿园。2009 年 11 月,杨寿学校创建成江苏省实验小学。是年 12 月,杨寿成人教育中心校创成省标准化社区教育中心。2013 年,镇中心幼儿园由民营改制为公办。2016 年,境内有学校 1 所、幼儿园 1 所、社区教育中心 1 所。杨寿学校占地 3.1 公顷,建筑面积 1.1 万平方米,现代化教学设施齐全,设班级 33 个,在校学生 1119 人,教职工 128 人,教师学历合格率 100%,拥有区级以上名师 23 人。杨寿幼儿园占地 0.4 公顷,建筑面积 0.3 万平方米,在园幼儿 408 人,教职工 40 人,其中专职教师 23 人,适龄幼儿入学率 99.6%。

　　中华人民共和国成立后,党委、政府极其重视科学技术的推广与应用。1959年,公社设立科学技术委员会,围绕"科学种田""技术革新"等主题,开展多种形式的科普活动。1984年10月,乡成立科学技术普及协会,逐步形成乡科协、村科普组、专业户的科普网络。90年代,农业科技在农村各项生产中得到应用和发展,工业科技在研发新产品方面取得重要成果,助推了乡镇工业的快速发展。2002年,镇被评为扬州市科普文明镇。2016年,境内5个村、1个社区分别被命名为省、市、区科普示范村、社区。建成高效农业示范项目22个,8家企业获"国家高新技术企业"称号,16项发明专利和122项实用新型专利获国家知识产权局授权,26件产品获"省高新技术产品"称号,建成市级科研技术中心8个、省级科研技术中心1个。有科技人员431人,其中高级职称人员47人。

　　中华人民共和国成立前,境内有4家药店。由于经济落后,无社会保障,贫苦农民生病无钱求医,加之医疗技术水平限制,天花、霍乱、结核、疟疾等时有发生。中华人民共和国成立初,境内人均寿命55岁。1952年,境内医生组建两个联合诊所(杨寿、方集联合诊所),后相继增至五家联合诊所。1957年,联合诊所合并,建立杨寿民办医院。次年,民办医院改集体办医院,建立杨寿公社卫生院,设内科、外科、药房,占地150平方米。1969年,11个大队建合作医疗卫生室,始办合作医疗,形成医疗卫生网。中共十一届三中全会后,医疗事业不断深化改革,加强管理,增加硬件投入,提高医疗卫生人员的技术和素质,医疗卫生事业进入新的发展阶段。1987年,建计划生育指导站。2002年,设甘泉预防保健所杨寿分部。境内医疗系统完善,投资3000万元建设的杨寿卫生院集中、西医为一体,具有医疗、保健等多种功能,有床位30张,医务人员33人;6个社区卫生服务站,每站配备3~4名医务人员,床位5~10张。2016年,境内人均寿命76.8岁,90岁以上长寿老人77人,其中百岁长寿老人2人,人民群众享受安居乐业的幸福生活。

　　旧时,境内有文艺爱好者自发组织民间艺人演唱小调,自娱自乐。富裕人家婚寿喜庆时亦常请戏班子唱戏。李岗、永和等地有民间舞龙队,春节期间在境内走村串巷表演,增加节日喜庆气氛,元宵节时则赴甘泉山参加舞龙表演。中华人民共和国成立后,在党委、政府的领导下,有组织地开展群众文化、体育活动,不断丰富群众的业余生活。1958年,成立杨寿公社文化站,负责境内文化工作。1959年,公社成立有线广播站。60年代中期,11个大队成立文艺宣传队,演唱革命样板戏等。80年代初,组建杨寿魔技团,在境内和周边公社巡演。1987年,为丰富群众文体生活,乡党委、政府决定,每年二月初二举办农民文化艺术节,九月初九举办农民运动会,首开邗江县乡镇举办艺术节、运动会先河。是年农历九月初九,举办第一届农民运动会,有拔河、篮球、乒乓球、跳高、跳远、短途赛跑、负重赛跑、自行车慢骑和象棋等比赛项目。次年农历二月初二,举办第一届农民文化艺术节,有扬剧、歌舞、舞龙、舞狮、湖船、腰鼓等群众喜闻乐见的节目。艺术节、运动会的成功举办既丰富了群众的文化生活,推进了艺术创作,又打响了杨寿的社会知名度,为招商引资搭建了文化平台。1994年,成立杨寿广播电视站。1998年,杨寿镇被省文化厅评为群众文化先进乡镇。杨寿舞龙队先后参加了扬州火车站开通仪式、润扬大桥通车仪式、2008年扬州运博会、"4·18"经贸旅游节开幕式的演出和琼瑶电视剧《苍天有泪》在扬州瘦西湖的拍摄。现集镇建有新杨广场,晨有太极拳,晚有广场舞。每村有两个以上健身场所,并配备健身器材,有篮球、乒乓球活动场地。2008年,建成镇文化体育中心。2009年,创成省级体育先进镇。同年8月,成立镇文体协会,有舞龙、空竹、书画等30多个文体团队,每村(社区)有舞龙队,获扬州市特色乡镇"舞龙之乡"称号。宝女墩汉墓为省级文物保护单位。境内的"豆腐圆""箍桶技艺"被列入扬州市非物质文化遗产名录,"春"字门内科中医被列入江苏省非物质文化遗产名录。2016年12月,成立杨寿镇文学艺术联合会。

五

旧时,境内没有公路,通往扬州及周边地区的道路只有一条宽一米左右的土路,百姓出行多为步行,少数有钱人出行骑骡马或坐独轮木车,亦有坐小船走水路的。1962年,始建第一条土公路,取名为曹杨路,1964年铺成砂石路。80年代后,相继建成杨裔路、杨永路(永和大道)、杨爱路、回归路、爱东路、合墩路、堤顶公路等,村村通公路。至2016年,境内主干道回归路为沥青路面,杨裔路、曹杨路、杨永路、杨爱路等及通至各村庄的道路全部实现硬质化,公路交通设施完善,道路总里程71.44千米。境内有7路、107路两条公交线路往返市区,镇村公交79路、328路、329路、330路连接周边乡镇和境内各村。墩留村、宝女村及杨寿社区有水运码头,水路由杨寿涧经邵伯湖到长江。

交通工具不断改善。60年代,自行车开始成为人们的代步工具,70年代末基本普及。改革开放后,摩托车、电瓶车逐步取代自行车。90年代中后期,汽车进入居民家庭。2000年后,居民出行主要是电动车、摩托车、汽车等。至2016年,境内有私人轿车4370余辆,小型客车、商务车377辆,货车560余辆,摩托车、电动车户均2.5辆。

1958年,公社将杨寿大桥由木结构桥改建为三孔砖桥。1967年,又改建为钢筋混凝土桥。后境内相继建成东兴大桥(宏星大桥)、斜桥、建龙桥、方集桥、墩留桥、红星桥、俞坝大桥、杨寿二桥等,均为钢筋混凝土桥。2016年,境内有道路桥梁18座。

1959年底,境内第一条供电线路从西湖开关站引入,30千伏高压,供应永和、新民、宝女3个电灌站。1962年,集镇机关、事业单位及部分居民开始用电。1965年,农民照明用电基本普及,并开始向企业供电。70年代,工业发展,企业用电规模扩大。1975年,境内改由裔家变电所供电。80年代中后期,企业用电基本普及。1988年,改由方巷变电所供电。1994年,境内建成1座35千伏变电所。2016年,境内有10千伏高压配电线路3条,长4.5千米,低压线路311.8千米;变压器209台,功率为4.28万千伏,专业配电变压器42台,功率为1.18万千伏;农业用电694万千瓦时,工业用电2121万千瓦时,人民生活用电3154万千瓦时;集镇安装路灯662盏,草坪灯60盏,农村道路安装路灯1300多盏,集镇社区所有街道、住宅小区和农村主要道路均安装了路灯。

境内先辈以河、塘水等为生活用水。70年代始,部分农户凿小土井取水(为地表水)饮用。1988年,杨寿自来水厂成立。1990年至2000年,永和、墩留、方集三村分别建成自来水厂,采用深井水供应。2008年,开始与扬州自来水公司并网供水,农民生活用水改用长江水,集镇、永和、墩留、方集等自来水厂相继关闭。至2016年,自来水普及率100%,日供水量1800吨左右。

宋初,境内曹家铺设有曹家店递铺,为江都县9个递铺之一。清代,设曹家铺,属甘泉总铺,为北路终端,达仪征市大仪镇、安徽省天长市。民国二十一年(1932),设杨兽医坝邮政代办所。民国二十六年(1937),设方家集邮政代办所。中华人民共和国成立后,沿用民国时期的设置,设杨寿坝、方家集邮政代办所。1958年,建立杨寿邮电所,主要承办信件、电报收发、报刊发行和电话等业务。1974年7月,杨寿邮电所升格为杨寿邮电支局。1985年,撤销方家集邮政代办所。1986年,杨寿邮电支局开办邮政储蓄业务。1998年,邮电分设,设杨寿邮政支局和杨寿电信支局。2004年,杨寿电信支局并入甘泉电信支局,杨寿设电信营业厅,杨寿邮政支局设置未变。

1988年,开始使用程控电话。90年代,移动电话进入境内,中国电信、中国移动、中国联通先后在境内开办业务。至2016年,境内使用移动电话约1.2万人,其中中国移动约6000人、中国电信约4000人、中国联通约2000人。中国电信宽带4300条,通至机关企事业单位和各村、组,安装电缆3050对556千米,光纤30.5千米,互联网用户约4100户;中国移动宽带通至镇、村主要住宅区,互联网用户约500户;中国联通互联网用户约200户。

民国时期,境内有老字号银店两家。民国十八年(1929),开设民间合资无限责任信用社。1954年,成立杨寿乡信用合作社(简称"杨寿信用社")。1956年6月,成立中国人民银行邗江县支行杨寿营业所,1981年改称中国农业银行邗江县支行杨寿营业所。2000年10月,杨寿信用社改属邗江县信用联社。2006年3月,成立中国邮政储蓄银行股份有限公司杨寿营业所。2009年1月,杨寿信用社更名为江苏省农村商业银行股份有限公司杨寿支行。2016年,境内有金融单位3家,存款余额10.21亿元,贷款余额1.37亿元。

2000年始,境内开展环境整治,关闭3家污染企业,废弃污染空气的锅炉,推平小土窑复耕。2008年恢复杨寿镇建置后,镇党委、政府按照"建设秀美乡村、打造精致杨寿"的总体思路,加大力度开展生态环境建设。是年,征地158.75平方米,投入75万元,建成压缩式垃圾中转站1座,集镇街道、居民小区、广场、道路和农民住宅区等公共场所均设有垃圾箱,有垃圾清运专用拖拉机8台,生活垃圾日清日运。次年,征地346.17平方米,投入1095.5万元,建污水处理厂,日处理污水能力1000吨,排污水管道7.69千米,生活排污全部实施无害化处理。2016年,境内林地89.1公顷,森林覆盖率27.5%,公共绿地面积34.63公顷,人均绿地15.7平方米,主干道绿化普及率97%,镇区建成公共厕所15个、垃圾池500多个,投放垃圾桶300多个,生活垃圾无害化处理率98.5%。"美丽杨寿,常来长寿",杨寿已成为扬州市旅游特色小镇之一。

旧时,境内人民自行种田、外出劳作,自行寻医问药,生活无保障。中华人民共和国成立后,逐步建立和完善社会保障体系。对机关、事业单位工作人员实行退休制,年老退休后发放退休金。1968年,建立农村合作医疗,农民就医只收取挂号费。1992年,实施农民社会养老保险。1997年,对全镇困难家庭发放最低生活保障金。2000年,境内的扬州华联电气设备实业总公司、江苏省南扬机械制造有限公司等13家企业参加企业职工养老保险,后范围扩大到各类企业、民办非企业及与之形成劳动关系的所有人员。2003年,实行新型农村合作医疗,坚持政府投入为主,个人投入为辅,定点医院就医,门诊费报销60%左右,住院费报销75%左右。2008年,实施新型农村社会养老保险。2016年,全镇新型农村合作医疗和新型农村基本养老保险参保率100%;享受最低生活保障433户,年发放保障金359.57万元;企业职工养老保险参保2578人,已领取养老保险金1022人;城乡居民养老保险参保8015人,已领取养老金2156人;失业、工伤保险累计参保6501人;生育保险参保214人;失地农民养老保险参保71人,已领取养老保险金52人。

杨寿人民在历代革命斗争中展现出了不畏强暴、顽强不屈的精神。民国二十六年(1937),

方集乡方家集镇（今方集村方集组）建立大刀会，吸收会员300多人，和日军对抗，保护地方安全，使得日军一度不敢进入方集乡境内。民国三十三年（1944），境内方集乡建隆村（今新龙村）陈开金、陈开贵、陈开达、步永源、田金河5名青年报名参军，加入抗日队伍。次年，新四军在安徽藕塘伏击日军，被叛徒告密，陈开金在伏击战中被日军用刺刀刺死。民国三十五年（1946），陈开贵在淮阴苏中阻击战中牺牲。抗日战争和解放战争中，境内先后有60人参加新四军、17人参加解放军，180多人参加地方武装，共有9人牺牲在战场上（有资料记载），共有23人被评为烈士。1948年11月25日（农历十月二十五日），境内解放。中华人民共和国成立初，境内有45人参加抗美援朝战争。

杨寿人才辈出，各个时期在政治、经济、军事、医疗、文化等方面均涌现出了一批优秀人物和能工巧匠，他们对家乡、社会的发展有着一定的贡献和影响，成为家乡人的骄傲。

中华人民共和国成立后，杨寿历届党委、政府以发展为己任，带领人民继承先烈的革命遗志，发扬杨寿人民勤劳智慧、勇为人先的优良传统，开拓进取，着力改变乡村面貌，发展经济，改善民生，全面推进社会主义新农村建设，各项事业取得巨大成就，人民生活步入小康。现在，党委、政府一班人又在绘制新的发展蓝图，带领全镇人民同心同德，奋发拼搏，为地方各项事业的高质量发展，建设"强、富、美、高"新杨寿，谱写新的篇章。

大 事 记

汉

汉初

境内属广陵县。

景帝前元四年（前 153）

析广陵县地置江都县。三国吴时改为江都国。境内属广陵县，隶江都国。

武帝元狩三年（前 120）

江都国改为广陵国，境内属之。

新始建国元年（9）

境内（宝女村）建宝女墩汉墓。2006 年 6 月，该汉墓被列为省级文物保护单位。

建武十四年（38）

境内（墩留村）建救生寺。西汉末年，刘秀逃难时在寺内逢凶化吉，登基后敕封扩建，赐名"救生寺"。该寺毁于 1958 年。

熹平五年（176）

境内有广武乡乐成里、代矛里等乡里建置。

建安元年（196）

境内饥荒严重。

建安五年（200）

曹操的侄儿曹安民率兵过境，在现新龙村曹安组安营扎寨，战死后葬于此地。士兵手捧泥土堆集成丘（坟墓），丘高 8 丈，占地 12 亩。

隋

开皇十八年（598）

改广陵县为邗江县，境内属之。

开皇二十年（600）

扬州西地震,波及境内。

大业元年（605）

改邗江县为江阳县,与江都县同隶江都郡。

唐

武德三年（620）

江阳县并入江都县,境域随之属江都县。

周如意元年（692）

夏　大旱,饿死者多。

宋

建隆元年（960）

曹安民墓葬地（今新龙村曹安组）建寺庙,取名"曹安禅寺"。清嘉庆年间,乡贤周纯夫捐资重建。1967年拆除。2010年再次重建。

是年　境内建建隆寺。寺庙位于建隆村（今新龙村）建隆组,民国二十年（1931）被洪水冲毁。建隆村之名即取自寺名。

熙宁五年（1072）

广陵县并入江都县,境内属江都县,仍隶广陵郡。

绍兴二年（1132）

夏、秋　大旱。

元

至元十三年（1276）

境内仍属江都县,隶扬州路。

大德三年（1299）

八月　旱灾。次年又遭旱灾、蝗灾。

大德五年（1301）

七月初一　暴风,白天暗如黑夜,雨雹兼发,伤亡者众。

八月　蝗灾。

明

天顺元年（1457）

夏　大水,河湖泛滥。

嘉靖二十九年（1550）

方家集初建。该集南至双栗树，北至小桥口，东至田庄，西至高田庄。咸丰五年（1855），太平军烧毁方家集，后重建。民国十九年（1930）复兴，并以方集名乡。1956年11月，方集乡撤销。

隆庆三年（1569）

十月十八日　扬州地震，境内有震感。

万历十二年（1584）

十一月二十六日　高邮湖西地震，境内有震感。

天启三年（1623）

十二月二十日　扬州地震，境内受灾。

清

顺治四年（1647）

扬州地震，境内有震感。

顺治五年（1648）

方家集北首建关帝庙，庙门前建一座圈门（照壁）。1954年，圈门被拆至公道镇砌黄珏区大会堂。中华人民共和国成立后，关帝庙改为方集小学。1977年方集小学异地搬迁时被拆除。

康熙十八年（1679）

八月　淫雨弥月，田禾尽淹。

雍正九年（1731）

析江都县西北置甘泉县，境内随之属甘泉县。

乾隆十一年（1746）

六月至七月　降雨连绵，河湖泛滥，田禾淹没。

乾隆四十五年（1780）

杨寿集镇东街建都天庙。中华人民共和国成立后，都天庙改为学校，1967年被拆除。

乾隆五十年（1785）

扬州西北大旱，颗粒无收，饥民食草根俱尽。

乾隆五十一年（1786）

闰七月　客水过境，湖水泛滥，境内沿湖（河）村庄田禾淹没。次年夏、秋，河湖并涨，低洼田被淹没，受灾严重。

咸丰二年（1852）

林溥著成《扬州西山小志》，杨兽医坝集、方家集入志。

光绪三十二年（1906）

境内设邮政曹家铺，属甘泉总铺，达大仪铺至天长。

宣统元年（1909）

十一月二十七日　亥时初刻（约23时），甘泉地震甚烈，境内房屋多倾圮。

中华民国

民国元年（1912）

中华民国成立。甘泉县并入江都县,江都县设10区,分辖36乡、15市。境内属江都县第九区北六集市。

民国三年（1914）

境内大旱。

民国十年（1921）

七八月间,大风暴雨,江河水猛涨,境内大部分圩田被淹。

民国十七年（1928）

2月　中共江苏省委派郭成昌、施道泉、张学之等人到境内开展革命活动,发展党员。

8月　建立中共扬州特委西乡区委员会,后改称中共扬州西乡区委员会,郭成昌任书记。境内中共扬州西区双栗树支部成立。

10月　中共杨兽坝支部成立。

12月　中共地下党员许凤章在杨兽坝、十五里塘组织农民协进会,发动贫苦农民开展扒粮斗争。

民国十八年（1929）

6月20日　境内遭蝗灾。

秋　大旱,河湖断流,蝗灾再起,农田受灾严重,灾民背井离乡。

秋　杨兽坝民间合资无限责任信用社建立,有社员25人、理事7人、监事4人,有股金290银圆。

是年　江都县废除乡市制,改设范围较小的乡、镇,乡、镇以下实行间邻制,以5户为邻,5邻为间。

是年　境内设杨寿乡、方集乡、墩刘乡。

民国二十年（1931）

夏　淫雨连绵,汛期雨量771.7毫米。

8月　洪水泛滥成灾,境内大部分房屋倒塌,农田无收,灾害惨重。

民国二十一年（1932）

是年　扬众汽车公司投资建造扬州至天长公路。民国二十五年（1936）,境内杨墩（曹家铺至墩刘庵）段建成通车。

是年　杨兽坝设邮政代办所。

民国二十三年（1934）

1月　气温异常,上旬乍暖,22日朔风酷寒,河水结冰断流,农作物冻害严重。

7月　废除间邻制,实行保甲制。乡镇以下设置保、甲,境内设置24个保,其中杨寿乡12个保、方集乡6个保、墩刘乡6个保。

民国二十六年（1937）

冬　爱国志士陈文在公道镇成立抗日义勇团,宣传抗日,阻击日军侵犯北乡,殷富春（今新龙村刘庄组人)随团任军医。

是年 方家集设邮政代办所。

民国二十七年(1938)

方集地区建立民间抗日组织——大刀会、花篮会,有200多名群众参加,其中部分群众被日军杀害,后组织解散。

民国三十一年(1942)

年初 设立中共湖西工委和湖西办事处,境域属其管辖。

春 人民民主政权在境内设俞坝乡。

4月 新四军四六连连长罗平带领战士将境内土匪佘小牛子抓获并枪毙。

民国三十二年(1943)

年初 人民民主政权在境内设杨寿乡、墩刘乡、方集乡。

6月 湖西办事处与水南办事处合并,建立甘泉抗日民主政府,境域随之属其管辖。

民国三十三年(1944)

年初 中共甘泉县委在杨兽坝集镇以开设新丰盐行为掩护,建立党的地下联络站,吴飞(今爱国村官庄组人)任会计,为联络员。

6月 墩刘乡与方集乡合并为方杨乡。

10月 建隆村人步永源、陈开达、田金河、陈开金、陈开贵5人同时参加新四军。

民国三十四年(1945)

春 新四军甘泉支队糜家珍等8名战士被日军从公道押解至大仪,途经境内永和村(蒋塘)高院墙西大塘时,集体跳入塘中,遭日军射杀,英勇就义。

民国三十五年(1946)

春 由于叛徒出卖,地下联络站新丰盐行迁至安徽省天长县秦楠镇。

春 境内黏虫(俗称"麦龙")成灾,麦苗损失甚巨。

夏 江都县建立三民主义青年团,境内建立4个三民主义青年团分部。

9月23日 境内民主政权机构北撤。

10月 反动武装还乡团反攻倒算,群众死者甚众。

民国三十六年(1947)

10月 江都县政府划并乡镇,强化国民党统治,一度将杨寿乡、方杨乡合并为方杨乡。

是年 方杨乡国民中心学校建立,地点在方集陈庄,附设方家集小学、周九房小学、大殷庄小学。

是年 杨寿乡国民学校建立。

民国三十七年(1948)

4月 境内重建民主政权,设杨寿、方集、墩刘三乡。

11月23日 国民党省保安旅及地方武装向杨寿坝进犯,抢夺粮食。

11月24日 反动武装还乡团到方集乡双栗树抢夺粮食。同日,中共党员、墩刘乡乡长戈枕被俘,并被杀害于苏州。

11月25日 境内解放。

是年　国民周九小学建立。

民国三十八年（1949）

春　中共党员赵永江（中华人民共和国成立后曾任中共邗江县委宣传部副部长）到李岗村创办学校,宣传革命理论。

6月　境域随黄珏区划入扬州市。废除保甲制,新建村组制。境域杨寿乡设 12 个村和 1 个集镇,方集乡设 6 个村,墩刘乡设 6 个村。

9月　扬州市政府任命吴信元为杨寿乡乡长,陈长信为方集乡乡长,张广松为墩刘乡乡长。

是月　杨寿乡国民学校更名为江都县黄珏区杨寿小学。方集小学建立。

中华人民共和国

1949 年

10月　境内各乡成立农民协会。

1950 年

5月　境内开展土地改革运动。次年春,土改工作复查结束。共评出地主 73 户（其中 48 户为外地户籍）,约占总农户的 2.6%；富农（含半地主 21 户）160 户,约占总农户的 5.7%；中农 1090 户,约占总农户的 38.7%；贫雇农 1496 户,约占总农户的 53.1%。

8月5日　区划调整,境域随黄珏区从扬州市划归江都县管辖。

10月　开展镇压反革命运动。

冬　各村组织夜校（冬学）,让不识字的青年入校学文化。

冬　杨寿、方集、墩刘三乡设税收征管员。

1951 年

4月　境内掀起"抗美援朝、保家卫国"运动,先后有 45 名适龄青年报名参军,群众捐款捐物支援前线。

10月　境内 3 个乡组织农业互助组。

12月　中国人民银行杨寿营业所设立。

是月　江都县人民政府颁发"土地房产所有证"。

是月　境内开展"反贪污、反浪费、反官僚主义"（简称"三反"）运动。

1952 年

2~5月　境内杨寿、方集、墩刘三乡动员 600 名劳力参加苏北灌溉总渠工程建设。

3月　开展"反行贿、反偷税漏税、反偷工减料、反盗骗国家财产、反盗窃国家经济情报"（简称"五反"）运动,是年 8 月结束。

10月　开展禁烟（鸦片）肃毒工作,关闭所有烟馆。

是月　境内党员参加学习,提高阶级觉悟和革命自觉性。墩刘乡乡长、指导员房锦林被开除党籍。

是年　境内取缔反动道会门组织。

是年　全面进行"查田定产"工作。

是年　杨寿联合诊所、方集联合诊所成立。

1953 年

春　开展宣传贯彻婚姻法活动。

春　乡政府组织民工 280 人参加三河闸水利工程建设。

春　设立杨寿供销站,隶属公道供销合作社。

夏、秋　境内有蝗蝻发生,由于扑灭及时,未酿成灾。

7 月 3 日　暴雨成灾,日降雨量达 273 毫米,杨寿集镇及周边农田被淹没,房屋倒塌,家具、农具被洪水冲毁,损失巨大。

9 月　"毛人水怪"谣言传入境内,扰乱社会治安,破坏生产。

是月　对私营工商业进行全面登记。境内共有工商户 140 户,从业人员 350 人。

11 月　设立杨寿粮站,隶属供销站。

12 月　粮食市场由国家统一管理。境内开始实行粮食统购统销政策,由供销站代购代销。

是月　进行选民登记,并将户口入册,建立人口变更制度。

1954 年

年初　杨寿、方集、墩刘三乡相继召开第一届人民代表大会,选举王义高为杨寿乡乡长,曾光祖为方集乡乡长,殷长禄为墩刘乡乡长。

7 月　连续阴雨 30 天,总降雨量 638.5 毫米,江、河、湖水并涨,境内圩堤被破坏,农田被淹没,房屋毁坏,灾民转移,秋熟锐减。灾后,政府发放救济物资,组织灾民生产自救。

10 月　杨寿乡信用社成立。

11 月　政府组织民力加固大小圩堤 18 条。

12 月　寒潮侵袭,最低温度 –11.8℃。

是年　境内进行第一次全国人口普查。

是年　棉布实行凭票供应。

是年　集镇居民食油实行计划供应。

是年　始建杨寿大桥,连接集镇老南街与北街。

1955 年

1 月 4 日　连续 7 天大雪,最低气温 –17.7℃,三麦、油菜绝收,冻死耕牛 5 头。

3 月　境内组建初级农业生产合作社,95% 的农户参加。

4 月　方集乡信用社成立。

8 月　实行粮食"三定"(定产、定购、定销)、"三留"(留口粮、留种子、留饲料)到户政策。

9 月　国家对城镇居民实行粮食"以人定量"供应,境内集镇居民凭粮证或粮票到杨寿粮站购买。

1956 年

3 月 9 日　国务院决定析江都县西南境置邗江县,境内随黄珏区隶属邗江县。

4 月　墩刘乡改为墩留乡,并入方集乡,殷长禄为乡长。

6 月 1 日　农业银行杨寿营业所成立。

10 月　撤销方集乡,部分村并入杨寿乡。

是月　杨寿乡召开第二届人民代表大会,王义高当选乡长。

是月　成立中共杨寿乡委员会,邱邦英为书记。

11月30日　杨寿邮政代办所升为杨寿邮政所,地点在集镇东街陈永昌家。

年底　掀起农业合作化高潮,创办高级农业生产合作社。境内先后办起18个高级社,入社农户占总农户的96.5%,农业社会主义改造基本完成。

是年　方集信用合作社并入杨寿信用合作社。

1957年

春　杨寿供销站改为杨寿供销社。

春　成立中共杨寿乡监察委员会。

7月　境内教师参加邗江县举办的"整风反右"学习班,周正泰(今新龙村人)被错划为"右派分子"。1978年为其摘除"右派分子"帽子,恢复教师工作。

9月　区划调整,撤销裔家乡,原方集乡辖方集村、周九村划入杨寿乡,苏窑村划入黄珏乡,韩立标调任杨寿乡乡长。

是月　杨寿小学改称杨寿中心小学,受县(市)教育局委托负责管理乡内各小学,及进行业务辅导,薛汝愚为校长。

10月　开展爱国卫生除"四害"(苍蝇、蚊子、老鼠、麻雀,后麻雀改为蟑螂)运动。

冬　乡精简机构,16名干部充实到基层。

是年　机关单位开始安装手摇电话机。

是年　组织干部群众学习《全国农业发展纲要(修正草案)》。

是年　杨寿联合诊所、方集联合诊所实行大联合,成立杨寿民办医院。

1958年

2月　召开中共杨寿乡第一次代表大会,周桂芝当选第一书记。

春　为避免水患,集镇向东南高处(杨庄)扩展,新辟街道一条,长约150米,宽约20米,即现华杨北路。

春　响应邗江县委号召,党委召开"三麦赶水稻、水稻翻一番"誓师大会,发扬"敢想、敢说、敢做"精神,实现农业"大跃进",出现浮夸风。

5月　杨寿乡粮油管理所成立。

夏　组建杨寿乡民兵团,下辖4个民兵营、22个民兵连、145个民兵排。

8月　杨寿中心小学搬至老吴庄(今宝女村吴庄),实行集体吃、住、学习、劳动。

9月5日　撤销邗江县,辖境并入扬州市,境域随之属扬州市管辖。

9月下旬　杨寿人民公社成立,建立杨寿人民公社管委会,实行政社合一。公社下辖爱国、永和、墩留、方集4个工区。

是月　杨寿农业中学(又称"万斤大学")在曹安寺建成招生。

10月　公社召开第三届人民代表大会,选举韩立标为公社管委会社长。

11月　境内农村以生产队为单位兴办"公共食堂",粮食按人定量配给。次年底,食堂停办。

是月　农业生产推行"大兵团作战"、土地深翻"绞关化",致使劳力浪费、种植时间延误、部分耕地荒芜。

冬　公社在墩留建猪场。

冬　杨寿邮电所成立,设电话总机,开设电话、电报业务。

冬　杨寿大会堂建成,面积约 1000 平方米。1981 年翻建,更名为杨寿影剧院,面积 1350 平方米,座位 1343 个,局部两层,舞台 100 多平方米。2009 年出租给苏果超市。

是年　杨寿建筑站成立,1984 年更名为杨寿建筑安装工程公司,1998 年改制为民营企业。

是年　杨寿公社卫生院成立,地点在集镇南街涂庭栋家。

是年　公社文化站成立。

是年　杨寿兽医站成立,集体性质,有兽医 2 人。1970 年始,各大队配备"赤脚兽医"1 名。

是年　境内社办工业起步,相继兴办农具厂、五金机械厂、布厂等工业企业 36 家。

1959 年

1 月　境内组织 600 多人参加通扬运河第一期整治工程。

4 月　杨寿人民公社撤销 4 个工区,设立 8 个生产大队(即东兴、爱国、永和、蒋塘、墩留、宝女、新民、方集生产大队)、145 个生产队。

6 月　增设袁岗、杨华、毛正、建隆 4 个生产大队,设立杨寿人民公社集镇居民委员会,成立杨寿公社有线广播站。

秋　贯彻中央郑州会议精神,纠正"共产风",进行算账退赔。据不完全统计,境内落实退赔金额约 2500 元。

是年　从西湖开关站引进电源,境域进入有电时代。

是年　杨寿邮电所购进 50 门电话总机 1 部,安装电话 40 多门。

是年　境内第一次对土壤进行普查。

是年　公社在原墩刘乡治所裕善堂新建青砖小瓦庭院式办公场所和仿古式小会堂。

1960 年

1~5 月　杨寿公社再次组织 400 余人参加通扬运河整治。

2 月　杨寿农业技术推广站成立。

春　杨寿电灌站北一(永和)站、南一(新民)站、李岗站建成。

5 月　境内增设烟叶大队(宝女大队部分生产队划入)。

1961 年

3 月 1 日　对毛巾、袜子等 15 种针织品实行凭票凭证供应。

是月　贯彻中共中央《农村人民公社工作条例(草案)》,实行"三级所有,队为基础"的体制。次年,按各农户人口划分自留地。

是月　开展肃清反革命运动,次年 4 月结束。

春　由于口粮紧缺,农村浮肿、消瘦、小儿营养不良患者增多,境内组织医护人员进行防治,增发粮油,办营养食堂等。

5 月 16 日　公社第四届人民代表大会召开,朱崇伟当选为公社管委会社长。

是月　撤销烟叶大队、毛正大队,并入宝女大队;撤销杨华大队,并入永和大队。

6 月　中共杨寿公社第二次代表大会召开,张成礼当选为第一书记。

是年　十五里塘邮政代办所设立,1963 年撤销。

1962 年

6月　根据"大办农业、大办粮食"的指示,境内关闭大部分工厂,保留杨寿农具厂、粮油加工厂和机电站办五金厂。

7月　杨寿农业中学停办。

9月5~8日　第14号台风过境,阵风11级,日降雨量178毫米,部分农田受淹,部分房屋倒塌,损失严重。

是年　境内第一条土公路——曹杨路(曹家铺至杨寿集镇)建成通车(晴通雨阻)。

1963 年

2月　为普及小学教育,境内始办简易小学和识字班。

3月　恢复邗江县建置,境域随之属邗江县管辖。

是月　开展学雷锋活动,涌现出了一批学雷锋先进集体和先进个人。

4月28日　杨寿公社第五届人民代表大会召开,朱崇伟当选为公社社长。

是年　压缩城镇人口,减少吃商品粮人数。

是年　开始接收安置"上山下乡"知识青年及全家下放户。

1964 年

春　为普及小学教育,境内大办耕读小学(原名"简易小学"),计66所。

春　公社发动群众,广泛收集砖石、瓦砾,将曹杨公路铺成砖石路。

4月　宝女大队划分为宝女大队(后改名为杨寿大队)和李岗大队。

7月　进行第二次全国人口普查,以7月1日为标准时间,杨寿公社总人口16989人,其中男性8788人、女性8201人。

8月　杨寿农业中学恢复办学。

10月　扬州地区社教工作团江浦县社教工作队到新民大队进行试点,开展社会主义教育,即"四清"(清政治、清经济、清思想、清组织)运动,次年6月结束。

是年　邗江县在杨寿召开普及教育现场会。

是年　开展"农业学大寨"运动,大搞农田方整,兴修水利。

1965 年

2月4日　全社生产队长以上干部参加邗江县委召开的会议,学习贯彻中共中央《关于农村社会主义教育运动中目前提出的一些问题》(即"二十三条")文件精神。

春　境内发生流行性脑膜炎,感染者经救治后痊愈。

8月18日　遭13号台风袭击,境内部分圩堤溃决,农田积水受灾严重。

是月　中共扬州地委社教总团泰县分团进驻境内各机关单位、学校、工厂和农村大队,开展"四清"运动,次年5月结束。

11月9日　中共扬州地委在邗江县召开思想政治工作会议,杨寿公社代表吴文坚(时为耕读小学教师)在会上介绍活学活用毛主席著作心得体会。

是年　境内开始种植胡桑。

1966 年

春　寒潮侵袭,气温降至-11.7℃,部分农田作物受冻害严重。

4月12日　公社第六届人民代表大会召开,朱崇伟当选为公社管委会社长。

7月　"文化大革命"开始。

10月　学校停课闹革命,部分师生赴北京、南京等地进行革命大串联。

秋、冬　对流经集镇街区的杨寿涧实施裁弯取直。1967年、1970年、1972年又先后4次整治杨寿涧,排水、引水和通航能力得以加强。

1967年

春　集镇都天庙(杨寿小学分部)拆除,在杨寿中心小学新址(时庄界)新建教室。

秋　在杨寿涧集镇北首段建造杨寿大桥。

1968年

2月　公社成立"抓革命、促生产"指挥部,并全面部署"农业学大寨"工作。

春　在卫生院西南新建两排平房作为公社办公场所。

8月　杨寿农业中学迁至杨寿涧北,改农业中学为普通中学(初级中学)。

10月　境内中小学复课。

12月　爱国大队干群在"农业学大寨"运动中大干10天,开挖一条电灌渠和一条河,把邵伯湖水引上山。省委书记许家屯、地委书记韩培信到杨寿考察、调研,总结经验,在省、地、县推广。爱国大队成为"农业学大寨"先进典型。

是年　公社实行以大队为核算单位的农村合作医疗。1973年,实现公社统一核算。1985年,合作医疗统筹停止,各村合作医疗站改为村卫生室。

1969年

2月　杨寿中学由初级中学升为完全中学,改秋季招生为春季招生。1974年,恢复秋季招生。

春　小学由六年制改为五年一贯制,中学改"三三制"(初中、高中各三年)为"二二制"(初中、高中各两年)。1978年,中学实行"三二制"(初中三年、高中两年)。1983年,中学恢复"三三制",小学恢复六年制。

5月　杨寿举行《毛主席语录》、毛泽东像章赠送仪式。

8月　试种双季稻,推行一年三熟(一熟麦、二熟稻)。1971年推广,1979年缩减,1983年恢复稻麦两熟制。

是月　公社联合造反总司令部,带领机关单位、各大队主要负责人(含造反派负责人)徒步经仪征赴南京请愿。时间约40天。境内处于无政府状态。

9月　南京、扬州大批知识青年到杨寿插队落户,接受贫下中农再教育。

是月　爱国大队党支部书记吴德云作为全县唯一的农民代表赴北京参加国庆20周年观礼。

11月　省、地、县有20多名干部(含教师)下放杨寿落户劳动。

12月　杨寿造反派(两派)达成一致,实现大联合,杨寿人民公社革命委员会成立,张成礼任公社革委会主任。

是年　杨寿供销社改为杨寿人民公社供销合作社。

1970年

3月　公社革命委员会党的核心领导小组建立,张成礼任组长。

是月　公社开展"一打三反"(打击现行反革命破坏活动,反贪污、反铺张浪费、反投机倒把)

运动。

是年　杨寿供销社蚕茧站从杨寿供销社划出,独立经营,隶属邗江县土产公司。2000年后因收不到蚕茧而自动歇业。

1971 年

春　境内家家户户通有线广播。

5月　境内推广早稻旱育秧,以解决稀播、秧池不足的矛盾。

5月底至6月初　连续阴雨,田间小麦发芽,夏熟减收。

9月　公社设立教育革命委员会。

是月　公社、大队选派贫下中农代表进驻学校、供销社(含合作商店)、医院等单位。

是年　南京鼓楼医院等医疗单位派医疗队到杨寿巡回医疗,培养"赤脚医生"。

是年　公社建立电影放映队,有8.75毫米小型放映机1台。1979年改为16毫米放映机。

是年　王冲涧拓宽、浚深,部分改道。

是年　杨寿公社实施杨寿涧、王冲涧、朱桥涧三涧并一涧工程。

是年　爱国大队党支部书记吴德云参加省活学活用毛主席著作积极分子代表大会。

1972 年

2月15日　暴雪,气温降至-10℃。

3月　全境推广使用省草灶,年节省草2000万斤。

是年　爱国大队贫下中农代表俞长聚当选为省人大代表。

1973 年

2月　杨寿、杨庙、西湖三公社在平山堂西麓合办友谊玩具厂,1989年关闭。

3月　响应县委号召,公社干部、学校师生、单位职工等开展义务植树活动。

4月　中共杨寿人民公社第三次代表大会召开,王义高当选为公社党委书记。

是月　杨寿中学在李岗大队跃进生产队征地0.87公顷,栽桑养蚕,开展学农活动。

冬　杨寿公社组织300余人疏浚仪扬河邗江段。

1974 年

7月　杨寿邮电所升格为杨寿邮电支局。

10月　杨寿中学在李岗大队交通生产队征地2.67公顷,创建"五七"农场(实验林场),1980年后在此建立杨寿林木园艺职业中学。

1975 年

春　公社试产沼气成功,建立沼气站,次年推广沼气。

春　公社组织清理"三支一窑"款(借支、预支、超支,延迟付款)。

春　仪征县民工到杨寿整治杨寿涧支流红光河(杨寿涧至如意桥),解决引水和通航问题。

6月　连续阴雨16天,农田受涝。

9~10月　连续阴雨18天,秋熟作物减产。

1976 年

1月8日　周恩来总理逝世,群众自发佩戴黑纱和白花,举行悼念活动。

2月　邗江县"农业学大寨"工作队进驻杨寿,开展"农业学大寨"运动。

4月　县供销社主任周玉春带领7人工作组进驻杨寿供销社,宣传贯彻东北"哈尔套经验"。

8月　始办杨寿幼儿园。1979年,各大队相继建立幼儿园。

9月9日　毛泽东主席逝世,公社及各大队、单位召开追悼大会。

10月　开展"社会主义大集"活动

11月25日　中共杨寿公社第四次代表大会召开,王义高当选为党委书记。

12月　"上山下乡"知识青年开始分批回城。

1977年

2月　公社第七届人民代表大会召开,王义高当选为公社革委会主任。

夏　公社试种杂交水稻获得成功。

秋　公社组织劳力在李岗大队开展农田方整。

是年　墩留大队在邵庄、公路两个生产队开展土地方整。

1978年

2月28日~3月1日　寒潮低温,三麦受冻害。

3月　杨寿中学实验林场试行池杉与稻麦间作。

4月　方集大队胡冲生产队社员吴德顺、陈庄生产队社员葛朝坤在抢救清理沼气池中毒人员时牺牲。

8月　境内旱情严重,经人民解放军某部支援,进行人工增雨,旱情缓解。

是年　公社农技站、大队农技站、生产队农技组三级农科网建成。

是年　杨寿交通管理站成立,1988年更名为杨寿交通管理所,2000年并入蒋王交通管理所。

是年　爱国大队党支部书记吴增珊被推选为省政协委员。

1979年

1月4日　公社第八届人民代表大会召开,选举夏圣宽为公社革委会主任。

2月4日　中共杨寿公社第五次代表大会召开,选举夏圣宽为党委书记。

3月　境内首批800多对育龄夫妇领取独生子女证。

是月　根据中共中央《关于地主富农分子摘帽问题和地、富分子子女成分问题的决定》,对全公社地主、富农、反革命、坏分子进行全面评审摘帽,其子女的成分一律定为公社社员,与其他社员享受一样的待遇。

是月　农业生产试行分组作业、联产计酬责任制。

4月　杨寿大桥(现址)建成通车。大桥为双曲拱桥,钢筋混凝土结构,长55.4米,宽7米。

5月　扬州博物馆会同邗江图书馆清理宝女墩,出土铜鼎、漆盘、铜熨斗、猪形玉握、"日有熹"铜镜、铜奁等文物,由扬州博物馆和省博物馆收藏。

10月　杨寿农贸市场建成,位于华通路东侧、新风路北侧。

1980年

春　农业专业承包、联产计酬责任制全面推开。

1月　遭遇强寒潮,低温达−10.5℃,三麦、油菜等越冬作物受冻害严重。

8月　邗江县普通中学布局调整,杨寿中学高中班停止招生。小学附设初中班撤销,先后建立爱国初级中学、曹安初级中学。

12 月　李岗、杨寿、墩留大队建林网化农田 133.4 公顷。

是年　完成第二次土壤普查。

是年　公社设立计划生育科,配备计划生育专职干部 1 人。

1981 年

3 月 27 日　公社第九届人民代表大会第一次会议召开,周长源当选为公社管委会社长。

是月　撤销杨寿人民公社革命委员会,恢复杨寿人民公社管理委员会。

5 月 1 日　遭大风、冰雹袭击,持续时间 20 分钟左右,农作物和民房受损严重。

10 月 22 日　杨寿大会堂改扩建竣工,更名为杨寿影剧院。

是年　杨寿食品站从杨寿供销社划出,单独经营,隶属县食品公司。

是年　杨寿饭店销售牛肉,导致 12 人食物中毒。事发后,杨寿饭店被勒令停业整顿。

1982 年

2 月　境内开展打击经济领域严重违法犯罪的斗争。

3 月　杨寿公社开展"讲文明、讲礼貌、讲卫生、讲秩序、讲道德"和"心灵美、语言美、行为美、环境美"及"热爱中国共产党、热爱祖国、热爱人民"的"五讲四美三热爱"活动。

7 月 1 日　全国进行第三次人口普查。杨寿公社总人口 22031 人,其中男性 11220 人、女性 10811 人,非农业人口 953 人。

12 月　县委召开专业户、专业单位代表会议,墩留大队种粮专业户邵兴盛获劳动致富光荣证书。

是年　境内各学校实现"一无两有"(校校无危房,班班有教室,人人有课桌凳)。

是年　境内各生产队全面实行家庭联产承包责任制。

1983 年

1 月　公社党委、管委会印发《关于计划生育奖励制度暂行规定》并公布实施。

5 月 10 日　中共杨寿乡第六次代表大会召开,夏圣宽当选为乡党委书记。

是月　实行政社分设,撤销公社管理委员会,设立乡人民政府和乡经济联合委员会。生产大队改为村民委员会,生产队改为村民小组。

6 月　境内中小学进行民办教师整顿。

8 月　杨寿乡中心幼儿园成立。

9 月　杨寿乡开展集中打击严重刑事犯罪活动。

是年　农村改水工程启动,群众吃水改河(塘)水为井水。

是年　乡政府迁至集镇南街新建的办公大楼,原办公场所让给卫生院。

1984 年

1 月 17~22 日　境内大雪,局部积雪盈尺。交通中断,部分房屋倒塌,农作物严重受冻。

5 月 5 日　乡第十届人民代表大会第一次会议召开,周长源当选为乡长。

6 月　成立乡教育委员会,下设办公室。

7 月 20 日　下午 4 时 35 分至晚上 10 时 10 分,特大暴雨袭击乡境,引起山洪暴发,房屋倒塌,涧坝被冲垮,农田被淹没,鱼苗、成鱼等损失严重。

8 月　乡建筑站改称为乡建筑安装工程公司。

10月　乡科学技术普及协会成立。

是年　境内工业企业推行"一包三改",即实行经济承包制,改干部任免制为选聘制,改工人固定录用制为合同制,改固定工资制为浮动工资制,实现工资总额与经济效益挂钩。

是年　县公安局杨寿派出所建立。

1985年

3月　经县政府验收,杨寿乡达到国务院规定的基本扫除青壮年文盲标准。

4月　改粮油统购为合同定购。

9月10日　乡党委、政府召开大会,庆祝第一个教师节。

1986年

1~6月　按县委部署,全乡进行整党。

10月　邮电大楼落成,杨寿邮电支局迁至新楼(现址)营业。

11月2日　中共杨寿乡第七次代表大会召开,丁志潮当选为乡党委书记。

12月26日　县政府办公室对杨寿粮管所、油米加工厂违反食品安全卫生规定,销售变质豆油一事予以处理。

1987年

3月24日　乡第十一届人民代表大会第一次会议召开,李万清当选为乡长。

5月25日　晚8时左右,龙卷风突袭永和、杨寿、李岗村,造成部分房屋损坏,供电中断,农田小麦倒伏。

7月　乡土地管理所成立。

9月　乡党委引入竞争机制,向社会公开招聘机关中层干部(团委书记、办公室文书各1人)。

10月31日(农历九月初九重阳节)　杨寿乡举办首届农民体育运动会。

11月26日　夜晚气温骤降,油菜冻死,次年歉收。

12月　邗江县、杨寿乡共同表彰从事教育工作30年的教职工。

1988年

3月19日(农历二月初二)　杨寿乡举办首届农民文化艺术节。

5月　杨寿自来水厂建成,采用深井水,日供水量300~500吨,覆盖集镇、新民、杨寿、袁岗等村。

7月27日　扬州汽车运输公司与邗江县联营的771车队的1辆客车在扬天公路曹家铺段翻落如意桥下河中,39名乘客全部落水,杨寿乡政府、当地群众和医护人员立即组织施救。事故造成11人死亡,18人受伤。

7月28日　杨寿乡被省政府列为全省第一批对外开放重点工业卫星镇。

11月　乡法律服务所成立。

是月　杨寿敬老院建成,位于李岗村斜桥南,共收养24名"五保"老人。

是年　扩建杨寿农贸市场,面积为2500平方米,摊位150个。

是年　国营、集体商业实行多种形式的个人承包。

是年　杨寿至扬州市区的107路、7路中巴车开通。

是年　乡党委和政府开展"三提倡、三反对"（提倡民主和法制，反对以权谋私和违法乱纪；提倡科学和文明，反对迷信和愚昧；提倡勤俭节约，反对奢侈浪费）活动。乡和各村成立新风社。

是年　乡党委和政府开展"十星级文明家庭"评比活动。

1989 年

7月14日　龙卷风袭击杨寿，部分农作物和房屋受损。

10月21日　美国爱达荷大学农学院农业考察团一行6人到爱国村考察机条播、机开沟田间作业。

12月18日　中共杨寿乡第八次代表大会召开，选举李万清为党委书记。

是年　爱国村被列为省农业现代化试验区。

是年　乡成人教育中心校副校长盛开来被省教育委员会评为省扫除文盲先进工作者。

是年　在蒋塘村高院组（现永和村）新建杨寿烈士陵园。高院组当年为糜家珍等新四军战士的牺牲地。

是年　邗江县杨寿林木园艺职业中学更名为邗江县农业职业技术学校。

1990 年

2月　杨寿邮电支局开通程控电话。

3月21日　乡第十二届人民代表大会第一次会议召开，俞爱和当选为乡长。

是月　撤销乡经济联合委员会。

4月　杨寿乡建立后备干部库，组建双文明建设工作队，队员20人。

7月1日　全国进行第四次人口普查，杨寿乡总人口22635人，其中男性11773人、女性10862人，非农业人口867人。

是年　乡体育运动委员会成立。

是年　扬州乐星玩具公司（邗江县玩具二厂）、扬州嘉利工艺品有限公司生产的长毛绒玩具出口欧美等10多个国家和地区，销售额176万美元，实现境内对外贸易零的突破。

是年　永和村兴办自来水厂。

1991 年

3月18日　乡政治协商联络组成立。

4月　乡党委开展社会主义思想教育，内容为教育干部坚定社会主义信仰，教育农民坚持社会主义道路。

5月25日~7月15日　梅雨异常，暴雨成灾，河水猛涨，东兴、建龙等村农田被淹没，政府组织近万名劳力上堤抢修，转移近2000人至安全地带。

9月2日　经省教育委员会验收组评估，县农业职业技术学校达到省级重点职业高中标准。次年3月，经国家教委验收，省政府认定学校创成国家标准省级重点职业高中，学校更名为江苏省邗江职业高级中学。

是年　乡人口与计划生育协会成立。

是年　杨寿乡创成扬州市体育先进乡镇。

1992 年

2月2日　乡农村合作基金会成立,2000年1月并入杨寿农村信用合作社。

是年　杨寿乡创成省体育先进乡镇。

是年　杨寿中心小学教学楼(3层、12个教室)建成并投入使用。

是年　墩留村兴办自来水厂。

1993年

2月8日　乡第十三届人民代表大会第一次会议召开,李华康当选为乡长。

9月23日　乡关心下一代工作委员会成立。

是月　乡农工商联合总公司建立。

11月2日　副省长姜永荣带领省水利工作会议代表到墩留村考察低产田改造工程。

11月21日　水利部副部长何璟到墩留村考察低产田改造工程。

11月24日　吉林省水利厅厅长在市水利局局长杜青山陪同下,到墩留村考察低产田改造工程。

是年　对村"微小亏"企业进行整顿,实行"关、停、并、转"。

1994年

6月　杨寿乡广播电视站成立,2009年并入公道广播电视中心站。

是月　杨寿有线电视网建成并投入使用。

8月22日　中共杨寿乡第九次代表大会召开,李华康当选为乡党委书记。

是年　集镇时庄小区开工建设。

1995年

3月16日　永和村被县政府命名为县中小学生德育教育基地。

4月4日　经省政府批准,杨寿乡撤乡建镇。

5月5日　镇党委、政府等机构挂牌,实行镇管村体制。

7月18日　台胞孟德宝捐资15万元建造方集小学教学楼,同年9月竣工。

7月20日　爱国村农业现代化示范园区开工兴建。

9月1日　副省长姜永荣、省水利厅厅长翟浩辉参观镇大型水利工程现场。

12月　天王寺(斗坛)、莲子庵、杨寿基督教堂被县政府列入合法宗教活动场所。

是年　杨寿卫生院新建大楼建成启用,建筑面积1830平方米。

是年　镇政府投入65万元,征地3335平方米,新建镇中心幼儿园。

1996年

3月29日　镇第十四届人民代表大会第一次会议召开,张福堂当选为镇长,范广玉当选为镇人大主席。

是月　李岗村被全国绿化委员会表彰为全国绿化千佳村。

10月　杨寿镇被评为省农村教育综合改革先进单位。

是月　爱国村王心元被授予"省劳动模范"称号。

12月14日　邗江职业高级中学被国家教委认定为首批国家级重点职业高级中学。

1997年

3月　镇在墩留村建杨寿公墓。

7 月　省"双学双比"（学文化、学技术，比成绩、比贡献）领导小组"三八"丰产方现场会在爱国村召开，与会人员参观爱国村千亩丰产示范方。

8 月 23 日　中共杨寿镇第十次代表大会召开，张福堂当选为党委书记。

9 月　邗江职业高级中学被团中央、国家教委、中国科协授予"全国中学生实践教育先进学校"称号。

10 月　李岗村被农业部授予"国家级林网之村"称号。

是月　杨寿文化中心综合楼落成。

11 月　集镇至公路集的公路改建成水泥路。为纪念香港回归祖国，该路段定名为回归路。该路长 3 千米，路基宽 25 米，路面宽 15 米，双向四车道。

1998 年

4 月　《杨寿镇镇村一体化建设规划总体方案》经镇人民代表大会讨论通过并公布实施。

11 月　杨寿邮电支局分设为杨寿邮政支局和杨寿电信支局。

是年　杨寿镇被省文化厅命名为省群众文化先进乡镇。

是年　杨寿镇被评为省亿万群众健身活动先进乡镇，镇党委书记张福堂被国家体委评为全国群众体育先进工作者。

1999 年

1 月 7 日　镇第十五届人民代表大会第一次会议召开，徐寿华当选为镇长，陈庭康当选为镇人大主席。

是月　杨寿农民球迷协会成立。

3 月　镇政府清退教育系统临时用工。

6 月　镇党委印发《关于深入开展"两提倡、两取缔"活动的意见》。

9 月　墩留村种粮大户邵兴盛获"市劳动模范"称号。

10 月 27 日　参加全军第四期师职领导干部人口理论集训班的干部到杨寿镇参观计划生育宣传教育和帮扶服务工作现场。

11 月　杨寿卫生院改制为民营。

12 月　镇人口首次出现负增长。

是月　杨寿变电所建成。

是年　镇中心幼儿园和各村幼儿园相继改制为个体幼儿园。2013 年政府回购，改为公办性质。

2000 年

4 月　镇党委开展"三讲"（讲学习、讲政治、讲正气）教育活动。

7 月　镇内区划调整，袁岗村并入爱国村，蒋塘村并入永和村，李岗村与杨寿村合并为宝女村，新民村与建龙村合并为新龙村。

8 月　集镇今日花园别墅区开工建设。

11 月 1 日　全国进行第五次人口普查。普查结果显示，杨寿镇总人口 22208 人，其中男性 11445 人、女性 10763 人，非农业人口 4729 人。

12 月　撤销邗江县，设立邗江区，杨寿镇属邗江区管辖。

是年　镇农贸市场迁至华杨南路东侧（杨庄），面积 1.2 万平方米，设 12 个区、500 个摊位。

是年　杨寿镇创建成市广播电视先进乡镇。

2001 年

7 月　为庆祝建党 80 周年,镇电影队在村、社区巡回放映《大决战》《开国大典》等爱国主义影片。

8 月　镇小学教育布局调整,东兴小学并入爱国小学,曹安小学、墩留小学并入中心小学。

11 月 23 日　杨寿农民球迷协会更名为邗江区(杨寿)球迷协会。

12 月　镇计生办、计生服务站被省计生委评为全省计划生育先进集体。

2002 年

1 月 11 日　镇第十六届人民代表大会第一次会议召开,孙荣当选为镇长,周富成当选为镇人大主席。

1 月 19 日　中共杨寿镇第十一次代表大会召开,张福堂当选为镇党委书记。

2 月　镇工业集中区建立。

10 月　方集桥重建并通车。该桥初建于 1993 年。

10 月　扬州市华都建设工程有限公司与台商施明华投资建立扬州来鹤台广场开发有限公司。注册资本 500 万美元,总投资 3000 万美元。是年 12 月,开工建设来鹤台综合性商业休闲广场。2003 年 10 月,一期工程竣工,建成面积 35580 平方米。

12 月　镇安置帮教办公室被省综治委评为先进集体。

是年　杨寿工业园经济发展有限公司成立,投入 1.5 亿元用于园区基础设施建设。

是年　杨寿工业园被市政府命名为乡镇示范工业园。

是年　扬州市广华房地产开发有限责任公司在蜀冈风景区征地 53.3 公顷,开发蜀景花园别墅群。

是年　方集村兴办自来水厂。

2003 年

3 月　经省农林厅批准,杨寿镇建立 66.6 公顷无公害杂交藕基地、333.3 公顷无公害水稻基地、46.7 公顷无公害油菜基地。

8 月　区委任命孙荣为中共杨寿镇委员会书记。

是月　杨寿至公道的堤顶公路建成。

9 月　有线电视光缆线路通达各村组,新装用户 1700 户,总用户 3400 户。

10 月　区划调整,杨寿镇与甘泉镇合并,成立邗江区甘泉镇。

11 月　树林饭店厨师李树林制作的"青菜烩豆腐圆""黄颡鱼烩臭大元"在中国民间民族菜肴比赛中获金奖。

是年　全乡安装电话 5300 部,为历史之最。

2004 年

7 月　镇内新龙、方集、宝女、东兴、爱国、永和、墩留七村分别建立社区卫生服务站。

8 月　杨寿电信支局并入甘泉电信支局。

9 月　俞坝桥建成通车。

12 月　杨寿卫生院住院楼落成启用,面积 700 平方米。

是年　发放第二代居民身份证。

2005 年

1 月　扬州公交公司开通扬州至杨寿的 7 路、107 路公交车。

8 月　斜桥重建竣工。

10 月　扬州赛创新材料科技有限公司在工业集中区建立,研发生产的覆塑建筑模板获国家发明专利。

2006 年

5 月　永和村党总支书记吴明江被授予"省劳动模范"称号。

6 月　宝女墩汉墓被省政府公布为省级文物保护单位。

10 月　杨寿大桥扩建竣工并通车。

12 月　姬庄桥建成通车。

2007 年

3 月　永和集中居住区(纯别墅)开工建设,2008 年建成。

5 月　曹安禅寺石刻在禅寺旧址被发现,石刻中间刻有"曹安禅寺"4 个大字,下方刻有"嘉庆二十一年,里人周纯夫立"。

8 月　新杨广场开工建设。广场位于集镇中心地带,绿化面积 0.67 公顷,工程投入资金 150 多万元。2008 年 6 月建成开放。

12 月　宏星大桥(原东兴大桥)、红星桥、墩留西庄桥、南江坝桥相继建成通车。

2008 年

1 月　永和村被市委、市政府命名为市社会主义新农村建设示范村。

3 月　全镇由扬州自来水公司直供长江水,日供水 1800 吨。

6 月 28 日　境内第一个村级党委——永和村党委成立。11 月 8 日,举行永和村党委暨便民服务中心挂牌仪式。

是月　省政府批准恢复设立杨寿镇,所辖地域如旧,即东兴、爱国、永和、墩留、宝女、新龙、方集 7 个村和集镇社区,镇政府设在集镇迎宾路原派出所内。8 月 8 日,举行挂牌仪式。

是月　区委任命黄金发为中共杨寿镇委员会书记。

8 月 2 日　镇第十八届人民代表大会第一次会议召开,黄金发当选为镇人大主席,贺宝兰当选为镇长。

8 月 8 日　中共杨寿镇第十三次代表大会召开,黄金发当选为镇党委书记。

是日　镇文化体育中心成立,下设诗词、书法、歌咏、舞蹈、空竹、太极拳、太极扇、球类、棋类、扬剧等分会。11 月,镇文化体育中心、社区教育中心举行挂牌仪式。

8 月 25 日　杨寿中心小学与杨寿中学合并,组建九年一贯制学校——杨寿学校,有班级 37 个,在校学生 1500 多人。学校地点在原杨寿中学。

10 月 28 日　市长王燕文考察杨寿集镇和永和村便民服务中心。

11 月 15 日　杨寿中学建校 50 周年暨杨寿学校成立庆典举行。

是年　杨寿镇开展"敬老"工程,凡年满 99 周岁的老人,政府每年发放 1 万元慰问金;年满 89 周岁的老人,政府每年发放 1000 元慰问金。

是年   杨寿学校学生胡林菲等自发组织义演,募集资金 1800 余元,交扬州电视台《关注》栏目,转送汶川地震灾区。

是年   立新桥(新龙桥)重建竣工,并恢复通车。

2009 年

1 月   杨寿镇被市委、市政府命名为市社会治安安全乡镇。

2 月 26 日(农历二月初二)   杨寿镇举办第十七届农民文化艺术节。

是月   孙庄小区一期工程开工建设。

是月   爱国村被市委、市政府命名为市社会主义新农村建设示范村。

4 月 28 日   区慈善协会杨寿分会暨杨寿敬老院(新址)揭牌。

8 月 8 日   杨寿镇举行"全民健身日"活动,确定以后每年 8 月 8 日为全民健身日。

是日   杨寿镇诗词协会成立。

8 月 28 日   杨寿镇离退休教育工作者协会成立。

10 月 8 日   镇行政服务中心大楼开工建设,占地 5.87 公顷,主楼面积 8800 平方米,附属楼 2400 平方米,总投资 1500 万元。2010 年 8 月 8 日竣工。

11 月 10 日   农民集中居住区孙庄小区一期工程开工建设,2011 年建成。

11 月 30 日   华通路改造延伸工程竣工。

12 月 18 日   镇村级创业园一期工程开工建设。规划面积 3.3 公顷,7 个村每村建设 2 万平方米标准厂房,进行招商引资。工程于次年竣工。

2010 年

1 月   杨寿镇被省体育局命名为省体育强镇。

是月   杨寿镇组织"千人看杨寿"活动。

3 月   杨寿镇开展"送桂花,美杨寿"活动,免费赠送桂花树 1.2 万株、蜡梅 6000 株。

是月   杨寿镇被市委、市政府命名为 2009 年度平安乡镇。

4 月 11 日   全国村级公益事业建设"一事一议"财政奖补工作会议在扬州召开。国务院农村综合改革工作小组成员、财政部副部长张少春等与会代表 170 多人参观杨寿"一事一议"项目现场。中央电视台、新华社、扬州电视台等多家媒体聚焦杨寿,采访报道。

8 月 8 日   镇行政中心迁址至宝女村大庄组(回归路西侧)。

9 月   李杏凤被省人口与计生委授予"从事人口和计划生育 30 年特别荣誉"证书。

是月   杨寿镇被市政府、扬州军分区评为 2009 年度征兵工作先进单位。

10 月 16 日   镇第十二届农民体育运动会在杨寿学校举行。

是月   镇党委启动"文明驿站"试点工程。首个文明驿站在新龙村大殿组吴玉良家挂牌。

11 月   《杨寿诗文集》第一辑出版,邵志军题写书名。

是年   红光桥、佘庄桥、郭庄桥、毛正桥相继建成通车。

2011 年

3 月 10 日   中共杨寿镇第十四次代表大会召开,徐德林当选为党委书记。

3 月 25 日   镇志编纂委员会及编辑部成立,方秀祥任主编。

4 月   华鑫饭店建成并对外营业。2016 年,更名为鑫华酒店。

9月26日　镇女子手龙队代表扬州市参加在淮安举行的省第三届农民体育节特色团队展演。

是月　杨寿卫生院完成改制,收归集体。

是月　杨寿公共卫生服务中心开工建设。

10月　刘家桥重建竣工。

是月　润水湾生态休闲园建成营业。

12月　永和村被省委、省政府评为省社会主义新农村建设先进村。

是月　区委任命贺宝兰为杨寿镇党委书记。

2012年

1月　杨寿镇制作"龙腾杨寿"贺岁挂历,展示全镇党建、经济社会发展取得的成绩。

3月2日　镇第十九届人民代表大会第一次会议召开,贺宝兰当选为镇人大主席,赵鼎当选为镇长。

是月　爱国村爱国组、永和村九连组、宝女村龚庄组、新龙村刘庄组被评为省三星级康居乡村,东兴村下瓦组、爱国村大众组、墩留村周庄组、方集村田庄组被评为省二星级康居乡村。

4月　省国土资源厅副厅长陈茹华驻点新龙村开展"三解三促"(了解民情民意、破解发展难题、化解社会矛盾,促进干群关系融洽、促进基层发展和稳定、促进机关作风转变)活动。

9月　投资600多万元、建筑面积3800平方米的杨寿学校教学楼建成投入使用。

10月28日　镇第十三届农民体育运动会在杨寿学校体育场举行,共有17支代表队600多名运动员参赛。

11月26日　邗江区镇村公交开通仪式在镇客运站举行,境内开通328路(杨寿镇—黄珏镇)、329路(集镇—永和村—爱国村—东兴村)、330路(杨寿镇—公道镇)3条镇村公交线路,实现公交"村村通"。

12月　杨寿镇创建成省级乡村公路管养及安保工程示范镇。

是月　杨寿镇首次评选"2012感动杨寿"先进人物,东兴村范广林、永和村徐龙均、墩留村李丽、宝女村许金来4人当选,镇政府向每人赠送电动车1辆。

2013年

1月29日　镇万顷良田项目规划方案通过省级专家论证。

3月15日　镇党委、政府主要负责人为百岁老人吴玉德祝寿,送上万元敬老金和花篮,老人当场挥毫写下"家和万事兴"条幅。

4月11日　镇政府召开"杨寿一日游"乡村旅游策划会。

5月11日　在"感恩母亲"特种邮票发行暨感动邗江"十佳母亲"表彰会上,宝女村万明红、杨寿学校教师王萍被评为区"十佳好母亲"。

7月19日　省财政厅副厅长黄晓平到杨寿考察敬老院和社区日间照料中心。

10月8日　农民集中居住区孙庄小区二期工程开工建设,2016年建成。

10月19日　关于杨寿的微电影《没有什么能够阻挡》拍摄完成,于同年11月5日上传优酷网。这是扬州市首部乡村旅游微电影。

10月26日　杨寿镇政协工委挂牌。

12月5日　镇东兴路获"扬州市最美乡村路"称号。

12月20日　镇万木春纸制品有限公司被命名为扬州市第二批文化产业示范基地。

是年　镇政府回购杨寿幼儿园,改为公办。

是年　河洛花园小区开工建设。

2014 年

1月4日　镇妇联开展评选"十佳好婆婆""十佳好女婿"活动。

1月10日　省曲艺家文艺志愿者服务团举行"送欢笑走进杨寿"惠民演出活动。

1月17日　中国科学院水生生物研究所(武汉)博士殷明和张磊应邀到镇省级现代渔业示范村(东兴村)、健康养殖示范场等地开展"送技术、送服务"主题活动。

4月2日　区群众路线教育督导组到杨寿开展"四查四看"活动。

6月5日　市加快发展村级经济暨促进农民增收工作现场推进会在杨寿召开。

8月9日　杨寿镇豆腐圆子制作技艺和箍桶制作技艺入选扬州市第三批非物质文化遗产名录。

9月　杨寿学校标准化操场及配套工程建成使用。

11月3日　中国文联志愿者服务中心副主任邵志军参观母校杨寿学校并接受访谈。

12月8日　武汉沐石文化传媒有限公司总经理乔扬、武汉光之谷文化科技有限公司总经理姜开考察调研杨寿文化产业基地建设项目。

是月　方集村创成省级村庄规划建设示范村,爱国村创成省级生态村、市级优美乡村,墩留村、新龙村创成省级卫生村。

是年　和美苑小区开工建设。

2015 年

1月8日　中央电视台记者走进宝女村,对该村道德文明示范点进行专题拍摄。

3月12日　区四套班子领导及区级机关部门代表、镇机关人员和杨寿学校师生代表300多人到墩留村开展义务植树活动。

4月23日　在第二十个"世界读书日"来临之际,杨寿镇开展全民读书活动。

5月18日　县道公瓜线开工典礼在杨寿镇举行。

7月27日　市政协主席洪锦华一行20余人走进杨寿,对创日猪场和永和四季果蔬园进行"三重"(重大事项决策、重要干部任免、重要项目安排)工作督查。

10月12日　中国科学院理化技术研究所研究员、博士生导师邵付云到杨寿的企业进行技术交流。

10月14日　区民政局副局长仲维春、区老年办主任李桠萍、镇党委书记贺宝兰、镇长赵鼎等一行10余人到爱国村为邗江区最长寿老人朱桂芳祝寿(1911年生)。

11月16日　杨寿卫生院(镇公共卫生服务中心)迁入新址。

12月17日　省思想政治工作会议在扬州召开,与会代表100余人到杨寿镇参观宝女村道德文明建设示范点。

是月　杨寿镇创建成省卫生镇。

2016 年

1月　镇王珍香婚姻家庭个人调解工作室被命名为邗江区优秀婚姻家庭纠纷个人调解工作室。

3月15日　镇残联组织开展0~14岁儿童视力、脑瘫、孤独症筛查,进行抢救性康复训练。

4月8日　农民集中居住区孙庄小区三期工程开工建设。

5月17日　中共杨寿镇第十五次代表大会召开,贺宝兰当选为党委书记。

6月23日　镇组织发动干部群众,为盐城阜宁等龙卷风、冰雹灾害严重地区募捐。

9月30日　扬州市"最美乡村"定向越野跑邗江杨寿站(首站)新闻发布会在杨寿举行,人民网、中新网、《新华日报》、《扬州日报》、扬州广电等10多家媒体记者参加新闻发布会。10月15日,定向越野跑在杨寿鸣枪开跑。

10月20日　市委书记谢正义到杨寿慰问低收入农户。

11月5日　镇第十四届农民体育运动会在杨寿学校运动场举行。

11月6日　爱国村罗家组方阳英百岁生日,区、镇有关领导上门庆贺。

11月10日　镇党委、政府负责人向全镇少数民族居民发放清真食品补助费。

12月9日　镇文学艺术界联合会第一次代表大会召开,镇文联成立。

第一章　建置　区划

　　杨寿镇位于扬州市西北郊,距区政府约 20 千米。东与方巷镇接壤,南与甘泉街道毗连,西与仪征市大仪镇、刘集镇以扬天公路为界,北与公道镇、仪征市大仪镇隔朱桥涧相望,东北濒临邵伯湖尾闾之白马湖。地形呈不规则方形。镇政府驻杨寿镇宝女村大庄组。

　　相传,很久以前,有一位杨姓兽医,乘船漂泊至境内一座土坝边(今杨寿社区老街北处),在坝上开设兽医诊所。平时,他四处行医,给当地人家的牲畜看病。他医术高明,医德高尚,享誉方圆几十里。由于前来替牲畜求医的人较多,人气渐盛,便逐渐形成集市。他还经常修缮堤坝,方便百姓行走。他去世后,人们为纪念这位来自异乡的好心人,将这个小坝称之为杨兽医坝,并将坝边的小集市称之为杨兽医坝集。唐代,此地形成集镇。民国时期,因"兽"字不雅,故改"兽"为"寿",且省略"医"字,简称"杨寿坝",后以"杨寿"名乡。

　　据《民国续修甘泉县志》记载,杨寿坝原名杨兽医坝。大仪诸山之水,三源并发至坝,合而东流,系西山一大集镇也。

第一节　建　置

　　甘泉汉墓和宝女墩汉墓出土的文物表明,境内在东汉时期属广陵县、江都县。

　　隋代,境内改属邗江县、江阳县。

　　唐代,属江都县兴宁乡。

　　宋代,属江都县招贤乡。

　　明代,属江都县丰乐乡。嘉靖年间设区,属丰乐区。

　　清雍正九年(1731),属甘泉县第三区。晚清时,属上官巡检司所辖杨兽医坝集。

　　民国元年至民国十七年(1912~1928),江都县设 10 个区,分辖 36 乡、15 市,杨寿境域属第九区北六集市。民国十八年(1929),江都县第九区改为第八区,境内杨寿乡、方集乡、墩刘乡随之属第八区。

　　民国二十七年(1938)日伪统治时期,江都县一度改区为乡,改乡为村,村下辖保如旧。杨寿乡、方集乡属大仪乡。

民国三十一年(1942)春,建立抗日民主政权湖西办事处,杨寿乡、方集乡、墩刘乡划属黄珏区。秋,境内杨寿乡北部建俞坝乡,属湖西办事处公道区。杨寿乡一度改属湖西办事处大仪区。

民国三十二年(1943)6月,湖西办事处与水南办事处合并,建立甘泉县抗日民主政府,境域属甘泉县抗日民主政府。

民国三十四年(1945)8月,抗日战争胜利。次年9月,民主政权北撤。国民政府江都县复区、乡如旧。

民国三十六年(1947)10月,方杨乡与杨寿乡合并为方杨乡,辖14个保。

民国三十七年(1948)4月,重建民主政权,设杨寿乡、方集乡、墩刘乡,先后属东南县、仪扬县、仪征县黄珏区。同年11月,境域解放。次年6月,随黄珏区改属新设置的县级市扬州市。

1949年10月1日,中华人民共和国成立,辖区如旧。

1950年8月,境域改属江都县。

1956年3月,经国务院批准,江都县析为江都、邗江两县,杨寿、方集、墩刘乡划归邗江县。4月,墩刘乡改为墩留乡,并入方集乡。11月,撤销黄珏区,原方集乡西部并入杨寿乡,为县直辖,方集乡东部并入裔家乡,方集乡随之撤销。

1957年9月,撤销裔家乡,原属方集(除苏窑村外)一带划入杨寿乡。

1958年9月,邗江县、扬州市合并,杨寿乡改属扬州市。10月,实行人民公社化,杨寿公社管理委员会建立,实行政社合一体制。

1963年3月,邗江县、扬州市分治,杨寿公社随之属邗江县。

1969年12月,杨寿公社管理委员会改称为杨寿公社革命委员会。1981年3月,撤销杨寿公社革命委员会,恢复杨寿公社管理委员会建置。

1983年5月,政社分设,撤销杨寿公社管理委员会,设立杨寿乡人民政府和杨寿乡经济联合委员会。1990年3月,撤销杨寿乡经济联合委员会。

1995年5月,撤乡设镇,杨寿乡改称杨寿镇,实行镇管村体制。

2003年10月,区划调整,杨寿镇与甘泉镇合并,成立新的甘泉镇。

2008年6月,两镇分设,以原有地域析出,恢复杨寿镇建置。

第二节　区　划

隋代,境内属邗江县。

唐代,属江都县兴宁乡。

宋代,属江都县招贤乡。北宋熙宁五年(1072),推行保甲法,10甲为1保,50甲为1大保,境内辖24保。

元代,沿用宋制。

明代,属江都县丰乐乡。嘉靖年间设区,属丰乐区,辖7个里。

清初,仍袭明制,改里为图,区下辖图,境内辖7个图。雍正九年(1731),属甘泉县第三区。晚清时,属上官巡检司所辖杨兽医坝集,辖7个图。

民国元年（1912），境内属江都县北六集市，辖杨兽坝、方家集、墩刘庵。

民国十七年（1928），江都县设 10 个区，境内属第九区，辖区如旧。

民国十八年（1929），第九区改称第八区，境内有杨寿乡、方集乡，下设间、邻，5 户为 1 邻，5 邻为 1 间。

民国二十三年（1934），改间邻制为保甲制，杨寿乡辖 12 个保，方集乡辖 12 个保。

民国三十一年（1942），民主政权建立，境内先后建立俞坝乡、杨寿乡、墩刘乡、方集乡。

民国三十五年（1946）9 月，民主政权北撤，国民政府江都县复区、乡如旧，境内属江都县第八区。仪征县朱桥一带和公道的谷营、柏树一带划归杨寿乡，杨寿乡由 12 个保增加到 15 个保。方集乡、墩刘乡辖 14 个保。

民国三十六年（1947），方集乡与墩刘乡合并为方杨乡，下辖 14 个保。

民国三十六年（1947）境内行政区划一览表

表 1-2-1

乡　别	保　序	辖区主要村庄	今隶属村境
杨寿乡	1	杨寿集镇及街口、官庄、吴庄、高院一带	杨寿集镇、爱国村、永和村
	2	陈庄、薛庄、金庄、王庄、小袁岗	爱国村
	3	义和、周庄、佘庄、小爱国、五九、贺庄、前刘、后刘、俞坝、唐庄	爱国村
	4	大众、上瓦、下凹、徐庄、薛庄、王庄	爱国村
	5	蒋塘庄、焦庄、樊庄、大庄、王庄、金庄、吴庄、刘家、瓦屋	永和村
	6	三连、九连、小永和、平原、高庄	永和村
	7	杨华、吴庄、成庄、徐庄、涂庄、丘陵	永和村
	8	罗家、吴庄、潘庄、郭庄、唐庄、马场	爱国村、永和村
	9	下瓦、徐庄、黄庄、顾庄	东兴村、爱国村
	10	张庄、陈庄、包沙、孔庄	东兴村
	11	宋庄、陶庄、南庄、金庄、苏庄、西庄、上庄、小东兴	东兴村
	12	颜坝、孔桥、朱桥、军田	永和村
	13	仪征市朱桥一带	仪征市大仪镇
	14	公道镇谷营一带	公道镇
	15	公道柏树、大姚庄一带	公道镇
方集乡（方杨乡）	1	南岗、周九房、方庄、大同、桃园	方集村、甘泉镇
	2	胡庄、双栗、花园、谭巷	方集村
	3	张庄、常庄、王庄、苏窑、曹坝、陈九房	方巷镇
	4	方家集、高田庄、田庄、柏小庄、湾里、陈庄、胡冲、陈冲、汤庄	方集村
	5	曹安、刘庄、建国、三星、桥口	新龙村
	6	小建隆、同兴、东庄、步庄、玉带	新龙村
	7	新华、方庄、大殷、周庄、曾巷、前庄、安庄	新龙村
	8	碾头、刘庄、高庄、马场、周庄、岗庄	墩留村

续表 1-2-1

乡　别	保　序	辖区主要村庄	今隶属村境
方集乡（方杨乡）	9	姚塘、张庄、炕坊、西庄、东庄、公路、墩刘	墩留村
	10	邵庄、田庄、姬庄	墩留村
	11	宝女、官塘、大庄、大顺、交通、楚庄	宝女村
	12	龚庄、楼庄、下庄、李岗、刘庄	宝女村
	13	田庄、姬庄、李庄、耿庄、孙庄、王庄、红星	宝女村
	14	吴庄、电力、时庄、红旗、民主、工农、赵庄	宝女村、新龙村

民国三十七年（1948）4月，建立民主政权，设杨寿乡、方集乡、墩刘乡，辖保如旧。

民国三十八年（1949）1月25日，扬州城解放。是年4月23日，邗江全境解放。6月，杨寿乡、方集乡、墩刘乡随黄珏区从仪征划归扬州市。仪征县朱桥一带划归仪征，公道的谷营、柏树一带划归公道。改保甲制为村组制。

中华人民共和国成立后，墩刘乡辖墩刘、救生、毛正、宝女、李岗、瞒藏6个村，方集乡辖方集、周九、建隆、曹安、苏窑、大殷6个村，杨寿乡辖苏家、万元、金王、莲子、马场、杨华、九连、高院、蒋塘、袁岗、包沙、仁元12个村和集镇。三乡共辖24个村、1个集镇、147个组。1950年8月，境内改属江都县。

1949~1955 年境内乡、村、组设置一览表

表 1-2-2

乡　别	村　名	所辖组名	所辖组数
杨寿乡	苏家村	苏家嘴、上庄、西庄、苏庄、金庄、南庄、陶庄、宋庄	8
	万元村	徐庄、黄庄、下瓦、顾庄	4
	包沙村	包沙、孔庄、张庄、陈庄	4
	仁元村	徐庄、薛庄、王庄、大众、上瓦、下凹	6
	金王村	金王、前刘、后刘、俞坝、唐庄	5
	莲子村	义和、小爱国、周庄、余庄、潘庄、罗家、吴庄、五九、贺庄	9
	袁岗村	小袁岗、王庄、陈庄、薛庄、金王、吴庄、官庄	7
	高院村	高院、王庄、蒋塘、刘家、瓦屋、金庄	6
	蒋塘村	樊庄、大庄、焦庄、吴庄	4
	马场村	马场、军田、颜坝、孔桥、朱桥、唐庄、郭庄	7
	九连村	小永和、三连、九连、平原、高庄	5
	杨华村	杨华、吴庄、成庄、涂庄、徐庄、丘陵	6
方集乡	周九村	双栗、胡庄、谭巷、花园、方庄、周九房、南岗、大同	8
	方集村	方家集、田庄、高庄、湾里、汤庄、陈冲、陈庄、胡冲	8
	苏窑村	张庄、常庄、王庄、曹坝、陈九房	5
	建隆村	玉带、步庄、东庄、同兴、小建隆	5
	曹安村	桥口、三星、曹安、建国、刘庄	5
	大殷村	方庄、新华、大殷、周庄、曾巷、安庄	6

续表 1-2-2

乡　别	村　名	所辖组名	所辖组数
墩刘乡	墩刘村	公路、墩刘、姚塘、张庄、炕坊、西庄、东庄	7
	救生村	刘庄、高庄、马庄、周庄、岗庄、碾头、田庄、邵庄	8
	李岗村	大庄、官塘、大顺、龚庄、楼庄、下庄、李岗、刘庄	8
	宝女村	宝女、交通、楚庄、红星、田庄、姬庄、徐庄	7
	毛正村	吴庄、电力、姬庄、王庄、耿庄、李庄、时庄	7
	瞒藏村	民主、杨庄、红旗、工农、赵庄	5

1956 年 3 月,建立邗江县,杨寿、方集、墩刘乡划归邗江县。辖村、组同上。

1956 年 4 月,墩刘乡改为墩留乡,并入方集乡,方集乡辖 12 个村。是年,境内成立 18 个高级农业生产合作社,取代村组。

1956 年境内高级农业生产合作社设置一览表

表 1-2-3

乡　别	高级农业生产合作社名称	原划入村组
杨寿乡	东兴	苏家村 8 个组:苏家嘴(小东兴)、上庄、西庄、苏庄、金庄、南庄、陶庄、宋庄
	包沙	包沙村 4 个组:包沙、孔庄、张庄、陈庄
	万元	万元村 2 个组:徐庄、黄庄
	爱国	万元村 2 个组:下瓦、顾庄
		仁元村 6 个组:徐庄、薛庄、王庄、大众、上瓦、下凹
		金王村 5 个组:金王、前刘、后刘、俞坝、唐庄
		莲子村 9 个组:义和、爱国、周庄、佘庄、潘庄、罗家、吴庄、五九、贺庄
	袁岗	袁岗村 7 个组:袁岗、王庄、陈庄、薛庄、金庄、吴庄、官庄
	永和	马场村 7 个组:马场、军田、颜坝、孔桥、朱桥、郭庄、唐庄
		九连村 5 个组:永和、三连、九连、平原、高庄
	杨华	杨华村 6 个组:杨华、吴庄、成庄、徐庄、涂庄、丘陵
	蒋塘	高院村 6 个组:高院、王庄、蒋塘、刘家、瓦屋、金庄
		蒋塘村 4 个组:樊庄、大庄、焦庄、吴庄
方集乡	大同	周九村 7 个组:双栗、胡庄、谭巷、方庄、周九房、南岗、大同
	方集	方集村 7 个组:方集、高田、湾里、汤庄、陈冲、陈庄、胡冲
	建隆	建隆村 5 个组:建隆、同兴、东庄、步东、玉带
	建国	曹安村 5 个组:桥口、三星、曹安、建国、刘庄
	新华	大殷村 4 个组:新华、方庄、大殷、周庄
	曾巷	大殷村 2 个组:曾巷、安庄
	民主	瞒藏村 5 个组:工农、赵庄、民主、杨庄、红旗
	墩留	墩留村 7 个组:公路、墩留、姚塘、张庄、炕坊、西庄、东庄

续表 1-2-3

乡别	高级农业生产合作社名称	原划入村组
方集乡	墩留	救生村 8 个组：刘庄、高庄、马庄、周庄、岗庄、碾头、邵庄、田庄
		宝女村 2 个组：姬庄、徐庄
	毛正	毛正村 11 个组：吴庄、电力、王庄、孙庄、李庄、红星、时庄、耿庄、姬庄、田庄、杨寿
	李岗	李岗村 8 个组：大庄、官塘、大顺、龚庄、楼庄、下庄、李岗、刘庄
		宝女组 3 个组：宝女、交通、楚庄

1956 年 11 月，撤销黄珏区，原方集乡西部并入杨寿乡，杨寿乡辖 21 个村和 1 个集镇。原方集乡东部苏窑、方集、建隆并入裔家乡。方集乡撤销。

1957 年 9 月，撤销裔家乡，原辖方集一带的方集、建隆村划入杨寿乡。杨寿乡辖 23 个村和 1 个集镇。

1958 年 9 月 5 日，撤销邗江县，并入扬州市，境域随之属扬州市。

1958 年 9 月下旬，开展人民公社化运动，实行政社合一，杨寿乡改为杨寿人民公社，辖爱国、永和、墩留、方集四大管理区（工区）、22 个连。

1958 年杨寿人民公社所辖管理区（工区）和连队一览表

表 1-2-4

管理区（工区）名称	连队名称	所辖村庄
爱国	一连（东兴、万元）	小东兴、上庄、西庄、苏庄、金庄、南庄、陶庄、宋庄、黄庄、徐庄
	二连（包沙）	包沙、孔庄、张庄、陈庄
	三连（仁元）	徐庄、薛庄、王庄、大众、上瓦、下凹
	四连（金王）	金王、前刘、后刘、俞坝、唐庄
	五连（袁岗）	袁岗、王庄、陈庄、薛庄、金庄、吴庄、官庄
	六连（莲子）	义和、爱国、周庄、吴庄、罗家、潘庄、余庄、五九、贺庄
永和	一连（蒋塘）	高院、王庄、蒋塘、刘家、瓦屋、金庄、樊庄、焦庄、吴庄、大庄
	二连（杨华）	杨华、吴庄、徐庄、成庄、涂庄、丘陵
	三连（马场）	马场、军田、孔桥、颜坝、朱桥、郭庄、唐庄
	四连（九连）	永和、三连、九连、平原、高庄
方集	一连（大同）	双栗、胡庄、花园、谭巷、桃园、南岗、大同、方庄
	二连（方集）	方集、田庄、高田、湾里、汤庄、陈冲、陈庄、胡冲
	三连（建国）	建国、曹安、刘庄
	四连（桥口）	桥口、三星
	五连（建隆）	建隆、同兴、东庄、步庄、玉带
	六连（新华）	新华、方庄、大殷、周庄
	七连（曾巷）	曾巷、前庄、安庄
	八连（民主）	民主、赵庄、工农、红旗、杨庄

续表 1-2-4

管理区(工区)名称	连队名称	所辖村庄
墩留	一连(墩留)	公路、墩留、姚塘、炕坊、东庄、西庄、刘庄
	二连(救生)	高庄、马庄、周庄、岗庄、碾头、邵庄、田庄、徐庄、姬庄
	三连(李岗,含烟叶)	李岗、交通、宝女、楚庄、下庄、龚庄、楼庄、大庄、官塘、大顺、刘庄
	四连(毛正)	吴庄、电力、田庄、姬庄、红星、孙庄、王庄、耿庄、时庄、李庄、杨寿

　　1959 年 4 月,公社撤销 4 个工区,设立东兴、爱国、永和、蒋塘、墩留、宝女、新民、方集等 8 个生产大队。6 月,爱国大队分设袁岗大队,永和大队分设杨华大队,宝女大队分设毛正大队,方集大队分设建隆大队,设立杨寿集镇居委会。

　　1960 年 5 月,宝女大队分设烟叶大队。

　　1961 年 5 月,撤销烟叶、毛正大队,并入宝女大队。撤销杨华大队,并入永和大队。

　　1963 年 3 月,邗江县、扬州市分治,杨寿公社隶属邗江县,下辖东兴、爱国、永和、袁岗(新设)、墩留、宝女、新民、建隆(新设)、方集、蒋塘等 10 个大队、145 个生产队。

1963 年杨寿公社所辖生产大队、生产队一览表

表 1-2-5

大队名称	生产队数(个)	生产队名称
东兴	14	东兴、西庄、苏庄、金庄、南庄、陶庄、宋庄、黄庄、徐庄、下瓦、包沙、孔庄、张庄、陈庄
爱国	21	徐庄、薛庄、王庄、大众、上瓦、下凹、义和、周庄、爱国、佘庄、顾庄、罗家、吴庄、潘庄、五九、贺庄、金王、前刘、后刘、俞坝、唐庄
袁岗	7	官庄、吴庄、金庄、陈庄、薛庄、王庄、袁岗
永和	18	高庄、平原、九连、三连、永和、唐庄、郭庄、马场、军田、孔桥、颜坝、朱桥、丘陵、徐庄、涂庄、成庄、杨华、吴庄
蒋塘	10	高院、王庄、金庄、瓦屋、蒋塘、刘家、大庄、樊庄、焦庄、吴庄
方集	14	方集、田庄、高田、湾里、汤庄、陈冲、陈庄、胡冲、大同、方庄、花园、双栗、胡庄、桃园
建隆	11	建国、刘庄、曹安、三星、桥口、建隆、同兴、东庄、步庄、玉带、渔业
新民	11	杨庄、红旗、民主、工农、赵庄、曾巷、安庄、周庄、大殷、新华、方庄
宝女	22	大庄、官塘、大顺、楚庄、宝女、交通、刘庄、李岗、下庄、楼庄、龚庄、杨寿、时庄、耿庄、孙庄、王庄、李庄、吴庄、电力、姬庄、田庄、红星
墩留	17	公路、墩留、姚塘、张桥、炕坊、西庄、东庄、刘庄、高庄、岗庄、碾头、田庄、邵庄、徐庄、姬庄、马庄、周庄

　　1964 年 4 月,宝女大队分设李岗大队。1966 年 4 月,宝女大队改名为杨寿大队。

　　1969 年 6 月 6 日,成立杨寿公社革命委员会(简称"公社革委会")。

　　1981 年 3 月,撤销杨寿公社革委会,恢复杨寿人民公社管理委员会。

　　1983 年 5 月,撤销杨寿公社,设立杨寿乡人民政府、杨寿乡经济联合委员会。生产大队改为村民委员会,生产队改为村民小组。杨寿乡辖东兴、爱国、袁岗、永和、蒋塘、方集、新民、建龙(改"隆"为"龙")、杨寿、李岗、墩留等 11 个村、151 个村民小组。

　　1995 年 5 月,撤销杨寿乡,建立杨寿镇,实行镇管村体制。

2000年7月，镇内区划调整，袁岗村并入爱国村，蒋塘村并入永和村，李岗村与杨寿村合并为宝女村，新民村与建龙村合并为新龙村。村民小组仍为151个，自然村庄180个。

2003年10月，区划调整，杨寿镇与甘泉镇合并。

2008年6月，区划调整，以原杨寿镇地域村组，恢复杨寿镇建置，辖7个行政村、1个社区，下设151个村民小组和3个居民小组。至2016年，杨寿所辖村、村民小组、居委会、居民小组未变。

2000~2016年杨寿镇行政村（社区）所辖村（居）民小组一览表

表 1-2-6

村　别	村（居）民小组数（个）	村（居）民小组名称
东兴村	16	东兴、上瓦、西庄、苏庄、金庄、南庄、陶庄、宋庄、黄庄、徐庄、下瓦、包沙、孔东、孔西、张庄、陈庄
爱国村	28	徐庄、薛庄、王庄、大众、上瓦、下凹、义和、周庄、爱国、佘庄、顾庄、罗家、吴庄、潘庄、贺庄、五九、金王、前刘、后刘、俞坝、唐庄、官庄、吴庄、金庄、陈庄、薛庄、王庄、袁岗
永和村	29	高庄、平原、九连、三连、永和、唐庄、郭庄、马场、军田、孔桥、颜坝、朱桥、丘陵、徐庄、涂庄、成庄、杨华、吴庄、高院、王庄、金庄、瓦屋、蒋塘、刘家、大庄、樊庄、焦一、焦二、吴庄
墩留村	17	公路、墩留、姚塘、张桥、炕坊、西庄、东庄、刘庄、高庄、马庄、周庄、岗庄、碾头、田庄、邵庄、徐庄、姬庄
宝女村	23	大庄、官塘、大顺、楚庄、宝女、交通、刘庄、李岗、下庄、楼一、楼二、龚庄、杨寿、孙庄、耿庄、李庄、红星、田庄、姬庄、电力、吴庄、时庄、王庄
新龙村	23	杨庄、方庄、新华、大殷、周庄、赵庄、工农、民主、红旗、曾巷、前庄、安庄、建国、刘庄、曹安、三星、桥口、建龙、同兴、东庄、步庄、玉带、渔业
方集村	15	方集、田庄、高田、湾里、汤庄、陈冲、陈庄、胡冲、大同、方庄、花园、谭巷、双栗、胡庄、桃园
杨寿社区	3	老街、华通路、乐星路

2000~2016年杨寿镇行政村所辖自然村庄一览表

表 1-2-7

村　名	村庄数（个）	自然村庄名称
东兴村	17	金王庄、丁庄、黄庄、下庄、上庄、范庄、宋庄、陶庄、苏庄、下瓦、包沙头、孔庄、吴庄、张庄、陈庄、徐庄、联合庄
爱国村	35	莲子庵、徐庄、薛庄、小前庄、大前庄、瓦房庄、王家洼、刘庄、周庄、小王庄、佘庄、潘庄、小桥庄、张庄、吴庄、罗庄、张家庄、贺庄、马场庄、刘庄、金庄、王庄、刘庄、俞家坝、唐庄、顾庄、余家巷、官庄、吴庄、金庄、陈庄、薛庄、盛庄、王庄、袁家岗
永和村	34	九连塘、大高庄、曹庄、小高庄、三连塘、江庄、龚庄、唐庄、郭庄、马场领、姚庄、军田岗、孔桥、颜家坝、丘陵、小郭庄、大徐庄、涂庄、成庄、吴庄、杨华庄、蒋塘庄、高院墙、王庄、瓦屋庄、江庄、金庄、刘家洼、庄家大庄、樊庄、下庄、焦庄、万庄、吴庄
墩留村	22	刘庄、姚塘、张庄、田家凹、炕坊庄、西庄、东庄、下庄、彭庄、墩刘庵、高庄、田庄、姬庄、十五里塘、徐庄、邵庄、马庄、田庄、周庄、碾头、小桥庄、岗庄
宝女村	23	楚庄、宋家大庄、宝女墩、曹家铺、后李岗、李岗、下庄、楼庄、龚庄、郭庄、李庄、杨寿、时庄、耿庄、孙庄、王庄、楚庄、田庄、房庄、小姬庄、前吴庄、张庄、后吴庄

续表1-2-7

村　名	村庄数（个）	自然村庄名称
新龙村	29	瞒藏留、前方庄、后方庄、大殷庄、小刘庄、周庄、赵庄、龚三房、蹩脚庄、杨庄、小殷庄、曾巷、前庄、庵庄、祠堂庄、沟圈庄、小桥口、夏家嘴、步庄、柏庄、汤庄、东庄、徐家嘴、纪庄、曹安寺、周巷、西庄、渔业庄、刘庄
方集村	20	谭巷、双栗树、下马桥、胡庄、小谭巷、汤庄、陈家冲、方庄、周九房、陈庄、刘庄、任庄、王庄、田庄、高田庄、湾里、方家集、胡家冲、桃园、柏小庄

第三节　治　所

民国初年至民国十七年（1912~1928），境内属江都县第九区北六集市。第九区治所设在大仪。

民国十八年（1929）以后，境内属江都县第九区，后改为第八区，建杨寿乡、方集乡、墩刘乡。杨寿乡治所设在杨寿集镇，方集乡治所设在方家集镇，墩刘乡治所设在集镇裕善堂。

民国二十三年（1934），墩刘乡与方集乡合并为方杨乡，方扬乡治所设在方家集镇。

民国二十七年（1938），日伪控制江都县，一度改区为乡，境内属大仪区（大仪乡），治所设在大仪镇。

民国三十一年（1942），杨寿乡北部划建俞坝乡，治所设在俞坝村庄（今杨寿镇爱国村俞坝组）。

民国三十四年（1945）8月，抗日战争胜利。次年9月，民主政权北撤，国民党复区、乡如旧，治所如前。

民国三十六年（1947）10月，并乡并保，杨寿乡、方集乡合并为方杨乡，治所设在杨寿集镇南街染坊附近一居民家中。

民国三十七年（1948）4月，建立民主政权，设杨寿乡、方集乡、墩刘乡。杨寿乡治所设在爱国村吴庄组吴春英家，方集乡治所设在方家集镇，墩刘乡治所设在集镇裕善堂。

1955年，杨寿乡治所移至莲子庵内（今爱国村）。

1956年4月，墩刘乡并入方集乡，治所设在瞒藏村小殷庄（现新龙村红旗组）地主吴在林家。同年6月，迁至方集镇上。

1956年11月，撤销方集乡，方集乡东部划归裔家乡，治所设在裔家集镇上。西部划归杨寿乡，治所设在杨寿集镇南街涂庭栋家。

1957年9月，撤销裔家乡，原辖方集一带（除苏窑村外）划入杨寿乡，治所如前。

1959年12月，公社在原墩刘乡政府（裕善堂）地址上新建治所，人称"小会堂"。

1962~1967年，治所迁至杨寿搬运站内（现华杨路北端）。

1968年初，治所迁至现杨寿卫生院南部新建的两排平房内。

1983年底，治所迁至杨寿集镇南大街（杨庄）新建的办公大楼（今河洛花园小区）。

2003年10月，杨寿镇与甘泉镇合并，治所设在甘泉集镇。

2008年6月，区划调整，恢复杨寿镇建置，治所设在迎宾路原公安派出所内。

2010年，杨寿镇政府迁至宝女村大庄组，新建办公大楼。

第二章　自然环境

　　杨寿镇地处扬州市邗江区西北部,镇境东西长 8 千米,南北长 7.1 千米,为不规则方形。地域总面积 39.93 平方千米,其中耕地 1630.73 公顷、村镇建设及工矿用地 754.02 公顷、林地 89.1 公顷、园地 143.1 公顷、水面积 1143.39 公顷、道路用地 232.69 公顷。地势呈东北低、西南高,最低海拔 5.2 米,最高海拔 32.63 米。东北部濒临邵伯湖,为圩田,易涝;西南部为丘陵缓岗田,易旱。土壤以小粉白土、小粉土为主。境内主要河流有杨寿涧、王冲涧、朱桥涧,总长 26.96 千米,总面积 75.43 公顷,三涧呈“川”字形,由西向东穿境而过,流经公道镇入邵伯湖再入长江。涧两旁为梯坡田,坡度 5~10 度。地处亚热带季风气候区,四季分明,气候温和,雨水充沛,光照充足,无霜期长,生物和水资源丰富。有涝灾、旱灾、台风、低温、冰雹等灾害。

第一节　地质地貌

一、地质

　　镇域属于苏北盆地的一部分,成陆较早,为新生代第四纪构造运动形成的黄土低丘。古生代至三叠纪处于稳定沉降阶段,侏罗纪至白垩纪处于上升阶段。晚白垩纪末期的仪征运动,形成分割性较强的新生代断陷盆地,南北开始分异。以甘泉山-小纪镇断裂带为界,南部属隆起区,北部属凹陷区。晚第三纪玄武岩分布于镇境内。

　　地表广泛覆盖着巨厚的第四系沉积,无基岩出露。新生界第三系在境内地下均有分布,距黄珏油田、公道马家嘴油田较近。

　　新生界第四系,未见下更新统和中更新统,而上更新统和全新统则布于境内。上更新统下蜀组为冲击形成的河流相沉积,分布于境内丘陵岗地上,一般标高 20~30 米,为棕黄色沙质黏土夹褐黄色泥质粉沙层,底部为褐黄色泥质沙层和沙砾层,厚数米至数十米不等。

二、地貌

镇境西南部为陈家集、大仪集两岗延伸部分,系(江)浦、六(合)、仪(征)丘岗地区的东部边缘,形成于第四纪上更新世,距今约 10 万年,为缓岗类型,以岗田为主,易旱。地势起伏较大,地面高程一般在 8~30 米之间,坡度为 3~10 度。境内宝女墩海拔高度 32.63 米,为镇境最高。镇东北部濒临邵伯湖,地势低平,属滨湖平原,形成时间约近 1 万年前,为圩区,易洪易涝。新龙村步庄组圩田海拔 5.2 米,为境内最低。

境内有 3 条主河流,其中主河流杨寿涧,由西向东,穿境而过,将全境从中分为南北两部分,经公道入邵伯湖,是排灌主干河,支河流密布全境;有大小水库 7 座,常年蓄水 70 万 ~75 万立方米;原有塘坝 1658 处,兴修水利、农田方整后现存 1328 处;有大圩 3 条,长 46050 米。

地貌形成的圩田(冲田)、塝田、岗田分布明显,大体各占三分之一。

70 年代,圩区进行并圩联圩,建设排灌站,增加排涝防汛能力。丘岗地区开始整治高塝田,将高低田、小块田改造成大块平整田,初步解决排灌和机耕的困难。

80 年代后,丘陵地区结合小流域治理大面积开展土地方整化。全镇分东、南、西、北 4 个片逐步展开,先后整治 90% 的土地,从根本上改善了耕作条件。

第二节　土　壤

一、种类

中华人民共和国成立前,境内农民用一段顺口溜对本地土壤作了生动形象的概括:"晴天像菱角,雨天像膏药,耕作难度大,透气性能差,耗肥量又多,庄稼一般化。"中华人民共和国成立后,于 1959 年、1981 年两次对土壤进行普查,普查总面积 1630.73 公顷。据 1981 年普查结果显示,境内土壤主要有黄泥土、白土、马肝土 3 个土属。

黄泥土土属,含黄泥土、黄白土 2 个土种,面积约 200 公顷,占土地总面积的 12.3%,主要分布于宝女、墩留、方集等村缓岗类型地区,系陵岗地和高塝田改种水稻而成,母质为下蜀黄土,因种植时间不长,尚处于渗育型水稻土的发育阶段。

白土土属,含小粉土、小粉白土、白土 3 个土种,面积约 1200 公顷,占土地总面积的 73.5%,为下蜀系黄土母质,多分布在东兴、爱国、永和、新龙等村塝田上。易淀浆、板结,为侧渗型水稻土。

马肝土土属,含杂土、马肝土、底里马肝土 3 个土种,面积约 202 公顷,占土地总面积的 12.4%,分布于新龙、爱国等村的塝田、冲田上,为下蜀黄土母质,通体无石灰反应,土壤结构及耕性较好,上水后不淀浆,落水后不板结,属潴育型水稻土。

除以上土属外,还有河土土属、黑黏土土属等,约占土地总面积的 1.8%。

二、成分

根据镇域土壤的实际成分,按农田水利基本建设、表土质地、障碍层次、耕属厚度、土壤pH酸碱度、土壤养分和生产性能等评判标准,综合评定土地生产力,其结果共分5个等级。

一级田为优等田,镇域没有。

二级田为上等田,水稻土产量高,但不够稳定。土地平整,基本成方,耕层厚度15~17厘米,地下水位80厘米以下,质地轻黏,障碍层次在60厘米以下。肥力较高,氮、磷、钾含量在中上等水平,且较协调。耕作尚好,稻、麦皆宜,早发不衰,亩产量800~1000千克。二级田面积39.2公顷,占耕地总面积的2.4%。

三级田为中等田,水稻土产量一般,有限制因素,但不明显。土地基本平整,耕层厚度13~15厘米,质地沙壤或黏土,障碍层次在40厘米以下。肥力中等,氮、磷、钾含量中等,比例不太协调。耕作稍差,宜稻不宜麦,或宜麦不宜稻,迟发或后发,亩产量650~800千克。三级田面积712.6公顷,占耕地总面积的43.7%。

四级田为下等田,水稻土产量较低,有明显的限制因素。土地不平整,耕层厚度10~13厘米,质地粉沙或重黏土,20厘米以下有障碍层次。肥力低下,氮、磷、钾含量低,比例不协调。稻、麦生长皆差,难发或易早衰,亩产量500~650千克。四级田面积821.89公顷,占耕地总面积的50.4%。

五级田为最低等级田,水稻土产量很低,限制因素突出。土地高低不平,耕层小于10厘米,地下水位在60厘米以上,质地沙土。肥力低,氮、磷、钾含量极低,比例不协调,表层土质差,耕性差,稻、麦僵苗不发,亩产量在500千克以下。五级田面积57.1公顷,占耕地总面积的3.5%。

2000年以来,农业投入增加,残留在土壤中的根茬等有机物数量增多,特别采用多种形式的秸秆还田,补充土壤中的有机质消耗,土壤速效磷和速效钾含量有所增加,再加上磷、钾肥和复合肥的施用量增加,使土壤中的有机质含量增加,肥力有所提高。

第三节　河流　塘库　湖泊

一、河流

境内共有10条河流,其中主干河3条,即杨寿涧、王冲涧、朱桥涧,三涧共长26.9千米,总水面积75.43公顷。三涧呈"川"字形由西向东穿境而过,在东兴村苏家嘴汇合后,经公道引水河入邵泊湖。三涧境内总长14.9千米,水面积56.92公顷,具有泄洪、灌溉、通航等作用。

杨寿涧

杨寿涧　杨寿涧是境内的主干河,西起镇西三汊子(仪征市大仪镇黄泥洼),向东流经墩留、永和、集镇、爱国、新龙、东兴等村（社区），从苏家嘴入公道引水河，再入邵伯湖。总长 12.5 千米，境内长 7.8 千米，平均宽 30 米，面积 37.52 公顷。

王冲涧　王冲涧位于镇境东南部，南起甘泉街道王家冲，经方集村、新龙村汇入杨寿涧。全长 5.2 千米，境内长 2.5 千米，平均宽 22 米，总水面积 5.5 公顷。

朱桥涧　朱桥涧西起仪征市大仪镇石桥水库，向东流经镇境北部永和村、爱国村、东兴村，在东兴村苏家嘴与杨寿涧汇合，流入邵伯湖。全长 9.26 千米，境内长 4.6 千米，平均宽度 15 米，总水面积 13.9 公顷。此涧是邗江区与仪征市的界河，由仪征市大仪镇、邗江区杨寿镇共管共用。

王冲涧

朱桥涧

2016 年杨寿镇河道情况一览表

表 2-3-1

河道名称	境内河流长度（千米）	级别	河道起讫位置	
			起点	讫点
杨寿涧	7.8	县级	刘家坎	苏家嘴
王冲涧	2.5	县级	王冲站	公道引水河
朱桥涧	4.6	县级	仪征界	苏家嘴
毛正涧	4.3	镇级	李岗水库	王冲涧
红光河	2	镇级	仪征界	公道引水河
永和王庄涧	0.9	镇级	永和村	杨寿涧
姬庄涧	2.15	镇级	墩留村	杨寿涧
南江坝	1	镇级	东兴村	杨寿涧
南冲涧	1.6	镇级	方集村	杨寿涧
佘庄冲	2	镇级	爱国村	杨寿涧

二、塘库

境内有塘库 1328 个，库容 650 万立方米。其中面积在两亩以上的塘库有 374 个，汇水面积 170.96 公顷，库容 472.7 万立方米。李岗水库位于宝女村中东部，汇水面积 5.72 平方千米，蓄水库容 11 万立方米，堤顶高 15.8 米，为省注册小二型水库。

李岗水库（润水湾）

2016 年杨寿镇两亩以上塘库统计一览表

表 2-3-2

所属村	塘库名称	蓄水面积（亩）	库容（万立方米）	最大塘库、库容
东兴	上庄沟头、西庄沟头、黑塘沟头、金塘、窑圩、抽沟、活路塘、沟头、万元庵塘、沟头、大塘、蓝月塘沟头、周大塘、纪家塘、大塘沟头、吴家大塘、孔庄沟头、张庄大塘、沟头、新塘、周家圩、刘家塘、南大港、南江坝	176	46.4	南大港库容14万立方米
爱国	薛庄大塘、吴庄大塘、前刘大塘、后刘马家塘、官庄东大塘、王庄圩塘、下凹庙塘、潘庄水库、下凹冲塘、许家大塘、潘庄大涧、南冲塘、佘庄小涧子、吴庄东大塘、吴庄西大塘、吴庄墩塘、吴庄庙塘、罗家冲塘、罗家庙塘、罗家阴沟、罗家中塘、罗家大塘、爱国大芦塘、陶家塘、东大塘、西大塘、东塘、五九顶塘、五九南沟、五久北沟、五九大塘、周庄墩塘、吴正明大塘、周庄涧坝、徐庄大阴沟、薛庄圣家塘、薛庄大尖塘、徐庄双塘、王庄庵塘、大众庙塘、上瓦海沟子、贺庄阴沟、王庄弯塘、王庄新塘、王庄大塘、王庄牛屋塘、袁岗大塘、袁岗东沟头、薛庄大塘、薛庄后大塘、陈庄后大塘、陈庄前大塘、大众鱼塘、上瓦灯塘、金庄弯塘	398.5	76.7	下凹庙塘库容2.5万立方米
永和	高院大塘、王庄长涧、王庄老坝、王庄下塘、王庄双塘、金庄西涧、金庄坏塘、金庄当面塘、瓦屋冲涧、瓦屋水库、瓦屋心塘、大蒋塘、大庄摊耙塘、大庄东塘3个、大庄浅涡子、大庄水库、大庄藕塘、庄玉明当面塘、高玉柱当面塘、樊庄曹士新当面塘、樊庄水库、樊庄樊明开山头塘、樊庄后大塘、吴庄上冲塘、吴庄下冲塘、焦一水库2个、焦一湾塘、焦一鬼塘子、焦一大塘、焦二孔家大塘、焦二吴开安西山头塘2个、焦二曹塘、焦二引沟、刘家庄金松大塘、刘家大塘、瓦屋江家大塘、唐庄麦塘、郭庄大塘、郭庄黑鱼塘、郭庄长塘、郭庄撇塘、郭庄东大塘、吴庄顾家塘、丘陵中塘、丘陵方家大塘、丘陵焦家水库、丘陵旱水库、徐庄徐太松门口大塘、徐庄万明阳门口高塘子、徐庄吴信安家后货郎塘、徐庄涧坝边水库、永和大水库、永和王家塘、永和机塘、永和文山塘、杨华方家大塘、杨华公房后塘、杨华杨二塘、杨华砚台塘、吴庄王家塘、吴庄大水库、吴庄长塘、吴庄大塘、吴庄草塘、吴庄墩塘、涂庄上水库、涂庄中水库、涂庄下水库、涂庄大塘、高庄东塘、高庄南塘、高庄江小塘、高庄弯塘、高庄宋家大塘、高庄郭家大塘、高庄西头塘、平原王厚权当面塘、朱桥水库、南扬厂东山头塘、南扬厂后塘2个、郭兆华前后塘2个、颜坝赵家小沟、颜坝大塘、颜坝圩子鱼塘、军田吴家大塘、军田吴朝俊山头大塘、军田吴道元后大塘、军田苏德良后大塘、军田郭玉松小沟子2个、颜坝颜景宝山头大塘、孔桥灯塘、孔桥马场后大塘、孔桥水库、孔加民当面大塘、孔桥小涧、马场姚家大塘、马场周家大塘、马场集体水库、马场姚玉树后大塘、马场吴家大塘、平原九连塘、平原郭德金大塘、平原常恩林当面水库、平原小高庄塘、三连塘、三连水库、三连江家大塘、三连南塘、九连塘、九连花家塘、九连长塘、九连后庄门口塘、九连王家门口塘、九连东沟、九连芦柴塘、九连灯塘、九连曹塘、成庄上水库、成庄上鱼池、成庄下鱼池、成庄严家大塘	845.5	150.2	瓦屋冲涧库容4万立方米
墩留	二级站蓄水塘2个、沙锅塘站头蓄水库、墩留水库、门口塘、刘付余山头塘、大水库、大姚塘、新塘、南塘冲塘、老公场塘、西庄长塘子、吴玉华山头塘、西庄门口塘、西庄新塘、东庄门口塘、东庄小长塘、陈仁书门口塘、刘庄大尖塘、刘庄过水塘、高庄门口塘、高庄新塘、马庄马家大塘、马庄官塘、马庄冲塘、马庄门口塘、马庄大水库、周庄大塘、周庄大头塘、周庄大庙塘、碾头碾塘、碾头大马塘、田庄门口塘、邵庄门口塘、邵庄岗塘、徐庄徐庄塘、徐长良后塘、姬庄后大塘、姬庄门口塘、周庄坝湾子	324.5	64.9	墩留水库库容6万立方米

续表 2-3-2

所属村	塘库名称	蓄水面积（亩）	库容（万立方米）	最大塘库、库容
宝女	楼庄水库、李岗水库、杨寿水库、吴庄小流域、田庄水库、耿庄李家塘水库、李庄水库、红星坝洼、红星瓦塘、李庄河湾、李庄坝头、李庄赵家塘、田庄田同心门口塘、田庄宋家门口塘、耿庄四角塘、姬庄赵正海后塘、龚庄西大塘、龚庄鱼池、楼一门口塘、楼一孔家塘、楼一大别塘、楼一弯塘子、楼二大塘、楼二东大塘、吴庄大尖塘、吴庄电灌塘、吴庄墩塘、电力房庄大塘、楚庄南塘、楚庄大坡塘、楚庄黄泥塘、大顺清水塘、大顺大汪塘、大顺大塘、宝女陈国玉塘、大庄张家塘、大庄鸽塘、大庄庙塘、官塘官塘、官塘胡塘、官塘长塘、楚庄大东塘、交通公场大塘、交通银沟、交通科陈庄后大塘、交通三角塘、刘庄水库、刘庄王春荣水库、吴在恩大塘、大顺大尖塘、夏庄大塘、夏庄徐广朝山头塘、夏庄水库、孙庄上大塘、孙庄下大塘、孙庄灯塘、杨寿湾沟子	446	89.2	李岗水库库容11万立方米
新龙	大沟头塘、方庄西塘、方庄后塘、大坐塘、大沟、荷花塘、大塘、大新塘、西边塘、俞家大塘、大殷塘、小殷塘、刘庄墩塘、刘庄大塘、安庄水库、玉带大脑塘、同心大沟头、方庄门口塘	87.4	17.6	安庄水库库容2.5万立方米
方集	方集芦塘、方集新塘、方集大塘、方集墩塘、方集马塘、方集门头沟、田庄赵大塘、田庄柏家塘、田庄荒塘、汤庄东大塘、汤庄三角塘、汤庄阴沟塘、陈冲大明塘、陈冲前庄大塘、陈冲朱庄塘、高田墩塘、高田大塘、高田大路下小塘、高田张家塘、弯里大塘、双栗大塘、双栗树塘、双栗穷大塘、胡庄黄泥塘、胡庄大阴沟、胡庄大塘、胡庄小胡塘、胡庄吴家塘、谭巷东锅塘、谭巷芦席塘、谭巷锅底塘、谭巷抢水塘、花园大小沟、花园东墩塘、花园西墩塘、花园邵家庙塘、陈庄电灌渠边水库、胡冲小水库、胡冲墩塘、胡冲大塘、胡冲官塘、大同任庄大塘、孟家大塘、窑塘、时庄大塘、小阴沟、方庄邵家庙塘、方庄大塘、周庄大塘、方庄兔塘、桃园水库、二级引水渠	286.5	27.7	方集大塘库容4万立方米

三、湖泊

境内东北部有白马湖，为自然湖泊。白马湖北起公道大桥南、杨寿涧南堤顶公路南侧，南至方集村与方巷镇曹家坝交界处，东起公道镇西湖村（东兴水利闸），西至东兴村、建龙村和仪征市大仪镇的牛头涧。面积约 270 公顷，其中水面积约 190 公顷、滩涂面积约 80 公顷，湖水深度 2.5~4.5 米。

第四节　气　候

一、四季特征

境内属北亚热带湿润季风气候区，气候温和，雨量充沛，光照充足，四季分明。

春季气温逐渐回升，雨量渐次增多，但冷暖空气交替频繁，天气多变，冷暖无常，有时出现连续阴雨天气，偶有倒春寒现象，风向多东南。从 3 月 29 日至 5 月 31 日，历时 64 天，平均气温 10℃左右。

夏季高温多湿,骄阳似火,雨量集中,夏初常有梅雨,盛夏往往高温或伏旱,后期易受较强的热带风暴(台风)影响,风向多南、东南。从 6 月 1 日至 9 月 14 日,历时 106 天,平均气温高于或等于 22℃。

秋季气候比较温和、凉爽,雨量时多时少,昼夜温差较大,初秋有时出现秋老虎、台风、暴雨天气,风向多东北,从 9 月 15 日至 11 月 17 日,历时 64 天,平均气温 16℃左右。

冬季气候寒冷少雨,常有寒潮侵袭,隆冬时期常见冰冻,由于受北方冷高压控制,北风盛行,降雨量偏少,偶有雪。从 11 月 18 日至次年 3 月 28 日,历时 131 天,平均气温低于或等于 10℃。

二、气象要素

气温　1956~2016 年,年平均气温 15℃左右。年平均气温最高出现在 1998 年,为 16.8℃；年平均气温最低出现在 1956 年,为 13.9℃。季平均气温:春季(3~5 月)14℃,夏季(6~8 月)26.3℃,秋季(9~11 月)16.46℃,冬季(12 月至次年 2 月)3.13℃。月平均气温:1 月 1.5℃,2 月 3.11℃,3 月 8℃,4 月 16℃,5 月 20.6℃,6 月 21℃,7 月 27.9℃,8 月 27.2℃,9 月 23.5℃,10 月 16.9℃,11 月 11.8℃,12 月 3.7℃。2016 年,最高气温 39.2℃(7 月 26 日),最低气温 –9.9℃(1 月 24 日),平均气温 16.7℃。

日照　1956~2016 年,年均日照时数 2018.3 小时,最多日照时数 2508.6 小时(1978 年),最少日照时数 1737.8 小时(1993 年),最多与最少相差 770.8 小时。季均日照时数:春季(3~5 月)521.4 小时,夏季(6~8 月)621 小时,秋季(9~11 月)527.7 小时,冬季(12 月至次年 2 月)450.8 小时。四季之间,夏季日照最多,冬季最少。月均日照时数:1 月 149.4 小时,2 月 140.5 小时,3 月 156 小时,4 月 170.9 小时,5 月 194.5 小时,6 月 184.6 小时,7 月 208 小时,8 月 228.4 小时,9 月 177.2 小时,10 月 183.2 小时,11 月 161.3 小时,12 月为 160.9 小时。月均日照时数 8 月最多,1 月最少。2016 年,日照时数 1821 小时。

风　境内年均风向率最多的是静风,频率 12%；其次是东风、东北风和东南风,为 11%。1956~2016 年,年均风速 2.8 米/秒,最大风速 20.8 米/秒,最小风速 1.9 米/秒。季均风速:春季 3.1 米/秒、夏季 2.8 米/秒、秋季 2.5 米/秒、冬季 2.7 米/秒。月均风速:1 月 2.7 米/秒,2 月 2.9 米/秒,3 月 3.3 米/秒,4 月 3.2 米/秒,5 月 2.9 米/秒,6 月 2.9 米/秒,7 月 2.8 米/秒,8 月 2.7 米/秒,9 月 2.5 米/秒,10 月 2.4 米/秒,11 月 2.5 米/秒,12 月 2.5 米/秒。月均最大风速为 3 月、4 月,最小风速为 10 月。

1956~2016 年,过境台风共 80 次,其中 6~9 月 74 次,风速一般为 20 米/秒以上。1971 年 6 月 10 日,境内突发龙卷风,瞬时最大风速 29 米/秒,风向西、西南。2016 年,最大风速为 20.8 米/秒(8 月 2 日)。

降水　境内降水量年际变幅较大,季节性较强,时空分配不均。1956~2016 年,年均降水量 1042.4 毫米。最多的为 1991 年,达 1645.1 毫米；最少的是 1978 年,仅 440.6 毫米。最多与最少相差 1204.5 毫米。季均降水量:春季(3~5 月)234.1 毫米,夏季(6~8 月)485.3 毫米,秋季(9~11 月)218.8 毫米,冬季(12 月至次年 2 月)104.2 毫米。月均降水量:1 月 45.1 毫米(1963

年1月出现无雨），2月44毫米，3月78.1毫米，4月78.4毫米，5月87.1毫米，6月148.2毫米，7月199.7毫米（1954年7月多达638.6毫米），8月137.4毫米，9月117.5毫米，10月51.7毫米，11月49.6毫米（1995年出现无雨），12月28.1毫米（1987年12月出现无雨）。

年均降雨日115天。最多的雨日为1954年，达149天；最少的雨日为1978年，仅74天。一日最大降水量278.3毫米（邗江最高达436.9毫米），为1953年7月3日，造成杨寿老集镇被山洪冲毁、淹没。

最长连续降雨日为30天，出现在1954年7月1日至30日，总雨量638.5毫米。最长连续无雨日66天，出现在1973年11月9日至次年1月13日。

梅雨期一般发生在6月上旬至7月上中旬，平均梅雨22天。其间，空气湿度大，室内衣物、杂物等易发霉，亦称"霉雨"。最长梅期是1991年，为51天，雨量848.9毫米；最短梅期是1978年，出现空梅。

2016年，最大日降水量114.4毫米（6月19日），最长连续降水期为10天（11月17~26日），全年降水量1181.1毫米，最长无降水日21天（3月10~31日）。

霜　1956~2016年，境内年均无霜期222天，最长是1984年247天，最短为1980年194天。年均初霜日为11月4日，最早是1955年10月9日，最晚为2005年2月4日。平均终霜日为3月30日，最早为1968年3月13日，最晚为1987年4月27日。

年初霜日至终霜日时间最少为2005年54天，最多为1999年165天。2016年，初霜为11月26日（上年度），终霜为3月25日。

雪　1956~2016年，年均初雪日为12月14日，最早为1969年11月16日，最晚为2005年2月5日。年均终雪日为3月9日，最早为1975年1月26日，最晚为2005年4月13日。年最大积雪深度36厘米，出现于1984年1月19日。

年初雪日至终雪日时间最少为1996年36天，最多为1997年128天。2016年，初雪日为11月25日（上年度），终雪日为3月9日。

第五节　自然资源

境内既有丘陵岗地又有圩区平原，三条主干河及其支河贯穿镇境，水源丰富。地处亚热带，四季分明，气候温和，雨水充沛，光照充足，无霜期长，适合各类生物的繁育、生长。境内动植物种类多，且质优量大。随着生态环境的变化，部分生物逐渐减少，或将灭绝。

一、土地资源

中华人民共和国成立初，境内3个乡共有土地4080公顷，其中耕地1772.59公顷。2016年，镇土地总面积3993.03公顷，其中耕地1630.73公顷、水域1143.39公顷、村镇建设及工矿用地754.02公顷、林地89.1公顷、园地143.1公顷、道路用地232.69公顷。

砖瓦黏土矿储量丰富，主要分布于境域丘岗地区。历史上，境内砖瓦土窑林立，砖瓦质量上乘,畅销各地。1995年,政府为保护耕地、防治大气污染,对小土窑进行整治,关闭大部分土窑。

二、水资源

境内水资源丰富,主要包括地表水和地下水。水资源可利用量主要包括地表水、地下水和过境水量。

地表水(河塘蓄水) 境内杨寿涧、王冲涧、朱桥涧及其支涧共长26.9千米,面积144.93公顷,水资源290万立方米,加上水库、水塘蓄水,总计310万立方米,为农田灌溉、经济作物生长和渔业等的发展提供了优越条件。

地下水 地下水资源包括浅层和深层地下水资源。地下水资源总量为各项补给之和,其中主要是降雨入渗补给量。由于地下水资源量较少,2006年后已限制开采。

过境水 过境水主要指长江水与淮河水两种类型。汛期,河水经邵泊湖流进三条涧;非汛期或大旱之年,可通过排灌站翻水入涧,以满足生活、生产用水。

三、植物资源

草本植物

境内属丘陵地区,地势起伏,生态条件较好,有丰富的植物资源。2016年,境内野生草本植物有58科。另有草本花卉、草本观叶两类。

禾本科 小颖羊茅、早熟禾(小鸡草)、碱茅硬草、雀麦、知风草、画眉草、秋画眉草、大画眉草、乱草、芦苇、鹅观草、黑麦草、毒麦、千金子、牛筋草、日本看麦娘、看麦娘、柳叶箬、细柄黍、雀稗、双穗雀稗、止血马唐、马唐、毛马唐、短叶马唐、狗尾草、金色狗尾草、狼尾草、狗牙根、菵草、野燕麦、小糠草、剪股颖、长芒棒头草、棒头草、鼠尾粟、野古草、白茅、大油芒、柔枝莠竹、牛鞭草、假俭草、荩草、黄背草、薏苡等。

莎草科 扁秆藨草、水葱、水毛花、萤蔺、牛毛毡、水虱草、飘拂草、球形莎草、香附子(三棱草)、碎米莎草(三方草)、小碎米莎草、扁穗莎草、异行莎草(旱泡子)、旋鳞莎草、水莎草、球穗扁莎、红鳞扁莎、光鳞水蜈蚣、南京珍珠茅、褐苔草、垂穗苔草等。

天南星科 菖蒲、大藻(水浮萍)、半夏等。

浮萍科 浮萍等。

谷精草科 谷精草、饭包草(火柴头)等。

鸭跖草科 鸭跖草、凤眼莲(水葫芦)等。

灯芯草科 灯芯草等。

百合科 山慈姑(双姑)、小根蒜(小蒜)、绵枣、土麦冬等。

大麻科 葎草(拉拉藤)等。

蓼科 扁蓄、习见蓼、红蓼、粘毛蓼、酸模叶蓼、绵毛酸模叶蓼、水蓼(辣蓼)、丛枝蓼、杠板归、酸模羊蹄、齿果酸模等。

藜科 土荆芥、藜、小藜、地肤等。

苋科 青葙、刺苋、反枝苋、皱果苋、牛膝、莲子草、空心莲子草（水花生）等。

商路科 商路等。

粟米草科 粟米草等。

马齿苋科 马齿苋等。

石竹科 拟漆姑、牛繁缕（鹅二肠）、繁缕、雀舌单、粘毛卷耳、漆姑、蚤缀（鹅不食）、麦蓝菜（王不留行）、石竹、瞿麦等。

睡莲科 芡实等。

毛茛科 白头翁茎叶、扬子毛茛、禺毛茛、茴茴蒜、小毛茛、石龙芮、刺果毛茛等。

十字花科 诸葛菜（二月兰）、薄菜（江剪刀草）、细籽薄菜、弯曲碎米荠、碎米荠、北美独行菜、荠等。

景天科 珠芽景天（马尿花）等。

虎耳草科 虎耳草等。

蔷薇科 绒毛龙牙草、蛇莓、翻白草（野芽）、朝天委陵菜、蛇含委陵菜等。

豆科 决明、黄香草木樨、南苜蓿、天蓝苜蓿、野大豆（野料豆）、大巢菜（荞荞子）、窄叶野豌豆、小巢菜、广布野豌豆、鸡眼草（掐不齐）等。

酢浆草科 酢浆草等。

牛儿苗科 野老鹳草等。

大戟科 斑地锦、大戟、泽漆（五灯草）、铁苋菜、蜜柑草等。

葡萄科 乌蔹莓、地锦（爬山虎）等。

锦葵科 苘麻等。

堇菜科 长萼堇菜、紫花地丁等。

千屈菜科 水苋菜、耳基水苋、多花水苋、节节菜等。

菱科 野菱等。

小二仙草科 狐尾藻等。

柳叶菜科 丁香蓼等。

伞形科 破子草、野胡萝卜、水芹、蛇床等。

报春花科 点地梅、泽珍珠菜等。

龙胆科 荇菜（荇宽盘）等。

萝藦科 萝藦等。

旋花科 菟丝子、牵牛、打碗花（兔子苗）等。

紫草科 附地菜、细茎斑种草等。

马鞭草科 马鞭草等。

唇形科 半枝莲（并头草）、紫花香薷、活血丹（金钱草）、夏枯草、长圆叶水苏、益母草、佛座（龙床草）、雪见草（癞蛤蟆草）、石荠宁、紫苏等。

茄科 龙葵、酸浆（红姑娘）、灯笼草、紫花曼陀罗等。

玄参科 通泉草、地黄、陌上草、母草、波斯婆婆纳、婆婆纳等。

爵床科 爵床等。

车前科　车前草等。

茜草科　鸡矢藤、猪殃殃等。

葫芦科　盒子草、栝楼（狗屎瓜）等。

桔梗科　荠苨（杏叶沙参）等。

菊科　泽兰、鸡儿肠、钻形紫菀、马兰（马兰头）、一年蓬、小白酒草（小飞蓬）、野塘蒿、鼠曲草、旋覆草、天名精、苍耳、豚草、醴肠、狼把草、鬼针草、三叶鬼针草、野菊、石胡荽（球子草）、茵陈蒿、牡蒿、青蒿、蒌蒿、艾蒿、野艾蒿、飞廉、小蓟（刺儿菜）、大蓟、泥胡菜、稻槎菜、蒲公英、苦苣菜、断续菊、剪刀股、苦荬菜、山苦荬等。

木贼科　问荆、节节草等。

萍科　四叶萍等。

槐叶萍科　槐叶萍等。

满江红科　满江红（绿萍）等。

香蒲科　香蒲、水烛等。

眼子菜科　菹草（鹅草）、眼子菜（水上漂）等。

茨藻科　大茨藻、小茨藻等。

泽泻科　矮慈姑（瓜皮草）等。

水鳖科　黑藻、苦草等。

草本花卉　仙客来、百合、芍药、康乃馨、花毛茛、球根海棠、四季海棠、竹节海棠、虎皮海棠、安祖花、红掌、鸢尾、唐昌蒲、朱顶红、大丽花、郁金香、鹤望兰、天竺葵、马蹄莲、大花蕙兰、蝴蝶兰、兜兰、金莲花、报春花、瓜叶菊、一串红、矮牵牛等。

草本观叶　肾蕨、艳凤梨、绿巨人（大叶白掌）、金琥、子孙球、翁柱、多棱球、昙花等。

木本植物

境内历史上木本植物留下不多，大都是农民家前屋后栽种的桑、槐、榆等。后由于注重环境美化，逐年移植木本植物。至2016年，境内木本植物有26科。另有木本花卉、木本观叶两类。

柏科　侧柏、圆柏、蜀柏、龙柏、花柏、中山柏、匍地柏、洒金柏等。

银杏科　大佛指、小佛指等。

松科　马尾松、黑松、火炬松、湿地松、雪松、五针松、罗汉松等。

杉科　柳杉、水杉、池杉、杉木等。

杨柳科　意大利杨、214杨、63杨、69杨、72杨、35杨、351杨、108杨、109杨、95杨、895杨、四季杨等。

悬铃木科　二球悬铃木（法国梧桐）等。

玄参科　紫花泡桐、白花泡桐、杂交桐等。

樟科　香樟、大叶樟、石楠等。

蜡梅科　狗蝇蜡梅、素心蜡梅等。

山茶科　油茶、山茶、茶梅等。

黄杨科　黄杨等。

梧桐科　梧桐（青桐）等。

蔷薇科　山楂、海棠、枇杷、苹果、杏、李、棠梨、月季、玫瑰等。

豆科　皂角、合欢、山槐、黄檀、紫穗槐、刺槐、国槐等。

胡桃科　核桃、胡桃、化香、枫香、枫杨等。

山毛榉科　板栗、锥栗、石栎、麻栎、白栎、槲栎、栓皮栎、小叶栎等。

榆科　朴树、榉树、榔榆等。

木兰科　广玉兰、白玉兰、紫玉兰等。

桑科　构树（楮树）、无花果、桑树等。

胡颓子科　胡颓子等。

楝树科　楝树（苦楝）、香椿等。

漆树科　黄连木等。

葡萄科　巨峰、藤稔、马奶子、红提、青提等。

柿树科　大方柿、小方柿、扁柿、日本甜柿、野柿等。

大犀科　大叶女贞、小叶女贞、金叶女贞等。

禾本科　刚竹、淡竹、紫竹、毛竹、佛肚竹等。

木本花卉　梅花（红梅、绿梅、垂枝梅）、牡丹、兰花（春兰、蕙兰、建兰、墨兰、寒兰）、月季、玫瑰、杜鹃（毛鹃、西鹃、夏鹃）、桂花（金桂、银桂、丹桂、四季桂）、水仙（垂瓣水仙、单瓣水仙）、木芙蓉、枫（红枫、三角枫、鸡爪枫）、火棘、桃花（碧桃、紫叶桃、五宝桃）、紫薇（紫薇、翠薇、银薇、赤薇、矮紫薇、天鹅绒紫薇）、丁香（红花丁香、白花丁香）、栀子花（山栀）、白兰花、金边瑞香、毛瑞香、米兰、茉莉（毛茉莉、红茉莉）、一品红、九里香、含笑（云南含笑、深山含笑、乐山含笑）、紫莉、红花檵木、金银花、夜来香、南天竹、棕榈、樱花等。

木本观叶　华南苏铁、云南苏铁、富贵竹、光瓜栗（发财树）、香龙血树、短穗鱼尾葵、散尾葵、蒲葵、琴叶榕（琴叶橡皮树）、文竹、南洋杉、五针松、龟背竹、紫藤、变叶木、凌霄、倒挂金针等。

四、动物资源

境内动物主要有脊椎动物中的哺乳类、鸟类、鱼类、两栖类、爬行类五大类及无脊椎动物中的节肢动物、软体动物、环节动物三大类。

脊椎动物

哺乳类　野兔、刺猬、家鼠、田鼠、水鼠、黑线姬鼠、褐家鼠、黄胸鼠、狐、狸、黄鼬（黄鼠狼）、家猫、野猫、水獭、蝙蝠等。

鸟类　八哥、画眉、百舌子、白头翁、鲸头鹳（大头蛮）、黑脸噪鹛、星头啄木鸟、大斑啄木鸟、大山雀、小山雀、喜鹊、灰喜鹊（山和尚）、乌鸦、翠鸟、大竹雀、麻雀、鹌鹑、秧鸡、鸽子、沼泽山雀、鸥、白眉姬鹟、灰天鹅、鸬鹚、鸳鸯、凫（野鸭）、环颈雉（野鸡）、斑鸠（鸪鸪）、大杜鹃、鹰头杜鹃、四声杜鹃、金腰燕、家燕、楼燕、黑枕黄鹂、黑卷尾、灰卷尾、打狗鸟、长耳鸮（猫头鹰）、棕背伯劳、红尾伯劳、雁、寒鸦、鹡鸰（叫天子）、山鹡鸰、白脸鹡鸰、白腹鹡、蓝翡翠、黄豆豆、腊嘴雀、戴胜、海鸥、苍鹭（老等）、灰鹭、白鹭、牛背鹭、珍珠鸟、千彩山鸡等。

鱼类　鲤鱼、鲫鱼、非洲鲫鱼、鳗鱼、鳜鱼、尖头鳡鱼、鳊鱼、青鱼、草鱼、长春鳊、团头鲂、油鳘鲦、黑尾鳘鲦、鳘鲦、白鲦、短尾鲌、红鳍鲏、翘嘴红鲏、细鳞斜颌鲷、大鳍刺鳑鲏、中华鳑鲏、短须鳑鲏、高体鳑鲏、花鳅、花斑沙鳅、泥鳅、大鳞副泥鳅、虎头鲨、黄颡鱼（昂刺鱼）、岔尾黄颡鱼、鲶鱼、胡子鲶、鳙鱼、鲢鱼（花鲢、白鲢、血鲢）、黄鳝、斑脚鳜、鲈鱼、鲖鱼、鲈花鱼（鳜鱼）、乌鳢（黑鱼）、罗汉狗（塘鳢）、麦穗鱼等。

两栖类　蟾蜍、青蛙、小黑斑蛙、金蛙、牛蛙等。

爬行类　乌龟、鳖（甲鱼）、蜥蜴、壁虎、蛇（赤链蛇、蝮蛇、竹叶青、乌梢蛇、水蛇、菜花蛇、水赤链游蛇、蝮蛇）等。

节肢动物

昆虫类　家白蚁、尖唇散白蚁、黄肢散白蚁、碧蛾蜡蝉、青蛾蜡蝉、眼纹广翅蜡蝉、长背泥蝉、菜蛾蜡蝉、稻叶蝉、稻飞虱、桑木虱、梨木虱、梧桐木虱、槐蚜、梨蚜、栗蚜、苹果棉蚜、麦蚜、棉蚜、菜蚜、草履蚧、蛤绵蚧、竹巢粉蚧、皱绒蚧、紫葳绒蚧、半球链蚧、日本龟蜡蚧、红蜡蚧、海桐吹绵蚧、红圆蚧、竹绒蚧、竹鞘绒粉蚧、桑白蚧、角蜡蚧、华姬蝽、薄蝽、黄斑蝽、梨网蝽、茶绿盲蝽、菜蝽、小花蝽、蝽象、稻蝽象、棉盲蝽象、细胸叩头虫、吉丁虫、大红瓢虫、二十八星瓢虫、榆绿金花虫、桃小食心虫、梨大食心虫、马尾松毛虫、天幕毛虫、红点唇瓢虫、双带盘瓢虫、黄斑盘瓢虫、异色瓢虫十九斑变种、异色瓢虫显现变种、异色瓢虫暗黄变种、异色瓢虫显明变种、龟纹瓢虫、龟纹瓢虫黄绿变种、红环瓢虫、茶毛虫、稻蓟马、稻苞虫、稻蝗虫、黏虫、棉铃虫、菜青虫、大猿叶虫、大豆食心虫、七星瓢虫、腹索线虫、十五星瓢虫、黑襟毛瓢虫、隐翅虫、黑背小瓢虫、螳螂、柞蚕、抱扁蠹、华北大黑鳃金龟子、东方金龟子、铜绿金龟子、琉璃弧丽金龟、四纹丽金龟、桃红颈天牛、刺槐虎天牛、光肩星天牛、桑天牛、云斑天牛、松墨天牛、柳兰叶甲、黑额光叶甲、李叶甲、榆黄叶甲、葡萄叶甲、中华广肩步甲、稻象甲、黄条跳甲、耶气步甲、黄绿青步甲、大豆斑青步甲、丽青步甲、曲纹虎甲、中华婪步甲、中国曲胫步甲、细胫步甲、小地老虎、大地老虎、黄地老虎、苹凹木蛾、苹果巢蛾、柳干木蠹蛾、刺槐豹蠹蛾、大袋蛾、小袋蛾、黄刺蛾、两色绿刺蛾、褐边绿刺蛾、褐刺蛾、扁刺蛾、丽绿刺蛾、苦楝小卷蛾、银杏小卷蛾、桃吸果夜蛾、绿尾蚕蛾、樗蚕、槐天蛾、豆天蛾、桃六点天蛾、霜天蛾、构月天蛾、红腹白灯蛾、桑夜蛾、梨剑纹夜蛾、臭椿皮蛾、竹笋夜蛾、银纹夜蛾、标夜蛾、茶木蛾、茶小卷叶蛾、茶细蛾、茶蚕蛾、茶斑蛾、茶尺蛾、茶袋蛾、白蠹袋蛾、桃小蠹、桃剑纹夜蛾、梨潜皮夜蛾、甜菜叶蛾、甘薯天蛾、二化螟、三化螟、大螟、稻纵卷叶螟、刺槐荚螟、竹螟、黄杨绢野螟、桃蛀螟、松梢螟、玉米螟、菜螟、大红蛱蝶、琉璃灰蝶、蓝灰蝶、红灰蝶、黑灰蝶、黄粉蝶、宽边小黄粉蝶、黄凤蝶、玉带凤蝶、黄钩蛱蝶、竹瘿蜂、东方褶翅小蜂、广大腿小蜂、肿腿蜂、黏虫广肩小蜂、凤蝶金小蜂、菜粉蝶绒茧蜂、桑螟绒茧蜂、中华茧蜂、黑胸茧蜂、酱色刺足茧蜂、黑侧沟姬蜂、斑翅马尾姬蜂、袋蛾瘤姬蜂、白毛长腹土蜂、麦叶蜂、菜叶蜂、二化螟绒茧蜂、纵卷叶螟绒茧蜂、黏虫白星姬蜂、拟澳州赤眼蜂、稻螟赤眼蜂、红铃虫甲腹茧蜂、稻螟蛉、丽草蛉、中华草蛉、大草蛉、柳瘿蚊、泉蝇、黑带食蚜蝇、凹带食蚜蝇、大蟋蟀、小蟋蟀、油葫芦、豆芫菁、花生蛴螬等。

螨类　跗线螨、短须螨、山楂叶螨、梨叶锈螨、苹果全爪螨、茶瘿螨等。

蛛型类　园蛛、麦蜘蛛、棉红蜘蛛、桃红蜘蛛、丁纹狼蛛、食虫瘤胸蛛、四斑巨蟹蛛、黄褐新园蛛、三突花蛛、拟水狼蛛、八点球腹蛛、锥腹肖蛸、拟环纹狼蛛、草间小黑蛛、草丛逍遥蛛、叉斑巨齿蛛、隆背微蛛、纵带跳蛛、鳞纹肖蛸、大腹园蛛、花背跳蛛、棕管巢蛛等。

甲壳类　河蟹、毛脚蟹、蝲蛄、青虾、白米虾、罗氏沼虾、龙虾等。

多足类　蜈蚣、蚰蜒（蓑衣虫）等。

软体动物

河蚌、河蛤、蜗牛、螺蛳、田螺、蚬、蛞蝓等。

环节动物

蚯蚓、水蛭（蚂蟥）等。

第六节　自然灾害

境内地势西南高，东北低，岗田、塝田和圩田各占耕地的三分之一。中华人民共和国成立前，由于水利设施差，灾害频现，水旱灾害居多。

旱灾　周如意元年（692）夏，大旱，饿死者多。宋绍兴二年（1132）夏、秋，大旱，收成大减。元大德三年（1299）八月，旱灾。次年又遭旱灾，收成减半。清乾隆五十年（1785），大旱，颗粒无收，饥民食草根、野菜。民国三年（1914），大旱，收成减半。民国十八年（1929）秋，大旱，湖河断流，农田受灾严重。

中华人民共和国成立前，杨寿有民谣云："墩刘庵，墩刘庵，十年就有九年干，遇到干旱粒无收，拖儿带女去要饭。"

中华人民共和国成立后，年降水量在 700 毫米以下的大旱之年有 3 年。其中 1978 年是旱情最重的一年，为民国十八年（1929）以来罕见的大旱。是年，没有下过一次透雨，最大日降水量仅 29.5 毫米，汛期 6~9 月降水量 172.9 毫米，年降水量共 440.6 毫米，仅占常年雨量的 54%。全镇早、中稻受灾严重，不少田块出现龟裂现象。经过全民发动，加上多年兴修水利带来的利好和人工降雨的辅助，旱情得到缓解，终于在大旱之年获得丰收。

1997 年 9 月 3 日至 11 月 10 日，出现持续干旱少雨天气，69 天总降雨量仅 12.4 毫米，为常年降雨量的 10%，前段影响水稻灌浆，后段影响三麦出苗。

涝灾　境内东北部濒临邵伯湖的圩田和沿三条涧边的冲田，多为易涝田块，常有涝灾发生。清康熙十八年（1679）八月，淫雨弥月，田禾尽淹。乾隆十一年（1746）六月至七月，降雨连绵，湖河泛滥，禾苗被淹没。乾隆五十一年（1786）闰七月，客水过境，湖水泛滥，境内沿湖（河）村庄田禾被淹没。次年夏、秋，河湖并涨，低洼田亩被淹没。民国十年（1921）七八月间，大风暴雨，水位猛涨，境内大部分圩田被淹。民国二十年（1931）夏，淫雨连绵，汛期雨量 771.7 毫米。8 月，洪水泛滥成灾，境内大部分房屋倒塌，农田无收，灾害惨重，不少群众外出逃荒。

1953 年 7 月 3 日，杨寿集镇及周边村庄一夜之间被突如其来的洪水冲毁，淹没农田 200 多公顷，冲毁房屋近 1000 间，冲走草堆、家具、农具、牲畜等若干。1954 年 7 月，连续降雨 638.5 毫米，江淮并涨，境内所有圩田和涧边田、村庄均被淹没，人口被迫转移。1956 年、1962 年、1972 年、1975 年、1980 年、1984 年、1991 年、1999 年，雨涝均较为严重。其中 1984 年 7 月 20 日下午 4 时 35 分至晚上 10 时 10 分，特大暴雨袭击杨寿，引发洪灾，房屋倒塌，冲垮涧坝、涵洞，淹没农田，砖窑倒塌，鱼苗、成鱼损失严重。1999 年 6 月 16 日，出现大暴雨，24 小时降雨量 116 毫米，致使圩田地区秧苗受淹。

风灾　境内风灾主要为过境台风。1956~2016 年，过境台风共出现 80 次，其中 6~9 月 74 次，最大风速 20 米 / 秒以上。1971 年 6 月 10 日,龙卷风过境,风速 29 米 / 秒。1987 年 5 月 25 日晚 8 时左右,龙卷风突袭永和村,风速 29 米 / 秒,造成部分房屋损坏,供电中断,在田小麦倒伏。

雪灾 1956~2016 年,平均积雪天数 6.8 天。最多为 1976~1977 年,共 28 天。1984 年 1 月 17~22 日,累计降雪 45.7 毫米,部分地区积雪厚度 36 厘米,境内有部分房屋倒塌,交通受到影响。

雹灾 1956~2016 年,境内平均 4~5 年出现一次雹灾。冰雹袭击时,伴有大风、暴雨。冰雹大的有汤圆、鸡蛋大,小的有蚕豆、黄豆大,给农作物、牲畜和人的生命财产造成不同程度的损失。

冻害 1956~2016 年,境内有 9 年 11 月上中旬最低气温在 -1℃以下;有 12 年 12 月至次年 2 月最低气温低于或等于 -10℃,其中 1954 年和 1990 年均为 -11.8℃,1955 年为气温最低年份,达到 -17.7℃,1966 年为 -11.7℃,部分农田作物受害严重。

第三章　人　口

新石器时代,境内便有人类活动。唐宋时期,杨兽医坝集镇逐步形成,商人集聚。民国时期,设立行政机构,管理人口。历史上因战乱、饥荒引起境内人口变迁,史书上有零星记载。

中华人民共和国成立后,境内人口数量逐年增加。1950年,境内(含杨寿、方集、墩刘3个小乡)共有人口12156人。2002年为人口高峰,达22768人。至2016年,人口为22056人。由于人民生活条件改善和医疗水平提高,人的寿命逐步延长。

1964年第二次全国人口普查时,境内最高年龄92岁,65岁以上人口占总人口的3.21%。1982年第三次全国人口普查时,境内最高年龄97岁,65岁以上人口占总人口的5.74%,人口期望寿命70.13岁。1990年第四次全国人口普查时,境内最高年龄100岁(1人),65岁以上人口占总人口的7.38%,人口期望寿命71.8岁。2000年第五次全国人口普查时,境内最高年龄100岁(1人),65岁以上人口占总人口的10.03%,人口期望寿命73.4岁。2010年,境内有90岁以上老人57人,其中百岁老人3人,65岁以上人口占总人口的17.2%,人口期望寿命75.2岁。2016年,境内90岁以上老人77人,其中百岁老人2人,65岁以上人口占总人口的17.04%,人口期望寿命76.8岁。人口文化素质有显著提高,人口职业、行业构成也有不同程度变化。人口分布稍有差异,集镇和紧邻集镇的村人口密度高于偏远农村。

中华人民共和国成立到60年代早期,境内人口增长处于无计划状态。1963年,开始宣传计划生育政策,但收效甚微。1967年,人口出生率最高达38.1‰。20世纪70年代初,提倡晚婚晚育,将计划生育放到与工农业生产并重的地位,人口增长率逐渐得到控制。2009年,全镇人口出生193人,死亡304人,增长率-5.2‰。2010年,全镇人口出生184人,死亡226人,增长率-2‰。2016年,全镇人口出生186人,死亡193人,增长率-0.32‰。

第一节　机构　管理

一、机构

1980年前,镇(乡、公社)计划生育工作由妇联负责。1980年,始设计划生育科,作为政府的职能机构,负责计划生育工作。村、组计划生育工作由妇女干部兼管。2016年,计划生育科更名为卫生健康和计划生育科,负责卫生健康和计划生育工作。计生科(卫计科)配备专职干部(科长)1人,工作人员2人。

镇(公社、乡)计划生育科历任负责人:王珍香、吴玉香、李杏凤、苏美玲(卫计科)。

二、人口计划管理

乡(镇)政府每年按照县(区)政府下达的人口出生控制指标,依据符合生育政策的育龄妇女人数,结合生育规律编制全乡(镇)生育计划下达各村、单位。符合照顾再生一个孩子的夫妻需持证生育。符合条件的夫妻双方向所在单位、村提出书面申请,单位、村张榜公布后,报乡(镇)政府审核,经县(区)计生委批准后,发给"二胎生育证"。1990年起,计划生育工作实行目标责任管理,乡(镇)政府每年与行政村和居委会签订《人口与计划生育目标管理责任书》。对人口计划执行情况,每年年中、年终各检查考核一次,并坚持"一票否决制",使全镇人口过快增长得到有效控制。1999年,人口为负增长。2016年,虽然放开二孩,人口仍为负增长,增长率 -0.32‰。

三、流动人口生育管理

随着改革开放的深入,流动人口越来越多。1999年,镇贯彻国家《流动人口计划生育管理办法》,成立流动人口计划生育工作领导小组,协调有关部门对流动人口计生工作实施综合管理并提供必要保障,同时将此项工作纳入人口与计划生育工作目标管理责任制。采取"三抓一堵"(抓源头、抓过程、抓结果,堵塞流动人口计划外生育漏洞)措施,遵循"共同管理、属地管理"原则,落实流动人口婚育的各项制度。至2016年,镇先后排查、落实流动人口计划生育58人。

四、计划生育宣传

地方政府采取各种措施,坚持计划生育经常性宣传与集中性宣传相结合,改变群众的传统生育观念。60年代,各单位结合实际,采取层层培训、文艺演出、张贴宣传标语等形式,利用国庆、元旦、春节等重大节假日及农闲季节,开展规模较大的宣传活动。1973年,宣传晚婚晚育、少生优生。1980年9月,重点宣传中共中央《关于控制我国人口增长问题致全体共产党员、共青团员公开信》,提倡一对夫妇只生一个孩子。普及人口与计划生育知识,倡导婚育新风,帮助群众逐步树立科学、文明、进步的婚姻观念。1993年,建立人口学校及各村分校,举办人口与计划生育知识培训班(乡级8期、村级6期),参加人数1500人,人口快速增长得到有效控制。1995年,开展婚前期、新婚期、孕产期、避孕期、更年期等知识教育,受教育人数600人。1999年10月27日,参加全军第四期师职领导干部人口理论集训班的干部到镇参观计划生育宣传教育和帮扶服务工作现场。2002~2016年,镇人口学校及各村分校每年办班,开展优生、优育、母乳喂养、婴幼儿早期教育等人口理论学习。

第二节　人口状况

一、人口数量

中华人民共和国成立前,境内人口数量无资料。1950年,境内有人口12156人。50年代,资料缺失。1961年,境域内人口总数为16896人。1970年,人口总数突破2万人,为20128人。1981年,人口总数为22049人。其后至2002年,人口总数相对平稳。2002年,人口总数为22768人,为历史人数最多。

2016年,境内总人口22056人。人口最多的村是永和村和爱国村,分别为4061人、3588人;人口超过2500人的村(集镇)有5个,低于2500人的村有3个;人口最少的村是东兴村,仅为1790人。

1961~2016年杨寿镇(乡、公社)人口总量统计表

表 3-2-1

年 份	总户数	总人口	非农业人口	年 份	总户数	总人口	非农业人口
1961	3928	16896	735	1981	5278	22049	702
1962	4484	15960	751	1982	5265	22272	953
1963	4328	16780	763	1983	5325	22286	969
1964	4189	16591	788	1984	5265	22357	999
1965	4178	17025	780	1985	5345	22433	976
1966	4284	17860	828	1986	5326	22443	691
1967	4315	18546	849	1987	5428	22369	783
1968	4262	18797	842	1988	5547	22548	801
1969	4480	19688	849	1989	5565	22532	843
1970	4514	20128	845	1990	5522	22500	867
1971	4628	20524	849	1991	5647	22669	793
1972	4707	20776	856	1992	6297	22606	970
1973	4706	21051	993	1993	6322	22478	1082
1974	4743	21232	945	1994	6788	22354	1544
1975	4791	21476	894	1995	6835	22275	1683
1976	4864	21671	892	1996	6818	22105	1812
1977	5073	21855	663	1997	7566	22715	2402
1978	5079	21970	669	1998	6848	22598	2413
1979	4994	21577	672	1999	6707	22348	2419
1980	4890	21077	685	2000	6703	22208	4729

续表 3-2-1

年 份	总户数	总人口	非农业人口	年 份	总户数	总人口	非农业人口
2001	6713	22026	4617	2009	6862	21382	3943
2002	6701	22768	4500	2010	6813	21413	3926
2003	5697	21619	4549	2011	6622	21779	2730
2004	8206	21314	5820	2012	6427	21890	2418
2005	7083	21118	6024	2013	6345	22075	3107
2006	7077	21173	5832	2014	6293	22145	3027
2007	7000	21324	4054	2015	6211	22098	2968
2008	6973	21431	4003	2016	6157	22056	2880

二、人口分布

境内人口主要分布在农村,非农业人口比重较小。1964 年,非农业人口 788 人,占总人口的 4.75%;1982 年为 953 人,占总人口的 4.28%;1990 年为 867 人,占总人口的 3.85%。1994 年,户籍放开,扩大小城镇规模,乡镇企业快速发展,集镇人口显著增加到 1544 人。2000 年,非农业人口 4729 人,占总人口的 21.29%。之后,由于就业政策变化和农业人口可分得承包土地、宅基地等因素,部分家住农村、户籍在集镇的人口将户口迁回农村,非农业人口逐步减少。2016 年,境内非农业人口 2880 人,占总人口的 13.06%。

60 年代,境内人口密度在 500 人 / 平方千米以下,1962 年最低,为 418 人 / 平方千米。70 年代,人口密度提高到 500 人 / 平方千米以上。2002 年最高,为 579 人 / 平方千米。2010 年,人口密度为 540 人 / 平方千米。2016 年,人口密度为 552 人 / 平方千米,低于邗江区平均人口密度。

各村、集镇人口密度因自然条件不同而有差别。2016 年人口密度最高的村是紧邻集镇的宝女村,为 736 人 / 平方千米。人口密度最低的村是偏远的东兴村(土地面积中有一半是水面积),为 284 人 / 平方千米。集镇人口密度虽然最高,但有不少户口是空挂户(属于集镇户口,但不在此居住)。

1961~2016 年杨寿镇(乡、公社)人口密度统计表

表 3-2-2

单位:人 / 平方千米

年 份	人口密度	年 份	人口密度	年 份	人口密度
1961	423	1969	493	1977	547
1962	418	1970	501	1978	550
1963	420	1971	514	1979	540
1964	418	1972	520	1980	528
1965	429	1973	527	1981	552
1966	447	1974	532	1982	561
1967	464	1975	538	1983	558
1968	471	1976	543	1984	560

续表 3-2-2

年　份	人口密度	年　份	人口密度	年　份	人口密度
1985	562	1996	554	2007	535
1986	562	1997	569	2008	537
1987	560	1998	566	2009	535
1988	565	1999	560	2010	540
1989	564	2000	560	2011	555
1990	567	2001	552	2012	558
1991	568	2002	579	2013	562
1992	566	2003	525	2014	564
1993	562	2004	508	2015	563
1994	559	2005	507	2016	552
1995	558	2006	513	—	—

杨寿镇各村(大队)、社区部分年份人口密度统计表

表 3-2-3　　　　　　　　　　　　　　　　　　　　　　　　单位:人、人 / 平方千米

村名(大队、社区)	1964 年		1982 年		1990 年		2000 年		2010 年		2016 年	
	人口数	密度	人口数	密度	人口数	密度	人口数	密度	人口数	密度	人口数	密度
东兴村	1404	223	1970	313	1991	316	1772	281	1601	254	1790	284
爱国村(含袁岗)	2903	447	3902	600	3842	591	3370	518	3299	508	3588	552
永和村(含蒋塘)	3059	390	4015	511	4114	524	3540	451	3692	470	4061	517
墩留村	1636	390	2266	540	2263	539	2031	484	2059	490	2238	689
宝女村(杨寿、李岗)	2236	628	3069	862	3083	866	2314	650	2875	808	2606	736
新龙村(新民、建龙)	2703	417	3601	556	3643	562	2447	378	2870	443	2725	421
方集村	1806	474	2330	612	2349	617	2023	531	1966	516	2160	567
杨寿社区	844	563	878	585	1215	810	4711	3140	3051	2034	2888	1925
合　计	16591	418	22272	561	22500	567	22208	560	21413	540	22056	562

第三节　人口变动

一、自然变动

中华人民共和国成立前,引起境内人口大量减少的主要原因是战乱、疾病和自然灾害。

中华人民共和国成立后,境内人口自然变动主要分为以下五个阶段。

1950~1958 年为高出生、高死亡、高增长阶段。其间,生产关系变革,生产力迅速发展,社会稳定,人民生活条件改善,人口上升较快。

1959~1961 年为低出生、高死亡、负增长阶段。其间,国民经济严重困难,人民健康状况不良,人口出生率下降,死亡率上升,出现负增长。1961 年,全公社出生 124 人,死亡 227 人,自然增长率为 -6.1‰。

1962~1974 年为高出生、低死亡、高增长阶段。其间,国民经济复苏并发展,人民生活水平提高,医疗条件改善,人口出生率大幅上升。1967 年、1968 年、1969 年,人口自然增长分别为 556 人、568 人、579 人,为中华人民共和国成立后人口自然增长最高的几个年份。

1975~1998 年为低出生、低死亡、低增长阶段。其间,广泛宣传和贯彻执行计划生育政策,人口猛增势头逐步得到控制,出生率不断下降。1975 年出生人口为 352 人,1998 年仅为 211 人,增长率从 10.8‰降为 1.3‰。

1999~2016 年为低出生、低死亡、负增长阶段。其间,计划生育政策不断深入人心,成为大部分人的自觉行为,加上小孩出生后医疗、教育成本的不断加大,不少人主动放弃生育计划。2009 年,全镇出生 193 人,死亡 304 人,自然增长率 -5.20‰。2016 年,随着全面二孩政策的出台,出生率有所提高。

1961~2016 年杨寿镇(乡、公社)人口自然变动情况统计

表 3-3-1   单位:人、‰

年 份	出生人数	出生率	死亡人数	死亡率	人口增长数	净增率
1961	124	7.3	227	13.4	-103	-6.1
1962	308	18.2	250	14.8	58	3.4
1963	378	22.6	255	15.3	123	7.4
1964	405	24.1	267	15.9	138	8.2
1965	413	24.3	258	15.2	155	9.1
1966	645	37.7	210	12.3	435	25.4
1967	680	38.1	124	6.9	556	31.1
1968	687	37.0	119	6.4	568	30.6
1969	701	37.3	122	6.5	579	30.8
1970	582	29.6	129	6.6	453	23.0
1971	513	25.7	125	6.3	388	19.4
1972	483	23.5	128	6.2	355	17.3
1973	453	21.8	141	6.8	312	15.0
1974	405	19.2	148	7.0	257	12.2
1975	352	16.6	123	5.8	229	10.8
1976	382	17.8	149	6.9	233	10.8
1977	395	18.2	157	7.2	238	11.0

64   杨寿镇志

续表 3-3-1

年 份	出生人数	出生率	死亡人数	死亡率	人口增长数	净增率
1978	441	20.2	149	6.8	292	13.1
1979	436	19.8	235	10.7	201	9.1
1980	338	15.7	204	9.5	134	6.2
1981	276	13.1	120	5.7	156	7.4
1982	297	13.5	121	5.5	176	8.0
1983	240	10.9	131	5.9	109	4.9
1984	236	10.6	116	5.2	120	5.4
1985	256	11.5	133	5.9	123	5.5
1986	249	11.1	171	7.6	78	3.5
1987	263	11.7	157	7.0	106	4.7
1988	294	13.1	163	7.3	131	5.9
1989	327	14.5	162	7.2	165	7.3
1990	346	15.3	184	8.2	113	7.1
1991	271	12	159	7.0	112	4.9
1992	245	11	149	6.6	96	4.2
1993	215	9.5	156	6.9	59	2.6
1994	198	8.8	149	6.6	49	2.2
1995	181	8.0	151	6.8	30	1.3
1996	166	7.5	139	6.2	27	1.2
1997	182	8.2	154	7.0	28	1.3
1998	211	9.3	182	8.0	29	1.3
1999	113	5.0	181	8.0	−68	−3.0
2000	124	5.6	182	8.2	−58	−2.6
2001	178	8.0	182	8.2	−4	−0.2
2002	124	5.6	183	8.3	−59	−2.7
2003	150	6.9	145	6.7	5	0.2
2004	156	7.4	142	6.8	14	0.7
2005	157	8.2	196	10.2	−39	−2.0
2006	168	8.8	192	10.0	−24	−1.3
2007	133	6.8	160	8.2	−27	−1.4
2008	116	5.4	195	9.1	−79	−3.7
2009	193	9	304	14.2	−111	−5.2
2010	184	8.6	226	10.6	−42	−2
2011	260	12.1	178	8.3	82	3.8
2012	253	11.6	177	8.1	76	3.5

续表 3-3-1

年　份	出生人数	出生率	死亡人数	死亡率	人口增长数	净增率
2013	249	11.4	202	9.2	47	2.2
2014	255	11.5	188	8.4	67	3.1
2015	222	10	189	8.5	33	1.5
2016	186	8.43	193	8.74	-7	-0.32

二、机械变动

境内人口总体上流动不大。明代,有少部分人从苏州迁入。清末,有外籍生意人落户境内。由于地处扬州西北部丘陵地带,历史上经济相对落后,交通欠发达,大多数年份迁出人数多于迁入人数。至 2006 年,此种状况得以改变。此前的 1966~1970 年,由于干部、职工、城镇居民、知识青年下放农村,迁入人数明显超过迁出人数,迁入人数分别为 426 人、418 人、480 人、380 人、276 人。1978 年后,下放农村的干部、职工、城镇居民、知识青年陆续返城,1978 年迁出人数为 421 人,1979 年为 379 人,1980 年为 402 人,3 年期间迁出人数超过迁入人数。2016 年,迁出人数 59 人,迁入人数 70 人,迁移率达 0.5‰。

1961~2016 年杨寿镇(乡、公社)人口机械变动统计表

表 3-3-2　　　　　　　　　　　　　　　　　　　　　　　　　　　　　　单位:人、‰

年　份	迁入人数	迁出人数	迁移率	年　份	迁入人数	迁出人数	迁移率
1961	210	84	7.5	1978	244	421	-8.1
1962	204	460	-15.3	1979	263	379	-5.4
1963	198	303	-6.3	1980	278	402	-5.9
1964	195	124	4.2	1981	263	295	-1.5
1965	253	222	1.8	1982	246	213	2.0
1966	426	126	16.8	1983	186	231	-2.7
1967	418	288	7.0	1984	163	126	1.7
1968	480	367	6.1	1985	212	206	0.3
1969	380	270	6.0	1986	106	164	-2.6
1970	276	204	4.0	1987	215	298	-3.7
1971	137	221	-4.1	1988	307	384	-3.4
1972	109	212	-5.0	1989	241	424	-8.1
1973	212	198	0.7	1990	185	207	-1.0
1974	227	262	-1.6	1991	161	111	2.2
1975	213	204	0.4	1992	90	153	-2.8
1976	201	198	0.1	1993	100	269	-7.5
1977	266	323	-2.6	1994	75	244	-7.5

续表 3-3-2

年 份	迁入人数	迁出人数	迁移率	年 份	迁入人数	迁出人数	迁移率
1995	141	232	-4.1	2006	133	111	1
1996	100	273	-7.8	2007	135	49	4.1
1997	431	479	-2.2	2008	149	63	4
1998	127	276	-6.6	2009	147	53	4.4
1999	165	304	-6.2	2010	136	39	4.5
2000	234	380	-6.6	2011	178	66	5.2
2001	141	299	-7.1	2012	128	22	4.9
2002	108	363	-11.6	2013	106	37	3.2
2003	118	340	-10.2	2014	118	43	3.4
2004	95	180	-3.9	2015	79	47	1.4
2005	128	268	-6.6	2016	70	59	0.5

第四节　人口结构

一、性别结构

中华人民共和国成立前,妇女社会地位低下,重男轻女,弃溺女婴现象时有发生,社会上男性人口明显高于女性人口。中华人民共和国成立后,妇女地位逐步提高,男女同工同酬,地位平等,境内男女性别比例差距逐渐缩小。1961 年,男女性别比为 102.8。1962~2002 年,男女性别比例在 100.8~109.3 之间。2003~2006 年,男女性别比例超过 110。2006 年,男女性别比为117.6,为历史最高值。2016 年,男女性别比例为 99.5,首次出现女性多于男性的现象。

1961~2016 年杨寿镇(乡、公社)人口性别比统计表

表 3-4-1

年 份	人口数(人)		性别比例(女为 100)	年 份	人口数(人)		性别比例(女为 100)
	男	女			男	女	
1961	8563	8333	102.8	1969	10006	9682	103.3
1962	8100	7860	103	1970	10165	9820	103.5
1963	8665	8115	106.8	1971	10500	10024	104.7
1964	8578	8011	107.1	1972	10596	10180	104.1
1965	8773	8252	106.3	1973	10637	10414	102.1
1966	9321	8539	109.2	1974	10798	10443	103.4
1967	9528	9018	105.7	1975	10849	10627	102.1
1968	9580	9217	103.9	1976	10887	10784	101.0

续表 3-4-1

年　份	人口数（人）		性别比例（女为100）	年　份	人口数（人）		性别比例（女为100）
	男	女			男	女	
1977	10971	10884	100.8	1997	11619	11096	104.7
1978	11067	10903	101.5	1998	11679	10919	107.0
1979	10959	10618	103.2	1999	11563	10785	107.2
1980	11003	10074	109.2	2000	11445	10763	103.1
1981	11197	10852	103.2	2001	11188	10838	103.1
1982	11361	10911	104.1	2002	11064	10704	103.4
1983	11270	11016	102.3	2003	11033	9942	111.0
1984	11401	10956	104.1	2004	10132	9097	111.4
1985	11414	10959	104.7	2005	10215	8944	114.2
1986	11508	10935	105.2	2006	11441	9732	117.6
1987	11687	10682	109.3	2007	10978	10346	106.1
1988	11456	11092	103.3	2008	10976	10455	105.0
1989	11600	10932	106.1	2009	10842	10540	102.9
1990	11773	10862	108.4	2010	10839	10574	102.5
1991	11709	10960	108.8	2011	11032	10747	102.7
1992	11643	10963	106.2	2012	11050	10840	101.9
1993	11568	10910	106.0	2013	11124	10951	101.6
1994	11438	10916	104.8	2014	11128	11017	101
1995	11459	10816	105.9	2015	11063	11035	100.3
1996	11382	10723	106.1	2016	10998	11058	99.5

二、年龄结构

1964 年与 2016 年相比，境内人口的年龄构成有很大变化。0~14 岁少年儿童占总人数比例下降。1964 年为 29.8%，2016 年为 10.1%，下降 19.7%。由于实行计划生育，人口出生率下降。1964 年为 24.1‰，2016 年为 8.43‰，下降 15.67‰。65 岁以上老人占总人数比例上升，1964 年为 4.9%，2016 年为 17.04%，上升 12.14%。80 岁以上老人人数增加幅度较大，1964 年为 60 人，2016 年为 883 人。1964 年、1982 年全国人口普查时没有百岁老人，1990 年为 1 人，2000 年为 1 人，2010 年为 3 人。2010 年人口期望寿命 75.2 岁，比 1990 年第四次全国人口普查时提高 3.4 岁，比 2000 年第五次全国人口普查时提高 1.8 岁。2016 年，0~14 岁 2200 人，15~34 岁 5831 人，35~59 岁 7836 人，60 岁及以上 6191 人，其中 90 岁及以上 77 人（含百岁老人 2 人）。人口期望寿命为 76.8 岁。

杨寿镇(乡、公社)部分年份人口年龄、性别构成一览表

表 3-4-2

单位：人、性别比(女为 100)

年龄组(岁)	1964 年			1982 年			1990 年			2000 年			2010 年			2016 年		
	男	女	性别比	男	女	性别比	男	女	性别比	男	女	性别比	男	女	性别比	男	女	性别比
0~4	804	704	114.2	913	816	111.9	568	447	127.1	443	411	107.8	350	361	97	348	375	92.8
5~9	951	871	109.2	985	931	105.8	683	538	127.0	660	576	114.6	352	352	100	360	349	103.1
10~14	928	802	115.7	1454	1435	101.3	586	573	102.3	959	749	127.8	387	351	110.3	394	374	105.3
15~19	830	802	103.5	1373	1441	95.3	690	615	112.2	476	499	132.3	557	451	123.5	549	463	118.6
20~24	718	705	101.8	516	577	89.4	904	822	110.0	497	593	83.8	858	775	110.7	862	771	111.8
25~29	695	645	107.8	1168	1097	106.4	1241	1019	121.8	711	814	87.3	832	767	108.5	831	830	100.1
30~34	638	624	102.2	1024	1006	101.8	1204	999	102.5	1103	1279	86.2	784	724	108.3	782	743	105.2
35~39	571	561	101.8	667	501	133.1	995	867	114.8	817	937	87.2	840	772	108.8	838	812	103.2
40~44	559	497	112.5	641	549	116.8	834	671	124.3	672	667	100.7	748	641	116.7	726	693	104.8
45~49	524	454	115.4	596	490	121.6	760	669	113.6	950	978	91.7	676	626	108.0	692	648	106.8
50~54	460	414	111.1	628	544	115.2	692	628	110.1	893	807	110.7	842	775	108.6	824	793	103.9
55~59	402	403	99.8	476	459	103.7	654	634	103.2	531	401	132.4	917	913	100.4	911	899	101.3
60~64	295	307	96.1	321	303	105.9	510	625	81.6	490	437	112.1	1005	1065	94.4	964	1002	96.2
65~69	198	228	86.8	240	253	94.9	468	501	93.4	405	396	102.3	540	6000	90	650	738	88.1
70~74	94	121	77.7	121	204	59.3	405	509	79.6	349	385	90.6	454	536	84.7	512	594	86.1
75~79	49	74	66.2	62	136	45.9	296	399	74.2	140	210	66.7	361	419	86.2	387	461	83.9
80~84	20	32	62.5	32	52	61.5	155	268	57.8	57	102	55.9	250	293	85.3	274	340	80.6
85~89	2	6	33.3	3	16	18.8	68	91	74.7	40	79	50.6	73	110	66.4	81	111	72.9
90~99	0	0	0	0	1	0	15	30	50.0	6	13	46.2	14	40	35	13	62	21
100 岁及以上	0	0	0	0	0	0	0	1	0	0	1	0	0	3	0	0	2	0

2016 年杨寿镇 90 岁及以上长寿老人一览表

表 3-4-3

姓　名	性　别	出生年月	家庭住址	姓　名	性　别	出生年月	家庭住址
周文英	女	1915.4	墩留村张桥组	周德英	女	1922.9	永和村吴庄二组
方扬英	女	1918.12	爱国村罗家组	顾秀英	女	1922.11	东兴村金庄组
俞桂英	女	1919.6	爱国村罗家组	郭凤英	女	1922.11	宝女村李岗组
顾秀英	女	1919.10	爱国村唐庄组	陈素珍	女	1922.12	墩留村刘庄组
苏凤英	女	1919.11	爱国村周庄组	吴德英	女	1922.12	方集村高田组
江桂英	女	1920.3	永和村马场组	方立海	男	1923.2	新龙村方庄组
宰长元	男	1920.4	永和村军田组	高兰英	女	1923.5	永和村丘陵组
汤月英	女	1920.6	爱国村唐庄组	周秀英	女	1923.6	永和村杨华组
吴桂珍	女	1920.6	永和村平原组	方翠莲	女	1923.6	墩留村张桥组
李桂英	女	1920.6	新龙村建龙组	潘玉莲	女	1923.6	东兴村苏庄组
孙秀兰	女	1920.7	墩留村徐庄组	纪玉英	女	1923.7	爱国村俞坝组
王凤英	女	1920.10	东兴村包沙组	韩美	女	1923.8	永和村军田组
胡桂英	女	1922.7	永和村马场组	潘兰英	女	1923.10	永和村永和组

续表 3-4-3

姓 名	性 别	出生年月	家庭住址	姓 名	性 别	出生年月	家庭住址
王在扬	男	1923.11	集镇迎宾路 381 号	吴秀英	女	1925.12	东兴村陈庄组
姚国英	女	1923.12	东兴村孔西组	庄玉兰	女	1925.12	永和村杨华组
汤秀英	女	1924.3	方集村汤庄镇	罗桂兰	女	1925.12	爱国村周庄组
姚秀英	女	1924.5	永和村平原组	吴景坤	男	1926.1	爱国村爱国组
吴在昌	男	1924.7	新龙村赵庄组	姚春英	女	1926.2	永和村蒋塘组
吴德兰	女	1924.7	方集村高田组	王桂英	女	1926.2	永和村杨华组
李国英	女	1924.10	墩留村刘庄组	姚翠香	女	1926.3	爱国村金庄组
徐秀英	女	1924.10	宝女村交通组	刘桂英	女	1926.4	方集村花园组
徐长宝	男	1924.10	方集村高田组	殷月娥	女	1926.4	爱国村徐庄组
陈广英	女	1924.11	新龙村周庄组	田素珍	女	1926.4	墩留村田庄组
汤旺珍	女	1924.12	新龙村曾巷组	吴立智	男	1926.5	集镇乐星路 24 号
陈秀英	女	1925.2	爱国村徐庄组	王正松	男	1926.6	爱国村义和组
陈凤英	女	1925.3	方集村双栗组	刘桂英	女	1926.6	东兴村包沙组
徐兴堂	男	1925.3	永和村三连组	王桂兰	女	1926.6	东兴村徐庄组
陈凤兰	女	1925.4	宝女村红星组	张云清	男	1926.7	永和村平原组
赵金香	女	1925.4	方集村方庄组	庄金兰	女	1926.7	永和村金庄组
万长华	女	1925.4	永和村吴庄组	吴文耀	男	1926.8	宝女村电力组
柏 英	女	1925.5	宝女村楚庄组	陈学英	女	1926.8	宝女村孙庄组
方朝章	男	1925.5	宝女村楼二组	谭凤英	女	1926.8	新龙村赵庄组
方月华	女	1925.5	爱国村吴庄二组	陈素珍	女	1926.10	宝女村下庄组
陈秀兰	女	1925.5	永和村九连组	姚凤英	女	1926.11	墩留村西庄组
王培兰	女	1925.7	墩留村徐庄组	纪广久	男	1926.11	东兴村下瓦组
王志英	女	1925.7	爱国村金庄组	施正英	女	1926.11	爱国村大众组
张秀兰	女	1925.9	爱国村薛庄一组	李秀英	女	1926.11	宝女村楚庄组
汤玉芳	女	1925.10	方集村方庄组	李映雪	女	1926.12	爱国村爱国组
许秀兰	女	1925.11	新龙村玉带组	—	—	—	—

三、民族结构

境内系汉族集聚地。1978 年后,随着改革开放不断深入,境内部分青年外出打工,与少数民族姑娘恋爱、结婚、生子,境内便有了少数民族人口。80 年代,有不少广西壮族姑娘经人介绍嫁到本地,成为境内人数最多的少数民族。2000 年,境内有 11 个少数民族 31 人,其中蒙古族 1 人、回族 4 人、藏族 1 人、苗族 1 人、彝族 1 人、壮族 10 人、朝鲜族 2 人、满族 1 人、侗族 5 人、土家族 4 人、达斡尔族 1 人。2010 年,境内共有 10 个少数民族 27 人,其中回族 3 人、壮族 10 人、土家族 5 人、蒙古族 2 人、侗族 2 人、瑶族 1 人、布依族 1 人、白族 1 人、彝族 1 人、满族 1 人。至 2016 年底,境内共有 11 个少数民族 45 人,其中壮族 13 人、土家族 7 人、回族 9 人、满族 3 人、布依族 1 人、侗族 5 人、彝族 2 人、畲族 1 人、蒙古族 2 人、朝鲜族 1 人、瑶族 1 人。

四、姓氏结构

姓氏家族是由血缘关系、始祖渊源或迁徙投靠而来。2016 年末,境内共有 185 个姓氏,其中排在前十位的姓氏为吴、陈、王、张、方、李、赵、黄、刘、薛。其中,吴、陈、王、张、方五姓人口分别占镇总人口(22056 人)的 9.5%、8.2%、8%、5.3%、5.1%。

境内姓氏人口数量(前 30 位)从多到少排列如下:

吴 2090 人、陈 1809 人、王 1754 人、张 1750 人、方 1135 人、李 1012 人、赵 1005 人、黄 902 人、刘 883 人、薛 785 人、万 726 人、孙 689 人、郑 660 人、魏 616 人、罗 583 人、江 552 人、徐 541 人、许 493 人、常 351 人、杨 326 人、朱 299 人、柏 262 人、马 214 人、周 119 人、胡 115 人、邵 112 人、房 109 人、夏 108 人、郭 106 人、俞 103 人。

五、文化结构

中华人民共和国成立前,境内文盲多,失学率高。民国时期,境内只有 2 所国民小学和几所私塾,学龄儿童入学率极低。中华人民共和国成立后,教育事业有了很大发展,文盲、半文盲人口逐年下降。1995 年,经市、县两级政府验收,境内基本扫除青壮年文盲。

1982 年第三次全国人口普查时,境内 6 周岁以上人口中,不识字或初识字 7924 人(其中 12 周岁以上 7401 人)、小学学历 7675 人、初中学历 3476 人、高中学历(含中专)804 人、大专及本科学历 14 人。

1990 年第四次全国人口普查时,境内 6 周岁以上人口中,不识字和初识字 4096 人、小学学历 9703 人、初中学历 5060 人、高中学历(含中专)1227 人、大专学历 33 人、本科学历 9 人。

2000 年第五次全国人口普查时,境内 6 周岁以上人口中,不识字和初识字 2949 人(男 589 人、女 2360 人)、小学学历 7306 人(男 3628 人、女 3408 人)、初中学历 5522 人(男 3516 人、女 2006 人)、高中学历(含中专)1641 人(男 1211 人、女 430 人)、大专学历 157 人(男 120 人、女 37 人)、大学本科学历 38 人(男 30 人、女 8 人)。

2010 年第六次全国人口普查时,境内 6 周岁以上人口中,不识字和初识字 372 人(男 82 人、女 290 人)、小学学历 8157 人(男 3473 人、女 4684 人)、初中学历 7543 人(男 3945 人、女 3598 人)、高中学历(含中专)3155 人(男 2111 人、女 1044 人)、大专学历 694 人(男 428 人、女 266 人)、大学本科学历 113 人(男 69 人、女 44 人)、研究生 4 人(男 3 人、女 1 人)。

2016 年底,全镇人口中,不识字和初识字 1948 人(含婴幼儿)、小学学历 7273 人、初中学历 7543 人、高中(含中专)学历 3439 人、大专学历 1163 人、本科学历 646 人、研究生 44 人。

六、职业结构

80年代以前,全镇人口职业构成以第一产业为主,其次为第二产业,绝大部分从事物质资料的生产劳动。1979年,全镇共有劳动力9097人,其中从事第一产业人数7213人,约占社会劳动者总人数的79.29%;从事第二产业人数1373人,约占社会劳动者总人数的15.09%;从事第三产业人数511人,约占社会劳动者总人数的5.62%。随着产业结构调整和改革开放的不断深入,从事第一产业人数逐渐减少,从事第二、第三产业人数逐渐增加。2010年,全镇有社会劳动者10764人,其中从事第一产业(农、林、牧、渔)人数1547人,约占社会劳动者总人数的14.37%;从事第二产业(工业、建筑业)人数5432人,约占社会劳动者总人数的50.46%;从事第三产业人数3785人,约占社会劳动者总人数的35.16%。

2016年,全镇有社会劳动者12159人,其中从事第一产业(农、林、牧、渔)人数2278人,约占社会劳动者总人数的18.7%;从事第二产业(工业、建筑业)人数7194人,约占社会劳动者总人数的59.2%;从事第三产业人数2687人,约占社会劳动者总人数的22.1%。

2016年杨寿镇人口行业、职业构成情况一览表

表3-4-4

产业名称	职业类别	从业人数(人)			占比(%)
		合　计	男	女	
第一产业	农业(农、林、牧、渔)	2278	1170	1108	18.7
第二产业	工业	5820	3250	2570	47.9
	建筑业	1374	1004	370	11.3
第三产业	交通运输、邮电通信业	501	370	131	4.1
	商业、公共饮食业、物资供销仓储业	988	503	485	8.1
	房地产管理、公共事业、居民服务、咨询服务业	253	143	110	2.1
	卫生体育、社会福利事业	146	85	61	1.2
	教育文化艺术、广播电视事业	154	72	82	1.3
	科学研究、综合技术服务	117	59	58	1.0
	金融、保险业	65	40	25	0.5
	其他(信息传输、计算机服务和软件业)	463	246	217	3.8
合　计		12159	6942	5217	100

第五节　人口控制

一、晚婚晚育

中华人民共和国成立前,境内早婚早育现象普遍。一般人家子女刚成年,父母即为其操办婚事,生儿育女,且以子女多为荣。50 年代中后期,提倡晚婚,但收效甚微。1963 年后,开展计划生育工作,对晚婚晚育有所促进。70 年代初,大力提倡晚婚,以男 26 周岁、女 24 周岁为晚婚年龄。1974 年,公社召开晚婚晚育现场促进会,为晚婚青年举办集体婚礼,在群众中引起良好反响,收到了较好效果,人口出生率从 20‰以上降至 20‰以下。1983 年 6 月,全乡贯彻落实县政府规定,凡晚婚晚育夫妇,各增加晚婚假 7 天;妇女 24 周岁以后生第一胎的,另外增加晚育假 15 天。1988~2000 年,学习贯彻《中国计划生育纲要》《中共中央、国务院关于加快计划生育工作控制人口增长的决议》《江苏省计划生育条例》及《江苏省计划生育条例实施细则》,境内倡导育龄人口晚婚晚育,并制定相关优待奖励及处罚措施,计划生育工作取得较好成绩。2008 年,境内晚婚人数 94 人,晚婚率 43.12%,生育 1 孩人数 86 人,生育 2 孩人数 30 人,领取独生子女证人数 102 人。2009 年,境内晚婚人数 42 人,晚婚率 48.84%,生育 1 孩人数 152 人,生育 2 孩人数 41 人,领取独生子女证人数 142 人。2010 年,境内晚婚人数 33 人,晚婚率 47.14%,生育 1 孩人数 151 人,生育 2 孩人数 33 人,领取独生子女证人数 183 人。2016 年,境内晚婚人数 41 人,晚婚率 46.5%,生育 1 孩人数 83 人,生育 2 孩人数 81 人,不再发放独生子女证。

二、节制生育

50 年代中期,境内提出节制生育,宣传有计划地生育子女。

60 年代,特别是 1966 年社会主义教育运动期间,全公社深入宣传计划生育,利用放电影前的幻灯片、宣传橱窗、板报等形式宣传节育措施,内容包括服避孕药,用避孕套、子宫帽、避孕膏及上避孕环等。许多多子女夫妇受到感召开始用药具避孕。

1974 年,部分党员干部带头结扎(男性居多)。1979 年,响应县委、县政府"为'四化'建设,生育一个孩子"的倡议,800 多对育龄夫妇领取独生子女证。

1980 年,公社配备计划生育专职干部 1 人,村、组计划生育工作由妇女干部兼管,形成计划生育工作网。同年 9 月,《关于控制我国人口增长问题致全体共产党员、共青团员的公开信》发表,党员、团员、干部带头实行晚婚晚育、计划生育。1982 年,结扎 323 人。1983 年 1 月,公社党委、公社管委会制定《关于计划生育奖惩制度暂行规定》。之后,乡政府先后制定和印发《关于切实加强计划生育工作实施细则》《关于对照顾生育二胎实行公开办事制度的意见》《关于计划生育有关问题的补充规定》《关于计划生育奖惩制度的暂行规定》等。方集村村民房世明生育一个女孩后,主动要求结扎,受到干部、群众的称赞,被评为 1985 年度邗江县计划生育"十佳代表"。同时对不执行计划生育的个人进行超生罚款,是党员、团员和干部、职工的,还要给予纪律处分;

对于不能完成计划生育任务的单位,不能评为综合先进集体,强调"一票否决制";对破坏计划生育工作的,视情节轻重,予以相应的处理。1990 年 11 月 1 日始,贯彻实施《江苏省计划生育条例实施细则》,对超生对象,统一按规定收取计划外生育费;对不按《中华人民共和国收养法》及有关规定收养孩子的,比照计划生育法规处理;对未达到法定婚龄或达到法定婚龄未办理结婚登记手续同居怀孕且不肯终止妊娠、坚持生育的,处以罚款。在具体执行中,少数基层干部曾对违反计划生育的现象采取一些过激行为,以罚代管现象较为严重,但一经上级部门发现,多数能及时得到妥善处理和纠正。1994 年,乡政府《关于计划生育管理的暂行规定》制定实施后,计划生育工作纳入规范化、法制化的轨道。

至 2016 年,境内育龄妇女上环 1724 人,采用避孕药具 1141 人,结扎 69 人,采用其他措施 32 人;落实计划生育奖扶对象 163 人(其中特扶人员 4 人),每人每月领取奖扶金 80 元。

三、优生优育

中华人民共和国成立前,境内受封建婚姻制度影响颇深,常见近亲婚配的现象,且妇女生育条件差,很大程度上影响了人口素质的提高。

50 年代中后期,政府重视妇幼保健,改造旧产婆,推广新法接生,开展妇女病防治工作。60 年代,宣传贯彻计划生育的同时,把优生优育工作摆上议事日程,宣传优生优育。1971 年,杨寿卫生院设立妇产科。1980 年,广泛宣传贯彻婚姻法中有关直系血亲和三代以内旁系血亲禁止结婚的规定,加强婚姻登记工作。妇联、共青团、教育、卫生、计划生育等部门联合开展优生优育咨询活动,为年轻父母答疑,并邀请县医院妇科、儿科医生举办科学育儿讲座,为患病妇女、儿童治疗。1981 年,推行孕妇产期保健。1985 年,为孕妇普遍建卡,住院分娩率 80%。当年起,以幼儿园、小学、成人学校为阵地,开办父母学校、家长学校(后更名为人口学校),以及新婚夫妇培训班、孕妇培训班,传授优生优育知识,把胎教列入家庭教育内容,提倡母乳喂养。1992 年,卫生院使用省统一的国家保健管理表、卡、册及系统管理登记簿、高危妊娠管理簿,使孕产妇系统管理科学化、规范化。据统计,2016 年,共建人口学校 18 所,举办家教、孕妇培训班 120 多期。孕妇、婴幼儿建卡率 100%,住院分娩率 100%,25 年未发生产妇死亡病例。

第四章　环境保护

中华人民共和国成立前及成立初期,人们无环境保护意识和保护措施。由于生态均衡、植被完善,且无农药化肥及工业污染,环境质量优良。

1958年,砍树毁林、大炼钢铁等,一度产生大量"三废"(废气、废水、废渣),影响水体和大气质量。60年代中期,丘陵山区除草毁林,开荒造田,破坏植被,造成水土流失,生态失衡。70年代后,社、队办工业发展迅速,部分企业"三废"超标排放,城乡环境质量逐步下降。80年代后,乡村工业蓬勃发展,污染较重。随着农药、化肥在农业生产中的大量使用,农村生态环境加剧恶化。90年代后期,政府不断加大环境保护力度,环境污染得到初步控制。2000年后,杨寿镇采取"环境保护优先于经济发展"的策略,制订环境规划,增加投资,加强环境保护执法监督,严格控制污染源,环境质量不断改善。2008年起,杨寿镇开展创建市、省级卫生镇和国家级生态镇活动,镇村生态环境得到有效整治,并获评市、省级卫生镇。

第一节　机　构

80年代前,环保工作由县环保部门直接管理。1983年,乡镇配环保员,在村镇建设管理科领导下开展工作,负责对乡村企业"三废"治理实施情况进行检查监督。1995年3月,杨寿环境保护所成立,设助理1名。开展环境保护执法检查,监督涉污企业落实环保措施。为加强对环保工作的领导,2000年后,镇成立环境保护工作领导小组,由镇长任组长,分管镇长任副组长,下设办公室、环保助理具体负责,专司其职。2016年,管理机构未变。

历任镇(乡)环境保护工作负责人为王新喜、陈明、万明林、薛巨春、陈立顺。

第二节　环保宣传

1981年,境内开始重视环境污染防治工作。90年代始,境内环保宣传教育工作全面展开,由普及环境科学知识、宣传国家环境保护法律法规逐渐发展到配合环保中心工作,宣传形式趋于多样化。

1991年,邗江职业高级中学开设环境保护职业班,为环保事业培养专业人才。同年,杨寿中学、杨寿中心小学均开展环保宣传教育活动,设置环保知识橱窗,举办环保征文、绘画比赛,参观环保工程等。评选出优秀征文20篇,作为周一国旗下的讲话内容;评选优秀绘画20幅,并在橱窗展出。

1996年起,每年的"6·5"世界环境日、科普宣传周等特定宣传纪念活动期间,政府利用讲座、知识竞赛、咨询、展览、演出、征文、广播、电视、报刊等多种形式向社会宣传环境保护的基本国策,提高全民环保意识。2009年7月,杨寿镇开展创建国家级生态乡镇工作,除召开不同类型、不同对象的动员会外,还采用宣传车、标语、宣传橱窗、公益广告牌、戗牌、电子显示屏等进行广泛宣传,发放《创环境优美乡镇,建精致秀美杨寿》倡议书6000余份。2014年4月,第十二届全国人大常委会第八次会议通过修订的《中华人民共和国环境保护法》。镇政府发放普法单行本500本,组建环保宣传志愿者服务小分队8个,深入各村、社区进行环保宣讲,并捡拾废弃塑料袋,清除垃圾。至2016年,活动正常进行。

第三节　污染治理

一、水污染治理

企业排放治理　1973年始,镇内先后有杨寿中学电镀厂、新民振兴电镀厂、李岗蜡光纸厂和佳美高分子材料厂等化工企业。这些企业的污水直接排放到杨寿涧、王冲涧。80年代后期,污水造成河水变色、变质,导致农作物枯萎、水产品死亡等,群众反响强烈。镇(乡)政府十分重视,开始污水限排,并进行治理。2007年,镇政府责令相关企业限期整改,对污水进行处理,达标排放。除新民振兴电镀厂整改达标外,其余3家企业因不达标而先后关闭。

河塘清淤　2000年起,镇开展"清洁池塘、美化家园"工作,对面积2亩以上的河塘进行清淤,并定期捞取河塘水生杂草,净化水质。至2016年,已清淤池塘311个,疏浚土方167.14万立方米,投入资金593.94万元,做到水面清洁、水质达标。

粪便无害化处理　70年代,沼气作为新能源起步发展,粪便作为原料,进入沼气池处理。1986年,境内累计建沼气池2000座左右。2000年后,开始建设三格式化粪池。同时,沼气池也在不断翻新改造。2016年,全镇建三格式化粪池2853座、沼气池1138座,并建成无害化户厕5456户,普及率97.4%。

生活污水处理　2009年,贯彻《水污染防治法》,镇政府在宝女村杨寿组征用土地5.19亩,投入1095.51万元,建设污水处理厂,日处理能力1000吨。在集镇居民区和工业集中区主干道两侧铺设污水管网7.69千米,新的污水处理设施服务范围包括整个杨寿镇集镇社区,服务面积1平方千米,服务人口1万人,集镇区生活污水处理率达81.2%,开展生活污水治理的行政村比例达85.74%。2016年,镇区生活污水处理率达100%,7个行政村都建立微动力污水处理站,开展生活污水治理的行政村达100%。杨寿卫生院的污水亦通过专用设备处理后排放。镇内河道水质保持在Ⅲ类水状态。

二、大气污染治理

大气污染源亦与乡镇工业发展、小土窑和焚烧秸秆有关。境内从90年代初开始综合治理大气污染。

控制污染企业入驻　严格控制造成空气污染严重的企业在镇区落户。至2016年,先后关闭2个有空气污染的企业,拒绝8个有空气污染的企业入驻。

关闭小土窑　1995年,政府下发农村环境综合整治工作意见,关闭境内小土窑,复耕还田。至2010年,境内72家小土窑全部关闭。

改造锅炉　2009年,政府印发《关于加强烟尘控制管理的若干意见》,制订防治实施计划,定期完成改造任务。2012年,淘汰燃煤锅炉4台、蒸缸2只,完成老式炉窑的更新改造,更新完善有关企事业单位的生产、生活锅炉,使其烟尘排放浓度达到国家烟尘控制标准。

秸秆禁烧　90年代后,农民烧饭的大锅灶逐步被煤气灶取代,导致大量稻、麦秸秆在田间焚烧,污染空气。2009年起,政府与村、村与组、组与村民层层签订责任状,禁止焚烧秸秆。每年夏、秋两季,镇、村、组组织专门人员严防严控秸秆焚烧,开展秸秆综合利用。2016年,秸秆综合利用率达97.5%。经邗江区监测站测定,镇区大气环境质量优于国家大气环境二级标准。

三、固体废弃物治理

废渣治理　工厂及单位使用的锅炉所产生的煤渣全部供砖瓦厂制砖用,这类固体废物的综合利用率达95%以上。2012年镇内燃煤锅炉淘汰后,不再产生煤渣。

垃圾处理　2008年,镇在宝女村孙庄组曹杨路西侧征用土地2.38亩,投入75万元,新建建筑面积为190平方米的杨寿镇压缩式垃圾中转站。该站服务范围包括整个杨寿镇集镇和农村,服务人口2.3万人,日集中收运压缩处理垃圾12吨。垃圾中转站配备1辆压缩式垃圾专用运输车,农村配备9辆机动垃圾收集运输车,集镇配备17辆人力垃圾收集运输车,实行垃圾日日清运,实现户清洁、组保洁、村收集、镇压缩转运、市处理的工作目标。2016年,各村(社区)新建垃圾箱(池)500多个,集镇主干道两侧定点摆放垃圾桶300多个,并配备专兼职保洁人员150人,每天有专人清扫、清运、消毒,实现垃圾袋装化处理。生活垃圾无害化处理率达98.5%,开展生活垃圾资源化利用的行政村比例达100%。

废弃物处理　2008年后,境内服装、玩具、制鞋、纸制品等厂的边角料、碎屑以及人们日常生活中产生的生活垃圾,由专车运送到镇压缩式垃圾中转站,再送往市垃圾场处理。镇卫生院、村(社区)卫生服务站的废弃物(纱布、棉花、针筒、皮条等)定期由专车收集,运往垃圾处理场。镇卫生院、村(社区)卫生服务站每月处理的废弃物约300千克。

2016年,经扬州市邗江区环境保护局评估鉴定,境内水质符合Ⅲ类标准,空气质量、噪音均符合Ⅱ类标准。

第四节 生态建设与保护

1976年,根据邗江县革委会关于在全县推广使用沼气的决定,开始建造"二合土"沼气池,使用人、畜粪为沼气主要原料,有效地解决人、畜粪无序排放,达到节约能源、净化环境、提高肥效、减少农药化肥使用量的效果。1977年起,公社(乡、镇)对境内小流域实施治理,填废塘、废沟,小田改大田,开展农田土地方整,因地制宜,分期分批实施土地复垦。是年底,李岗大队(现属宝女村)结合低产田改造,根据杨寿中学"五七"农场林粮间作的经验,开始在田边、沟边栽植池杉。1979年,全国人大确定每年3月12日为植树节。公社(乡、镇)、大队(村)每年植树节期间组织机关、企事业单位干部到境内道路两旁等地植树,分期分批解决路边绿化的问题。1984年,乡在墩留村征地10公顷,建乡花卉苗木基地。同年,在全乡范围内开展沼气"百池村"建设活动。1986年,累计建造沼气池2000个左右。1994年,根据野生动物保护的相关规定,收缴境内两个猎户的猎枪,对野生动物实施保护,同时禁止销售和捕食青蛙、飞鸟及其他珍稀动物。1995年,李岗村(现属宝女村)1800亩耕地全部林粮间作,实现农田林网化,林网率100%。成片造林110亩,全村林木1.8万株,林木覆盖率31%。次年3月,李岗村被全国绿化委员会命名为全国绿化千家村。1997年,镇政府在墩留村划出土地4公顷建公墓。政府要求境内新亡人员一律实行火化,禁止土葬,同时号召全镇党员干部带头迁坟到公墓。是年10月,李岗村被农业部授予国家级"林网之村"称号。同年,镇回归路建成后,在该路两旁全部栽植大株香樟。2000年后,政府先后平毁小土窑72座,复垦土地412.9公顷,连同小流域治理,共增加土地151.71公顷。爱国、永和、宝女等村分别利用这些土地种植成片的意大利杨树。2002年,镇逐步加大秸秆综合利用和禁烧工作力度,引导农民全面实施秸秆还田,培肥地力,推广利用秸秆培养食用菌技术,建食用菌培养基地7个。2008年开始,镇政府在农村推广建设高质量、多功能的全新式沼气池,补贴农户建池经费每户1380元。2009年秋,政府给全镇5989户家庭每户赠送栽植桂花2株、蜡梅1株,加上企事业单位栽植数,总计2万株。2010年,政府投入15万元,将镇区5座公共厕所改造成水冲式厕所。同时,改造居民住宅厕所,给改厕农户每户补助400元,改传统茅坑式厕所为三格式厕所,验收合格后再奖励100元。同年,根据镇综合整治方案,设立河长制,由所在村、组主要负责人任河长,负责河塘清淤、清杂、绿化和庄台整治,确保综合整治工作常态化、长效化。杨

池塘清淤

寿涧、王冲涧、朱桥涧圩堤两旁坡地均植树造林,形成天然氧吧。2010年后,永和、墩留、新龙、方集等4个村先后建成5个花卉苗木基地,集镇中心建成绿化广场,面积0.67公顷。同时,及时挖除外来入侵植物"一枝黄花",控制其蔓延。

2016年,全镇森林覆盖率27.5%,人均公共绿化面积15.7平方米,农村交通道路绿化普及率97%,东兴大道被评为扬州市最美乡村路。建全新式沼气池706个,其中生态沼气池110个,约占15.6%。约82%的秸秆用于还田,约18%的秸秆用于培养蘑菇或投放沼气池,基本实现秸秆禁烧,有效保护大气环境。全镇6000户中有5760户农户进行厕所改造,改厕率达96%。大力推广使用有机肥和低残留新型杀虫剂、除草剂等。农用化肥施用强度每年226.5千克/公顷,农药施用强度每年2.7千克/公顷,主要农产品中有机、绿色及无公害产品种植(养殖)面积的比重达80.1%。

第五节　生态乡(镇)创建

中华人民共和国成立后,境内十分重视生态建设。中共十一届三中全会以后,党委、政府将生态乡(镇)建设放在与经济建设同等位置,一同部署,一同检查,一同考核。1999年,建龙村(现属新龙村)建成省级生态村。2000年后,党委、政府又将生态建设放在优先发展位置。镇政府与各村(社区)签订生态村(社区)创建专项目标责任书,坚持"三个一"制度,即一把手亲自抓、环保第一审批权和环保一票否决权。2007年8月,永和村创成省级生态村。2008年开始,镇党委、政府将全面创建国家级生态乡镇作为重点工作,坚持综合整治与生态建设同步。2012年5月,宝女村通过省级生态村验收。

2016年,镇通过国家级生态乡镇省级验收,永和村创成省级生态村并通过国家级生态村验收,宝女村创成省级生态村,墩留村通过省级生态村验收,新龙、方集、东兴、爱国等4个村通过市级生态村验收。

第五章 土地资源管理

境内西、南部为丘陵,东、北部濒临邵伯湖,为圩区平原。地势高低起伏,平原与丘陵地貌差异明显。汉代,始有先民定居垦殖。耕地历来有官田、军田、学田、农田之分,土地管理均以课税为主要目的。民国时期,开始实施以地产法律登记为主的地籍管理。

1950年春,根据《中华人民共和国土地改革法》,境内开展土地改革运动,将土地分配给农民。1956年,完成农业社会主义改造,土地属国家、集体所有。1958年,成立人民公社,土地属公社所有,由公社、大队、生产队三级经营。中共十一届三中全会后,农村进行经济体制改革,推行"包工到组""联产到劳""家庭包干"等形式。1981年,全面推行"大包干",土地承包到户,承包期为18年,向农民颁发土地使用证,土地、水面属集体所有,农民享有使用权。1998年,完成土地第二轮承包,承包期为30年,农民在承包期内,土地可以经营、转租、入股。

农民建房用地、企事业单位用地,均需个人或单位提出申请,管理部门实地勘察,政府审批,领取准建证后方可使用。

1992年起,全乡开展创建无违法批地、无违法用地、无违法管地的"三无活动"。2002年后,开始创建"土地执法模范乡镇"活动,土地管理的宏观秩序得到改善。同时,镇政府编制《杨寿镇土地利用总体规划(2006~2020年)》,科学合理复垦、利用土地。

第一节 机 构

清代及以前,民间土地纠纷归县衙管理,田赋税及土地买卖有县课税大使执掌。清末,裁课税大使,土地管理事宜统归县衙。

民国时期,境内田地归县政府地政科、田粮科管理。

中华人民共和国成立初期,境域内的土地统计、农业税造册等事项由小乡文书和财粮员承办,地政工作由区民政股(民政助理)负责。1956年10月撤区并乡后,杨寿乡设民政科,负责地政工作。1958年人民公社成立后,公社财粮员负责土地管理事宜。1981年,公社成立农经站,兼管土地管理工作。1983年7月,成立村镇建设办公室,兼管土管工作。1985年5月,乡设土地管理员1名,负责建设用地及农村建房用地的审查工作。1989年3月,成立乡土地管理所(简称"土管所"),各村由村委会主任兼管土地管理工作。2003年10月,杨寿镇与甘泉镇合并,撤销杨寿土管所。2008年7月,恢复杨寿镇建置,杨寿土管所恢复。是年,杨寿土管所更名为扬州市国土资源局邗江分局杨寿国土资源所,为区国土分局派出机构,实行垂直领导。2016年,杨寿国土资源所在编工作人员3人,其工作职责包括:贯彻执行国家土地管理政策法规,负责全镇土地调查、统计、登记、发证;建立地籍管理信息系统,编制土地利用规划,审查建设用地及办理报批手续;依法对土地利用和农田保护进行督查,加强土地管理法律法规宣传和执法力度;有计划实施土地开发、整理和复垦,使土地资源得到有效保护和合理利用。

镇(乡)土管所历任负责人有王新喜、方福生、陈明、刘金发、王健超。

第二节　土地规划

一、总体规划

1985年,杨寿乡政府编制《1986~1997年杨寿乡土地利用规划》,乡第十届人民代表大会第二次会议通过。

1997年,镇编制《杨寿镇1997~2010年总体规划》,经镇第十四届人民代表大会第三次会议讨论通过,报区、市政府批准实施。

2001年,镇政府对总体规划做适当调整(杨政发〔2001〕第27号文件),增加工业用地8公顷,报区、市政府批准实施。

2008年6月,为全面落实科学发展观,促进土地节约、集约利用,严格保护耕地和基本农田,优化城乡建设用地结构和布局,改善镇域土地生态环境,促进经济、社会和环境全面协调可持续发展,根据《中华人民共和国土地管理法》等相关法律法规,编制《杨寿镇土地利用总体规划(2008~2020年)》。规划基期为2008年,近期目标年为2010年,远期目标年为2020年。根据目标,2020年城镇化水平达72.6%,地区生产总值达22亿元;镇土地总面积3993.10公顷,耕地保有量1994公顷,基本农田保护面积1630.73公顷;建设用地规模控制在149.4公顷以内。总体规划还明确了土地利用格局优化目标,农用地面积有所增加,建设用地规模得到有效控制,其他土地得到合理开发,形成城镇功能突出、中心村分布合理、产业适度集聚的城乡用地空间。规划经镇第十九届人民代表大会第二次会议讨论通过,报区、市政府批准实施。

二、基本农田保护区规划

为了贯彻"十分珍惜和利用每寸土地、切实保护耕地"的基本国策,1992年,杨寿乡政府做出建立基本农田保护区的决定,基本农田保护年限为1991~2000年,共10年。决定规定全乡范围内建立一个基本农田保护区,11个村建立基本农田保护片,151个村民小组建立基本农田保护块,乡、村、组三级共保护基本农田1957.17公顷,保护率98%。

1997年制订的《杨寿镇土地利用总体规划(1997~2010年)》规定,2010年基本农田保护面积为 1668.60 公顷。

2011 年,镇制定《杨寿镇土地利用总体规划(2011~2020 年)》,要求到 2020 年镇基本农田保护面积为 1630.73 公顷,占耕地保有量 83.7%。

三、工业用地规划

1997 年,镇政府编制的《杨寿镇 1997~2010 年总体规划》,将王庄路以南,李岗水库、镇政府以北,回归大道东、西两侧规划为工业集中区,面积 92 公顷。2001 年,又将王庄路以北、兴杨路以西、回归路以东、迎宾路以南的一处居民住宅地调整为一类工业用地,面积 8 公顷,合计 100公顷。2015 年,综合完善上述规划,经扬州市人民政府批准,予以实施。

第三节　土地开发利用与保护

一、土地复垦

60 年代起,境内砖瓦窑厂较多,占用了不少土地,留下了许多废弃地。此外,还有一些废庄基、废沟塘和荒草地未得到利用。从 1988 年开始,政府因地制宜,分期分批实施土地复垦。至2002 年,整理复垦土地 315.50 公顷,增加耕地 40.80 公顷;平毁小土窑 72 座,复垦后增加耕地50 公顷。2011 年,复垦土地 48.40 公顷,增加耕地 14.80 公顷。2012 年,复垦土地 9.80 公顷,增加耕地 8.50 公顷。2013 年,复垦土地 13.20 公顷,增加耕地 11 公顷。2014 年,复垦土地 11 公顷,增加耕地 9.33 公顷。2015 年,复垦杨寿砖瓦厂,增加耕地 4.67 公顷。2016 年,复垦土地 15 公顷,增加耕地 12.61 公顷。至 2016 年,共复垦土地 412.9 公顷,增加耕地 151.71 公顷。

二、土地利用

中华人民共和国成立前,由于战乱、自然灾害侵袭及封建土地私有制的束缚,境内土地没有得到有效利用。中华人民共和国成立后,党和政府领导人民疏浚河道,分框隔圩。1966 年,开展"农业学大寨"运动,大搞农田水利基本建设,土地资源逐步得到合理利用。

2005 年,按照新的调查数据,进行适当的归并与细分,形成规划基础数据,杨寿镇土地利用总面积为 3923.10 公顷。其中,农用地 2892.20 公顷(其中耕地 2114.90 公顷,园地 34.30 公顷,林地 23.30 公顷,其他农用地 719.70 公顷),占 73.72%;建设用地 821.40 公顷(其中城镇用地93.80 公顷,农村居民占用地 530.30 公顷,交通水利及其他建设用地 197.30 公顷),占 20.94%;其他土地 209.50 公顷(其中水域 187.50 公顷,自然保留地 22 公顷),占 5.34%。

2016 年,杨寿镇土地利用总面积 3993.10 公顷。其中,农用地 2862.40 公顷,占 73%;建设用地 856.80 公顷(其中城镇建设用地 292.20 公顷,农村居民占用地 337.28 公顷,交通、水利及其他用地 227.40 公顷),占 21.85%;其他土地(水域、自然保留地)201.80 公顷,占 5.15%。与

2005 年相比,农用地占比减少 0.72%,建设用地占比增加 0.91%,其他土地占比减少 0.09%。

三、土地使用制度

征用划拨　中华人民共和国成立后,因兴修水利、发展公路交通、兴办工业,城乡建设用地实行行政划拨征用制度,经县政府批准,豁免相应面积的农业税和粮食征购任务,并给予征用土地年产量 3~5 倍补偿。1958 年,建设杨寿大会堂、杨寿中心小学,征用划拨土地 1.50 公顷。1967~1972 年,杨寿涧、王冲涧疏浚、整治,建设杨寿中学,共征用土地 51.46 公顷,均为行政划拨征用土地。1983 年 10 月,执行《江苏省村镇建设用地实施条例》,乡村建设用地,经乡政府审核,报县政府计划部门批准,即可用地。1987 年 1 月,《中华人民共和国土地管理法》颁布实施,对建设用地实行计划管理。至 1999 年,建设杨寿乡政府、永和小学、邗江县职业高级中学,共用地 4.71 公顷。2000~2016 年,建设杨寿卫生院、杨寿镇政府、公瓜公路等,划拨征用土地 6.91 公顷。

有偿出让　1992 年,土地使用制度实行改革,除土地管理法规定的国家机关、军事、城镇基础设施及公共事业、交通和水利用地继续按征用并给予补偿外,其他建设用地推行有偿出让的供地方式(含挂牌拍卖)。2011~2016 年,扬州永源房地产开发公司、江苏华利地产集团有限公司、杨寿农工商总公司、江苏欧佩日化股份有限公司、扬州金泉旅游用品股份有限公司等单位共用地 52 宗,有偿出让土地 34.5 公顷,金额 6900 万元。

安置补偿　1953 年,执行《国家建设征用土地办法》,土地补偿标准为年平均产量总值的 3~5 倍,房屋拆除及树、林、果园、鱼塘按市价合理补偿,同时对被征用土地者给予安置补助。1983 年后,征用耕地补偿标准提高,以征用土地前三年平均年产值的 6 倍计算补偿标准,其他土地按 5 倍补偿。1989 年 9 月,依据《江苏省实施〈中华人民共和国土地管理法〉办法》和扬州市规定及邗江县补充规定,确定各类土地征用补偿标准:每公顷蔬菜地 6.75 万元、耕地 3.6 万元、非耕地 1.35 万元。此后,经过几次调整,将征用菜地、耕地、非耕地的补偿标准分别调增到每公顷 7.5 万~11.7 万元、3.9 万~5.7 万元和 1.8 万元。2004 年,统一执行扬州市征地补偿标准,耕地按年产值每公顷 2.1 万元的 10 倍计算征地补偿金额,未利用土地按 5 倍计算。2011 年 4 月以后,年产值标准提高到每公顷 2.7 万元,征用耕地、未利用土地仍分别按 10 倍和 5 倍计算征地补偿金。青苗补偿费则按当季农作物产值计算补偿。1989~1991 年,蔬菜地每公顷补偿 1.12 万元,耕地每公顷补偿 0.6 万元。1992~2003 年,每公顷蔬菜地提高到 1.27 万元,耕地提高到 0.97 万元。2004~2010 年,每公顷蔬菜地补偿 2.7 万元,水稻地补偿 1.12 万元,小麦地补偿 1.05 万元。2012~2016 年,每公顷蔬菜地补偿 3 万元,水稻地补偿 1.65 万元,小麦地补偿 1.35 万元。

被征地农民安置补助　对因征用土地造成失地劳动力进行安置补助,以被征用的耕地数量除以征地前单位人均占有耕地数量,即为需要安置的农业人口数。1999 年前,每一个需要安置的农业人口补助费标准为该耕地被征用前三年平均年产值的 2~3 倍。1999 年修改为 4~6 倍,最高不超过 10 倍。1999 年后改为 15 倍。2005 年,按每人 1.3 万元标准补助,并为失地农民办理社保,建立被征地农民基本生活保障制度。2012 年,调整为按每人 1.7 万元标准补助。2016 年,被征地农民最低生活保障标准为每人 600 元 / 月。

基本农田保护　1992年11月,杨寿乡政府首次划定基本农田保护区,并发文公布。全乡基本农田保护面积1957.17公顷,分解到村、组,保护率达98%。其中一级保护区做到十个不准:不准个人和集体非法占用土地;不准葬坟;不准开挖鱼塘、栽桑、造林;不准擅自挖坑取土;不准擅自改变种植计划;不准破坏土地的生态环境;不准破坏水利和为农业生产服务的各项设施;不准搞掠夺性的经营或生产;不准弃耕抛荒;不准不按规划开河、筑路、挖渠。

2004年,杨寿镇组织基本农田保护工作大检查,按照区政府具体要求,全面检查评估1992年后基本农田利用和变化、农田基本建设、基本农田保护措施落实等情况,重新对基本农田划区定界,健全和完善各项管理制度,建立基本农田保护地块台账。在醒目位置树立基本农田保护区标志牌。镇政府与村、组、农户层层签订基本农田保护责任状,明确基本农田保护面积、范围、责任人和保护措施。2012年6月,镇政府印发《杨寿镇土地利用总体规划》,加强土地用途管制,对基本农田实行特殊保护,重申并修改完善"十不准"。鼓励村、组对基本农田进行标准化建设,提高基本农田地力。为切实做好耕地和基本农田保护工作,2015年初,镇政府与7个村签订基本农田保护责任书,各村和农户签订基本农田保护卡5300多份,并在各村落实管护责任人,明确耕地保护责任。2016年,全镇耕地保有量2001.8公顷,其中基本农田保护区面积1630.73公顷,保护率83.4%。

土地执法监察　1998年,乡及各村配备土地监察信访员,建立信访网络,落实巡查责任制。1999年7月,镇政府印发《关于开展杨寿镇非农业建设用地清查工作的意见》,组织清查1991年1月1日至1999年4月30日期间发生的各类非农业建设用地情况,清查重点为各类开发区、镇工商业小区和房地产开发项目。对查出的未批先用、批少用多建设项目分别作出停工、补办手续和罚款等处罚。2016年度,镇政府成立由城管、村建、国土部门组成的联合防违控违巡查小组,共发现19起违法用地和违章建筑,其中占用基本农田拟建房4起,未经批准违建和超标准建设15起。由于发现及时,19起违法行为均得到有效控制。

第四节　建设用地管理

一、国家建设用地

国家建设用地主要有水利建设用地、公路建设用地。1967年开始,先后多次整治杨寿涧、王冲涧、朱桥涧,建造闸坝圩堤,征用沿线墩留、蒋塘、永和、爱国、新民、建龙、东兴、方集等大队农田40多公顷。1993~1997年,建造和拓宽扬天路(杨寿段)、曹杨路、回归大道、杨裔路,征用农田30多公顷。截至2016年,镇交通、水利用地227.40公顷。

二、集体建设用地

农村道路建设、集体企业、镇村企事业及公益性建设用地为集体建设用地。70年代,集体建设用地增加。至1988年,共用地68.80公顷。截至2016年,集体建设用地292.26公顷。

三、住房建设用地

中华人民共和国成立后,境内居民逐步改善住宅条件,特别是70年代后,居民住房建设用地逐年增多。1999年,住房建设用地31.5公顷。2000年后,镇推进居民集中居住区建设。2016年,全镇共设庄台241个,用地193.02公顷(含宅基地)。新建居民集中居住区7个,用地27.91公顷;连同原农村村庄和集镇居民住宅用地309.37公顷,共用地337.28公顷。

第五节　地籍管理

一、地籍调查

民国三十六年(1947),各乡、保、甲遵奉省令,对土地逐户清查登记,整编田赋征粮底册。

中华人民共和国成立后,境内三乡全面进行农村田亩稽查,清理地籍,排查"黑田"。1950年5月,开展土地改革运动。1951年春,土改复查结束,发放土地房产证,时共有土地2080公顷。1962年土地核查,杨寿公社有土地3858公顷。1981~1983年,邗江县农业区划办公室、县农业局和县水利局组建县农业资源调查专业组,杨寿公社(乡)成立相应组织,对全公社(乡)土地进行现状调查,历时两年半完成,全乡土地总面积为3967.99公顷。1993年、1995年先后对全乡土地及利用现状进行补查、复查,总面积为3923.10公顷。

二、登记发证

民国时期,土地私人所有,国民党县政府对所有权人进行登记,颁发"土地所有权状"。

1951年春,土地改革复查结束,农村实行农民土地所有制,江都县人民政府颁发"土地房产所有证"。之后,土地权属变更须经乡公所(乡政府)批准。1957年,在完成生产资料所有制社会主义改造后,农村土地归国家和集体所有。1958年,农村实行人民公社化,停止土地权属变更登记。1962年,国家明确人民公社土地权属为"三级所有,队为基础"。

1987年1月,实施《中华人民共和国土地管理法》,乡开始办理土地权属登记工作,发给"集体土地使用证"。1999年,开展乡镇企事业单位建设用地和农村宅基地全面丈量,对用地合法、界址清楚的单位和个人进行登记或变更登记,发放集体或个人"土地使用证"4621本。2000年后,建立土地台账,及时办理土地使用权属变更登记,同时对土地使用进行监督验证,发证1214本。截至2016年,累计发证5835本。

第六章 水 利

境内地势西南高,东北低,最高海拔32.63米,最低海拔5.2米。东、北部濒临邵伯湖,为圩田,易涝;西、南部为丘陵缓岗田,易旱。半山半湖,起伏不平,洪灾时水排不出,旱灾时水引不进。河流多为东西走向,主要河流有杨寿涧、王冲涧、朱桥涧,自西向东穿境而过,流入邵伯湖。由于水利设施标准低,御洪能力差,圩区常发生洪涝灾害。

1957年起,在政府的领导下,境内人民发扬自力更生、艰苦奋斗的精神,齐心协力,大力兴修水利。开河、联圩、筑库、浚塘,增强蓄水能力,加高加固圩堤,硬化堤顶公路,兴建灌排水系,建设电力灌排站,管好、用好水资源,农业生产得到保障。1992年后,未出现决堤、漫堤及旱灾现象,达到旱涝保收的要求。外派劳力参加国家、省、市重大水利工程建设,3次获得扬州市"大禹"杯水利工程优胜奖杯。

1986年,乡政府决定每年9月1日为"水利开工日",后由省水利厅向全省推广。水利部、省内外领导、同行多次来杨寿考察、参观丘陵地区农田方整化现场。至2016年,境内耕地标准化方整达90%,为农业机械化作业奠定基础。列入注册的区、镇级河道7条,河塘284个,均达到"水面清洁、堤坡整洁、河道畅通、水质达标"。

第一节 机 构

中华人民共和国成立后,水利工作由乡(公社)生产科负责,设水利工程员。杨寿历任水利工程员为王长桃、李政兴、吴德存。1983年,省政府要求水利工作从科室内析出,设立水利站。1984年,杨寿水利站成立,由站长、水利工程员、会计员等组成。2002年,水利站与农机站合并,成立农机水利站。至2016年,历任农机水利站站长为吴德存、万明林、赵庆稳。

第二节 河道治理

境内主要河道杨寿涧、王冲涧、朱桥涧呈"川"字形,自西向东穿境而过,汇合于公道引水河,流入邵伯湖;支河有邵庄涧、永和二级引水河、毛正涧、南江坝、佘庄冲、红光河、王庄涧等,分别与三条主涧相连。

中华人民共和国成立前,农业生产靠天吃饭,圩田常被淹,高岗常受旱,人民基本生活得不到保障。中华人民共和国成立后,境内人民发扬"人定胜天"的精神,多次对河道进行综合治理,浚深、拓宽、改道、联圩、固堤,根治水患,造福后代。截至2004年,境内河道已灌排自如,不涝不旱,基本满足农业生产和人民生活的需求。

50年代至80年代,境内人民还多次参加国家、省、市重大水利工程建设,主要包括苏北灌溉总渠、仪扬河、三阳河、宝应河拓浚及湖西复堤、土良滩围垦等。据统计,外派劳力6000余人次,每次外出工期短的1个月,长的6个月,吃住在工地,条件非常艰苦,全靠肩挑、杠抬、锹挖,累计完成土方260万立方米,为国家、省、市重大水利建设做出了贡献,先后3次获得扬州市"大禹"杯水利工程优胜奖杯。

2015年,镇政府制定《杨寿镇河道河塘长效管护考核办法》,落实河长制,明确管护责任和管护效果,每月督查,按季考核,严格评分,以奖代补。杨寿涧、王冲涧、朱桥涧为区级管护河道,镇级管护河道有毛正涧、红光河、永和王庄涧、姬庄涧、南江涧、南冲涧、佘庄冲等10条。

一、杨寿涧治理

杨寿涧老涧由上游山水冲刷自然形成,西起仪征黄泥洼,经杨寿集镇,至复兴圩头,出白马港,通邵伯湖,长7.84千米。河道弯弯曲曲,泥沙淤积,排水、灌水都不能满足需求,遇恶劣天气时极易造成涝灾、旱灾。

1963年4月,公社决定疏浚杨寿涧集镇至东兴段,拓宽浚深,共出劳力5.8万个,完成土方11.6万立方米。1967年10月,对流经集镇镇区的水道裁弯取直,在集镇北新开1000余米河道连接上下游,将杨寿涧绕经集镇的河道部分填平。

1971年冬至1972年春,结合淮河入江水道湖堤联圩工程,公社投入人力改造杨寿涧桥口至苏家嘴段,在王庄小圩对面堵闭老涧,改道由苏家嘴出白马湖。按照河道底宽13米、河底真高1米、河坡比1:2、青坎宽5~10米的标准,疏浚河道3.96千米。改道后,沿涧一级站抽水能力达8.44立方米/秒,甘泉、杨寿受益农田5万余亩。同时配套新建东兴大桥。

1975年,再次疏浚杨寿涧,涧北袁岗、中心、仁元、包沙小圩联并为杨寿北圩。开挖杨寿涧支流至仪征刘集段(今红光河),长2.50千米,用工4.2万个,完成土方15万立方米。

1976年春,拓浚杨寿涧桥口至杨寿集镇段,长3.65千米。该段河底宽8米,河底真高1米,河坡比1:2,青坎宽8米。同时加固杨寿涧两岸堤防,共完成土方73万立方米。

90年代,加强杨寿涧堤圩的保护维修、局部清淤,设立保护标志,禁止在两岸开荒种菜,保证圩堤安全。

2004年,镇政府投入99万元,机械化疏浚杨寿涧,疏浚土方28.3万立方米。

2009年,将方集桥经新龙村、东兴村至公道镇的圩堤(涧南岸)铺成砂石路面,定名堤顶公路。2010年,将该路改建成水泥路面,长6.28千米,宽3.5米。2013年,在涧北岸再建堤顶公路3.8千米,以确保突发洪灾时救灾物资能迅速到位。

至2016年,杨寿涧总长12.5千米,河口宽30米,河底宽6米,地面高程6.5米,河底真高1米,河坡比1:2~1:2.5。改造后的杨寿涧已成为境内重要的航运河道。

二、王冲涧治理

老王冲涧自甘泉向阳水库经方集村胡冲、高田、方集等组和建龙村（今新龙村）桥口、建龙、同兴、东庄、玉带等组，在建龙村玉带圩头出南大港，经白马湖与邵伯湖相通，全长5.10千米。河道多弯，水流不畅。1961年，方集在老王冲涧建电灌站，时常供水不足，不能满足农业生产需求。1971年冬，结合黄珏联圩治理，实施王冲涧与杨寿涧并涧工程，在建龙村桥口（今新龙村桥口组）段开挖新河，长630米，在桥口西侧打坝堵塞老涧。1972年冬，由杨寿、甘泉两公社组织民力疏浚桥口至老王冲涧电灌站段，开河筑堤，河长1.18千米，同时新建王冲、湾里公路桥两座，灌溉区农田供水得以改善。

1978年冬，新建甘泉王冲灌区工程，王冲涧向西延伸至毛正桥，县政府组织杨寿、方巷、酒甸、杨庙、汉河、槐泗、甘泉7个公社的劳力7000人参加施工，1979年春竣工，开挖河道长1.57千米，完成土方50.5万立方米。1979年、1980年先后拆除老王冲电灌站，投资60万元建新王冲一、二级电灌站。一级站装机7台套，抽水流量3.92立方米/秒；二级站装机5台套，抽水流量2.8立方米/秒。两岸建泄洪坡10处、小拖桥1座（赵庄桥）。王冲涧水道治理完成后，甘泉、杨寿受益农田3万亩。

1984年春，政府组织劳力、机械动力对王冲涧进行清淤。首次使用水力冲土机（泥浆泵）清淤，完成土方3万立方米，并在真高8米处增加二级青坎，宽5米。2005年，镇投入40万元疏浚王冲涧，长3.38千米，完成土方8.48万立方米。

2016年，王冲涧总长5.2千米，境内长2.5千米，河口宽22米，河底宽10米，地面高程7米，河底真高2米，河坡比1∶2。

三、朱桥涧治理

朱桥涧西起仪征市大仪镇石桥水库，向东流经杨寿镇永和村、爱国村、东兴村，在苏家嘴与杨寿涧汇合，流入邵伯湖。

朱桥涧原为泄洪涧，弯曲多坝，时常造成涝灾。中华人民共和国成立后，地方政府多次对朱桥涧进行拓宽浚深，使其具备灌排功能。80年代初，杨寿、大仪两镇联合治理朱桥涧，主要裁弯取直、分节深浚、拦水筑坝，利用水资源灌溉。2007年，镇政府投入12.25万元对朱桥涧进行整治疏浚，疏浚河道长1千米，疏浚土方3.5万立方米。

2016年，朱桥涧总长9.26千米，境内长度4.6千米，河口宽35米，河底宽13米，地面高程6.5米，河底真高1米，河坡比1∶2。

第三节 农田水利建设

一、农田灌排建设

人工灌溉 历史上，境内农田灌溉主要依靠人力水车（脚车），提水高度2~3米，二道、三道层次翻水较为常见。脚车的车槽一般长度为 16 夹至 22 夹,最长的 28 夹,分六人轴、七人轴、八人轴,甚至还有九人轴、十一人轴。在大家的齐心协力下,水沿水槽缓慢提升,进入农田或沟渠。70 年代,脚踩水车还在部分使用。80 年代初期,水车灌田逐步停用。

在农田缺水不多的情况下,农民还用木桶提水,用两根长绳分别固定在木桶的底部和上部,两人站在桶的两边,协同提水,可将水塘里的水提到 1 米左右的高度,用以灌溉农田,但十分费力。

机电排灌 50 年代末,境内始有柴油机灌溉。柴油机有无锡产 58 型,功率有 30 匹、45 匹、60 匹;苏州产 59 中型大头机,功率 20 匹。1960 年,开始电力灌溉,将临时机组改为电灌站。是年,兴建杨寿北一站(今爱国村官庄组)110 千瓦两台套、杨寿北二站(今永和村郭庄组)110 千瓦两台套、杨寿南一站(今新龙村工农组)55 千瓦一台套、杨寿南二站(今宝女村吴庄组)40 千瓦一台套。1962 年,建设方集一级站 80 千瓦两台套、方集二级站 40 千瓦一台套。老王冲一、二、三级均为 55 千瓦一台套,境内累计电灌动力 820 千瓦。

随着电网的普及,60 年代中后期和 70 年代,电灌站得以快速发展,相继设立胜利一、二级站,宝女一、二级站,李岗站,蒋塘一、二级站,杨华三级站,孔庄站,爱国站,俞坝站,大众站,五九站,袁岗站等。至 1982 年,境内排灌机械总动力 1737 千瓦,其中机灌 91 台、电灌 41 台。

1991 年,杨寿机电灌排站有固定站 27 座,其中单灌 22 座、灌排结合站 5 座;电动机 33 台 1782 千瓦,其中灌溉 28 台 1532 千瓦,灌排结合 5 台 250 千瓦。柴油机 6 台 363 千瓦,水泵 33 台,灌溉流量 5.96 立方米/秒,受益灌溉面积 2.30 万亩,排涝 4342 亩。

2014 年,区财政投资 380 万元的白马湖排涝泵站投入使用,设计流量 6 立方米/秒,遇涝灾时能及时排出白马湖积水至公道引水河,汇入邵伯湖,降低内圩水位,保障圩区生产安全。

2016 年,境内共有泵站 138 座,其中取水口在三涧(杨寿涧、王冲涧、朱桥涧)的电力排灌站有 38 座,装机容量 1715 千瓦,灌溉面积 2.99 万亩,排涝面积 1.35 万亩。在沟、塘边兴建的小型泵站有 100 座,主要用于提水灌溉周边农田。

2016 年杨寿镇电力排灌站情况一览表

表 6-3-1

取水口	电站名称	站址	建站年份	泵站类型	装机容量(千瓦)	设计流量立方米/秒	扬程(米)	排灌面积(亩)
杨寿涧	爱国站	爱国村	1975	单灌	75	0.4	12	1840
	大众站	爱国村	1985	单灌	40	0.2	13	900
	仁元站	爱国村	1985	排灌	30	0.3	7.5	500
	元岗站	爱国村	1980	排灌	28	0.12	14	1100
	北一站	永和村	1963	单灌	85	0.75	8	3800
	蒋一站	永和村	1975	单灌	40	0.2	13	1400
	墩留一级站	墩留村	1965	单灌	130	0.5	18	2500
	宝女站	墩留村	1975	单灌	40	0.12	17	550
	大菱田站	东兴村	1975	单排	55	0.55	7.5	2000
	南庄站	东兴村	1973	排灌	55	0.4	7	1320

续表 6-3-1

取水口	电站名称	站址	建站年份	泵站类型	装机容量（千瓦）	设计流量立方米/秒	扬程（米）	排灌面积（亩）
杨寿涧	步庄站	新龙村	1985	单排	40	0.4	7	500
	建龙站	新龙村	1971	排灌	55	0.4	8.5	1710
	建国站	新龙村	1979	排灌	30	0.2	7.5	1100
	新民站	新龙村	1960	排灌	55	0.35	11	600
	集镇一站	新龙村	2004	单排	30	0.2	7.5	500
	集镇二站	宝女村	2000	单排	30	0.2	7.5	500
	宝女站	宝女村	1973	单灌	130	0.4	19.4	3534
	孔庄站	东兴村	1975	排灌	40	0.2	13	200
	北二站	永和村	1975	单灌	105	0.75	8.5	3000
	扬华站	永和村	1980	单灌	13	0.12	7	700
	蒋塘二级站	永和村	1975	单灌	14	0.12	6.5	700
	宝女二级站	宝女村	1974	单灌	17	0.12	7	370
	墩留二级站	墩留村	1966	单灌	30	0.2	7	540
	马庄站	墩留村	1975	单灌	30	0.1	7	300
	方庄站	新龙村	1985	单灌	40	0.12	11	400
	方集二级站	方集村	1975	单灌	55	0.4	9	1600
	碾头站	墩留村	2009	单排	15	0.18	5	400
	金庄站	爱国村	2009	单排	22	0.2	6	500
	王庄站	爱国村	2009	单排	15	0.18	6	400
	玉带站	新龙村	2009	单排	15	0.18	5	400
	张庄站	东兴村	2009	单排	15	0.18	5	300
朱桥涧	顾庄站	爱国村	1982	单灌	75	0.4	13	1200
	唐庄站	爱国村	1975	单灌	30	0.2	7.5	300
	俞坝站	爱国村	1973	单排	30	0.4	7.5	1000
	贺庄站	爱国村	1975	单灌	40	0.2	12	900
王冲涧	方集一级站	方集村	1963	单灌	135	0.6	16	2500
	曾巷站	方集村	1965	单灌	28	0.12	11	600
	李岗站	宝女村	1973	单灌	40	0.2	12	1100

二、圩堤建设

境内地势西南高、东北低，爱国、东兴、建隆（龙）、方集村部分组农田易受涝灾。1954年7月，连续降雨达700毫米，圩田淹没，民房浸水，人、畜被迫转移。

为保障村民正常生产、生活，1957年始，地方政府每年组织民力建筑圩堤，以阻挡雨季洪水对农田的侵害，当年建成俞坝圩和顾庄圩。至 1968 年，境内建成大小圩堤 30 个，总长 3.31 千米，受益农田 8015 亩。其中圩子 22 个，总长 3.28 千米，受益农田 7696 亩，分别为玉带圩、南大圩、小南圩、外圩、曹安圩、刘庄圩、方集圩、高田圩、大殷圩、杨寿圩、碾头圩、复兴圩、友谊圩、王家圩、陈庄圩、仁元圩、包沙圩、袁岗圩、中心圩、西兴圩、蒋塘圩、俞坝圩；小圩垸子 8 个，总长 375 米，受益农田 319 亩，分别为桥口垸子、工农小垸、大拐子垸、黄庄垸、顾庄垸、金王垸、颜坝垸、王家垸。

1971 年 7 月，为构建联通的灌排水体系，政府实施三涧（杨寿涧、王冲涧、朱桥涧）并涧联圩工程，将耿庄组、南一站、新河口、刘家桥、高田组、王冲涧联并成南大圩，长 7.3 千米，完成土方 19 万立方米；将俞坝圩、顾庄圩、友谊圩、包沙圩、北一站联并成北大圩，长 1.39 千米，完成土方 49 万立方米；将碾头圩、张桥圩联并成胜利圩，长 3.5 千米，完成土方 6 万立方米。三涧并涧共开挖河道 2.47 千米，土方 74 万立方米，联进小圩总面积 6280 亩，扩大滩地面积约 3000 亩。

1992 年，乡政府利用农闲季节组织全乡劳力对境内圩堤培土加厚，圩堤加高到 10 米以上，以抵挡洪涝冲击；每年汛期均对圩堤进行检查，发现隐患及时加固。此后，洪涝与干旱均未对境内人民生命财产安全和农业生产造成影响。

2016 年，杨寿北圩（杨寿涧北）有俞坝、顾庄、友谊、陈庄、仁元、袁岗、蒋塘 7 个圩堤，总长 1.09 千米，圩内面积 3949 亩，大中圩涵闸 22 座；杨寿南圩（杨寿涧南）有杨寿、工农、大殷、方庄、三星、刘庄、大联圩、墩留 8 个圩堤，总长 1.67 千米，圩内面积 5881 亩，大中圩涵闸 24 座。围堤设防水位 7 米，警戒水位 7.5 米，汛期正常水位 7.3 米。

超过警戒水位年份：1954 年 9.2 米，1985 年 8.3 米，1991 年 8.95 米，2003 年 9.00 米。历史最低水位年份为 1978 年 3.6 米。

2016 年杨寿镇堤防情况一览表

表 6-3-2　　　　　　　　　　　　　　　　　　　　　　　　　　　　　　单位：米

村（居）	圩口名称	堤防标准					圩内面积（亩）	大中圩涵闸		
		顶高	顶宽	坡比		长度		个数	底高	名称
				内	外					
爱国	俞坝圩	10.5	3	1：3	1：2	2083	749	3	4.5~5.5	俞坝涵、唐庄涵、前刘涵
	顾庄圩	10	3	1：3	1：2	555	178	1	4.5	顾庄涵
东兴	友谊圩	10.5	2~3	1：2	1：2	2460	841	4	7	徐庄涵、陶庄涵、宋庄涵、孔庄闸
	陈庄圩	10.5	3	1：2.5	1：2.5	1100	444	2	5	陈庄涵、张庄涵
爱国	仁元圩	10.5	3	1：2.5	1：2.5	750	690	4	5.5	徐庄涵、薛庄闸、大众涵、王庄涵
	袁岗圩	10.5	3	1：2.5	1：2.5	1930	723	5	5.5	王庄涵、袁岗涵、陈庄涵、金庄闸、官庄涵
永和	蒋塘圩	10.5	2	1：2	1：2	2110	342	3	6	高院涵、王庄涵、蒋塘涵
杨寿居委会	杨寿圩	10.5	2	1：2	1：2	2220	420	2	5.5	集镇大王涵、集镇西涵

续表 6-3-2

村 (居)	圩口 名称	堤防标准					圩内 面积 (亩)	大中圩涵闸		
		顶 高	顶 宽	坡比		长 度		个 数	底 高	名　称
				内	外					
新龙	工农圩	10.5	3	1：2.5	1：2.5	300	247	1	6	工农涵
	大殷圩	10.5	3	1：2.5	1：2.5	1460	327	2	6	大殷闸、赵庄涵
	方庄圩	10	2	1：2	1：2	650	203	2	7	方庄涵、新华涵
	三星圩	10.5	3	1：2.5	1：2.5	1820	345	3	4.5	建国闸、三星闸、三星涵
	刘庄圩	10	2	1：2	1：2	1040	179	2	5	三星涵、刘庄涵
东兴 新龙 方集	大联圩	10.5	4	1：3	1：3	6300	3360	8	6.5	南大巷涵、大菱田涵、西庄涵、建国闸、 高田涵、同心涵、东庄涵、玉带涵
墩留	墩留圩	10.5	2~4	1：2	1：2	2950	800	4	6.5	碾头涵、周庄涵、田庄涵、东庄涵

第四节　农田改造

　　境内属丘陵地区,历史上农田大部分是梯田,田块零碎,水系紊乱,水肥流失严重,农田灌排效率低,难以推广机械化作业。1968年12月,杨寿公社爱国大队率先平整土地,沟、渠、路成网,建筑物配套,初步实现农田方整化,成为邗江县的样板。为此,县多次召开现场会,推广爱国大队平整土地的经验。1971年,省委书记许家屯到爱国调研,扬州地委书记韩培信在爱国大队蹲点,时任大队党支部书记吴德云在省"农业学大寨"会议上作《治山治水,改变"一穷二白"面貌》经验介绍,中央人民广播电台报道爱国大队事迹。70年代中期,在"农业学大寨"运动中,杨寿掀起了以平整土地为重点的农田水利基本建设高潮,按照"以路定向、先框后方"的原则,进行土地平整,形成了丘陵地区的农村公路和机耕路网络。1977年秋,杨寿、甘泉两公社集中5000多劳力在金坝和李岗两大队进行连片方整会战,用1个月时间完成土方30万立方米,建成标准梯田2000亩。李岗大队平整土地1000余亩,做到沟、渠、路、建筑物配套,并在沟旁、路旁植池杉2.7万株。该大队农田水利条件改善后,粮食产量逐年上升,成为公社、县农业生产的先进典型。是年,墩留大队投入劳力1100名,对邵庄生产队、公路生产队500亩农田进行方整化。

　　1986年,乡政府确定每年9月1日为"水利开工日",集中一段时间兴修水利,改造良田,清理沟、渠及路边杂草,整治乡村环境。每年集中人力按区域平整土地800~1000亩,配套沟、渠、路,以方便大型农业机械的田间作业。是年10月,副省长姜永荣到墩留村邵庄组视察低产田改造现场,副乡长刘在銮在扬州市水利工作会议上作经验介绍,后"水利开工日"被省水利厅向全省推广。

　　1990年5月28日,副省长凌启鸿率省农林厅、水利厅和南京市、镇江市农业部门负责人到杨寿乡考察丘陵地区农田水利基本建设情况。是年9月,杨寿、甘泉两乡对毛正涧小流域进行土地平整,完成土方 39 万立方米,建成标准梯田 2200 亩、配套建筑物 920 座,并植树 3.2 万余株(其中果树 3000 株),配套农田林网面积 1500 亩。9 月 25 日,参加省水利会议的 100 多名代表到杨寿村、李岗村参观。10 月至翌年 6 月,浙江省、安徽省及省内部分地(市)、县、乡 70 多批次 1200 多人到境内参观低产田改造工程。

1991 年 9 月,乡集中 5100 多名劳力会战杨寿、李岗两村,改造中低产田 850 亩,完成土方 10.5 万立方米。同时完成田间沟、渠、路及建筑物配套建设,田间高差 0.5 米以上增挖坎沟,做到沟、渠、田、林、路综合治理,桥、涵、闸、站全面配套。

1993 年 9 月,乡集中 5500 多名劳力对墩留村周庄、马庄、邵庄、碾头组低产田进行改造。按每块农田 3 亩、田间道路宽 5 米、中心道路宽 6.5 米的标准方整农田,25 天完成 1100 余亩农田改造。是年 11 月 2 日,省水利会议在扬州市召开,100 多名代表在副省长姜永荣带领下参观墩留村低产田改造工程。同月 21 日上午,水利部副部长何璟(女)在省水利厅副厅长戴玉凯、翟浩辉陪同下,冒雨视察墩留村低产田改造工程。24 日,吉林省水利厅厅长在扬州市水利局局长杜青山陪同下,参观墩留村低产田改造工程。

1996 年 9 月 1 日,省水利厅纪念"水利开工日"10 周年(1986~1996)暨省秋冬水利现场会在邗江县召开。副省长姜永荣、省水利厅厅长翟浩辉及来自全省各市分管市长、水利局局长及淮北 10 个县的有关负责人参加现场会。与会代表 100 多人参观境内新民、建龙村低产田改造工程。

1999 年,镇政府对位于永和村、爱国村的瓦屋冲、佘庄冲进行低产田改造,投入劳力 14 万人次、推土机 15 台套,完成土方 20 多万立方米,治理面积 3600 亩。改造后的田面高低分开,田块成方,沟、渠、路通畅,配套建筑物到位。

2002 年,镇政府在爱国、东兴两村 18 个组改造低产田,总面积 5100 余亩,完成土方 25 万立方米。

土地方整后配套水渠衬底

开挖排灌沟渠 120 条,总长 4.5 千米;修筑生产路 45 条,总长 5.2 千米。

2003 年,镇政府在方集、宝女两村 10 个组改造低产田,总面积 3500 余亩,完成土方 19 万立方米。开挖排灌沟渠 100 余条,总长 5 千米;修筑生产路 32 条,总长 1.5 千米。

2015~2016 年,镇政府投入 800 多万元,在永和村杨华、吴庄、成庄、涂庄、徐庄、丘陵 6 个组改造低产田,完成土方 17 万立方米,修筑生产路 3.4 千米,配套水泥排灌水渠 1.05 千米。

至 2016 年,境内农田方整完成 90% 以上,新建小农桥 26 座、涵闸 95 座、机耕路 82 千米,主干沟渠硬质化 46 千米,建成高产稳产农田 2.25 万余亩,为农业机械化作业、节省人力、节约成本奠定了基础。

小农桥

第五节 水库河塘建设

一、水库建设

境内李岗村相对海拔较高,距离杨寿涧较远,蓄水、供水都较困难。1974年底,公社决定以李岗大队大庄组弯弯曲曲的老坝头小河为基础,搬迁区间住户,开挖李岗水库(今润水湾)。历时3个月,出工1200余名劳力,于次年4月竣工,建成蓄水库容12.66万立方米的水库,坝顶高程15.8米,灌溉面积达1800余亩,养鱼面积70亩,汇水面积5.72平方千米。1988年5月,乡在墩留村公路组原墩留坝的基础上扩容建成墩留水库,蓄水库容6万立方米,灌溉农田500亩,养鱼面积30亩,汇水面积1.1平方千米。1991年5月,李岗村在楼庄组原楼庄坝的基础上建楼庄水库,蓄水库容6.5万立方米,灌溉农田500亩,养鱼面积30亩,汇水面积8.8平方千米。同年11月,乡在李岗水库下游至毛正桥之间建毛正水库,蓄水库容17万立方米,灌溉农田1300亩,养鱼面积44亩,汇水面积14.8平方千米。李岗水库为省注册的小二型水库,毛正水库为邗江区注册的小二型水库。

二、塘坝建设

1958年,境内有水塘2028个、水坝144道,容积453万立方米。1961年,境内旱灾,1.1万亩农田基本绝收。1962年起,公社党委发动干部群众,组织人力、物力对原有塘坝进行蓄水治理,将小塘改大塘,浅塘改深塘,呆水塘改活水塘,无塘挖新塘,做到"村有当家库,组有当家塘"。利用老涧冲洼地建库筑坝,层层拦蓄,达到"下坝排上水,上坝灌下田,引蓄并举"。70年代中后期,境内开展低产田改造工程,对高低不平的田块进行方整,将一些面积较小的水塘填平为农田,保留面积较大的水塘并扩面加深,提蓄并举,满足灌溉需求。截至80年代,浚、扩、疏、开、并塘坝1328个,占原塘坝总数的65.5%,蓄水面积增加至650万立方米。

2000年以后,镇水利站开展"清洁池塘、美化家园"工作。据统计,2006~2016年,清淤村庄河塘 311 个,疏浚土方 167.14 万立方米,投入资金 593.94 万元。

2016 年,境内有塘坝 1328 个,其中两亩以上的塘坝 374 个,列入镇、村长效管护的塘坝 284 个。实行河长负责制,设立管护责任牌和安全警示标志,做到"水面清洁、堤坡整洁、河道畅通、水质达标"。

第六节　防汛　抗旱

一、防洪排涝

民国二十年(1931),境内连降暴雨,杨寿涧水位高涨,圩堤决口,不少民众家园被淹,秋粮绝收,外出逃荒。

1953 年 7 月 3 日,山洪暴发,境内日降水量达 273 毫米,集镇及周边村庄一夜之间被突如其来的洪水冲毁,淹没农田 3000 多亩,冲毁房屋近千间,杨寿涧漂浮着众多家具、农具、牲畜等。县委派出工作队指挥救灾,搭建临时帐篷安置灾民,发放救济粮,动用 100 多部水车排涝。洪水退后,村民及时补种,恢复生产。

1954 年 7 月,连续一月阴雨,总降雨达 638.5 毫米,江淮并涨,境内所有圩田和涧边田、村庄均被淹没,灾区人口被迫转移。乡政府组织突击队投入抢险救灾,安置灾民,堵决口,抢修堤防塌坡,使用木桩 1 万余根、蒲包麻袋 7000 余个,调集水车 500 多部,突击排涝。灾后,村民互助自救,补种粮食,降低损失。

1984 年 7 月 20 日下午,特大暴雨袭击杨寿,圩堤坍塌,房屋倒塌,农田、鱼池被淹,损失严重。公社组织防洪抢险队,调集木桩、草包,及时抢修坍塌圩堤,堵塞涵洞,调集抽水设备昼夜排涝,仅用 4 天时间就排除内涝,受淹庄稼得到及时管理,当年仍获得较好收成。

1991 年夏,发生特大洪涝,境内受灾严重,党和政府全力组织抗洪救灾。

2003 年 7 月,河水猛涨,镇政府组织应急小分队全天候在堤坝巡逻,查找管涌、渗漏,未发生圩堤坍塌危险。

2010 年,为确保防涝抗灾时物资能及时运输,区、镇投入 210 万元将杨寿涧北圩堤杨寿大桥至东兴村张庄、陈庄组 4.5 千米砂石路修成水泥路。

二、抗旱

民国十八年(1929)秋,大旱,河湖断流,塘坝龟裂,人、畜饮水困难,秋收无几,饥民背井离乡。

1978 年为特大旱年,日最大降水量仅 29.5 毫米,汛期 6~9 月降水量为 172.9 毫米,全年降水 440.6 毫米,仅占年均降水量的 54%。塘坝干涸,早、中稻受灾严重,不少田块出现龟裂。公社建立防汛防旱大队部,下设技术辅导组、后勤组、旱情检查组 3 个组。技术辅导组深入到机电灌站,组织沿涧所有泵站开足马力,提水灌溉;后勤组到机房查马力,看田亩,算时间,定油量,按机发证,凭证供油;旱情检查组深入到田头,指导合理用水,人工灌溉农具齐上阵。解放军某部亦给予支援,人工增雨,保证了水稻田有水栽秧,1.15万亩早稻按时栽插,秧苗田基本不脱水,大旱之年仍获增产,粮食产量比上年增长24%。

三、抗洪纪实

1991年5月21日至7月15日,出现了异常的二次梅雨天气,暴雨频繁,雨量特大。7月10~11日,大雨如注,县内水文站报告显示,降水点最大值1841.4毫米。邵伯湖湖水猛涨,内河水位急剧上升,高达8.95米,超过警戒水位1.95米,关系着沿湖公道、黄珏、杨寿等乡镇4万亩农田(境内2000亩)安全的大联圩告急。7月12日,根据邗江县政府确保大联圩的指示,乡政府紧急撤离东兴村东兴桥东农户75户、建龙村建龙桥东农户38户,并成立防汛指挥部,24小时值班,协调指挥防汛抗灾,乡、村所有干部前往抗洪第一线,明确职责,严防死守,确保不破堤决口。组织6个村的劳力,出工2.36万个,完成大联圩增高培厚工程土方3960立方米。组成550人的大堤巡逻抢险队,分段负责抢修隐患工段、危险涵闸,并对堤坝进行除险加固。各村分段包干负责圩堤、涵闸安全,实行领导负责制,24小时值班巡逻,遇管涌等突发情况及时上报,抢险小分队及时堵塞。使用编织袋4.69万个、木桩2080根,杨寿涧大堤和21个中小圩最终得以保全。洪水稍退,沿杨寿涧所有排灌站昼夜开机排涝,降低圩区水位,保证水稻的正常生长,使损失降到最低。

第七章　镇村建设

隋、唐时期,杨兽医坝集逐步形成。清朝,方家集镇形成。据《扬州西山小志》记载,杨兽医坝集和方家集同属扬州北乡十三集。民国时期,杨兽医坝集镇有东、南、北街,长 1.12 米,商户发展到百余户,行业较齐全。

中华人民共和国成立后,党和政府重视集镇建设和农村村庄建设规划,整修集镇街道,拓展镇区,建设房屋,接通电力,兴办自来水厂等,农民建房逐步集中。90 年代,实施小城镇建设,修订规划,出新街巷道路,铺设沥青路面,配套环卫设施和城镇绿化,民房建设实行庄台化。2000年,镇区市政设施和公用事业日臻完善,农民集中住宅区建设逐步形成。

2016 年,镇区面积达 138 公顷,街巷 20 条,总长 8.69 千米,居民住房面积 23.5 万平方米,人均住房面积 76.8 平方米。农村基础设施显著改善,建成村组道路 31 条,总长 71.94 千米;撤并零散小村庄,设 7 个中心村、33 个基层村、241 个庄台;供电、供水普及率达 100%。

第一节　机　构

70 年代以前,杨寿无建设管理专门机构。1983 年 7 月,乡政府成立村镇建设管理办公室,设主任、办事员各 1 人,管理集镇建设和农村建房宅基地审批。1985 年 3 月,成立村镇建设科,设科长、办事员各 1 人。1989 年 3 月,成立村建土管办公室,设主任 1 人、办事员 3 人。2003 年10 月,杨寿镇与甘泉镇合并,2008 年 6 月,恢复杨寿镇,设村镇建设科。2016 年 12 月,机构未有变化。

镇(乡)村镇建设科(办公室)历任负责人为王新喜、陈明、万明林、薛巨春、吴安春。

第二节　集镇形成与演变

一、杨寿集镇(杨兽医坝集)

隋代,一位杨姓兽医乘船到境内一土坝边,后在此行医。由于医术高明,到此为牲畜看病的人越来越多,建筑房屋者渐多,逐步形成集市交易,居民、店商由几户发展到几十户,交易品种不断增多。民国时期,集镇有南头街、北头街、东头街三条主要街道。杨寿涧环绕四周,由南头街后流经东头街旁,绕至天都庙("文化大革命"期间拆除)后,再经街中心,向西偏北方向流去。进入街区要经过两座木桥,即南头桥、东头桥,街中心南北街由砖桥连接。由于杨寿涧狭窄弯曲,杂物淤

杨寿集镇老街

堵,水流不畅,水灾常发。1931年、1953年、1954年水灾,杨寿集镇几乎全部淹没。

中华人民共和国成立时,集镇街道主要有东头街、西头街(中间是河)、北头街、小南头街、东后街(庵堂后街)、南头街和北头路,总长约1.12千米,宽约4米,呈丁字形,形似摊扒,有"摊扒街"之说。街面为土质路面,少数店门口铺有砖块。由于战乱和饥荒,集市发展缓慢,只有商家百余户。店商、居民住房大都为土坯墙、草盖房,约占70%;砖瓦房为数较少,且低矮,约占30%。集镇南头街周家福家房屋可谓杨寿镇旧民居的缩影。集镇上较为规整的房屋有东头街的都天庙、南头街的天生堂药店和涂庭栋茶食店、北头街的房兴柏木行,中华浴室的一幢小楼为集镇唯一的楼房。农历每月初一、初六、十一、十六、二十一、二十六为逢集日,逢集日当天早晨,许多外地摊贩赶来摆摊设点,叫卖各种农副产品和商品,周边百姓赶来交易,此时街道更显狭窄拥挤。逢集传统习俗一直延续至今。

1958年,为避免水患,在集镇东南方地势较高的杨庄地界上新辟一条长约100米、宽约20米的道路。道路两边分别建有杨寿农具厂、大会堂以及杨寿搬运站。

1959年,杨寿人民公社在裕善堂旧址上新建庭院式办公场所。青砖小瓦房,青砖铺地,四周是办公用房和生活用房,中间是仿古式的小会堂,院内种植各种花草树木。1962年,交给杨寿卫生院使用。

1962年,杨寿供销社生产资料门市部迁至新街,坐西朝东,华杨北路街道开始形成。次年,建造一条从集镇(华杨北路北端)通向曹家铺连接扬天线的土公路,此路的集镇段后为新风路。

1967年整治杨寿涧时,将北头街部分低洼处居民迁至东头街与华杨北路北端之间的空白地带,即后来的富民街,将杨寿涧河泥运至此处,抬高路基、房基,以防水患。富民街长150米,宽9米。另一部分居民迁至华杨北路北端向东至杨寿油米厂,街长100米,宽6米,即后来的达胜街。两条街道全为土质路面。

中共十一届三中全会后,为解决集镇建设的零乱现象和短期行为,适应经济发展需求,根据中共邗江县委要求,乡(镇)党委、政府于1994年和1998年两次制订(修改)集镇建设规划,经乡(镇)人民代表大会审议通过,报县人民政府规划部门批准,于1998年4月出台《杨寿镇镇村一体

化建设规划总体方案》。根据方案,新的集镇人口规模1.2万人,建设用地人均115平方米,共用地138公顷。集镇东起红旗路,西至原曹杨路,南起吴庄路(合墩路),北至杨寿涧南岸。2000年后,镇区新老道路改铺水泥混凝土或沥青路面;街道两旁民居翻建、新建成两层、三层楼房及小别墅;路灯、自来水、下水管道、绿化、公共厕所,垃圾箱、污水处理厂等公共设施配套齐全。截至2016年,集镇形成"四纵"(华通路、华杨路、回归路、兴杨路)"四横"(新风路、乐星路、迎宾路、吴庄路)道路网、一个中心绿化广场(新杨广场)、两个景点(润水湾休闲公园、杨寿涧风光带)、六个功能区(小商品区、农贸区、住宅区、民营企业区、商业服务区、文化娱乐区)的格局。

杨寿集镇华通路

镇行政中心区

二、方家集镇

方家集位于镇境东部,始于清代,初期范围较大,南起双栗树(今方集村双栗组),北至小桥口(今新龙村桥口组),东起柏小庄(今方集村田庄组),西至高田庄(方集村高田组)。清咸丰、同治年间,因太平天国运动,大部分房屋被烧毁。民国十九年(1930),在原一条主街和一条辅街的旧址上恢复重建方家集镇。重建后的方家集镇,主街南北走向,长约400米,宽约12米;辅街东西走向(又称"巷子口"),长约200米,宽约8米。街道呈十字形,以十字路口为界,主街分为南头街、北头街。街道两旁开设杂货店、茶食店、饭店、茶馆、大烟馆、赌场、粮食行、鱼行、草行、油坊、理发店、邮政代办所、诊所、药店、肉案等数十家,建有私塾馆、关帝庙。方集乡政府驻方家集镇上。农历每月初五、初十、十五、二十、二十五、三十(小月二十九)为逢集日,每月逢六次。逢集日当天,街道两旁摆满摊点,叫卖各种商品、农副产品,一派繁华景象。集镇店铺、民居房屋大部分为土坯墙、草盖房,只有少数几家为外砖里坯墙、小瓦屋面房。街道为全土路面,晴天风吹灰尘扬,雨天泥泞糊糊状。1956年,随着方集乡撤并到裔家乡、杨寿乡,政治中心转移,加之实行计划经济,商品供应紧缺,除部分商店并入杨寿集镇外,大部自行关闭,方家集镇逐渐萧条。2016 年,方家集镇仅存一爿综合商店、一座天主教堂和一座关帝庙(重建),已蜕变为一个村庄,即方集村方集组。

第三节 镇村规划

一、集镇区规划

1958 年,为避免水患,公社决定集镇向东南方向高处转移,在杨庄地界开辟新区。凡新建机关、单位、商店、民居,必须在新区范围内。街道南北走向,长 100 米,宽 20 米。首先建设的单位是杨寿农具厂(现扬州华联电气设备实业总公司)、杨寿大会堂(现苏果超市)、杨寿搬运站(现朱记土菜馆)和杨寿供销社生产资料门市部。在原墩刘乡政府旧址新建公社办公用房。

1967 年,整治杨寿涧,将北街居民搬迁至新区富民街(现街名)、达胜街(现街名)。

1992 年,杨寿乡华杨路向南延伸,与迎宾路相连,建设用地 1.5 公顷。

1995 年 5 月,撤乡设镇后,镇政府以镇域经济和社会发展新要求,对原乡域规划做再次调整,重新确立杨寿镇的功能定位,规划集镇区域南移,逐步向扬天公路方向发展。

1997 年 10 月,根据市、县部署,杨寿镇修编镇村一体化建设规划总体方案。1998 年 4 月,杨寿镇人民代表大会第十四届三次会议通过《杨寿镇镇村一体化建设规划总体方案(1998~2015)》,当年 10 月获邗江县政府批准实施。根据规划要求,现有集镇、村、组、自然庄台的现状将逐步改变为集镇、中心村、基层村三级镇村的体系;集镇人口为 1.2 万人,建设用地 138 公顷;设计道路 8 条("四纵四横")、中心绿化广场(新杨广场)一个、休闲景点两个、功能区 6 个。规划还对供水、下水管道、绿化、环卫、供电、路灯等做出明确要求。

二、村域规划

1958 年,人民公社成立后,部分生产大队围绕农田水利建设和新建大队公房、卫生室、村办小学等社会公益事业,编制过年度建设规划,后未能坚持实施。70 年代,在"农业学大寨"中,爱国、永和等大队制定发展建设规划,以农田水利化、方整化为基础,沿沟河两岸和道路两侧荒地集中安排农户建房,以爱国大队为试点,建成大寨式社员居住点。80 年代初,根据县政府统一要求,采取联并小村庄、调整大村庄、控制散住户管理措施,不再批准零散居住点的居民翻新建住房。1998 年,镇政府统一编制镇村一体化建设规划方案,方案规定 11 个行政村(现为 7 个村)贯穿 6 条主干线,即回道大路南延线、杨裔线、爱东线、杨永线、杨墩线、建龙线。设 7 个中心村、33 个基层村、241 个庄台,其中 50~100 户的大型庄台 6 个,以永和中心村建设为试点,建成农民集中居住区。规划还对村域、河流、桥梁、供电、供水、路灯、环卫、电信等配套设施也做出相应规定。

三、工业集中区规划

十一届三中全会后,社办、个体工业发展迅猛,厂房建设的零乱现象和短期行为比较突出,为适应经济发展的需求,1998年,政府规划建设镇工业集中区,镇工业集中区以回归大道为轴心,分东西两旁设立,占地100公顷。2001年,又出台进一步规范企业用地权属的意见,纠正无证用地、无序用地等用地行为,实现企业土地所有权和使用权的有机结合。2008年,在工业集中区西侧,开辟村级工业创业园,占地16.3公顷,由各村投资建设厂房,招商或租赁给企业。

第四节　市政建设

一、道路　桥梁

道路　民国时期,境内仅有扬州至天长的公路从宝女村南侧曹家铺沿墩留村边缘经过,通往仪征大仪至安徽天长。其余都是宽1米左右的土路通向外界。1962年,境内开始修建公路。是年底,由集镇向南经宝女墩通往曹家铺的土公路——曹杨路建成,与扬天公路相连。1968年,东西走向的杨寿至裔家集的杨裔公路建成(土质)。1970年,杨寿镇向北经永和至公道镇公路建成(土质),形成"一纵一横"格局。80年代,土质路面改建成砂石路面。90年代末,部分建成沥青或水泥路面。2016年,境内形成"四纵四横"主干道路网,路面均为水泥或沥青路面。

桥梁　中华人民共和国成立前,由于杨寿涧绕集镇四周,行人上街需经南头桥和东头桥,桥长7~8米,宽3米左右,为木质结构。街中心南北街之间有砖桥连接。方家集南有下马桥、西有曹安寺桥、北有小桥口桥等。境内计有12座桥,均为木材、毛竹或砖块建造,供行人、牲畜行走。60年代,杨寿涧改道街后,新建杨寿大桥,取代原3座桥梁。1972年,在东兴村宋庄段的杨寿涧上新建东兴大桥。2007年重建,更名为宏星

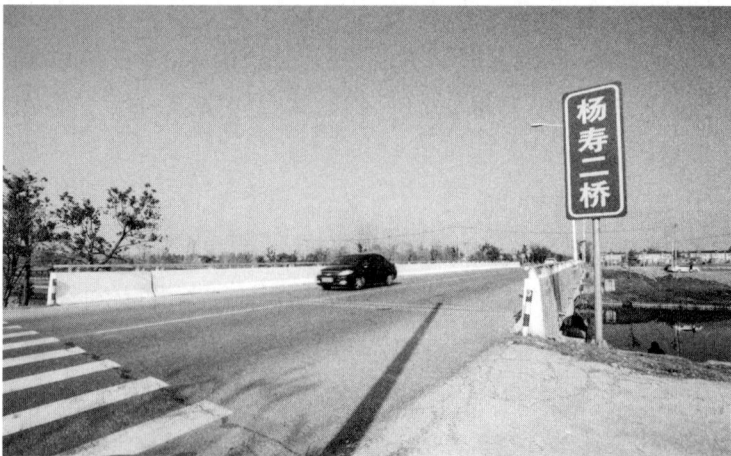

杨寿二桥

大桥。1979年、2006年,杨寿大桥异地重建,钢筋混凝土结构。2016年,在杨寿涧公瓜公路线上,建造杨寿二桥。至此,境内共建桥梁18座。

二、街巷

街道　清代至民国时期,杨寿街道形成规模,分东头街、南头街和北头街,主要有粮行、木

行、茶食杂货店、药店、布店、饭店等。临河有码头,可停靠小型木排和运粮船只。

　　1958年,新辟街道(现华杨北路)一条。60年代至70年代,新辟街道3条,即富民街、达胜街、新风路。80年代至90年代,向南又新辟华杨南路,向东新辟乐星路、兴杨路,西部新辟华通路以及迎宾路、回归大道等。2016年,街道总长8.69千米,街道两旁建有绿化带、路灯、下水管道、放置垃圾箱(筒),街中心建有市民健身广场。

　　巷道　集镇老街道后边,有巷道10条,大都无名,长短宽窄不一,长的有80米,短的只有10米左右,宽度1~2米。巷内除少数粮行、作坊外,多为住户。中华人民共和国成立后,由于集镇建设,部分旧巷拆除,保留的巷道结合道路始有名称,如小南巷、小东巷、北小巷等。随着集镇建设的发展,街巷路面、路灯、供水、下水道、环保设施等亦配套齐全。新建街道旁边也有近10条巷道,这些巷道宽3米左右,长短也不一,少数巷道内也开设店铺,如网吧、休闲场所等。

2016年杨寿镇集镇道路情况一览表

表 7-4-1

路线名称	起点名称	终点名称	路长(米)	路宽(米)	水泥路建设年份
兴扬路	乐星路	宝女王庄路	1100	10.0	2000
吴庄路	宝女吴庄	宝女姬庄	700	12.0	1996
王庄路	宝女王庄	红旗路	1500	12.0	1995
华通路	杨寿大桥(北)	南扬公司(后)	900	12.0	1993
乐星路	宝女时庄	新龙民主	800	15.0	1992
迎宾路	回归路	今日家园西门	600	18.0	1997
环镇东路	杨裔路	老码头	600	5.0	1999
华杨路	富民街	迎宾路	700	10.0	1997
新风路	华通路	华杨北路	400	7.0	1997
富民街	华杨北路	杨寿浴室	150	9.0	2008
达胜街	华杨北路	环镇路	100	6.0	2008
新杨广场南路	华杨路	回归路	100	11.0	2010
幼儿园东路	乐星路	新风路	230	4.0	2001
粮管所西路	粮管所西路	华通路	10	6.0	1998
老东巷	杨寿浴室	老南巷	160	6.0	2008
老西巷	老南巷	杨寿涧边	170	7.0	2008
庵堂巷	码头公厕	老街	150	2.0	2008
小南巷	老东巷	俞小龙户	100	3.5	2008
老南巷	老东巷	华通路	120	2.0	2008
北小巷	老东巷	河边	100	8.0	2008

三、绿化

历史上,杨寿集镇无行道树木,仅部分民宅家前屋后栽有柳、槐、榆、楝、桑等树木。1958 年,街道南移后,道路扩宽,道路两旁栽有树木,公社机关、事业单位和工厂、学校开始植树绿化,多栽冬青、黄杨、宝塔松等观赏树木。1998 年后,新建道路两旁绿化同步到位,树木品种有玉兰、香樟、紫荆、红枫、雪松等,做到绿化、香化相结合。2010 年,政府购买桂花 1.2 万株、蜡梅 6000 株,免费送给全镇居民栽种,每户 3 株。至 2016 年,全镇建有中心广场一个,各村、居民小区有花木园艺公园 30 个。全镇绿化面积(林地、园地)256.7 万平方米,绿化覆盖率 9%,人均公共绿地 15.7 平方米。

2016 年杨寿镇集镇绿化情况一览表

表 7-4-2

道路名称	起讫地点	绿化树木(棵)	绿化面积(平方米)
回归路(南)	甘泉公路集—王庄组	570	9200
回归路(北)	王庄路—文体中心	70	669
华通路	杨寿大桥北—乐星路	94	189
华杨路	新风路—迎宾路	87	696
迎宾路	兴杨路—回归路	45	474
乐星路	红旗路—华通路	242	2198
兴杨路	乐星路—王庄路	64	581
王庄路(东)	伟光公司东墙—回归路	125	921
王庄路(西)	回归路—华通路	84	559
新杨广场	广场周边路	126	3500
幼儿园东路	乐星路—新风路	54	332
粮管所西路	粮管所西门—华通路	10	69
华通路(北)	乐星路—杨寿大桥北	101	2625
华通路(南)	乐星路—吴庄路	197	3822
吴庄路(西)	华通路—回归路	75	565
吴庄路(东)	回归路—金泉公司东墙	60	1536
王庄路(西)	华通路—曹杨路	113	1030
杨寿组路	华通路—污水厂	162	1600
时庄新村	乐星路—新风路	148	1487
今日花园	区内道路	412	4030
孙庄小区 1	区内道路	140	1397
孙庄小区 2	区内道路	170	1680
合　计	—	3149	39160

四、环卫设施

中华人民共和国成立前,集镇居民住户搭有简易的茅房,各户有灰堆(垃圾堆),无其他环卫设施。露天粪缸、灰堆随处可见。50年代,政府开展爱国卫生运动,整治街道环境卫生。配备1名兼职街道清洁员,负责打扫街道,清理垃圾。1958年,杨寿集镇建垃圾池1个,公社机关建现代厕所1个(群众称洋茅厕)。70年代,杨寿涧改道,清理涧边垃圾、淤泥等。新建公共厕所2个。80年代,在农贸市场、居民住宅区建公共厕所2个。90年代,街道商店实行"门前三包"(包卫生、包绿化、包秩序),新建公共厕所1个,设置垃圾箱(筒)20个,主街道及新建小区安装排污管道暗渠,后普及到所有镇区。

2008年,政府投资75万元建压缩式垃圾中转站,服务范围覆盖全镇。

2009年,政府投资1095.51万元建污水处理厂,集镇居民住宅区和工业集中区主干道两侧铺设污水管网7.69千米,服务面积1平方千米,服务人口1.2万人。

至2016年,全镇有公共厕所17个(其中集镇6个,分布在菜场、文体中心、医院、码头、苏果超市旁、新风路),垃圾池500多个,摆放垃圾桶300多个(其中集镇垃圾桶104个),排水管道(渠)24千米,污水管网7.69千米,配备兼职保洁员150人,压缩式垃圾专用运输车1辆,机动垃圾收集运输车9辆,人力垃圾收集运输车17辆。每天有专人清扫、运输、消毒,实现垃圾袋装化处理。生活垃圾无害化处理率达98.5%,开展生活垃圾资源化利用的村达100%。

2016年杨寿镇集镇垃圾箱(桶)一览表

表7-4-3 单位:个

路　名	数　量	路　名	数　量	路　名	数　量
华通路	13	回归路	7	新风路	3
乐星路	19	迎宾路	5	幼儿园路	4
兴场路	4	华南路	6	机关代建楼	8
王庄路	2	华杨路	9	老街	24

2016年杨寿镇集镇排水管道(渠)一览表

表7-4-4

名　称	排水暗渠长(米)	管径(厘米)	名　称	排水暗渠长(米)	管径(厘米)
迎宾路	600	30	姬庄组	500	50
兴杨路	1000	50	富民街	900	30
王庄路	1300	50	玩具厂	400	40
乐星路	1840	50	墩留路	1230	40
华扬路	1000	30	华通南路	1000	50
华通路	1100	50	孙庄小区	2000	60
回归路北侧	1200	50	乐星路(曹杨路—红旗路)	1380	60

续表 7-4-4

名　称	排水暗渠长（米）	管径（厘米）	名　称	排水暗渠长（米）	管径（厘米）
时庄新村	500	60	华通路（污水厂—吴庄组）	1250	60
机关宿舍小区	500	50	曹杨路（王庄路—污水厂）	950	60
达胜街	820	40	新杨路、华扬路（原镇政府—乐星路）	2610	60
华通路	1450	50	合　计	24080	—
新风路（吴庄路—乐星路）	550	60	—	—	—

第五节　公用事业

一、供电　路灯

供电　中华人民共和国成立前，杨寿镇无电灯照明，夜晚靠煤油灯、香油（食用油）灯、蜡烛等，外出用马灯照明。50年代，外出开始用手电筒照明。1959年底，境内从西湖红星开关站接引一条30千伏高压线路为电源，供永和、新民、宝女电灌站灌溉农田。1962年，集镇各单位、部分居民开始用电照明。1966年，集镇和大部分农村用电。1970年后，农村用电全覆盖。

路灯　1966年，公社、供销社等单位门前和街道的岔道口最先安装路灯，其后逐步普及。90年代，集镇街道及主干道安装路灯。2000年后，农村主干道两旁安装路灯。2005年后，路灯的灯杆、灯型也不断更新，与环境美化、节能相结合。广场及小区花圃内安装工艺路灯、草坪灯。截至2016年，集镇安装路灯662盏，工艺路灯、草坪灯60盏，农村道路安装路灯1300多盏。节日（尤其是国庆、春节）期间，机关、商店门额上安装彩色满天星灯和彩色灯箱。

2016年杨寿镇集镇路灯情况一览表

表 7-5-1

名　称	盏数（盏）	名　称	盏数（盏）	名　称	盏数（盏）
迎宾路	16	姬庄路	28	红旗路	11
兴杨路	20	回归路南侧	224	杨寿大桥	8
王庄路	28	新风路	7	机关宿舍小区	56
乐星路	76	达胜街	8	孙庄小区	30
华扬路	40	富民街	7	今日花园	12
华通路	32	老南巷	3	合　计	662
回归路北侧	4	时庄新村	5	—	—
华通南路	43	墩留路	4	—	—

二、供水

中华人民共和国成立前,杨寿镇居民主要以杨寿涧及其他沟塘水为生活用水水源。60年代,镇内机关单位、工厂学校及少数居民兴建水井,用吊桶或手压式抽水机打水,70年代,有部分用户采用电动小水泵抽水。1988年,政府兴建杨寿自来水厂,采用深井水,日供水量300吨,供水范围为集镇、杨寿村、新民村、袁岗村。1999年,日供水量500吨,新增爱国村、东兴村、建龙村、李岗村。其间,永和村、墩留村、方集村自办水厂,供应本村用水。2008年,改由扬州自来水公司直供国家A级饮用水,日供水量2200吨,用户达6500户,实现镇域供水全覆盖,用户率100%,镇内各自办水厂关停。

三、公共交通

1988年,扬州至杨寿集镇的公共交通包含扬州汽车客运公司开通并运营的107路中巴车和扬州市公交公司开通并运营的7路公交车。2005年,107路中巴车改由扬州市公交公司运营,中巴车改为公交车,日客流量4000人次左右。2010年,杨寿客运站迁至永和村,7路、107路公交车也延伸至永和村部,境内设站台12个。

2012年11月,邗江区镇村公交开通,境内开通328路(墩留村—集镇—新龙村—方集村—黄珏镇)、329路(集镇—永和村—爱国村—东兴村)、330路(公路集—集镇—爱国村—公道镇)、79路(永和客运站—朱桥—何巷—大巷)4条镇村公交线,实现公交"村村通"。

至2016年,公共交通情况未有变化。

第六节　村庄建设

一、道路建设

中华人民共和国成立前,乡村有土大路通往集镇,村庄之间有乡间小路相连。

中华人民共和国成立后的60年代,农田方整时拓宽部分道路(均为土质)。80年代,部分通往集镇的道路铺成砂石路面。90年代,政府和集体加大对村、组道路的投入建设,采取民办公助、村民出工等方式,修筑乡村道路。2000年后,境内砂石路逐步改造成水泥路、沥青路。

1998年底,根据镇村规划,村级道路建有6条主干道,即回归路南延线3千米,宽25米;杨裔线3.70千米,宽9米;爱东线3.20千米,宽8米;杨永线4.02千米,宽15米;杨墩线3千米,宽9米;建龙线2.50千米,宽6.50米。同时建设通村组道路。2016年,6条主干道均已建成通车,从主干道到通村组道路全部建成水泥路面。与之配套的桥梁、涵管、供电(路灯)、供水、通信、环卫等设施也一步到位。是年,全镇道路里程71.44千米。

二、住房建设

民国及以前,农村多以稻板泥垛墙脚,上部用土坯垒墙,用杂树、毛竹做梁,搭盖茅草房。一般 3 间房,坐北朝南,开间 3 米,进深 4~5 米,檐高 2 米左右,房子的南边大门两侧各开一个小窗,0.4 米 × 0.5 米大小,北边不开窗或开更小的窗,也有人家屋面上开一扇天窗。黄泥麦稳泥墙、铺地,屋内阴暗潮湿,不少农户三代人同居一室。也有人家在房屋两侧搭建厢房或接盖披房,用作厨房或用来堆放柴草、粮食、农具杂物。还有人家在大屋后搭建小屋用作猪圈、牛圈、茅房等。少数富裕农民建造砖木结构二进式四合院,前进正中开大门,两侧辟有卧房、杂物房、库房。后进中间房为堂屋,开间 3.8~4 米,两侧为卧房,开间 3.5 米,两进之间建厢房或院墙,屋内地面铺砖块。

中华人民共和国成立后至 60 年代,有些农户建房时用杂树做梁,屋面半瓦半草,外墙下半截砖块,上半截土坯,墙面用黄泥掺麦(稻)稳泥平后刷上白石灰水,地面用砖铺,两侧房内用黄泥麦(稻)稳泥平。70 年代,农村砖木结构瓦房渐多,常见的是水泥梁、柱,5 寸、7 寸单墙或空心斗子墙,水泥桁条,毛竹梁椽,芦柴望,大瓦盖顶,小瓦站脊。80 年代中后期,农村出现建房热,青砖实心墙,砖混结构,杉木梁椽,带外走廊,堂屋留大门,大门连带 2 开或 3 开窗。90 年代初,开始建楼房,一般三下两上,即下边三间,上边两间,留一间做晒台。90 年代中后期,楼房向单元式套房(小别墅)发展,房间布局合理,设有厨房、卫生间、厅堂、卧室、储藏室等,涂料粉墙,瓷砖铺地,卧房铺地板,吊顶天花,外墙贴墙面砖或喷涂料。整栋楼房外形美观,室内雅致,舒适实用。

2016 年,镇居民住房总面积 142.26 万平方米,其中楼房面积 131.88 万平方米,楼房率 92.7%,人均住房面积 64.5 平方米。

三、庄台建设

自古以来,农村住房多在道路两侧或河堤岸、荒地择基而建。久而久之,形成自然庄台、村落。一般 15 户以上为大庄,10 户左右为小庄,单门独户为单庄,庄与庄之间有田埂相连。庄名多以聚落地为名,有的以历史首居者或大多数居者的姓为名,如张庄、李庄等,也有以居者职业为名,如木匠庄、瓦匠庄等。

50 年代至 60 年代,一些单庄、小庄逐渐发展成为大庄,形成自然村庄。70 年代,兴修水利,方整农田,各大队规划一批庄台,庄台上的房屋样式大小基本一致,前面大屋,后面小屋,中间天井。控制单庄、小庄建房。80 年代起,村庄建设实行规划管理,以村民小组为单位,兴建农民居住点。1998 年,政府规划出台,全镇 11 个村(现 7 个村)建中心村 7 个、基层村 33 个,设庄台 241 个,其中 50~100 户大型庄台 6 个。至 2016 年,以上规划已基本形成,永和中心村入住居民 180 户,爱国中心村入住居民 170 户,所有庄台水、电、路、渠、环卫等设施配套,每户住宅三间二层,长 12 米,深 15 米,部分村庄由于土地紧张改为两间三层,长 8 米,深 15 米,别墅式样,门前水泥场地。

2016年杨寿镇农村庄台建设一览表

表 7-6-1　　　　　　　　　　　　　　　　　　　　　　　　　　　　单位：个、公顷

村　别	庄台数	22 户以下		23~30 户		31~50 户		51~100 户	
		数量	建设用地	数量	建设用地	数量	建设用地	数量	建设用地
东兴村	45	33	6.51	9	5.65	3	3.47	—	—
爱国村	33	4	0.66	11	9.32	17	21.34	1	1.67
永和村	35	2	0.4	8	6.4	25	29.64	1	2.53
墩留村	31	8	1.41	17	12.9	4	4.43	1	1.43
宝女村	42	22	3.85	9	7.89	11	13.17	—	—
新龙村	33	10	2.99	6	2.6	16	19.44	1	1.8
方集村	22	8	1.6	4	2.4	8	10.3	2	4.9
合　计	241	86	17.42	64	47.11	84	101.9	6	12.33

第七节　居民集中区建设

根据 1998 年镇村一体化建设规划，镇政府坚持结合实际，符合民意和集约使用土地的指导思想，采用城市小区模式，集镇先后建设 7 个居民集中区。

时庄新村，114 户，三层楼房，每户 89 平方米，面积 1.02 万平方米，另建有车库等附属用房。

供销社新村，48 户，三层楼房，每户 124 平方米，面积 5952 平方米。

孙庄小区，一期 144 户，每户三间二层楼房，面积 244 平方米，总面积 3.51 万平方米。二期 143 户，每户两间三层楼房，面积 282 平方米，总面积 4.03 万平方米。三期 68 户，每户两间三层楼房，面积 240 平方米，总面积 1.63 万平方米。

王庄新苑（今归入孙庄小区二期范围内），51 户，每户两间三层楼房，面积 282 平方米，总面积 1.44 万平方米。

和美苑小区，24 户，每户三间二层，面积 280 平方米，总面积 6720 平方米。

今日花园小区，109 户，每户三间二层楼房，面积 230 平方米，总面积 2.51 万平方米。

河洛花园小区，12 户，每户两间三层楼房，面积 310 平方米，总面积 3720 平方米。

以上居民集中区占地面积 27.91 公顷。集中区各项配套设施齐全，一步到位。

第八章　交通　能源　邮电

　　杨寿镇地处扬州西北丘陵山区,历史上交通不发达,只有一条过境的扬天公路。通往扬州及周边乡镇只有1米左右宽的土大路和田埂。1962年,始建一条土公路,由集镇连接扬天公路。是年,开通杨寿至扬州的客运班车。60年代末,农田方整时,呈现路网雏形。80年代,建造砂石路。1988年,杨寿至扬州开通公交车。90年代,沥青路、水泥路相继铺设,公路网络逐步形成。2012年,杨寿至周边乡镇开通镇、村公交车。

　　杨寿涧、王冲涧和朱桥涧是境内粮食、水泥、砂石、煤炭等物资的主要运输通道,干旱时水位低无法通航。1967年,开始兴修水利,拓宽、取直、浚深航道,主干河道向东北经公道入邵伯湖。陆上运输工具经历了人挑肩扛、人力车、手扶拖拉机、三轮卡车到汽车的变化;水上运输工具也经历了由小木船、水泥船、机板船到轮船的变迁。

　　1959年,境内从西湖引进电源,开始使用电能,60年代逐步普及。1975~2000年,用电线路几经改造,配电网络设施规范合理,满足人民生产、生活需要。70年代始用沼气,90年代始用太阳能。

　　境内邮政始于宋初,清代设曹家邮铺。民国二十一年(1932),设杨寿坝邮政代办所。民国二十六年(1937),增设方家集邮政代办处。1958年,成立杨寿邮电所。1998年,邮政、电信分设。

第一节　交　通

一、机构

　　中华人民共和国成立后,农村交通运输以县交通主管部门管理为主,乡政府设立工交科协助管理。1958年,交通管理下放给公社,公社设运输管理站,以运输为主兼管理职能。1978年,经邗江县交通局批准,设立杨寿交通管理站,由运输站负责人兼任站长。1984年,交管人员增至3人,1988年,更名为杨寿交通管理所,人员增至5人。交管所的职能是负责境内车船和机驾人员的"三照"(驾驶证、行车证、牌照)检验及交通事故的处理。1987年,车辆管理、交通事故处理划归为公安部门,交通管理所的职能是以确保交通安全为中心,全面负责水陆交通监督,查"三照"、查规费征收、查人货混装混运及查是否超载、超长、超宽、超高等,管理水陆交通航行线道、农村桥梁、公路养护及沿线绿化。2000年3月,杨寿交通管理所撤并至蒋王交通管理所。

历任镇(公社、乡)交通管理所(站)负责人为时寿高、耿国元、周万良。

二、公路

曹杨路(回归路) 1962年兴建,为境内第一条公路,北起杨寿集镇,南至曹家铺,与扬天公路连接,长3千米。1964年,公社发动群众,广集碎砖瓦石块,铺成砂石路,解决了"晴通雨阻"困难。1978年,农田方整,此路东移,改经楚庄到曹家铺,铺就宽3.5米宽的砂石路。1993年,拓宽成5米,且铺设成沥青路面。1997年,政府新造集镇至公路集的沥青路与扬天公路(244省道)相连,该路长3千米,宽15米,双向四车道,因适逢香港回归,定名为回归路。2003年,改成水泥路面。2012年,在水泥路面基础上加铺沥青路面。原曹杨路仍保留,为一般道路。

杨裔路 东西走向,全长6.5千米,路基宽9米,路面宽7米。1980年始建。1983年,铺成砂石路面。2002年,铺成沥青路面。2006年,加铺成水泥路面。该路从杨寿集镇向东经新龙村、方集村至方巷镇裔家集,连接扬菱公路,向西经墩留村与扬天公路交汇,为镇境贯穿东西的主干道。

杨永路(永和大道) 集镇向北经永和村与仪征市大仪镇(原大巷乡)朱桥村的公路连接。1980年,建成砂石路面,长4.02千米,宽5.5米。1993年,改铺为沥青路面。2005年,拓成路基宽15米、路面宽12米的水泥路面,南与回归大道连接,贯穿镇境南北。

杨爱路 集镇向东北经爱国村至东兴村。1979年,建成集镇至爱国村段,长2.8千米,砂石路面。1982年,建成东兴村段,砂石路面。1993年,改造成长4.5千米、宽5.5米的沥青路面。2002年,加铺为水泥路面。

堤顶公路 为了确保防汛排涝,2009年,将方集桥经新龙村、东兴村至公道镇的圩堤(涧南岸)铺成砂石路面,定名堤顶公路。2010年,建成水泥路面,该路长6.28千米,宽3.5米。2013年,在涧北岸再建堤顶公路3.8千米。

至2016年,上述5条主干线里程共28.10千米。除此之外,境内以村组自筹资金为主、政府适当补助的方式建成33条支干线,总里程43.34千米。主干线和支干线形成境域公路交通网络,道路总里程71.44千米。

2016年杨寿镇农村公路一览表

表8-1-1

路线名称	路段	起点名称	终点名称	通达村部	里程(千米)	路基宽度(米)	路面宽度(米)	建设年份		
								砂石路	沥青路	水泥路
杨裔路	1	裔家集	杨寿集镇	方集	3.7	9	7	1983	2002	2006
杨裔路	2	杨寿集镇	扬天线	墩留	2.5	11	9	—	—	2010
永和路	1	朱家桥	南扬北厂区	永和	0.6	12	5	1980	1994	2003

续表8-1-1

路线名称	路段	起点名称	终点名称	通达村部	里程（千米）	路基宽度（米）	路面宽度（米）	建设年份 砂石路	建设年份 沥青路	建设年份 水泥路
永和路	2	南扬北厂区	杨寿集镇	永和	3.42	15	12	1980	1994	2003
合墩路	1	宝女吴庄	扬天线	墩留	3.36	7	5	1997	—	2004
杨华路	1	大仪石桥	南扬北厂区	永和	1.4	6.5	3.5	1986	—	2005
杨爱路	1	杨寿学校	爱国村	爱国	1.87	8	6	1981	1994	2002
五方路	1	合墩线	永和桃园	方集	2.6	6	3.5	—	2001	2006
杨墩路	1	扬天线	西庄桥	墩留	2.6	6	3.5	1985	—	2008
东兴路	1	宏星桥	公瓜线爱国段	东兴	2.3	8	4.5	1986	—	2002
东兴路	2	公瓜路爱国段	永和路防配厂处	永和	2.3	6.5	3.5	2002	—	2005
甘新路	1	甘泉王冲	杨裔路	方集	1.72	6.5	3.5	1995	—	2002
甘新路	2	杨裔路	新龙玉带	新龙	3.75	7	3.5	1985	—	2003
永爱路	1	永和焦庄	爱国吴庄	永和	2	9	7	1984	—	2004
永爱路	2	爱国吴庄	公瓜路	东兴	3.7	6.5	3.5	1984	—	2003
曹杨路	1	扬天线	永双线	宝女	2.26	6.5	3.5	1983	—	2005
堤顶路	1	杨裔路	公道镇	东兴	6.28	5	3.5	2009	—	2010
蒋塘路	1	永双线	永和蒋塘	永和	2.3	5.5	3.5	1985	—	2004
公瓜路	1	爱国佘庄	爱国村部	爱国	0.96	15	12	2002	1994	2005
公瓜路	2	爱国村部	俞坝桥	爱国	1.52	8	5	2002	—	2005
回归路	1	甘泉公路集	杨寿镇	宝女	3	25	15	—	1997	2003
红星路	1	杨墩线	曹杨路	宝女	1.3	5.5	3.5	—	—	2010
丘陵路	1	永和路北段	东兴路	永和	1.7	6	3.5	—	—	2011
兴杨路	1	杨裔路	宝女吴庄	集镇	1.1	12	10	2001	—	2002
吴庄路	1	宝女吴庄	宝女姬庄	集镇	0.7	15	12	—	—	2002
王庄路	1	宝女王庄	红旗路	集镇	1.5	15	12	—	—	2002
华通路	1	杨寿大桥	宝女姬庄	集镇	0.9	15	12	—	—	2002
乐星路	1	宝女时庄	新龙民主	集镇	0.8	18	15	1983	2002	2002
迎宾路	1	回归路	今日家园小区	集镇	0.6	18	18	1993	—	1999
环镇东路	1	新龙民主	集镇码头	集镇	0.6	10	5	1995	—	1999
华杨路	1	杨寿大桥	迎宾路	集镇	0.7	20	10	1982	1997	2002
新风路	1	华通路	华杨路	集镇	0.4	10	7	1982	1997	2002
红旗路	1	杨裔路	毛正桥	新龙	0.8	10	7	1985	—	2009
大庄路	1	宝女大庄	吴庄路	宝女	0.8	7	5	—	—	2010
焦庄路	1	永和焦庄	杨华路	永和	1.7	5	3.5	1985	—	2004
果园路	1	永双路	永和路	永和	1.4	5	3.5	—	—	2010
贺庄路	1	东兴路	永爱路	爱国	1.8	5.5	3.5	2002	—	2005
天王寺路	1	杨爱路	天王寺	爱国	0.5	5	2.5	1995	—	2008

三、航道

境内有三条航道,即杨寿涧、王冲涧和朱桥涧航道,通航里程20.48千米。

杨寿涧　西起仪征市黄坭洼,东至公道镇,连接邵伯湖。通航里程12.6千米,维护等级7级,通航船舶吨级30吨。1967年前,杨寿涧(河)主要为排泄山洪和引水灌溉之用,通航能力极小,水位高涨时也只能通航小木船。是年后,政府先后四次对杨寿涧拓宽浚深、裁弯取直,使河涧直通邵伯湖,山洪排泄、活水引进、通航运输都顺畅通达,船舶吨位也大大提高。1974年,仪征市刘集镇改水,将杨寿涧支涧曹家铺段拓宽疏浚,改造成能通航的活水河。

王冲涧　西南起甘泉镇王家冲,东北至杨寿涧新龙段,于1961、1971、1978年先后三次裁弯取直、拓宽浚深,将原先只能泄洪的山涧改造成经杨寿涧通邵伯湖的具备泄洪、引水、通航功能的活水河。王冲涧通航里程3.38千米,河底宽6米,通航船舶吨级20吨。

朱桥涧　位于镇境北部,是杨寿镇与仪征市大仪镇的分界河。70年代、80年代和2007年先后三次整治。该涧在东兴村汇入杨寿涧,经公道镇通邵伯湖,集泄洪、灌溉、通航功能于一体,通航里程4.5千米,通航船舶吨级20吨。

四、桥梁

中华人民共和国成立初,境内桥梁均为木桥、毛竹桥、砖混桥,破旧低矮,桥面没栅栏,危险性大。桥身承压力差,只能供行人、人力车、牲畜通行。随着道路、河道的变迁,桥的地址、跨度、宽度、质地标准、承载能力等都随着改变与提升。

2016年,境内有公路桥梁18座,即杨寿大桥、杨寿二桥、宏星大桥、俞坝桥、墩留桥、新龙桥、西庄桥、姬庄桥、方集桥、斜桥、刘家桥、红元桥、南江坝桥、郭庄桥、红星桥、水库桥、毛正桥、佘庄桥。

杨寿大桥　位于杨寿集镇北部杨寿涧上,是境内南北交通的枢纽。1954年,洪灾后,在河涧坝上建成木桥。1958年,改建成三孔砖桥。1967年秋,在改道后的杨寿涧上(老街北头)建造钢筋混凝土大桥,1978年倒塌。1979年,在现址新建钢筋混凝土大桥。2006年,拓宽为正桥长48米,宽13米。2016年,在杨寿涧爱国段公瓜公路上建造了杨寿二桥,桥长56米,宽13米。

宏星大桥　位于杨寿涧东兴村宋庄段,原名东兴大桥,建造于1972年。2007年,该村村民金宏星(江苏华利地产集团有限公司董事长)出资75万元重修大桥,更名为宏星大桥,桥长78米,宽9米。

宏星大桥

2016 杨寿镇桥梁建设情况一览表

表 8-1-2

桥梁名称	建设年份	跨越河道	路线名称	桥位桩号	长度(米)	宽度(米)	跨径(米)
杨寿大桥	1979	杨寿涧	永和路	K3+350	48	13	16
墩留桥	1993	红光河	杨裔路	K4+540	48	8	16
方集桥	1993	王冲涧	杨裔路	K2+350	30	7	10
刘家桥	2001	王冲涧	曾九路	K0+350	18	6	9
俞坝桥	2004	朱桥涧	公瓜路	K4+380	40	9	13.3
斜桥	2005	李岗水库	楼庄路	K0+650	20	14	10
姬庄桥	2006	邵庄河	杨墩路	K0+680	13	5	13
红星桥	2006	红光河	红星路	K0+700	25	5	15
西庄桥	2007	杨寿涧	杨墩路	K2+560	30	6	10
南江坝桥	2007	南江坝涧	方集路	K5+600	10	5	5
宏星桥	2007	杨寿涧	东兴路	K0+60	78	9	15.6
新龙桥	2008	王冲涧	甘新路	K3+120	30	6	10
水库桥	2009	李岗水库	水库路	K0+280	30	5	10
红元桥	2010	红光河	合墩路	K16+200	54	10	16
余庄桥	2010	余庄涧	杨爱路	K1+720	10	8.7	5
郭庄桥	2010	电灌渠	永爱路	K1+480	8	8.5	5
毛正桥	2010	毛正涧	红旗路	K0+720	10	6	8
杨寿二桥	2016	杨寿涧	公瓜路	K3+350	50	13	16

五、渡口

境内河道较多,历史上不少村与村间被河道阻隔,除部分河道用砖块、竹木材料搭建小桥,供行人过往外,尚有部分河道用木船摆渡。60年代初,境内有渡口6个,即东兴大队1个,通往公道公社;爱国大队1个,通往公道公社谷营大队;建龙大队2个,一个通往爱国大队,一个通往东兴大队;方集大队1个,通往建龙大队(曹安寺)。六七十年代后,由于兴修水利,道路改道,兴建桥梁等,渡口相继取消。

六、码头

1967年下半年,随着杨寿涧改道,拓宽浚深,水上运输能力增大。为了便于船舶停靠和货物装卸,1968年,公社在南岸(东头街原都天庙后)建造码头1座,交由杨寿运输站管理使用。70年代中期,杨寿涧再次疏浚时,码头进行整修扩容。1998年6月,产权制度改革,该码头卖给个人经营。

随着经济发展,货物运输量不断增加,杨寿涧沿岸又增设4座码头,即杨寿涧(大桥东侧)北岸、南岸码头各1座,墩留村东庄段墩留砖瓦厂码头1座,红光河(曹家铺支涧)杨寿砖瓦厂码头1座。至2016年,全镇共有码头5座,主要承运砂石、水泥、砖瓦、煤炭、木材、粮食、化肥等货物。码头可同时停靠600吨位船舶约10艘,另有小型船舶,日吞吐量500吨。

七、陆运工具

轿子　又名"肩舆"。清代,政要巡乡、商贾名士省亲、富户祭扫等多以轿子代步。轿子有4人抬或8人抬两种,用绿呢、蓝呢、幛围装饰。城乡闺秀出阁,多是男方租借轿子,装扮成"花轿",吹鼓手吹吹打打,去女方家迎娶新娘。婚庆喜轿沿至中华人民共和国成立初期,喜轿一般为4人抬的。20世纪50年代后期,轿子逐步淘汰。

畜力　驴、马、骡是境内主要运输畜力。民国年间,扬州邮递员有时也乘马、骡向杨寿、方集投送邮件。境内经商的粮贩、粮行、店商运粮、运货物多用驴、骡,少量伴有马运。民间医生出诊亦用驴、骡代步。驴性和顺,也有驴主人用驴经营,供行客乘骑。1958年后,尤其是1960~1962年经济困难时期,饲料紧缺,驴、骡、马所剩无几。1978年后,随着运输市场的放开,境内又有少数户家恢复养驴,经营个体运输,流动经商。90年代后,被现代运输工具所取代。

独轮车　又称"羊角车""小车子",为硬木制造的手推车。60年代以前,较为常见,既可载货又可载人,一车能载200~250千克或乘坐2~4人。民间的柴贩、粮贩和店商、粮商进货物运粮食的"脚班",多依赖独轮车推运,亦有民间自用,后有的改为胶轮独轮车。80年代初期,独轮车逐渐退出历史舞台。

板车　又名"小板车",多为木结构,两个轮子(胶轮)。60年代初,境内开始使用。载重500千克左右,较独轮车载重量提高80%以上,是公社运输站初期的主要运输工具。1970年后,随着公路普及,机动车增多,载运量增加,板车运输量呈下降趋势。1985年后,板车运输基本停止,只有少数农户运送粮食和饲料加工以及到田间地头运送稻、麦把。90年代后期,已全部被机械运输所代替。

自行车　又称"脚踏车"。中华人民共和国成立前后,境内自行车十分少见,只有邮差骑行,用以运送邮件。70年代,自行车逐步成为人们的代步工具。由于乡村公路不普及,客运汽车少且运行不正常,乡村、城乡之间往来多以骑自行车为主,一度出现自行车搭客为生的个体户。同时,用自行车从事蔬菜、家禽、粮食的长途、短途贩运亦多见。80年代初,自行车比较普及,平均户存量2辆以上,品牌有"永久""凤凰""飞鸽""长征""金狮"等。随着公路客运、货运的开通、发展,自行车运输现象逐步减少,直至成为私人的代步工具。进入21世纪,经济发展迅速,人民生活水平大幅提高,摩托车、电动车、小轿车进入普通家庭,人们出行由原来骑自行车改为骑电动车,自行车逐渐成为人们锻炼的工具。

摩托车　80年代末,部分家庭始购"嘉陵""木兰""幸福""玉河"等品牌的摩托车。1990年后,有"捷达""金城""雅马哈""光阳"等品牌跨骑、踏板摩托车。2010年,全镇共有各种品牌摩托车2000多辆。随着电动车的普及和人们环保意识的增强,摩托车的拥有量逐渐减少。

电动车　2000 年后，电动车开始进入百姓家庭，并逐步成为居民出行的主要代步工具，替代摩托车和自行车。2016年，全镇家用电动车拥有 9000 辆左右，品牌有"绿源""爱玛""雅迪"等。

汽车　90 年代起，有条件的人家购买汽车。2000 年后，购买汽车的家庭发展较快。2016 年，全镇有各类汽车 4230 辆，其中轿车 3315 辆、客运车（含小面包车）355辆、货车 560 辆。轿车品牌有"奥迪""奔驰""大众""别克""夏利"等，货车有"解放""东风""江淮""跃进"等。

雅迪电动车杨寿销售部

八、水运工具

木船　中华人民共和国成立前，境内部分涧边农民家有木船，从事小批量货物运输，如运送粮草、砖瓦等。1958 年公社化后，公社、大队集体组建船队，每船队有 3~5 艘木船从事水上运输。70 年代，全公社有木船 54 艘，后由于木材紧缺，木船逐步被水泥船取代。

水泥船　70 年代初，水泥船兴起，部分沿河地带的大队、生产队（沿河地区）购置水泥船运输氨水、血料（肉联厂的猪血）等肥料。杨寿运输站组建船队，购置水泥船 8 艘（每艘 70 吨位），使用柴油发动机，从事粮食、化肥、煤炭、水泥、砂石等货物运输。1975 年，杨寿供销社组建船队，由一艘头船（机械为动力）、两艘水泥拖挂船组成，共 60 吨位。

铁壳货轮　由于水运条件的改善，1978 年，杨寿运输站购进铁壳货轮及拖挂船 1 组，100 吨位。2002 年，改制由私人运营。

九、水陆运输

货运　境内历史上运输货物以肩挑人担和推独轮车为主，人称"脚班"。60 年代初，公社成立运输站，有工人 20 多名，运输工具为扁担、杠子、手推独轮车和板车。1972 年始，杨寿运输站组建船队。1975 年，杨寿供销社为解决自家物资运输问题，组建船队，60 吨位。80 年代，运输站先后购进解放牌卡车 4 辆，基本改变以人力运输为主的状况，承担境内粮食、货物、砂石等运输任务。1989 年，先后购进了载重 2 吨的双排座客货两用车 1 辆和载重 1.5 吨的卡车 1 辆。1998年、2002 年，杨寿运输站、杨寿供销社先后改制、破产，其货运经营权和运输工具全部出售给个人经营。2016 年，镇境车、船运力约 500 吨位。

杨寿运输站历任负责人为时寿高、林恩甫、王心林、陈开文、李正有。

客运　1962 年，扬州汽车运输公司开通扬州至杨寿的客运班车，在集镇上设立杨寿客运站，并在曹家铺设一个客运站点。由于杨寿至曹家铺是土质公路，客运晴通雨阻，每天 2 个班次（上、下午各一班）。1964年，曹杨公路铺成砂石路，客运正常，每天4个班次。70年代末，增加到9个班次，日客运量在450人次左右。1988年，开通扬州至杨寿集镇的107路中巴车和7路公交车，在境内设6个站点。2005年，7路、107路公交车每天有24辆车，往返192个班次，日客运量4000人次左右。2010年，杨寿客运站搬迁至永和村，邗江建设局、杨寿政府共同投入在永和村部旁新建杨寿客运站。新客运站投入180万元，征地15.8亩，建候车室等600平方米。7路、107路公交车也随之延伸至新客运站，集镇至客运站增设6个站点。2012年，邗江区开通镇村公交，境内开通328路、329路、330路公交车，每路车每天往返16个班次，总客流量500人次左右。328路在境内设12个站点，329路在境内设12个站点，330路在境内设17个站点。

第二节 能源

一、机构

1959年底，公社设立机电排灌站，设站长1人，有机电工8人，负责机电排灌和电力线路维护。1968年，组建农机水电管理站，与电灌站合署办公。1981年，成立杨寿农电管理站，有电力管理员5人，负责供电线路维护、用电设备管理及安全用电、计划用电、节约用电、收缴电费等工作，属乡镇和县供电局双重领导。

1995年，杨寿农电管理站更名为杨寿供电营业所。2004年3月，并入甘泉供电营业所。

历任镇（公社、乡）农电管理站（供电营业所）负责人为吴德岭、吴正宝、王朝才、卞正牛、徐永军。

二、电力设施

输电线路 1959年底，接引30千伏高压线路一条，全长16.6千米，线路直达杨寿电灌站南一站和北一站（今新民电灌站、永和一级电灌站）。1960年，从南一站引入宝女电灌站，线路长1.8千米。1962年，输电线路从南一站引入集镇，单位和部分居民照明开始用电，线路长1.5千米。1965年始，电力线路延伸至各大队，架设高压和低压线路长120千米，集镇和农村大部分家庭用上电。1988~2000年，农村电网改造，配电网络设施规范、安全、合理。2016年，全镇有10千伏高压配电线路3条，长4.85千米，400伏和220伏低压线路311.8千米。

变电设施 1959年，境内由西湖变电所供电。1975年，改由裔家变电所供电。1988年，改由方巷变电所供电。1994年，杨寿建35千伏变电所，除供应境内用电外，还供应甘泉镇部分村用电。2016年，境域有变压器209台，功率为4.28万千伏，其中专用配电变压器42台，功率为1.18万千伏。

三、电网改造

1965年，境域供用电几乎实行全覆盖，但电杆、电线等用电设施及安装均不符合国家标准，断电、停电现象经常出现,安全事故时有发生。70 年代,经过两次整改,虽有转变,仍不符合国家用电标准,安全隐患一直存在。

1995 年春,根据国家统一部署,农网改造工程正式开始。镇成立有主管农电工作的副镇长、各村村委会主任、镇农电站长组成的网改领导小组,勘测线路,制定网改方案。经过 6 年的实施,至 2001 年,共计投入 300 万元,完成全镇 7 个行政村、151 个村民小组和集镇、企事业单位的全部改造工程。网改工程结束后,所有电力杆线和配套设施更新,供电正常,电压稳定,安全可靠,供用电质量提高。

四、发电与供用电

发电　70 年代开始,由于工农业生产的发展,电力供需矛盾逐渐突出,一些工厂和企事业单位陆续自行开发电力资源。社队企业自发电尤为普遍,自发电单位用柴油机(少数为汽油机)作原动力发电。杨寿农具厂(现扬州华联电气设备实业总公司)、华通橡塑厂、杨寿玩具厂、杨寿砖瓦厂、爱华机械总厂、南扬机械总厂、杨寿供销社、杨寿卫生院、杨寿邮电局等企事业单位先后向供电部门申请,经审查合格后自发自用,也有一些不具备自发电条件的小企业(单位)借用大企业(单位)的自发电源。80 年代,为自发电的高峰期,全镇共有自发电单位 26 家,自发电机组 26 台套,发电容量 1000 千瓦,配套柴(汽)油机组 27 台,共 1360 马力。90 年代中期,随着电网改造,供电量增加,基本满足用电需求,自发电逐渐减少。2001 年,全镇已没有自发电企业,只有少数大的企业(单位)保存自发电设备,以防停电应急之用。

农业用电　60 年代前后,境内农业用电以镇电力排灌站为主。70 年代初,各大队小型电力排灌站和小水泵开始用电,粮食、饲料加工和脱粒等也普遍用上电。1987 年,农业用电 255 万千瓦时,2000 年达 280 万千瓦时。2016 年,镇共有农业用电户 2085 户,年用电 694 万千瓦时,占全镇总用电量 5970 万千瓦时的 11.62%。其中,电力排灌站 30 座,装机容量 42 台 1874 千瓦时,年均用电约 20 万千瓦时。

工业用电　60 年代起,社队工业逐步发展,用电量逐年增加。1987 年用电 136 万千瓦时,2000 年用电 818 万千瓦时,比 1987 年增长 5 倍。2016 年,镇工业用电户 460 户,用电 2121 万千瓦时,占全镇总用电量的 35.53%。

生活用电　60 年代初,集镇主要街道装上路灯,集镇单位和部分居民户也安装电灯。1970 年后,农民生活用电渐趋普及,集镇所有街巷都装有路灯。1987 年,镇境所有村组都用上电,农民照明用户达 98% 以上。实行一户一表,村有总表,户为分表,当年市政生活用电 31 万千瓦时。2000 年达 102 万千瓦时,比 1977 年增长 2.3 倍。1995 年,开始按户开票,各户自行交纳电费。至 2016 年,镇共有商业照明户 135 户,居民照明户 5573 户,年用电 3154 万千瓦时,占总用电量的 52.83%。

节约用电　60 年代,电力使用线损无指标,计量管理混乱(一个大队或一个生产队只有一只电表),空载损耗和偷漏电现象严重,有限的电能未能得到充分合理利用。1974 年,县供电局对全镇供电和用电设备进行检查登记,完善电力线路,调整机电设备,加强计量管理,开展“人走灯熄”节电宣传,推广使用小灯泡、节能灯泡。至 2016 年,白炽灯照明基本难寻踪迹,节能灯、日光灯得到普遍使用。

安全用电　60 年代,电力发展初期,人们缺乏安全用电知识,电线私拉乱接现象严重,专业电工缺乏,用电设备安装不符合标准,人畜触电伤亡和电器引起火灾等事故时有发生。为加强管理,确保计划用电、安全用电、节约用电,1978 年 6 月,公社、大队先后建立管电领导小组。1981 年,公社建立农电管理站,负责本地 10 千伏以下线路供用电设备的维护管理,培训农电人员和企业电工,确保安全用电。1982 年 3 月 27 日,杨寿蚊香厂(爱国大队办企业)发生自发电倒送电网事故,造成停电检修,电工黄元生触电受伤,险送生命。邗江县经济委员会、邗江县供电局联合发文通报全县,企业受到相应的经济处罚。随着电力线路、电器设备的完善,专业人员技术的提高,群众安全用电知识的普及,安全意识的增强,高压线危险处竖立警示牌等,安全事故逐年减少。截至2016 年,镇境共发生安全用电事故 12 起,其中死亡 7 人、伤 8 人。

五、沼气

旧时,境内先民们用食用油、煤油点灯,用稻、麦草和树木为燃料。70 年代,县政府推广沼气清洁能源。1976 年 7 月,根据邗江县革命委员会关于在全县推广使用沼气的决定,公社成立沼气办公室,举办建池学习班,培训技术人员。境内开始建造"二合土"沼气池,建一只池仅需 30元钱左右,使用效果良好,既能烧饭、烧水又能点灯照明,很受老百姓欢迎。是年底,全公社建成近百个沼气池。1979 年,公社革委会制订《关于加强沼气管理的七条规定》。1981 年,为确保沼气池质量,公社沼气办公室举办建池人员培训班,请专业技术人员授课,观看实际操作。1984年起,乡政府在全乡范围内开展"百池村"活动,每年建造 300~400 个沼气池。至 1986 年,全乡累计建沼气池 2000 个左右,李岗、方集、新民、建龙为沼气建设重点村。随着时间的推移,这些沼气池大部分破损漏气,失去功能,少部分经不断维修,尚在使用中。

2008 年开始,为加强新农村建设,改善农村卫生面貌,提升农民生活质量,镇政府在农村推广建设高质量、多功能的全新式沼气池,每只沼气容量 8 立方米。每个沼气池建池经费 2180 元,其中国家补助 1380 元,农户自筹 800 元。至 2016 年,全镇共建沼气池 1138 座,其中全新式沼气池 706 座。

六、其他

液化气　90 年代初,境内开始使用清洁、高效的液化气。90 年代末,60% 以上的居(农)民使用液化气,餐饮业用户全部使用液化气。乡镇有液化气充气站(点)12 家。2016 年,液化气使用户 5812 户,占总户数的 94.2%。

太阳能　90 年代初,太阳能热水器在镇内开始使用,部分居民在自家屋顶安装。根据境内日照时间,太阳能热水器每年可使用 9 个月(3~11 月)。由于太阳能节约成本、使用方便,深受百姓喜爱,很快得以推广。2016 年,全镇有 5900 多户安装了太阳能热水器,占总户数的 95.8%,一年可节约用电 14 万千瓦时,节省开支 77 万多元。

省草灶　70 年代初,农村柴草不足,于是学习外地经验,改老灶膛为省草灶膛,即将老灶膛改造成安装炉底带风槽的灶膛,公社先在建龙大队试点后推广。经测试,烧 1.5 千克开水,老灶用草 2.5 千克,省草灶只用草 1.5 千克,节约烧草 40%。1972 年春开始,全镇先后有 80% 的农户改造炉灶。以每户每年节省草 2.4 吨计算,全镇每年可节省草 1 万吨。从 90 年代开始,省草灶逐步被液化气(瓶装)灶所取代。

第三节　邮　电

一、机构

据明《嘉靖维扬志》记载,宋初境内曹家铺设曹家店递铺,为江都境内九个递铺之一。清代,境内设曹家铺,属甘泉总铺,为北路终端,达大仪铺,通天长。铺递连接驿站,传递公文,每铺设铺司兵 5 名。清末,兴办邮政,驿、铺裁撤。

民国时期,邮政网点逐渐增多。民国二十一年(1932),设杨兽坝邮政代办所。民国二十六年(1937),设方家集邮政代办所。

中华人民共和国成立后,境内设杨寿坝、方家集邮政代办所。1951 年冬,杨寿供销站设立后,经办邮政业务,邮递员隔日步行下乡送平信一次,遇有挂号信则通知收信人到所领取。1956 年 11 月 30 日,邮政所迁至集镇东街陈永昌家,邮件由扬州送到甘泉,杨寿派人再去甘泉接回。1958 年,晴天邮件由扬州直送杨寿。是年底,成立杨寿邮电所,地点设在今华杨路北端高长阳家前屋,设有电话总机,工作人员共有 4 人,另有投递员 10 人(每个大队 1 人)。公社机关、各大队、集镇各单位开始安装电话。1959 年底,有 50 门总机 1 部(装机容量 40 多门),设爱国、宝女 2 个分总机。1961 年,增设十五里塘邮政代办所。1963 年,该所被撤销。1974 年 7 月,杨寿邮电所升为杨寿邮电支局,业务范围为邮件(平信、明信片、航空信、挂号信、保价信、包裹)、报刊发行、电话(含长途)、电报等。1985 年,撤销方家集邮政代办所。1986 年,在集镇南端征用杨庄队土地 0.09 公顷(1 亩 3 分),新建杨寿邮电支局营业等用房 6 间。1998 年,改建邮政治电大楼(3 层),邮政、电信分设,即设立杨寿邮政支局和杨寿电信支局。

2003 年,区划调整,杨寿镇与甘泉镇合并。2004 年,杨寿电信支局并入甘泉电信支局,杨寿营业厅迁至集镇迎宾路,机房仍设在邮电大楼内。2016 年,电信机构未有变化。

镇(公社、乡)邮(电)支局(所)历任负责人为曹稳林、

杨寿邮政局

贡智荣、马恒生、陈也萍、张美玲、徐立斌、陈传金、胡丽萍、夏桂琳。电信支局负责人为吴长泉。

二、邮政业务

清代及以前,传递公文、信件为铺司兵马递或步递。清代后期和民国时期,邮差增多,一般为步递,个别骑骡(驴)递或自行车投送。中华人民共和国成立后,邮件逐渐增多。1956年,日进出信件50~60封,加上报刊、票汇等,邮递员两天送一次邮件或托熟人代转送(平信)。1958年后,邮政业务发展迅速,邮递员增至10人,每日送一次邮件,交通工具也由步行投送改为骑自行车投送。1966~1968年春,村村通广播喇叭,投递员与广播员合一,称为红色通讯员、红色投递员。1968年,广播员归各大队管理,邮递员核减为4人。1992年,开始办理邮政储蓄业务。2003年,投递工具由自行车改为电动车、摩托车。2016年,杨寿邮政支局有职工7人,其中邮递员3人。

2001~2016年杨寿镇邮政业务一览表

表 8-3-1

年份	平信(件)		挂号(件)		包裹(件)		报刊(份)		储蓄(万元)		汇票(张)	
	寄进	寄出	寄进	寄出	寄进	寄出	种类	数量	吸储	贷款	汇出	汇入
2001	93369	9188	6160	3397	1227	811	77	278729	1078	—	527	1350
2002	91539	8753	5601	3086	1168	737	79	253389	1184	—	552	1286
2003	89744	7594	5091	2805	1062	670	81	230354	1498	—	581	1224
2004	87984	6903	4629	2550	965	583	80	209413	1554	—	612	1166
2005	87113	6768	4208	2318	877	486	78	190375	1620	—	644	1111
2006	86258	6636	3827	2107	798	441	75	173068	1683	—	677	1058
2007	84559	6505	3478	1916	665	402	72	157335	1710	—	702	1008
2008	80532	6378	3162	1742	605	365	68	143031	1785	—	713	959
2009	76698	6074	3011	1659	576	347	67	130029	1857	80	751	914
2010	51248	4135	2043	1401	510	201	69	103104	2014	24	1326	884
2011	50149	4009	2213	1888	650	388	68	123100	3600	160	1208	806
2012	46500	3809	2280	1890	690	410	67	122100	2800	280	1150	950
2013	45008	3608	2090	1700	720	480	68	132000	3200	390	1030	980
2014	40086	3350	2070	1650	1008	509	67	136500	5100	620	980	1080
2015	35600	3160	2120	1680	1220	520	68	138000	3400	530	750	1150
2016	33250	2900	2048	1580	1560	620	69	140800	3600	780	730	860

三、电信业务

1957年,乡机关单位率先装有手摇电话机。1958年底,成立杨寿邮电所,设电话总机,公社机关、集镇有关单位和各大队安装电话20部，电话与广播共用一条线，线杆为毛竹竿、木杆。一日三次（早、中、晚）广播，播音时电话停止通话。设有电话分总机的爱国大队、宝女大队部分生产队装上电话。邮电局开办长途电话、电报业务。1988年，从杭州购进20门自动交换机一台，使用自动拨号电话。1990年，开始普及程控电话，镇境设有人值守的公用电话18部、IC卡电话3部、公用电话亭10个。90年代中期，移动电话进入镇内，中国移动、中国联通、中国电信等运营商先后在镇内开办业务。2000年，安装电话4810部。2003年，安装5300部，为史上之最。随着电话的普及，电报业务逐步取消；随着移动电话的普及，固定电话用户呈逐渐减少趋势。2016年，境内有移动电话用户约12000人，其中中国移动约6000人、中国电信约4000人、中国联通约2000人。在中国电信甘泉支局杨寿营业厅开办的移动电话用户有2100多户。

四、信息化建设

1998年，杨寿电信支局成立以来，致力于信息化建设，发展宽带网络业务，安装电缆3050对，总放电缆556千米，放光纤30.5千米。2007年，实现村村通宽带，户户通网络。2016年，境内有电信互联网用户4100户、移动互联网用户500余户、联通互联网用户200余户，农村居民户使用互联网率为78%。

中国电信杨寿营业厅

中国移动杨寿营业厅

中国联通杨寿营业厅

第九章 农 业

镇境位于扬州西北,属丘陵地区,西南高、东北低。中华人民共和国成立前,有可耕地 3.1 万亩,其中有 1.04 万亩圩田和岗田,地块零碎,高低落差大,97% 的农田土质为中、下等级。由于生产力低下、天灾频发、战乱不断等原因,农业发展缓慢,年粮食总产徘徊在 3600 吨左右,人均产粮 230 千克。中华人民共和国成立后,党和政府把农业列为国民经济的基础,历届政府十分重视农业生产。1958 年,境内粮食总量 4989 吨,比中华人民共和国成立初增长 38.6%。从 1964 年"农业学大寨"运动开始,党委、政府根据境内丘陵山区现状,制定农田基本建设长期规划,每年秋冬季集中大批劳动力、机械、资金,平整土地,改造低产田。四次大规模对杨寿涧河底拓深、河床改道、河堤加固,抵御旱涝灾害能力进一步增强。1971 年,粮食总产量突破 1 万吨。

1982 年,实行家庭联产承包责任制(承包期为 15 年),农民生产积极性大为高涨,在搞好粮食生产的同时,发展林、牧、副、渔业。1984 年,粮食总产量 1.5 万吨,种植业产值 493.72 万元,林、牧、副、渔业产值 281.5 万元。1987 年,种植业产值 610.5 万元,林、牧、副、渔业产值 1002 万元。

1998 年,推行二轮土地承包(承包期 30 年)。2000 年后,境内实施土地流转。截至 2016 年,镇先后流转土地 14762 亩,逐步建成花卉苗木、经济林木、生态休闲、水产养殖、畜禽养殖、规模种植等特色高效农业产业园。为解决家庭承包分散性经营的局限性,降低农业生产成本,共享农业信息和技术服务,2008~2016 年,境内先后建成农业股份合作社、专业合作社 20 家。

2016 年,粮食总产量 1.96 万吨,油料总产量 295 吨,农业产值 2.28 亿元,林、牧、副、渔业产值 1.25 亿元。全镇农民人均纯收入 2.36 万元。

第一节 机 构

一、杨寿农业综合服务中心

1972 年,公社成立农业技术推广站,有站长 1 人、技术员 2 人,各大队配备 1 名农技员。1983 年 5 月,撤社设乡,建立乡经济联合委员会,下设农业服务公司、多种经营服务公司。2002 年,农业技术推广站和多种经营服务公司合并成立镇农业综合服务中心,重点负责农业生产技术推广、指导,农业新技术引进,新品种引进、推广,病虫草害测报发布,生态农业建设、指导和农业环境保护工作。2016年,镇农业综合服务中心有中级农艺师1人、初级农艺师2人、助理农艺师1人。历任站长为吴乃奎、周长山、王立海、邵富桃、张巧云、殷国义、苏恩悦、詹坤田。

二、杨寿水利农机服务站

1980年,公社成立农机站。1983年5月,改称为乡农机站,人员3人。1984年,成立乡水利站,人员3人。1995年,改称为镇农机站、水利站。2002年,水利站和农机站合并,成立镇水利农机服务站。负责农业机械推广使用,为新农业机械使用进行辅导、培训,开展农业机械年检,按国家的现行政策对购置农机单位、个人进行补贴,同时负责镇水资源管理以及水利基础设施规划和建设,组织防汛防旱工作。2016年,镇水利农机服务站共有工作人员6人。历任站长为吴德存、万明林、赵庆稳。

三、杨寿畜牧兽医站

1958年,租用杨寿集镇北街一民房,成立公社兽医站,集体性质,时有兽医2人。1972年,在杨寿涧北岸建房20间,前后两进,院落1000平方米,作牲畜交易所。1974年,有兽医和"赤脚兽医"(属生产大队管理)19人。1985年,"赤脚兽医"经考核后转为正式兽医。2016年,杨寿畜牧兽医站有兽医5人,其中中级职称4人、助理1人。历任站长为王正宝、张恒芝、刘付春、殷长禄、邵长国、周兆熊、江仁荣、徐在坤、吴道元、王春荣。

四、杨寿蚕茧站

70年代,全公社蚕茧量超百担,为方便收购,受市外贸部门委托,供销社成立蚕茧收购站,负责蚕茧收购、烘干。1995年,蚕茧站划归邗江县茧业公司。2005年,杨寿蚕茧站撤销。

第二节　农业生产关系变革

一、土地改革

中华人民共和国成立前,少地无地的农民为了生存,通常采用两种方法:一是出卖劳动力,打长工、做短工和季节工;二是承租土地取得生活来源。承租土地亦有两种形式:押租和不押租。两种都要有担保人担保,签订租田文书。押租要押钱物,地主不可随便抽地,不押租地主可随时抽地。地租收取额度一般是每亩夏粮5~6斗(75~90斤),秋粮1担2斗(180斤)。境内属丘陵地区,旱涝等自然灾害频发,基本是望天收,灾年还要缴租粮,佃户通常由于生产资料不全,种田成本高,一年下来,地主拿大头,佃户得小头,佃户辛苦一年,除缴租外所剩无几。

民国三十三年(1944)8月,境内抗日民主政权开展减租减息,俞坝、方集、杨寿、墩刘四乡农民在区、乡农民抗日协会的领导下,实行二五减租,即1担租粮减2斗5升,有租田文书的重换契约,无租田文书的补办文书,规定地主不得随意抽地,农民负担有所减轻。

民国三十五年(1946)上半年,境内4乡农民在甘泉县委和黄珏区委的领导下,开展土地改革(一次土改)。是年,夏季虫害严重,大麦、小麦收成不足一半,贫苦农民土改积极性高,斗地主、分田地、分浮财、毁地契。是年9月,民主政权北撤,国民党还乡团反攻倒算,土地又被地主重新收回,墩刘乡农会积极分子、基层干部均遭捆绑吊打。方集乡建隆村农会干部苏宏明被抓到扬州,先是严刑拷打,后在扫垢山被杀害。

1950年5月,苏北区党委农村工作委员会,全面推行土改先进行试点,是年6月30日,《中华人民共和国土地改革法》颁布。同年9月,黄珏区区长徐加平带领工作组驻扎方集乡建隆村三星组(今新龙村三星组),指挥境内所属三乡全面土改。是年11月9~21日,土改工作组先后召开党团员大会、村组干部会、贫雇农会,组织讨论为什么要进行土改,要靠哪些人来办,讲明"穷人不是命穷,是受剥削才穷"的道理。26日召开乡农代会,到会代表128人,贫雇农占80%,中农占20%,宣传土改的政策,说明土改目的。通过宣传、发动,贫雇农热情很高。是年12月,墩刘乡土改全面结束。1951年1月,方集乡、杨寿乡相继结束土改。土改后进行土改复查,对错划成分的4户予以更正。是年,所有农户领到江都县颁发的土地证。

土改前各阶层占有土地状况 1950年12月20日,中共苏北区党委农村工作委员会文件中显示,境内土改时辖方集、墩刘、杨寿3个乡,共有2819户,总人口12516人,总田亩26578.5亩,平均每人占地2.12亩。境内本籍地主25户,人口146人,占地4918亩,人均占地33.68亩;非本籍地主48户,占有土地2332.5亩;半地主式富农占地1450亩。3乡共有贫农1384户,总人口5818人,占地4862亩,人均占地0.84亩;雇农112户,总人口471人,占地88亩,人均占地0.19亩。

1950年杨寿、方集、墩刘各阶层占有土地情况表

表9-2-1

成 分	户 数	人 口	占有耕地(亩)	平均占有耕地(亩)	
				户 均	人 均
本籍地主	25	146	4918.00	196.72	33.68
非本籍地主	48	—	2332.50	48.59	—
半地主式富农	21	155	1450.00	69.05	9.35
富农	139	634	2813.00	30.01	4.50
小土地出租者	79	—	324.00	4.10	—
中农	1011	4932	9571.00	12.00	2.00
贫农	1384	5818	4862.00	3.51	0.84
雇农	112	471	88.00	0.80	0.19
公学祠堂及其他	—	—	220.00	—	—

1951年杨寿乡、方集乡、墩刘乡没收征收抽动地主富农土地财产统计表

表 9-2-2

阶　层	户数(户)	土地(亩)	耕牛(头)	水车(部)	犁耙(张)	房屋(间)	粮食(斤)
地主(含外乡)	73	6678.00	10	4	3	312	4500
半地主式富农	23	1511.40	——	——	——	17	2000
地主兼工商	1	73.80	——	——	——	10	
小土地出租	4	18.00	——	——	——	——	
公学祠堂	——	220.00	——	——	——	——	
小　计	101	8501	10	4	3	339	6500

1951年杨寿乡、方集乡、墩刘乡各阶层得益情况统计表

表 9-2-3

阶　层	户数(户)	土地(亩)	小农具(件)	耕牛(头)	大农具(件)	房屋(间)	粮食(斤)
中农	193	2718.80	40	1	3	57	——
贫农	918	4576.60	219	5	9	94	2000
雇农	112	1205.60	142	4	8	188	4500
合计	1223	8501.00	401	10	20	339	6500

二、互助合作

互助组　1951年下半年,按照苏北区党委农村工作委员会部署和要求,境内陆续成立110个互助组。互助组由弟兄、邻里、亲属朋友自愿组成,有劳力强无耕畜农户,搭配劳力弱有耕畜农户,参加农户500多户。随后出现了农忙时抢先、户与户劳动力不均等情况,部分互助组是年春季成立,秋季解散,年底只剩30多个互助组。

1952年,县乡工作组走村串户,对互助组进行整顿,帮助解决矛盾纠纷,调配人力、物力和畜力,坚持"入组自愿,退组自由"原则,使互助组得到发展和巩固。次年2月,依据《中共中央关于农业生产互助合作的决议》精神,互助组形式全面推开。是年底,境内70%以上农户参加互助组。

初级农业生产合作社　1954年,境内遭遇大涝,杨寿涧圩区几近绝收,农民自发组织自救,捞水稻,排洪水,挽回部分损失,农民体会到人多力量大的好处。1956年,按照毛泽东主席《关于农业合作化问题》的报告精神,境内农村干部和群众办社的要求高涨。境内办起东兴、万元、包沙、爱国、袁岗、永和、杨华、三连、大同、方集、桥口、建国、建龙、曾巷、新华、民主、毛正、小胜利、大顺、红星、交通、联一、联二、联三、同心、王庄、胜利、杨寿等28个初级农业生产合作社(简称"初级社")。初级社实行土地入股、耕牛入股(仍归入股农户饲养)、大农具入股(仍归持有农户保管),使用耕牛、大农具时,给入股者记工分。社内设会计、社长、记工员,形成初级管理模式。是年,境内绝大部分农民加入初级社。

高级农业生产合作社　1956年底,合并原28个初级社,成立东兴、包沙、爱国、万元、袁岗、永和、杨华、蒋塘、新华、曾巷、民主、大同、方集、建龙、建国、毛正、李岗、墩留等18个高级农业合

作社(简称"高级社")。土地全部归集体,耕牛、大型农具折价入社。次年,增加宝女、杨寿高级社,时境内共20个高级社。

三、人民公社化

1958年8月29日,中共中央发表《关于在农村建立人民公社问题的决议》,10月,境内撤销20个高级社,成立政社合一、工农商学兵五位一体的杨寿人民公社,设立公社党委和公社管理委员会,下设爱国、永和、方集、墩留4个工区,各工区下设连、排、班,实行组织军事化、劳动战斗化、生活集体化。

1959年4月,撤销4个工区,成立东兴、爱国、永和、墩留,蒋塘、新民、宝女、方集8个生产大队。由于公社权力高度集中,造成不符合生产规律的瞎指挥,对农业生产造成一定程度的影响。

1959年下半年,贯彻中共中央郑州会议精神,纠正"共产风",对"平调"的社员财物进行部分退赔。1959~1961年,境内连续三年自然灾害,粮食大面积减产,群众吃不饱,造成严重的营养不良,出现青紫病、浮肿病,导致非正常死亡率增高,出生率降低,外流人员增加。

1961年3月和6月,中央相继发布《农村人民公社工作条例》草案和修正草案,即"农业六十条",改变人民公社管理体制,确立三级所有制,以生产队为核算单位,自负盈亏,生产的粮食由生产队统一管理,实行"五员一长"制,即保管员、执秤员、划码员、监秤员、盖印员和生产队长共同管理。境内开始发展多种经营,生产队养牛、养鹅、养鸭、养猪。同时有手艺的瓦、木、篾、茅、铁、石、皮、铜八匠可以外出做工。土地、耕畜、农具划分给生产队。每个社员分得自留地0.1亩,用以自种蔬菜。境内共分给社员自留地2190亩,其中水田1787.5亩,十边隙地402.5亩。1963年,自留地产稻麦107.6万斤、蔬菜72.1万斤。虽然集体分配粮食不足,但辅以自留地所产瓜菜、粮食,基本上能让农民吃饱,人心也逐步安定。生产队收益分配方式是先国家、后集体、再个人。粮食分配按三定(定产、定购、定销)政策,完成国家征购任务后,除留足生产费用和种子,粮食总产量的60%~70%分给社员。

1964年始,公社响应毛泽东主席"农业学大寨"号召,大搞农田基本建设,平整土地,整修沟渠路道,对农业生产起到积极作用,生产条件逐步改善。

1966年,"文化大革命"开始,强调以阶级斗争为纲,反对"工分挂帅",批判"三自一包"(自留地、自由市场、自负盈亏和包产到户),群众的生产积极性受到影响。生产队的各种经营以及农民从事的饲养、编织、渔猎等家庭副业被作为"资本主义尾巴"被割掉。一切以粮为纲,农业结构欠合理,农业生产发展缓慢。

1971年,中央指示农业生产要因地制宜,农村又恢复评工记分、按劳分配。1983年,全面实行家庭联产责任制。同年5月,人民公社体制被撤销,恢复杨寿乡建置。

四、家庭联产承包责任制

1979年2月3日,邗江县委召开三级干部大会,传达贯彻党的十一届三中全会精神,全方位解放思想,拨乱反正,解除"左"的束缚,将工作中心转移到经济建设上来。1980年9月,中共中央《关于进一步完善农业生产责任制几个问题》文件下发后,公社召开三级干部会议动员、部署,并逐步完善农业生产责任制。1981年,境内151个生产队,实行5种形式责任制,其中联产到劳124个、小段包干22个、联产到户1个、联产到组1个、大包干3个。

1982年,境内全部实行家庭联产承包责任制。是年,粮食总产1.52万吨,比1978年的1.24万吨增产2800吨,增长22.6%。完成国家征购、超购粮食438.6吨,比1978年增长38%。大批农村劳动力向二、三产业转移。1998年,在大稳定、小调整的基础上,进行第二轮土地承包,明确期限为30年。2000年后,由政府引导、村委会牵头,在承包土地性质不变、自愿有偿的原则下,开始土地流转,调整农业结构,大力推进农业产业化,为全镇高效农业发展奠定基础。2010年,流转土地3077亩,新增注册1000万元以上的农业项目4个。2014年,本着严程序、保稳定、稳推进的原则,进行农村土地承包经营权确权登记。是年底,每个农户都领到了土地承包证。

第三节　农业经营

一、土地流转

随着二、三产业的快速发展,农村劳动力逐步转移。农田出现闲置、抛荒现象,同时土地分散经营又制约农业规模化经营。为改变农业经营方式,镇政府决定由村委会牵头,进行土地流转。由流转方和受让方在依法、自愿、有偿、不改变土地所有权性质的前提下,甲、乙双方签订土地经营权流转协议书。1996年,墩留村村委会牵头,将姚塘、西庄、姬庄土地210亩流转,由该村原党支部书记邵兴盛经营,在区登记注册为家庭农场。2008年,墩留村流转土地700亩,建成润扬花卉苗木公司、扬州景盛花卉公司、扬州源润花卉有限公司和1个樱花基地。2009年,新龙村将大殷、周庄、新华、曾巷、方庄等组土地308亩流转,建成仁和农业科技园。2010年,永和村将三连、金庄、高庄、樊庄四个组土地400亩流转,建成扬州市邗江区金莲葡萄种植专业合作社。同年,方集村流转土地500亩,建成久远花卉苗木公司。2015年,爱国村将金庄、吴庄、官庄、爱国、贺庄、罗家、徐庄、五九等组土地1500亩进行流转,建成邗江区天脊家庭农场。至2016年,境内土地流转项目24个,流转土地1.47万亩,占境内土地64%。由于土地集中进行规模化生产,农业机械发挥巨大作用,农村劳动力从业情况发生很大变化。2016年,镇男女劳动力1.22万人,单纯从事种植业731人,约占所有从业人员的6%,富余劳动力11469人,向二、三产业转移,推动镇工业、建筑、交通运输、商贸、快递、餐饮、金融保险、文化艺术、信息传播等各业的迅猛发展。

二、农业合作社

土地股份专业合作社　家庭联产承包责任制实施后,为解决土地细碎、规模狭小、分散经营的局限性,境内土地股份专业合作社相继成立。2008年7月,永和村成立永丰土地股份合作社,入股农户290户,入股土地1508亩,推选股东代表31人。2009年10月,爱国村成立林业土地股份专业合作社,入股农户 145 户,推选股东代表 15 人,入股土地 880 亩。是年 11 月,墩留村成立姬庄土地股份专业合作社,入股农户 130 户,推选股东代表 13 人,入股土地 450 亩。2010 年 9 月,新龙村成立高效农业土地股份专业合作社,入股农户 230 户,推选股东代表 23 人,入股土地 1100 亩。2011 年 8 月,墩留村成立东庄土地股份专业合作社,入股农户 230 户,推选股东代表 33 人,入股土地 651.8 亩。是年 11 月,方集村成立高田土地股份专业合作社,入股农户 152 户,推选股东代表 25 人,入股土地 1960 亩。2013 年 7 月,墩留村成立景木土地股份专业合作社,入股农户 167 户,推选股东代表 25 人,入股土地 1633 亩。是年,爱国村成立杨寿华远土地股份专业合作社,入股农户 167 户,推选股东代表 43 人,入股土地 2710 亩。

截至 2016 年,境内共成立农业股份专业合作社 9 个,共入股农户 4171 户。入股土地 11544 亩,股东登记出资额 1811.1 万元。合作社的成立,使土地集中有利于机械化作业、规模化种植,降低农业生产成本。

生产、服务专业合作社　一家一户进行的家庭承包经营,量小又分散。农业生产专业合作社的成立,以合作社成员户为主要服务对象,有利于购买生产资料、销售农副产品、享受技术服务,成员户得到耕作、栽插、收割、植保、养殖、运输销售更广泛的专业服务。2007 年 8 月,东兴村、新龙村养殖户自行出资 3 万元,成立东兴、建龙水产养殖专业合作社,参社农户 330 户。2008 年 5 月,方集村股东出资 10 万元,成立邗江区方集苗木园艺专业合作社,参社农户 265 户。2009 年 4 月,镇农机站出资 3 万元,成立邗江区杨寿植保服务专业合作社,参社农户 162 户。是年 10 月,爱国村股东出资 10 万元,成立邗江区杨寿镇爱国林业专业合作社,参社农户 89 户。2010 年 1 月,镇农技站股东出资 9 万元,成立邗江区杨寿镇兴杨特色食品专业合作社,参社农户 157 户。3 月,新龙村股东出资 10 万元,成立邗江区杨寿兴隆禽业专业合作社,参社农户 140 户。4 月,镇农机站出资 4.73 万元,成立邗江区杨寿镇惠民机插秧专业合作社,参社农户 103 户。7 月,永和村股东出资 50 万元,成立扬州市邗江区金莲葡萄种植专业合作社,参社农户 106 户。2011 年 7 月,墩留股东出资 10 万元,成立邗江区杨寿镇生奇禽业专业合作社,参社农户 453 户。

截至 2016 年,境内共有各类专业合作社 11 个,参社农户 1931 户。

三、农业产业结构调整

1982 年,实行家庭联产承包责任制后,乡加大产业结构调整力度,重点发展桑蚕、花木、渔业、畜禽饲养。是年,全乡多种经营户 526 户,占总农户 13%。其中家禽规模养殖(鸡、鹅、鸭)大户 55 户,饲养家畜牛、猪、兔、貂 424 户,苗木花卉培植 11 户,重点养蚕户 36 户。多种经营产值 123 万元。

2000 年,镇制定农业经济"十五"发展规划,按照低调水(低洼田改建鱼池)、高调经(高岗田种植经济苗木、花卉)、杂调优(普通杂粮调种优质杂粮)、种调养(适量减少种植面积、扩大养殖面积)的总体思路,进行产业结构调整。东兴、爱国、新龙村增加养殖水面 1000 亩,爱国、新龙、永和等村增加桑田面积 1000 亩,墩留、宝女村增加蔬菜、苗圃面积 1000 亩。

至 2016 年,先后开发大殷圩、夏家圩、范家圩、常家圩、小独圩、张家圩、玉带圩、大凌田等养殖水面 4852.5 亩,养鱼、蟹、虾、鳖专业户 53 户。墩留、永和、方集、新龙、爱国等村,开发花卉苗木、经济林木面积 5061 亩,花卉面积 448 亩,苗木面积 750 亩。农业总产值 2.43 亿元,多种经营收入 1.3 亿元,约占农业总产值的 53.5%。

四、农业产业化经营

1983 年,乡在调整农业产业结构的同时,先后引进外地和培养本地种养殖业户,成立农场 8 家。至 2016 年,新型主体经营面积扩大到 11200 亩(其中大户承包 5000 亩、村合作社承包面积 6200 亩),占全镇耕地总面积的 52%。花卉苗木、渔业生产逐步走上产业化经营之路,实现向现代农业、高效农业的转变。

邗江区好人家家庭农场　2003 年,新龙村唐国林、殷国玉夫妇在该村建龙组承包 50 多亩水面,养殖鲢鱼、青鱼、草鱼、鳊鱼、观赏鱼、河蚌、虾等。2005 年,扩大承包大殷组、周庄组、新华组鱼池 300 亩。2014 年,兴办好人家家庭农场,扩大家禽养殖、花卉种植等项目。2015 年,殷国玉获邗江区妇女创业奖 15 万元。2016 年,农场上市鲜鱼 110 万斤,产值 480 万元,获利 25 万元。

扬州永和现代农业科技开发有限公司　2010 年 7 月,扬州永和现代农业科技开发有限公司在永和村成立,法定代表人蒋宏勤,公司下属金莲葡萄种植专业合作社,注册资本 2000 万元,流转永和村三连、高庄、金庄、瓦屋 4 个组 106 户的土地 400 亩,主要从事农副产品开发研究、园艺种植、食用菌培育以及产品销售等。种植面积 351 亩,其中葡萄 80 亩、猕猴桃 221 亩、桃 20 亩、木耳 30 亩(黑木耳 20 亩、玉木耳 10 亩)。公司严格执行有机食品的生产标准,禁用农药、化肥、激素,生产的水果、蔬菜、食用菌均为无公害农产品,注册商标为"永禾春"。2011 年,金莲葡萄种植专业合作社为邗江区农家乐示范点,荣获扬州市高效农业机械化示范园。公司理事会理事长蒋宏勤荣获"扬州市猕猴桃种植状元"称号。2015 年,"永禾春"获扬州市首届"老百姓最喜爱的优秀农产品"称号。猕猴桃、葡萄、黑白木耳均获得有机产品认证证书。2016 年,永和现代农业科技有限公司扩大建设,总投资 1 亿元,建设房屋 20 间、水渠 1000 米、联栋钢架大棚 50 亩、遮阳网 50 亩、自动喷滴灌基础设施 180 亩、水泥路 2500 米,建成集科研、生态、旅游、休闲、采摘、绿化、购物、观光为一体的生态果园。是年,实现销售 389.7 万元,利润 89.2 万元,年终分红 55.95 万元。

新隆农机专业合作社　2012 年,新龙村俞文明、方福保、陈开良 3 人投资 40 多万元,购置大型高速插秧机 7 台、大型收割机 3 台,配套旋耕机、整平机、条播机,组成新隆农机专业合作社,500 余农户参社。每年开春和农户签订合同,耕地、育秧、插秧、收割、三麦播种全程有偿服务。2016 年,为合作社成员耕地 4000 亩,育秧 36 亩,插秧 3500 亩,收割 3600 亩,年纯收入 42 万元。

扬州源润园林绿化工程有限公司　2010 年,如皋人王学林在墩留村东庄、西庄、刘庄三个组流转土地 174 亩,投资 50 万元,兴办扬州源润园林绿化工程有限公司,种植桂花、栾树、垂柳、香橼、独杆红叶、石楠、大叶女贞、红榉、红叶石楠等。2011~2016 年,增加投资 50 余万元,修建道路、排灌渠道、公司用房等设施。2015 年,为扬菱公路两旁绿化提供苗木 1.1 万株,还将花卉苗木销售到安徽天长。公司先后承接墩留村"优美乡村"绿化工程,东兴村、爱国村、宝女村、永和村"绿满邗江"绿化工程,镇政府、杨寿学校绿化工程及家庭庭院绿化等。是年,实现产值 380 万元,利润 31 万元。2016 年,实现产值 450 万元,利润 35 万元。

扬州市创日营养畜牧科技有限公司　2010 年,浙江人程宏清在墩留流转东庄、西庄组土地 325 亩,创办扬州市创日营养畜牧科技有限公司。借鉴日本等生态养殖模式,开发出苏中地区生态养猪全新模式,45 栋猪舍配备自动化给水、给药、喂料设施。公司在猪场周边流转土地 155 亩种植苜蓿,作饲料喂猪、猪粪发酵、残渣肥田等综合利用。2013 年,成立创日种猪繁育工程技术研究中心,以大白猪、长白猪、杜洛克猪为改良对象,利用生物工程技术、聚合对分子技术,筛选出有中国特色的繁殖力强、肉质优良、抗逆性强的瘦肉型猪。改良后存栏 1500 头良种母猪,每头母猪年产 24 头仔猪,自养成出栏猪。2014 年,创成国家级畜禽示范场、江苏省研究生工作站、江苏省畜牧生态健康养殖示范基地。同年,创成省农业科技型企业、市农业产业化重点龙头企业。2015 年,为了延伸养猪产业链,公司投资 2200 万元研发、生产、销售混合饲料、膨化饲料、浓缩饲料。2016 年,公司生猪出栏 2.5 万头,生产各类饲料 1.2 万吨,总销售 5336 万元。

邗江区天脊家庭农场 2015 年,河北省保定市王永乐带领两名技术员及 6 名员工到爱国村,流转官庄、吴庄、金庄、后刘、小爱国、五九、货庄、罗家、徐庄、西庄等 10 个组土地 1550 亩,兴办邗江区天脊家庭农场。农场根据安徽食品加工企业订单和用户提供的糯稻、小麦种子组织生产。农场购置沃德 988 大型收割机 2 台、大型 1004 拖拉机 2 台、久保田高速插秧机 1 台、铲车 1 台和植保飞行器 5 台,生产全程机械化。2016 年,农场产粮 1050 吨,利润 20 万元。

五、农业资源开发

土地资源开发 中华人民共和国成立时,境内有可耕地 26578.5 亩,其中有岗田 7089 亩,圩田 6911 亩,其余田块零碎,高低落差大。境内土地 97% 为中、下等级田,是县农业综合开发土地治理重点乡镇。1992 年,乡被国家列为黄淮海开发项目区、邗江县丘陵山区农业综合开发实验区,乡自筹资金 48 万元,改造墩留低产田 1100 亩。1997 年,对毛正涧小流域治理,平整土地 500 亩。2000 年,完成低产田改造 1.5 万亩。截至 2016 年,建成高产、稳产田 2.25 万亩,占全部农田的 90%。

水面资源开发 中华人民共和国成立初,境内有自然水面 1200 亩,未得到充分利用。1978 年,公社联合公道公社、黄珏公社围湖开发 2400 亩水面,建成白马湖渔场。1982 年,公社将东兴大队大菱田圩田 400 亩辟为渔场。1994 年,乡在东兴村建水产养殖基地,水面 1800 亩,投放 100 万尾鱼、蟹苗。2003~2004 年,结合杨寿涧改造,新龙、爱国、东兴等村将村沿涧 1500 亩低田开发为鱼、蟹精养池。2016 年,镇境内放养水面 5594.5 亩。

1957~2016 年杨寿镇耕地面积一览表

表 9-3-1

年份	耕地(亩)	农业人口(人)	人均耕地(亩)	年份	耕地(亩)	农业人口(人)	人均耕地(亩)
1957	30929	16342	1.89	1961	29472	14896	1.98
1958	29139	16430	1.77	1962	29877	15690	1.90
1959	30427	16551	1.84	1963	29924	15802	1.89
1960	30153	15175	1.99	1964	29367	15825	1.86

续表 9-3-1

年份	耕地（亩）	农业人口（人）	人均耕地（亩）	年份	耕地（亩）	农业人口（人）	人均耕地（亩）
1965	29192	16381	1.78	1989	26397	21689	1.22
1966	29412	16735	1.76	1990	26388	21835	1.21
1967	28232	17239	1.64	1991	26691	21876	1.22
1968	27133	17855	1.52	1992	26374	21535	1.22
1969	27019	17239	1.57	1993	26371	21391	1.23
1970	27539	19469	1.41	1994	26684	20810	1.28
1971	27665	19689	1.41	1995	26564	20571	1.29
1972	27431	20060	1.37	1996	26314	20355	1.29
1973	27386	20211	1.36	1997	26313	20294	1.30
1974	27009	20743	1.30	1998	26315	20147	1.31
1975	27016	20726	1.30	1999	26312	19922	1.32
1976	26525	20730	1.28	2000	26385	17668	1.49
1977	26462	21145	1.25	2001	26385	17441	1.51
1978	26530	21204	1.25	2002	26385	17300	1.53
1979	26699	21102	1.27	2008	25062	19862	1.26
1980	26714	21089	1.27	2009	24999	20010	1.25
1981	26704	21180	1.26	2010	25408	20046	1.27
1982	26504	21384	1.24	2011	22984	21732	1.06
1983	26983	21317	1.27	2012	22984	21803	1.05
1984	26598	20549	1.29	2013	22984	21976	1.05
1985	26715	19457	1.37	2014	22984	22093	1.04
1986	26714	21752	1.23	2015	22884	20770	1.10
1987	26125	21764	1.20	2016	23040	21266	1.08
1988	26405	21747	1.21	—	—	—	—

第四节　种植技术

一、水稻

育秧　境内历史上采用大秧畈育秧，不分畦，不开沟，水耕水耙，落种密，遇连续低温阴雨，倒苗烂秧严重，育出的秧苗细弱。1955 年，提倡做合式秧池，秧畈分墒开沟，墒宽约 5 尺，沟宽约 8 寸。1960 年，落谷后推广用泥浆覆盖，称"泥塌头"。要求秧龄满月，成蒲扇状，俗

塑盘育秧

称"扁蒲秧"。1965年,改育水秧为育半旱秧。1970年后,推广旱做水育通气式秧池。1977年,推广杂交稻,早稻育秧提前,育秧方式改变,推行塑料薄膜育秧、两段育秧。90年代开始,推广肥床育秧。2000年后,为适应插秧机栽插,推广塑盘育秧。2016年,镇以机插软塑盘育秧和肥床育秧为主。

播种期、播种量　双季前作稻在3月底、4月初播种,5月上旬移栽。早稻在4月下旬播种,5月下旬移栽。单季晚稻在5月15日左右播种,6月中旬移栽。双季稻后作稻在6月15~30日播种,立秋前移栽。合式秧池落谷量每亩150千克左右。1964年,推广农业专家陈永康的育秧经验,落谷稀,每亩秧池落谷量从150千克减为100千克左右,早稻大田栽插育秧用种量每亩14千克,中、晚稻大田栽插育秧用种量每亩4千克,杂交稻大田栽插育秧用种量每亩1.5千克,后作双季稻大田育秧用种量每亩5千克。

栽插　历史上农村是手栽秧,横不成行,竖不成列,基本为排二(寸)退四(寸)。1957年推广陈永康的经验,合理密植,带线栽秧,排四(寸)退六(寸)。栽秧做到三栽,即要栽浑水秧、底肥秧、蟹钳秧。做到八不栽,即超龄秧不栽,笔杆秧不栽,眠水秧不栽,兜根秧不栽,隔宿秧不栽,带稗草秧不栽,乱插棵秧不栽,脚印深的地方不栽。1980年,境内有4台插秧机,是年插秧1500亩,占全部插秧面积的15%。2012年,机插秧面积8097亩,占全部水稻插秧面积的36%。2001年,镇部分农户应用抛秧新技术,秧田耕耙漫平后,留浅水,抛秧时第一次只抛70%,留30%作补苗。早稻每亩1.5万到1.6万穴,晚稻约1.8万穴。2002年,部分农户试行麦套稻。把稻种撒入未收割的麦田中,稍过一下水即可。待麦收后,秧苗长至4~5寸,进行注水。2002年,水直播技术在境内应用,将农田耕翻、耙平、施肥、灌浅水,稻种直接撒入田中。2016年,水直播面积1500亩,占稻田总面积6%;抛秧面积850亩,占总面积4%;手插秧2000亩,占总面积8%;机插秧面积1.75万亩,占总面积82%。

管理　从秧苗移至大田到收割,中稻135天,晚稻150天。前期浅水勤灌,按苗情适时追肥;中期搁田,高田软搁,低田重搁,搁到见裂缝中白白的细根,才能上水;收割前一周排干余水,养根保叶,增加千粒重。

二、三麦

境内三麦(小麦、大麦、元麦)种植一般在秋收后,先是耕田,耕翻后晒垡,"和风吹一吹,赛如上次灰",播种前再耖一遍、耙一次,灭草种麦。为麦田排水,根据田的宽窄分成若干墒,每墒宽六尺,每墒一道墒沟,为竖墒沟,上宽下窄,深20厘米左右;每块田挖两条与竖墒沟垂直的沟,为横墒沟,深35厘米左右,排尽积水。1975年,学习外地经验,变宽墒为窄墒,窄沟为宽沟。竖墒沟宽20~25厘米,横墒沟宽25~30厘米。播种时间是10月20日到30日,最迟至11月5日。"霜降两边麦"是农民掌握播种的时间标准。一般小麦播种量每亩12.5千克,晚小麦每亩播种量14~15千克。大麦每亩播种量15~17.5千克,元麦每亩播种量10千克。三麦的基肥以磷、钾肥为主,比例为2:1,同时每亩施氮肥15千克。春节前后施一次苗肥,3月份施一次拔节肥。基肥、苗肥、拔节肥比例为7:1:2。

70年代后,使用手扶拖拉机耕种,盖籽机盖籽。90年代后,使用开墒机挖三沟。2000年,三麦种植逐步实行免耕法、少耕法。2016年,三麦种植全部实行机械化。

三、油菜

中华人民共和国成立前后,境内无油菜种植史。1968 年,公社引进油菜种植,在爱国大队种植 17 亩,墩留大队种植 10 亩,均为大田直播,亩产量 41 千克。70 年代初采用育苗移栽,9 月下旬播种,苗期为 35 天。基肥为磷肥,大田移栽时施氮、磷、钾三合一混合肥 35~40 千克。株距 25 厘米,行距 55~60 厘米。70 年代是先种麦后栽油菜,80 年代改为先栽油菜再种麦,利用冬前阳光,使菜苗壮实越冬。春节前后施一次拔节肥。1975 年油菜品种为沪油、宁油,2000 年后采用扬油、陕油等品种。

四、棉花

1966 年,境内试种植棉花 73 亩,为条播。当时本地农民对种植棉花无经验,产量低,1968 年,亩产仅为 22 千克。1973 年,公社组织一批农民去苏州市太仓县学习。1974 年,开始应用营养钵育苗,后移至大田栽植,每亩 3000~3200 株,由专人管理。1977 年起,永和村连续几年聘请靖江、启东等地的棉花技术人员进行技术指导。80 年代初,采用地膜点播。实行家庭联产承包责任制后停种。

第五节　种　子

一、水稻品种

旧时,境内籼稻早熟品种主要是黄瓜籼、早十子,中熟品种主要有百页籼、黄壳爪等,晚熟品种主要有堆子籼,糯稻有白糯、红糯。1950 年,推广中农 4 号、胜利稻、黄壳早等品种,产量高于老品种。1956 年,小面积推广粳稻。1958 年,全公社栽插 5000 亩粳稻,中籼稻推广南京 1—8 号,产量增加一成。1960~1963 年,粳稻推广南特号、团粒矮和珍珠矮等品种,中、晚粳推广农垦 57、58 号。

60 年代末 70 年代初,引进矮秆稻,主要品种有 296-1 号、29 南 1 号、29 号、南 2 号、广陆矮、团粒矮、南特号、矮南早 1 号、长紫 32 号、原丰早、广陆等。中粳品种有金南凤、珍珠矮、南粳 15、南粳 33、南粳 34、台山糯等。单季晚稻品种有沪选 19 号、武农早等品种。

1977 年,境内开始推广杂交稻,品种为南优 2 号,是年种植面积 1200 亩,亩产达 388.5 千克。次年,扩大种植杂交稻面积,达 3356 亩,后逐年增加。2002 年后,杂交稻亩产过千斤,成为境内水稻的当家品种。

2003 年,镇推广水稻抗病新品种扬稻 6 号,是年栽插面积 1 万亩。后扬稻 6 号和杂交稻成为镇水稻当家品种。2004 年,推广汕优 3 号、汕优 63 号、南优 2 号、南优 3 号、扬稻 8 号、早秧绿等新品种。

2016 年,水稻主要品种有杂交稻、扬稻 6 号、扬粳 805、南粳 9108、南粳 5055 等。1950~2016

年,境内先后共推广引进水稻新品种 60 余个。

二、三麦品种

小麦 50 年代,小麦推广南大 2419,时为当家品种。1957 年,推广中农 28 号。1962 年,推广华东 6 号、吉利以及扬麦 3 号、4 号、5 号等品种。90 年代后,小麦推广品种为扬麦 158、宁麦 7 号。2016 年,境内小麦品种主要有扬麦 15 号、20 号、23 号、24 号等。

大麦 旧时境内大麦品种是六楞子、三月黄。50 年代引进海紫、尺八,70 年代后以 241、早熟 3 号、矮早 3 号为主,90 年代后至今大麦品种主要为扬啤 8 号。

元麦 老品种有六楞子、燕子红、玉米黄。50 年代引进推广元麦 605,70 年代后推广立新 1 号、立新 2 号,1977 年以后停种。

三、种子繁育

中华人民共和国成立前后,农民用种都是自选、自繁、自留、自用,少有民间自行调剂。人民公社成立后,生产队建立种子田,大队建立种子方,公社建立种子站,育种供本公社使用。80 年代后,农户交同等粮食补贴差价与县种子公司换种,种子开始逐步进入市场。1998 年以后,种子供应商品化,农户按需自购种子。

第六节 肥 料

一、有机肥料

境内长期以来有机肥料主要有人粪肥,猪、牛、羊等畜粪肥,鸡、鹅、鸭等禽粪肥,草木灰肥,人工种植的黄花草、苕子和各种自然生长的杂草、树叶、水葫芦、绿萍等绿肥,黄豆、油菜籽等饼肥及河塘泥、老墙土、锅灶土等泥肥。80 年代开始,绿肥种植面积逐年减少。80~90 年代,开始有沼气肥。泥肥占肥料的 45%,人畜肥、绿肥各占 25%,饼肥、杂肥占 5%。1992 年,境内停止绿肥种植。

二、无机肥

中华人民共和国成立前,境内有少量大户人家开始使用化肥(肥田粉)。1955 年,化学肥料使用面积逐步增大。1966 年,境内开始使用氨水,后化肥品种逐步增多。70 年代,以氮肥为主,有合成氨、液氨。80 年代,有氮、磷、钾系列肥、复合肥,品种有钙镁磷钾肥、硝酸一氨、硝酸二氨、硝酸铵磷、硝酸铵钙、硫酸钾、氯化钾。90 年代,以复合肥、复混肥为主。2000 年至今,专用肥增多,有水稻专用肥、棉花专用肥、大豆专用肥、蔬菜专用肥等。

第七节　植物保护

旧时,境内稻麦常遭病虫危害,造成减产乃至绝收。中华人民共和国成立后,政府推行各种防护措施。50年代,推行玻璃灯诱蛾以防螟虫害,冬季拔除有虫害的稻根焚烧以灭虫卵,用石灰水、盐水浸种等。60年代,用"六六六"粉农药喷杀治虫。70年代,公社、大队建立防治网点,高效低毒的新型农药不断出现,使病虫害的防治有了保证。80年代后,村、乡建立植保测报站。2009年,镇成立第一个防治病虫、草害的植保合作社,防治逐步规范。2016年,境内有3个植保合作社、5个民间专业植保户。

一、水稻病虫害防治

病害　境内水稻病害主要有水稻纹枯病、百叶枯病、稻瘟病、恶苗病(米秧)、干尖线虫病、稻粒黑粉病、叶锈病、胡麻斑病、稻曲病、叶枯病、稻瘟病等。50~60年代,采用石灰水、赛力散、西力生等药物浸种防治,后用叶枯宁、龙克菌防治。1980年、1983年、2004年,水稻大面积发生纹枯病,造成水稻枯死,采用井冈霉素、三唑酮、门神、乙唑醇进行喷洒。2005年至今,病害防治除继续使用井冈霉素外,改用乙唑醇、噻呋酰胺、嘧菌酯等。

虫害　境内水稻害虫主要有螟虫(二化螟、三化螟、大螟)、稻飞虱、稻蓟马、过境蝗虫等。1979年、1997年,水稻受过境稻飞虱危害,先采用吡虫啉、异丙威进行喷杀,后主要用吡蚜酮、烯啶虫胺、噻虫嗪等防治。二化螟、三化螟虫害用三唑磷、杀虫单、甲维盐喷杀,后改用吡虫啉、异丙威、啶虫脒、氯虫苯甲酰胺喷杀。稻蓟马虫害用40%乐果乳剂通过1500~2000倍的水稀释喷杀,现主要用吡虫啉喷杀。稻纵卷叶螟用25%"二二三"乳剂通过250倍的水稀释喷杀,或用90%敌百虫通过1000~1500倍的水稀释喷杀,后改用吡虫啉、甲维茚虫威、杀螟松防治。

二、三麦病虫害防治

病害　三麦主要病害有赤霉病、白粉病、纹枯病、线虫病、锈病等。赤霉病用多菌灵、赤霉清、赛力散兑水喷雾。白粉病采用排水方法并用多菌灵、粉锈宁喷雾。纹枯病采用井冈霉素喷雾。线虫病用盐水或泥水浸种,杀死麦种虫卵,后采用灭线磷防治。锈病采用喷洒石硫合剂防治。

虫害　主要有黏虫、麦蜘蛛、麦蚜虫及地下害虫等。1958、1964年黏虫大发生时,用32%甲维盐、20%丙辛乳油喷杀,后改用啶虫脒喷杀。麦蜘蛛、麦蚜虫用"六六六"粉和赛力散、西力生喷杀。1974年,淘汰"六六六"粉,改用1605药剂喷杀,后改用吡虫啉、阿维菌素、快杀灵等防治。针对地下害虫,2010年前用芬南丹毒杀,此药毒性长,污染性强,后改用辛硫磷防治。

三、油菜病虫害防治

油菜苗期的害虫比较多,主要有蚜虫和菜青虫,一般用有机磷农药喷洒或吡虫啉、溴氰菊酯防治。油菜花期用多菌灵喷洒两次,防治油菜后期菌核病。

四、其他

草害 境内水稻害草有稗草、鸭舌草、三棱草、野慈姑等,三麦害草有野燕麦、雀麦、狗尾草等。传统方式是手工拔除,花费人工多。70年代中期,逐步推广使用除草剂。2010年后,少有人工拔除,普遍使用除草剂。水稻田除草使用丙草胺、丁草胺喷洒,栽插时使用一次,秧苗未封行时复喷一次。旱地使用乙草胺,在出苗前几天喷洒。

鼠害 本地害鼠主要有小家鼠、褐家鼠、黑线姬鼠,繁殖力极强,糟蹋庄稼,危害田埂。60年代,主要是人工灭鼠,剪下鼠尾,按数量记工分。1984年春,鼠害严重,乡首次大规模在户内、田头统一投药灭鼠,灭鼠4万余只。1986年开展第二次灭鼠。是年11~12月,乡统一发放鼠药,两次共投敌鼠钠盐35千克,境内共灭鼠9.56万只,鼠害得到控制。1995年,全乡再次统一灭鼠,投放灭鼠药5600包,灭鼠1万余只。2000年后,镇有消杀员专职定期投放鼠药,现鼠害减轻。

第八节 农业机具

中华人民共和国成立前,境内农田耕作、收割、脱粒、排灌、运输、粮食及农副产品加工都是依靠人力、畜力及简陋农具完成。中华人民共和国成立后,随着农业机械的发展,传统农具被逐步淘汰,或降为辅助工具,部分农具至今仍在使用。2016年,境内农业基本实现机械化作业。

一、耕作机具

传统耕作农具主要有犁、耙、锹等。犁为铁木结构,犁头由铸钢浇制,犁身为桑木制造。耙分水耙(木耙)、旱耙(铁耙),区别是水耙木齿,旱耙铁齿,铁耙用来粉碎土块,木耙用来平整田块。锹分蒲锹、元宝锹,用作翻地、挖墒理沟。

现代耕作机具用拖拉机牵引,配套旋耕机、破垡机、开沟机、盖籽机。1966年,境内购进第一台手扶拖拉机。70年代初,永和大队购进两台丰收35大型拖拉机。1996年,境内有手扶拖拉机774台,配套旋耕机、破垡机、开沟机、盖籽机进行耕种。2016年,境内有手扶拖拉机554台,新增100马力以上大型拖拉机9台,全镇共有大中型拖拉机46台,其中1304大型拖拉机2台,机耕率达100%。

大型拖拉机耕作

二、种植机具

1979 年前,境内水稻种植都是人工栽插。1980 年,境内购进 4 台插秧机,是年机插秧 1500 亩,占境内插秧面积 15%。后逐渐增加。2010 年 3 月 16 日,镇政府举办机插秧育秧暨插秧机操作技术培训班,61 人参加培训。是年,镇政府向村里赠送插秧机 43 台。2012 年,机插秧面积 8097 亩,占全部水稻栽插面积的

机械插秧

36%。2016 年,镇规定群众购一台高速插秧机补助 1 万元。是年,新增乘坐式插秧机 12 台,机插秧面积 1.7 万亩,占水稻插秧面积的 82%。

传统三麦靠人工播种。70 年代后,使用拖拉机及配套机械耕作。80 年代始,人工播种逐年减少,逐步推广条播机播种、盖籽机盖种。2016 年,三麦种植全部机械化。

三、排灌机具

龙骨水车　分为 6 人轴、7 人轴、8 人轴,由车轴(分别装有 6、7、8 副脚踏,相互交错)、捺担、踏枕、车筒、车辐、吊竿组成。人踩动脚踏,车轴转动,带动车辐提水。1970 年,境内有各种类型水车 196 部。80 年代,龙骨水车抽水被机电车水所取代。

手摇水车　由车筒、车辐、车轴组成,靠人摇动车轴带动拂片。手摇水车只能在提水落差比较小的情况下使用。

煤气机、柴油机　1956 年,西湖乡李氏兄弟用一台"大头机"(36 型煤气机)配套水泵到曹家铺抽水灌溉农田。1958 年,公社组建杨寿农机站,选派人到湾头抽水机站学习柴油机、煤气机操作技术。同年,公社购进无锡产 60 匹柴油机 3 台、58 型 45 匹煤气机 3 台、30 匹煤气机 4 台、苏州产 20 匹柴油机 3 台、16 匹柴油机 1 台,共 14 台机器,分配到墩留、宝女、建龙、东兴等大队进行排灌,遇有自然灾害,全社统一调动使用。70 年代初至 70 年代末,煤气机、柴油机因噪音大分别退出使用。

电动机　1960 年,公社在新民大队工农生产队(今新龙村工农组)和毛正大队吴庄生产队(今宝女村吴庄组)建两座电灌站,时称南一站(一级提水)、南二站;在袁岗大队官庄生产队(爱国村官庄组)和永和大队郭庄生产队(今永和村郭庄组)建两座电灌站,称北一站(一级提水)、北二站。四站共设电动机 4 台套,动力 220 千瓦。1961 年,农机站和电灌站合并。是年,抗旱受益面积 1.01 万亩。1970 年后,先后在东兴大队南庄生产队、蒋塘大队蒋塘生产队、蒋塘大队樊庄生产队、爱国大队大众生产队、俞坝生产队、李岗大队大庄生产队及新民大队周庄生产队建电灌站,农田总受益面积 1.96 万亩。1981 年,境内有电灌站 11 座,排灌机械总动力 4856 千瓦,有效灌溉面积 2.31 万亩。2009 年,境内增设爱国、东兴、墩留、新龙村排灌站 5 座(爱国村 2 座)。2016 年,境内有排灌站 38 座,农户自购 2~4 寸潜水泵 2200 台,农田排灌覆盖率 100%。

四、收割脱粒机具

境内传统水稻、三麦收割用镰刀，三麦脱粒是连枷拍打、石磙碾压。水稻脱粒先用石床掼打，再用石磙碾压。60年代初，开始使用稻谷脱粒机（俗称"滚龙"）。1966年，公社购进6部以4.5千瓦电动机为动力的"工农700"型三麦、水稻脱粒机，后每个生产队都根据需要购进2~4台，基本满足脱粒需要。实行家庭

机械收割

联产承包责任制后，家庭或联户自购脱粒机。1991年，境内有脱粒机930台，脱粒稻麦3.87万亩。1995年后，境内先后购进24台套联合收割机，收割、脱粒一次完成，每逢收割季节，外县市的收割机也会到境有偿收割。2016年，境内收割、脱粒全部实现机械化。

五、植保机具

旧时，农药是用人工播撒。1962年，境内购置人工喷雾器29台，农药使用人工喷洒和机械喷洒相结合。1975年，购置机动喷雾（粉）器1台、人工喷雾器358台，农药喷洒逐步实现机械化。2008年，镇成立杨寿植保专业合作社，2010年增加到3个，防治虫害、草害面积达总面积的76%。2014年，镇购进第1架植保飞行器，可以大面积喷洒农药。2016年，镇出台7号文件，规定购植保飞行器每台补助0.5万元。是年，新增5架植保飞行器，农田病害、草害防治率达总面积的90%，其中统防统治面积1.53万亩，达农田总面积的71%。

六、运输机具

陆路运输 旧时主要靠肩挑人抬，农具有扁担、簸箩、独轮车等。1960年，境内有独轮车500部、板车41部。1966年，境内首用拖拉机挂拖斗运输，后发展迅速。70年代后，永和、建龙、方集大队相继购进2台丰收35拖拉机、2台东方红50拖拉机并投入运输。1995年，首次购进农用汽车。2016年，境内有农用汽车6辆、手扶拖拉机740台、大型拖拉机15台、家庭用半吨电瓶拖斗车870辆。

水路运输 旧时，境内粮食、化肥、煤炭、机械等物资主要靠水运。1960年，公社有木船8条。后陆续购进水泥船。1974年，木船、水泥船共113条，其中配备柴油挂桨机的有55条。2000年后，水路运输逐步被公路运输所取代，境内再无木船、水泥船。

七、农副产品加工机具

中华人民共和国成立前后，粮食加工靠石碾、石磨、石碓，油料加工靠木榨。1956年，西湖乡

老风斗

石磨

李氏兄弟以 8 匹柴油机为动力,在境内毛正桥开了第一家机米坊。1958 年,公社创办杨寿油米加工厂。同年,农机站在永和大队开粮食加工厂。1966 年起,各大队先后都办起粮食加工点,后逐步转给个人经营。80 年代后期,境内有 52 户农民自办粮食加工点,其中有 4 户农民把碾米机装在拖拉机上流动上门服务。至 2016 年,境内碾米机有 97 部、粉碎机 95 部、磨面机 35 部、榨油机 28 部,农副产品加工全部机械化。

第九节　种植业

一、粮食种植

水稻　水稻是境内粮食生产的主要作物。中华人民共和国成立前,因境内土质差和品种老化,水稻亩产 150~200 千克。中华人民共和国成立后,开展低产田改造,推广新品种。1963 年,水稻亩产 200~250 千克。1976 年以后,亩产稳定在 400 千克左右。1971~1983 年,推广双季稻。1978年后,推广杂交稻和扬稻 6 号等新品种,水稻产量大幅度提高。2016 年,境内水稻种植面积约 2.22万亩,亩产约 558 千克,总产约 1.24 万吨。

1957~2016 年杨寿镇(乡、公社)水稻分品种情况一览表

表 9-9-1　　　　　　　　　　　　　　　　　　　　　　　　　　　　单位:亩、千克

年份	水稻总面积	早稻		中稻		晚稻		双季后作稻		杂交稻		糯稻	
		面积	单产	面积	单产	面积	单产	面积	单产	面积	单产	面积	单产
1957	29848	3023	145	22321	165.0	3379	145	—	—	—	—	1125	152
1958	27640	2987	160	21463	170.0	3190	150	—	—	—	—	—	—
1959	29515	2970	144	21904	199.5	3230	134	—	—	—	—	1411	150

续表 9-9-1

年份	水稻总面积	早 稻		中 稻		晚 稻		双季后作稻		杂交稻		糯 稻	
		面积	单产	面积	单产	面积	单产	面积	单产	面积	单产	面积	单产
1960	27314	2955	146	21350	186.0	3009	125	—	—	—	—	—	—
1961	26184	2867	152	20427	178.0	2890	130	—	—	—	—	—	—
1962	24088	2560	203	18708	175.0	2820	142	—	—	—	—	—	—
1963	24942	1873	174	19582	173.5	3043	151.5	—	—	—	—	444	161
1964	27148	3100	208	21227	228.0	2728	219	—	—	—	—	93	170
1965	23412	1209	224	17862	248.5	4260	233	—	—	—	—	81	172
1966	25783	1989	286	20377	236.0	3417	280	—	—	—	—	—	—
1967	25414	1877	164	19457	223.0	3996	203	—	—	—	—	84	165
1968	25233	1433	239	20499	218.0	3210	177.5	—	—	—	—	91	175
1969	25126	2651	235	20126	258.0	2302	225	—	—	—	—	47	183
1970	24237	2810	245	12110	295.0	9272	245	—	—	—	—	45	190
1971	28419	8358	274	11242	318.0	4365	258	4454	198	—	—	—	—
1972	32948	10955	253	9103	295.0	3049	302	9841	272				
1973	31981	9958	301	6361	384.0	7002	283.5	8660	201	—	—	—	—
1980	33363	8974	276	9504	371.0	6648	203	7450	205	787	393.5	—	—
1981	35989	8044	363	6662	373.0	8551	201	6895	212	5837	388.5	—	—
1982	31950	5900	356.	10100	395.0	8800	220	2250	198	4900	405.0	—	—
1983	25201	4690	366	17612	452.0	515	302	1947	201	437	468.0	—	—
1984	23432	517	390	22204	459.0	319	406.5	12	250	380	471.0	—	—
1985	24773	167	417	21186	523.5	3420	449.5	—	—	—	—	—	—
1986	25272	108	432	20567	491.0	2957	471.5	—	—	1640	995.0	—	—
1987	24371	—	—	15415	496.0	128	449	—	—	8828	515.0	—	—
1988	24582	—	—	14425	501.0	—	—	—	—	10157	508.0	—	—
1989	24916	—	—	14906	520.0	—	—	—	—	10010	542.0	—	—
1990	25098	—	—	10139	509.0	1539	400	—	—	11831	513.0	1589	456
1991	20724	—	—	5676	417.0	1278	432	—	—	12358	444.0	1412	385
1992	24937	—	—	5160	500.0	1989	437	—	—	15639	536.0	2149	464
1993	23819	—	—	—	—	8335	502	—	—	11381	547.0	4103	492
1994	21378	—	—	2079	535.0	6665	500	—	—	10072	543.0	2562	487
1995	21901	—	—	3187	538.0	3295	495	—	—	13917	549.0	1502	498
1996	22765	—	—	—	—	7412	519	—	—	13717	551.0	1636	503
1997	22765	—	—	—	—	7412	451	—	—	13717	430.0	1636	410
1998	22615	—	—	235	481.0	11274	527	—	—	9772	527.0	1334	632
1999	21654	—	—	316	506.0	10417	530	—	—	9608	505.0	1313	496

续表 9-9-1

年份	水稻总面积	早稻		中稻		晚稻		双季后作稻		杂交稻		糯稻	
		面积	单产	面积	单产	面积	单产	面积	单产	面积	单产	面积	单产
2000	20901	—	—	157	490.0	12377	533	—	—	6769	503.0	1598	498
2001	16750	—	—	22	500.0	8325	539	—	—	6780	504.0	1623	465
2002	16749	—	—	22	500.0	8063	557	—	—	7040	547.0	1624	524
2008	22350	—	—	7906	519.0	1808	465	—	—	10195	510.0	2441	473
2009	25204	—	—	2073	512.0	8100	545	—	—	10248	510.0	4783	464
2010	22240	—	—	2073	494.0	7739	529	—	—	10249	482.0	2179	455
2011	22222	—	—	372	481.0	10110	557	—	—	9826	487.0	1914	501
2012	22250	—	—	1402	485.0	10478	561	—	—	8439	499.0	1931	501
2013	22547	—	—	2333	466.0	9805	466	—	—	8432	483.0	1977	499
2014	22254	—	—	2201	458.0	9537	578	—	—	8471	504.0	2045	469
2015	22240	—	—	—	—	9939	620	—	—	10104	554.0	2197	522
2016	22202	—	—	6414	558.0	10420	587	—	—	4075	505.0	1293	495

三麦(小麦、大麦、元麦) 境内三麦以小麦为主,大麦次之,元麦最少。中华人民共和国成立前后,三麦品种老化,耕作粗放,施肥不足,均为广种薄收。1957~1967 年,小麦亩产徘徊在 50 千克上下,大麦亩产 40 千克左右,元麦亩产 35~40 千克。1968 年后,三麦亩产提高到 110 千克。1970 年后,小麦种植面积逐年增加,大麦种植面积逐年减少。1972 年,小麦亩产 136.5 千克,大麦亩产 128 千克,元麦亩产 126 千克。1977 年,元麦停种。1983 年,小麦种植面积达 9962 亩,亩产 260 千克。后逐步优化种植结构,小麦种植面积不断扩大,产量逐步增高。2016 年,小麦种植面积约 1.28 万亩,亩产 365 千克;大麦种植面积 1454 亩,亩产 337 千克。

1957~2016 年杨寿镇(乡、公社)三麦分品种情况一览表

表 9-9-2

年 份	小 麦		大 麦		元 麦	
	面积(亩)	单产(千克)	面积(亩)	单产(千克)	面积(亩)	单产(千克)
1957	9816	36.0	11890	37	2868	38
1958	9527	41.0	9287	56	2340	41
1959	6722	50.5	9624	64	2108	53
1960	7456	51.0	11277	65	2528	56
1961	7678	52.0	11233	66	3511	52
1962	8045	58.0	9966	55	3132	46
1963	7924	47.0	9900	42	3427	35
1964	8499	58.0	8219	35	2768	26
1965	8280	72.0	8345	55	210	70

续表 9-9-2

年 份	小 麦		大 麦		元 麦	
	面积(亩)	单产(千克)	面积(亩)	单产(千克)	面积(亩)	单产(千克)
1966	6631	77.0	7672	66	307	47
1967	7588	110.0	6890	96	34	69
1968	6788	123.0	6544	99	156	67
1969	7214	132.0	6470	108	210	65
1970	6980	135.0	5380	120	450	74
1971	6759	143.0	6258	158	557	122
1972	6546	136.5	5710	128	1382	126
1973	5892	120.2	6308	102	1459	98
1974	7382	145.3	4799	113	1065	128
1975	7102	118.0	4265	74	953	98
1976	7538	115.0	4270	96	567	84
1977	7580	151.0	4200	110	63	94
1978	7540	164.0	4029	185	—	—
1979	7650	175.0	4493	175	—	—
1980	7834	203.0	4771	177	—	—
1981	7625	187.0	4509	148	—	—
1982	9100	233.0	4500	169	—	—
1983	9962	260.0	3494	208	—	—
1984	14215	215.0	3885	216	—	—
1985	11264	228.0	4509	171	—	—
1986	13321	257.0	3719	183	—	—
1987	10848	267.0	4613	220	—	—
1988	15470	263.0	3145	229	—	—
1989	14703	258.0	2959	229	—	—
1990	15520	270.0	2588	243	—	—
1991	15449	275.0	2750	252	—	—
1992	14024	293.0	2696	271	—	—
1993	12031	268.0	2005	261	—	—
1994	7991	257.0	5335	245	—	—
1995	9692	255.0	3715	248	—	—
1996	10514	275.0	3015	255	—	—
1997	11211	281.0	2622	267	—	—
1998	11326	185.0	2635	156	—	—
1999	11855	288.0	2773	259	—	—

续表 9-9-2

续表 9-9-2

年 份	小 麦		大 麦		元 麦	
	面积（亩）	单产（千克）	面积（亩）	单产（千克）	面积（亩）	单产（千克）
2000	7681	233.0	3781	254	—	—
2001	5890	193.0	2395	180	—	—
2002	6131	224.0	3435	181	—	—
2008	9314	250.0	3120	245	—	—
2009	9494	370.0	3738	323	—	—
2010	12138	366.0	2733	338	—	—
2011	10646	345.0	3039	318	—	—
2012	10887	341.0	2856	327	—	—
2013	10887	361.0	2354	332	—	—
2014	11113	374.0	2193	337	—	—
2015	12377	381.0	1682	336	—	—
2016	12834	365.0	1454	337	—	—

　　杂粮　境内杂粮种植品种有红豆、黄豆、蚕豆、绿豆、山芋、玉米等。数量少，一般都在十边隙地上种植。

二、油料种植

　　境内主要的油料作物是油菜、黄豆、芝麻。1968年，公社引进油菜种植，爱国大队栽种17亩，墩留大队栽种10亩，收获1.58吨，亩产58.5千克，后栽种面积逐年扩大。1983年，种植面积5173亩，亩产130千克，总产672.49吨。1996年，种植面积6111亩，为历年最大，总产886吨，为历年最高。2016年，油菜种植面积1344亩，亩产176千克，总产236.54吨。黄豆种植1100亩，亩产186千克，总产204.60吨。芝麻种植面积249亩，亩产116千克，总产28.88吨。

三、棉花种植

　　1966年，境内试种棉花73亩，每亩产皮棉47千克，总产3.43吨。1975年，种植3602亩，面积为历年最大。1976年，总产125吨，产量为历年最高。1983年，种植面积500亩，亩产61.5千克，总产30.75吨，后停种。2009年，安徽凤阳人在境内承包土地种植棉花。次年，棉花种植面积198亩，亩产97千克，总产19.21吨。后因棉花种植效益不高而逐年减少。2016年，种植棉花46亩，亩产239千克，总产10.99吨。

四、蔬菜种植

　　境内蔬菜品种主要有青菜、韭菜、莴苣、大蒜、苋菜、黄瓜、丝瓜、萝卜、大椒、豆角、茄子、芫荽

（又名香菜）、西红柿、黄芽菜、包心菜等。旧时,农民自种自食,少有余菜上市。1998 年,镇实行"菜篮子"工程,在集镇周边种植蔬菜 300 亩。2010 年,产各类蔬菜 10558 吨,其中叶菜类 6357 吨,块根茎菜类 1184 吨,茄果菜类 650 吨,葱蒜类 1355 吨,菜用豆类 609 吨,其他 403 吨。2014 年,镇建成江苏省第二批"菜篮子"生产基地。2016 年,产各类蔬菜 14840 吨,其中叶菜类 9903 吨,块根茎菜类 977 吨,瓜菜类 1429 吨,葱蒜类 1178 吨,菜用豆类 461 吨,茄果菜类 651 吨,其他 241 吨。

五、瓜果种植

瓜类 境内 60 年代,部分生产队种西瓜、香瓜作为副业。1981 年,境内种西瓜、甜瓜 208 亩,产瓜 228 吨。2002 年,安徽瓜农在境内租地种植西瓜 183 亩,产瓜 176.5 吨。2016 年,境内种植西瓜 313 亩、甜瓜 70 亩,产西瓜 360.5 吨、甜瓜 84 吨。

果类 境内有在家前屋后种植水果的习惯。主要品种有桃、梨、杏、

金莲葡萄专业合作社

葡萄、枇杷、柿子、无花果等,自种自给。2016 年,永和村金莲葡萄种植专业合作社有果园 351 亩,种植有樱桃、水蜜桃、猕猴桃、葡萄等。是年,境内水果产量 1124 吨,其中梨 276 吨、桃 537 吨、葡萄 195 吨、猕猴桃 3 吨、柿 113 吨。

六、绿肥种植

境内种植绿肥历史悠久,品种有黄花草、红花草、苕子等。主要用作肥料,部分作猪、牛饲料。1957 年,种植绿肥 2080 亩,后种植面积增大。1965~1980 年,年平均种植 6000 亩以上。1980 年后种植面积逐年减少,1992 年停种。

七、食用菌菇培植

1987 年,新龙村成立食用菌菇厂,栽培平菇、草菇、蘑菇,1988 年,乡成人教育中心联合乡多种经营公司、乡团委在该村举办食用菌菇生产培育技术培训班。是年,全乡食用菌培植户 55 户,总面积 4500 平方米,产平菇、草菇、蘑菇 60 吨。同时,建龙村刘庄队农户李万良、李万喜兄弟培育生产平菇,年产平菇 12 吨,为镇培育蘑菇大户。2016 年,永和村金莲葡萄种植专业合作社培育黑木耳、玉木耳 30 万棒,产干木耳 200 吨,出售鲜木耳 17.5 吨。是年,境内产食用菌菇 66 吨。

1957~2016年杨寿镇(公社、乡)粮食产量统计表

表 9-9-3

年 份	总 产（吨）	夏 粮			秋 粮		
		面积（亩）	单产（千克）	总产（吨）	面积（亩）	单产（千克）	总产（吨）
1957	5799.6	24574	44.7	1098.5	29848	157.5	4701.1
1958	6296.7	27536	50.5	1390.6	27640	177.5	4906.1
1959	3961.7	25030	50.5	1264.0	29515	91.4	2697.7
1960	3992.7	24038	50.2	1206.7	27314	102.0	2786.0
1961	4728.9	23436	54.3	1272.6	26184	132.0	3456.3
1962	3742.5	22310	58.7	1309.6	24088	101.0	2432.9
1963	5465.6	21257	46.5	988.5	24942	179.5	4477.1
1964	6762.3	19181	44.0	844.0	27148	218.0	5918.3
1965	7255.8	20907	45.0	940.8	25702	245.7	6315.0
1966	7545.8	20986	52.4	1100.0	25783	250.0	6445.8
1967	7107.4	21890	38.5	842.8	25414	246.5	6264.6
1968	8100.7	14689	110.0	1615.8	25233	257.0	6484.9
1969	7920.9	15635	101.0	1579.1	25126	252.4	6341.8
1970	7918.8	14445	113.6	1641.0	24192	259.5	6277.8
1971	10197.3	14061	150.0	2109.2	24036	336.5	8088.1
1972	9703.4	13683	132.0	1806.2	23330	338.5	7897.2
1973	11274.5	13697	110.0	1506.7	23340	418.5	9767.8
1974	10327.6	13316	132.0	1757.7	22853	375.0	8569.9
1975	9541.0	12476	119.5	1490.9	21129	381.0	8050.1
1976	10058.8	11494	106.0	1218.4	20801	425.0	8840.4
1977	11257.9	11788	137.5	1620.9	21754	443.0	9637.0
1978	12476.3	11569	139.1	1609.2	22687	479.0	10867.1
1979	11527.5	12143	145.0	1760.7	22437	435.3	9766.8
1980	10458.1	12627	192.0	2424.4	21596	372.0	8033.7
1981	10168.0	12137	172.0	2087.6	21405	377.5	8080.4
1982	11138.1	13600	216.0	2937.6	23100	355.0	8200.5
1983	13750.1	13456	246.5	3316.9	25201	414.0	10433.2
1984	15420.8	18100	261.0	4724.1	23432	456.5	10696.7
1985	16273.2	16773	214.0	3589.4	24773	512.0	12683.8
1986	16591.3	17040	242.5	4132.2	25272	493.0	12459.1
1987	16021.6	15461	256.0	3958.0	24371	495.0	12063.6
1988	17376.7	18615	260.0	4839.9	24582	510.0	12536.8
1989	17585.2	17662	255.0	4503.8	24917	525.0	13081.4

续表 9-9-3

年 份	总 产（吨）	夏 粮			秋 粮		
		面积（亩）	单产（千克）	总产（吨）	面积（亩）	单产（千克）	总产（吨）
1990	17686.4	18108	269.0	4871.1	25128	510.0	12815.3
1991	13908.0	18019	275.0	4955.2	20724	432.0	8952.8
1992	17748.0	16742	293.0	4905.4	24937	515.0	12842.6
1993	16453.0	14067	279.0	3924.7	23818	526.0	12528.3
1994	15243.7	13474	261.0	3516.7	22552	520.0	11727.0
1995	15738.5	13407	261.0	3499.2	23093	530.0	12239.3
1996	16382.1	13529	276.0	3734.0	23165	546.0	12648.1
1997	14166.1	13893	281.0	3904.0	23165	443.0	10262.1
1998	14711.7	13961	185.0	2582.8	23015	527.0	12128.9
1999	15918.9	14748	286.0	4217.9	22502	520.0	11701.0
2000	14085.0	11652	233.0	2714.9	22035	516.0	11370.1
2001	11037.0	8810	192.0	1691.5	17835	524.0	9345.5
2002	11864.1	9999	206.0	2059.8	17891	548.0	9804.3
2008	16334.7	12152	205.0	2491.2	25170	550.0	13843.5
2009	17676.3	14642	347.0	5080.7	25176	500.3	12595.6
2010	18335.5	16148	353.0	5700.2	25170	502.0	12635.3
2011	17679.3	14742	314.6	4637.8	24936	523.0	13041.5
2012	16573.6	14646	331	4847.8	22250	527.0	11725.8
2013	16581.9	14123	349	4928.9	22250	524.0	11659.0
2014	19060.6	14232	361	5137.8	25453	547.0	13922.8
2015	20536.7	15046	369	5552.0	25312	592.0	14984.7
2016	19602.1	15168	358	5430.1	24519	578.0	14172.0

1967~2016 年杨寿镇（乡、公社）油菜面积产量一览表

表 9-9-4

年 份	面积（亩）	单产（千克）	总产（吨）	年 份	面积（亩）	单产（千克）	总产（吨）
1967	6	41.0	0.24	1976	865	43.5	37.63
1968	27	58.5	1.58	1977	1002	47.0	47.10
1969	149	41.5	6.18	1978	1551	61.0	94.61
1970	210	55.0	11.55	1979	1840	67.0	123.28
1971	394	57.0	22.46	1980	2435	66.0	160.71
1972	806	51.5	41.51	1981	2865	103.0	295.10
1973	872	55.5	48.40	1982	3580	90.0	322.20
1974	1248	50.2	62.65	1983	5173	130.0	672.50
1975	1487	70.0	104.10	1984	5120	129.0	660.48

续表 9-9-4

年 份	面积(亩)	单产(千克)	总产(吨)	年 份	面积(亩)	单产(千克)	总产(吨)
1985	5107	102.0	520.91	1999	4130	133	549.29
1986	2983	113.0	337.08	2000	5092	114	580.49
1987	5155	128.0	659.84	2001	4802	134	643.47
1988	2617	55.0	143.94	2002	4339	121	525.02
1989	3576	119	425.54	2008	4078	173	705.49
1990	3542	129	456.92	2009	4580	168	769.44
1991	3493	133	464.57	2010	4015	170	682.55
1992	4844	145	702.38	2011	1226	141	172.87
1993	5325	139	740.18	2012	1577	144	224.21
1994	5802	129	748.46	2013	1983	159	315.30
1995	5603	137	767.61	2014	2291	215	492.57
1996	6111	145	886.10	2015	1961	169	331.41
1997	6109	132	806.39	2016	1344	176	236.54
1998	5130	125	641.25	—	—	—	—

1966 年 ~2016 年杨寿镇(公社、乡)棉花面积产量一览表

表 9-9-5

年 份	面积(亩)	单产(千克)	总产(吨)	年 份	面积(亩)	单产(千克)	总产(吨)
1966	73	47.0	3.43	1980	1324	42.0	55.61
1967	438	33.5	14.67	1981	1460	41.0	59.86
1968	364	22.0	8.01	1982	1462	37.5	54.83
1969	263	26.5	6.97	1983	500	61.5	30.75
1970	410	27.5	11.28	2008	76	92.0	7.00
1971	1079	25.0	26.96	2009	198	70.5	13.96
1972	1085	22.0	23.87	2010	198	97.0	19.21
1973	1387	41.0	56.87	2011	194	206.0	40.00
1974	1943	44.0	85.49	2012	108	208.0	22.46
1975	3602	25.0	90.05	2013	119	218.0	25.94
1976	3350	37.6	125.96	2014	98	143.0	14.01
1977	1642	40.5	66.50	2015	172	172.0	29.58
1978	1385	38.2	52.91	2016	46	239.0	15.59
1979	1451	41.0	59.49	—	—	—	—

1957~2016 年杨寿镇（公社、乡）播种面积、复种指数统计表

表 9-9-6 单位：亩

年 份	总田亩	粮 食	油 料	棉 花	绿 肥	经济作物	其他作物	小 计	复种指数（%）
1957	30929	46778	312	—	2080	210	2469	51849	167.64
1958	29139	47705	340	—	2231	162	2457	52895	181.53
1959	30427	47715	420	—	2250	234	2367	52986	174.14
1960	30153	47655	414	—	2034	181	3474	53758	178.28
1961	29472	47456	252	—	2564	123	477	50872	172.61
1962	29877	46346	325	—	2830	283	514	50298	168.35
1963	29924	46196	244	—	2133	364	164	49101	164.09
1964	29367	46329	150	—	2227	—	552	49258	167.73
1965	29192	47535	220	—	4120	—	688	52563	180.06
1966	29412	40981	156	73	6125	573	1332	49240	167.41
1967	28232	39112	154	438	8728	88	51	48571	172.04
1968	27133	39929	27	365	5454	91	5	45871	169.06
1969	27019	40761	454	263	5850	42	188	47558	176.02
1970	27539	38637	844	410	6090	54	88	46123	167.48
1971	27665	42452	1270	1079	5421	65	124	50411	182.22
1972	27431	46631	806	1085	7015	36	188	55761	203.28
1973	27386	44454	1003	1387	7258	52	164	54318	198.34
1974	27009	43629	1248	1943	6715	67	70	53672	198.72
1975	27016	43612	1487	3602	7067	7	19	55794	206.52
1976	26525	42747	1255	3350	6875	55	167	54449	205.27
1977	26462	42048	1455	1642	6545	95	187	51972	196.40
1978	26530	41616	1551	1385	5845	78	97	50572	190.62
1979	26699	42213	2513	1423	5485	84	125	51843	194.18
1980	26714	45990	2766	1545	5410	75	342	56128	210.10
1981	26704	48126	2983	1464	2121	12	225	54931	205.70
1982	26504	45550	3774	1856	2543	66	341	54130	204.23
1983	26983	38657	5173	500	1393	56	445	46224	171.31
1984	26598	41532	912	412	3811	51	885	47603	178.97
1985	26715	41546	5107	—	3222	180	1026	51081	191.21
1986	26714	42312	2983	—	866	326	754	47241	176.84
1987	26125	40334	5155	—	2779	469	101	48838	186.75
1988	26405	43197	2617	—	3200	219	59	49292	186.68
1989	26397	42579	3581	—	2118	217	818	49313	186.81
1990	26388	43236	3542	—	2775	250	400	50203	190.25

续表 9-9-6

年 份	总田亩	粮 食	油 料	棉 花	绿 肥	经济作物	其他作物	小 计	复种指数(%)
1991	26691	38948	3626	—	2898	80	20	45572	170.74
1992	26374	41679	4844	—	2124	191	45	48883	185.35
1993	26371	37886	5325	—	—	609	547	44367	168.24
1994	26684	36026	5859	—	—	1224	457	43566	163.27
1995	26564	36500	5940	—	42	1213	48	43743	164.67
1996	26314	36694	6306	—	—	208	595	43803	166.46
1997	26313	37058	6109	—	—	368	400	43935	166.97
1998	26315	36976	5336	—	—	370	220	42902	163.03
1999	26312	37250	4276	—	—	475	848	42849	162.85
2000	26385	33687	5287	—	—	251	1134	40359	152.96
2001	26385	27645	5066	—	—	509	1630	34850	132.08
2002	26385	27890	4911	—	—	183	1142	34126	129.34
2008	25062	38300	4078	76	—	1051	1419	44924	179.25
2009	24999	39805	4589	198	—	435	736	45763	183.06
2010	25408	41324	4751	198	—	383	181	46837	184.34
2011	22984	39678	1939	194	—	432	2995	45238	196.82
2012	22984	39846	2271	108	—	256	1318	43799	190.56
2013	22984	39309	2609	119	—	476	2362	44875	195.24
2014	22984	39685	2291	98	—	786	3000	45860	199.53
2015	22984	40358	2485	95	—	632	2371	45941	199.88
2016	23040	39687	1717	46	—	558	2686	44694	193.98

1959~1982 年杨寿公社粮食分配一览表

表 9-9-7

年 份	总产量(吨)	国家征购(吨)	集体提留(吨)	社员分配(吨)	人均(千克)
1959	3961.6	1033.0	855.6	2073.0	171.5
1962	3741.8	991.7	1004.1	1746.0	121.5
1964	6762.0	2163.6	1207.0	3391.4	215.0
1965	7257.0	2087.0	2418.0	2752.0	224.5
1966	7546.0	2323.5	1423.5	3799.0	226.8
1967	7109.3	2016.0	1276.3	3817.0	220.5
1968	8099.0	1991.6	1947.4	4160.0	233.0
1969	7920.0	1891.0	1782.0	4247.0	226.0
1971	10197.0	2545.6	2746.4	4905.0	248.0

续表 9-9-7

年　份	总产量(吨)	国家征购(吨)	集体提留(吨)	社员分配(吨)	人均(千克)
1972	9703.0	2326.8	2484.7	4891.5	242.5
1975	9540.0	1929.0	2560.0	5051.0	243.5
1976	10058.0	2184.0	2694.0	5180.0	288.0
1978	12476.0	2678.5	4112.0	5685.5	273.0
1980	10456.9	2283.0	2682.0	5491.9	303.5
1981	10167.8	2619.0	1716.8	5832.0	276.0
1982	11137.0	2690.0	1038.0	7409.0	308.5

第十节　林木花卉业

一、林业

旧时,境内庵观寺庙、农民家前屋后、塘坝四周、护庄沟边、坟茔墓地等有零星植树,少有成片林。多植有桑、槐、柳、榆、楝、檀等树木和桃、李、杏等果树。方集关帝庙和建龙曹安寺的两棵白果树,均有千余年树龄,其主干需两人合抱。爱国村有一处成片林,30亩左右。1958年,人民公社成立初期,党委提出"东桃西竹、南桑北茶"的林业发展方针,方集大队建桃园30亩,李岗大队建桑园50亩。1962年开始,规定树木谁植谁有,集体、农户大力植树造林,并引进白杨、刺槐、意杨、水杉、池杉等速生品种。1978年,县科委、县多管局、县农业局、县气象站与杨寿中学实验林场合作,在和尚坟(今宝女村交通组)的丘陵低产田上,进行林粮间作试验(池杉与稻、麦间作),取得粮丰林茂的效果。1980年12月,李岗、墩留、杨寿大队建成林网化农田2000余亩。1982年5月,林业部副部长杨珏到境内视察。是年5月23日,《人民日报》刊载《平原绿化好处多》的文章予以报道。1986年5月,该项目通过江苏省科学技术委员会的鉴定,被认为是开创国内南方稻麦两熟、林粮间作的先例和模式,既为农田创造良好的生态环境,增加抗御自然灾害的能力,促进农业稳产高产,又能提供一定数量的木材,具有科学性和实用价值。1987年,该项目获扬州市科技成果三等奖。是年,乡境内林粮间作4000多亩,占耕地的19%。

1996年3月,李岗村(今为宝女村)被全国绿化委员会授予"全国绿化千佳村"称号。1997年10月,又被国家农业部授予"国家级林网之村"称号。

2008年,永和村、爱国村境内种植成片意杨林2000亩。2016年,镇实有造林面积6485亩,沟渠路边、隙地零星植树225万株,森林覆盖率达27.5%。

二、苗木花卉业

1986年,乡在墩留村征用150亩土地,建立杨寿乡花卉苗木基地,主要培育和销售花卉、苗木,后因经营不善关闭。

2000 年,墩留村流转土地 200 亩,由扬州人印军投资 100 万元,建景盛花卉苗木公司,品种有大叶女贞、栾树(国庆树)、香樟、榆树及造型树。次年,如皋人王学林在墩留村投资 120 万元,流转土地 174 亩,建扬州市源润花卉苗木有限公司,主要品种有石楠、香橼、榉树、栾树、桂树、香樟。是年,甘泉人王龙宝在墩留村建立樱花基地,种植面积 120 亩,主要出口日本。扬州人朱立在墩留流转土地 100 亩,投资 150 万元,建扬州奕园园艺场,主要培植大型造型树。

2009 年,陈伟在方集村境内投资 100 万元,用地 500 亩,建扬州市久远花卉苗木有限公司,花卉苗木品种有红叶李、银杏、香樟、女贞、紫薇。同年,由扬州市人民防空办公室在新龙村境内流转土地 308 亩,建扬州仁和生态农业科技园,花卉苗木品种有红叶李、银杏、香樟、女贞、紫薇、桂树等品种。

2016 年,镇花卉苗木基地 6 个,用地 1352 亩。

第十一节　养殖业

一、家畜养殖

牛　旧时耕田耙地依靠耕牛,牛被称为"农家宝"。牛饲料以稻草为主,农忙时附以黄豆、豌豆、米、豆饼等。土改时境内 3 乡有耕牛 800 多头,全部为水牛。1958 年,耕牛实行集体化饲养。1971 年,耕牛增至 938 头。1976 年,集体耕牛交由农户分散饲养,根据饲养好坏程度评分记工,农户饲养十分精心,夏天为防蚊虫叮咬,将牛赶进泥浆塘过夜,俗称"下汪"。春、夏、秋三季,早、晚牵到田埂、圩埂、塘边吃草,俗称"放牛"。冬季拴在牛房保暖。党的十一届三中全会以后,农业逐步实行机械化,牛力逐步被机械替代,饲养量逐年减少。2016 年,境内仅剩 15 头。

猪　养猪是农民家庭传统副业,猪粪也是农田的主要肥料。旧时有圈养、散养。1958 年,公社在墩留建立集体养猪场,多时养猪 100 头,后由于饲料紧缺而关停。1959 年 10 月 31 日,毛泽东主席为发展养猪事业专门写了一封信,号召全国各地学习河北省吴桥县经验,以"私养为主,公养并举"的模式,大力发展养猪。1962 年,境内生猪饲养量为 1983 头。1964 年,划分饲料地给养猪户,提高生猪收购价格,奖励饲料粮和化肥券,农民养猪的积极性迅速被调动起来,猪的饲养量大幅提高。同时饲养母猪,向养猪户提供苗猪。1966 年,养猪 5549 头。1978 年达 12464 头。1979 年,养母猪专业户 383 户向市场提供苗猪。1995 年,境内养猪 3.55 万头,创历史最高,后农户养猪逐年减少。2010 年,墩留村创办扬州市创日营养畜牧科技有限公司,是年养殖成品猪 1.5 万头,销售 1.1 万头。2016 年,境内生猪饲养累计 4.3 万头,其中扬州市创日营养畜牧科技有限公司累计饲养 2.5 万头。

兔　1963 年,境内农户开始养安哥拉和西德毛兔,作为家庭副业增加收入,兔毛价为每两 2 元,当年养兔 114 只。1985 年,养兔 15800 只,产兔毛万余斤,为历史最高。后因兔毛价格跌至每两 1.2 元,养兔收入较低,养兔量逐年减少。1990 年后,境内农户不再饲养。

羊　中华人民共和国成立前后,境内饲养少量山羊,一般为自养自给,很少上市。1963 年,饲养 35 头,后饲养数一直徘徊在 30~50 头。2010 年,羊价上升,养殖量逐年增加。2016 年,养羊 374 头, 主要分布在东兴、爱国、新龙三村。

貂 1980 年, 新民村殷久林购进 12 对水貂饲养。次年, 发展到 60 只。同期, 境内永和、爱国、集镇有 4 户养貂。后因成本高、市场需求下降加之管理不善而停养。

1962~2016 年杨寿镇生猪饲养、上市量统计表

表 9-11-1　　　　　　　　　　　　　　　　　　　　　　　　　　　　单位: 头

年 份	全年饲养量	上市量、自宰	存栏数	年 份	全年饲养量	上市量、自宰	年末存栏数
1962	1983	490	1493	1987	19748	9002	10746
1963	2772	1252	1520	1988	18081	9087	8994
1964	2967	1316	1651	1989	25216	14951	10265
1965	3121	1578	1543	1991	25647	15824	9823
1966	5549	2688	2861	1992	29696	17759	11937
1967	6523	2898	3625	1993	28601	16972	11629
1968	6855	2499	4356	1994	35417	23516	11901
1969	7256	3393	3863	1995	35503	23629	11874
1970	8164	3042	5122	1996	29979	18738	11241
1971	8583	2850	5733	1997	25372	15855	9517
1972	11079	3738	7341	1998	27585	17350	10235
1973	11289	4414	6875	1999	29761	18878	10883
1974	11850	4164	7686	2000	28543	18103	10440
1975	11104	3455	7649	2001	35055	24378	10677
1976	11397	5302	6905	2002	28860	16359	12501
1977	12000	5420	6580	2008	22277	13049	9228
1978	12464	4722	7742	2009	28860	16359	12501
1979	12281	7869	4412	2010	34908	26372	8536
1980	16083	7176	8907	2011	24043	16446	7597
1981	14949	10392	4557	2012	21161	11735	9426
1982	16292	9786	6506	2013	20799	13041	7758
1983	18928	9751	9177	2014	19716	12047	7669
1984	19263	9248	10015	2015	18380	10857	7523
1985	18715	10887	7828	2016	18071	10671	7400
1986	19270	10392	8878	—	—	—	—

说明: 表中不含扬州市创日营养畜牧科技有限公司生猪销售和存栏数。

二、家禽养殖

鸡 旧时, 农户散养土鸡, 少的几只, 多的 10 多只, 苗鸡由自家母鸡自然孵化。成鸡下蛋,

除自家食用外少量上市销售,增加家庭收入,被农民戏称为"小银行"。60年代,引进来克航鸡,1963年,境内养鸡9510只,户均2.5只。1970年,引进少量肉鸡。1979年,境内养鸡数量达3.5万只,户均7只。1994年,境内养鸡约8.59万只,户均12只。1997年,墩留村杨长青建鸡舍1024平方米,隔成32间,年饲养肉鸡6000~8000只,2010年饲养肉鸡1万余只,2012年因效益不高而停养。2016年,境内养鸡约11.3万只。

鹅　有白、灰两种,境内白鹅多,旧时半数家庭都散养,逢年过节自家食用。在人民公社期间,有半数生产队将养鹅作为副业。现主要由养殖大户饲养。2010年,养鹅1.64万只。2016年,养鹅3.82万只,其中专业户12家,养鹅3万只。

鸭　东兴、爱国、新龙等村因水面大,养鸭专业户多。1965年,境内养鸭4313只。1979年后,全镇有17个养鸭户,养成品鸭5100只。2010年,养殖3.48万只。2016年,养鸭专业户8家,养鸭4.4万只,农户散养2000只左右。

1963~2016年杨寿镇鸡鹅鸭饲养量统计表

表 9-11-2

年 份	饲养量(只)			年 份	饲养量(只)		
	合 计	鸡	鹅	鸭		合 计	鸡	鹅	鸭
1963	11363	9150	1246	967	1985	87349	64655	12689	10005
1964	13872	11210	1540	1122	1986	69894	57853	8614	3427
1965	28015	20504	3198	4313	1987	79937	66711	9686	3540
1966	20997	15435	3242	2320	1988	67850	53500	9450	4900
1967	21685	16165	3120	2400	1989	62296	49566	8088	4642
1968	22450	16700	3210	2540	1990	57500	40300	10900	6300
1969	23500	17400	3520	2580	1991	80200	59200	11100	9900
1970	27900	21300	3600	3000	1992	85989	61200	18900	5889
1971	31480	23300	3750	4430	1993	88600	65200	14900	8500
1972	36400	28500	3800	4100	1994	127847	85904	26487	15456
1974	38750	30720	4180	3850	1995	110100	78200	20400	11500
1975	40057	31430	4200	4427	1996	76188	52753	13993	9442
1976	41550	32400	4320	4830	1997	119950	72296	39566	8088
1977	42470	33200	4500	4770	1998	80538	36011	24527	20000
1978	43390	33900	4590	4900	1999	119900	49300	38600	32000
1979	46000	35000	5900	5100	2001	115950	46850	39700	29400
1980	36400	27380	4680	4340	2002	113450	55400	34650	23400
1981	36426	26385	5614	4427	2008	111900	58700	28700	24500
1982	37900	27500	6100	4300	2009	114190	64200	18790	31200
1983	37972	26268	8116	3588	2010	114900	63700	16400	34800
1984	64748	49015	8346	7387	2011	155680	57760	19240	78680

续表 9-11-2

年 份	饲养量（只）				年 份	饲养量（只）			
	合 计	鸡	鹅	鸭		合 计	鸡	鹅	鸭
2012	235248	139592	12886	82770	2015	194609	112619	37834	44156
2013	209193	113871	42995	52327	2016	197304	113027	38199	46078
2014	193810	112907	38093	42810	—	—	—	—	—

三、禽苗孵化（炕坊）

境内历史上，鸡、鹅、鸭都是自繁自养。1946年，墩刘（现墩留）刘金惠、刘金科弟兄共同创办墩刘炕坊，集中孵化苗鸡，上市销售。年30万只种蛋进摊，出禽率达80%。1948年，爱国村薛云广创办薛家炕坊，并在扬州南门宝塔湾设有分号。1957年，墩刘炕坊停业。1958年，薛家炕坊收归集体，迁址到爱国大队部所在地，更名为爱国炕坊，年孵鸡、鸭、鹅共40万只左右。同年，永和大队唐庄吴道岗办炕坊。1966年，该炕坊收归集体，迁址到永和大队部所在地，更名永和炕坊，年孵鸡、鹅、鸭共35万只左右。2006年，爱国炕坊停业，永和炕坊改变经营方式，出售一部分雏禽，把部分雏鸡养到3~5两重再出售，因成活率高，倍受养殖户欢迎。2016年，未有变化。

四、水产养殖

境内水资源丰富，水域面积约占镇总面积的25%。境内养鱼历史悠久。据《邗江县志》载，民国十八年（1929）杨寿坝老吴庄（今宝女村吴庄组）吴大房有8亩水塘放养家鱼，亩产125千克，年产成鱼1000千克。1958年，境内有2028个水塘，由生产队集体放养鲢鱼、青鱼、草鱼，无专职人员管理，养殖粗放，鱼体小，产量低。逢年过节捕捞，分给社员食用，无商品鱼上市。1965年，集体放养1393亩，捕捞成鱼1.94万千克，每亩水面产鱼不足14千克。1970年，建龙大队成立养鱼专业队，有鱼池20亩，漂鱼花、卖鱼苗，兼养成品鱼，每年收益1万元以上。

1978年，由杨寿公社牵头联合公道公社、黄珏公社裔家大队在白马湖共同开发水面2400亩，成立白马湖渔场。场长由杨寿公社派员担任，副场长由公道公社派员担任，会计由黄珏公社裔家大队派员担任。1982年，公社在东兴大队大菱田建公社渔场，改建东兴大队大菱田圩田420亩，作为精养和半精养鱼池，品种以四大家鱼（青、鲢、草、鳙）为主。1983年5月，公社渔场改称为乡渔场。1994年，乡渔场实行对外公开招标，先后有本地及外地14人中标，总投资150万元，建成2300亩水产养殖基地，投放100万尾鱼、蚌、蟹苗，年产值910万元。1996年，东兴村联合组汪家和、潘学军承包大菱田210亩水面，试验稻田养鱼，当年收获成鱼2200千克。次年，在210亩水面中，用140亩栽藕，同时投放白鲢、异育银鲫。当年亩产大紫红藕1500千克，亩产鱼40千克，每亩收入7000多元。由于白马湖渔场养殖产量低、效益差，1999年，杨寿镇、公道镇、黄珏乡裔家村按鱼池属地划开，由三方将自属鱼池各自对外招标承包。2000年，藕田养鱼扩大到400亩。同年，新龙村陈开根、夏冬春在承包鱼塘中试行立体种养，6月上旬放养规格较大的四大家鱼，到8月出售，8月下旬种植水芹菜，春节前后出售，每亩收益1万多元。2011年，各村与养殖户重新签订承包协议,东兴村1100亩水面,分别被汪家和、孙传海、潘学军、潘庆平等20人承包;爱国村1200亩水面,分别被汪家和、金文桃等15人承包;永和村九连塘、焦庄大塘分别被吴正祥、万明高承包;新龙村1320亩水面,被陆如高、王永华、唐国林承包;方集村320亩水面,由汤永炳等4人承包;杨寿涧从东兴村到墩留村近约950亩水面、王冲涧约182亩水面,被13户(原境内渔业专业捕捞队)承包。2015年,宝女村建成润水湾生态园,园内20亩水库水面作休闲垂钓。

2016年,全镇共有承包户53户,其中27户围网混养鱼、虾、蟹,26户混养鱼、虾、蚌、螺蛳。境内鱼、虾、蟹混养鱼池3653亩,其中精养鱼池1051.5亩、虾池38亩、锦鲤池30亩、甲鱼池30亩、观赏鱼池20亩、罗氏沼虾池60亩、藕池养鱼722亩,产成鱼1241吨、螃蟹331吨、青虾68吨、罗氏沼虾22吨、龙虾216吨、基围虾8吨、河蚌16吨、螺蛳129吨、黄鳝18吨、观赏鱼76万尾,渔业收入7843万元。东兴村创成江苏省渔业示范村、新龙水产养殖场创成农业部水产健康养殖示范场,东兴村、爱国村、新龙村水产专业合作社创成省"菜篮子"生产基地。

五、桑蚕养殖

境内栽桑养蚕历史悠久,旧时野生桑叶叶片小,产量少,养殖难成规模。1965年引进胡桑,叶片大、产量高。1968年,境内栽胡桑430亩,产茧63担(每担100斤)。70年代初,每个大队成立养蚕副业队,专门划出土地栽胡桑。公社配有林蚕员,大队配有技术员。1974年,境内有胡桑面积778亩,产蚕茧543担。1985年,乡调整产业结构,增加胡桑面积近1000亩,桑田总面积达1688亩。1994年,产蚕茧855担,为历年最高。建龙、爱国村是境内两大栽桑养蚕村。90年代末,国家推行东蚕西移政策。2005年,境内桑园全部还田,停止养蚕。

1968~2004年杨寿镇(公社、乡)栽桑养蚕情况一览表

表 9-11-3

年 份	蚕种(张)	桑田(亩)	蚕茧(担)	年 份	蚕种(张)	桑田(亩)	蚕茧(担)
1968	96	430	63	1981	590	800	383
1969	144	550	101	1982	650	805	421
1970	203	620	132	1983	695	814	450
1971	345	680	225	1984	805	763	523
1972	590	743	383	1985	900	1688	585
1973	570	752	369	1986	890	1341	584
1974	1080	778	534	1987	960	917.9	623
1975	1106	780	549	1988	771	739	540
1976	909	768	429	1989	1057	530	740
1977	1073	775	611	1990	1080	491	757
1978	840	778	547	1991	1107	706	720
1979	866	785	563	1992	1200	779	780
1980	1160	785	754	1993	1241	1254	800

续表 9-11-3

年　份	蚕种（张）	桑田（亩）	蚕茧（担）	年　份	蚕种（张）	桑田（亩）	蚕茧（担）
1994	1250	1064	855	2000	920	677	640
1995	1126	890	732	2001	910	674	640
1996	756	857	491	2002	707	625	460
1997	542	758	380	2003	430	525	280
1998	880	734	600	2004	170	410	110
1999	885	732	620	—	—	—	—

六、特种养殖

蛇　2001 年,新龙村玉带组孔娟取得省林业厅发给的养殖证。开办小型养蛇场,品种有菜花蛇、火赤炼、乌梢蛇。2001~2004 年,每年养蛇 3000~4000 条,销往广东,平均每年利润 2 万元。2002 年,方集村纪圣来开办小型养蛇场,品种与孔娟相同,销往广东,3 年共获利 9 万元。2004 年,因"非典"原因,两户停养。

水蛭(俗称"蚂蟥")　2009 年,江西赣州寿仁堂药业有限公司在东兴村投资 50 万元,建 20 亩水蛭养殖池。2010 年,扩增 50 亩,注册成立扬州市扬杨水蛭养殖有限公司,集养殖、科研、推广为一体。是年,成品水蛭和水蛭幼苗销售额达 100 多万元。2014 年,获江苏省质量信用 AAA 级企业和江苏省优秀养殖示范基地。2016 年,投资 1000 万元,扩增 130 亩养殖池,养殖总面积 200 亩。是年,成品水蛭和水蛭幼苗销售额达 250 多万元。

杨寿 1959~2016 年林、牧、副、渔产值占农业总产值比重一览表

表 9-11-4　　　　　　　　　　　　　　　　　　　　　　　　　　　　　　　单位:万元

年份	农业总产值构成						林、牧、副、渔产值	
	合　计	种植业	林　业	牧　业	副　业	渔　业	合　计	占农业总产值比重（%）
1959	75.81	58.20	—	0.43	16.90	0.28	17.61	23.23
1961	75.50	55.70	—	0.50	18.90	0.40	19.80	26.23
1962	93.68	69.78	0.55	0.76	22.14	0.45	23.90	25.51
1964	121.63	92.53	0.30	1.30	26.40	1.10	29.10	23.93
1965	123.83	93.13	0.40	1.40	25.80	3.10	30.70	24.79
1966	167.16	131.26	0.80	1.20	29.80	4.10	35.90	21.48
1967	187.70	154.10	1.20	1.30	26.60	4.50	33.60	17.91
1970	167.85	137.45	1.00	1.30	22.30	5.80	30.40	18.11
1972	272.50	210.80	2.30	1.60	48.50	9.30	61.70	22.64
1973	302.28	252.99	3.30	0.75	33.54	11.70	49.29	16.31
1974	296.70	244.20	2.20	1.50	36.80	12.00	52.50	17.69
1978	329.54	256.40	1.84	4.50	51.80	15.00	73.14	22.19

续表 9-11-4

年份	农业总产值构成						林、牧、副、渔产值	
	合 计	种植业	林 业	牧 业	副 业	渔 业	合 计	占农业总产值比重(%)
1981	310.40	213.70	5.68	14.72	53.8	22.50	96.70	31.15
1982	348.66	226.90	9.10	43.86	54.90	13..90	121.76	34.92
1983	485.80	299.60	4.60	113.40	52.80	15.40	186.20	38.33
1984	774.23	492.70	0.79	113.10	163.70	3.94	281.53	36.36
1985	880.00	467.00	6.00	244.00	73.00	90.00	413.00	46.93
1986	918.86	579.80	5.60	206.80	104.20	22.46	339.06	36.90
1987	1612.57	610.50	18.2	232.50	735.80	15.57	1002.07	62.14
1988	1577.98	723.80	6.58	721.90	87.60	38.10	854.18	54.13
1989	1992.46	1083.30	13.60	748.00	88.66	58.90	909.16	45.63
1990	2105.00	1030.00	41.00	869.00	1102.00	63.00	1075.00	51.07
1991	2213.06	916.60	9.13	624.73	629.00	33.60	1296.46	58.58
1992	2444.57	1223.50	12.79	852.86	304.45	50.97	1221.07	49.95
1993	3274.00	1533.0	24.00	1206.00	366.00	145.00	1741.00	53.18
1994	4627.00	1908.00	58.00	1696.00	540.00	425.00	2719.00	58.76
1995	5315.00	2649.00	75.00	1591.00	465.00	535.00	2666.00	50.16
1996	4895.00	2014.00	215.00	1541.00	567.00	558.00	2881.00	58.86
1997	4265.00	2614.00	212.00	369.00	560.00	510.00	1651.00	38.71
1998	5669.00	3182.00	465.00	630.00	660.00	732.00	2487.00	43.87
1999	6613.00	3849.00	328.00	777.00	872.00	787.00	2764.00	41.80
2000	7036.00	3404.00	380.00	1438.00	980.00	834.00	3632.00	51.62
2001	7788.00	4735.00	525.00	1103.00	465.00	960.00	3053.00	39.20
2002	10139.00	4854.00	661.00	2156.00	560.00	1908.00	5285.00	52.13
2008	16502.00	6463.00	563.00	5496.00	451.00	3529.00	10039.00	60.84
2009	17336.00	7024.00	644.00	5216.00	670.00	3782.00	10312.00	59.48
2010	18266.00	8992.00	853.00	4076.00	650.00	3695.00	9274.00	50.77
2011	20653.00	9097.00	962.00	5123.00	—	5471.00	11556.00	55.95
2012	21294.00	9322.00	854.00	4207.00	—	6911.00	11972.00	56.22
2013	22509.00	9979.00	895.00	4398.00	—	7237.00	12530.00	55.67
2014	21156.00	11759.00	790.00	3032.00	—	5575.00	9397.00	44.12
2015	23098.00	11145.00	901.00	3827.00	—	7225.00	11953.00	51.75
2016	24303.00	11264.00	1018.00	4178.00	—	7843.00	13039.00	53.65

第十章 工 业

境内旧时有粮油加工、铜铁匠铺、香烛、爆竹、小土窑等手工作坊,规模较小。由于政局动荡,时开时关。

中华人民共和国成立初,人民政府通过物价、贷款、税收等优惠政策,帮助私营工业和手工业主开展生产自救,恢复生产。1955 年,将分散经营的竹、木、铁小作坊组织成立合作社。

1958 年,根据党中央"人民公社必须大办工业"的指示,社办工业起步发展。境内先后创办农具厂、粮油加工厂、布厂等企业。1962 年,经过"调整、巩固、充实、提高",停办部分社队工厂,只保留了农具厂、粮油加工厂和机电站五金厂。

70 年代初,社、队办工业重新起步发展。1979 年,境内有社办企业 8 家,固定资产 20.2 万元,年产值 150.64 万元;队办企业 11 家,固定资产 8 万元,年产值 140 万元。

80 年代后,境内工业企业推行企业经营承包责任制,扩大经营自主权,实施技术改造,鼓励横向联合,工业发展速度加快。1998 年,实行产权制度改革,大力发展股份合作制和私营经济,资产得以优化重组。2002 年,启动镇工业集中区建设。2008 年,在镇工业集中区西区建立村级创业园。

镇工业始终把科技放在优先发展位置,组织技术攻关,开发新产品,拉动经济增长。同时充分利用计算机、互联网平台进行企业管理和产品设计、销售。2008~2016 年,工业技改总投入 60.06 亿元,大批高科技数控机械设备广泛运用于机械制造业、钣金电器制造业、旅游产品制造业,工业步入快车道,形成机械冶金、钣金电气、玩具服装、旅游用品、橡塑化工、建材等门类优势产业。

2016 年,境内有工业企业 242 家,产值过亿元企业 26 家,被认定为高新技术企业 12 家,省级名牌企业 1 家,市级名牌企业 1 家。工业总产值 93.3 亿元,高新企业产值 52.74 亿元。工业利税 6.67 亿,其中利润 4.20 亿元,出口交易额 11.59 亿元。

第一节 机构 管理

一、机构

中华人民共和国成立初,乡工业由分管农业的副乡长兼管。杨寿人民公社成立后,设立公社工业科。1974年,成立公社工业管理办公室。1983年,撤社设乡,撤销工业管理办公室,设立乡工业联合公司(简称"工业公司")。1995年,撤乡建镇,撤销乡工业公司,设立镇企业管理站。2003年,杨寿镇和甘泉镇合并,杨寿企业管理站撤销。2008年,恢复杨寿镇建置,企业管理站恢复,延续至今。

1956~2016年,杨寿镇(公社、乡)工业科(站)历任负责人为孟向欣、方华盛、陈斌、王新喜、范广玉、陈正华、张福堂、陈山礼、苏宏明、吴正班、张巧云、李军、许广林。

二、质量管理

50年代到70年代初期,境内企业主要以生产铁制、木制农具和生活用具为主,产品检测靠有经验的师傅目测。70年代,开始五金加工,五金加工件靠游标卡尺等简单的工具测量。改革开放后,市场经济逐步完善,对产品质量要求严格,"质量是企业的生命"逐渐成为共识,境内企业均成立质检组、质检科,严把质量关。各厂都制定产品质量制度,购置原辅材料必须有合格证方能入库,产品首件必检,批量抽检,不合格产品绝不许出厂。新工人进行岗前培训,持上岗证才能上岗。按件计酬的工人,按数量70%、质量30%结算工资。不按图纸要求造成废次品,赔付材料和其他损失。扬州华通橡塑有限公司质量管理严格,2016年获中国车辆制造总公司南京浦镇车辆有限公司授予的优秀供应商奖牌,同年日本小松中国采购中心赠送感谢状。

三、技改管理

90年代后,乡(镇)把工业科技放在优先位置,扬州金泉旅游用品股份有限公司、江苏省南扬机械制造有限公司、扬州市恒阳冶金科技有限公司、扬州华通橡塑有限公司、扬州华联电气设备实业总公司等企业,成立自主研发机构,开展技术攻关,开发新产品。为确保产品质量和具备规模生产能力,镇加大技改投入,引进先进的生产流水线,添置智能设备。扬州金泉旅游用品股份有限公司从日本和美国引进先进设备和两条自动化生产流水线,扬州信诚监控设备厂添置13台套数控加工中心和一台套激光切割机,江苏省南扬机械制造有限公司添置大型落地镗床加工中心和16米龙门刨床等数控设备250台套,扬州华联电气设备实业总公司添置数控冲床、数控折弯机、数控剪板机,扬州市强盛机械有限公司添置智能加工中心。2001年,扬州市恒阳冶金科技有限公司通过ISO9001:2000国际质量体系认证。2004年,扬州华联电气设备实业总公司产品获得国家强制性认证证书,通过国家质量管理体系认证,符合GB/T19001-2000、ISO9001:2000标准。2008年,江苏省南扬机械制造有限公司通过ISO9001:2008质量管理体系认证。同年,扬州华通橡塑有限公司通过IRIS体系认证(国际铁路行业标准),扬州高新橡塑有限公司产品通过ISO9001:2008质量管理体系认证。

至2016年,镇累计投入技改资金61.06亿元,完成技改项目186项。

四、计划、财务管理

70年代初，社、队办工业起步发展时，每年初公社向各企业下达年度生产指标、利润指标，逐月检查、考评。各企业均配备一名现金出纳、一名总账会计，建立总账、现金、产品三套账及各类明细台账，负责财务管理，编制报表，逐月上报。

1998年，企业体制改革后，生产指标任务全部市场化，企业财务人员由企业自主招聘并使用，会计必须具有资格证书才能上岗。镇政府要求企业必须按时制定财会报表、税务报表、统计报表，并逐月上报。

五、人事管理

1958年，企业负责人由公社党委任命，用工经公社党委批准。70年代始，企业制定用工计划，报经工业部门批准，管理人员仍需党委批准。

1984年，推行无锡县堰桥乡"一包三改"的经验。逐步实行企业经营承包责任制，改干部任免制为选聘制，改工人固定录用制为合同制，改固定工资制为浮动工资制。

1986年，全面推行企业经营承包责任制，企业内部实行厂长负责制和厂长任期目标责任制，确立厂长拥有人事管理权。

1998年，企业产权制度改革后，股份制企业负责人由公司持大股者担任，私营、个体企业由私营业主自己管理，员工由进一步深化公司或业主自行聘用。2000年后，境内企业按现代企业管理制度管理。

六、安全生产管理

1958年，公社设立工业科，企业的安全生产由工业科负责。1974年，由工业办公室管理安全生产。1983年后，乡工业公司（后为镇企管站）设立安全科，具体负责和管理安全生产。90年代后，成立镇安全生产委员会，由镇长任主任，对安全生产负总责，企管站安全科具体负责安全生产和相关事宜。

镇安全生产管理人员培训

安全生产管理职责主要有以下几个方面，即明确专人负责，建立健全岗位责任制，制定安全生产规则和操作规则，做好安全知识培训，工人上岗前的安全培训、配置安全防护设备，重要防火部位配备消防栓、灭火器，保证消防通道畅通，水栓完好，水源充足。定期组织安全生产检查，每年不少于4次，节假日前必查安全生产工作。90年代后，开展安全月、安全周活动，确定每年6月份为安全月，每月最后一周为安全周。

第二节　工业所有制形式

一、镇（乡、社）办工业

1958 年，根据中央提出"人民公社也要办工业，办好工业为农业"的指示精神，公社社办工业起步，先后兴办杨寿农具厂、杨寿粮油加工厂、杨寿布厂、杨寿机电站五金厂、杨寿酱品厂等社办企业。1959 年，工业产值 2.21 万元，利润 0.3 万元。1962 年，在中央"调整、巩固、充实、提高"的方针指导下，一批小企业相继关闭，只保留杨寿农具厂、杨寿粮油加工厂和杨寿机电站五金厂。1967 年，境内首建长毛绒玩具加工点。至 70 年代末，社办工业加速发展，新办杨寿服装绣品厂、杨寿玻璃仪器厂、杨寿有机玻璃厂、杨寿砖瓦厂、杨寿纸盒厂、杨寿橡胶厂、杨寿玩具二厂、杨寿水泥预制厂。1979 年，境内有 8 家社办厂，年产值 150.64 万元，利润 27.00 万元。80 年代后，境内工业发展迅速，先后创办杨寿树脂绒花厂、邗杨联营玩具厂、邗江运河化工厂、邗江冶金机械厂。企业加大技改投入，研发新产品。1984 年，杨寿农机具厂（后更名为扬州华联电气设备实业总公司）先后开发生产钢窗配件及整套钢窗。次年，自主开发国际 19 英寸标准机柜、控制台、电缆桥架、母线槽、终端组合电气柜、冷轧异型材等新产品。杨寿橡胶厂（后更名为扬州华通橡塑有限公司）开发火车窗口整体密封条等 6 大系列橡塑产品。邗江冶金机械厂（后更名为扬州市恒阳冶金科技有限公司）开发生产转炉、电炉氧枪喷头等系列产品。境内社办企业逐步形成机械制造加工、玩具服装、钣金电气、橡胶塑料、建筑材料等行业。

1997 年，全镇有镇属企业 12 家，年产值 1.2 亿元，利润 262.6 万元。次年，镇办集体企业全部改制为股份合作制企业或私营企业。

1958~1997 年杨寿镇（公社、乡）办集体企业基本情况一览表

表 10-2-1

单位名称	创办时间	厂　址	主要产品	负责人
扬州华联电气设备实业总公司	1958 年	杨寿集镇	机箱、机柜、母线槽、桥架	王新喜、俞志礼、刘付海、王文山
杨寿油米加工厂	1958 年	杨寿集镇	粮食加工	蒋德雅、汪正坤、陈庭猷
杨寿服装绣品厂	1970 年	杨寿集镇	服装、绣品	倪家昌、张恒芝
杨寿有机玻璃厂	1972 年	杨寿集镇	玻璃仪器	詹坤仁
杨寿玻璃仪器厂	1972 年	杨寿集镇	玻璃仪器	俞志礼
杨寿砖瓦厂	1976 年	宝女村	砖瓦	薛云春、周德胜、吴德坤、刘付春
扬州华通橡塑有限公司	1978 年	杨寿集镇	橡胶制品	夏福轩、殷正宇
杨寿玩具二厂	1980 年	杨寿集镇	长毛绒玩具	万明华、张兴桥
杨寿水泥预制厂	1980 年	杨寿集镇	水泥制品	金久万、李国纪

续表 10-2-1

单位名称	创办时间	厂 址	主要产品	负责人
杨寿包装装潢厂	1980 年	杨寿集镇	包装纸盒	周福涛、赵庆林
杨寿树脂绒花厂	1986 年	杨寿集镇北	化工原料	邵久荣
杨寿羽绒厂	1986 年	杨寿集镇北	羽绒制品	刘宏荣
邗杨联营玩具厂	1987 年	杨寿集镇	玩具	王新喜、吴德坤、万明田
杨寿运河化工厂	1988 年	扬州大桥东	化工	陈正华
杨寿永寿塑料制品有限公司	1992 年	杨寿集镇北	塑料工具箱	王富良
邗江冶金机械厂	1992 年	李岗村	氧枪喷头	张福安、刘宏信

1958~1997 年杨寿镇(公社、乡)办集体企业产值利润统计表

表 10-2-2
单位：个、人、万元

年 份	企业数	职工数	产 值	利 润	年 份	企业数	职工数	产 值	利 润
1958	2	25	0.50	—	1983	8	980	382.90	14
1959	2	45	2.21	0.3	1984	13	1020	513.91	15.22
1960	2	48	2.48	—	1985	13	1098	742.55	23
1970	4	180	10	0.12	1986	13	1372	760.82	39
1971	4	262	37.10	0.23	1987	12	1292	1103.63	45.24
1972	5	325	39	6.34	1988	13	1228	1657	26.56
1973	5	358	55	8.12	1989	16	1038	1672.31	28.43
1974	5	356	65	14.66	1990	13	1136	2032.94	27.76
1975	5	358	97	18.38	1991	13	1231	2742.44	85.74
1976	6	633	105	23.6	1992	12	1591	3948	188
1977	6	689	141	28.18	1993	11	1432	7553	209
1978	8	724	115.16	24	1994	11	1337	9303.62	302
1979	8	773	150.64	27	1995	12	1372	8736	424
1980	9	832	255.55	30.57	1996	12	1320	11539	501
1981	10	886	282	28	1997	12	1152	12041	262.63
1982	9	916	370.86	31	—	—	—	—	—

二、村(大队)办工业

1958 年,新民大队创办境内第一个队办厂——五金综合厂,购置 4 台仪表车床加工小五金件,建有两张土窑烧制砖瓦。1971 年,李岗、袁岗、蒋塘等大队相继创办五金厂,杨寿大队创办橡胶塑料制品厂,永和大队创办东方红塑料五金厂,方集大队创办玻璃仪器厂、光学仪器厂,爱国大队创办农机配件厂。1980 年,全镇共有队办企业 11 家,年产值 206.7 万元,利润 18.5 万元,从业人员 598 人。

中共十一届三中全会之后,永和、爱国、李岗、新民、方集等大队工业快速发展。1980年,永和大队东方红五金塑料厂更名为邗江轻纺机械厂,是南京轻纺机械厂协作厂,开始生产自行车行业中十分热销的高频焊管机的轧辊。是年,产值40.9万元,利润8.98万元。其后,永和村工业发展较快,先后兴办邗江异型轧辊厂、邗江钢管厂,工业产值、利润每年以25%的速度递增。1985年,村轻纺机械厂与南京轻纺机械厂联营,组建南京轻纺机械厂一分厂,村投资170万元,扩建新厂房,建筑面积达1万平方米,厂区面积1.8万平方米。增添机床45台、专用设备43台,有工人516名,其中技术人员6人。生产制造车把弯管机、四孔钻削机、玻璃制管机、异型轧辊。当年产值502万元,利润55万元。

1993年,南京轻纺机械厂一分厂产值1658.88万元,利税194.83万元;邗江县钢管厂产值1807.59万元,利税101.4万元;邗江县异型轧辊厂产值1054.85万元,利税213.59万元。是年,村办企业产值500万元以上企业4家,村办企业职工人数929人,固定资产1520.28万元,总产值5069.59万。

爱国村先后兴办鞭炮厂、玩具厂、蚊香厂。1988年,爱国农机具修配厂和扬州电力修造厂合作,组建爱华机械总厂,生产冷压成型机、高频焊管机、模具制钉机。新民村创办热镀锌厂,方集村玩具厂和天津外贸进行工贸联营,组建津江玩具厂,李岗村兴办蜡光纸厂,袁岗村兴办邗江华宁监控设备厂,建龙村兴办化工厂、氖泡厂。

1997年,全镇有村办工业企业14家,就业人员1549人。固定资产4305万元,产值2.93亿元,利润519万元,占全镇工业产值、利润的三分之二。村办企业形成机械制造、钣金、化工、建材、玩具、玻璃仪器等六大门类。1998年,村办企业全部改制为股份制企业或民营企业。

1970~1997年杨寿镇村(大队)办集体企业情况一览表

表10-2-3

单位名称	创办时间	厂　址	主要产品	负责人
邗江爱国农机配件厂	1971年	爱国大队	冷压成型机、高频焊管机、模具制钉机	王心元
袁岗五金厂	1971年	袁岗大队	五金加工	吴玉珊
新民五金厂	1971年	新民大队	五金加工	李万元
爱国鞭炮厂	1972年	爱国大队	烟花鞭炮	王兴岭
方集玩具厂	1980年	方集大队	长毛绒玩具	张恒元
永和建筑站	1984年	永和村	建筑工程安装	成文荣
南京轻纺机械厂一分厂	1985年	永和村	钢管机组	徐龙平
邗江异型轧辊厂	1986年	永和村	焊管模具	王忠平
永和水泥制品厂	1987年	永和村	水泥制品	成文荣
墩留玩具厂	1983年	墩留村	长毛绒玩具	周玉杏
李岗蜡光纸厂	1983年	李岗村	锡铂纸	陈正法
新民热镀锌厂	1983年	新民村	热镀锌	方正元
袁岗玩具厂	1986年	袁岗村	长毛绒玩具	袁国华
邗江华宁监控设备厂	1987年	袁岗村	监控设备配套	吴玉良
扬永焊管设备厂	1992年	永和村	焊管机组	陈在桃

1970~1997 年村（大队）办集体企业产值利润统计表

表 10-2-4

年份	企业数	职工数	产值（万元）	利润（万元）	年份	企业数	职工数	产值（万元）	利润（万元）
1970	4	95	6	0.8	1984	13	892	521	48.5
1971	6	124	13.1	1.4	1985	13	1132	762	55.2
1972	5	132	11.3	1.25	1986	13	1525	1093	64
1973	6	140	14.3	1.75	1987	14	1782	1790	84.4
1974	6	164	31	3.25	1988	14	1680	2524	101.9
1975	6	177	33.8	3.3	1989	13	1393	3166	144.6
1976	9	256	52.4	5.5	1990	15	1531	3276	91
1977	10	436	96.8	8.9	1991	15	1589	3780	190.5
1978	19	472	122	11.5	1992	19	2261	6285	311
1979	11	504	140	13.8	1993	18	1768	12096	713
1980	11	598	206.7	18.5	1994	18	2306	19816	1089
1981	12	623	230	24.1	1995	18	2166	25242	1397
1982	12	687	255.5	24.5	1996	14	1746	33874	1345
1983	12	728	280	26	1997	14	1549	29318	519

三、校办工业

为贯彻落实毛泽东主席提出的"学生不但要学文,也要学工、学农、学军"的精神,1973 年,杨寿中学在校区内创办电镀厂,为金属件镀锌、镀铬、发蓝。有职工 12 人,固定资产 25 万元,产值 20 多万元。1983 年,因污染学校环境,迁至袁岗村金庄组,于 1997 年停办。

1974 年,杨寿中心小学在校区内创办五金轴承厂,有工人 5 人,年产值 1.5 万元。同年,方集学校创办玻璃仪器厂,有工人 4 人,年产值 1 万元。1975 年,蒋塘小学创办有机玻璃厂,工人 8 人,年产值 2 万元。1976 年,爱国小学创办砂轮油石厂,工人 3 人,年产值 1 万元。

80 年代中期至 90 年代中后期,校办工厂在税收上享受国家优惠政策,学校采取挂靠和合办的方式兴办校办企业。李岗蜡光纸厂挂靠杨寿中心小学,邗江华宁监控设备厂挂靠杨寿中心小学创办文教电器厂,扬州华通橡塑有限公司挂靠杨寿中心小学创办文教橡塑厂,邗江异型轧辊厂挂靠永和小学创办文教异型轧辊厂,方集村玻璃仪器厂挂靠方集小学创办文教玻璃仪器厂。1988 年,全乡有校办企业 9 家,年产值 300 万元,利润 25 万元。经乡（镇）教育办公室批准,收入用于校园建设、补贴办公费用、图书购置、体育器材添置及教师福利、减免困难学生的学杂费等。1998 年,企业改制,校办工业相继停办。

四、外资、港澳台资企业

1997 年,德国商人理查德·瓦萨克在境内独资兴办扬州金泉旅游用品股份有限公司,生产睡袋、帐篷、服装、箱包等旅游用品,产品销往日本、欧美等 30 多个国家和地区。

2000 年,中国台湾商人张台生和扬州乐星玩具有限公司合资,组建扬州吉星玩具有限公司,生产长毛绒玩具,产品销往欧美等地。

2000 年,俄国商人瓦加什科夫独资兴办扬州嘉利工艺品有限公司,生产长毛绒玩具。次年,中国香港佳勤实业有限公司出资 3 万美元,与华星橡塑有限公司合资,生产集装箱密封条、汽车密封条,产品销往东南亚、欧美等地。

2003 年,韩国商人朴泰永在镇内独资创办扬州市艾希怡玩具有限公司(2010 年更名扬州市艺林玩具有限公司),产品销往东南亚和欧美等地。

2016 年,境内外资及港澳台资企业 4 家,产值 14.4 亿元,外贸出口交易额 11.59 亿元。

五、股份合作制工业

为大力推行产权制度改革,加快企业股份合作制的进程,建立产权明晰、政企分开、权责明确、管理科学的现代企业制度。1993 年,县政府将域内扬州华联电气设备实业总公司作为县股份合作制企业第一批改制试点单位。是年底,由王文山等 5 人出资 258 万元,将扬州华联电气设备实业总公司由乡集体性质改制成股份合作制企业。

1994 年,乡政府将扬州华通橡塑有限公司作为乡办企业股份合作制改制试点单位,殷正宇等 5 人出资 82 万元,由乡集体性质企业改制为股份合作制企业。

1997~1998 年,镇政府成立产权制度改革小组,由国税、地税、农行、信用社等部门组成资产评估小组,对企业进行清产核资、资产评估。对 12 家镇属企业、14 家村属企业进行全面改制。根据能股则股、能售则售的原则,企业整体向经营者、职工出售。由刘宏信等 13 人出资 10 万元,将镇集体企业邗江县冶金机械厂改制为股份合作制企业。王富良等 5 人出资 50 万元,将镇集体企业扬州市永寿塑料制品厂改制为股份合作制企业。由方正元等 13 人出资 132 万元,将新民村村属企业振新热镀锌厂改制为股份制企业。由吴文云等 5 人出资 80 万元,将爱国村属企业扬州市爱华机械总厂改制为股份合作制企业。由陈正发等 4 人出资 30 万元将李岗村属集体企业邗江同发化工厂改制为股份合作制企业。

1998 年 4 月,邗江县农村工作部批准境内 26 家企业改制,其中 20 家企业改制为股份合作制企业,6 家企业改制为民营企业。

六、民营、私营、个体工业

1985 年,县委推广杭集乡"双轨并行,五轮齐转,发展组户工业"的经验。乡政府推动玩具服装加工、五金、冲压件加工、水泥制品、木业制品等私营、个体企业发展。境内先后新办红星玩具厂、邗江现代喷涂厂、邗江杨寿拉丝厂、邗江明泉电气设备厂、邗江劲鹏橡塑厂、邗江振新监控设备厂、邗江华泰监控设备厂、扬州市杰玛汽车附件有限公司、邗江宝洋玩具厂(兼营机箱、机柜)、扬州市锦寿建材有限公司、扬州市信诚监控设备厂、扬州市邗江巨龙机械铸造厂、邗江县华鑫焊管轧辊厂、扬州伟光机械制造有限公司、扬州市揽坤电气有限公司、扬州新型建材有限公司等具有一定规模的私营企业。

2001年,产权制度改革进一步深化,镇、村集体股份全部退出。镇属12家股份制企业实行股权流转,资产重组,由经营者持大股或全股。改制成私营企业4家,改制成有限责任公司8家。村属14家股份合作制企业,改制成有限责任公司的12家,改制成私营企业2家,重新注册资金3445.5万元。至2002年,股权流转结束,境内股份合作制企业全部转为民营、私营企业。是年,全镇有民营企业57家,私营、个体企业12家,原镇属企业改制为民营企业11家。其中爱国村有民营企业13家,私营、个体企业9家,东兴村有私营、个体企业3家,永和村有民营企业8家,墩留村有民营企业3家,宝女村有民营企业10家,新龙村有民营企业8家,方集村有民营企业4家。

2016年,境内民营企业增加到242家,私营、个体企业增加到63家。其中工业园区民营企业54家;村级创业园民营企业13家;爱国村民营企业44家,私营、个体企业13家;宝女村民营企业48家,私营、个体企业9家;东兴村民营企业4家,私营、个体企业6家;方集村民营企业12家,私营、个体企业6家;杨寿镇社区民营企业31家,私营、个体企业16家;新龙村民营企业7家;永和村民营企业29家,私营、个体企业13家。是年,镇工业总产值93.3亿元,工业利税6.67亿元,其中利润4.20亿元,出口交易额11.59亿元。高新企业产值52.74亿元。

2016年杨寿镇民营、私营、个体企业情况一览表

表 10-2-5

地 址	企业名称	负责人	产 品
爱国村	扬州鑫康电气有限公司	吴正金	机柜、控制台
	扬州市迅科电器设备有限公司	王正朝	钣金电器
	扬州市富山机械厂	方付山	机械加工
	扬州市铭望机械厂	邵茂铭	机械加工
	扬州市邗江华宇监控设备厂	殷 伟	控制台架、监视屏
	扬州瑞能电器设备有限公司	邵 校	电气设备
	扬州市邗江永杰钣金厂	吴长征	钣金加工
	扬州瑞源机电科技有限公司	陈立顺	机电
	扬州市华展汽车配件有限公司	平增华	汽车配件
	扬州市华荣监控设备厂	吴文荣	控制台架、监视屏
	扬州市爱华机械总厂	纪广德	制钉机、轧辊
	扬州市爱华复合材料厂	王永君	复合材料
	扬州市振扬玩具厂	杨恩平	玩具
	邗江金荣玩具厂	王金荣	玩具
	扬州市信玲玩具厂	黄有丽	玩具
	扬州萍源玩具厂	窦正勤	玩具加工
	扬州东仑工业设备有限公司	唐爱民	机械设备、配件
	扬州市华宁安防设备厂	杨在文	监控设备配件
	扬州宝宇机械设备有限公司	王文忠	机械加工

续表 10-2-5

地　址	企业名称	负责人	产　品
爱国村	扬州市邗江杨寿兴芬玩具厂	袁正来	玩具加工
	邗江区启海机械配件加工厂	潘天亮	机械配件加工
	盛彬玩具加工厂	盛宝林	玩具加工
	邗江区良缘文化用品厂	倪宝良	文化用品
	扬州建广机械设备有限公司	陈立顺	机械配件加工
	扬州市宏睿精密机械厂	王福龙	机械加工
	邗江区春安机械加工厂	徐春安	机械加工
	邗江区国定机械厂	俞国定	机械加工
新龙村	扬州市华凌监控设备厂	刘付朝	钣金电气
	扬州市邗江振新热镀锌厂	方正元	热镀锌
	扬州聚通机械有限公司	吴兆华	机械加工
	扬州华冠管业有限公司	耿恩昌	脚手架管材
	扬州明扬电气有限公司	王福喜	电气元件
	扬州市鼎惠电气设备有限公司	殷久惠	机柜控制台
宝女村	扬州市金辰机械厂	吴根泉	机械加工
	扬州扬和金属制品有限公司	吴玉祥	金属制品
	扬州市天扬模具制造有限公司	花宽朝	模具制造
	扬州市惠诚工艺品有限公司	陈正明	玩具
	扬州市水金橡塑厂	陈广盛	橡塑制品
	扬州市首创电力设备有限公司	李平桂	电力设备
	扬州市双扬生物科技有限公司	孔令武	生物科技
	扬州市邗江腾达电气设备厂	吴德田	机械钣金
	扬州市天炬电气设备有限公司	陈德祥	钣金电气
	扬州市邗江区祥运塑料电子厂	田宗荣	塑料电子
	扬州市杨林金属机械厂	吴文林	机械加工
	邗江区富庆机械制造厂	姚付庆	机械制造
	扬州市安源金属制品有限公司	李平原	金属制品
	扬州市圆力机械有限公司	戴小健	机械加工
	扬州长泉电器设备有限公司	吴长泉	钣金电器
	扬州市信诚监控设备厂	李国华	钣金电气、机械加工
	扬州市展鸿机械有限公司	程德军	模具、机械加工
	扬州市科达涂装有限公司	李保科	涂料
	扬州盛亚塑胶有限公司	葛盛生	塑胶
	扬州宝玉监控设备厂	汤志宝	监控器材
	扬州新好迪电源有限公司	李明和	电器设备

续表 10-2-5

地 址	企业名称	负责人	产 品
宝女村	扬州市冠林五金机械有限公司	王志林	五金机械
	扬州市金来机械厂	金明来	机械加工
	邗江区好迪红木家具厂	李 新	红木家具
	邗江区富庆机械制造厂	姚付庆	机械加工
	扬州市邗江新奥橡塑五金厂	周万祥	橡塑、五金
	扬州市邗江派对门窗厂	陈 萍	门窗加工
	扬州市邗江杨寿新海进机械厂	李明望	机械加工
	扬州市邗江祥瑞铜门厂	邵周环	铜门加工
	扬州市葛圣萍玩具加工厂	葛圣萍	玩具加工
	扬州市邗江区兰兔兰玩具厂	龚宝兰	玩具加工
	扬州尊鼎工贸有限公司	姚峰坚	贸易
	扬州市邗江荣华工艺塑料五金厂	万明华	塑料五金
	市龙泉模具制造有限公司	周玉祥	模具制造
	邗江区北扬木业家具厂	余汪辉	木业家具
	扬州盛亚橡胶有限公司	葛盛生	橡胶制品
	扬州市宝玉监控设备厂	汤志宝	机箱、机架
	扬州市亨达工艺品厂	吴爱华	工艺品
	江苏尤文塑业有限公司	陶恩林	塑料玩具
	扬州长江建材有限公司	严金山	建材
	邗江区顺鑫预制构件厂	孔有良	水泥构件
	扬州思品工艺品有限公司	贾 伟	工艺品
	扬州市邗江方刘玩具厂	窦如芳	玩具
	扬州市邗江惠恩工艺厂	周玉杏	玩具加工
东兴村	扬州市中大模具制造有限公司	周学刚	模具制造
	扬州市燕经机械厂	陈治锋	机械加工
	邗江区轩辕机械加工厂	汪 轩	机械加工
	扬州市邗江区香菊玩具厂	陈菊香	玩具加工
墩留村	扬州方晟电气设备有限公司	方新生	钣金电器
	扬州市祥盛包装厂	江仁云	包装用品
	扬州市锦寿建材有限公司	俞为民	多孔砖
	扬州市华生焊管设备有限公司	张国华	焊管设备制造
	扬州金螳螂机械铸造有限公司	吴 鹏	铸造
方集村	扬州市海广电器设备有限公司	吴为民	电器设备
	扬州市邗江宝洋玩具厂	吴朝山	玩具、钣金
	扬州市邗江林扬新型建材厂	朱庭明	水泥合成砖

续表 10-2-5

地　址	企业名称	负责人	产品
方集村	扬州市邗江鑫汇悦文教用品厂	吴　旭	文教用品
	扬州市邗江明扬食品厂	王福明	食品加工
	扬州市邗江宽鑫五金加工厂	陈立顺	五金加工
	扬州勤杰车辆配件有限公司	徐万朝	车辆配件
	扬州市邗江猛达玻璃仪器厂	徐在清	玻璃仪器
永和村	扬州市永和木业有限公司	吴义权	复合板、建材
	扬州市江龙机械制造有限公司	吴宏江	机械制造
	扬州市恒永机械模具有限公司	孙　余	机械模具
	扬州市邗江杨寿热处理厂	王正清	金属热处理
	扬州市同发处理厂	张万友	金属发蓝淬火
	扬州市扬永焊管设备厂	徐龙怀	轧辊模具
	扬州捷瑞特新材料有限公司	金志刚	新材料
	扬州市远锦电气有限公司	徐春盛	电气、钣金
	扬州市玮群电气有限公司	郦安来	电器设备
	扬州市天林机械有限公司	孙天林	机械加工
	扬州永光传动机械制造有限公司	马玉琴	机械加工
	扬州永和高频设备有限公司	郭永彬	电气设备
	扬州万达好宝宝工艺品有限公司	万付云	玩具
	扬州市邗江杨寿杏安玩具厂	吴杏安	玩具
	扬州市时代机械有限公司	江义航	机械制造
	扬州市邗江海陆丰金属制品厂	余恩海	金属制品
	扬州天马玩具有限公司	徐　燕	玩具
	扬州永扬机械制造有限公司	方正清	机械加工配套
	扬州市宏程电气设备有限公司	焦世宏	钣金电气
	扬州市嘉瑞琦模具制造有限公司	王　海	模具制造
	扬州万木春纸制品有限公司	王　俊	纸制品
	扬州市臻龙机械有限公司	施宏洋	机械加工
	扬州市邗江荣达玩具加工厂	庄玉荣	玩具
	扬州市邗江丛林玩具厂	李二猛	玩具
	扬州辰逸机械有限公司	祁欣欣	机械加工
杨寿社区	扬州华联电气设备实业总公司	王秀云	电气设备制造
	扬州市金荣机械有限公司	俞恩荣	焊管模具
	邗江区春雷辐射防护设备厂	金礼凤	防护设备
	邗江华通特种塑胶厂	夏东生	特种塑胶
	扬州永旭电气设备有限公司	王家永	电气设备

续表 10-2-5

地 址	企业名称	负责人	产 品
杨寿社区	扬州瑞奇电气有限公司子公司	吕天文	电气设备
	扬州邗江红亮玩具废料加工厂	龚世宏	玩具废料加工
	江苏华乐电气有限公司	顾建国	电气设备
	邗江区为拓户外用品厂	顾学军	户外用品
	扬州邗江江力监控设备厂	江义同	监控设备
	扬州邗江杨寿惠诚玩具加工厂	陈春礼	玩具加工
	邗江区佳家乐移门制作销售部	吴奇斌	移门制作
	邗江区宏晓门窗加工厂	许广梅	门窗加工
	扬州璐璐工艺品有限公司	丁久明	玩具
	扬州元彩印务有限公司	田 园	印刷
	扬州米纳金属材料有限公司	王茂松	金属材料
	扬州恒步印花有限公司	方德珍	印花
	扬州市戴米安服饰有限公司	陈 龙	服饰
	邗江区宽朝机械加工厂	花宽朝	机械加工
	扬州市艺峰彩印包装有限公司	陈 兵	彩印包装
	扬州市神厨食品有限公司	陈正伟	食品加工
	邗江区润海电绣绣花厂	曾海林	电脑绣花
	扬州泰昌电力设备有限公司	王其昌	电力设备
	扬州邗江杨寿昌泰化工辅料厂	陈长英	化工辅料
	扬州万友机械厂	张万友	机械加工
	扬州聚通机械有限公司	吴兆华	机械加工
	扬州市利盛纸箱包装厂	王家顺	纸箱包装
	扬州市许志佳服装厂	许志佳	服装加工
	扬州竹佑热处理有限公司	顾正明	金属件热处理
	扬州市邗江区寿蒋玩具厂	曹家和	玩具
镇工业集中区	江苏晶联水漆有限公司	朱国俊	水漆
	扬州市宏盛机械制造有限公司	陈 永	制钉机
	扬州市欧豪工艺品有限公司	赵春燕	工艺品
	扬州市杰玛汽车部件有限公司	周来定	汽车部件
	扬州市常安电缆设备有限公司	庄巨云	电缆
	江苏良工执行器有限公司	郑礼洲	仪器
	扬州市壹能保温材料有限公司	刘桂华	保温材料
	扬州市常安电器设备有限公司	李国章	电器设备
	扬州市竺祥机械厂	赵庆稳	机械加工
	扬州市科伟电气设备有限公司	陈立财	机柜、控制台

续表 10-2-5

地　址	企业名称	负责人	产　品
镇工业集中区	扬州市浩宇玻璃有限公司	翟安妹	玻璃制造
	扬州恒发科技发展有限公司	刘桂华	产品研发
	扬州赛创新材料科技有限公司	王庆宏	新型建筑模板
	扬州润发橡塑有限公司	江义发	橡塑产品
	扬州森域木塑新材料有限公司	邵杨天	木塑新材料
	扬州市恒宇玻璃科技有限公司	袁　建	玻璃制品
	扬州鼎盛金属制品有限公司	蒋安松	金属制品
	扬州市华裕包装有限公司	王桂岭	包装材料
	扬州市邗江巨龙机械铸造厂	李国巨	机械铸造
	扬州市强盛机械制造有限公司	吴文云	机械制造配套
	扬州伟光机械制造有限公司	王广林	轧辊、焊管机械
	扬州市恒阳冶金科技有限公司	刘宏信	氧枪
	扬州市百通电缆材料有限公司	宦　军	电缆材料
	扬州三圆久远电气制造有限公司	丁春朗	电气设备
	江苏欧佩日化股份有限公司	罗爱军	旅游、酒店用品
	扬州市揽坤电器设备有限公司	陈小兵	桥架、母线槽
	扬州新通宇新型建材有限公司	吴　军	水泥涵管、砖
	扬州市泗洲电气有限公司	李　猛	电气设备
	江苏龙迈环保设备有限公司	张学权	环保设备
	扬州诺宇制冷设备有限公司	石文根	制冷设备
	扬州浩华机械制造有限公司	成国华	机械制造
	江苏博利源机械有限公司	王春柳	机械制造
	扬州市邗江科普太阳能热水器	沈　阳	太阳能热水器
	扬州金泉旅游用品股份有限公司	林明稳	服装、户外旅游用品
	扬州华通橡塑有限公司	殷征宇	火车密封胶条等橡胶件
	扬州高新橡塑有限公司	江易高	橡胶件、集便器
	江苏省南扬机械制造有限公司	王正田	机械制造
	扬州艺林玩具有限公司	景昌荣	玩具
	扬州吉星机械有限公司	柏兆星	模具、机械加工
	扬州萨德自动化科技有限公司	殷爱斌	系统自动化建设
	扬州市邗江区周三热处理厂	周益华	金属热处理加工

第三节 工业门类

一、机械冶金

1958年新民大队兴办五金砖瓦厂,加工小螺丝等五金件,年产值2000元。70年代,李岗、永和、袁岗、新民等大队相继兴办五金厂,用仪表车床、皮带车床生产螺丝、螺帽等配套件。1980年,永和大队、爱国大队和南京、扬州等协作厂家横向联合,产品更新换代速度加快,开始制造钢管机组、制管模具、制钉机等机械部件。

90年代后,机械冶金企业添置智能化激光切割机、加工中心、数控车床、铣床、大型龙门刨床等设备,采用新技术、新工艺,机械制造能力大大增强。江苏省南扬机械制造有限公司、扬州市杨永焊管设备厂、邗江永泰无纺印染机械厂能制造高频焊管、精密焊管、高精度钢塑、不锈钢复合焊管机组、数控型材轧制生产线、汽车散热器铝圆管高速生产线。扬州市爱华机械制造有限公司、扬州市

扬州市杨永焊管设备厂

宏盛机械有限公司能制造HZD系列高速全自动制钉机、生产机组和各类轧辊。

扬州市爱华机械制造有限公司

1992年,杨寿砖瓦厂成立邗江县冶金机械厂(1998年更名为扬州市恒阳冶金科技有限公司),开发生产氧枪喷头、机械手、阀站电控系统成套设备。

2000年,扬州市宏盛机械有限公司添置大型智能加工中心设备,为扬州金方圆集团加工、配套生产数控剪板机、数控冲床的精密机械部件。扬州市邗江巨龙机械铸造厂(原址在杨寿电灌站院内)翻砂铸造制钉机身、机座和各类阀门。是年,机械冶金行业产值2亿多元。

2002年后,境内大部分机械冶金企业集中在工业集中区内,均采用新工艺生产,制造能力进一步增强。2006年,永和村张万友在杨寿大桥北兴办邗江同发热处理厂。2009年,周益华在村级创业园创办扬州市邗江区周三热处理厂。全镇的机械冶金制造水平又上新台阶。

2016年,全镇有机械制造、配套加工、冶金、机械铸造等重点企业12家,产值33.69亿元,利税3.13亿元,分别占全镇工业产值、利税的38.6%、52.97%。

2016 年杨寿镇机械冶金企业情况一览

表 10-3-1   单位：万元

企业名称	厂　址	法人代表	主要产品	产　值	利　税
江苏省南扬机械制造有限公司	镇工业集中区	王正田	焊管机组、模具	70500	5611
扬州市邗江巨龙机械铸造厂	镇工业集中区	李国巨	机械铸造	20500	2110
扬州伟光机械制造有限公司	镇工业集中区	王广林	焊管机械、模具	29050	2564
扬州市爱华机械制造有限公司	爱国村	吴乃明	高频焊管、制钉机	55310	4840
扬州市恒阳冶金科技有限公司	镇工业集中区	刘宏信	氧枪喷头、机械手	47845	3814
扬州市杨永焊管设备厂	永和村	徐龙怀	焊管机组、模具	42840	4080
扬州市联创液压设备公司	镇工业集中区	刘　兵	液压设备	22347	2144
扬州市强盛机械有限公司	镇工业集中区	吴文云	机械制造配套	26800	2568
扬州市宏盛机械有限公司	镇工业集中区	陈　永	制钉机	18800	1740
扬州市吉星机械制造有限公司	村级创业园	柏兆星	机械加工、模具	1000	917
扬州展鸿机械有限公司	村级创业园	程德军	机械加工	1000	846
扬州市邗江区周三热处理厂	村级创业园	周益华	热处理	500	45
邗江同发热处理厂	村级集镇北	张万友	热处理	400	42

二、钣金电气（器）

钣金电气（器）设备制造是镇密集型产业。1984 年，国家全面推行电化教育，同时城市安全监控、交通监控起步，需要大量的机箱、机柜、屏幕墙等辅助设备。乡农机具修造厂抓住机遇，与国家标准化推广机构合作，采用国家标准，自主开发 19 英寸机箱、机柜、控制台等系列产品。次年，开发保护式母线、过线桥架等电气产品。1993 年，乡农机具修造厂更名为扬州华联电气设备实业总公司。2004 年，公司生产的"安寿牌"模数化终端组合电气通过中国质量认证中心强制性产品认证。以该厂为母厂，衍生出 17 个钣金电气（器）生产厂。1988 年，吴玉良在袁岗村兴办邗江华宁监控设备厂（2000 年分为邗江华凌监控设备厂、邗江华宇监控设备厂、邗江华宁安防设备厂、邗江华荣监控设备厂），生产摄像机防护罩、19 英寸标准机柜、屏幕墙等。1989 年陈正明、吴长泉在李岗村兴办邗江明泉电器设备公司（后更名为扬州长泉电器设备有限公司），生产控制台架、CQJ 消防应急灯、CQDJ 系列桥架、防火桥架、CZX 系列模数化终端组合电气，低压配电柜、动力柜、双电源自动切换柜、水泵控制柜、铝型材机箱机柜、控制台、屏幕墙等 8 大系列 100 多个品种。

1992 年，方永政在新民村兴办邗江振新监控设备厂。1994 年，方正东在方集村兴办邗江华泰监控器材设备厂。2000 年，焦世宏在永和村兴办宏程电气设备有限公司。2002 年，李国华在李岗村兴办扬州市信诚监控设备厂，主要生产摄像机防护罩、19 英寸标准机箱、机柜、控制台屏幕墙等。

2005~2008 年，陈小兵、邵校先后在工业集中区、爱国村兴办扬州市揽坤电气有限公司、扬州瑞能电器设备有限公司，生产环网柜、金属封闭开关柜、预装式变电站、配电箱、终端组合电器箱等成套电器产品。企业加大技改投入，新增数控冲床、数控剪板机、数控折弯机、数控切割机、加工中心等设备，提高生产能力，保证质量产品。2016 年，换代升级为全套电器产品高压中置柜、环网柜、动力配电箱、配电屏、箱压配电站等整套电器设备,部分产品达到国内领先水平。

2013~2015年,在镇工业集中区、村级创业园先后兴办扬州三圆核电电气有限公司,生产保护式母线槽、过线桥架。扬州百通电缆材料有限公司、扬州鼎盛金属制品有限公司、扬州市力源线缆有限公司生产电缆、电线和船用电缆。

境内生产的钣金电气(器)产品覆盖全国,有"钣金电气(器)之乡"之称。扬州市华联电气实业总公司、扬州信诚监控设备厂、扬州瑞能电器设备有限公司、扬州长泉电器设备有限公司,年产值均过亿元。2015年,扬州华联电气设备实业总公司、扬州市宏程电气设备有限公司被认定邗江区高新企业。

2016年,全镇有钣金电气生产企业17家,年产值18.27亿元,利税1.34亿元。分别占全镇工业总产值、利税的19.61%、20.1%。

2016年杨寿镇钣金电气设备企业经营情况一览表

表10-3-2 单位:万元

企业名称	厂 址	法定代表人	产 值	利 税
扬州华联电气设备实业总公司	杨寿社区	王文山	45250	3549
扬州长泉电器设备有限公司	宝女村	吴长泉	45280	2199
扬州市揽坤电气有限公司	镇工业集中区	陈小兵	22250	1880
扬州市宏程电气设备有限公司	永和村	焦世宏	18847	1760
扬州市信诚监控设备厂	宝女村	李国华	15069	1204
扬州三圆核电电气有限公司	镇工业集中区	丁春朗	12400	1250
扬州鼎盛金属制品有限公司	村级创业园	蒋安松	7000	450
扬州百通电缆材料有限公司	村级创业园	宦 军	4000	410
邗江华宇监控设备厂	爱国村	殷 伟	1840	80
邗江华泰监控器材设备厂	方集村	方正东	1750	80
邗江华宁安防设备厂	杨寿社区	杨在文	1720	75
邗江华凌监控设备厂	新龙村	刘付朝	1640	70
扬州市力源线缆有限公司	村级创业园	刘为民	1500	130
扬州瑞能电器设备有限公司	爱国村	邵 校	1400	120
邗江华荣监控设备厂	爱国村	吴宏才	1210	64
扬州天炬电气设备有限公司	镇工业集中区	陈德祥	800	50
扬州市远锦电气有限公司	杨寿社区	徐春盛	750	55

三、玩具、服装

1967年,公社创办玩具加工点,生产长毛绒玩具。1974年,与杨庙公社、西湖公社在西湖公社综合厂内联合兴办邗江县联营玩具厂,生产以灯芯绒为面料的玩具。1985年,境内玩具加工点规模扩大,建立邗江县玩具二厂。是年,杨寿村耿恩龙首办家庭玩具厂。境内逐步形成玩具加工、生产的区域效应,方集、墩留、东兴、爱国、永和、袁岗(今爱国村)、李岗(今宝女村)等村集体和私人先后兴办玩具厂。农闲时有 40% 的农户参与玩具加工。

1985 年,方集玩具厂与天津外贸联营成立津江玩具厂。1990 年,乡玩具出口产值 1000 多万元,获县出口创汇奖。1998 年,吴朝山在方集村兴办杨寿宝洋玩具厂,万明堂在蒋塘村兴办杨寿永达工艺品有限公司,年产值均超 1000 万元。2003 年,韩国商人朴泰永在镇工业集中区独资创办扬州艾希怡玩具有限公司,2010 年更名为扬州艺林玩具公司。

2016 年,镇玩具企业中超 1000 万元以上的 7 家,5 家具有自营出口权,年产值 5.87 亿元,利税 6372 万元,从业人员 3600 人。

1970 年,公社兴办杨寿绣品厂,生产枕套、帐沿、被面以及服装点缀物等。1976 年,企业压缩加工、扩大自营,增加生产服装。1983 年,公社绣品厂更名为杨寿服装绣品厂。1986 年,该产开始生产毛呢服装,并更名杨寿毛呢服装厂。次年,产值 74 万元。后行情下滑,于 1992 年转产。

2016 年杨寿镇玩具企业经营情况一览表

表 10-3-3　　　　　　　　　　　　　　　　　　　　　　　　　　　　　单位:万元

企业名称	厂　址	法定代表人	产　值	利　税
扬州吉星玩具有限公司	集镇乐星路	张兴桥	27285	1768
扬州嘉利玩具有限公司	宝女村	吴德兆	15278	1729
扬州艺林玩具公司	镇工业集中区	景昌荣	25285	679
扬州童心玩具有限公司	镇工业集中区	陈 琳	6094	591
扬州惠诚工艺品有限公司	宝女村	汪生林	5340	604
杨寿永达工艺品有限公司	永和村	万明堂	4230	410
杨寿宝洋玩具厂	方集村	吴朝山	1240	110
杨寿墩留玩具厂	墩留村	周玉香	840	73
杨寿宏发玩具厂	永和村	周宏发	540	48
杨寿天乐玩具厂	集镇华阳路	许立清	610	58
邗江李岗玩具厂	宝女村	薛巨云	550	45
杨寿邵国忠玩具厂	新龙村	邵国忠	480	45
杨寿汪家柱玩具加工点	东兴村	汪家柱	420	35
杨寿徐习国玩具加工点	东兴村	徐习国	320	30
杨寿苏宏文玩具加工点	东兴村	苏宏文	320	29
杨寿王雪林玩具加工点	爱国村	王雪林	280	25
爱国王福武玩具加工点	爱国村	王福武	250	20
杨寿吴文保玩具加工点	爱国村	吴文保	220	18
杨寿悦明玩具厂	集镇华通路	张恒悦	150	15
杨寿恒丰玩具厂	爱国村	顾道奇	220	20

四、旅游、酒店用品

1998 年,扬州金泉旅游用品股份有限公司兴办,生产帐篷、睡袋、旅游服装、运动鞋等,产品销往日本、欧美等30多个国家和地区。2012年,该公司被认定为国家高新技术企业。

2010年,江苏欧佩日化股份有限公司(新三板上市公司)在镇工业集中区落户,生产拖鞋、沐浴露、洗发水等高端酒店用品。2012年,公司总投资达1亿元,创建成国内一流的日化生产线。

2011年,意大利滑雪服装公司在镇工业集中区落户,生产滑雪服装。产品销往美国、德国、意大利、法国、日本、瑞士、加拿大、荷兰、比利时等50多个国家。

2016年,扬州市欧豪工艺品有限公司在镇落户,主要生产箱包、化妆品等。

2016年,境内旅游用品企业4家,产值8.67亿元,利税9700万元。

2016年杨寿镇旅游用品企业经营情况一览表

表10-3-4

单位:万元

企业名称	厂 址	法人代表	产 值	利 税
扬州金泉旅游用品股份有限公司	镇工业集中区	理查德·瓦萨克	54000	5200
江苏欧佩日化股份有限公司	镇工业集中区	罗爱军	217000	3000
江苏意大利滑雪服装公司	镇工业集中区	李宏庆	7000	700
扬州市欧豪工艺品有限公司	镇工业集中区	赵春燕	11000	1500

五、橡塑、化工

橡塑 1977年,公社兴办杨寿橡胶厂,生产橡胶鞋底、橡胶条。1989年,该厂成功开发火车车窗整体密封胶条,成为国内首创。1990年,通过省级鉴定,获得国家发明专利。同年,徐文进在新民村(今新龙村)创办扬州劲鹏橡塑厂,生产汽车橡胶配件。1992年,杨寿乡创办永寿塑料制品有限公司,生产塑料工具箱。1993年,杨寿橡胶厂获中国高新博览会银质奖,杨寿橡胶厂已成为铁道部、中国人民解放军总参谋部通讯兵部橡塑配件定点生产厂。1994年,杨寿橡胶厂改制为股份合作制企业,更名为扬州华通橡塑有限公司。1996年,江易高在集镇创办杨寿橡塑厂,生产车辆的减震防尘套、客车门胶条、地铁列车门与屏蔽门胶条、动车给水系统硅胶管和减震器连接头等。1998年,杨寿橡塑厂投资1000多万元,迁至杨寿村王庄组,并更名为扬州高新橡塑有限公司。

2000年,周来定在原曹安中学内(学校合并后空置)兴办扬州市杰玛汽车部件有限公司,生产汽车用排水管、挡水网等橡胶配件。2002年,扬州市杰玛汽车部件有限公司研发出汽车空调玻璃钢壳体、工程挖掘机外装饰机罩、高档卡车内饰件,产品与亚星、金龙、宇通等客车及徐州生产的挖掘机配套。生产的玻璃钢花盆、假山石出口到德国、荷兰等。同年,扬州华通橡塑有限公司改制为民营企业,迁至镇工业集中区。现有办公楼和厂房4200平方米,固定资产1200万元。2003年,扬州市杰玛汽车部件有限公司迁址至镇工业集中区,投资1500万元,征地3万平方米,建2万平方米新厂房及办公用房。2004年,扬州华通橡塑有限公司开发研制的软卧间壁安装座产品,在25T型车上成功使用并获得专利证书。2008年,扬州市杰玛汽车部件有限公司自行研发PVC的钢丝增强管获国家产品专利,同年被扬州市科学技术局认定为高新技术企业。2009年,扬州高新橡塑有限公司无毒轨道车辆门窗橡胶密封条及其制造方法获国家知识产权局发明专利证书。2010年,该公司研制生产的混凝土枕轨下用橡胶垫板、KC-20电力连接器橡胶护套获中国铁路产品认证证书。2012年,该公司生产的轨道车辆专门用胶条获国家知识产权局发给的实用新型专利证书。同年,江义发在镇工业集中区创办扬州润发橡塑有限公司,生产汽车、火车橡胶配套件。2014年,公司制造的动车真空集便器系统填补了国内空白。

2016年,境内橡塑企业5家,年产值11.65亿元,利税9033万元。

化工　1973年,杨寿中学在校园内兴办电镀厂,为金属件冷镀锌。1980年,新民大队创办新民热镀锌厂,为五金件镀锌,规模小,产值低。随着电力、通讯业快速发展,普遍使用铁塔。该厂瞄准商机,扩建厂房,增添设备,扩大经营范围。该厂最长的镀锌槽长16米,一次可热镀金属件8吨。1984年,杨寿中学电镀厂迁至袁岗村金庄组。1989年,李保科在李岗村(今宝女村)兴办邗江现代涂装厂,生产涂料、油漆。1990年,镇(乡)先后兴办杨寿树脂厂、扬州佳美高分子材料厂。1997年,杨寿中学电镀厂停办。1998年,新民热镀锌厂改制为股份制企业,更名为扬州市邗江振新热镀锌厂,2002年改制为民营企业。2009年,由于生产成本高、环境污染严重等因素,杨寿树脂厂、扬州佳美高分子材料厂相继关闭。

2016年,境内化工企业2家,年产值5.55亿元,利税5086万元。

2016年杨寿镇橡塑制品化工规模企业经营情况一览表

表10-3-5　　　　　　　　　　　　　　　　　　　　　　　　　　　　　　单位:万元

企业名称	厂　址	法定代表人	产　值	利　税
扬州华通橡塑有限公司	镇工业集中区	殷征宇	37100	2087
扬州高新橡塑有限公司	镇工业集中区	江易高	35535	3455
扬州市杰玛汽车部件有限公司	镇工业集中区	周来定	37500	2916
扬州劲鹏橡塑厂	新龙村	徐文进	2880	265
扬州润发橡塑有限公司	镇工业集中区	江义发	3500	310
扬州市邗江振新热镀锌厂	新龙村	方正元	54320	4971
邗江现代涂装厂	宝女村	李宝科	1250	115

六、建筑材料

80年代前,境内主要生产砖瓦等传统建材。80年代后,生产钢窗、钢窗配件及水泥建材。2000年后,生产木业板材、覆塑建筑模板、大直径水泥涵管、仿古砖、空心砖、大理石等。2016年,境内建材企业有邗江志峰仿古砖厂、扬州市邗江林扬新型建材厂、扬州市新通宁新型建材有限公司、扬州赛创新材料科技有限公司、扬州市锦寿建材有限公司、扬州市永和木业公司。

砖瓦　1958年,新民大队(现新龙村)建有土窑两座,烧制大砖、大瓦、旺砖、小瓦、厕所弯砖等,为集体所有。年产各种砖瓦50万块,产值2.2万元。后方集、李岗、蒋塘大队相继建小土窑。1976年,公社在李岗村跃进生产队(今宝女村宝女组)兴办杨寿砖瓦厂,建16门轮窑一座,购置450型砖机制坯,生产23厘米×11厘米×5厘米红砖,是年9月份投产,年底产砖160万块,产值6.48万元。次年增加大瓦品种。1989年,产值211万元。1990年,境内有小土窑42座,年产砖2000万块。1998年,杨寿砖瓦厂改制为民营企业。2000年,因环境整治,土地复垦,小土窑全部关闭。2010年,杨寿砖瓦厂停产。

2002年,苏州人俞为民在墩留村兴办扬州市锦寿建材有限公司,建大型轮窑一座,工人110

名,生产 24 厘米 ×12 厘米 ×6 厘米红砖和 17 孔、20 孔多孔砖。

2006 年,姜堰人王志峰在宝女村宝女组(原杨寿砖瓦厂北侧)创办邗江志峰仿古砖厂,建 8 张窑,烧制仿古砖,年产仿古青砖 30 万块。

2016 年,境内砖瓦工业年产值 1.45 亿元,利税 1693 万元。

水泥制品　1980 年,公社在集镇老码头处建杨寿水泥预制厂,生产水泥桁条、水泥预制板、水泥门框、水泥窗框等房屋构件。1987 年,永和村创办水泥预制厂,生产各种规格的小孔楼板、涵管、盖板等,具有市级资质,产品销往城区。1993 年,杨寿水泥预制厂停办。2001 年,吴军在宝女村大庄组(现工业集中区)征地 2 公顷,兴办扬州市新通宁新型建材有限公司,主要生产水泥合成砖、各种规格水泥涵管,为市政建设工程配套。2005 年,朱廷明在方集村兴办水泥合成砖厂。

2010 年,永和村办水泥预制厂关停,后楼板被整体浇注和其他新建筑材料替代。

2016 年,境内有水泥制品企业两家,年产值 2130 万元,利税 240 万元。

木业制板　2001 年,吴义泉在永和村创办扬州市永和木业有限公司,将各种杂树通过刨洗、胶粘、复合、压注成五合板、七合板、九合板、十合板,作为建筑模板和装饰住宅等用材。2016 年,产值 1400 万元,利润 108 万元。

覆塑建筑模板　2005 年,扬州赛创新材料科技有限公司在镇工业集中区成立,研发生产覆塑建筑模板。以木、竹和再生塑料为原料,经过物理化处理,生产竹、木、塑复合模板、PET 镜面复合模板、PP 镜面复合模板等,获国家发明专利。新型建筑模板使用周转次数在 25 次以上,环保、耐用、安全、节约。2016 年,公司产值 1700 万元,利税 115 万元。

大理石　境内宝女村李岗组(公路集)、爱国村官庄组(杨寿涧北岸边)、社区华通路等处建有大理石板材加工点,生产加工各种规格的大理石板材,为农户装饰住宅提供方便。

2016 年,境内大理石生产企业 3 家,产值约 400 万余元,利税 40 万元。

2016 年建材企业经营情况一览表

表 10-3-6　　　　　　　　　　　　　　　　　　　　　　　　　　　　　　　　　单位:万元

企业名称	厂　址	法人代表	产　值	利　税
邗江志峰仿古砖厂	宝女村	王志峰	210	25
扬州市新通宁新型建材有限公司	镇工业集中区	吴　军	1150	125
扬州赛创新材料科技有限公司	镇工业集中区	王庆宏	1700	115
扬州市永和木业有限公司	永和村	吴义泉	1400	108
扬州市锦寿建材有限公司	墩留村	俞为民	14300	1668
扬州市邗江林扬新型建材厂	方集村	朱廷明	980	115

第四节　工业园区建设

一、镇工业集中区建设

2002 年,镇党委、政府决定在宝女村境内回归路东西两侧 100 公顷范围内,建立工业集中区。为保障园区基础设施建设,镇成立杨寿工业园经济发展有限公司,负责区域内民房的拆迁、安置和"三通一平"等项工作。镇党委、政府出台多项优惠政策,鼓励本地或外地企业在集中区新办企业,凡投资百万元以上,由镇三套班子主要成员牵头负责,为企业土地、电力征用、执照申请提供一条龙服务,以最快速度使新办企业取得合法用地,按最低限征收土地费,对所建成的基本建筑成套费一律减半征收。

由于地域优势、政府服务优势和政策优惠,招商引资力度大,境内扬州高新橡塑有限

镇工业集中区项目集中开工

公司、江苏省南扬机械制造有限公司、扬州华通橡塑有限公司、扬州市强盛机械制造有限公司、扬州市宏盛机械制造有限公司、扬州市华裕包装有限公司、扬州艺林玩具有限公司、江苏欧佩日化股份有限公司等企业先后入驻。镇工业集中区被扬州市命名为首批乡镇示范工业园。

至 2016 年,进园企业 54 家,有旅游用品、机械冶金、钣金电气、橡塑化工、玩具服装、建筑材料等六大类型。年销售 53.24 亿元,利税 3.99 亿元。

2016 年杨寿镇工业集中区列统企业情况一览表

表 10-4-1

企业名称	入驻时间	建筑面积(平方米)	产品	产值(万元)
扬州金泉旅游用品股份有限公司	1998 年	73370	旅游用品	54000
扬州高新橡塑有限公司	1998 年	12673	橡胶件、集便器	35535
扬州华通橡塑有限公司	2003 年	20010	火车车窗密封胶条	37117
扬州市杰玛汽车配件有限公司	2009 年	30000	客车空调架	37553
扬州市恒阳冶金科技有限公司	2008 年	20000	氧枪	47845
扬州市揽坤电器设备有限公司	2010 年	6770	桥架、母线槽	29500
江苏省南扬机械制造有限公司	2005 年	86700	轧辊机组	70548
扬州市强盛机械制造有限公司	2005 年	12000	机械制造配套	25858
扬州市邗江巨龙机械铸造厂	2006 年	5400	铸造	20558
扬州市恒宇玻璃科技有限公司	1999 年	6670	玻璃	1450
扬州市三圆核电电气有限公司	2010 年	8670	桥架、母线槽	6100
扬州市华鑫焊管轧辊有限公司	2010 年	8670	焊管轧辊	1450
扬州市宏盛机械制造有限公司	2005 年	12000	制钉机	18884
扬州艺林玩具有限公司	2003 年	16675	玩具	26016
扬州市常安电器设备有限公司	2005 年	2670	电器设备	1000
扬州伟光机械制造有限公司	2002 年	8670	轧辊、焊管机	29054

续表 10-4-1

企业名称	入驻时间	建筑面积（平方米）	产品	产值（万元）
扬州赛创新材料科技公司	2005 年	6003	建筑模板新材料	1700
江苏欧佩日化股份有限公司	2010 年	66700	酒店用品	21724
扬州市新通宇建材有限公司	2010 年	4000	水泥制品	2200
扬州华裕包装有限公司	2016 年	6000	包装用品	18158

二、村级创业园建设

2009 年，镇政府在工业集中区西部辟出一块 3.3 公顷的土地建设村级创业园，鼓励各村到创业园建设标准化厂房，村干部带头创业或招商引资。村级创业园由镇政府出资征用土地，统一规划、设计，政府负责基础设施建设、保证"三通一平"、农户房屋拆迁、庄稼赔青、填塘整平等。村每建 100 平方米标准厂房，镇补贴 1 万元建设费用。厂房建成后，资产归村，租金村收，税收镇、村分成。镇政府负责园区内绿化、路灯、排水、电力增容、供水等相关配套工作。

2010 年 4 月 3 日，村级创业园举行开工仪式。2014 年，每村建成标准厂房及部分附属生活用房 2 万平方米。是年，又启动 13.3 公顷的二期工程。

2016 年，进园企业 13 家，产值 1.95 亿元，利税 2400 万元。

2016 年杨寿镇村级创业园内企业情况一览表

表 10-4-2

企业名称	入驻时间	建筑面积（平方米）	产品	产值（万元）
扬州百通电缆材料有限公司	2013 年	4000	电缆填充辅料	1450
扬州鼎盛金属制品有限公司	2014 年	4000	电缆、铜丝	7050
扬州市力源线缆有限公司	2015 年	3600	船用电缆	1550
江苏龙迈环保设备有限公司	2015 年	3000	阀门	950
扬州萨德自动化科技有限公司	2015 年	5000	系统自动化建设	540
扬州展鸿机械有限公司	2016 年	1000	机械加工	960
扬州周三热处理厂	2016 年	1000	热处理	480
扬州吉星机械有限公司	2016 年	1000	机械加工	980
扬州赛创新材料科技有限公司	2016 年	2000	木型模板	1060
扬州三祥机械制造有限公司	2016 年	4000	焊管机组	480
江苏宝耐驰户外旅游用品有限公司	2016 年	3000	户外旅游用品	1050
扬州森域木塑新材料有限公司	2016 年	2000	木塑材料	850
扬州诺宇制冷设备有限公司	2015 年	4000	制冷设备	2100

2016 年杨寿镇列统企业（1000 万元以上）情况统计表

表 10-4-3   单位：万元

名　称	厂　址	主要产品	产　值	销售额	利　税
扬州华联电气设备实业总公司	杨寿集镇	电气设备	74093	59635	3549
江苏省南扬机械制造有限公司	镇工业集中区	轧辊、机械制造	70548	68719	5611
扬州金泉旅游用品股份有限公司	镇工业集中区	旅游用品	62027	53292	5200
扬州市爱华机械总厂	爱国村	高频焊管制钉机	55314	47417	4840
扬州市邗江振新热镀锌厂	新龙村	热镀锌	53248	51233	2971
扬州市恒阳冶金科技有限公司	镇工业集中区	氧枪	47845	43325	3814
扬州长泉电器设备有限公司	宝女村	钣金电器制造	47735	45676	2199
扬州市扬永焊管设备厂	永和村	焊管机组	42841	31899	4080
扬州市杰玛汽车配件有限公司	镇工业集中区	客车空调架	37553	32951	2916
扬州华通橡塑有限公司	镇工业集中区	火车密封胶条	37117	36039	1748
扬州市锦寿建材有限公司	墩留村	多孔砖、大瓦	35672	34653	450
扬州高新橡塑有限公司	镇工业集中区	橡胶件、集便器	35314	34653	3455
扬州吉星玩具有限公司	杨寿集镇	玩具	34846	31844	1768
扬州市揽坤电器设备有限公司	镇工业集中区	桥架、母线槽	29500	28910	1880
扬州伟光机械制造有限公司	镇工业集中区	轧辊、焊管机	29054	28258	2564
扬州市宏程电气设备有限公司	永和村	钣金制造	28728	25687	1760
扬州市强盛机械制造有限公司	镇工业集中区	机械制造配套	26800	24833	2568
扬州艺林玩具有限公司	镇工业集中区	玩具	26016	24779	679
扬州市联创液压设备公司	村级创业园	机械制造	22347	21705	2144
江苏欧佩日化股份有限公司	镇工业集中区	旅游、酒店用品	21724	18157	3000
扬州市邗江巨龙机械铸造厂	镇工业集中区	铸造	20558	20105	2102
扬州鼎盛金属制造有限公司	村级创业园	金属制造	19422	14191	1450
扬州市宏盛机械制造有限公司	镇工业集中区	制钉机	18884	18298	1740
扬州华裕包装有限公司	镇工业集中区	包装用品	18158	16500	1488
扬州嘉利玩具有限公司	宝女村	玩具	15278	15190	1729
扬州市信诚监控设备厂	宝女村	钣金、机械加工	15069	14649	1204
扬州市三圆核电电气有限公司	镇工业集中区	桥架、母线槽	6100	5985	1250
扬州童心玩具有限公司	宝女村	玩具	6094	5980	591
扬州永达工艺品有限公司	永和村	玩具	4230	4190	410
扬州百通电缆材料有限公司	村级创业园	电缆材料	4000	3850	410
扬州润发橡塑有限公司	杨寿社区	橡塑制品	3500	3240	310
扬州劲鹏橡塑厂	新龙村	橡胶、汽车座椅	2880	2670	250
扬州市新通宇建材有限公司	镇工业集中区	水泥制品	2200	1990	183
扬州诺宇制冷设备有限公司	镇工业集中区	冷风机、冷却塔	2100	1985	175

续表 10-4-3

名 称	厂 址	主要产品	产 值	销售额	利 税
邗江华宇监控设备厂	爱国村	钣金制造	1840	1740	135
邗江华泰监控器材设备厂	方集村	钣金制造	1750	1650	85
邗江华宁安防设备厂	杨寿集镇	钣金制造	1720	1560	156
扬州赛创新材料科技公司	镇工业集中区	建筑模板新材料	1700	1500	140
扬州力源线缆有限公司	村级创业园	电缆	1550	1340	145
扬州市恒宇玻璃科技有限公司	镇工业集中区	玻璃制品加工	1450	1250	130
扬州瑞能电气设备有限公司	镇工业集中区	钣金电气	1400	1348	120
扬州市华鑫焊管轧辊有限公司	镇工业集中区	焊管轧辊	1350	1280	130
邗江现代涂装厂	宝女村	涂料、油漆	1250	1120	105
扬州宝洋玩具厂	方集村	玩具、钣金	1240	1190	110
邗江华荣监控设备厂	爱国村	钣金制造	1210	1190	98
扬州市常安电器设备有限公司	镇工业集中区	电器设备	1000	950	88

1970~2016 年杨寿镇（公社、乡）工业产值利税统计表

表 10-4-4   单位：人、万元

年 份	职工数	产 值	利 润	税 收	年 份	职工数	产 值	利 润	税 收
1970	275	16.00	0.92	1.50	1987	2874	2893.60	129.60	167.20
1971	386	50.20	1.63	1.62	1988	2908	4181.00	128.40	167.20
1972	457	50.30	7.59	2.10	1989	2431	4838.30	173.00	188.70
1973	498	69.30	9.87	2.39	1990	2667	5308.90	118.70	187.20
1974	520	96.00	17.91	3.82	1991	2829	6522.40	276.20	227.00
1975	535	130.80	21.68	5.23	1992	3343	10233.00	499.00	230.00
1976	889	157.40	29.10	6.28	1993	3200	19649.00	922.00	358.00
1977	1125	237.80	37.08	9.54	1994	3643	29119.60	1391.00	371.00
1978	1196	211.90	35.50	10.10	1995	3679	33978.00	1821.00	435.00
1979	1277	290.60	40.80	10.50	1996	3062	45413.00	1846.00	610.00
1980	1430	377.20	49.00	12.00	1997	2701	41359.00	781.60	825.00
1981	1484	512.00	52.10	20.50	1998	2170	36653.00	816.60	880.00
1982	1603	626.30	55.50	22.50	1999	2290	40809.00	986.80	990.00
1983	1708	662.90	40.00	27.50	2000	2314	46587.00	1101.00	1160.00
1984	1912	1034.90	78.20	60.10	2001	2786	63874.00	1402.40	1230.00
1985	2230	1504.00	103.00	89.00	2002	2957	65536.00	1691.00	2834.80
1986	2860	1853.80	129.60	115.40	2008	3120	343130.00	2122.00	2217.00

续表 10-4-4

年份	职工数	产值	利润	税收	年份	职工数	产值	利润	税收
2009	3680	370517.00	3654.00	2862.00	2013	4831	632809.00	46913.00	24318.00
2010	4120	478860.00	40081.00	13919.00	2014	5991	730518.00	46736.00	23942.00
2011	5081	595742.00	40134.00	26358.00	2015	5987	833680.00	47465.00	24971.00
2012	4811	611922	44103.00	27076.00	2016	5635	933283.00	41964.00	24786.00

第五节　企业选介

一、江苏省南扬机械制造有限公司

1971 年,永和大队兴办东方红五金塑料厂,1978 年更名为邗江轻纺机械厂。1980 年,与南京轻纺机械厂合作,生产整套钢管机组、轧辊。1987 年,与南京轻纺机械厂联营,成立南京轻纺机械厂邗江一分厂。1998 年,改制为股份制企业。1999 年,更名为扬州市南扬机械总厂。2002 年,股权流转,改制为民营企业。2004 年,更名为江苏省南扬机械制造有限公司。

主营产品分为三大系列,设计制造焊管机组、型材生产线、焊管模具。

2009 年,公司科技成果转化项目获江苏省科技进步三等奖,获奖金 900 万元。

2010 年,产品通过 LSO9001：2008 质量体系认证和欧美 CE 安全认证,产品除销往国内市场外,还销往越南、韩国、日本、巴基斯坦、埃及、利比亚、法国、意大利、罗马尼亚、匈牙利、美国、澳大利亚等 65 个国家和地区。是年,"南扬"被江苏省工商行政管理局确认为江苏省著名商标。

2011 年,公司被江苏省科学技术厅、江苏省财政厅确认为高新技术企业；3 项新产品被科技部列为国家火炬计划项目,即 ZG 型薄壁大扁方成型焊管机组、GW 型数控复杂型材轧制生产线、LG 高速精密汽车散热器铝管生产线；复杂型材、焊管高速、精密、数控辊弯轧制生产线和 BFH 铜包铝高效复合成型机组被省科技厅授予江苏省科学技术进步奖；两个项目被省科技厅列为江苏省成果转化项目。

2012 年,BFH 铜包铝高效复合成型机组、DL-50 型数控冷切飞锯机、LG 汽车散热器铝椭圆管高速生产线、GW 型数控型材轧制自动生产线等 4 个项目被省经信委授予江苏省首台套重大装备及关键部件首台套；在线冲孔的辊压成型生产线、同步冷锯切机、自动消隙切割变速箱、自控切割锯、气动夹紧测速装置、铝杆表面氧化层去除装置、T 形灯具型材的生产装置等 7 项技术成果获得国家发明专利授权。

2015 年,企业进入全国焊管领域前 3 强。

2016 年,公司南、北厂区共 8.65 万平方米,有 5 连跨厂房 6 幢及办公楼、专家楼、职工餐厅等附属设施,固定资产 1.2 亿元,有大型落地镗铣床、加工中心、16 米龙门刨床等数控设备 250 余台。公司员工 335 人,其中大专以上学历 156 人,约占员工人数的 47%。从事高新技术研发的科技人员 65 人,约占员工总数的 19%。博士后 1 人,工程师 25 人,中级技术人员 39 人。公司产值 7.05 亿元,利税 5611 万元,获邗江区百强企业称号。

二、扬州金泉旅游用品股份有限公司

1988年,扬州金泉旅游用品股份有限公司成立,位于杨寿村电力组(后在镇工业集中区规划内),占地10万平方米,建筑面积7万平方米,系中外合资企业。从日本、美国引进自动化生产设备,生产帐篷、睡袋、服装、箱包等旅游用品。科技含量领先同行,产品销往日本、欧美等国家和地区,在国际市场享有盛誉。公司有员工1500多人,其中大专以上学历120人。

2000年,公司通过ISO9001:2000国际质量管理体系认证,依靠现代化的企业管理理念,以质量、信誉为基本点,产品占有一定的世界市场份额。

2008年5月汶川地震后,公司生产的帐篷等作为救灾物资迅速送往灾区,受到政府嘉奖。是年,省委书记梁保华在市委书记王燕文的陪同下视察该公司。

2009年,公司增加投资500万美元,在该厂南部扩建一座现代化新厂区,占地2万平方米,于2010年正式投产。

2016年,公司产值5.4亿元,销售5.1亿元,利税5220万元,为邗江区百强企业、高新企业。

三、扬州华通橡塑有限公司

1977年,公社兴办杨寿橡胶厂,生产橡胶鞋底、橡胶条。1989年,该厂成功开发火车车窗整体密封胶条,成为国内首创。1990年通过省级鉴定,获得国家发明专利。次年,该项目被江苏省列为星火计划项目。1993年,获得中国高新博览会银质奖,并被中国铁道部、中国人民解放军总参谋部通讯兵部定为橡塑配件生产厂。1994年,杨寿橡胶厂改制为股份合作制企业,更名为扬州华通橡塑有限公司,先后开发生产铁道车辆门窗整体密封条,三元乙丙、橡胶、橡塑挤出密封条,铁道轨枕垫、橡胶减震垫,夹布弹簧骨架、阻燃橡胶管,耐油耐热密封件等六大系列产品。2002年,该公司改制为民营企业,并迁址至镇工业集中区。2004年,公司开发研制的软卧间壁安装座产品,在25T型车上成功使用并获得专利证书。2016年,该公司固定资产1200万元,年产值3.71亿元,利税2087万元。

四、扬州市恒阳冶金科技有限公司

公司成立于1992年8月,前身是邗江冶金机械厂,主要生产制造用于炼钢的氧枪喷头。1998年9月,改制为股份制企业,更名为扬州市恒阳冶金科技有限公司。

2008年,公司迁址至镇工业集中区,占地2万平方米,固定资产

扬州市恒阳冶金科技有限公司

2000多万元。有员工85名,其中高级工程师3名、工程师5名、高级技师4名、专业技术人员12名。有专业设备30多台套。主要生产转炉、电炉氧枪喷头、电炉炉门氧枪、机械手、阀站、液压站、炉壁氧枪、EBT氧枪、阀站电控系统及碳罐成套设备,产品在超高功率电炉领域覆盖国内所有炉型。

顶吹氧枪获发明专利,氧枪整体移动技术、集束吹氧技术获实用新型专利,多功能集束氧枪获"江苏省高新技术产品"称号,氧枪项目获科技部科技创新奖。2001年,企业通过ISO9001：2000质量体系认证。2007年,企业被认定为江苏省高新技术企业。产品从单一的氧枪喷头发展成氧枪成套设备制造,在全国同行中位列前三名。

2016年,公司拥有固定资产1500万元,年产值4.78亿元,利税3814万元。公司在全国拥有用户50多家。产品出口泰国、菲律宾、马来西亚、伊拉克、俄罗斯、萨尔瓦多等10多个国家。

五、扬州华联电气设备实业总公司

1958年,公社兴办杨寿农具厂,以生产、修理农具为主。1973年,与公社机电站五金厂合并。有车床6台、铣床2台、搓丝机1台、空气锤1台,对外加工各种螺丝、螺帽、粉碎机刀片、板牙等五金件。1977年,更名为杨寿公社农机具修造厂。1978年,厂长刘付海引进江都籍销售人员4人,选用本地模具工6人,添置6部冲床,生产钢窗配件。在境内率先打破固定工资制,实行按件计酬。1980年,引入生产线生产成套钢窗,当年产值达40万元,被列为县、乡重点企业。

1984年,生产规模、产值进一步扩大,厂成立研发小组,开发生产19英寸国际标准机箱、机柜、控制台。次年,开发保护式母线槽、过线桥架、电气开关柜、终端组合电气柜、冷轧异型材等新产品。其中FQDJ防火型电缆桥架于1993年通过中国建筑研究院防火研究所、公安部消防研究所、中国机电五院联合鉴定,达到国内领先水平,填补省内空白。1993年,更名为扬州华联电气设备实业总公司。2004年,公司生产的"安寿牌"模数化终端组合电器通过中国质量认证中心强制性产品认证。

2016年,公司拥有固定资产2500元,年产值4.52亿元,利税3549万元,为邗江区百强企业、高新企业。

六、扬州长泉电器设备有限公司

1989年,陈正明、吴长泉共同投资2000万元,在李岗村(今宝女村)兴办扬州明泉电器有限公司,公司拥有新建厂房7000平方米,数控剪折冲机床10台套。主要生产CQJ消防应急灯,CQDJ系列桥架、防火桥架,CZX系列模数化终端组合电器,CHX杆座走线槽、汇线槽,微机保护屏,低压配电柜、动力柜、双电源自动切换柜、水泵控制柜、铝型材机箱机柜,控制台,屏幕墙等八大系列100多个品种。

1994年,公司为牧羊集团、金方圆数控机床有限公司生产配套产品。2000年,资产重组,后更名为扬州长泉电器设备有限公司。

2016年,公司拥有固定资产2500万元,产值4.52亿元,利税2199万元,为邗江区百强企业、高新企业。

七、扬州市邗江区信诚监控设备厂

1999年,李国华租用原新民村村部兴办扬州市邗江区信诚监控设备厂。次年在宝女村征地1.33公顷,新建标准厂房1200平方米,公司整体搬至新址。企业主要生产机箱、机柜、控制台、屏幕墙和五金加工件。

2000年,企业产品通过ISO9000系列认证。2002~2005年,企业投入1300多万元,添置13台套数控加工中心和1台激光切割机。先后与中国人民解放军某研究所、国家信息部某研究所、中国电子系统工程总公司、扬州通信设备有限公司合作,并成为紧密型合作单位。企业先后获得"扬州市质量、服务、信誉AAA级企业""江苏省名优产品""重合同、守信用企业""江苏省质量诚信五星级企业""江苏省质量信得过企业"称号。

2016年,公司拥有固定资产2000万元,年产值1.5亿元,利税1204万元。

第十一章　建筑业　房地产业

　　杨寿乡（镇）素有"建筑之乡"之称。旧时境内瓦、木、茅工匠众多，他们多以父子或师徒为组织，农忙时务农，农闲时务工，建房造屋，打制家具、农具。1958年，公社将散落在民间的工匠组织起来，成立杨寿公社建筑站，承建机关企事业单位办公用房、集镇基础设施和农民住房。

　　1969年，公社建筑站首派13人到湖北、20人到安徽承接工程。70年代初，公社建筑站下设8个工程队，开辟上海、辽宁、河南、安徽、南京等市场。1984年，杨寿建筑站升格为杨寿建筑安装工程公司。同年，永和村成立建筑站，并在南京、扬州、蚌埠等地承接工程。1996年，永和建筑站更名为江苏永和建设工程有限公司。1998年，杨寿建筑安装工程公司改制为民营企业，更名为扬州市华都建设工程有限公司，并成立子公司——扬州市熙龙房地产开发有限公司。2006年，扬州市熙龙房地产开发有限公司收购江苏省建筑安装工程公司，成立江苏省建筑工程集团有限公司（简称"江苏省建集团"）。2016年，建筑业产值2.31亿元，利润355万元。

　　1994年，乡成立房地产开发公司，开发华通路商住房及代建教师住宅楼（现时庄小区）。1998年，镇建筑安装公司经理陈正华成立扬州市熙龙房地产开发有限公司。同年，镇建筑安装公司副经理罗世龙等人出资收购杨寿乡房地产开发公司集体资产，完成企业改制，成立扬州市广华房地产开发有限责任公司。2000年，原镇建安公司技术员金宏星成立江苏华利地产集团有限公司。2016年，扬州广华房地产开发公司在扬州开发商品房26.8万平方米、商铺4万平方米。扬州市熙龙房地产开发公司在扬州开发建成商住房、写字楼103万平方米。截至2016年，境内有3家房地产开发公司，开发建成商住房、写字楼223万平方米。

第一节　机构　管理

一、机构

　　1984年，乡政府印发《关于承包民房建筑的暂行规定》，成立民房建筑服务队，具体规定由建筑服务队负责村镇规划的实施、核算建筑成本、减轻群众经济负担、监管施工质量，减少意外事故发生。

1988年，乡政府成立杨寿乡建筑管理站，负责对全乡建筑企业和民间包工队实施管理和监督。各建筑企业和民间包工队必须到乡建筑管理站登记，接受资质审查，具有一定的技术力量和施工组织能力的方可领取相关手续，自行组织工匠施工。1995年5月，杨寿乡建筑管理站更名为杨寿镇建筑管理站。2003年10月，杨寿镇与甘泉镇合并，杨寿镇建筑管理站撤销。2008年6月，恢复杨寿镇建置后，杨寿镇建筑管理站亦恢复，沿用至今。

杨寿建筑站（杨寿建筑安装工程公司）历任负责人为吴宏宝、吴鸿、王永国、方福生、刘光毅、陈正华、苏宏明、吴玉平。永和建筑站（江苏永和建设工程有限公司）历任负责人为成文荣、吴明江、苏德云、罗万金。

镇（乡）建筑管理站历任站长为方福生、万明华、王其顶。

二、安全管理

1970年，公社建筑站配备一名安全员，负责施工安全。70年代中后期，公社建筑站设立安全科，负责对安全生产进行宣传、检查、监督。90年代，贯彻"安全第一、预防为主、综合治理"的方针。镇（乡）建筑管理站负责安全宣传，组织开展安全月、安全周活动，检查、监督企业施工安全，建筑企业设立安全科，项目部设立安全员，建立健全安全生产保证网络体系，配备专、兼职安全员，标本兼治，扎实抓好安全生产和文明施工。加强施工中每个环节的安全控制、监督、检查督促。加强施工现场用电、机械设备的现场管理。办理从事危险作业的现场施工人员意外伤害保险。

三、质量管理

建筑站成立初期，各施工队明确专人负责施工质量。70年代始，建筑站成立生产技术组，负责工程质量监督和管理。90年代，制定测量、常用材料、混凝土、钢筋工等10项工程质量管理制度；将设计要求、规范要求写在牌子上，对管理人员、工人进行现场交底，施工部位挂牌，牌中注明施工要求、检查标准、责任人、奖惩条例；在施工前注明样板名称、施工责任人、技术交底人、施工负责人、施工日期等；每个工程的项目经理，实行对该工程质量终身负责制。2000年后，采用11项施工技术，工程质量得到进一步保证。

1970~1982年，杨寿建筑站先后创南京市、扬州市以及湖北宜昌市优质工程12项。

2014年，江苏省建集团连续3年获江苏省住房和城乡建设厅颁发的江苏省"扬子杯"优质工程奖。2015年，江苏省建集团获上海石材行业协会、上海装饰装修行业协会、浙江省建筑装饰行业协会、上海建筑施工行业协会共同颁发的"金石杯"优质工程奖。2016年，江苏省建集团承建上海西郊国际农业产品交易中心获上海市"白玉兰杯"优质工程奖。是年，承建中航商用航空发动机有限责任公司，获江苏、山东、安徽、浙江、福建、上海、江西七省建筑行业协会颁发的华东地区优质工程奖。

2011年，江苏永和建设工程有限公司获国家质量管理体系认证证书，先后创市级优质工程58项、省级文明工地3项、市级文明工地1项。

1970~1981 年杨寿建筑站优质工程一览表

表 11-1-1

获奖年份	主建单位	工程地点	工程名称	奖项
1970	湖北宜都县	湖北	古老背轮窑	宜昌市优质工程
1975	南京浦镇车辆厂	南京浦镇刘家洼	3、4、6、17、18、22、26 号楼	南京市优质工程
1975	南京浦镇车辆厂	南京浦镇	浦镇幼儿园	南京市优质工程
1976	南京浦镇车辆厂	南京浦镇	厂西住宅楼	南京市优质工程
1981	铁道部	扬州	铁道疗养院	扬州市优质工程

江苏省建集团优质工程一览表

表 11-1-2

获奖年份	主建单位	工程地点	工程名称	奖项	颁奖单位
2012	上海市	上海	国际农产品交易中心	上海市"白玉兰杯"市优质工程奖	上海市建筑施工行业协会
2012	复旦大学	上海	复旦大学江湾校区	上海市"白玉兰杯"市优质工程奖	
2013	宜昌市	宜昌	红星美凯龙宜昌华祥店	湖北省"楚天杯"优质工程奖	湖北省建筑行业协会
2015	安徽宿州	宿州	三角洲国际饭店	安徽省"黄山杯"优质工程奖	安徽省建筑施工行业协会
2015	武汉红星美凯龙	武汉	世博家居广场	"金石杯"优质工程奖	湖北、上海、江苏、安徽四省建筑行业协会
2015	南京大学	南京	南大附中体育活动中心	江苏省"扬子杯"优质工程奖	江苏省住房和城乡建设厅
2016	江苏省建集团	南京	江苏省建大厦	国家优质工程奖	中国施工管理行业协会
2016	中航	山东	中航发动机公司临港基地	华东地区优质工程奖	华东七省建筑行业协会
2016	化工部	山东	山东肥城精盐项目工程	全国化工优质工程奖	中国建筑行业协会
2016	江苏泗阳政府	泗阳	江苏泗阳体育馆	江苏省"扬子杯"优质工程奖	江苏住房和城乡建设厅

江苏永和建设工程有限公司优质工程一览表

表 11-1-3

获奖年份	工程名称	主建单位	工程地点	奖项
1997	邗江瓜洲中学教学楼	邗江瓜洲中学	邗江瓜洲	扬州市"琼花杯"优质工程
2002	扬州大学附属中学学生公寓、艺术楼	扬大附中	扬州	扬州市"琼花杯"优质工程
2002	扬州市第一中学行政教学楼	扬州市一中	扬州	扬州市"琼花杯"优质工程
2002	邗江红桥中学教学楼	邗江红桥中学	邗江红桥	扬州市"琼花杯"优质工程
2002	扬州市新能源 C 区 3 号	扬州市新能源	扬州	扬州市"琼花杯"优质工程

续表 11-1-3

获奖年份	工程名称	主建单位	工程地点	奖 项
2003	扬州市新能源 A 区 23 号	扬州市新能源	扬州	扬州市"琼花杯"优质工程
2003	扬州市聋哑学校教学楼	扬州市聋哑学校	扬州	扬州市"琼花杯"优质工程
2004	江苏柏泰集团厂房	江苏柏泰集团	扬州	扬州市"琼花杯"优质工程
2004	扬州新华中学公寓、食堂楼	新华中学	扬州	扬州市"琼花杯"优质工程
2006	新华中学体育中心	新华中学	扬州	扬州市"琼花杯"优质工程
2006	新华中学地下车库	新华中学	扬州	扬州市"琼花杯"优质工程
2011	杨寿镇政府行政服务中心大楼	杨寿镇政府	扬州杨寿镇	扬州市"琼花杯"优质工程
2012	瑞丰商办楼复建工程	瑞丰商厦	扬州	扬州市"琼花杯"优质工程

第二节 建筑业

一、建筑企业

江苏建筑工程集团有限公司 1958 年,杨寿公社成立建筑站,有瓦、木工人 40 多人,主要承建境内机关、企事业单位的基础设施建设及办公用房、农民住房等。1969 年,到湖北宜昌承接工程。70 年代,建筑站下设 8 个工程队,增加了水、电等安装工种,业务拓展到建筑站上海、沈阳、安徽、河南等地,特别是在南京浦镇车辆厂承建的一批工程广受好评。1973 年,南京日报以《山窝里飞出金凤凰》为标题,报道杨寿建筑站承建工程的情况,赞扬杨寿建筑队伍是一支技术精湛、能吃苦耐劳、踏实能干的队伍。

1984 年 8 月,杨寿建筑站升格为杨寿建筑安装工程公司。1985 年,公司获四级建筑资质。1997 年,公司有工人 969 人,施工面积 13.1 万平方米,产值 6721 万元。

1998 年,公司总经理陈正华等人出资 230 万元收购镇集体资产,公司由集体性质改制为民营性质。1999 年,杨寿建筑安装工程公司更名为扬州华都建筑安装工程公司,并成立子公司——扬州市熙龙房地产开发有限公司,资质上升为三级。是年,企业产值 8000 万元,利润 200 万元,利税 400 万元,净资产 200 多万元。

2006 年 3 月,江苏省建筑安装工程公司整体国有资产公开挂牌出让,扬州市熙龙房地产开发有限公司下辖的华远集团报名参与竞购,用 1.11 亿元收购江苏省建筑安装工程公司,从挂牌出让到华远集团成功收购,仅用了 7 个月的时间,成立江苏省建筑工程集团有限公司(即江苏省建集团)。公司总部设在南京市建邺区云龙山路 99 号,注册资金 10.06 亿元。华远集团收购省建筑安装工程公司演绎了一场"蛇吞象"的资本神话,让杨寿建筑行业迅速攀上更高的平台。

江苏省建集团为建筑工程总承包特级企业,系建筑行业甲级设计企业,是商务部援外成套项目总承包企业,房地产开发一级企业,享有独立在世界各地承揽工程的对外签约权。公司有江苏交通工程集团有限公司、南京同力建设集团有限公司、北京京西建设集团有限责任公司、江苏省城乡建设有限公司、江苏省建集团古建园林建设有限公司、江苏省建集团供应链管理有限公司等 60 余家分(子)公司和 6 个海外建筑市场。有员工 7500 余人,其中具有中、高级技术职称的人员 3600 余人,一、二级建筑师 1000 余人。采取"立足江苏、辐射全国、抢占重要城市、聚集力量做强海外市场"的策略,形成建筑安装、基础设施、地产开发、海外业务 4 大块,产值以每年 30% 的速度递增,成为以建筑安装为主、房地产开发、新型材料生产、投资发展为辅的现代化大型公司。公司建立的商品混凝土厂,占据南京混凝土市场的 15%。建筑安装业务覆盖全国 31 个省、自治区、直辖市和全球 34 个国家和地区。

2014~2015 年,江苏省建集团被中国施工管理企业协会授予全国优秀施工企业、中国工程建设诚信典型企业,被中国建筑施工管理协会评为中国建筑业竞争力 200 强企业,被江苏省住房城乡建设厅、江苏省统计局、江苏省商务厅评为 2015~2016 年江苏建筑百强企业。优质工程有杭州白马湖动漫广场、中山大学附属仁济医院、宿州希尔顿酒店、江苏泗阳体育馆、江苏大剧园、宁夏灵武人民医院、天津红星美凯龙、五台山基层航站楼等。

2016 年,集团承接亿元以上工程 45 个,年产值 180 亿元,利润 7.2 亿元。

江苏永和建设工程有限公司　1984 年,永和村合并成文荣和吴明江两个民间建筑队,并投资成立永和建筑站,有 135 名工人,挂靠邗江水利局,为水利局三处施工队。后不断发展,脱离水利局。1987 年,获四级建筑资质。1996 年 6 月,更名为江苏永和建设工程有限公司,注册资本 2068 万元,具有建筑、施工总承包二级资质,装修、装潢、专业承包二级资质,古典园林专业承包、起重设备安装工程专业承包资质。1998 年,改制为民营企业。2016 年,公司有员工 1256 人,其中高级技术职称 102 人,一、二级建筑师 60 人。设 4 个工程部,有 15 部塔吊、大型砂浆拌和机、混凝土搅拌机等设备。固定资产 2100 万元,在邗江区产值超亿元的 37 个建安企业中排名第 13 位。

2008~2016 年,通过国家环境管理体系、质量管理体系、职业健康管理体系认证,创市级优质工程 58 项,连续 9 年被扬州市建设局、邗江区人民政府、邗江区建设局评为建筑业先进企业。2016 年,施工面积 29.28 万平方米,产值 2.21 亿元,利润 355 万元。

民间建筑队　80 年代初,境内有瓦、木、水、电、漆等建筑装潢人员 120 人左右。他们逐渐组成民间建筑队,形式灵活,根据需要时聚时散,承接民房建筑、装修,镇村道路、水利工程、沼气池建设等。

2016 年,境内有赵庆林、王正福、方正安、刘宏林、王佳春、吴正岗、吴德斌、柏志忠、施宏宝、李长发、焦世海、王光明、汪福金、王宝玉、唐寿来等带领的民间建筑队 15 个,固定人员 200 多人(根据工程大小增减人员)。2016 年,在境内翻建和新建住房 350 套,面积 8.57 万平方米,产值 1.45 亿元。

二、建筑市场

境内市场　70 年代,杨寿建筑站下设 8 个工程队,第 5 工程队和第 8 工程队长期留驻境内,从事公共基础设施建设和民房建筑,先后建成政府办公用房、中小学校舍、幼儿园、供销社、电灌站、粮管所等。1976 年,为公社建砖瓦厂,自行设计建造 22 门、烟囱高 54 米的轮窑。80 年代初,自行设计、施工建造跨度为 22 米,无一根立柱的杨寿影剧院。1994 年,杨寿建筑安装工程公司在回归路东侧建成一座主楼为 5 层、副楼为 4 层,集餐饮、住宿、娱乐、会议为一体,面积 4800 平方米的建安大厦综合楼,为90年代杨寿标志性建筑。1998年后,扬州市华都建设工程有限公司、江苏永和建设工程有限公司参与境内集镇小区、商场、企事业单位用房等建设。

2002年,镇工业园区建设启动。江苏永和建设工程有限公司为主体承建单位。2009年,江苏永和建设工程有限公司先后承建华鑫饭店、杨寿镇政府大楼、杨寿农贸市场。至2016年,建成54家工业企业进驻的镇工业集中区、13家企业进驻的村级创业园。同时,建成时庄新村、今日花园小区、孙庄小区、和美苑小区、王庄小区、河洛花园小区等6个居民小区。建成4横4纵8条街道、400余个商铺和苏果、上海世纪联华(后更名为扬城益家)、好又多三个大型超市的新集镇,同时参加农村道路建设和中心村建设。

扬州市场 1985~1990年,杨寿建筑安装工程公司开辟扬州建筑市场,承建扬州市危房改造办公室住宅楼、铁道部扬州培训中心宿舍楼、扬州市友谊服装厂厂房、扬州市公安局宿舍楼、扬州市军分区干休所。90年代初,承建扬州市琼花集团、扬州市新型材料公司的办公用房。1995年,江苏永和建设工程有限公司承建扬州市双拥办综合楼、扬州市人民银行。

1996年后,杨寿建安公司先后承建扬州市中级人民法院、邗江区检察院、邗江区市政工程公司、扬州市阀门厂、扬州市唐城房地产开发公司等单位的办公用房。1998~2002年,江苏永和建设工程有限公司先后承建扬州市卫生学校和邗江实验小学教学楼、邗江新能源公司办公楼、扬州市五中和六中教学楼、扬州红星美凯龙商业楼、扬州焊管厂大楼。2002年,扬州市华都设装工程有限公司建造扬州市来鹤台广场。2003~2016年,江苏永和建设工程有限公司先后承建江苏柏泰集团工业园厂房、扬州市第一中学图书信息楼、扬州瘦西湖新苑、市人民医院(东区)医技楼、扬州市广陵区产业园、扬州大洋船厂厂房等。

国内其他市场 1969年7月,杨寿建筑站组织12人的建筑队赴湖北钟祥县,参加汉阳旧口镇大柴湖防汛工程建设,先后建成金刚口闸、道口闸和一批江堤防汛指挥哨所。1970年,杨寿建筑站在外建筑人员增加到400人,在宜昌市宜都县古老背设计建造一座烟囱高64米、炉门38门的轮窑,具有自动烘干砖坯功能,该项目被评为宜昌市优质工程。后又承建湖北中南橡胶厂工人宿舍、铁道部驻葛洲坝营房、湖北内衣厂工人宿舍及附属设施、湖北开关厂厂房、地质勘测队办公用房等工程。

70年代,杨寿建筑站303工程队,进入南京市场,先后承接金陵船厂厂房和住宅楼、浦镇车辆厂幼儿园和粮库、刘家洼住宅区、南京轻纺机械厂幼儿园教学楼、南京金陵船厂厂房、南京运输三公司住宅楼和仓库、南京市社会福利院住宅楼、南京造漆厂厂房等工程。

1974~1998年,杨寿建安公司先后开发北京、上海、河南、安徽、湖北、江苏等地的建筑市场,承建北京市力迈学校、上海长宁区米厂仓库、上海铁路局住宅楼、安徽省黄山市政府住宅楼、安徽天长市仪器厂厂房、河南洛阳东方红拖拉机厂办公楼和厂房、江苏盱眙天明化工厂职工宿舍楼等工程。

2006年,江苏省建集团在南京先后承建南京财富中心、江苏大剧园、南京绿地金融中心、南京软件谷明发科创Q1~Q4地铁项目、南京白云亭文化艺术中心、南京浦口区桥林街道保障房、南京栖霞区石埠桥片区保障性住房、田家炳中学教学楼、上海西郊国际农业产品交易中心等工程。

2009年,江苏省建集团以10.5亿元成功竞拍兴化市主城区金港老城区三分之二的城区改造项目,项目占地700余亩,集居住、商业、文化、休闲、购物、娱乐为一体。至2016年,江苏省建集团在全国承建重大工程 120 多项,工程合格率 100%,典型工程包括:南京财富中心大楼,地下 3 层,地上 35 层,总高 200 米,面积 53 万平方米;济南齐鲁之门,地下 2 层,地上 37 层,总高 175 米,面积 32.26 万平方米;合肥坝上街环球中心,地下 4 层,地上 53 层,总高 177 米,面积 16 万平方米;南京绿地金融中心,总高 550 米,面积 118 万平方米。

海外市场 江苏省建集团拥有 6 个海外建筑市场,工程覆盖泰国、美国、刚果(金)、刚果(布)、瓦努阿图、坦桑尼亚、加纳、赤道几内亚、安哥拉、利比亚等 34 个国家和地区。至 2016 年,先后承建瓦努阿图国际会议中心、瓦努阿图电脑中心和国家中心商场、塞内加尔儿童医院技术合作项目、坦桑尼亚姆才医院和国际会议中心、加纳深能固锁项目、佛得角农产品加工中心等工程建设,瓦努阿图总统办公室扩建项目、桑给巴尔血吸虫防治项目、佛得角中心洗衣房项目、利比亚政府办公楼项目、安哥拉国际关系学院项目正在建设中。2016 年,中标援刚果(布)工程,在首都布拉柴维尔市新建新议会大厦,建筑面积 2.4 万平方米。

1972~1998 年杨寿建筑安装工程公司(建筑站)承建 5000 平方米以上工程一览表

表 11-2-1   单位:平方米

年 份	工程地点	主建单位	建筑名称	面 积	负责人
1972~1974	南京	金陵船厂	厂房、住宅楼	20000	方福生
1978~1979	南京	浦镇车辆厂	粮库、住宅楼	32000	方福生
1977~1978	南京	南京商业局	挹江旅社	8000	方福生
1975~1976	南京浦口	浦镇车辆厂	东门住宅楼	15000	方福生
1975~1976	南京浦口	浦镇车辆厂	东门粮库	5000	方福生
1975	南京	运输三公司	仓库、住宅楼	8000	方福生
1974~1975	南京	南京造漆厂	厂房、住宅楼	20000	方福生
1976~1977	南京	福利院	住宅楼	12000	方福生
1983~1985	上海	铁路局	住宅楼	8000	王兴稳
1985~1986	上海	长宁区	米厂仓库	5000	殷文郁
1978~1981	安徽	黄山市政府	住宅楼	12000	方立荣
1979~1981	湖北	宜昌磷矿	住宅楼及设施	40000	方宝生
1973~1975	湖北	宜昌皮革厂	厂房、住宅楼	6000	方立和
1974~1975	湖北	晓溪塔镇政府	晓溪塔中学	10000	方道良
1971~1972	湖北	宜昌橡胶厂	厂房	5000	方立海
1973~1974	湖北	湖北电器开关厂	厂房、住宅楼	7000	方道祥
1972~1973	湖北	宜昌电厂	厂房、住宅楼	8000	殷长芳
1971~1972	湖北	宜昌内衣厂	厂房、住宅楼	8000	陈开虎
1971~1972	湖北	宜昌 137 橡胶厂	厂房、住宅楼	25000	赵庆书
1970~1974	湖北	宜昌 115 勘察队	厂房、住宅楼	15000	方福生
1974~1976	湖北	葛洲坝铁路营	厂房、住宅楼、车库	10000	方立海
1975~1977	湖北	襄樊军工企业	厂房、住宅楼	10000	方宝生

续表 11-2-1

年 份	工程地点	主建单位	建筑名称	面 积	负责人
1976~1978	盱眙	天明化工厂	办公楼、厂房	12000	李广金
1977~1979	河南	洛阳东方红拖拉机厂	职工宿舍	12000	步锦福
1985~1988	扬州	危房改造办公室	住宅楼	10000	罗世龙
1988~1990	扬州	铁道疗养院	疗养院	5000	罗世龙
1996~1998	北京	北京市教委	力迈学校教学楼	12000	范富龙

2014~2016 年江苏省建集团承建部分工程一览表

表 11-2-2　　　　　　　　　　　　　　　　　　　　　　　单位：万平方米、亿元

年 份	建设单位	工程名称	面 积	产 值
2014	武汉红星美凯龙世博家居广场发展有限公司	武汉红星美凯龙世博家居广场	14.79	2.42
2014	天津红星美凯龙世博家居有限公司	天津红星美凯龙世博家居广场	17.02	3.91
2014	广州常元房地产开发实业有限公司	哥弟总部大楼	9.43	4.56
2014	南京软件谷明发通信科技发展有限公司	南京软件谷明发科创 Q1~Q4 地铁项目	17.10	5.45
2016	明发集团南京房地产开发有限公司	明发财富中心项目	53.33	7.58
2016	南京联昌机电有限公司	明发科技商务城一期项目 A 区	19.89	1.98
2016	南京市人防办、南京市鼓楼区教育局	田家炳中学工程	3.06	1.19
2016	重庆鲁能英大置业有限公司	重庆茶园红星美凯龙	8.00	2.40
2016	南京河西新城发展有限公司	中和小学建设项目总承包	3.04	2.06
2016	睢宁县中医院	城区东部医疗服务中心建设工程	7.65	2.07
2016	绿地地产（济南）有限公司	齐鲁之门 B1 地块房地产开发项目施工总承包	32.21	6.89
2016	银川灵武市卫生和计划生育局	灵武市人民医院迁扩建项目	7.35	7.00
2016	山东瑞弛置业有限公司	瑞弛万隆广场工程施工	2.85	0.61
2016	南京白云亭文化发展有限公司	白云亭文化艺术中心工程	2.02	0.78
2016	南京浦口区保障房发展有限公司	浦口区桥林街道保障房 4 期工程	25.05	6.16
2016	济南南塘置业有限公司	万科龙湖城市房产项目一期 1 号、3 号、6 号、7 号、10 号、11 号、16 号楼工程	9.42	2.29
2016	南京创耀建设发展有限公司	六合区沿河花园二期项目	23.36	5.73
2016	常州市橙龙置业有限公司	常州半微电子 1~5 号楼二期地下室	26.87	6.45
2016	云南颐岭置业有限公司	龙斗一号海岸城 38 号海滨时代风情广场项目	26.00	4.20
2016	无锡广城置业有限公司	雪浪坪地铁上盖广场项目	22.39	3.84
2016	济南绿地康鲁置业有限公司	绿地南北康 B-13 地块开发项目总承包	18.45	3.88
2016	济南绿地产有限公司	腊山 A4 地块商业综合体项目	14.99	2.75
2016	北京京粮置业有限公司	海淀区田村路 43 号棚改定向安置房项目	15.21	3.23
2016	盐城金融城建设发展有限公司	盐城金融城二期 14 号、17 号、18 号楼	12.70	2.73

续表 11-2-2

年份	建设单位	工程名称	面积	产值
2016	济南秋阳置业有限公司	地坪西棠甲第地块项目	15.98	2.73
2016	金隅嘉华南京置业有限公司	2016G07地块房地产开发项目	11.64	2.01
2016	苏州新高园建建设发展有限公司	DK20150028地块施工总承包	10.42	2.88
2016	太原绿地太化房地产开发有限公司	太原绿地项目1~5号楼SL商业工程施工	16.78	2.91
2016	南京华侨城置业有限公司	NO2015G61项目J地块施工	25.56	4.05
2016	南京栖霞山建设发展有限公司	栖霞区石埠桥片住房	8.79	2.25

1994~2016年江苏永和建设工程有限公司承建3000平方米以上工程一览表

表 11-2-3

年份	工程地点	工程名称	结构	项目经理
1994	杨寿	邗江林木园艺职业中学	钢混	苏德云
1995	扬州	扬州市双拥办公室综合楼	钢混	郭兆斌
1997	扬州	扬州市人民银行	钢混	苏德云
1998	扬州	扬州市卫生学校	钢混	苏德云
1999	邗江	邗江实验小学教学楼	钢混	罗万金
2000	邗江	邗江新能源大楼	钢混	徐龙生
2000	扬州	扬州市新华中学图书馆	钢混	罗万金
2000	扬州	扬州市五中、六中教学楼	钢混	郭兆斌
2001	杨寿	韩国玩具厂厂房及附属设施	钢混	汪福科
2001	扬州	苏北医院（部分）	钢混	罗万金
2002	杨寿	扬州金泉旅游用品股份有限公司厂房	钢混	郭兆斌
2002	邗江	邗江县文教局大楼	钢混	罗万金
2003	扬州	扬州焊管厂大楼	钢混	徐龙生
2003	扬州	江苏柏泰集团工业园新厂房	钢混	郭兆斌
2004	杨寿	扬州市恒阳冶金科技有限公司科技楼	钢混	郭兆斌
2005	邗江	甘泉寒鸟服饰有限公司综合楼	钢混	郭兆斌
2006	杨寿	扬州市南扬机械总厂办公楼	钢混	徐龙生
2006	杨寿	扬州华通橡塑有限公司综合楼及厂房	钢混	汪福科
2006	扬州	扬州红星美凯龙商业楼	钢混	苏德云、郭兆斌
2007	扬州	扬州市第一中学图书信息楼	钢混	郭兆斌
2007	扬州	扬州瘦西湖新苑	钢混	郭兆斌、徐龙生
2007	扬州	扬州瘦西湖一期113号住宅楼	钢混	郭兆斌
2008	扬州	扬州市东区人民医院医技楼	钢混	罗万金
2008	扬州	扬州广陵区产业园	钢混	罗万金
2008	邗江	甘泉阿珂姆公司宿舍楼	钢混	郭兆斌

续表 11-2-3

年 份	工程地点	工程名称	结 构	项目经理
2008	杨寿	永和居民小区	砖混	罗万金、周志明
2009	扬州	扬州大洋船厂厂房	钢混	周志明
2009	杨寿	杨寿镇政府大楼	钢混	郭兆斌
2011	邗江工业园	奥力威传感器有限公司	钢混	郭兆斌
2012	高新技术区	运西花园 5 号、11 号、22 号楼	钢混	罗万金
2012	与房企合作	水印西堤 21 号、22 号楼	钢混	罗万金
2013	扬州	扬州丰禾食品公司	钢混	罗万金
2014	扬州	扬州新盛花苑 40 号住宅楼	钢混	徐龙生
2014	仪征	五一花园 10 号楼、物管综合楼	钢混	周志明、郭兆斌
2016	杭集	新桥小区 4 号楼 26 层	钢混	罗万金

1990~2016 年杨寿镇建安业经营统计表

表 11-2-4 单位：平方米、万元

年 份	施工面积	竣工面积	非建安产值	总产值	利 润	人 数
1990	40840	28714	—	505.00	11.90	820
1991	33338	27262	—	904.00	10.64	902
1992	59166	25912	—	1493.00	26.00	909
1993	77090	42315	50.00	2443.00	36.00	926
1994	11060	75900	105.00	3305.00	150.00	947
1995	95800	67100	140.00	6090.00	182.00	956
1996	124100	76700	1493.00	7356.00	135.00	954
1997	136100	80100	1180.00	7939.00	188.00	918
1998	131600	66400	680.00	6721.00	26.00	969
1999	173900	116800	21.00	9308.00	47.00	973
2000	181600	142900	1860.00	12174.00	126.80	1074
2001	256700	226400	3312.00	16363.00	135.80	1135
2002	104800	68800	3930.00	8204.00	17.00	1030
2008	331700	210400	5000.00	29618.00	426.00	1814
2009	326300	167600	2595.00	32639.00	940.00	1662
2010	494000	398700	1000.00	35626.00	805.00	1688
2011	258500	228000	465.00	25327.00	650.00	1406
2012	113400	90720	320.00	8800.00	410.00	976
2013	15600	12480	610.00	10400.00	490.00	1047
2014	16400	13120	650.00	11500.00	520.00	1139
2015	17800	14240	715.00	12800.00	540.00	1138
2016	24500	19600	830.00	23100.00	720.00	1374

注：江苏省建集团情况，不在本统计表内。

三、建筑设备与技术

设备　50~60年代,瓦工使用的是瓦刀、泥壁、吊线砣、脚手架等传统工具,木工使用的是斧、锯、刨、凿、墨斗等。

70年代开始使用简单机械,木工有电刨、电锯、电凿等,瓦工使用水平仪、吊葫芦等。80年代后,设备进一步改进。先后添置井字架、吊车、卷扬机、混凝土搅拌机等。2016年,永和建设工程有限公司有塔吊、汽车吊、大型混凝土搅拌机、挖土机等固定资产2100万元。江苏省建集团有塔吊、汽车吊、大型挖土机、大型渣土车等固定资产2亿元,还拥有一部能竖起3600吨(起重设备的特殊计量单位)、高339米的世界第一塔吊。

技术　中华人民共和国成立前后,建筑技艺是父传子、师授徒。1958年成立建筑站时,开始配备技术员。70年代,建筑物结构发生改变,由土坯墙体向砖混结构转变,再由砖混结构向框架结构转变,低层建筑向高层建筑转变,建筑材料也发生变化,新型施工技术取代传统施工方法。建筑站设技术科,下辖各工程队配备技术员,负责施工技术管理。90年代初,采用请进来(请工程师来讲课、办班)、派出去(参加各类培训班)的方式大力培养工程技术人员,到大专院校招收技术人员。每个施工现场均配备至少一名技术人员,负责施工技术。

2000年后,一批建筑新技术被运用到工程建设中,应用计算机管理施工合同、施工计划、技术质量、预决算、施工设备等。应用现浇混凝土早期拆模技术,加快模架系统周转速度。应用大模板综合技术,保证现浇混凝土水平结构下表面平整度。应用泵用混凝土真空吸水防止混凝土表面裂纹技术,降低水灰比,提高混凝土早期强度。应用新型防水材料技术,解决传统低脂油毡的耐老化性。应用新型脚手架技术,加快模板工程周转使用。采用商品混凝土,保证了配合比准确以及混凝土强度。应用微膨胀补偿收缩混凝土防水抗渗技术,在混凝土加入微膨胀剂,减少和杜绝有害裂纹的产生。应用新型墙体材料,采用混凝土小型空心砖,淘汰实心砖,减轻墙体自身重量。应用新三级钢技术、运用保温节能等新技术11项。新技术的应用降低工程成本,缩短工期,提高工程质量。

第三节　房地产业

一、房地产开发企业

扬州市广华房地产开发有限责任公司　1994年,杨寿乡成立房地产开发公司,设在乡建安公司内,注册资金50万元,属乡办企业。1998年,原乡建筑安装工程公司副经理罗世龙收购杨寿乡房地产开发公司,改制为民营企业,成立扬州市广华房地产开发有限责任公司,注册资金2011.8万元,具有二级房地产开发资质。先后在境内代建镇教师住宿楼、居民住宅、商铺,在扬州开发建设兰苑小区住宅楼、新扬苑住宅楼、望月路商品房、写字楼、蜀景花园小区等住宅区和商铺。至2016年,在扬州开发商品房26.8万平方米,商铺4.1万平方米。

扬州市熙龙房地产开发有限公司　1998年,杨寿镇建筑安装工程公司经理陈正华收购杨寿镇建筑安装工程公司,成立扬州市熙龙房地产开发有限公司,公司设在汊河镇林溪山庄,具有二级房地产开发资质,注册资金2008万元。先后在泰州开发建设龙轩花园小区,在扬州开发建设百祥花都苑、雍华府等。2007年,陈正华当选扬州房地产十大风云人物。至2016年,开发商品房、写字楼、住宅区共103万平方米。

江苏华利地产集团有限公司　2000年,原杨寿镇建筑安装工程公司技术员金宏星成立江苏华利地产集团有限公司,性质为民营企业,位于邗江路179号,具有二级房地产开发资质,注册资金2000万元。先后开发扬州香格里拉小区、扬州东城国际大厦、扬州康桥花园、依云城邦、华利国际大厦、西湖印象等商场、写字楼、住宅区。2006~2008年,集团先后获得住建部颁发的广厦奖、扬州市优秀房地产企业以及扬州市商品房销售十佳楼盘等荣誉。至2016年,开发建设面积223万平方米。

二、商品房开发与销售

2000年,扬州市广华房地产开发有限责任公司在邗江建设开发兰苑小区商住楼及商业用房和沿街综合楼20余栋,建筑面积10万平方米。2002年,开发蜀岗花园别墅群(一期)及商业用房6.5万平方米。2004年,开发美琪小区住宅楼4.5万平方米、新扬苑住宅楼4.8万平方米。2010年,开发蜀岗花园别墅(二期)、广华新都会商业办公楼等。至2016年,累计开发商品房30.9万平方米,销售额2.87亿元。其中住宅楼面积26.8万平方米,沿街商铺4.1万平方米。

1998年,扬州市熙龙房地产开发有限公司在邗江建设开发12幢别墅,每幢3000平方米,共3.6万平方米。同年,开发建设邗江中路康馨花园。1999年,开发建设来鹤台广场北雍华府住宅区6.5万平方米。2001年,开发邗江中路康桥花园、康桥沿街综合楼等15万平方米。2003年,在邗江中路与台商施明华合作,组建扬州来鹤台广场开发有限公司,开发建设来鹤台广场,广场占地7.47公顷,建筑面积6.5万平方米,集休闲广场、商业会所、商场超市、餐饮、沐浴为一体。同年,与扬州市新江南集团合股,开发建设百祥园花都苑、邗江行政会议中心5.3万平方米、康桥沿街综合楼2.2万平方米。2004年,开发建设泰州龙轩花园住宅小区7.7万平方米、凯旋国际大厦写字楼1万平方米(来鹤台广场旁)。2012年,开发建设润扬南路和银河大道交汇处林溪山庄别墅小区15万平方米。至2016年,扬州市熙龙房地产开发有限公司累计开发房屋面积103万平方米,销售额9.27亿元。

2006年,江苏华利地产集团有限公司在邗江路与兴城西路南交叉口东南侧开发香格里拉住宅楼,总户数628套,总面积10.2万平方米;在扬州运河西路与江都南路交叉口南侧开发东城国际大厦,总面积4.3万平方米,有大型地下停车场,5~16层为高档写字楼。2007年,在兴城西路南侧邗江路以东地带开发华利国际大厦等写字楼、商品房4.5万平方米。2009年,在扬子江南路东侧开发依云城邦,总面积39万平方米。2011~2016年,在邗江北路与西湖北路交汇处开发西湖印象住宅小区7.9万平方米;在孙庄路开发金满阁,总面积10万平方米;在邗江路延伸段开发中高档住宅小区蓝庄花园,总面积12万平方米。至2016年,集团开发总面积223万平方米,销售额15.61亿元。

2016年,境内有房地产企业3家,累计开发面积356.9万平方米,销售额27.75亿元。

三、集镇住宅小区建设

1994~2016年,杨寿房地产开发公司、扬州市熙龙房地产开发有限公司、扬州市广华房地产开发有限责任公司、江苏永和建设工程有限公司在境内先后建成时庄新村、今日花园小区、河洛花园小区、和美苑小区、孙庄小区(一期、二期、三期)5个居民住宅小区。

时庄新村　1994年,杨寿乡房地产公司在杨寿村(后为宝女村)时庄组开发建设镇教师安置楼,砖混结构,隔层采用水泥预制空心楼板,高4层,每层6户,每户89平方米,2室2厅1厨1卫。1996年,在镇教师楼北建政府机关住宅楼64户。1998年,在镇教师楼西建19栋别墅,每栋230平方米,上下2层,单门独户,带有院落。1998年,扬州市广华房地产开发有限责任公司在镇幼儿园东(原供销社后面)建2栋住宅楼,高4层,每栋24户,共48户,每户120平方米。

时庄新村

今日花园小区　2000年8月,扬州市熙龙房地产开发有限公司在集镇迎宾路东新龙村红旗组北开发建设今日花园小区,为别墅型住宅区,共56栋,坐北朝南,13纵5横,规格统一,每栋230平方米,上下2层,独门独户,带有院落。外墙赭红色,屋面红瓦。小区内水、电、网等配套齐全。2005年建成。院落内植有桂花、蜡梅等花卉和橘、李、枣等果树。西为街面商住房53栋,门面房80间,总面积9.55万平方米。

今日花园

和美苑小区　2014年,江苏永和建设工程有限公司在集镇迎宾路南开发建设和美苑小区,小区为别墅型住宅区,坐北朝南,6纵4横,共24户,每户为上下各3间的别墅,小区占地8086平方米,建筑面积2600平方米。小区墙面灰白相间,屋面暗青色琉璃瓦,各项设施配套齐全。院内植有桂花、玉兰花等花草。

河洛花园　2013年,江苏永和建设工程有限公司在集镇华杨中路西侧开发建设河洛花园,占地3908平方米,有沿街商住楼和住宅区,商住楼为两底三层,共8户,商铺16个,每户312平方米。住宅区为联排二底三层别墅 12 户,每户 240 平方米。小区内各项设施配套齐全,区内有水池、休闲凉亭、花草树木。2016 年交付使用。

孙庄小区　小区位于宝女村孙庄组,由江苏永和建设工程有限公司分三期开发建设。2009 年 2 月,孙庄小区一期开工建设,占地 1.8 万平方米,144 户,2011 年建成,户型为三底二层单体别墅,每户 244 平方米。2013 年 10 月,孙庄小区二期开工建设,占地

河洛花园

3.84 万平方米,143 户,2016 年建成,户型为二底三层联排别墅,每户 282 平方米。2016 年 4 月,孙庄小区三期开工建设,占地 1.87 万平方米,68 户,每户 288 平方米。小区设施配套齐全,区内植有各种花草树木。

第十二章　商贸服务业

　　境内商业历史悠久。隋末,一名杨姓兽医在境内行医筑坝,人气渐聚,始有商品交易。唐末宋初,集镇区已有商铺集聚,主要从事粮食交易。明代,集镇商铺有所发展,交易范围逐步扩大。清末民初,集镇有粮铺、饭店、茶馆、烧饼店、熟食店等26家。抗日战争爆发后,杨寿为日军所占,商业受到重创。抗战胜利后,商贸交易虽有所恢复,但由于商品匮乏,苛捐杂税,物价飞涨,市场交易混乱。中华人民共和国成立前,杨寿镇区有经商者约110户,从业人员220人左右;境内方家集有商户约35户,从业人员70人左右。

　　中华人民共和国成立后,党和人民政府致力于经济恢复发展。建立国营商业,扶持供销合作社;关系国计民生的棉纱、布匹、粮食、食油实行统购统销;对私营商业实行"利用、限制、改造"的方针,保护守法经营,打击投机活动,平抑物价,以稳定市场。1951年,成立杨寿供销合作社(站)。1956年,基本完成对私营商业的社会主义改造,镇区私营商户组成合作商店、合作小组,由供销合作社统一管理。1953年,设立杨寿粮站。1958年,成立杨寿粮油管理所。至此,形成以国营、供销社商业为主体,合作商业为辅助,个体商贩为补充的商业体系,展示新的商业面貌。这一时期,市场繁荣,生产发展,人民生活安定。在"大跃进"和"文化大革命"期间,由于"左"的错误路线干扰,商业体制单一,流通渠道狭窄,商业发展缓慢。

　　中共十一届三中全会后,在"改革、开放、搞活"的方针指引下,商业经营体制发生巨大变化,逐步形成开放式的新格局。在国营商业、供销社、集体商业企业内部推行多种形式的经济责任制,扩大自主经营权,发展横向联营。由计划经济向市场经济过渡,随之国营商业、供销社、商业合作社改制,集市贸易活跃,个体商户崛起,市场状况大为改观,各类销售连锁店相继落户境内。餐饮业、食品业、生活服务业快速发展。2009年后,苏果、好又多和上海世纪联华(后更名为扬城益家)三大超市相继开业。新业态、新理念提升杨寿商贸服务业的水平。2016年末,全镇有商户603个,从业人员5024人,全年社会消费品零售额4.87亿元。

第一节　国营商业

一、粮食收购

统购　1953年,设立杨寿粮站。同年11月,国家政务院关于实行粮食计划收购和计划供应(统购统销)的命令发布后,境内开始对农村余粮户实行粮食统购,杨寿粮站当年统购余粮50余万斤。1958年,杨寿粮油管理所统购余粮487.02万斤。1959~1963年,由于自然灾害等原因,粮食连年减产,5年的粮食统购数为510.1万斤,其中1963年入库统购粮31.06万斤,为历年最少。次年,粮食产量逐渐回升。1965年,粮食统购数为182.9万斤。1971~1985年,每年统购数基本稳定在200万~400万斤之间。1983年,实行联产承包责任制后,粮食收购采用大包干的方法,以生产队为单位,包产包购,粮食交售由原来的“包干到队”和“户卖队结”售粮形式改为农户结算。当年,统购粮298.6万斤。1984年、1985年分别统购312.6万斤、367.41万斤,均突破300万斤。

定购　为促进农村产业结构调整,进一步活跃农村经济,1986年1月1日,中共中央、国务院决定,粮食取消统派购,改为合同定购。合同定购由粮食部门在播种季节前与农民协商,签订粮食购销合同,国家按“倒三七”比例价(30%按统购价、70%按超购价)收购。定购以外的粮食可以自由上市,如果市场价格低于统购价,国家仍按统购价敞开收购,以保证农民的利益。实行合同定购后,粮食产量的落实、征购任务的分配、交售和结算方式等出现了许多新情况,由以村为单位变成以户为单位。当年,杨寿乡定购粮食385.60万斤。其后,乡每年购粮稳定在300万~400万斤之间。1990年6月下旬,镇粮管所收购夏粮180万斤,为全县收购夏粮的第一名,扬州电视台到现场拍摄盛况并播放。

议购　1962年9月,中共中央在《关于粮食工作的决定》中,对农村粮食集市贸易实行粮食议价经营,集体经济单位和农民在完成征购任务后,可以将余粮上集市进行交易,在国家计划指导下进行市场调节,但严禁私商参加粮食集市贸易,故成交量甚微。1966年停止,1971年恢复。1978年,党的十一届三中全会以后,粮食议购议销逐步放开。1979年10月,境内成立粮油贸易站。1980年,议购粮食53.09万斤。1981~1987年,全乡议购粮食累计1234.21万斤。1988~1997年,议购粮食累计1911.21万斤,其中1990年议购252.4万斤,为历年之最。1993年以后,议购粮食均在200万斤以下。1994年为107.63万斤,为低谷年,1997年议购192.35万斤。

1994年,国务院取消粮食统购统销政策,从此粮食购销市场化。1998年,改为托市收购。2010年,托市收购粮食880万斤。2016年,托市收购粮食1000万斤。

1950~1997年杨寿镇(乡、公社)粮食收购统计表

表12-1-1　　　　　　　　　　　　　　　　　　　　　　　　　　　　　　　单位:万斤

年　份	统　购	超　购	定　购	议　购	年　份	统　购	超　购	定　购	议　购
1958	487.02	——	——	——	1960	157.40	——	——	——
1959	216.04	——	——	——	1961	45.90	——	——	——

续表 12-1-1

年 份	统 购	超 购	定 购	议 购	年 份	统 购	超 购	定 购	议 购
1962	89.70	—	—	—	1980	207.78	—	—	53.09
1963	31.06	—	—	—	1981	237.50	—	—	114.30
1964	79.25	—	—	—	1982	211.60	—	—	143.20
1965	182.90	—	—	—	1983	298.60	—	—	137.53
1966	239.70	—	—	—	1984	312.60	—	—	219.67
1967	163.02	—	—	—	1985	367.41	—	—	209.41
1968	212.43	—	—	—	1986	—	—	385.60	211.47
1969	197.56	—	—	—	1987	—	—	309.00	198.63
1970	201.20	201.90	—	—	1988	—	—	359.61	231.42
1971	283.31	41.61	—	—	1989	—	—	361.30	240.50
1972	280.00	38.26	—	—	1990	—	—	367.20	252.40
1973	299.63	52.60	—	—	1991	—	—	353.73	216.50
1974	238.07	69.23	—	—	1992	—	—	339.00	207.24
1975	183.86	20.30	—	—	1993	—	—	362.00	117.46
1976	213.57	71.02	—	—	1994	—	—	—	107.63
1977	163.09	21.07	—	—	1995	—	—	—	158.30
1978	252.41	83.75	—	—	1996	—	—	—	187.41
1979	298.49	107.33	—	—	1997	—	—	—	192.35

二、粮食供销

　　1953 年 11 月,实行粮食统销,粮食供应纳入国家计划,境内设粮站,属供销社管理。1955 年 5 月起,供销社不再代销粮食,改由粮食部门经营。是年 9 月,境内市镇人口实行定量计划供应,每月以主粮为定量标准:重体力劳动者每月 15~22.5 千克,国家机关、企事业人员和轻体力劳动者每月为 14~17 千克,大、中学生每月为 15~16 千克,集镇居民每月为 11.5~12.5 千克,儿童则按年龄大小分等供应。粮食销售实行以证(购粮证)为主、以票(粮票)为辅的方法。1959~1962 年,粮食歉收,农民口粮严重缺乏,每人全年原粮标准由 1959 年的 157 千克连续下降到 1962 年的 148 千克。境内系灾害严重地区,1960~1961 年,每人每月只有原粮 7.5 千克(折合主粮 5 千克),一年为 90 千克。1960 年 9 月起,根据中央有关指示,降低城镇口粮标准:境内集镇居民每月减供 0.5 千克,机关干部每月减供 1 千克,并搭供部分山芋干。1963 年 10 月,粮食生产形势趋向好转,农村口粮紧张状况渐趋缓解。市镇增加定量供应标准,即国家机关、团体工作人员和企事业单位管理人员,每人每月由 13 千克提高到 13.5 千克,集镇居民每人每月从 11.5 千克提高到 12 千克。高于此标准的不再调整。1964 年,对国家机关、团体工作人员和企事业单位管理人员的定量标准再次调整,即经常下乡的人员每人每月为 14.5 千克,其他每人每月为 14 千克。对既不是集镇定量供应对象又不是农民的渔民、菜农,实行粮食定销统销供应,供应标准参照定量供应标准或略低于定量标准执行。1993 年 3 月底,全镇有定量粮供应户 368 户、1656 人,定销粮(统销)供应户 271 户、1219 人,月供应粮食 3.45 万千克。行业用粮由国家另行规定。

1984 年 3 月,中央决定实行平价转议价销售,以减少国家库存,当年销售议价粮 367 万斤。1993 年 4 月 1 日,国家对城镇定量定销统销供应的粮油销售价格全面放开,实行随行就市,取消粮油票证。1994 年,境内有粮油供应店 6 家。2016 年,个体粮油店增至 12 家,销售品种有粳米、籼米、糯米、面粉、杂粮和各种食油。杨寿粮管所收购的 1000 万斤粮食全部售清。

三、油料供销

中华人民共和国成立前,境内油料自给不足,仅有部分高旱田地区种植黄豆、芝麻等油料作物,油菜多为零星种植。农户以收获的油料去油坊加工或兑换食油自家食用。集镇居民的食油来源主要靠油店和流动叫卖的"卖油郎"(油贩)供给。

中华人民共和国成立初,部分食油商人投机倒把,扰乱市场,食油供应紧张。1954 年,境内对集镇居民所需食油实行计划供应,非农业人口食油定量标准每人每月 125 克。1958 年 3 月,食油供应标准降低,改为每人每月 100 克。1959 年 7 月以后,食油定量标准改为每人每月 85 克。同年 11 月,增至 125 克。此后,食油供应标准又做多次调整:1961 年 7 月起为 75 克,1962 年起为 50 克,1964 年 4 月起为 100 克,同年 11 月起为 150 克,1965 年 7 月起为 200 克。1981 年 8 月起,每人每月临时增供 50 克,国庆、春节每人增供 250 克。行业用油由粮食部门划拨计划供应。

1993 年 4 月,国家取消食油定量计划供应,全部放开经营,粮食部门不再承担食油供应任务,行业用油也随之市场化。个体粮油店供应的食油品种繁多,有豆油、菜籽油、色拉油、麻油等,数量充足。

四、油料收购

1953 年,油料随同粮食实行统购政策,境内由供销社代购。1955 年 5 月,由粮食部门收购。1967 年,公社引进油料种植,当年收购油菜籽 3500 斤。1968 年,种植面积逐步扩大且改良品种,产量不断提高。除自家食用外有一定多余,收购量开始增加。1971 年,对超产油料全部按国家收购价加 30% 收购。1979 年,调整统购价并将超购价从加 30% 提高到加 50%。是年,粮油集市贸易开放,市场食油供大于求。1985 年 4 月,国家对油料实行合同订购。次年 6 月,油菜籽按"倒四六"比例价(40% 按原统购价、60% 按超购价)敞开收购。1993 年后,油料收购全部放开,进入市场化运作。2016 年,托市收购 7.8 万斤。

1967~2016 年杨寿镇(乡、公社)油菜籽收购统计表

表 12-1-2   单位：万斤

年 份	收购量	年 份	收购量	年 份	收购量	年 份	收购量
1967	0.35	1979	1.75	1991	4.25	2008	6.40
1968	0.40	1980	1.80	1992	4.10	2009	7.00
1969	0.45	1981	2.50	1993	4.32	2010	6.50
1970	0.50	1982	2.80	1994	4.35	2011	6.80
1971	0.65	1983	3.48	1995	5.32	2012	7.00
1972	0.78	1984	3.50	1996	6.12	2013	7.10
1973	0.87	1985	4.10	1997	6.05	2014	7.20
1974	0.96	1986	5.80	1998	5.20	2015	7.35
1975	0.98	1987	4.80	1999	5.30	2016	7.80
1976	1.05	1988	2.90	2000	6.00	—	—
1977	1.20	1989	4.25	2001	5.40	—	—
1978	1.50	1990	4.10	2002	5.50	—	—

注：2003~2007 年，杨寿镇与甘泉镇合并，成立新甘泉镇，无资料。

五、饲料供销

中华人民共和国成立初期，境内糠麸饲料自由经营。1953 年，粮油统购统销后，先后由供销社、粮食部门销售。同时在政策上专项安排饲料粮，粮食部门也不断安排糠麸供应。1962 年，实行计划供应，采取随粮返还的办法，当年返还饲料 11 万斤。1963 年，实行出售成品猪奖售饲料粮的办法，按收购价每百元奖售原粮 7 两，后来奖售办法有所调整。1980 年后，饲料供应既有平价又有议价。1985 年 2 月，实行猪粮挂钩，在已有奖售粮不变的基础上，每出售一头符合标准的生猪，另加饲料粮 50 千克，凭证按平价供应。是年 4 月，生猪奖售粮取消。1966~1997 年间，杨寿粮管所每年销售饲料在 20 万斤以下。1970~1982 年，每年销售饲料逐渐由 20 万斤上升到 100 万斤。1983~1997 年，年销售量均在 130 万斤以上，其中 1993 年 297.44 万斤，为历史最高。1997 年后，饲料销售进入市场，粮食部门不再经营。

1966~1997 年杨寿镇(乡、公社)饲料销售统计表

表 12-1-3   单位：万斤

年 份	销售量	年 份	销售量	年 份	销售量	年 份	销售量	年 份	销售量
1966	18.20	1971	27.90	1976	65.30	1981	96.30	1986	189.20
1967	17.40	1972	31.70	1977	71.70	1982	109.60	1987	199.30
1968	19.96	1973	34.60	1978	71.60	1983	137.60	1988	173.40
1969	14.10	1974	52.90	1979	74.50	1984	186.20	1989	221.60
1970	23.60	1975	60.00	1980	87.40	1985	170.05	1990	265.80

续表 12-1-3

年　份	销售量	年　份	销售量	年　份	销售量	年　份	销售量	年　份	销售量
1991	199.40	1993	297.44	1995	209.00	1997	269.60	—	—
1992	251.70	1994	211.40	1996	278.30	—	—	—	—

六、粮油储运

抗日战争和解放战争期间,境内民主政权辖区内,每逢夏、秋季所征收的公粮,就地借用民房保管。1948 年 11 月 23 日,发生国民党还乡团从扬州来杨寿、方集两地抢粮事件。中华人民共和国成立初期,境内亦无专门粮仓,夏、秋所征购粮食,先临时设点存放,再送扬州市粮库或直接送到公道粮库。1963 年,国家投资 16 万元在粮管所内建成仓容为 150 万斤的 1~2 号仓。1970 年,建成仓容 300 万斤的 3~6 号仓,同时又建成 15 万斤的土囤仓 2 座。1978 年,建成仓容 400 万斤的 7~10 号仓。1985~1991 年,建成仓容 580 万斤的粮仓。至 2016 年,仓容为 1460 万斤。

自建立杨寿粮管所以来,所储存粮食以稻谷、小麦、大米为主。为了储粮安全,夜间有干部、职工轮流值班保卫,并相应装设灭火机和消防泵等防火设施,防患于未然。仓虫防治,先以清洁卫生和物理机械防治为主;随着粮油库存量的增加,采用化学药剂防治虫害。1983 年,杨寿粮管所被评为"市四无免检单位"("四无"即无虫、无鼠、无雀、无霉变)。1985 年,为了科学保粮,仓库安装粮温自动巡检测量仪,采用电子测温,查粮温从手工发展到运用电脑电子技术的时代,确保粮油仓库安全。截至 2016 年,粮管所储备粮食 124.5 万斤。

境内是稻麦产区,以调出稻谷、小麦为主。60 年代,每年调出稻麦 200 万斤左右。70 年代,每年调出 1000 万斤左右。80 年代,每年调出 1300 万斤左右。90 年代,每年调出 1800 万斤左右。2000 年后,每年调出 2200 万斤左右。

粮食调运主要靠水陆两条运输线,用汽车、船只运输到全国各地。50 年代,粮食调运装卸主要靠人工,称重使用木杆秤,清理杂物靠手摇式木制风车。60 年代,陆续改用磅秤。80 年代后,逐步改为地磅秤,装卸使用输送带。2000 年,改换电子秤,调运更为方便、快捷。

1964~2016 年杨寿镇(乡、公社)储备粮统计表

表 12-1-4　　　　　　　　　　　　　　　　　　　　　　　　　　　　　　　　单位:万斤

年　份	储备粮	年　份	储备粮	年　份	储备粮	年　份	储备粮
1964	15.90	1972	52.70	1980	20.45	1988	96.40
1965	20.30	1973	82.90	1981	9.80	1989	89.26
1966	24.60	1974	43.20	1982	20.30	1990	180.30
1967	23.03	1975	18.01	1983	41.20	1991	197.40
1968	26.27	1976	39.40	1984	69.20	1992	169.20
1969	12.30	1977	10.59	1985	83.90	1993	200.30
1970	21.40	1978	18.40	1986	103.20	1994	287.60
1971	19.60	1979	67.68	1987	117.50	1995	145.30

续表 12-1-4

年　份	储备粮	年　份	储备粮	年　份	储备粮	年　份	储备粮
1996	299.30	2002	201.20	2008	283.40	2014	125.90
1997	447.30	2003	145.60	2009	142.70	2015	124.80
1998	214.60	2004	137.70	2010	132.30	2016	124.50
1999	269.20	2005	214.50	2011	130.50	—	—
2000	222.70	2006	281.30	2012	130.20	—	—
2001	209.40	2007	279.60	2013	128.80	—	—

七、粮油管理

1953 年 11 月,成立杨寿粮站。1958 年 5 月,成立杨寿粮油管理所(简称"粮管所"),负责管理全公社的粮油收购、供应、调拨、仓储保管等工作,地点设在镇老南街涂庭栋家。60 年代中期,迁至现址(华杨路北端与新风路交会处)。1971 年,征地 1.83 公顷扩建。所内设主任室、统计室和财会室。

1958~2016 年,杨寿粮管所历位负责人为戴贵松、吴锦朝、傅云高、程学荣、聂世泉、殷久坤、杨雪生。

八、食品购销

杨寿食品站原系杨寿供销合作社下属采购站,经营生猪、家禽、鲜蛋收购、调出及生猪宰杀供应市场等业务。1981 年,与杨寿供销社划开经营,成立杨寿食品站,隶属于邗江县食品公司。是年,约收购生猪 1.75 万头,约调出 1.10 万头。1984 年,食品站迁至杨庄(现镇新杨广场),年约收购生猪 1.76 万头,约调出 1.05 万头。1986 年后,生猪市场逐步放开。1993 年,收购生猪 3810 头,全部供应境内市场,此后无生猪调出。1998 年,根据集镇规划,食品站向西迁至墩留大桥东南侧,建房屋 25 间,当年收购生猪 3570 头,全部供应市场。2001 年,收购生猪 3400 头。随着市场开放,商业体制改革,2002 年,食品站实行管理体制改革,下放给乡镇管理,所在职工按有关政策一次性买断工龄,自谋职业,食品站不复存在。至此,生猪、蛋禽、猪肉销售完全进入市场化。

1981~2001 年杨寿镇食品站生猪购销统计表

表 12-1-5

年　份	收购(头)	调出(头)	宰杀(头)	年　份	收购(头)	调出(头)	宰杀(头)
1981	17500	11020	6480	1987	12215	7205	5010
1982	17350	10800	6550	1988	10510	5989	4521
1983	17150	10520	6630	1990	8520	4500	4020
1984	17640	10520	6520	1991	6560	2945	3615
1985	16100	10160	5940	1992	4505	855	3650
1986	13520	8370	5150	1993	3810	—	3810

续表 12-1-5

年　份	收购(头)	调出(头)	宰杀(头)	年　份	收购(头)	调出(头)	宰杀(头)
1994	3680	—	3680	1998	3570	—	3570
1995	3610	—	3610	1999	3590	—	3590
1996	3630	—	3630	2000	3520	—	3520
1997	3600	—	3600	2001	3400	—	3400

禽类以鹅、鸭为主,购销季节主要在国庆、中秋节前后。每年约 4 万只,20 万斤左右。蛋类以鸡蛋为主,购销季节以春、秋季为主。每年约 1.5 万~2 万斤。

杨寿食品站历任负责人为费万福、夏圣华、严传斌、俞学朝。

第二节　集体商业

一、供销合作

1951 年冬,杨寿供销合作站建立,隶属于公道(黄珏区)供销合作社,设粮站、日杂、棉百门市部,地点设在杨寿集镇南街。1957 年春,杨寿供销站升格为杨寿供销社。1958 年,县供销合作联社与县商业局合署办公,随后并入扬州市,供销社改为国营商店。次年 6 月,国营商店下放给人民公社,改为公社供销部。1961 年,恢复供销合作社体制。1963 年 3 月,全县供销社调整,杨寿供销社隶属于甘泉中心社。1969 年,按公社建立供销社,随之更名为杨寿人民公社供销合作社,设生产资料、日杂、棉百、五交化、采购站五个门市部,另有蚕茧收购站和茶食加工组、竹器加工组,同时下设爱国、曹家铺两个供应站。随着集镇中心南移,各门市部地点逐步向南大街(新街)搬迁,并新建供销社大楼。1976 年,设东兴、建龙、新民三个代购代销店(双代店),每店由贫下中农推荐 2~4 名生产队社员为该店双代员,供销社提供每店 3000 元铺底资金,经营农资产品和主要生活日用品,替群众代购代销一些农产品。

1951~1953 年,供销站筹建期间,采取入股的办法筹资。为了扩大业务范围,增加业务量,杨寿供销社不断增股扩股。1984 年 9 月,杨寿供销社根据上级精神再次扩股,促进了供销合作社的发展,其后销售额、利税都明显上升。1995 年,营业额高达 1121.05 万元,利润 9.82 万元,为历史最高。其后,随着商品市场逐步放开,个体商户相继出现,供销社虽进行改革,实行"公有民营""柜主承包"等,仍于事无补,销售额逐渐回落。2000 年,杨寿供销社基本无销售行为。2002 年,供销社有职工 125 人,实现销售总额 43.16 万元,亏损 25.3 万元。是年,实行管理体制改革,供销社改系统管理为属地管理,职工分流,原供销社将店铺等资产通过租赁的方式租给职工经营,供销社名存实亡。

1953~2002 年,杨寿供销社(站)历任负责人为徐元生(站长)、吕玉纯(站长)、刘义元、袁鉴、周怀高、桑凤山、王克定、高云山、赵正忠、耿国林。

1960~2002年杨寿供销社销售、利润、税金、职工工资选年情况一览表

表 12-2-1

年 份	销售（万元）						利润（万元）	税金（万元）	职工人数	月人均工资（元）
	总 额	其 中								
		生产资料	日杂	五金交电	棉百针织	收购				
1960	52.13	15.94	10.43	9.38	13.03	3.35	1.21	1.10	20	24.50
1965	58.45	18.70	11.69	10.52	15.20	2.34	1.86	1.52	25	28.50
1970	128.61	41.16	25.72	23.15	33.44	5.14	4.22	2.43	38	35.00
1975	221.72	72.95	44.34	39.91	58.65	5.87	4.97	3.10	40	41.00
1980	338.55	108.34	67.71	60.94	94.79	6.77	5.54	4.75	59	47.00
1985	516.80	165.38	105.36	94.02	144.70	7.34	6.69	5.33	85	60.00
1990	856.37	275.04	171.27	162.71	239.78	7.57	8.51	6.62	86	102.00
1995	1121.05	348.74	236.63	214.11	313.89	7.68	9.82	8.53	91	150.00
2002	43.16	13.81	8.63	7.77	12.08	0.87	-25.3	—	125	200.00

1966年，杨寿供销社蚕茧收购站建立，收购业务隶属于扬州市茧丝绸公司，地址设在供销社内。1968年，收购鲜茧62.96担（每担100斤）。1970年，地址迁至今杨寿镇华杨路北路。蚕茧站有房屋15间，其中收购门市部4间、茧仓6间、烘蚕房4间、办公室1间；职工20人（含季节临时工）；经营设备有评茧台、评茧仪、茧车、茧篮、茧匾、茧篓等。春、秋两季为收购的高峰季，由专业人员收购后，先烘干，再送扬州市外贸仓库。1972年，蚕茧收购363担。1986年，收购达780担，为历史之最。1988年后，受蚕茧价格影响，收购量逐渐减少。1992年，出现蚕农毁桑改种其他经济作物的现象，当年收购蚕茧62担。2000年，收购鲜茧26担。2001年起，供销社蚕茧站不再收购鲜茧。

1968~2000年杨寿蚕茧站蚕茧收购统计表

表 12-2-2

单位：担

年 份	收购量	年 份	收购量	年 份	收购量	年 份	收购量
1968	62.96	1976	429.21	1984	523.00	1992	62.00
1969	100.10	1977	611.23	1985	585.00	1993	58.60
1970	132.00	1978	546.60	1986	780.00	1994	53.20
1971	225.00	1979	563.00	1987	623.00	1995	33.00
1972	363.00	1980	654.00	1988	512.00	1996	32.10
1973	369.60	1981	383.00	1989	458.00	1997	30.00
1974	788.71	1982	421.00	1990	321.00	1999	27.00
1975	549.50	1983	450.00	1991	181.00	2000	26.00

中华人民共和国成立前，境内民间多由"换糖担"走村串户，以饴糖换取废、杂品，经分档整理，运销外地。中华人民共和国成立后，供销社设立废旧物资收购站，经营废品旧物回收。1958年"大跃进"大炼钢铁中，大搞废钢铁回收，政府下达交售任务，回收量大增。2000年，废品收购额在3万元上下。1993年，杨寿镇政府将民间废旧物品回收商组织起来，建立杨寿废旧物品

回收利用公司,地点设在现新龙村民主组,主要成员有赵桥林、李金元等。由于经营管理不善,2000年歇业。2016年,全镇有个体经营的废旧物品回收点20多家,大多为外地来杨寿人员,他们既设点收购,又开着车辆走村串户收购。主要收购物品有废旧金属、塑料、纸制品、旧家用电器等。2016年,年购销额在180万元以上。

二、商业合作

1956年春,境内对私营商业进行社会主义改造,杨寿供销社(站)设立私改办公室,负责杨寿集镇商业系统社会主义改造工作。通过调查摸底、召开座谈会等方式,进行思想发动,制定私改方案,将全镇私营商店、摊贩组织起来,相继组建合作商店10个、合作小组6个。合作商店按行业分类组建,即饮食服务业,包括饭店、饼面店、茶食店、肉案、染坊、浴室、旅社;棉布百货业,包括布店、百货店、药店(公社化后划归医院);日用杂货业,包括日用品、烟酒杂货类。合作小组为缝纫组、理发组、蔬菜水果组、竹木组。在核算上,有统一经营、共负盈亏形式,也有分散经营、自负盈亏形式。不管什么经营形式,其性质都属集体所有制商业。从业人员的报酬大部分实行工资制,最高的30元/(人·月),最低的20元/(人·月),大部分人为24元/(人·月)。另按投资金额(房子、货架等物折算在内)领取固定利息,标准为年息5%。当时投资金额较大的有中华浴室3000元左右、天生堂药店1900元左右、天和堂药店600元左右,一般商贩只有几十元。

1958年,杨寿合作商店(组)并入杨寿供销社,实行经济大核算。次年,除茶食、竹木加工、旅社外,其余皆从供销社划出,仍为合作企业,单独核算,自负盈亏,隶属于供销社领导,供销社明确一名经理兼商政员,负责领导合作商店工作。1978年,合作商店为了方便群众,扩大经营,设立方集、墩留、蒋塘、永和、新民、东兴等6个综合商店,其中规模较大、品种较全的为方集综合商店。中共十一届三中全会以后,贯彻中央"加强领导,大力扶持,统筹安排,积极发展"的方针,对合作商店进行调整,取消供销社领导合作商店的体制。1983年,商业体制改革,杨寿合作商店更名为杨寿商业合作社,隶属县供销合作联社。1987年,新建商业社大楼,有从业人员110人,年销售额1000万元。

90年代,随着商品市场放开,商业社部分网点转为个人承包经营。1995年,销售额回落至400万元。2000年,仅为150万元。2002年,杨寿商业社因亏损而停业解体。

1956~2002年,杨寿商业合作社(商店)历任负责人为张福林、崇枚、金久朝、杨芳林、张德勋、刘学金、刘光松。

1978~2002年杨寿商业合作社选年经营情况统计表

表12-2-3 单位:万元

年 份	销售额	税 金	利 润	年 份	销售额	税 金	利 润
1978	300	9.00	3.00	2000	150	3.75	1.20
1987	1000	25.00	8.00	2002	15	—	-7.50
1995	400	10.00	3.20	—	—	—	—

第三节　私营个体商业

中华人民共和国成立前,杨寿集镇(含方家集、十五里塘集)商业均为私人经营,有店铺约140多家。其中粮行 10 家、南北杂货店 10 家、木行 3 家、棉布百货店 7 家、饭店 10 家、烧饼店 8 家、药店 5 家、浴室 1 家、旅社 1 家、肉铺 6 家、茶食店 6 家、染坊 2 家、理发店 5 家、竹木器店 4 家、裁缝店 4 家、赌场烟馆 4 家、棉花店 3 家、纸扎店 2 家、香店 2 家、豆腐店 3 家、麻油店 2 家、油坊 4 家、槽坊 3 家、磨坊 5 家、粉坊 3 家、猪牛市 1 个等此外还有一些上午设下午收的流动摊点,每日不少于 50 个,逢集日较多。除中华浴室、天生堂药店、房兴柏木行、刘德钰茶食店等几家规模较大的商店有少数雇工外,其余均为自家经营,有从业人员近 300 人。

中华人民共和国成立后,在人民政府的支持下,私营商业有所发展。1953 年,国家限制私营商业发展,商业户有所减少。同年 11 月,国家对粮食实行统购统销,私营粮商全部停业或转业。1954 年 8 月后,国家对棉布、棉纱实行统购统销,境内私营棉布商(摊贩)也全部停业或转业。至 1956 年,组成合作商店或小组,私营商业不复存在,只有少数人摆摊设点,肩挑叫卖,从事个体经营。“文化大革命”期间,农村中少数个体零售商户也相继停业。

中共十一届三中全会以后,商业经营体制发生巨大变化,个体商业较快发展,成为社会主义商业体系的组成部分。1982 年始,各类商业竞相出现,经营品种从日杂、百货、食品至五金、机电、建材、布匹、服装、粮油、住宿、餐饮等。同年,个体户吴正福率先开办糖、烟酒、日杂、百货门市兼批发部。1995 年,有个体商户 233 家,营业额 238 万元。2000 年,有个体商户 385 户,营业额 2950 万元。2016 年,全镇登记在册的个体商户 603 户,其中大型超市 3 家,从业人员 5024 人,营业额 5.87 亿元。

第四节　市场贸易

一、传统集市贸易

杨寿集镇(杨兽医坝集)位于扬州西北郊,为西山十三集之一,农历每月初一、初六、十一、十六、二十一、二十六为逢集日。五天一次的逢集日,除正常农副产品外,还有许多商贩一早就前来摆摊设点,销售棉布百货、日杂五金、服装鞋类等商品,直至下午赶集人员散去后,方才收摊。逢集期,杨寿猪市、牛市也交易营业。

中华人民共和国成立后,集市贸易仍然活跃。1953 年底,国家对粮油实行统购统销,粮油交易市场关闭。1955 年后,始有议价粮油销售,农户在完成征购任务后,允许少量粮食至指定的场所进行余缺调剂,交易甚微,1957 年 10 月停售。1959~1961 年,由于自然灾害等原因,物资紧缺,集市贸易基本停止。1962 年,集市贸易虽然恢复,但上市的农副产品很少,市场依然萧条。“文化大革命”期间,集市贸易被认为是“资本主义尾巴”,予以限制。

改革开放后,集市贸易重获新生,各种商贩自由经营,尤其是逢集日,集镇街道两侧有序摆放,各种商品、农副产品琳琅满目,一派繁荣景象。

方家集镇也为西山十三集之一,农历每月初五、初十、十五、二十、二十五、三十(小月为二十九)为逢集日。1956年,方集乡撤销,集镇贸易逐步停止。

二、商品交易会

1976年4月,邗江县供销合作联社工作组进驻杨寿供销社,在公社党委帮助配合下,学习贯彻东北"哈尔套经验",组织社会主义大集(大型商品交易会)。

是年10月,邗江供销合作联社在杨寿举办社会主义大集活动,地点在集镇东龚三房(今新龙村工农组、民主组)。市、县及周边乡镇的商业企业积极组织货源,花了10天左右时间,动用拖拉机、汽车、船只将货物及货架材料运至杨寿,搭建商棚,摆放商品,布置环境。商品有大型农机具、农技产品、生产资料、家用电器、棉布百货、服装鞋帽、生活用品等。品种丰富,货源充足,许多计划供应的紧俏商品也拿出一定数量供应市场。3天的交易时间,吸引了十里八乡10万人次参加,仅杨寿供销社销售额就在10万元以上。这次大集社会影响大,群众反响好,经济效益高。

三、农贸市场

中华人民共和国成立前,杨寿集镇、方集集镇均有集贸市场。60年代,集贸市场受到限制,发展缓慢。

1979年,集贸市场开放,市场活跃,上市品种繁多,为了改变沿街叫卖、杂乱无序现象,实行有序管理,杨寿镇(乡、公社)政府划出华通路东侧、新风路北边的一片土地,新建杨寿农贸市场,进行农副产品交易。

1988年,集镇农贸市场进行扩建,建成面积2500平方米,摊位150个。随着集镇规模的扩大和南移,2000年底,又投入500多万元将该市场迁至华杨南路东侧(今新龙村杨庄),面积1.2万平方米,设肉类、果品、豆制品、蔬菜、水产品、禽类、小商品及其他农产品等12个区,近500个摊位,日流量4500人次左右。2016年,成交金额达1亿多元。

此外,商贩还在爱国、永和、方集、曹家铺等处设立路边小市场,以方便群众购买。

四、超市

2001年,扬州十六粮店在境内集镇迎宾路北侧设分店开超市,主要销售粮、油,兼售日杂百货。同时个人兴办超市兴起,其规模大小不等。2009年,南京苏果超市在原杨寿影剧院内开设连锁超市,占地1000平方米左右,产品销售门类有畜产类、水产类、果菜类、粮油类、食品类、日用杂货类、日用百货类、家用电器类、鞋帽服装类等十大类,年销售1500万元。2011年,外资商业企业好又多超市在集镇回归路北段东侧开设连锁超市,占地1450平方米,商品门类齐全,年销售1400万元。2015年,上海世纪联华超市在集镇乐星路东段北侧开设连锁超市,占地1500

平方米,商品门路齐全,当年销售600万元。同时,境内居民兴办超市,具有一定规模的有华联超市、大周超市等。2016年,境内有连锁超市7家,其中苏果、好又多、上海世纪联华(后更名为扬城益家)三家连锁超市规模较大。

好又多购物中心杨寿店

五、门店

改革开放以来,境内开始兴开门店经商。1982年,集镇吴正福租用公社农技站门面房开设小型百货店,主营烟酒。1983年,桥南农用物资经营店开业,主营种子、化肥、农药。1988年,万明山在集镇上开设万达服装店。1996年,青岛海尔股份有限公司旗下的扬州分公司在集镇上开设海尔家电连锁店,占地300平方米,主营洗衣机、电视机、煤气灶、全自动麻将机等。同年,金洋建材装饰材料店开业。1999年,雅迪科技集团有公司旗下的分公司在境内开设雅迪电动车销售连锁店,占地250平方米,年销售1100辆,销售额320万元。2000年,扬州汇银家店在集镇上开设连锁店,主营空调,兼营其他家用电器。随后,TCL王牌家电、德军家电、实达家电、如意家电等门店相继开业。2007年,小胡装饰材料城开业,经营小水电材料、灯饰等。同年,爱玛电动车销售连锁店入驻集镇。随后,小鸟、小刀、新蕾、台羚、腾羚、绿源等电动车销售连锁店相继开业。2016年,境内共有门店186家,其中农机销售店2家,农用物资经营店9家,家用电器经营店6家,电动车专营店8家,装饰材料经营店6家,五金电器经营店13家,服装鞋帽经营店53家,烟酒、日杂百货经营店89家。

六、对外贸易

1990年,杨寿玩具厂(乐星玩具公司)、扬州市嘉利工艺品有限公司生产的长毛绒玩具为出口商品,销往欧洲、美国、埃及等10多个国家及中国台湾和香港地区。1997年,扬州金泉旅游用品有限公司建立,后改为扬州金泉旅游用品股份有限公司。该公司生产户外旅游用品帐篷、睡袋、背包及服饰等外贸产品,主要销往美国、澳大利亚、日本及欧洲大部分国家和地区。1998年,全镇出口额突破千万美元,达1111万美元。2000年,出口额为986万美元。

2004年,江苏省南扬机械制造有限公司和扬州伟光机械制造有限公司生产的直缝焊管机、轧辊模具等机械产品相继出口,产品销往欧洲、非洲、南美洲和东南亚等地,当年出口额205.7万美元,全镇出口额首超2000万美元,达2059.1万美元。2012年,江苏苏豪国际集团股份有限公司、扬州艺林玩具有限公司年出口额都在1400万美元以上。截至2016年,全镇外贸销售额为13957万美元,其中扬州金泉旅游用品股份有限公司、江苏苏豪国际集团股份有限公司、扬州艺林玩具有限公司位居前三名。

2001~2016 年杨寿镇外贸出口额统计表

表 12-4-1　　　　　　　　　　　　　　　　　　　　　　　　　　　　　　单位：万美元

出口额 年份	扬州市金泉旅游用品股份有限公司	扬州市吉星玩具有限公司	扬州市嘉利工艺品有限公司	江苏省南扬机械制造有限公司	扬州伟光机械制造有限公司	扬州市大东工艺有限公司	扬州万木春纸制品有限公司	江苏苏豪国际集团股份有限公司	扬州艺林玩具有限公司	扬州天马玩具有限公司	扬州奉泰礼品有限公司	合计
2001	985.0	96.3	42.6	—	—	—	—	—	—	—	—	1123.9
2002	1052.0	110.7	46.2	—	—	—	—	—	—	—	—	1208.9
2003	1216.0	120.3	48.7	—	—	—	—	—	—	—	—	1385.0
2004	1699.0	138.9	45.5	205.7	—	—	—	—	—	—	—	2089.1
2005	2202.0	146.2	42.3	226.8	—	—	—	—	—	—	—	2617.3
2006	2776.0	158.5	38.9	245.9	—	—	—	—	—	—	—	3219.3
2007	3464.0	167.8	32.6	260.6	—	—	—	—	—	—	—	3925.0
2008	4528.0	177.5	30.8	271.5	39.0	—	—	—	—	—	—	5046.8
2009	4521.0	122.9	46.0	298.3	138.0	—	—	—	—	—	—	5126.2
2010	4983.0	128.1	35.0	619.2	194.0	—	—	—	—	—	—	5959.3
2011	6556.0	86.0	—	318.0	22.0	—	—	—	—	118.0	—	7100.0
2012	5397.0	107.0	—	647.0	68.0	—	—	2594.0	1445.0	73.0	—	10331.0
2013	5771.0	56.0	—	193.0	161.0	—	3.0	2933.0	1470.0	105.0	—	10692.0
2014	6925.0	60.0	—	286.0	114.0	83.0	5.0	3389.0	1739.0	—	—	12601.0
2015	7550.0	76.0	—	313.0	169.0	63.0	13.0	3559.0	2146.0	111.0	—	14000.0
2016	7707.0	71.0	—	517.0	88.0	81.0	6.0	3006.0	2363.0	118.0	—	13957.0

第五节　饮食业

一、餐饮业

明代，境内集镇有饮食店。清末民初，杨兽坝集镇（含方家集）有饭店、茶馆、烧饼店、熟食店等 20 多家。其中规模稍大、有点名气的当数吴登五饭店、蒋恒福蒋恒全饭店、夏云登饭店、徐四饭店、方长巨方长元（方老巴子）饭店、李长喜熟食店、方连喜熟食店。茶馆饭店早上供应茶水、包子、烧卖、馒头、草炉烧饼、面条、水饺等，中午、晚上供应饭菜，荤素皆有，红烧老鹅、盐水鸭（鹅）、血子汪豆腐、红烧猪头肉等为乡境特色名菜。

中华人民共和国成立前夕，由于通货膨胀，苛捐杂税，饮食业受到了很大影响，部分饭店停业。

中华人民共和国成立后，人民政府帮助饮食业恢复营业。1956 年春，对私营工商业进行社会主义改造后，建立了饮食业合作饭店 2 家，东头街、南头街各 1 家。每店堂口放设八仙方桌 8~10 张，经营早、中、晚饭饮食和熟食。方家集镇上的饭店随着方集乡撤销而关停。实行粮油计划供应后，米饭、面食凭粮票供应。70 年代,东头街、南头街两饭店合并,在今华杨路北端与达胜街交叉路口新建房屋 20 间,为新杨寿合作饭店。进入 90 年代,商品市场放开,个私饮食业相继营业,杨寿合作饭店营业额下降,甚至亏损,后转为个人承包后仍不景气。1993 年 11 月,李树林开设树林饭店。1999 年,集镇大排档夜市对外营业,设烧烤摊点、小吃等。2011 年,在回归路东侧开设华鑫饭店(2016 年更名为鑫华酒店),占地 4.5 亩,可承办大型宴会用

树林饭店

餐。同年,杨寿合作饭店歇业解体。2016 年,境内有大小饭店 20 多家、饮食摊点 16 家(含大排档摊点)、早餐店 9 家。树林饭店、鑫华酒店成为杨寿饮食业的代表。树林饭店的青菜(大白菜)烩豆腐圆、黄颡鱼炖臭大元在首届中国民间民族菜肴比赛中获金奖。鑫华酒店规模大、环境雅,一次能承办 100 桌酒宴,年营业额在 500 万元以上,上交定额税 6 万余元。

二、食品业

旧时,境内有生产销售熟食、烧饼、油条、麻花、豆腐、臭大元等特色食品的商户。中华人民共和国成立后,个体商户成立合作社,改个人经营为集体经营。中共十一届三中全会以来,个私经济快速发展,传统食品加工经营陆续转为个人。同时,食品加工经营范围不断扩大。1991 年,邵如芝瞎爷盐水鹅进入市场销售。1993 年,吴文江辣子熟食在集镇上设摊销售。1996 年,新民村(今新龙村)村民刘广金红烧老鹅对外销售。2004 年,"特必特"汉堡加盟店在集镇华杨路上开业经营。次年,"大拇指"蛋糕房连锁店开业。至 2016 年,境内有食品加工经营户 81 家,其中烧饼、油条、五谷杂粮制品等销售户 12 家,豆制品经营户 15 家,盐水鹅经营户 45 家,红烧老鹅专卖户 2 家,汉堡堡经营房 3 家,蛋糕房 4 家。

三、特色菜肴

菜烩豆腐圆　豆腐圆用地产上好黄豆磨成的豆腐为原料,滴尽黄水后,放入姜、葱、虾米、香菇、竹笋、干贝碎末及肉泥等佐料,搅拌均匀后手工做成圆子,用油煎炸至微黄,再配上小青菜或大白菜烩制而成。

黄颡鱼(昂刺鱼)炖臭大元　采用当地的黄颡鱼与臭大元为原料,加辣椒与调料炖制而成,臭大元空而不散,黄颡鱼既嫩又香。

活珠子　家养草鸡蛋经传统方法孵化十三天半而成的鸡胚胎,因其发育中囊胚在透视状态下形如活动的珍珠,故称"活珠子"。早在清咸丰年间,"活珠子"就在杨寿乡村食用,并成为治

疗眩晕的良方,是民间传统食补珍品。

草炉烧饼　用小麦粉发酵后,放适量食碱解酸,做成面坯,涂上料糖,撒上芝麻后贴草炉壁上,用麦草做燃料炕熟,出炉后,香酥可口,鸡汤、牛脚汤配草炉烧饼,肥而不腻。也可用豆腐皮、鸡蛋或大京果煮着吃,特别适合体弱者和妇女"坐月子"时食用。

红烧老鹅　采用民间秘方,选用地产老鹅,结合现代食品加工工艺,辅以多味天然中草药,经数十道工序烧制而成。红烧老鹅具有色泽悦目、酱香宜人、回味悠长、营养丰富等特点,是居家旅游、馈赠亲友、宴席佐餐的上等佳品。

盐水鹅(鸭)　采用民间秘方,选用地产老鹅(鸭),手工拔毛洗净,滴尽血水后,加入花椒、桂皮、大茴香、小茴香等中药材为香料腌制,大火煮沸后,再由文火焖制而成。盐水鹅(鸭)具有色泽光亮、肉嫩鲜美、味香可口等特点,是居家餐桌和宴席的必备食品。80年代,作为制作传人的邵如芝曾赴北京丰泽园制作盐水鹅(鸭)。

血子汪豆腐　将盐卤豆腐、猪血子焯水后,切成细块,加入荤油、佐料,猛火烧制,直至锅中冒烟甚至起火,起锅时加入蒜末或葱末,倒入碗中还不停冒着沸泡。入口时要慢、要少,防止烫伤。血子汪豆腐价廉物美,色香味俱佳,为杨寿镇及西山的一道名菜。

第六节　生活服务业

中华人民共和国成立前,杨兽坝集镇(含方家集)有服务业20多家,主要从事修理、食品销售等服务,从业人员约30多人,资本约3800元(含固定资产),服务收入甚微。

1956年,商业合作化时,组建蔬果、缝纫、理发、沐浴、竹木、修理等合作小组,从业人员35人。1958年后,部分合作小组并入杨寿供销社。1962年,经过调整,合作服务小组划归商业合作社,服务网点、从业人员有所增加。"文化大革命"开始后,少数个人经营的摊点并入合作商店。

党的十一届三中全会后,实行改革开放,服务业得到相应发展,个体户相继出现,服务网点增多,从业人员增加。到2016年,全镇服务业企业250家,从业人员达600余人,主要从事沐浴、足疗、旅社、理发、照相、打印、婚庆礼仪、洗染、缝纫、家电维修、车辆维修保养、黑白铁修理等生活服务。

一、沐浴

民国三十五年(1946),杨寿镇东街陈永昌(号陈茂)在自家新建浴室,起名中华浴室,为杨寿镇(含方家集镇)唯一一家浴室。浴池由水泥砖块、长条石砌成,分头池、二池和凉池,约20个浴位,煤火烧水供热。楼上、楼下两个堂口,普通间和标准间共计50个座位,有擦背、跑堂、修脚、烧炉工12人。季节性营业,每年中秋节后天气转凉开张,次年清明节左右停业,名噪杨寿、方集、大仪一带。中华人民共和国成立后,陈家继续经营。1956年商业合作化时,加入服务业合作组织,时有资产3000元,为杨寿商业首户,更名杨寿浴室。1972年,杨寿浴室迁至东街最东端,规模规格都有较大提高,有普通间、标准间。1979年,进行改装,增添包厢,并扩建女浴室,共120个座位,有擦背、修脚等服务。90年代后,浴室业有所发展。至2016年,境内有11家浴室(含女子部)。除集镇外,各村也都有浴室,浴室含洗浴、保健、休闲于一体,空调开放。其中,舒雅、万达浴室年营业收入180万元以上。

二、足浴

2005年,由方集村田明福投资,在杨寿社区兴杨路上建大胡子足艺,设客位20个,从业人员5人。次年起,每年3月5日学雷锋活动日和农历九月初九敬老日,大胡子足艺组织员工到镇敬老院为"五保"老人免费修脚、足浴,并赠送袜子一双。2009年后,境内相继建有君豪足艺、贵足堂足艺等。2016年,境内有足浴店8家,从业人员33人。

三、理发

中华人民共和国成立前,杨寿镇(含方家集镇)有7家理发店,此外农村还有手提理发工具箱(包)的流动理发人员。杨寿集镇理发店理发师吴朝生本领过硬,他剃平顶、光脸、推拿按摩样样精通。1956年商业合作化时,组建理发业合作小组,隶属合作商店,经济上独立核算。改革开放后,杨寿理发业发展较快,环境条件进一步优化改进,服务项目由单一理发扩展为理发、染发、烫发、美容、化妆等一条龙服务。2016年,境内有理发美发店20家,年营业额200万元。

四、婚庆礼仪

婚庆礼仪业兴起于90年代。随着人民生活水平的提高,操办婚丧喜庆的范围、规格、规模不断扩大与提升,专门操办的婚庆礼仪公司应运而生。婚庆礼仪公司业务范围包括单位部门开工开业庆典、生日宴会、结婚典礼等,为客户安排、布置场所,承办宴席,主持礼仪等一条龙服务。2016年,镇境内有礼仪服务公司12家,从业人员30人,营业收入1500万元。

五、旅馆

中华人民共和国成立前,杨寿集镇没有专门旅馆,随着猪(牛)市的发展,交易量增加,有些猪(牛)贩子要在逢集日的前一天赶到这里,休息、住宿、吃饭、喂养猪(牛),因此集住宿、吃饭、喂养猪(牛)于一体的小型客栈应运而生。随着集镇规模的扩大和人们交往的增多,1957年,杨寿供销社开办旅社,设10个床位。1978年,旅社设8个房间,近30张床位。改革开放后,境内陆续增加5家个体旅社,其中华凯旅社具有一定规模,有客房36个,60多张床位,集住宿、餐饮、休闲于一体。旅游旺季,扬州有不少旅行社将游客安排在这里住宿、就餐、休闲。2002年,杨寿供销社旅社连同杨寿供销社一并停业。2016年,境内有旅馆6家,床位156张,营业额115万元左右。

第七节　娱乐业

1993年,位于杨寿集镇南街的杨寿梦幻舞厅开业,为境内第一家卡拉OK舞厅。在舞厅点唱歌曲、跳舞,有茶水供应,每人消费5~10元。

1998年,杨寿文化站在影剧院楼上开办卡拉OK舞厅、录像放映室、电子游戏室、台球室等娱乐场所。之后,个体开办的舞厅、游戏室、台球室等不断增加。2000年,棋牌娱乐业兴起,棋牌室遍布乡村,同时也兴起网吧、会所热。卡拉OK舞厅、录像放映等娱乐业逐渐萧条。

2016年,镇内(含乡村)有棋牌室110余家,KTV、会所3家,网吧1家,游戏室4家。从业人员150人,营业收入约900万元。

第十三章　财政　税务　金融

　　明清时期,境内财政分别由当时隶属于江都县、甘泉县、仪扬县统筹。此时的财政收入以田赋为主,工商各税为辅。民国时期,财政收入有田赋、工商各税和杂捐杂税。抗日战争和解放战争时期,中国共产党领导的民主政府,废除苛捐杂税,执行一物一税、税不重征的原则,按章收税,农民按章缴纳爱国公粮、公草,支持抗日及解放战争之需。

　　中华人民共和国成立初,境内财政按政府的统一税制征收,税金全额解缴入库。1950~1955年,财政开支由江都县政府批拨。1956年,邗江县政府成立,开支由邗江县政府批拨。1978年,党的十一届三中全会召开后,境内工业发展迅猛,工业税收上升,逐步调低农业税率。工商各税增幅加大,农业税收占全镇的财税收入比例下降。2001年,全镇上缴农业税收60万元、工业税收968万元,农业税约占税收的5.84%。2006年,国家取消农业税。2016年,境内财政总收入1.85亿元,支出8912万元,上缴国税5407万元,完成地税1752万元。

　　民国十八年(1929),境内民间成立信用合作社,后因抗战停办。1954年,杨寿成立信用合作社。1956年,中国农业银行邗江县支行下设杨寿营业所,对地方的经济和社会发展起到支持推进作用。至2016年,境内有中国农业银行扬州杨寿支行、江苏扬州农村商业银行股份有限公司杨寿支行和中国邮政储蓄银行股份有限公司杨寿营业所等金融机构。2016年,全镇储蓄余额10.21亿元,各项贷款余额1.47亿元。

第一节　财　政

一、财政机构及体制

　　中华人民共和国成立初期,境内三乡(杨寿乡、墩刘乡、方集乡)没有专门设立财政机构,由黄珏区政府财粮助理员负责财务及农业税征收工作。1956年,县财政开始管理区、乡经费和政教事业费。同年,撤区并乡,由乡财粮科负责乡镇财政。

　　1958年,按照市、县对公社财政实行"两放三统"(下放人员、下放资产;统一政策、统一计划、统一资金管理)和"以收定支、五年不变"的体制,杨寿公社建立公社一级财政,配备财政干部,实行财政收支包干。1960年,扬州市对公社财政实行比例分成。1961年,对公社一级实行"定收定支、总额分成、超收提奖、结余留用、一年一定"的包干体制,公社设财贸科,负责财政收支管理和结算工作。1962年1月起,对公社一级的财政管理实行收支两条线的办法,收入分项计算,分别上缴,支出下拨,按期结报。60年代末,财贸科更名为公社财务科。1971年,财政、税务、银行(营业所)合并,更名为财税所,公社按县统一部署,实行"收支大包干"的财政体制,预算支出,按县核定的指标包干使用,节约留公社,超支自行弥补。1974年底,财税所分开办公,公社设财粮科。1981年后,县对公社财政又试行财政收入包干的办法,超过包干收入部分,实行超收分成。

1983年5月,政社分开。是年9月,成立杨寿乡财政管理所,乡长分管财政工作,财政收支实行"定收定支、收入上缴、支出下拨、超支不补、结余留用、一年一定"体制。1985年后,乡财政所推行预算管理,负责各项税收和支农周转金的资金管理、教育费附加征收、国库券的分配销售。1986年,实行乡一级体制,采取"收支挂钩、增收分成、结余留用"的财政体制。1988~1991年,实行"核定收入、超收分成、一定二年、短收补足"的财政体制。1992~1994年,按照"一级政府、一级财政、一级金库"的原则,县实施乡镇财政管理体制改革,实行"收支挂钩、超收分成、短收全赔、一定二年"的财政体制。1995年后,实行"划分收支、核定基数、收支挂钩、定缴定补、超收分成、短收自补、自求平衡、一定三年"的分税制财政。1995年,杨寿乡财政管理所更名为杨寿镇财政管理所。进入21世纪,境内实行"核实基数、税收分成"的财政体制。财政所先后由殷国义、万长扬、施宏跃、赵庆安任所长。2003年,杨寿镇和甘泉镇合并,成立甘泉镇财政管理所。

2008年6月,杨寿镇恢复乡镇建置,成立杨寿镇财政管理所,所长为刘付红。2013年,所长为朱素梅。2016年,杨寿镇财政所编制人员4人,设总预算会计、经费会计、出纳会计、预算外资金会计各1人,所长为毛一民。

二、财政收入

明清和民国时期,境内财政收入由县配定下达,时有入不敷出和预征借筹等情况。1949~1957年,乡无财政收入,所有农业税、工商各税等全部上缴。1958年下半年,全县试行公社一级财政。1961年,公社改"财政包干"为"统收统支",采取两条线管理,对收入实现比例分成。1970年,地方财政如数上解。1978年,中共十一届三中全会后,境内财政收入快速攀升,由1978年的36.45万元,上升到1983年的72.32万元,财政总收入实现翻番。1983年10月起,由财政所对财政收入统一管理。

1987年,实行省、县与乡财政分成的政策,乡级财政收入包括耕地占用税、农业特产税、城市维护建设税、城镇土地使用税、契税等。1990年,将教育费附加列入财政收入,农业税长期以征粮为主,俗称"交公粮"。从1994年起,改征收公粮为折征现金。2002年,全镇财政总收入1641.74万元,比1994年增长2.49倍,其中预算内收入约占38.2%,预算外收入约占61.8%。

2008~2016年,镇财政所按照改革、服务、管理并重的原则,实行以完善全镇税收收入为主、非税收收入为辅的税收管理体系及预算管理制度。2016年,全镇财政总收入约1.85亿元,其中预算内收入约1.38亿元,预算外收入4688万元;公共预算收入6874万元,预算内可用财力4332万元。

1987~2002 年杨寿镇财政收入选年统计表

表 13-1-1　　　　　　　　　　　　　　　　　　　　　　　　　　　　　　单位：万元

年　份	财政总收入	预算内各项收入										预算外收入
		工商税	农业税	农林特产税	耕地占用税	屠宰税	各种基金	契　税	预算外调入	其　他		
1987	125.32	73.38	17.77	0.08	0.69	—	—	—	—	—		33.40
1989	170.52	84.79	22.26	0.93	2.13	—	—	—	—	—		60.41
1991	152.74	75.33	2.57	0.25	1.48	—	—	—	—	—		73.11
1993	461.74	272.46	26.40	3.14	1.08	—	—	0.56	—	—		158.10
1994	470.80	228.01	29.42	3.14	0.60	—	—	0.13	—	—		209.50
1995	422.24	97.50	49.24	—	—	—	100.30	—	—	—		175.20
1996	446.90	117.90	69.00	—	—	—	56.60	—	—	—		203.40
1997	1098.59	64.20	65.10	—	1.56	4.70	88.88	14.93	—	—		859.22
1998	946.62	75.00	68.27	—	2.00	4.80	123.00	21.40	—	—		652.15
1999	826.44	119.00	92.46	—	2.00	4.00	51.00	22.00	—	—		535.98
2001	1530.00	215.60	101.00	4.30	6.80	—	34.00	98.00	62.00	53.00		955.30
2002	1641.74	201.60	104.00	4.56	6.98		36.00	102.00	64.00	107.30		1015.30

2008~2016 年杨寿镇财政收入统计表

表 13-1-2　　　　　　　　　　　　　　　　　　　　　　　　　　　　　　单位：万元

年　份	财政收入			公共预算收入	预算内可用财力
	财政总收入	预算内收入	预算外收入		
2008	4792	3739	1053	1305	820
2009	4521	3221	1300	1265	950
2010	6168	4208	1960	1755	1021
2011	9627	5599	4028	2407	1474
2012	10959	7518	3441	2813	1709
2013	10210	5361	4849	2121	2208
2014	11750	6703	5047	2716	3091
2015	14244	10198	4046	3563	4862
2016	18458	13770	4688	6874	4332

三、财政支出

中华人民共和国成立后，境内三乡（杨寿乡、墩刘乡、方集乡）的社会、教育、卫生、经济建设、行政费用等支出均由县财政管理部门统一拨付。1959~1961 年，公社一级财政实行收支下放。1978 年，中共十一届三中全会后，公社的财政支出随着事业的快速发展而不断增加。

1985年,建立乡一级财政后,核定乡财政支出基数与收入挂钩,财政收入提升,财政支出也随之增加。1997年,财政支出1039.23万元,比1996年净增641.56万元,增长约161.33%,主要用于回归大道建设(实现总支出420.75万元)。2001年,比1999年净增支出805.75万元,增长的110.28%。主要是预算外支出,达955万元,其中镇政府支出343.9万元,教育事业支出60.2万元,农业税附加支出15万元,镇机关事业支出167.5万元,集镇公共事业支出220.5万元,企业发展支出35.8万元,其他支出50.1万元,调入预算内支出62万元。至2002年,杨寿镇财政支出主要用于教育、文化、卫生、农田、水利、计划生育、村组道路、医疗保险、民政经费、行政管理和社会公共事业等,自筹资金支出有社会公共事业、教育卫生、行政及其他支出等,镇财政基本以量入为出为预决算依据。2002年,财政总收入1641.74万元,总支出1641.70万元,基本持平。2008~2016年,镇财政所按照年度支出预算严格支出管理,保证财政支出平衡,对经常性支出实施分类管理,使财政预算得以顺利进行和满足临时突发事件的资金需求。财政支出主要用于支持农村、集镇公益设施项目的建设,包括:村组道路、农田水利、垃圾处理、改厕、河塘整治、村级便民服务中心、村级卫生服务中心、孙庄新苑和孙庄小区基础设施配套等;实施各项惠农、支农补贴政策,主要有水稻、小麦、养殖、农机等补贴;落实"杨寿镇五项民心工程"。2016年,全镇财政总支出8912万元,其中预算内支出4332万元,约占48.6%,预算外支出4580万元,约占51.4%。

1987~2002年杨寿镇财政支出选年统计表

表13-1-3　　　　　　　　　　　　　　　　　　　　　　　　　　　单位:万元

年份	财政总支出	预算内支出										预算外支出
		支农生产	农林水事业费	文卫事业费	财政事业费	民政事业费	行政管理	公安	国防	退休	其他	
1987	76.34	15.30	0.26	18.55	0.60	4.85	3.18	—	—	—	0.20	33.40
1989	113.34	12.55	0.51	24.47	7.62	4.56	2.94	0.73	—	—	0.48	59.48
1991	149.68	14.00	1.57	27.43	1.54	23.75	7.73	0.80	—	—	0.27	72.59
1993	353.97	3.00	1.61	40.22	2.58	6.75	10.51	1.18	—	—	129.50	158.62
1994	329.77	13.00	2.98	69.01	4.99	7.15	20.65	1.19	—	—	1.50	209.30
1995	337.69	13.18	2.80	94.98	3.21	9.15	26.70	3.07	—	—	9.60	175.00
1996	397.67	11.44	3.26	111.47	3.67	10.15	36.97	4.04	—	13.46	2.30	200.91
1997	1039.23	14.10	4.65	87.46	8.64	8.99	37.27	5.86	—	20.97	1.00	850.29
1998	848.96	9.50	3.10	84.90	16.67	11.96	39.27	5.78	—	22.97	6.35	648.46
1999	730.67	4.00	5.45	89.40	14.56	12.96	32.59	6.05	—	27.30	2.90	535.46
2001	1536.42	8.00	5.00	335.05	13.00	17.80	114.80	9.80	8.20	—	69.77	955.00
2002	1641.70	7.40	6.00	323.79	9.20	16.27	207.79	4.30	8.70	—	42.95	1015.3

2008~2016 年杨寿镇财政支出统计表

表 13-1-4   单位：万元

年份	财政总支出	预算内支出											预算外支出
		一般公共服务	文化体育	社会保障	城乡社区事务	农林水事务	工商金融事务	教育	医疗卫生	节能环保	交通运输	其他	
2008	1833	468	5	80	72	18	10	—	—	—	—	167	1013
2009	2765	675	9	87	52	25	20	—	—	—	—	82	1815
2010	2981	728	13	96	73	63	29	—	—	—	—	19	1960
2011	7181	656	23	132	78	261	84	—	—	—	—	240	5707
2012	5149	739	25	206	161	401	177	—	—	—	—	—	3440
2013	6969	896	20	260	465	139	102	—	—	—	—	326	4761
2014	8033	637	12	837	757	123	95	9	23	115	273	210	4942
2015	8816	1622	12	477	1626	489	286	14	16	51	30	239	3954
2016	8912	1797	10	438	890	484	231	4	386	—	—	92	4580

四、财政管理

中华人民共和国成立后，境内乡镇财政管理，在县统一领导下，按照国家财政管理体制"统一领导、分级管理"的规定执行。

1954 年，境内各初级社指定兼职会计，建立工分、钱、物账册，农村集体经济财务管理开始起步。1956 年 10 月，撤区并乡，组建合作化工作组，具体辅导农业社（高级社）社长、会计、保管员财务工作，逐步建立简便易行的财务制度。1958 年，成立人民公社，设农村财务辅导站，对村级集体经济实行公社、大队两级管理。1961 年，实行公社、大队、生产队三级所有队为基础的核算方法。1982 年，实行家庭联产承包责任制，改集体分配制为向农户收取管理费、公益费等。

1985 年起，杨寿乡建立财政预决算制度，对财政预决算资金设立专账、单独核算，并每年向乡（镇）人民代表大会作上年度财政决算和本年度财政预算报告，提请人民代表大会审议通过。1986 年，将行政事业单位预算外资金纳入财政专户存储，并从当年起实行每年一次财政、物价、税收大检查，处理偷税漏税、违反物价政策和财政纪律的行为。1988 年起，执行县行政事业单位票证统一监制管理。1993 年，执行省行政事业单位票证统一监制管理，建立缴验、稽查制度，制止"三乱"（乱收费、乱摊派、乱集资）。1996 年 1 月起，制定并执行《杨寿镇预算外资金（财政专户存储）管理实施细则》，将镇属行政事业部分自收自支的资金，统一纳入镇财政预算外资金，执行统一管理的办法。对这些资金实行财政专户存储，收支两条线，支出由政府按年初部门预算核定支出基数计划拨款。

1999 年，境内对行政单位实行"收支统一管理，定额、定向拨款，超支不补，结余留用"的办法，对事业单位实行"核定收支，定额或定向补助，超支不补，结余留用"的办法。农业开发资金实行镇级报账制度，资金管理以镇政府财政所统一资金归集，统一经济拨借，统一报账。

2000 年后，镇统一规定，组级账务由村代管，村级账务由镇财政所设专人管理。

2003 年开始,全镇农业税减免采取"保证重点、不搞全免、兼顾一般、可以平摊"的办法,全面实行"先减后征,指标全额到村到组"的政策。2006 年,农业税全面免征。

镇财政所加强资金流向和流量的监管,整合闲散资金,加强非税收入、支出两条线管理。构建"预算编制科学化、预算执行规范化、财政管理绩效化"的公共财政制度体系和运行机制。杜绝不合理、不真实、不合法的原始凭证,建立健全各项台账。2016 年,财政所充分发挥财政职能作用,强化组织收入,优化支出机构,支持产业发展,积极改善民生,服务社会事业,推进改革创新,切实加强财政资金管理和运行监督。

第二节　税　务

一、机构

清代,县衙课税局下设钱粮柜,派员下乡催缴田赋和商税杂捐等。民国时期,境内杨寿乡、方集乡设钱粮柜,各有一人负责辖区内税收工作,包括田赋和常关税、盐税、田房契税、典税、屠宰税、房税、船捐等。1946~1949 年,民主政权期间,境内设代征员,杨寿乡为屠敌(江都仙女镇人)、张恒鼎(杨寿人),方集乡为徐学志(方集人),废止国民党政府的一切苛捐杂税。中华人民共和国成立后,杨寿设税务所,隶属公道中心税务所管辖,所长黄玉贞。1956 年,区划调整,杨寿改设税务组,隶属甘泉税务所管辖。1958 年 11 月,公社设财务科,税务部门并入财务科。1959 年 4 月,撤销公社财务科,税务机构恢复原建置。1974~1994 年,杨寿税务组分别由房庆朝、丁锡贵、李国林、许志阳任组长。1994 年 9 月,邗江县税务局国税、地税分设后,境内无纳税机构,纳税分别划属国税甘泉中心所(所长高峰)、地税甘泉中心所(所长许志阳)征收。2016 年,杨寿境内由国税第六分局和地税第七分局负责税务征管工作。

二、税款征收

农业税收　清初,境内按亩缴纳田赋和按丁分担丁役,除漕粮仍收实物外,余均折合银粮,称为"地丁银"或"地丁钱粮"。康熙五十七年(1718),将丁税并入田亩征收。雍正六年(1728),实行"摊丁入亩"的地丁制度,按肥瘠程度,将农田分为三等九级,以此确定税额。

民国期间,田赋属国家收入,附加属地方收入。民国元年(1912),改原征银一两为征银币二元八角,称为"正税"。其后,附加于正税代征的税捐逐渐增多,随银附加的省税和地方税有 18 种,随米附加的有 9 种,另有房铺捐、黄包车捐、水车捐、米捐、柴炭捐等杂捐 17 种。民国十七年(1928),田赋划归地方收入,实行的田赋制度有地丁、漕粮、税客及附加等。其中忙银一两征省税 1.75 元、县税 0.30 元;漕米每石征省税 4 元、县税 1 元;县税附加除原有的清乡、自治、积谷、防务、征收、育婴、学务等 7 种外,又增加警察、普教、路工、筑路、农业改良、抵补预算不敷、教育经费不敷等 11 种。附加税额每两 5.35 元,是正税的 2.61 倍。民国二十一年(1932)秋,江都县政府在全县强行丈量田亩,复办土地呈报,激起农民反抗后,被迫停止丈量田亩。民国二十三年

（1934），废除原田赋项下的忙银,漕米、芦屯、杂办等目统称地价税,对土地仍以三等九则分别征收。民国三十七年（1948），每元赋额征实一斗二升,征借九升,代征公粮四升,附征公粮四升八合,稻谷一升二合。

中华人民共和国成立后,田赋更名为农业税,以粮为税,也称"公粮"。为贯彻执行农业税的合理负担,1952年,黄珏区（时境属黄珏区下辖乡）全面开展查实田亩,划分农业和非农业人口、耕地和非耕地,核实田亩产量。对有农业收入的土地,按土质、水利等综合情况,分2至23个等级逐一评定,每亩产粮40斤粮定为2级田,每升1级递增20斤,直至23级。23级每亩产粮460斤。乡政府根据每户田亩数,测定产粮数,按每户每人收获主粮平均数,每人150斤以下税率为8%,每增加20斤,增加1个税级,提高1%税率,最高22税级,税率为30%。1957年,全乡平均每亩税率为17%,附加税为1.1%。1961年起,农业税征税率降低10%,附加为正税额的15%。常年产量一定,三年不变,增产不增税。在征收时,采取一次计算、夏季预征、秋季结算、先征后购、先税后贷的方法和原则。1977年起,社队因水利而压废的土地,其农业税由受益田亩分担。1983年起,随着农村联产承包责任制和各项经济政策的落实,农业税计征改为"基整在队（村民小组）、任务到户、结算到户、减免到户"的办法。1985年,农业税改征粮为折征代金,每100斤为16.15元。1994年起,由征收实物改折征现金,价格按粮食"倒三七"比例计算。征收办法：一是夏粮征收由粮食部门代扣;二是群众到财税部门缴纳;三是财税部门上门征收;四是委托村组干部到户征收。1996年,征收62万元,为历年最高。1998~2002年,每年均征收农业税60万元。2006年,农业税停征。

农业特产税 原税名为农林特产税,1987年1月开征,按产品销售收入计征。其税率为：淡水养殖产品10%、果品10%、苗木8%、花卉8%。该税由纳税人申报,乡镇政府核准,乡镇财政所征收,或由收购部门代征。在计征农业特产税时,扣除已缴的农业税。1989年,征收农业特产税1万元。2000年,因扩大水域,征收农业特产税6万元。2002年农村税费改革后,取消农业特产税。

1957~2002年杨寿镇（乡、公社）农业税、农业特产税收入和粮食征购统计表

表13-2-1

年　份	计税田亩（亩）	农业税额（万元）	实征粮食（吨）	农业特产税（万元）
1957	30929	4.78	112.45	—
1958	29139	6.40	457.00	—
1959	30427	5.80	414.25	—
1960	30153	5.70	407.00	—
1961	29472	4.64	331.00	—
1962	29877	4.78	341.00	—
1963	29953	6.76	482.85	—
1964	29367	10.02	717.00	—
1965	29192	8.34	595.50	—
1966	29412	11.59	577.50	—
1967	28232	11.50	833.00	—

续表 13-2-1

年　份	计税田亩（亩）	农业税额（万元）	实征粮食（吨）	农业特产税（万元）
1968	27133	11.51	834.00	—
1969	27019	11.39	825.50	—
1970	27539	11.23	813.50	—
1971	27665	11.18	810.50	—
1972	27431	11.21	812.00	—
1973	27386	11.40	827.50	—
1974	27009	11.10	807.00	—
1975	27016	11.06	800.00	—
1976	26525	11.10	805.00	—
1977	26462	11.40	827.50	—
1978	26530	11.19	810.50	—
1979	26699	11.50	833.00	—
1980	26714	11.75	851.00	—
1981	26704	10.36	750.50	—
1982	26504	10.58	767.50	—
1983	26983	12.73	922.00	—
1984	26598	13.57	969.00	—
1985	26715	17.44	—	—
1986	26714	11.80	—	—
1987	26125	12.70	—	—
1988	26405	15.50	—	—
1989	26397	22.54	—	1
1990	26388	23.00	—	1
1991	26691	23.00	—	1
1992	26374	23.00	—	1
1993	26371	23.00	—	1
1994	26684	23.00	—	2
1995	26565	23.00	—	2
1996	26314	62.00	—	2
1997	26313	62.00	—	2
1998	26315	60.00	—	3
1999	26312	60.00	—	4
2000	26385	60.00	—	6
2001	26385	60.00	—	5
2002	26385	60.00	—	6

农业税减免　中华人民共和国成立后,国家根据年成丰歉,自然灾害发生情况,按规定比例下拨农业税减免数额,以照顾灾情和困难户。1957年,境内夏季依率应征粮214.15吨,由于大水淹没2701亩,夏粮歉收,国家减免101.7吨,实缴112.45吨。1959~1960年,粮食大幅度减产,国家调低农业税,以支持农业恢复和发展。1960年,境内应缴农业税8.23万元,国家退还永和、蒋塘、墩留、方集、建龙、烟业6个大队2.53万元农业税,实征农业税5.70万元。1979年起,实行农业税起征点办法,凡生产队年人均口粮在400斤以下或人均50元以下的免征农业税。1991年夏,境内洪灾,财税部门对受灾严重的东兴、新龙等村逐户登记受灾面积,核减农业税。

工商税收　清代,境内(杨寿乡、方集乡)工商税有厘金、牙税、田房契税、猪牛驴税、杂税等。其中,清咸丰三年(1853)开征厘金税,初从价计征1%,后改为按重量征厘。光绪年间税赋大增,税率均逾5%,高者达20%。民国时期,基本沿袭清代税制,工商税种有营业牌照税、烟酒税、盐税、常关税、货物税、营业税、牙税、印花税、厘金税、屠宰税、田地房产契税、杂税等。其中,烟酒税、货物税、印花税、厘金税等为国家税收,营业牌照税、营业税、屠宰税、田地房产契税为省级税收,盐业专卖捐、人力车捐、肉捐、柴捐、雇工捐、蛋捐、果品捐、牛捐、米坊捐、酒坊捐、燃香捐等属于县级税收。其间,民国四年(1915)开征厘金、田房买契税、田房典契税、牙行登记税、牙行营业税、屠宰税、印花税、烟酒捐等;民国十七年(1928)开征烟酒、火柴、棉纱、麦面、水泥等货物统税;民国二十年(1931)裁撤厘金,改为货物统税和营业税;民国三十五年(1946)将屠宰税、营业牌照税、车船使用税及房捐划为地方自治税捐。

中华人民共和国成立后,区、乡人民政府委托工商联采用民主评议和定额征收办法开征工商税收,主要有营业税、行商税、牙帖税、屠宰税、印花税、统税(货物税)等。1950年1月,政务院颁布《全国税收实施要则》,统一税制税种。境内开征的国家税种有工商营业税、货物税和工商所得税,地方税种有屠宰税和车船使用牌照税。1953~1957年,开征的工商税有工商营业税、商品流通税、印花税屠宰税、牲畜交易税和车船使用牌照税。1958年,开征的国家税种有工商统一税和工商所得税,地方税种有印花税(1959年停征)、屠宰税、牲畜交易税和车船使用牌照税。同年,杨寿兴起创办工业的热潮,当年征缴工业税收0.1万元。70年代,杨寿工业较快发展,工业税收逐年增长,1970年为1.5万元,1979年增加到10.5万元,10年增长6倍。1982年,开征烧油特别税。1983年,实行第一轮利改税,国营企业上缴利润改为所得税和调节税。1984年9月,实行第二轮利改税,工商税划分为产品税、增值税和营业税,从单一税制发展为多税种、多层次、多环节的复税制。1985年起,杨寿开征城市维护建设税、教育费附加、房产税、个体工商户所得税和固定资产投资方向调节税等税种。1986年,杨寿乡工业税款征收89万元。1988年,恢复征收印花税。1989年,开征城镇土地使用税,按使用土地的单位和个人实际占用面积征收。1995年,推行征收、代理、稽查"三位一体"税务管理体制,同年9月1日起实行微机开票。当年,杨寿镇征缴国税410万元、地税25万元。2008年,杨寿镇恢复建置后,扶持重点税源,开辟新税源,国税和地税收入持续增长。当年,全镇征缴国税1792万元、地税425万元。2016年,全镇缴纳各种税收7159万元,其中国税5407万元、地税1752万元。

1958~1994 杨寿工业税收统计表

表 13-2-2　　　　　　　　　　　　　　　　　　　　　　　　　　单位：万元

年　份	税　收	年　份	税　收	年　份	税　收
1958	0.10	1970	1.50	1983	27.50
1959	0.10	1971	1.62	1984	41.40
1960	0.20	1972	2.10	1985	60.10
1961	0.30	1973	2.39	1986	89.00
1962	0.45	1974	3.82	1987	115.40
1963	0.50	1975	5.23	1988	167.20
1964	0.70	1976	6.28	1989	188.70
1965	0.80	1977	9.54	1990	187.20
1966	1.10	1978	10.10	1991	227.00
1967	1.10	1979	10.50	1992	230.00
1968	1.30	1980	12.00	1993	358.00
1969	1.50	1981	20.50	1994	371.00
1970	1.50	1982	22.50	—	—

1995~2016 年杨寿镇工业税收统计表

表 13-2-3　　　　　　　　　　　　　　　　　　　　　　　　　　单位：万元

年　份	税　收		年　份	税　收	
	国　税	地　税		国　税	地　税
1995	410	25	2009	2222	640
1996	520	90	2010	3131	805
1997	675	150	2011	3115	910
1998	722	184	2012	3734	1171
1999	780	210	2013	3262	1022
2000	880	280	2014	3685	1087
2001	986	312	2015	5670	1756
2002	1022	320	2016	5407	1752
2008	1792	425	—	—	—

注：2003~2007 年，杨寿镇与甘泉镇合并，成立新甘泉镇，无资料。

第三节　金　融

一、机构

银店　民国时期，杨兽坝开设老字号银店两家，分店两家（杨兽坝逢集经营）。老字号银店一姓余、一姓徐,资金以白银计,余氏家族资金为白银100两左右,徐氏家族为200余两,两家都是出售、加工金银首饰,兼做金银买卖。另有公道镇王姓和大仪镇龚姓在杨兽坝开设的银匠分店,经营范围基本相同。抗日战争和解放战争时期,其店陆续停业。

民间信用合作社　民国十八年(1929),县境内黄珏桥塾师陈锦华倡议,开设民间合资无限责任信用社。同年,境内成立杨兽坝合作社,社员25人、理事7人、监事4人,每股金额5元,共58股,总金额290元。在乡间经办各种储蓄、存款和放款,代理收付款项等业务,以利乡间耕种、畜牧、养鱼、造林和手工业的资金流通。月息不超过一分六厘,半年决算一次,一年总决算,提取利润20%为公积金、10%为公益金,10%提存,将60%根据股份的多少分配,亏损由公积金和股金依次抵补,不足部分由全体社员共同负担。抗日战争时停办。

中国农业银行股份有限公司邗江支行杨寿营业所　1956年6月1日,中国人民银行邗江县支行杨寿营业所成立,地址在华杨路1号,与杨寿信用合作社合署办公。承办财政存款、农业存款、商业存款、集体企业存款和个体存款业务;办理农村个人贷款、集体农业贷款、工商企业贷款、结算等信贷业务。第一任行长张祥友。1964年,营业所划归农业银行邗江县支行管辖。1966年,营业所重归人民银行邗江县支行。1981年,营业所又划归农业银行邗江县支行。1996年起,营业所租用华通路老税务所门面房营业,是年存款金额3100万元,贷款金额720万元。1998年,迁至裔杨路与华杨路十字路口,新建1080平方米的营业楼。2009年1月,更名为中国农业银行股份有限公司邗江支行杨寿营业所(简称"农业银行杨寿营业所"),员工6名。2016年,存款总额为4.33亿元,贷款总额1130万元,员工7名,行长顾斌。

江苏扬州农村商业银行股份有限公司杨寿支行　1954年10月,杨寿乡信用合作社成立,第一任主任俞顺泉。1955年春,方集乡信用合作社成立,第一任主任纪祥礼。黄珏区农业银行营业所派房公郁指导杨寿乡、方集乡信用合作社业务。农民以2元一股的股金形式参加互助信用组织,帮助信用合作社社员借贷。1956年,方集、墩留、杨寿三乡合并为杨寿乡后,原杨寿乡、方集乡信用合作社停业,成立杨寿乡信用合作社,地址位于杨寿集镇南街赵春富家,后迁至现华杨路1号内。第一任主任张宏云。1958年,成立人民公社,杨寿乡信用合作社更名为杨寿信用部。为了方便群众,下设4个分部,分别是:永和分部,服务永和、蒋塘、袁岗3个大队;东兴分部,服务东兴、爱国2个大队;墩留分部,服务墩留、李岗、杨寿个3个大队;方集分部,服务方集、建隆、新民3个大队。1961年,恢复杨寿信用合作社。先由县农业银行公道营业所代管,后由人民银行托管。1969年,在杨寿镇华杨路北端与新风路交叉路口建3间营业厅,与农业银行杨寿营业所合署办公,实行一套班子、两块牌子、两本账。1978年,改建营业楼。1996年,杨寿信用合作社和农业银行杨寿营业所分开,实行独立核算,为一级法人单位,隶属邗江县信用联社。2000年10月,杨寿信用合作社取消独立法人资格,属邗江县农村信用联社的下设信用合作社。2010年8月,杨寿信用合作社更名为江苏扬州农村商业银行股份有限公司杨寿支行(简称"农村商业银行杨寿支行"),位于回归大道建安大厦一楼,面积960平方米。2016年,有员工10人,行长王胤。

中国邮政储蓄银行股份有限公司杨寿营业所　1986年,国家恢复邮政储蓄,杨寿邮政支局即开展吸储业务,营业厅设在邮政支局内。办理零存整取、整存整取、定活两便、汇兑转储、储蓄转汇兑、保险理财、代售基金等业务。2006年3月18日,更名为中国邮政储蓄银行股份有限公司杨寿营业所（简称"邮政储蓄银行杨寿营业所"）。2016年，营业所有工作人员6人，负责人夏桂琳。

杨寿农村合作基金会 1992年，乡依托经营管理办公室，建立农村乡合作基金会，监事会主任俞爱和，理事会主任纪广福，副主任万明华，另有3名工作人员。基金会按合作基金会章程开展内部融资，资金来源包括会员股金、代管资金、自我积累资金及有关部门扶持的资金（乡获扬州市专项转贷基金600万元）。经两年发展，有存款户6000户，存款总额2100万元。主要用于农民的小额贷款，支持农副业生产，扶持专业户发展商品生产和流通，帮助部分镇、村企业实现技改投入、转型升级。贷款手续简便快捷，在服务农民、服务农业生产上发挥较好的作用。该会未纳入人民银行的管理范畴，内部管理不规范，关系款、人情款多，投放量大，备付率低，逾期率高，造成资金回笼困难，面临破产。1999年6月15日，根据《国务院转发整顿农村合作基金会工作小组清理整顿农村合作基金会工作方案的通知》，镇政府组成清理班子，清产核资，盘活不良资产，加大呆滞款回收力度，取得一定成效。2000年1月，镇合作基金会并入农村信用社。

二、业务

存款 中华人民共和国成立初至60年代，政府机关、教育、医疗卫生、粮站、供销社、社办企业等单位在信用社存款较多，个人储蓄较少。其间，信用合作社由投股、退股自由到股份只退不扩，每3~5年分红一次。1955~1958年，居民的金、银、铜首饰及银圆均可在信用合作社兑换货币或折算投股。70年代，个人储户增加，以活期为主，定期很少，数额较小。中共十一届三中全会以后，集体企业快速发展，个体企业逐年增多，信用合作社和农业银行的存款户、存款量有所增加，邮政储蓄银行的吸储数额逐年上升。

2016年，全镇银行存款余额约10.21亿元，其中农业银行杨寿营业所约4.33亿元，农村商业银行杨寿支行约4.09亿元，邮政储蓄银行杨寿营业所约1.79亿元。

贷款 中华人民共和国成立至60年代，信用合作社和农业银行发放的贷款均以农业信贷为主。成立初级社时，农户缺少耕牛，在黄珏区政府的帮助下申请农业贷款购买耕牛。1958年，人民公社成立后，杨寿各个大队申请贷款兴办机灌站、电管站以及购买农机具等。80年代初，农村实行联产承包责任制后，农户申请贷款用于购置电动机、脱粒机、拖拉机等农具。1983年，境内农业贷款达97万元。1990年，农业贷款435万元。

70年代，杨寿工业快速发展，70%以上的企业申请贷款用于技术改造、企业生产等，信用合作社和农业银行对当地的工业企业发展起了很大的推动作用。1975年，工业贷款金额72万元。1985年，工业贷款金额280万元。1996年，企业产权制度改革，境内企业向信用合作社、农业银行、合作基金会申请贷款，助其转型改革。江苏省南扬机械制造有限公司产权制度改革时贷款220万元，2005年异地重建时贷款1200万元。2016年，全镇贷款余额约1.37亿元，其中农村商业银行杨寿支行约1.17亿元，农业银行杨寿营业所1130万元，邮政储蓄银行杨寿营业所885万元。

2010~2016 年江苏扬州农村商业银行股份有限公司杨寿支行存贷款统计表

表 13-3-1　　　　　　　　　　　　　　　　　　　　　　　　　　　　单位：万元

年　份	存款余额	贷款余额	年　份	存款余额	贷款余额
2010	12381	7824	2014	28674	15081
2011	14314	8481	2015	34073	13713
2012	18345	11094	2016	40869	11675
2013	23158	13609	—	—	—

2000~2016 年中国农业银行股份有限公司邗江支行杨寿营业所存贷款情况统计表

表 13-3-2　　　　　　　　　　　　　　　　　　　　　　　　　　　　单位：万元

年　份	总存款	个人存款	对公存款	贷　款
2000	4041	3809	232	970
2001	5421	4956	465	888
2002	6674	6019	655	898
2003	8066	6813	1253	807
2004	10480	7835	2645	739
2005	12450	9272	3178	1258
2006	14029	10984	3045	1376
2007	13871	11802	2069	1737
2008	17327	15109	2218	1482
2009	23126	19805	3321	2800
2010	27605	23270	4335	2420
2011	28675	25004	3671	2150
2012	32442	29284	3158	2270
2013	35996	33280	2716	4.332085
2014	37039	34590	2449	1890
2015	39478	36925	2553	1533
2016	43272	39126	4146	1130

1987~2016 年中国邮政储蓄银行股份有限公司杨寿营业所储贷款统计表

表 13-3-3　　　　　　　　　　　　　　　　　　　　　　　　　　　　单位：万元

年　份	储蓄余额	贷款余额	年　份	储蓄余额	贷款余额
1987	96	—	1992	240	—
1988	107	—	1993	282	—
1989	139	—	1994	355	—
1990	157	—	1995	488	—
1991	203	—	1996	578	—

续表 13-3-3

年　份	储蓄余额	贷款余额	年　份	储蓄余额	贷款余额
1997	611	—	2007	1710	—
1998	703	—	2008	1785	—
1999	1100	—	2009	1857	80
2000	1078	—	2010	2014	24
2001	1184	—	2011	3905	110
2002	1285	—	2012	6845	225
2003	1498	—	2013	9736	318
2004	1554	—	2014	11870	460
2005	1620	—	2015	14324	670
2006	1683	—	2016	17862	885

第十四章　经济综合管理

民国时期,境内经济粗放,无序发展,加之受战争和自然灾害影响,农业生产经常陷入困境,物价飞涨,民不聊生,经济比较落后。

中华人民共和国成立后,人民政府管理物价。随着经济和社会不断发展,杨寿经济综合管理职能逐步健全起来,相应建立起一套经济考核指标。1956年,乡配备农业会计辅导员,指导农村集体财务和资产管理。1958年,人民公社实行指令性计划经济,市场管理以维护统购统销政策,打击投机倒把为主。60年代初,在遭受三年自然灾害后,农村计划经济进一步加强,由于市场管理统得太死,管得太严,农村经济发展受到遏制。"文化大革命"期间出现一放就乱,一管就死的现象,给农村经济发展和市场流通造成影响。党的十一届三中全会以后,境内经济发展较快,工商管理、物价管理等经济综合管理机构得到加强,围绕服从和服务于农村经济发展中心,扶持和培育市场经济。1979年,成立工商行政管理所。1982年,农村推行家庭联产承包责任制后,农村经营管理逐步转向指导和服务发展商品经济。1984年6月,乡成立农村经营管理办公室(简称"经管办")。1985年,配备专职统计助理,成立统计站。1988年7月,乡成立审计所。2000年后,增设质量技术监督管理员和安全生产监督管理站。2016年,全镇有经济综合管理机构5个,即农经站、市场监督管理分局、审计所、统计站、安监站,计有工作人员24人。

第一节　农村经济管理

一、机构

1956年,高级农业生产合作社成立后,均配备总账会计和实物会计,负责社内的财务及收益分配核算管理,薛云春任乡会计辅导员。1958年,人民公社成立后,夏福轩任公社会计辅导员,1974年,朱有禄继任,负责各生产大队财务管理,指导集体资产收益分配,并由大队延伸到生产队。该管理制度一直延续至今。1984年6月,乡成立农村经营管理办公室(简称"经管办"),为乡经济管理职能机构,乡财务辅导员任办公室主任,设专职会计和统计员。经管办主要任务是负责对乡、村、组三级农业、副业、工业经济组织开展财务管理和资产管理,以及各村、组经济和粮食收益分配工作。1986 年,经管办更名为杨寿乡农村经济管理服务站(简称"农经站"),主要职能是贯彻执行党和国家农村经济政策法规,维护合作经济组织合法效益,减轻农民经济负担,管好用活农村合作经济组织资产和生产要素,参与农村社会化服务。先后由李杏桃、赵志群、施宏跃、纪广福、袁国云、王跃任站长。2016 年,农经站有工作人员 4 人,站长为王跃。

二、集体资产管理

中华人民共和国成立初期,实行土地改革,农民分得土地,有的还分得大型农具、耕牛等,归农民私有。1953 年以后,农业生产合作社成立,农户以土地入股,耕牛、农具折价入股,由合作社统一管理。1956 年,土地等主要生产资料由高级农业合作社统一管理,建立集体资产和物品登记核算制度。1958 年,人民公社片面强调"一大二公"(一是规模大、二是公有化程度高),由公社统一管理集体资产,对生产队的生产资料、粮食、副业产品和劳动力实行无偿平调。1962 年,贯彻中共中央《关于改变农村人民公社基本核算单位的指示》,确立"三级"(公社、大队、生产队)所有,生产队为基础,以生产队为基本核算单位,初步建立起分级管理体制。生产大队设大队会计,负责管理大队部办公用房、电管站排灌设备等集体资产,生产队设会计、经济保管员、实物保管员、饲养员等,负责生产队的经济事务,粮食、油料、农具的保管和耕牛、生猪的饲养。60 年代,公社、生产大队兴办造纸、五金、粮食、饲料加工等工厂。方集、爱国、永和等大队购置手扶拖拉机,后永和、方集、建龙大队还购置丰收 35、东方红 50 大型拖拉机,集体资产增加。70 年代,社队工业同步发展,集体资产不断壮大。其生产设备和房屋由社、队分级经营管理,生产队开设油坊、粉坊、豆腐坊、酒坊以及粮食、饲料加工厂,其生产设备和房屋由生产队明确专人管理。生产队购置的手扶拖拉机,由专人使用保管。1982 年,推行家庭联产承包责任制后,生产队耕牛、农机具等按责任田多少分归农户使用,并将部分固定资产出售给农户,集体资产逐年减少。1998 年,推行企业产权制度改革,镇、村办企业通过公开拍卖、协议转让等形式,改制为私营个体经营。2001 年,规范农村集体资产管理,建立产权登记、资产有偿使用、资产收益分配、资产损失报告等制度。2016 年,全镇集体资产总额 13.77 亿元,村组集体资产总额 6422.52 万元,其中永和村 1486.55 万元,占 23.15%。

三、财务管理

1956 年,高级农业合作社成立后,设专职会计。后公社、大队、生产队按要求设置总账、现金、保管员等岗位,一直坚持账目公开、接受审查、民主理财的财务管理制度。1995 起,村级财务实行公开管理。1998 年起,纳入村务公开范畴。

财会制度　中华人民共和国成立初,境内三乡设有会计,采用旧式记账法。1956 年,高级农业合作社设专职会计 1 人,由乡人民委员会任命,采用增减记账法。1958 年,人民公社成立后,公社、生产大队设总账会计和现金会计各 1 人,生产队设不脱产会计 1 人,使用统一的增减记账法和会计科目,设总账、分类明细账和现金日记账等账册,生产队增设粮食、种子和社员工分日记账、明细账,公社按规定向县报送月报表、季度报表、年度报表以及年终收益分配表。至此,境内三级会计核算体系和财会队伍基本建立。1965 年起,社队工业企业陆续改用收付记账法。1982 年,农村实行联产承包责任制后,生产大队、生产队保留会计,实行定额补助。取消粮食和工分明细账,增设分户包干费用结算明细账、分户责任田明细账,并制订大队资产核实责任制度及集体资产管理制度、现金管理制度、个人欠款管理制度等财务管理制度。1983 年 5 月,撤社设乡,大队会计改称村会计,生产队会计改称为村民小组会计。1985 年,农村会计制度进行改革,实行组账村管,村民小组不再设专职会计,由村成立会计站(又称"联片会计"),设记账会计、出纳会计 3~5 人,负责全村各村民小组财务工作。1997 年 1 月,执行财政部《村合作经济组织会计制度(暂行)》,村级统一使用借贷记账法。此后,企业也改为借贷记账法。1998 年,实行村账镇管、组账村管会计制度。村账由镇农经站负责,村实行报账制,原村总账会计替代出纳会计职能,其职位和待遇不变。2003 年,除村级主办会计不变外,部分村保留 1~2 名联片会计。2016 年,全镇有村级会计 7 人,统一设总账、现金明细账、日记账 10 余册。会计报表有月度、年度两类共 8 种表式。制订有资金管理、银行存款和交乡代管款管理、固定资产租赁管理、会计岗位责任制等 12 种。

民主理财 1956 年,高级农业合作社实行社员民主管理财务,按期(月度、半年、年终)公布收支、分配账目。1958 年,由于"一平二调""共产风"等错误导向,财务管理混乱,资产无序运作。1964 年,开展"四清"(清政治、清经济、清思想、清组织)运动,对经营管理民主理财起到一定作用,财务管理开始重视。70 年代,逐步实行账目公开制度、民主理财制度、勤俭办队制度。将财务管理制度化。80 年代,实行家庭联产承包责任制后,民主理财制度一度停顿。1995 年,对村级财务实行公开管理后,民主理财小组逐步成立。1998 年,财务公开作为村务公开的重要内容,按年公布经济、生产、财务和重要村务情况以及财务收支账目,接受群众监督与管理。2000 年后,村级财务公开的内容为财务收支、农民负担、统筹费用、以资代劳等。建立民主理财小组参与编制年度财务收支计划,对重大投资项目和大宗支出事前论证,定期审查财务计划执行情况,审核各项支出票据凭证。2016 年,全镇村级财务累计公开 28 次,民主理财活动正常开展。

四、农民负担监管

1982 年,境内农民承包集体土地后,除依照政策规定向国家缴纳农业税外,还向集体缴纳公积金、公益金和管理费(简称"两金一费"),并无偿承担集体义务工和劳动积累工(简称"两工"),实行按户结算。

定项限额 1982 年起,农业税按户承包面积依率计征,"两金一费"则根据各村实际需要提取,每个劳动力每年一般承担 5~10 个义务工、20~30 个劳动积累工日。1986 年,根据市委、市政府《关于减轻农民负担的十项规定》,乡对农民负担实行定项限额,规定"两金一费"控制在农民承包收入的 8% 左右,最多不超过 10%。公积金与农业税按田亩负担,公益金管理费原则按劳动力负担。1991 年,执行市委、市政府《关于控制和减轻农民负担的实施意见》,规定农民负担"两金一费"总额控制在全乡上年人均纯收入的 5% 以内,每个劳动力的"两工"控制在 30 个工以内。1992 年,集体三项提留改为村提留、乡统筹,"两工"控制在 25 个以内。1997 年开始,将农民负担核算单位由镇改为村,村提留镇统筹和"两工"负担仍保持在上年全镇人均收入的 5% 和 25 个工日。对外出和在二、三产业从业的劳动力,可以实行"以资代劳"(以出钱代替出工)。

1999年,实行提留统筹费"一定三年不变"和"公平负担"政策。2001年起,将筹资办法改革为"一事一议"和"公平负担"两项,并严格实行农民负担方案审批和涉农收费公示制度。定期开展农民负担专项审计,确保农民负担不断下降。2004年,农业税率由7%降低为4%后,镇取消农村"两工",停止执行"公平负担"以及"以资代劳"规定。规范一事一议筹资筹劳制度,以村为单位每年筹资总额人均不超过20元,每个劳动力筹劳不超过5个。2006年,国家农业税停征后,镇政府取消向中小学生家长收取捐资助学款,农民负担再度减轻。全镇除"一事一议"收费、新型农村合作医疗费用等代办性收费外,不再收取其他费用。

控减措施 1983年起,镇、村每年编制农民负担预算时,把80%以上的村级集体收入和组级集体收入纳入资金使用计划,尽量减少由农民直接承担的数额。1984年,除农业税和收取"五保户"供养、义务兵优待、计划生育、卫生保健、民兵训练费以及有线广播维修费等项目外,不再收取其他款项。1991年,因洪涝灾害,境内农业减收,乡政府决定,受灾农户所有费用免收。是年,农业税实行"依率计征""按实收缴"的减免政策,除国家有明文规定需作调整外,任何村、组不得以任何方式和理由追加。收缴分为夏秋两季,夏季为70%、秋季30%,除农民自愿外,不得强求夏季一次性缴清。当年全乡农民人均"两金一费"24.1元,低于扬州市乡镇平均水平。1995年5月,贯彻落实省委办公厅、省政府办公厅《关于减轻农民负担紧急通知》精神,镇政府组织人员开展农民负担大检查,对1994年以来少数村、组以统筹生产费擅自提高负担标准等违规做法,予以整改纠错,对超限额部分作调减处理。2000年7月,镇内区划调整,将原11个村撤并为7个村,减少村级管理人员16人,减少办公经费、非生产性费用等开支48万元。2004年,农业税下调为4%后,相应降低农业税的附加,取消统一规定的农村劳动积累工和义务工,同时取消江堤达标建设提取以资代劳规定。"两工"取消后,村内筹备农田水利基本建设、修建村级道路等集体生产和公益事业所需的劳力和资金,实行"一事一议"的方法进行筹劳筹资,筹资按年度总额人均不超过20元,筹劳人均不超过5个工作日,经过村民代表会议讨论通过,报镇政府审批后方可实施。至2016年,全镇未发现违规增加农民负担收费行为。

村务公开 1998年,境内11个行政村151个村民小组陆续推行村务公开制度,公开内容为村收支情况、党员干部钱粮上缴情况、村招待费开支、组干部工资和水电费缴纳情况。2000年,村务公开要求做到"三统一",即一是有统一的公开阵地,每个村村务公开栏不少于10平方米,并有遮雨棚;二是统一公开时间,一般为下一年度初的10~20日内;三是统一公开内容,村务收支、招待费、收益分配、干部报酬、各项财产、债权债务、农民负担、承包合同兑现情况、义务工负担、计划生育指标安排等事项。2016年,全镇7个行政村村务公开28次。

宝女村村务公开栏

第二节　工商行政管理

一、机构

民国三十一年(1942)9月,民主政权在境内设货物管理机构淮南津浦路东第九进出口货物检查处公道分处,境内属公道下辖杨寿坝分所。民国三十七年(1948),设公道分局,杨寿坝仍设分所。

中华人民共和国成立初,境内工商行政属江都县管理。1956年4月,邗江设县,工商行政属邗江县商业局管理。1972年10月,邗江县革命委员会工商行政管理局成立,设甘泉工商管理所,下设杨寿工商管理组,在今富民街21号办公,有2名工作人员,负责人为张兆顺(今方巷镇人)。1981年,迁至达胜街5号办公,有4名工作人员。除管理市场外,逐步开展工商企业登记、合同、商标和广告管理。1984年7月,成立邗江个体劳动者协会杨寿分会。2000年,撤县设区,邗江区工商行政管理局甘泉工商管理所仍下设杨寿工商管理组。2002年4月,邗江区工商行政管理局甘泉分局下设杨寿办事点。2008年6月,杨寿恢复乡镇建置后,成立邗江区工商行政管理局杨寿分局,局长颜怀国。2015年2月,机构改革,原邗江工商局、邗江质监局、邗江食药监局,三局合并为扬州市邗江区市场监督管理局,设杨寿分局,局长王瑶。当年,办公地址迁至回归路东侧(原宝女村部)。2016年,分局内设注册登记大厅、巡查组、综合组、经济监督检查中队,有工作人员7人。

二、工商登记

1953年9月,江都县工商部门在区、乡政府的配合下,对境内杨寿坝和方家集两集市私营商户进行登记。至1953年底,登记的私营粮行、棉布行、杂货店、茶食店、香店、染坊、药店、木行、澡堂、猪市、饭店等有113户,另有流动摊贩27户。因中华人民共和国刚成立,私营商业开歇业频繁,不登记或漏登记较多。1956年10月,对私营企业、商户全面换证登记。1963年8月,对境内手工业企业进行普查登记,建立企业"经济户口"。1973年1月,进行社队企业登记,领证46家。1983年,启用全国统一版本的营业执照。当年换发营业执照142户。1985年,清理整治经营单位,重点清查无资金、无生产场所、无自有产品的"皮包公司"和歇业停办的企业。整顿由党政机关和党政干部直接开办的企业。1987年,个体工商户开展争创信得过个体工商户活动,首次评选出信得过工商户16户。1994年,《中华人民共和国公司法》颁布实施后,境内推进企业登记制度改革,由审批登记制逐步向依法独立注册过渡,弱化前置审批,实行"一审一核"制。此后,随着改革开放的深入,镇党委、政府招商引资的力度加大,镇个体民营经济蓬勃发展。至2000年,共有注册企业186家,注册资本3.16亿元,从业人员3523人。2010年,按照省工商局开展"数据质量建设年"的方案要求,对数据进行审计,确保主体数据达标。2016年,全镇登记注册各类企业增至752家,注册资本18.13亿元,从业人员9627人(含外来务工人员)。

三、市场管理

1953年起,国家实行粮油统购统销,在完成国家收购计划后,允许农民少量自留粮食到集贸市场交易。规定生猪、猪鬃、羽绒、铜、铁等物资必须由供销社收购。1957年,根据县人民委员会《关于进一步加强市场管理的意见》,加强对农贸市场的领导与管理,查处少数不法分子相互勾结,囤粮惜售,投机抬价销售,扰乱市场行为。1958年,实行人民公社化时,由于对农村集市贸易加以限制,出现管得太死,商品流通渠道不畅的现象。1963年,清理整顿市场,对贩运粮食、棉布、香烟等国家专控商品的行为,市场管理部门针对其不同情况,分别予以没收和罚款的处罚。境内打击投机倒把和清理整顿无证商贩、无证手工业户工作随之展开。5月,县人民委员会发布《关于加强农村粮油集市管理的暂行办法》,鼓励农民将自给有余的粮油和作物及家庭饲养的畜禽等上市交易。1966年,"文化大革命"开始后,农村集市贸易被当作"资本主义土壤"加以严格限制,粮食、油料、棉花、蚕茧等禁止在农贸市场交易。大队、生产队和社员不得从事商业经营活动。1970年3月,公社在华杨路召开打击投机倒把搜捕大会,共逮捕5人,行政拘留1人,劳教1人,取缔贩卖粮票、布票窝点和非法印制纸牌窝点3处,收缴布票400余丈、粮票3000余斤和纸牌200多副。在查管中,一些正常的贸易也被当作投机倒把行为受到打击,造成流通渠道堵塞,给农业生产和人民生活带来很多困难。

党的十一届三中全会后,市场逐步放开,鼓励发展家庭副业,农村集市贸易日渐繁荣,上市品种比往年增加。1983年2月,贯彻执行国务院颁布的《城乡集市贸易管理办法》。明确要求所有经营者必须遵纪守法、亮证经营、明码标价、诚实守信、衡器标准、食品卫生。1985年,加强文化市场管理,查禁淫秽书刊。1986年,化肥、农药等农药生产资料经营开始放开。1987年,钢材、水泥、木材等重要生产资料也开始放开经营,粮食在完成定购任务后也可自由买卖,棉花、肉禽、蛋等全部放开。市场管理逐步由管理型向服务管理型转变。1992年,市场放开后,逐步规范市场秩序,划行规市,亮证经营,处罚违章违规行为。实行统一政策、统一收费票据、统一收费标准、统一由工商行政管理部门扎口管理。1998年,开展市场巡查16次,取缔无照经营户12户,查处违章违法案件14件和各类违章违法行为23次。2000年起,在加强市场秩序管理的同时,加大打击经营假冒伪劣食品行为。至2003年,疏导办照31家,查处各类经济违法案件29件,查获假冒香烟96条,假酒32箱,下架过期食品14批次,全部交市工商局集中销毁,总价值约23万元。2004~2005年,元旦、春节、中秋、国庆期间开展以食品消费安全为主题的"打假保节日"专项执法行动,维护市场繁荣、稳定。2006年,开展"百城千店无假货"活动,依法查处坑害消费者利益的不法行为。对粮食、农资市场进行专项大检查,查处过期农药120瓶、无合格证种子155千克、劣质化肥22吨。2010年,为93家私营企业发放营业执照,培植"重合同守信誉"企业55家,"信得过"个体工商户28家,商标注册34个。至2016年,每年对农资市场进行抽样检测,每年暑期对文化、培训市场进行拉网式检查,取缔黑网吧两家及非法培训机构16家,调解培训纠纷1次,查处非法收购粮食案件3起。

第三节　物价管理

一、机构

民国时期,境内物价由江都县负责管理,大多物价随米价涨落。1956年4月,邗江县成立后,物价工作由县供销社、粮食局、手工业管理局、工商科归口管理。1958年,邗江县并入扬州市后,境内物价由扬州市市场管理委员会、物价管理委员会负责。1959年,杨寿镇成立物价管理小组,管理市场物价。1968年11月,县物价管理机构撤销,由县革命委员会生产指挥组兼管,杨寿公社物价管理小组名存实亡。1984年3月,县物价局成立,杨寿恢复物价监督管理小组。2008年,镇政府委托农经站负责管理全镇物价工作,袁国云为兼职物价员。2014年,成立杨寿镇物价管理监督站,站长袁国云,参与物价管理与监督工作。2016年,镇物价管理监督站站长为王跃。

二、物价管理

民国时期,物资匮乏,物价不稳定。特别是到民国后期,境内粮食价格有时一日几涨,物价腾贵。民国三十七年(1948),豆油为3.5万元/斤,米价逾107万元/石(旧币),政府无力管理,人民生活艰难。

中华人民共和国成立初,物价秩序依然混乱,尤其粮食价格不稳。政府一面帮助恢复生产,一面通过疏通货源、扩大国营商业阵地和加强市场统一管理等一系列措施,使价格逐步稳定并有所下降。1953年,国家实行统购统销政策后,粮油购销价格趋于稳定。1958年,根据国务院规定,开放粮油市场,三类农副产品价格管理权下放给地方。1959年,杨寿成立市场物价管理小组,负责市场物价管理工作。1963年,县物价委员会对商业、供销系统经营的产品进行价格审查,对有差错的及时作了纠正。1966年,县粮食局组织物价专业普查组对境内粮油购销站的价格进行普查,纠正个别挂牌粮价的差错。1978年8月,按照县计划委员会对瓜洲物价检查试点的做法,杨寿全面开展物价整顿工作。1979年7月起,大幅度提高农副产品收购价格,棉粮油、水产品、肉禽蛋、蔬菜等提高20%以上,同时放开集市贸易,提高肉禽蛋及水产品等7种主要副食品销售价格,城镇职工发放每月5元的物价补贴。

80年代起,各类价格改革政策相继实施,工业品消费价格实行国家统一定价和浮动价相结合。1983年3月,350种小商品价格放开,以市场价为主。1984年,放开家禽、猪肉统销价格,取消城镇人口定量供应,并对城镇人口实行肉食品价格补助,每人每月2.5元,并放开所有副食品价格。1987年,放开鲜蛋、蔬菜购销价格。1988年,国产彩电实行浮动价格,放开"中华""云烟"等13种名烟和"茅台""五粮液"等13种名酒价格。1991年,放开卷烟价格。次年,取消肉食品价格补贴,除食盐外,日用工业品价格全部放开。此后,贯彻执行国务院物价管理条例,物价管理步入法治化轨道。2014年,以区物价局"稳物价、惠民生、促转型、强服务"为目标,镇落实价费政策,整顿价费秩序,提升调控、监督、管理和服务水平。2016年,全镇商业、服务业全面推行商品、服务项目明码标价，未发现价格欺诈行为。

三、收费管理

1991年，境内实行行政事业性收费许可证制度，主要收费项目有公安、文教、卫生、交通、邮电、广电、劳动、土地等。2000年，推行涉农收费公示制度，政府把控减农民负担、监督涉农收费列为物价管理工作的重要内容。2003年，实行企业付费登记制度。2007年，根据涉农收费调整情况，各村重新印制涉农收费公示表，公示率100%，符合区"看得见、读得懂、留得住"的要求，通过实地审核各收费单位的账册、凭证、票据，准确掌握各基层单位收费情况，提高年度审核的质量。2009年，开展涉农价费专项检查，结合"规范化收费学校"创建，对中小学、幼儿园全部收费进行摸底检查，情况良好。2013年，审验收费许可证，落实17项取消和免征的行政事业性收费项目。2016年，进一步强化价费调控、监督、管理，收费单位做到事前公示，事后接受群众监督，未发现乱收费行为。

第四节　统　计

一、机构

1956年，乡政府任命薛云春为农业会计辅导员兼任统计员，执行统计制度，负责农村财务数据汇总、填写各类统计报表等。1978年，人民公社配兼职统计员。1983年，人民公社撤销，成立乡人民政府，设经营管理办公室，兼管统计工作。1985年，乡政府配备专职统计助理，成立统计站，站长李杏桃，后由方道潮、陈祥林任站长。2008年，杨寿镇恢复建置，成立镇农经统计站，站长纪广福，后袁国云继任。2016年底，镇统计站有4名工作人员，站长为王跃。

二、统计调查

人口普查　中华人民共和国成立后，杨寿镇根据全国统一部署，先后于1953年、1964年、1982年、1990年、2000年和2010年，开展6次人口普查。

工业普查　1958年、1984年和1995年，镇依据国家要求与规定，先后3次组织参加全国工业普查。

1958年，公社组织参加第一次全国工业普查，各项工作符合全国统一要求。1984年，开展第二次全国工业普查，杨寿乡有乡办企业26家参加，普查资料全部验收合格。1995年，镇组织参加第三次工业普查，历时5个月，完成单位自查、管理整顿、普查表册登记汇总等普查任务。查清企业生产经营状况，以及设备、人员、物耗、生产能力、引进和利用科技成果等情况，基本摸清工业家底，其资料在企业管理中得到充分利用。

第三产业普查　1993年，全国进行第一次第三产业普查，普查的内容主要为第三产业发展规划、生产经营劳动成果、实物资产情况等,摸清第三产业底数,为制定第三产业发展计划提供数据。

农业普查 1997年1月1日,镇组织参加全国第一次农业普查,成立以镇长为主任,统计助理为副主任的镇农业普查办公室。各村成立农业普查小组,组成100多人的农业普查队伍。当日普查员进村入户调查填写草表,当月完成草表汇总录入光盘等基础普查业务,2月上报县农业普查办公室,分别通过县普查办公室抽样验收。2006年1月1日,开展全国第二次农业普查,期间,杨寿镇与甘泉镇合并,由甘泉镇组织开展。

经济普查 2004年、2008年和2013年的12月31日,镇分别组织参加三次全国经济普查,成立由镇党委、政府主要领导、分管领导、各部门主要负责人组成的经济普查领导小组,下设普查工作办公室。普查对象涵盖镇域各级、各类、各种经济成分的基本单位,普查内容主要有企业规模、地域分布、行业结构、组织形式和经济效益等基本资料。经清查、登记和核实,全镇2016年共有各类经济单位(含驻镇单位)784家,产业活动单位187家。

三、统计报表

50年代,统计报表主要有月报、季报和年度报表等,汇集全乡工农业生产情况,统计上报粮食种植面积、夏秋两季产量、年终分配情况等数据。

60年代,统计报表部分管理权限下放,统计报表增多,统计方法改变,违反国家统计制度的现象时有发生。"文化大革命"开始后,统计工作受到干扰,有些统计报表被废除,统计数据存在失实现象。

1979年起,统计报表制度逐步恢复完善。1983年,农村统计年报中增设农业生产责任制组织形式、经营方式、收益分配等统计项目。1985年,乡村工业统计报表中增设经济联合体、利税改革、固定资产投资、承包责任制形式等统计项目,农业统计报表中增设农村社会总产值、农村经济合作组织经营情况统计指标。

1992年起,在乡村工业产值统计表中增设国内生产总值、增加值等指标。1996年起,建立第三产业统计报表制度。1997年,对规模500万元以上的工业单位进行月报。

2000年后,改革统计制度和调查方法,由原来单一的统计报表调查方式,逐步转变为统计报表与专项调查相结合的方式。统计部门全面负责7个村1个社区土地承包经营和财务管理的一、二、三产业的统计工作。至2016年,镇统计站负责编制的定期报表共有3大类35种,其中年度报表15种,半年度报表4种,季度报表9种,月度报表7种。

1959~2016年杨寿镇社会总产值统计表

表 14-4-1 单位:万元

年 份	总产值	农业产值	工业产值	建安产值	年 份	总产值	农业产值	工业产值	建安产值
1959	—	74	—	—	1964	—	122	—	—
1960	—	75	—	—	1965	—	124	—	—
1961	—	76	—	—	1966	—	167	—	—
1962	—	94	—	—	1967	—	188	—	—

续表 14-4-1

年　份	总产值	农业产值	工业产值	建安产值	年　份	总产值	农业产值	工业产值	建安产值
1970	—	168	16	—	1991	9549	2213	6432	904
1971	—	203	50	—	1992	14449	2445	10511	1493
1972	—	273	51	—	1993	25366	3274	19649	2443
1973	—	302	69	—	1994	37052	4627	29120	3305
1974	—	292	96	—	1995	45383	5315	33978	6090
1975	—	296	131	—	1996	58664	5895	45413	7356
1976	—	317	157	—	1997	53563	4265	41359	7939
1977	—	331	238	—	1998	49043	5669	36653	6721
1978	—	330	202	—	1999	56730	6613	40809	9308
1979	—	319	291	—	2000	66697	7936	46587	12174
1980	—	321	377	—	2001	93797	13560	63874	16363
1981	—	310	512	—	2002	83879	10139	65536	8204
1982	—	349	626	—	2008	389250	16502	343130	29618
1983	—	486	663	—	2009	420492	17336	370517	32639
1984	—	774	1505	—	2010	533585	19099	478860	35626
1985	—	880	1854	—	2011	641722	20653	595742	25327
1986	—	919	1894	—	2012	642616	21894	611922	8800
1987	—	1612	2551	—	2013	665718	22509	632809	10400
1988	—	1578	2908	—	2014	761210	19192	730518	11500
1989	—	1992	4838	—	2015	869578	23098	833680	12800
1990	7919	2105	5309	505	2016	980686	24303	933283	23100

杨寿镇农村经济收入统计表

表 14-4-2　　　　　　　　　　　　　　　　　　　　　　　　　　　单位：万元

年　份	总收入	农林渔收入	工业收入	建安收入	运输收入	商饮收入	服务收入	其他收入	人均收入（元）
1983	801	672	14	18	6	3	9	79	
1984	999	910	5	13	10	4	10	47	332
1985	1138	991	17	28	34	19	4	45	393
1986	3344	1271	1805	31	93	27	29	88	496
1987	4690	1315	2764	98	75	29	20	389	565
1988	6793	1721	4532	232	119	58	41	90	757
1989	7468	1993	4692	123	185	67	53	355	805
1990	9404	2291	5641	1109	156	72	77	58	1667
1991	10428	2213	6438	1209	242	99	33	194	1337

续表 14-4-2

年份	总收入	农林渔收入	工业收入	建安收入	运输收入	商饮收入	服务收入	其他收入	人均收入（元）
1992	11104	3418	5597	1117	214	339	173	246	1991
1993	24950	3208	18761	475	520	1058	569	359	2790
1994	36570	5511	25512	827	779	2678	972	291	2533
1995	51729	6441	35993	1190	1324	4568	1932	281	2432
1996	57313	7494	39691	1397	1680	4802	1891	358	2969
1997	57507	7099	39425	1196	1857	5598	1877	455	3043
1998	56666	7859	30148	6680	2007	6864	2853	255	3234
1999	81892	9105	51010	9380	2119	7278	2699	301	3558
2000	84159	6936	56680	10082	2007	5036	3155	263	3901
2001	91239	5011	63874	11726	2231	5241	2833	323	4151
2002	110905	10139	76572	12700	2729	5500	2829	436	4268
2008	116716	11623	52860	29618	4308	10412	7215	680	9502
2009	130730	14174	56540	32639	5074	13255	8632	416	10712
2010	159555	19100	73844	35626	6122	15422	9016	425	12230
2011	155364	20653	59700	25327	7267	17139	10201	15077	14114
2012	169044	21294	73800	26350	5996	21299	19848	457	16249
2013	182608	22509	76785	35010	6499	20288	21056	461	18700
2014	193682	19192	86200	34228	6692	24335	22553	482	21131
2015	206864	20194	91300	34066	7622	29046	24119	517	23458
2016	228401	24000	101248	33095	8662	35342	25520	534	23608

第五节　审　计

一、机构

60~70 年代,审计工作(当时叫查账)一直由公社会计辅导员负责,生产队财务一般由大队组织互审,大队和企事业单位一般由公社抽调财务人员审查。80 年代初,公社会计辅导员负责生产队和生产大队的财务审计工作,工业办公室负责社队工业企业的审计工作。1988 年 7 月,成立杨寿乡审计所,有 2 名工作人员,万长扬任所长。后由徐国富、薛巨春任所长。审计所对镇属企业、事业单位和集体经济实体实行审计监督。2008 年,杨寿恢复建置,成立杨寿镇审计所。2016 年,镇审计所有 2 名审计人员,所长为范爱萍。

二、财务审计

1990年起,连续近10年,镇审计所每年对境内所有中小学、幼儿园进行财务审计一次,对个别超标准收费部分,组织清退。1991~1994年,镇审计所以查错纠弊为审计工作重点,关注镇属事业单位、村级财务收支及镇、村企业财务收支情况。在对杨寿村和爱国村所属企业进行审计时,发现个别村属企业违规报支数额较大。最终将相关负责人移交司法机关处理。1995~1996年,审计重点关注镇、村企业资产保值增值。1997~1998年,审计所先后对镇属8家企业和村属18家企业进行财务审计。核实总资产、负债、所有者权益,核减呆账死账,清算实有净资产,根据政策规定调增所有者权益,进行股权分配,确保产权制度改革成功。2001年起,审计工作逐步转向村级专项资金审计和镇属事业单位财务收支"两条线"审计。2014年,对7个行政村进行三年度财务审计。具体检查各村有无超标准补贴,有无出借集体资金,有无非法收支。处置违规支出3.2万元。2015~2016年,审计所集中对村组硬质化路面投入、创建二星级康居乡村投入、亮化工程投入、建设工业用标准化厂房投入等资金项目进行审计,发现违规金额181.36万元,并予纠正。

三、经济责任审计

1984~1995年,相继在乡、村工业企业中推行"一包三改"承包经营责任制,承包期为3年,每当承包期满时,乡审计所对承包企业进行经济责任审计,重点核查企业产值、销售、利润完成实绩以及奖金分配方案等项目,确保承包合同履行兑现。先后组织6次审计,涉及企业62家。其间,各村委会组织人员对村组办承包企业开展审计,确保承包经济责任制落实到位。1996~2002年,每年对镇属事业单位进行轮回审计。重点审查事业收费标准、公款招待标准、发放补助标准、实物台账等。2008年起,对行政村主要负责人进行离任审计。村(社区)主要干部调整,在办理移交前,镇审计所均开展干部离任审计。一查收支,收入是否合法,支出是否客观、真实;二查往来账户,确保村级债权债务的准确;三查资产,核对账务,确保集体资产安全完整;四查合同,发包合同管理是否到位,工程投标是否规范。发现个别村有违规发放补助现象,及时组织清退。

四、工程造价审计

自2008年开始,镇审计所对所有工程造价及工程款使用进行审计。2014年,审计所审计镇内招投标项目12个,会同相关部门完成基建、绿化等工程项目审核27个,送审金额为763.15万元,审计金额为706.15万元,核减额为57万元,核减率为8%。2016年,审计12个工程项目,送审标价为85.92万元,审计结果为78.05万元,核减额为7.85万元,核减率达9.16%。在审计报告中,针对审计情况提出处理和改进意见,供被审计单位参考。

第六节　安全生产监督

一、机构

中华人民共和国成立初,乡安全生产由政府明确人员分管。70年代,安全生产由公社工业办公室兼管。1978年后,安全生产由公社分管主任负责,工业办公室负责日常管理工作。1986年开始,成立杨寿乡安全生产委员会,由分管副乡长具体负责,设安全生产监督员1人,负责全乡安全生产管理工作。2011年,镇成立安全生产监督管理站(简称"安监站"),吴玉香任站长。2012年,全区安监工作年度考核中,杨寿镇排名第一,被区政府表彰为安全生产先进单位。2016年,镇安监站有工作人员3人,站长为王峰。

二、宣传与培训

50年代起,乡政府大力宣传安全生产,特别对打谷场加强防火安全管理,制订消防措施。70年代,主要加强用电知识宣传和电力安全管理。80年代,相继开展安全生产宣传活动,由乡文化站组织人员,在多处醒目的墙面上刷标语,南扬机械、华联电气、爱华机械、爱国鞭炮等厂以及建安公司各工地出安全生产专题黑板报20余期。到重点工业企业、学校宣讲安全生产、安全交通8场次。组织相关人员,协助重点单位建立安全生产管理责任制。1992年5月,组织行政村、企业、学校参加全国第一个"安全生产周"活动,挂条幅10条,张贴标语60张。1994年5月,积极参加全省第一个"安全生产月"活动,挂横幅10条,发放宣传资料1000多份,重点督促企业、建筑工地以及人群密集的场所(集市、影剧院、歌舞厅、网吧、寺庙等)设立安全监督宣传员。1998年,组织培训安全生产管理人员及司炉工、电焊工、电工、叉车工、起重机械操作工等60多人次。2002年6月,组织参加全国"安全生产万里行"活动,挂宣传横幅10条,在街道、村部和工厂厂区张贴标语100余条,发放宣传资料2000多份。重点督促境内8家烟花爆竹专卖店、4家液化气供应点做好安全防范。在醒目处张贴防火警示牌。2008年始,镇安监站每年在扬州金泉旅游用品股份有限公司等单位举行火灾扑灭、自救逃生消防演习,全员参与,形成安全管理常态化。2009年,镇政府制订杨寿镇重特大事故应急救援预案,成立重特大事故应急抢险救灾指挥部,预防可能出现的重特大事故。2011年初,镇安全生产委员会拟定《安全生产意见》,下发各村、企业,明确全年安全工作思路、目标和措施。是年,6月12日,在新杨广场利用电子显示屏、横幅、宣传牌等形式举办安全生产"咨询日"活动。

2016年,镇安监站先后举办两期由企业负责安全生产厂长、经理、安全员和操作工等参加的特种技能安全业务培训班,参培人员80多人次。

三、检查与监督

中华人民共和国成立后,党和政府重视安全生产,在重大节日前都要对商店、工厂、生产队的仓库防火、防盗、防爆工作进行检查,确保人民生命财产和生产安全。70年代,主要开展以工农业用电、防火消除隐患和防止工伤事故为重点的安全生产检查监督,督促企业配齐消防缸、桶、梯等消防器材,配备电器、传动带、防护罩等设备。对存在安全隐患的鞭炮厂、小砖窑厂、不规范的用电设备责令限期整改。80年代,政府多次组织安技人员到重点企业检查易燃易爆化学危险品存放是否安全可靠,危险品、成品、生产车间隔离空间是否达标,防护措施是否落实到位等情况,对存在隐患提出整改意见,限期改正。1990年起,加强对新开企业安全生产的检查监督。重点检查热镀锌厂、加油站、热处理厂、建筑工地以及饭店、娱乐场所等易发安全事故场所,召开现场会,对存在的隐患提出限期整改要求,定期对企业的压力容器进行专项检查。2000年后,先后拆除42座小土窑,对1家不符合液化气经营要求的供应点责令停业整改,停止使用有危险隐患的镇影剧院。2011年,督查23家存在安全隐患的企业,查出隐患369处,对存在隐患与问题较突出的3家企业,下发整改指令书3份,当年完成整改301处,整改率达80%以上。2014年,强化安全责任落实,分别与8个行政村(社区)委会、28家重点监管企业签订安全目标责任书,与12个烟花爆竹经营点、13个油漆店、6个公共聚集场所签订安全承诺书,明确法人代表为第一责任人。至2016年,境内未发生重特大安全事故。

第十五章 政党 社团

民国十七年（1928）2月，境内有党的秘密组织活动。6月，中共双栗树支部建立。是年秋，中共杨兽坝支部建立。次年秋，党组织先后遭破坏，活动即停止。民国二十八年（1939）12月，中共苏北特委决定建立中共仪征县委，境内属之。次年初，改属中共皖东津浦路东区委管辖。民国三十一年（1942），中共皖东津浦路东区委决定，建立中共湖西工委，境内属之。次年，境内党组织先后在杨寿乡、俞坝乡、墩刘乡、方集乡，分别建立农抗会、工抗会、妇抗会，开展党的活动，发展中共党员。民国三十三年（1944）初，中共甘泉县委在境内杨兽坝集镇，以开设新丰盐行为掩护，建立党的地下联络站。民国三十五年（1946）秋，由于叛徒告密，联络站迁出，境内中共党政机关北撤。国民党在境内先后建立4个三民主义青年团分队部。民国三十七年（1948）11月25日，境内解放。

中华人民共和国成立初，中共在杨寿乡、墩刘乡、方集乡分别设立指导员职位，行使党的领导，并在三乡成立农民协会。1956年10月，中共杨寿乡委员会（简称"杨寿乡党委"）成立，设立组织、宣传、监察等机构。同时成立中国共产主义青年团杨寿乡委员会（简称"杨寿乡团委"）和杨寿乡妇女联合会（简称"杨寿乡妇联"）。1958年2月，召开中共杨寿乡第一次代表大会。次年4月，先后在大队、机关、集镇、企事业单位分别设立中共基层支部委员会。1965年秋，建立贫下中农协会。随着行政建置、名称改变，党组织机构、社团名称也随之改变。

90年代后，先后建立杨寿乡关心下一代工作委员会、邗江县（区）工商业联合会杨寿分会、杨寿镇机关企事业单位职工联合会、杨寿镇球迷协会、杨寿镇文体协会、杨寿镇社区扬剧票友协会、邗江区退休教师协会杨寿分会等。

至2016年，中共杨寿镇（乡、公社）先后召开15次党员代表大会，选举产生中共杨寿镇（乡、公社）第一至十五届委员会，镇党委下设一个村党委、52个党（总）支部。

第一节 中国共产党基层组织

民国十七年（1928）2月，中共江苏省委派出党员郭成昌、施道泉、张学之等人到扬州西北乡开展工作。张学之是上海新华专科大学地下党支部书记，他的老家在扬州西北乡的张营庄（时属境内方集乡,现属方巷镇利民村)。张学之借向农民销售肥田粉之机宣传革命道理,开创党的工作,发展党的组织。是年8月,扬州特委西乡区委员会建立。9月,改为中共扬州西乡区委员会。在中共扬州特委西乡区委员会领导下,中共双栗树支部在方集乡双栗树(现方集村双栗组)建立,胡文德任支部书记,委员有胡锦元、张庆荣、胡玉田等。主要工作,一是联系和组织地方有正义感的帮派头子和知名人士学习和宣传共产党带领穷人翻身求解放的道理。二是以搞帮派、收徒弟、拜弟兄为掩护,发展新成员等。同年秋,赵杏奎受中共扬州特委西北乡区委员会指派,以帮派名义到杨兽坝做组织发展工作,建立中共杨兽坝支部。赵杏奎、丁年浩、陈恩灿等人结拜成九兄弟,赵杏奎为老大,他们“为穷人”打抱不平。境内恶霸头子邵如弼(中华人民共和国成立初期被镇压)收了很多徒弟,危害人民,无恶不作。赵杏奎、丁年浩等人,支持地方民众与邵如弼抗争。邵是墩留人,一度被斗得不敢上杨兽坝集镇。该支部正常参加活动的有丁年浩、刘德朝、陈年宝、谢万江等人。是年12月,中共地下党员许凤章在杨兽坝、十五里塘组织农民协进会,发动贫苦农民开展扒粮斗争。民国十八年(1929)秋,西北乡的党组织遭到破坏,活动停止。民国二十六年(1937)12月14日,日军侵占扬州,境内沦陷。民国三十一年(1942)年初,中共皖东津浦路东区委决定建立中共湖西工委和湖西办事处(县级),境内设有杨寿乡、俞坝乡、方集乡。民国三十三年(1944)初,中共甘泉县委在境内杨兽坝集镇,以开设新丰盐行为掩护,建立党的地下联络站,既为党组织收集和传递情报,又为组织筹集活动经费,杨寿乡袁岗村官庄(现爱国村官庄组)吴飞在新丰盐行任会计。民国三十五年(1946)春,由于叛徒出卖,该盐行被迫迁至安徽省天长县秦楠镇。

民国三十七年(1948)11月23日(农历十月二十三日),扬州国民党党部得知新四军在境内杨寿乡颜坝(今永和村颜坝组)藏有一万多斤公粮,即组织江苏省保安旅及国民党江都县第八、第九区逃亡人员等1000余人到境内抢粮。中共东南支队300多人与国民党军队在杨寿坝周围展开激烈的战斗。深夜,国民党军队向扬州仓皇逃离。战斗结束之后,中国共产党完全控制本地区。1948年11月25日,境内解放。

中华人民共和国成立初,境内设有杨寿、方集、墩刘三个乡。乡内没有单独设立党的组织,只设指导员职位,行使党的领导职能,直属中共江都县黄珏区委员会的领导。1956年4月,墩刘乡并入方集乡。是年10月,撤区并乡,境内杨寿乡、墩刘乡、方集乡大部并入杨寿乡为邗江县管辖,中共杨寿乡委员会(简称“乡党委”)正式成立,下设组织、监察、宣传等部门和共青团、妇联等群团组织。1958年2月,设立中共杨寿乡监察委员会,并在中共杨寿乡第一次代表大会上,选举产生中共杨寿乡监察委员会。9月,邗江县委撤销,乡党委属中共扬州市委管辖。10月,农村实行人民公社化,杨寿乡改设为杨寿人民公社(简称“公社”),中共杨寿乡委员会改设为中共杨寿公社委员会(简称“公社党委”)。1966年6月,“文化大革命”开始,党组织一度处于半瘫痪。1969年12月,成立革命委员会,中共杨寿公社委员会的组织恢复,党委下设机构为组织和宣传部门。监委机构未设,其职能由组织、宣传部门代行。1979年,中共杨寿人民公社委员会增设纪律检查科。1983年5月,撤社设乡,中共杨寿人民公社委员会改设为中共杨寿乡委员会。1986年11月,在中共杨寿乡第七次代表大会上,按照县委的统一布置和要求,选举产生首届中共杨寿乡纪律检查委员会,党委副书记汤贵金兼书记,吴庭湘为副书记。1995年5月,撤乡设镇,中共杨寿乡委员会改设为中共杨寿镇委员会。2003年10月,杨寿镇与甘泉镇合并,成立新甘泉镇。2008年6月,区划调整,恢复杨寿镇建置,恢复建立中共杨寿镇委员会和中共杨寿镇纪律检查委员会。

第二节　中共杨寿镇(乡、公社)代表会议

中共杨寿乡第一次代表大会　1958年2月,中共杨寿乡第一次代表大会召开。大会听取并通过周桂芝向大会所作的工作报告;会议选举产生中共杨寿乡第一届委员会,选举周桂芝为第一书记,邱邦英为第二书记兼监委书记,宰巨元为副书记,委员有陈文楼、韩立标、肖依林(女)、赵广泉。

中共杨寿公社第二次代表大会　1961年6月,中共杨寿公社第二次代表大会召开。大会听取并通过张成礼代表上届党委所作的党委工作报告,听取并通过宰巨元代表上届监委所作的监委工作报告。会议选举产生杨寿公社第二届委员会,选举张成礼为第一书记,宰巨元、肖依林(女)、陈文楼、袁道加为副书记,委员有王义高、吴乃魁、赵广泉;选举产生新的一届中共杨寿公社监察委员会,选举宰巨元为书记。

中共杨寿公社第三次代表大会　1973年4月17日,在杨寿人民大会堂召开中共杨寿公社第三次代表大会,全体党员参加,历时两天。会议听取并通过王义高向大会所作的党委工作报告;选举产生中共杨寿公社第三届委员会,选举王义高为书记,陈有才、朱崇伟、方华盛、吴德云、汤松柏为副书记,委员有王志良、刘静芳、吴文坚、夏圣宽。

中共杨寿公社第四次代表大会　1976年11月25日,中共杨寿公社第四次代表大会在墩留大队东庄生产队杨寿涧北的小树林里召开(因防地震,从安全考虑),历时两天,参加会议的党员共计494人。会议听取并通过王义高代表上届党委向大会所作的党委工作报告;会议选举产生中共杨寿公社第四届委员会,选举王义高为书记,陈有才、朱崇伟、方华盛、吴文坚为副书记,委员有王志良、夏圣宽、吴增珊、沈德奎、刘静芳(女)、方艳芬(女)。

中共杨寿公社第五次代表大会　1979年2月4日,在杨寿公社人民大会堂召开中共杨寿公社第五次代表大会,历时三天,参加会议的党员共计507人。会议传达党的十一届三中全会精神,听取并通过夏圣宽代表上届党委向大会所作的工作报告。会议选举产生中共杨寿公社第五届委员会,选举夏圣宽为书记,陈有才、吴文坚为副书记,委员有赵广泉、方艳芬(女)、陈斌(女)、蔡志兴、王新喜、吴乃奎、吴增珊;选举产生出席中共邗江县第四届代表大会代表11人:袁俊宝、肖依林(女)、夏圣宽、周长源、王克定、张萍(女)、周德胜、吴增珊、刘在銮、陈桂萍(女)、柏文德。

中共杨寿乡第六次代表大会　1983年5月10日,中共杨寿乡第六次代表大会在杨寿影剧院召开,应出席会议代表126人,因事、因病请假4人,实际参加会议代表122人,历时两天。会议听取并通过夏圣宽代表上届党委向大会所作的党委工作报告。会议选举产生中共杨寿乡第六届委员会,选举夏圣宽为书记,周长源、胡增源为副书记,委员有赵广泉、朱有禄、李万清、方艳芬(女)。

中共杨寿乡第七次代表大会　1986年11月2日,中共杨寿乡第七次代表大会在乡政府三楼会议室召开,应出席会议代表107人,因事请假1人,实际参加会议代表106人。会议听取并通过丁志潮代表上届党委向大会所作的党委工作报告。会议选举产生中共杨寿乡第七届委员会,选举丁志潮为书记,李万清、汤贵金为副书记,委员有范广玉、刘在銮、方秀祥、吴庭湘;选举产生中共杨寿乡纪律检查第一届委员会,选举汤贵金为书记(兼),吴庭湘为副书记;选举产生出

席中共邗江县第六届代表大会代表 10 人：吴光明、朱佶、丁志潮、俞爱和、李华康、王珍香（女）、方林、邢华凤（女）、杨月桃、吴敏（女）。

中共杨寿乡第八次代表大会 1989 年 12 月 18 日，中共杨寿乡第八次代表大会在乡政府三楼会议室召开，应出席会议代表 120 人，因事、因病请假 2 人，实际参加会议代表 118 人，历时 2 天。会议听取并通过李万清代表上届党委向大会所作的党委工作报告，听取并通过李华康代表上届纪委向大会所作的纪委工作报告。会议选举产生中共杨寿乡第八届委员会，选举李万清为书记，俞爱和、李华康、范广玉为副书记，委员有袁国昌、方秀祥、朱德昌；选举中共杨寿乡纪律检查委员会，选举李华康为书记（兼），袁国昌为副书记；选举产生出席中共邗江县第七届代表大会代表 11 人：常龙福、朱龙官、李万清、李华康、冯桂香（女）、王富良、纪广福、周万良、万明华、吴正龙、张萍（女）。

中共杨寿乡第九次代表大会 1994 年 8 月 22 日，中共杨寿乡第九次代表大会在乡政府三楼会议室召开，应出席会议代表 107 人，因事请假 2 人，实际参加会议代表 105 人，历时 2 天。会议听取并通过李华康代表上届党委向大会所作的党委工作报告，听取并通过周富成代表上届纪委向大会所作的纪委工作报告。会议选举产生中共杨寿乡第九届委员会，选举李华康为书记，张福堂、周富成、袁国昌、陈庭康为副书记，委员有朱德昌、李秋萍、陈山礼；选举产生新的一届中共杨寿乡纪律检查委员会，选举周富成为书记（兼），赵志群为副书记。选举产生出席中共邗江县第八届代表大会代表 9 人：李华康、陈庭康、施宏跃、李秋萍（女）、王心元、吴正岗、赵铸、王文山、曾福林。

中共杨寿镇第十次代表大会 1997 年 8 月 23 日，中共杨寿镇第十次代表大会在镇政府三楼会议室召开，应出席会议代表 108 人，因事请假 1 人，实际出席会议代表 107 人，历时一天半。会议听取并通过张福堂代表上届党委向大会所作的党委工作报告，听取并通过孙荣代表上届纪委向大会所作的纪委工作报告。选举产生中共杨寿镇第十届委员会，选举张福堂为书记，徐寿华、周富成、陈庭康、孙荣为副书记，委员有施宏跃，李秋萍（女）、徐长山、陈山礼、朱德昌；选举产生新的一届中共杨寿镇纪律检查委员会，选举孙荣为书记（兼），徐长山为副书记；选举产生中共邗江县第九届代表大会代表 11 名：陈卫庆、施宝珍、张福堂、周富成、李秋萍（女）、殷久春、吴乃明、吴明江、罗世龙、殷久转（女）、林明稳。

中共杨寿镇第十一次代表大会 2002 年 1 月 19 日，中共杨寿镇第十一次代表大会在镇政府三楼会议室召开，应出席会议代表 107 人，因事请假 1 人，实际参加会议代表 106 人，历时两天。会议听取并通过张福堂代表上届党委向大会所作的镇党委工作报告，听取并通过周富成代表上届纪委向大会所作的纪委工作报告。选举产生中共杨寿镇第十一届委员会，选举张福堂为书记，孙荣、周富成、印祥贵为副书记，委员有李秋萍（女）、朱德昌、吴正岗、俞祥；选举产生新的一届中共杨寿镇纪律检查委员会，选举周富成为书记（兼），吴正岗为副书记；选举产生出席中共邗江区第十次代表大会代表 9 人：张福堂、周富成、施宏跃、吴明江、吴乃明、王富林、薛巨春、赵庆稳、林明稳。

十二届党代表大会以甘泉镇名义召开（2003 年 10 月~2008 年 6 月，与甘泉镇合并）。

中共杨寿镇第十三次代表大会 2008 年 8 月 8 日，中共杨寿镇第十三次代表大会在杨寿学校阶梯教室召开，应出席会议代表 80 人，因事请假 1 人，实际参加会议代表 79 人，历时一天。会议听取并审议黄金发向大会所作的镇党委工作报告，听取并审议高志军向大会所作的镇纪委工作报告。会议选举产生中共杨寿镇第十三届委员会，选举黄金发为书记，贺宝兰、高志军、钟耀为副书记,委员有吴正岗、殷亮、王正遂;选举产生新一届杨寿镇纪律检查委员会,选举高志军为书记(兼),殷亮为副书记。

中共杨寿镇第十四次代表大会　2011年3月10日,中共杨寿镇第十四次代表大会在镇政府附属楼二楼会议室召开,应出席会议代表80人,因事请假2人,实际参加会议代表78人,历时一天。会议听取并审议徐德林向大会所作的镇党委工作报告,听取并审议谈昕向大会所作的镇纪委工作报告。会议选举产生中共杨寿镇第十四届委员会,选举徐德林为书记,贺宝兰、谈昕为副书记,委员有牛新峰、吴正岗、金学祥、王正遂、冯大江;选举产生杨寿镇纪律检查委员会,选举谈昕为书记(兼),金学祥为副书记。

中共杨寿镇第十五次代表大会　2016年5月17日,中共杨寿镇第十五次代表大会在镇政府附属楼二楼会议室召开,应出席会议代表80人,因事请假3人,实际参加会议代表77人,历时两天。会议听取并通过贺宝兰代表上届党委向大会所作的镇党委工作报告,听取并通过单晓峰代表上届纪委向大会所作的纪委工作报告。选举产生中共杨寿镇第十五届委员会,选举贺宝兰(女)为书记,赵鼎、房惠柏为副书记,委员有王正遂、柏万军、单晓峰、冯大江、吴玉香(女);选举产生新的一届中共杨寿镇纪律检查委员会,选举房惠柏为书记(兼),单晓峰为副书记;选举产生出席中共邗江区第十二次代表大会代表14

杨寿镇第十五届党代会第四次会议

人:王锋、贺宝兰(女)、赵鼎、房惠柏、吴玉香(女)、单晓峰、王正田、陈勇、王桂岭(女)、刘祖兴、焦寿金、苏琦、苏美玲(女)、池年如。

1956年10月~2016年12月中共杨寿镇(乡、公社)委员会正、副书记名录

表15-2-1

姓　名	性　别	职　务	任职时间	备　注
邱邦英	男	乡党委书记	1956年10月~1958年10月	没有到岗
杨永桃	男	乡党委副书记	1956年10月~1958年2月	主持工作
梁怀德	男	乡党委副书记	1956年10月~1958年2月	—
周桂芝	男	乡党委书记	1958年2月~1958年10月	第一书记
宰巨元	男	乡党委副书记	1958年2月~1958年10月	—
周桂芝	男	公社党委书记	1958年10月~1960年5月	第一书记
邱邦英	男	公社党委书记	1958年10月~1961年4月	—
宰巨元	男	公社党委副书记	1958年10月~1961年4月	—
张成礼	男	公社党委副书记	1959年4月~1960年5月	—
张成礼	男	公社党委书记	1960年5月~1971年2月	—

续表 15-2-1

姓　名	性　别	职　务	任职时间	备　注
袁道加	男	公社党委副书记	1959 年 6 月~1963 年 6 月	—
肖依林	女	公社党委副书记	1960 年 5 月~1963 年 5 月	—
陈文楼	男	公社党委副书记	1959 年 10 月~1966 年 7 月	—
朱崇伟	男	公社党委副书记	1962 年 5 月~1978 年 5 月	—
方华盛	男	公社党委副书记	1969 年 12 月~1981 年 5 月	—
王义高	男	公社党委书记	1971 年 2 月~1978 年 10 月	—
吴德云	男	公社党委副书记	1971 年 2 月~1973 年 5 月	—
陈有才	男	公社党委副书记	1972 年 6 月~1978 年 3 月	—
汤松柏	男	公社党委副书记	1973 年 5 月~1974 年 10 月	—
吴文坚	男	公社党委副书记	1973 年 5 月~1983 年 5 月	—
夏圣宽	男	公社党委书记	1978 年 10 月~1983 年 5 月	—
周长源	男	公社党委副书记	1978 年 10 月~1983 年 5 月	—
胡增源	男	公社党委副书记	1982 年 2 月~1983 年 5 月	—
夏圣宽	男	乡党委书记	1983 年 5 月~1985 年 11 月	—
周长源	男	乡党委副书记	1983 年 5 月~1986 年 7 月	1985 年 12 月起主持党委工作
胡正源	男	乡党委副书记	1983 年 5 月~1984 年 6 月	—
李万清	男	乡党委副书记	1983 年 10 月~1988 年 12 月	—
汤贵金	男	乡党委副书记	1984 年 6 月~1988 年 5 月	—
丁志潮	男	乡党委书记	1986 年 7 月~1988 年 12 月	—
刘在銮	男	乡党委副书记	1987 年 1 月~2 月	—
李华康	男	乡党委副书记	1988 年 5 月~1994 年 1 月	—
李万清	男	乡党委书记	1988 年 12 月~1994 年 1 月	—
俞爱和	男	乡党委副书记	1987 年 1 月~1993 年 2 月	—
朱维新	男	乡党委副书记	1989 年 12 月~1993 年 11 月	—
范广玉	男	乡党委副书记	1989 年 12 月~1992 年 11 月	—
朱万国	男	乡党委副书记	1991 年 6 月~1993 年 11 月	—
张福堂	男	乡党委副书记	1992 年 11 月~1995 年 5 月	—
陈庭康	男	乡党委副书记	1993 年 11 月~1995 年 5 月	—
李华康	男	乡党委书记	1994 年 1 月~1995 年 5 月	—
周富成	男	乡党委副书记	1994 年 3 月~1995 年 5 月	—
李华康	男	镇党委书记	1995 年 5 月~1997 年 4 月	—
张福堂	男	镇党委副书记	1995 年 5 月~1997 年 4 月	—
陈庭康	男	镇党委副书记	1995 年 5 月~1998 年 4 月	—
袁国昌	男	镇党委副书记	1995 年 5 月~1997 年 4 月	—
周富成	男	镇党委副书记	1995 年 5 月~2000 年 2 月	—

续表 15-2-1

姓　名	性　别	职　务	任职时间	备　注
张福堂	男	镇党委书记	1997 年 4 月 ~2003 年 8 月	—
徐寿华	男	镇党委副书记	1997 年 4 月 ~2002 年 1 月	—
孙　荣	男	镇党委副书记	1997 年 4 月 ~2003 年 8 月	—
陈山礼	男	镇党委副书记	1998 年 4 月 ~1999 年 8 月	—
印祥贵	男	镇党委副书记	2002 年 1 月 ~2003 年 10 月	—
施宏跃	男	镇党委副书记	2002 年 1 月 ~2003 年 10 月	—
孙　荣	男	镇党委书记	2003 年 8 月 ~2003 年 10 月	—
黄金发	男	镇党委书记	2008 年 6 月 ~2010 年 12 月	—
贺宝兰	女	镇党委副书记	2008 年 6 月 ~2011 年 8 月	—
高志军	男	镇党委副书记	2008 年 6 月 ~2009 年 7 月	—
钟　耀	男	镇党委副书记	2008 年 6 月 ~2009 年 3 月	—
俞　祥	男	镇党委副书记	2009 年 1 月 ~2010 年 7 月	—
周华青	男	镇党委副书记	2009 年 7 月 ~2010 年 12 月	—
谈　昕	男	镇党委副书记	2010 年 2 月 ~2012 年 2 月	—
徐德林	男	镇党委书记	2010 年 12 月 ~2011 年 8 月	—
贺宝兰	女	镇党委书记	2011 年 8 月 ~	—
赵　鼎	男	镇党委副书记	2011 年 11 月 ~	—
俞　祥	男	镇党委副书记	2012 年 2 月 ~2016 年 4 月	—
房惠柏	男	镇党委副书记	2016 年 5 月 ~	—

第三节　党务工作

一、监察纪检工作

1956 年 10 月,中共杨寿人民公社委员会开始设立党的监察机构。1958 年 2 月,设立中共杨寿乡监察委员会,并在中共杨寿乡第一次代表大会上选举产生监委书记,公社党委副书记邱邦英兼任监委书记。1961 年 6 月,在中共杨寿人民公社第二次代表大会上,根据上级组织要求,选举产生中共杨寿人民公社监察委员会。是年下半年,各生产大队党支部改选时,也相继选举产生大队监察委员会。1967 年初,"文化大革命"运动全面开始,公社监察委员会处于瘫痪状态,纪检职责由组织部门代行。中共十一届三中全会之后,全面拨乱反正,1983 年 5 月,根据中共邗江县委的统一要求,党委设立纪律检查科,并在中共杨寿乡委员会第六次代表大会上选举产生纪检委员,纪检委员兼纪检科科长。1986 年 11 月,杨寿乡党委纪检科改设为中共杨寿乡纪律检查委员会(简称"纪委"),并经过党代表大会选举产生,纪委有 5 人组成,书记 1 人,由党委副书记兼任,设立专职副书记 1 人,委员 3 人(均为兼职)。次年各村党支部改选时,均配备 1 名纪检员。1995年5月,中共杨寿乡纪委更名为中共杨寿镇纪委。2003年10月,杨寿镇与甘泉镇合并,中共杨寿镇纪委撤销。2008年6月,恢复杨寿镇建置,中共杨寿镇纪委亦恢复至今。

1952年春,中共江都县委组织部在槐泗紫竹庵开展中华人民共和国成立后的首次整党,境内杨寿乡、墩刘乡、方集乡共39名党员参加这次整党。墩刘乡乡长兼指导员房某某,因历史问题和生活作风等问题,被开除党籍、开除公职。方集乡朱某某,因生活作风问题被清除出党。1958年2月至1966年底,党的监察工作主要是开展遵纪守法、反腐倡廉、社会主义教育等。公社党委在整党整风和社会主义教育运动中,共查处贪污腐化、挪用公款、破坏军婚、阶级路线不清等各类案件33件,受党纪处分的党员25人,其中开除党籍5人,留党察看3人,撤销党内职务4人,严重警告13人。除党纪处分外,行政上撤销职务3人,记大过1人,批评教育2人。

1967年初至1983年5月,党的监察工作由组织部门代行。其间共查处党员违纪案件5件,其中经济案件2件,生活作风问题3件。受党纪处分的党员5人,其中开除党籍1人,严重警告2人,警告2人。

1986年2月,杨寿乡党委根据县委的要求,在全乡范围内开展整党工作,县委派驻整党工作队指导整党工作。全乡27个基层党支部、762名党员(除吕兆奎患有精神病外)全部参加此次整党。从1986年2月2日开始至1987年3月底结束。全乡762名党员中,超计划生育的12人,有生活作风问题的2人,有经济问题的3人,以权谋私的6人,参与赌博的55人。对这些违纪党员对照党员标准和整党要求进行相应组织处理。

中共十一届三中全会之后,党风廉政建设和反腐败工作被纳入全镇工作的重要议事日程,严格执行"一岗双责",健全完善制度,强化监督和查处力度,纪检工作取得明显成效。1983年5月至2016年,共查处各类党员违纪案件15件,处理15人。其中经济方面违纪2人、生活作风方面违纪2人、违反计划生育政策5人、参与赌博5人、妨碍社会管理秩序1人。

1958~2016年杨寿镇(乡、公社)纪(监)委负责人名录

表 15-3-1

姓 名	性 别	职 务	任职时间
邱邦英	男	乡监委书记(兼)	1958年2月~1958年10月
邱邦英	男	公社监委书记(兼)	1958年10月~1959年1月
宰巨元	男	公社监委书记(兼)	1959年1月~1961年4月
肖依林	女	公社监委书记(兼)	1961年4月~1966年4月
刘义元	男	公社监委副书记	1961年4月~1966年4月
朱崇伟	男	公社监委书记(兼)	1966年4月~1966年12月
朱有禄	男	乡纪检科科长	1983年5月~1986年10月
汤贵金	男	乡纪委书记(兼)	1986年10月~1988年5月
吴庭湘	男	乡纪委副书记	1986年10月~1988年12月
李华康	男	乡纪委书记(兼)	1988年5月~1992年11月
袁国昌	男	乡纪委副书记	1988年12月~1994年3月
张福堂	男	乡纪委书记(兼)	1992年11月~1994年3月

续表 15-3-1

姓　名	性　别	职　务	任职时间
周富成	男	乡纪委书记(兼)	1994 年 3 月 ~1995 年 5 月
赵志群	男	乡纪委副书记	1994 年 3 月 ~1995 年 5 月
周富成	男	镇纪委书记(兼)	1995 年 5 月 ~1997 年 4 月
赵志群	男	镇纪委副书记	1995 年 5 月 ~1997 年 8 月
孙　荣	男	镇纪委书记(兼)	1997 年 4 月 ~2002 年 2 月
徐长山	男	镇纪委副书记	1997 年 8 月 ~2002 年 1 月
吴正岗	男	镇纪委副书记	2002 年 1 月 ~2003 年 10 月
施宏跃	男	镇纪委书记(兼)	2002 年 2 月 ~2003 年 10 月
高志军	男	镇纪委书记(兼)	2008 年 6 月 ~2009 年 7 月
殷　亮	男	镇纪委副书记	2008 年 6 月 ~2011 年 3 月
俞　祥	男	镇纪委书记(兼)	2009 年 7 月 ~2010 年 7 月
谈　昕	男	镇纪委书记(兼)	2010 年 7 月 ~2012 年 12 月
金学祥	男	镇纪委副书记	2011 年 3 月 ~2016 年 4 月
俞　祥	男	镇纪委书记(兼)	2012 年 12 月 ~2016 年 4 月
房惠柏	男	镇纪委书记(兼)	2016 年 4 月 ~2016 年 12 月
单晓峰	男	镇纪委副书记	2016 年 4 月 ~

二、组织工作

党员发展　1929 年,境内有党的地下组织活动,并在境内秘密发展党员,党员数不详。中华人民共和国成立后,先是从部队选派党员,到境内开展党的工作,后在各级负责人和中青年积极分子中吸收新党员,并逐步壮大党员队伍。1951 年 1 月,境内共有中共党员 39 人,杨寿乡 5 人,墩刘乡 18 人,方集乡 16 人。1965 年,境内有党员 222 人,1966 年,有党员 415 人,比上年增加 193 人,是中华人民共和国成立后发展党员最多的年份。2008 年,境内党员突破千人,达 1038 人。2016 年,党员总数 1493 人。

1964 年,25 岁以下党员 8 人,占党员总数的 3.6%,没有 60 岁以上的党员。1986 年,25 岁以下党员 34 人,占党员总数的 4.4%,60 岁以上的党员 81 人,占党员总数的 10.5%。2001 年,25 岁以下的党员 18 人,占党员总数的 2%,60 岁以上的党员 293 人,占党员总数近三分之一。2010 年,25 岁以下党员 78 人,占党员总数的 7.1%,60 岁以上党员 394 人,占党员总数的 35.9%。其后,25 岁以下党员占党员总数的 8%,60 岁以上党员占党员总数的三分之一多点。党员的年龄结构趋于优化。2016 年,25 岁以下的党员 105 人,占党员总数的 8%。

1998 年,党员中大专以上文化程度的 34 人,占党员总数的 3%,以后逐年增多。2016 年达 306 人,占党员总数的 25%。党员的文化程度越来越高。

1998 年以来,注重在非公有制企业中发展党员,吸收优秀的新阶层人士入党。截至 2016 年 12 月,全镇非公企业有党员 346 人。

1964~2016 年杨寿镇党员人数统计表

表 15-3-2　　　　　　　　　　　　　　　　　　　　　　　　　　　　　　　单位：人

年份	党员总数		按入党时间分				
	合计	其中：女	1949 年 9 月之前	1949 年 10 月~1964 年 4 月	1966 年 5 月~1976 年 10 月	1976 年 11 月~2002 年 10 月	2002 年 11 月后
1964	221	15	15	206	—	—	—
1965	222	15	15	207	—	—	—
1966	415	37	15	244	156	—	—
1976	521	42	14	252	255	—	—
1986	772	84	12	249	264	247	—
1987	786	86	12	251	267	256	—
1988	782	87	11	248	261	262	—
1989	794	88	11	251	257	275	—
1990	789	86	10	243	255	281	—
1991	805	87	10	237	263	295	—
1992	821	88	9	236	261	315	—
1993	838	89	9	231	262	336	—
1994	856	91	9	229	266	352	—
1995	868	93	8	218	263	379	—
1996	885	95	8	212	261	404	—
1997	882	95	7	189	261	425	—
1998	894	98	7	174	268	445	—
1999	904	103	7	158	265	474	—
2000	920	103	7	154	262	497	—
2001	955	109	7	152	264	532	—
2002	982	115	6	151	263	562	—
2008	1036	134	5	119	262	503	147
2009	1053	141	4	95	254	493	207
2010	1096	158	2	94	247	495	258
2011	1121	172	1	78	252	482	308
2012	1137	182	1	93	239	480	324
2013	1160	191	1	88	235	477	359
2014	1175	208	1	81	225	475	393
2015	1183	213	1	76	219	468	419
2016	1194	225	1	72	215	464	442

1964~2016 年杨寿镇党员年龄结构一览表

表 15-3-3 单位：人

年 份	党员总数	年龄结构			
		25 岁以下	26~45 岁	46~60 岁	60 岁以上
1964	221	8	197	16	—
1965	222	8	197	17	—
1966	415	43	341	31	—
1976	521	28	313	175	5
1986	772	34	386	271	81
1987	786	35	372	298	81
1988	782	27	355	301	99
1989	794	22	356	304	112
1990	789	19	333	309	128
1991	805	11	338	312	144
1992	821	15	335	322	149
1993	838	16	330	323	169
1994	856	19	320	338	179
1995	868	18	318	336	196
1996	885	18	321	335	211
1997	882	19	314	326	223
1998	894	21	310	338	225
1999	904	18	328	322	246
2000	920	19	310	335	246
2001	955	18	311	328	298
2002	982	14	323	340	305
2008	1038	43	337	299	359
2009	1053	48	335	292	378
2010	1096	78	322	302	394
2011	1121	75	342	323	381
2012	1137	85	336	330	386
2013	1160	92	339	338	391
2014	1175	100	345	326	404
2015	1183	102	335	345	401
2016	1194	105	322	361	406

1964~2016年杨寿镇党员文化结构一览表

表 15-3-4

单位：人

年　份	党员总数	小学以下	初中以下	高中、中技	中　专	大专以上
1964	221	189	22	10	—	—
1965	222	189	23	10	—	—
1966	415	333	65	17	—	—
1976	521	340	115	66	—	—
1986	772	484	171	88	29	—
1987	786	481	184	91	30	—
1988	782	478	187	88	29	—
1989	794	474	196	93	31	—
1990	789	450	212	97	30	—
1991	805	443	221	110	31	—
1992	821	439	232	117	33	—
1993	838	437	245	120	36	—
1994	856	396	257	138	65	—
1995	868	387	263	152	66	—
1996	885	374	266	174	71	—
1997	882	362	268	176	76	—
1998	894	360	285	170	45	34
1999	904	357	283	178	36	50
2000	920	354	287	188	38	53
2001	955	366	290	204	39	56
2002	982	345	298	219	44	76
2008	1038	—	594	278	52	114
2009	1053	—	580	291	54	128
2010	1096	—	590	289	55	162
2011	1121	—	555	316	58	192
2012	1137	—	542	317	59	219
2013	1160	—	534	321	63	242
2014	1175	—	517	324	65	269
2015	1183	—	511	326	67	279
2016	1194	—	492	324	72	306

1964~2016 年杨寿镇党员职业结构一览表

表 15-3-5　　　　　　　　　　　　　　　　　　　　　　　　　　　　　　　单位：人

年　份	党员总数	职　工			农牧渔民	离退休人员
		小　计	公有制	非公有制		
1964	221	33	14	19	188	—
1965	222	33	14	19	189	—
1966	415	40	16	24	375	—
1976	521	124	31	93	394	3
1986	772	232	59	173	528	12
1987	786	241	63	178	531	14
1988	782	250	71	179	516	16
1989	794	251	76	175	525	18
1990	789	251	84	167	521	17
1991	805	262	95	167	522	21
1992	821	290	101	189	509	22
1993	838	334	109	225	478	26
1994	856	357	116	241	471	28
1995	865	361	112	249	474	30
1996	885	374	121	253	478	33
1997	882	383	125	258	461	38
1998	894	384	123	261	473	37
1999	904	396	131	265	465	43
2000	920	406	135	271	468	46
2001	955	420	140	280	480	55
2002	982	430	145	285	490	62
2008	1038	425	146	279	488	125
2009	1053	396	137	259	531	126
2010	1096	425	159	266	531	140
2011	1121	455	167	288	525	141
2012	1137	472	167	305	515	150
2013	1160	492	168	324	513	155
2014	1175	504	171	333	503	168
2015	1183	521	178	343	501	161
2016	1194	531	185	346	505	158

党员教育　中华人民共和国成立时，境内三个乡没有建立党组织，党员教育工作不够正常，一般由黄珏区委派员到境内给党员上党课。1956年10月，杨寿、墩留、方集三乡合并，杨寿乡党委建立，党委制定党员教育制度。利用上党课对党员开展党的八大会议精神和新党章的学习、培训。

党课农村行活动专题讲座

1963年，公社党委配合宣传部门组织党员学习《关于目前农村工作中若干问题的决定草案》（即"前十条"）、《关于农村社会主义教育运动中一些具体政策的规定草案》（即"后十条"）。同时开展党员标准、党的方针政策、爱国主义、国际主义以及反修防修的教育。

中共十一届三中全会以后，组织和发动境内党员揭发"四人帮"、肃清"左"的流毒和影响，要求境内党员积极参与关于实践是检验真理唯一标准的大讨论，破除"两个凡是"的束缚，进一步解放思想。

1985年，乡党校建立。是年，举办党员干部培训班15期，参加对象为党员干部，建党积极分子，各行业的骨干，受训达1000人次。从是年起，每年举办一次党员干部冬训班。1986年，开展整党工作。1987年、1988年，连续获得"县先进乡镇党校"称号。

1990年，开展党员重新登记，历时一年半时间。通过学习教育、个人总结、民主评议、党委审批等四个阶段，对境内789名党员进行重新登记，较好地解决党组织和党员中存在的主要问题，党员的政治方向进一步坚定，党员意识进一步增强，党员队伍进一步纯洁，规章制度进一步健全。

1997~2000年，发扬延安整风精神，在境内开展以"讲学习、学政治、讲正气"为主要内容的"三讲"系列教育活动。2005年，在全体党员中，深入开展保持共产党员先进性教育活动。2008年，组织开展学习践行科学发展观系列教育活动。

2010~2015年，在党组织和党员中，开展争先创优活动和"讲纪律、讲规矩"系列教育活动，深入开展《提升执政能力》《你为什么工作》《预防职务犯罪与渎职失职》等专题教育，组织观看《三直接》《法纪高压不可触碰》和《钟声示警》等警示片，参观"清风伴我行"廉政教育展览。

2016年，开展"两学一做"学习教育活动，教育党员做到"四讲四有"，即讲政治、有信念，讲规矩、有纪律，讲道德、有品行、讲奉献、有作为。

干部选任和管理　中华人民共和国成立初，境内干部由上级任命，实行统一管理，政治上强调德才兼备，组织上强调任人唯贤，思想上要求将马列主义的普遍真理同中国革命的具体实践相结合，坚持实事求是和群众路线，干部管理由党组织负责。

1956年10月，中共杨寿乡党委成立，乡党委设立组织部，具体负责干部管理工作。境内党内干部开始实行选举和任命两种模式，干部选拔任用注重任人唯贤和德才兼备。

中共十一届三中全会以后，按照中央确立加快实现干部队伍"革命化、年轻化、知识化、专业化"的要求。一批"四化"干部被选拔任用到境内各个领导岗位。同时采用多种渠道,不拘一格招聘人才。

1987年,乡党委采取"公开、公正、平等、竞争"机制,决定将乡团委书记和政府办公室文书两个职位,面向全乡公开招聘。同时建立干部考评制度,实行民主测评干部,领导干部定期述职,组织民主评议,接受群众监督。

1990年,乡通过公开的方式招录第一批物质文明建设和精神文明建设工作队员(简称"双文明建设工作队员"),充实干部人才库,作为后备干部。当年,21名乡双文明建设工作队员被分配到全乡不同的岗位上去锻炼。第二年,这批人员陆续分配到有关工作岗位,为境内干部队伍注入新鲜血液。

1993年,建立干部民主选拔制、任期制、培训制、考核制、回避制、退休制,使干部选拔任用更加合理、规范。

1996年,招录第二批双文明建设工作队员12人,充实到镇后备干部人才库。

2000年后,又陆续推出干部选拔一系列改革措施,坚持德才兼备,以德为先的用人标准,实行"民主推荐、民主测评、民意调查、个别谈话、实绩分析"等综合评价,竞争上岗,择优录用。

2016年,境内干部选拔、管理走向科学化、民主化、法治化轨道。累计共向境内公开招聘干部4批47人,42人被选拔任用。

村、社区、机关企事业单位党组织建设　1956年10月,中共杨寿乡党委在爱东、永和、墩留、方集等四工区设立指导员职位,行使党的管理职能。

1959年1月,公社党委在爱东、墩留、方集三个大队设立党支部。4月,境内大队区划进行调整,撤销爱东大队,设立东兴大队、爱国大队、永和大队和蒋塘大队,墩留大队划设墩留、宝女大队,方集大队划设方集、新民大队。党委在这八个大队设立党支部。6月,爱国大队划设爱国、袁岗大队,永和大队划设永和、杨华大队,宝女大队划设宝女、毛正大队,方集大队划设方集、建龙大队,共增设4个大队,并同时增设4个大队党支部。1961年5月,杨华大队并入永和大队,毛正大队并入宝女大队,同时撤销杨华、毛正两个大队党支部。1966年4月,撤销宝女大队,同时撤销宝女大队党支部。新设李岗大队和杨寿大队,并在两个大队设立党支部。是年,先后新设4个企事业单位党支部,即工交支部、供销支部、文卫支部和粮食支部。1972年9月,增设机关党支部和社办工业党支部。12月,增设砖瓦厂党支部。1976年12月增设绣品厂党支部。1978年1月,增设农建党支部。

1982年初,根据实际情况对机关、部门、集镇企事业单位所设党支部适时调整。1987年12月,爱国村、永和村党支部改设为党总支部,杨寿乡建筑安装工程公司、扬州华联电气设备实业总公司、扬州华通橡塑有限公司等建立党支部。1998年后,注重在非公企业中建立党组织,先后建立中共江苏省南扬机械制造有限公司支部委员会、中共扬州市旅游用品有限公司支部委员会、中共扬州华通橡塑有限公司支部委员会等。

2000年7月,境内行政村区划又一次进行调整,袁岗村并入爱国村,撤销袁岗村党支部;蒋塘村并入永和村,撤销蒋塘村党支部;李岗村与杨寿村合并新建宝女村,撤销李岗村党支部和杨寿村党支部,建立宝女村党总支部;建龙村与新民村合并新建新龙村,撤销新民村党支部和建龙村党支部,建立新龙村党总支部。

2008年8月,永和村党总支部改设为永和村党委。2012年10月,东兴村党支部改设为东兴村党总支部。2013年8月,墩留村、方集村党支部改设为墩留村、方集村党总支部。2016年8月,杨寿社区党支部改设为杨寿社区党总支部。

至2016年,镇党委直辖基层党组织25个。其中村级党委1个,村党总支部6个,社区党总支部1个,机关、企事业单位党支部17个。

1956~2016年杨寿镇(乡、公社)党委组织部门负责人任职情况一览表

表15-3-6

姓 名	性 别	职 务	任职时间
宰巨元	男	乡党委组织部部长	1956年10月~1958年10月
陈文楼	男	公社党委组织部部长	1958年10月~1959年10月
肖依林	女	公社党委组织部部长	1959年10月~1963年5月
韩桂元	男	公社党委组织部部长	1963年5月~1966年5月
谢根生	男	公社党委组织部部长	1966年5月~1969年12月
王志良	男	公社党委组织科科长	1969年12月~1978年3月
赵广泉	男	公社党委组织科科长	1978年3月~1983年5月
赵广泉	男	乡党委组织科科长	1983年5月~1986年10月
方秀祥	男	乡党委组织科科长	1986年10月~1993年4月
颜景宝	男	乡党委组织科科长	1993年4月~1995年2月
施宏跃	男	乡党委组织科科长	1995年2月~1995年5月
施宏跃	男	镇党委组织科科长	1995年5月~2000年4月
李秋萍	女	镇党委组织科科长	2000年4月~2003年10月
吴正岗	男	镇党委组织科科长	2008年6月~2015年5月
吴玉香	女	镇党委组织科科长	2015年5月~

三、宣传工作

中华人民共和国成立初,党的宣传工作主要围绕土地改革、抗美援朝、镇压反革命、农村合作化运动开展活动。1956年10月,杨寿乡党委设立宣传部。1958年,主要以社会主义建设总路线、"大跃进"和"人民公社化运动"等内容开展宣传。是年10月,杨寿乡党委宣传部改称为杨寿公社党委宣传部。1960年初,学习宣传中共中央关于开展整风、整社的文件,动员党员、干部和群众积极参与整风、整社运动。

1963年,结合社会主义教育运动,组织学习中央"前十条""后十条"。1964年,开展学习毛主席著作"老三篇",即《为人民服务》《纪念白求恩》《愚公移山》,将毛主席语录编成识千字课本,组织干部、群众学习。"文化大革命"期间的1969年,公社党委宣传部改为宣传科。宣传工作主要以在无产阶级专政下继续革命的理论为指导,开展活学活用毛主席著作、清理阶级队伍、批林批孔斗争、反击右倾翻案风等宣传。同时开展"农业学大寨""工业学大庆""全国人民学解

放军"的"三学"宣传。

中共十一届三中全会之后,随着工作重心的转移,组织"实践是检验真理唯一标准"的大讨论,开展党的路线、方针、政策和四项基本原则的学习宣传,并将发展经济、致富一方人民作为宣传的重要内容。宣传工作主要围绕经济体制改革,宣传大力发展地方经济,以配合党委做好党员教育和培训工作。

1983年5月,公社党委宣传科改称为乡党委宣传科。全乡开展学习宣传《杨寿乡乡规民约》活动。1984~1988年底,主要宣传《中共中央关于经济体制改革的决定》《中共中央关于社会主义精神文明建设指导方针的决议》,在党内组织开展党员"三带头"(带头改进作风、带头加强自身建设、带头发家致富)活动和"党员五好"(政治素质好、思想作风好、履行义务好、工作业绩好、服务群众好)活动,在境内开展"五讲、四美、三热爱""十星级"文明户创建活动。全乡5326户挂上星级牌,1.24万人参加评星活动。

1989年,重点宣传乡党委制定的廉政建设十条规定,即严禁公款吃请、严禁用公款送礼、严禁公款旅游、严禁以权谋私、严禁赌博、严禁大操大办丧喜事、严肃查处贪污受贿、严格控制非生产性建设、大力开展"双增双节"活动、建立乡廉政建设举报站。1990年,围绕第二次社会主义教育运动的内容开展宣传,同时宣传农业产业结构调整、大力发展工业经济、外向型经济和小城镇建设等。

1995年5月,乡党委宣传科改为镇党委宣传科。是年,宣传孔繁森事迹,宣传民主法制建设和依法行政、依法办事、依法治镇。1998~2002年底,主要开展"三讲"(讲学习、讲政治、讲正气)宣传教育活动和"三个代表"重要思想的宣传和学习。宣传《镇规民约》和镇党委关于开展依法治镇的决定、境内村级区划调整的决定等。2003年,宣传中共中央十六大会议精神,宣传"坚持以人为本,树立全面、协调、可持续发展观,促进经济社会和人的全面发展"这一新的发展观。

2003年10月与甘泉镇合并,2008年6月恢复杨寿镇建置,恢复设置杨寿镇党委宣传科。

2008年,宣传中共中央关于在全党开展深入学习实践科学发展观活动的意见,宣传镇发展规划以及实施农业产业结构调整的重要意义。2010年,主要开展守纪律、讲规矩的宣传。2012年12月后,重点宣传中共十八大会议精神和习近平在参观"复兴之路"展览时的讲话,进一步增强实现中华民族伟大复兴的中国梦的信心。2016年,开展"两学一做"学习教育宣传,即学党章党规、学系列讲话,做合格党员。

1956~2016年杨寿镇(乡、公社)党委宣传部门负责人任职情况一览表

表15-3-7

姓　名	性　别	职　务	任职年限	备　注
潘　超	男	乡党委宣传部部长	1956年10月~1958年10月	—
潘　超	男	公社党委宣传部部长	1958年10月~1961年5月	—
尹福成	男	公社党委宣传部部长	1961年5月~1962年9月	—
王德禄	男	公社党委宣传部部长	1962年9月~1966年5月	—
王志良	男	公社党委宣传部部长	1966年5月~1969年12月	—
沈永兴	男	公社党委宣传科副科长	1969年12月~1978年3月	主持工作

续表 15-3-7

姓 名	性 别	职 务	任职年限	备 注
刘广毅	男	公社党委宣传科科长	1978 年 3 月 ~1983 年 5 月	—
方艳芬	女	乡党委宣传科科长	1983 年 5 月 ~1990 年 12 月	—
黄兆林	男	乡党委宣传科科长	1990 年 12 月 ~1993 年 4 月	—
方 林	男	乡党委宣传科科长	1993 年 4 月 ~1995 年 2 月	—
李秋萍	女	乡党委宣传科科长	1995 年 2 月 ~1995 年 5 月	—
李秋萍	女	镇党委宣传科科长	1995 年 5 月 ~2000 年 4 月	—
陈德康	男	镇党委宣传科科长	2000 年 4 月 ~2001 年 4 月	—
俞 祥	男	镇党委宣传科科长	2001 年 4 月 ~2003 年 10 月	—
殷 亮	男	镇党委宣传科科长	2008 年 6 月 ~2009 年 7 月	—
冯大江	男	镇党委宣传科科长	2009 年 7 月 ~2016 年 12 月	—
严 标	男	镇党委宣传科科长	2016 年 12 月 ~	—

四、统战工作

抗日民主政权建立时期,境内杨寿、方集、墩留、俞坝 4 乡大部分留用原乡、保长,在使用过程中逐步转化,团结爱国人士为抗日服务。

中华人民共和国成立初,党组织明确宣传部门负责统一战线工作,通过多种形式鼓励和组织私营工商业者恢复生产和经营。1956 年,完成对私营工商业的改造。

1961 年,公社党委在肃反运动中查出王某某原任国民党镇江敌报组组长,任职期间没有反党行为,并了解到其妹夫汪某某系国民党某电台台长,中华人民共和国成立前去了台湾,在台湾某电台工作,公社党委让王某某专门为省对台广播站编写广播稿,宣传党的方针、政策和家乡的变化,实名向台湾亲人喊话。

1990 年 12 月,建立中共杨寿乡委员会统战科(简称"统战科")。1994 年,方集村台胞孟德宝得知方集小学房屋破旧,主动提出捐款重建方集小学。次年其病逝后,孟的义女陈正秀遵照义父遗嘱,捐赠 18 万元,新建方集小学教学楼(两层),建筑面积 648 平方米。1997 年,设立镇民族宗教事务科。是年,成立邗江县工商联合会杨寿分会(简称"邗江工商联杨寿分会")。

1998 年,对境内非公企业强化党建工作,及时建立和调整党组织。

2000 年,台商张台生和境内扬州乐星玩具有限公司合资,成立扬州吉星玩具有限公司。次年,香港佳勤实业有限公司与境内华星橡塑有限公司合资生产集装箱密封条。

2005 年,对境内宗教场所进行审核登记,开展创建合格宗教场所工作,实施有效服务和监管。2009~2016 年,镇政府筹资 100 万元左右,分两次对宗教场所天王寺进行改造,新建牌楼、八角亭、厢房放生池,修建天王寺大殿。

1990~2016年中共杨寿镇(乡)统战科负责人任职情况一览表

表 15-3-8

姓 名	性 别	职 务	任职时间	备 注
吴正班	男	乡统战科副科长	1990年12月~1993年4月	主持工作
冯桂香	女	乡统战科科长	1993年4月~1995年5月	—
冯桂香	女	镇统战科科长	1995年5月~1997年8月	—
张巧云	女	镇统战科科长	1997年8月~2003年10月	—
詹坤田	男	镇统战科科长	2008年6月~2010年10月	—
吴正班	男	镇统战科科长	2010年10月~2015年5月	—
王其顶	男	镇统战科科长	2015年5月~	—

五、政法工作

中华人民共和国成立初,境内3乡党组织负责政法工作。1951年,开展镇压反革命运动,对境内青帮头子和国民党便衣队成员依据法律予以镇压。1956年,乡设治安管理部门。1963年,公社配备公安特派员,负责境内稳定,打击刑事犯罪,开展禁赌等专项治理,净化社会风气。

1979年,公社设司法助理员。1981年,成立公社司法所,开展法制宣传和法律服务。1983年5月,改为杨寿乡司法科。

80年代初,境内根据市、县的统一部署和要求,开展专项斗争,对犯有盗窃、诈骗等罪行的犯罪分子,进行集中收捕、集中宣判、集中打击。

1984年,成立杨寿乡派出所。开展严惩经济犯罪和刑事犯罪等社会环境综合治理。1988年,成立乡治安联防队,负责境内夜间巡逻和治安管控。1989年,乡、村设立人民调解委员会。次年,成立杨寿乡社会治安综合管理办公室(简称"综治办"),负责境内治安和协调相关部门工作。

1986年始,实施"一五"普法规划学习活动。有计划地开展学习"九法一例"(宪法、刑法、民法通则、婚姻法、经济合同法、继承法、刑事诉讼法、民事诉讼法、兵役法和治安管理处罚条例)活动。至2016年,已开展第七个五年普法学习活动。

1993年,成立杨寿乡依法治乡领导小组,深入开展法制宣传以及创建安全文明村、企活动,及时调处社会矛盾。1995年5月,改为依法治镇领导小组。

90年代中期,境内相继破获入室杀人、盗窃摩托车、诈骗等案件,并依法进行了处理。1996年,及时调处矛盾纠纷24起。2000年,在"百日破案竞赛"中,破获外来盗窃案31起、拐卖妇女案5起,解救妇女5人。同年,建立杨寿镇法律援助工作站,每年法律援助不少于10人次。2002年始,在境内开展创建"平安镇村"活动。

2008年,恢复杨寿镇建置后,成立杨寿镇政法委员会(简称"政法委"),增设杨寿镇信访办公室、610办公室。是年,镇被评为市级社会治安安全镇。2009年,镇被评为扬州市信访工作"四无乡镇"(无进京非正常上访和重复上访、无进京集体访和去省重复集体访、无历史遗留信访案件、无因信访问题引发的有影响事件)。

2009~2016年,共开展法律咨询150次,代写法律文书80多件,代理诉讼案件50多起,接待处理信访 45 批次 160 余人,处理各类矛盾纠纷 102 起,接处警 323 起,立案 56 起,破案 18 起,立治安案件 180 起,打击处理各类违法犯罪人员 158 人。辖区内社会稳定,人心安定,未发生重大案件,社会治安秩序良好。

2008~2016 年杨寿镇政法委员会负责人任职情况一览表

表 15-3-9

姓 名	性 别	职 务	任职时间
高志军	男	书记	2008 年 6 月 ~2009 年 7 月
俞 祥	男	书记	2009 年 7 月 ~2010 年 7 月
谈 昕	男	书记	2010 年 7 月 ~2012 年 12 月
俞 祥	男	书记	2012 年 12 月 ~2016 年 4 月
房惠柏	男	书记	2016 年 4 月 ~

第四节 其他党派

一、中国国民党

1911 年,中国国民党建立之后,控制和管理着境内地区,并建立政权,设立杨寿乡、墩刘乡、方集乡,乡下设保,保下设甲,实行乡、保、甲行政管理体制,隶属于国民党江都县第八区,党员人数不详。

民国三十五年(1946)6 月,抗日战争胜利后,第二次国共合作结束,国民党抢占境内地区,恢复国民党地方政权和地方行政管理体制。共产党及其所属机构被迫北撤。民国三十六年(1947)初,墩刘乡与方集乡合并,取名方杨乡。民国三十七年(1948)下半年,境内国民党政权垮台,国民党党员杨寿乡乡长张宝信去了台湾,方杨乡乡长夏云荣、夏朝槐先后被镇压和判刑。

中华人民共和国成立前,境内另有少数人在国民党组织内任职。王某某(化名王炳南),杨寿集镇人,国民党党员,国民党镇江敌报组组长,1949 年,中华人民共和国成立后隐藏在境内当教师,1961 年,肃反运动中被查出,王在任职和潜伏期间没有参加具体反动活动。方某某,杨寿集镇人,杨寿国民党建国通讯社社长,隶属于扬州国民党革命行动委员会(设在扬州市区大同巷 10 号)。社址设在杨寿集镇方某某茶馆,主要任务是收集本地区共产党组织及活动的情报。中华人民共和国成立初,镇反运动中,没有查出具体反动活动。王某某(化名王树东),杨寿集镇人。国民党苏州地区专员,中华人民共和国成立后回集镇开烟酒店。1968 年,清理阶级队伍时被查出,被定为"坏分子"。党的十一届三中全会之后,摘掉"坏分子"的帽子。

二、中国三民主义青年团

民国三十六年(1947)9 月,国民党在新四军和民主政权北撤后,分别在境内杨寿集镇(现杨寿社区）、杨寿乡高院墙（现永和村高院组）、墩刘乡瞒藏刘（现新龙村民主组）、方集乡曹安寺（现新龙村曹安组）等4地,各设立1个三民主义青年团分队部。这些分队部都以挂团旗为标志,有时还组织团员活动,团员人数不详。1948年12月,境内解放时,全部自行解散。

第五节　社会团体

一、农民团体

农民抗日救国会　民国三十二年（1943）,境内共产党组织在杨寿乡、墩刘乡、方集乡、俞坝乡下设的各个保分别建立农民抗日救国会（简称"农抗会"）组织,农抗会设理事长。农抗会主要工作是,组织农民防日防特,白天站岗放哨,晚上巡逻,维护地方治安,开展向佃户、富户互助借粮,解决贫困农民春荒口粮和种子问题,发动农民开展减租减息斗争。民国三十四年（1945）,抗日战争胜利后,境内农抗会组织农民斗地主、分田地、分浮财。民国三十五年（1946）,民主政权北撤,农抗会解散。次年,国民党还乡团反攻倒算,墩刘乡农抗会积极分子遭打击,被捆绑吊打。方集乡农抗会干部苏宏明被还乡团抓至扬州扫垢山杀害。

农民协会　中华人民共和国成立初期,境内乡、村均成立农民协会（简称"农会"）,农会设主任。农会组织贫苦农民忆苦、诉苦和思甜,激发人民大众阶级仇恨,开展民主反霸斗争,揭发地主恶霸罪行。1950年下半年,土地改革运动开始,乡、村两级农会组织全部投入土改运动,组织农民斗地主、斗恶霸,分田地、分农具、分粮食、分房产。1955年,农业合作化运动开展后,农会组织撤销。

贫下中农协会　1965年秋,根据县贫下中农协会筹备委员会的统一部署和要求,成立杨寿公社贫下中农协会（简称"为贫协"）,贫协设主席、副主席,公社党委书记张成礼兼主席,詹坤仁为副主席。境内大队、生产队也相继成立贫下中农协会和贫协小组,贫协主要是组织贫下中农学习毛主席著作,学习农业生产技术和农业生产经营管理知识,监督党的方针、政策的贯彻执行,帮助行政部门开展"农业学大寨"工作,参与境内合作医疗、合作商店、学校行政工作管理和下乡知识青年管理。全公社有5340个贫下中农成年人,加入贫协组织4346人,占81%。1983年,撤社设乡时,境内乡、村、组三级不再设立贫协组织。

二、工人团体

工人抗日救国会　民国三十二年（1943）冬,根据江都县抗日民主政权的统一部署和要求,境内杨寿乡、墩刘乡、方集乡、俞坝乡分别建立工人抗日救国会（简称"工抗会"）,工抗会设理事长,会员为农村雇工、商店雇员。工抗会主要宣传开展抗日救亡斗争的意义和要求增加工资,反对压迫和剥削。激发大家抗日激情,组织他们参加民兵站岗巡逻,维护地方治安。民国三十五年（1946）9月,民主政权北撤后停止活动。

杨寿镇工人联合会　中华人民共和国成立初,境内没有独立工会组织,工会工作由上级总工会负责,按行业系统组织开展工作。撤社建乡后,乡党委明确党务副书记兼管工会工作。

1997年8月,杨寿镇工人联合会(简称"工会")成立,并召开杨寿镇工会第一次会员代表大会,选举张巧云为工会主席。2003年,与甘泉镇合并时撤销。2008年6月,恢复杨寿镇建置时,杨寿镇工会组织恢复。同年12月2日,召开杨寿镇工会第二次会员代表大会,选举吴正班为工会主席。是年始,注重在村、社区、企事业单位中建立工会组织。

2010年12月,杨寿镇工会被江苏省总工会授予"江苏省模范乡镇工人之家"称号,2013年3月,被江苏省总工会授予"模范职工之家"称号。

至2016年,境内有独立工会55家、联合建会3家、行业工会2家、机关工会1家。涵盖7个村、1个集镇社区、177个企业,会员8540人。

1997~2016年杨寿镇工人联合会负责人任职情况一览表

表15-5-1

姓 名	性 别	职 务	任职时间
张巧云	女	主席	1997年8月~2002年5月
汤贵金	男	主席	2002年5月~2003年10月
吴正班	男	主席	2008年6月~2016年12月

三、青少年团体

中国共产主义青年团杨寿镇(乡、公社)委员会　1956年10月,建立中国新民主主义青年团杨寿乡委员会,韩立标为书记。1957年6月,中国新民主主义杨寿乡委员会更名为中国共产主义青年团杨寿乡委员会(简称"团委"),并在20个高级农业生产合作社下设团支部委员会(简称"团支部")。1958年10月,杨寿乡团委改设为杨寿公社团委。1959年4月,在东兴、爱国、永和、蒋塘、墩留、宝女、新民、方集等八个大队下设团支部。6月,赵广泉任公社团委书记,并增设袁岗、杨华、毛正、建龙等4个大队团支部。1961年5月,撤销杨华、毛正两个大队团支部。1966年4月,撤销宝女大队团支部,增设李岗、杨寿两个大队团支部。是年5月18日,陈美英任杨寿公社团委书记。"文化大革命"期间,境内团组织停止活动。1974年4月,公社、大队团组织恢复,并开始在学校等企事业单位建立团支部。1983年5月,杨寿公社团委改设为杨寿乡团委,随之各大队团支部更名为各村团支部。1993年,杨寿中学团支部升格为杨寿中学团委,并与杨寿乡团委分设,隶属于邗江县文教局团委。1995年5月,杨寿乡团委更名为杨寿镇团委。2000年7月,境内机构调整,撤销袁岗村团支部,并入爱国村团支部;撤销蒋塘村团支部,并入永和村团支部;撤销李岗村、杨寿村、新民村、建龙村团支部;新建宝女村、新龙村团支部。2003年10月,与甘泉镇合并。2008年6月,按原建置划开,重新建立杨寿镇团委,至2016年未有变化。

1993~2016年,历任杨寿中学(学校)团委书记为冯华贵、任学渊、邵正宇、盛旺、陶明、邵国开。

1956~2016年杨寿镇(乡、公社)团委负责人任职情况一览表

表 15-5-2

姓　名	性　别	职　务	任职年限	备　注
韩立标	男	乡团委书记	1956年10月~1958年10月	—
赵广泉	男	公社团委副书记	1958年10月~1959年6月	主持工作
赵广泉	男	公社团委书记	1959年6月~1966年5月	—
陈美英	女	公社团委书记	1966年5月~1968年10月	—
方华盛	男	公社团委书记	1968年10月~1976年4月	—
郑前程	男	公社团委副书记	1974年4月~1976年4月	主持工作
李万清	男	公社团委书记	1976年4月~1977年3月	—
方艳芬	女	公社团委书记	1977年3月~1983年5月	—
吴正路	男	乡团委书记	1983年5月~1985年10月	—
张福堂	男	乡团委书记	1985年10月~1987年11月	—
倪学和	男	乡团委书记	1987年11月~1993年3月	—
李军	男	乡团委书记	1993年3月~1995年5月	—
李军	男	镇团委书记	1995年5月~2000年4月	—
陈德康	男	镇团委书记	2000年4月~2002年1月	—
俞祥	男	镇团委书记	2002年1月~2003年10月	—
孟存红	女	镇团委书记	2008年6月~2010年3月	—
苏琦	男	镇团委书记	2010年3月~2016年4月	—
王珊珊	女	镇团委书记	2016年4月~	—

中国少年先锋队杨寿大队　1956年,境内杨寿小学、方集小学相继成立中国少年先锋队(简称"少先队")杨寿小学大队、方集小学大队,大队设辅导员,2个大队设8个中队、32个小队,队员285人。1958年后,先后在杨寿中心小学、东兴、爱国、袁岗、永和、墩留、新民、方集、建龙、李岗等11所小学建立11个少先队大队,45个中队,180个小队,队员1315人,杨寿中心小学设立1名总辅导员,并在11个大队均设立1名辅导员职位。"文化大革命"期间,少先队被红小兵所取代。1978年后,恢复少先队名称。至2016年,境内建有杨寿学校少先大队1个,小队25个,队员930人。少先队员在校或参加活动须佩戴红领巾标志。

1962~2016年,历任杨寿镇(公社、乡)少先大队总辅导员(以任职先后排列):王桂英(女)、胡明才、徐永清、吴凤梅(女)、吴玉田、杨伟芳(女)、冯秀风(女)、耿玲玲(女)、华悦。

四、妇女团体

妇女抗日救国会　民国三十三年(1944)春,民主政权在境内杨寿乡、俞坝乡、墩刘乡、方集乡相继建立妇女抗日救国会(简称"妇抗会"),其主要工作是组织广大妇女送亲人参军,做军鞋、军袜慰劳地方部队。在黄珏区政府的领导下开展禁止带童养媳,禁止虐待妇女等工作。是年冬,杨寿乡妇抗会成员黄秀英组织妇女为新四军战士做军鞋100多双。民国三十五年(1946),

民主政权机关北撤后,停止活动。

杨寿镇(乡、公社)妇女联合会　中华人民共和国成立初,境内三个乡(杨寿、墩刘、方集)各明确一名妇女干部负责妇女工作。1956年10月,杨寿乡民主妇女联合会成立,李秀珍为主任。1958年10月,杨寿乡民主妇女联合会更名为杨寿公社妇女联合会(简称"公社妇联"),下设各生产大队妇女联合会,各生产队妇女小组。公社、大队设妇联主任,生产队设妇女队长。1983年5月,公社妇联改称为乡妇联,开始在规模较大的企业建立企业妇女联合会。1995年5月,乡妇联改称为镇妇联。至2016年,杨寿镇妇联下设东兴、爱国、永和、墩留、宝女、新龙、方集、集镇社区和8个企事业单位妇联。

杨寿镇(乡、公社)妇联自建立至2016年底共召开九次妇女代表大会(简称"妇代会")。第一次至第四次妇代会无资料考证,第五次妇代会在1973年3月召开,选举冯桂香为主任;第六次妇代会在1982年2月召开,选举冯桂香为主任;第七次妇代会在1984年11月召开,选举冯桂香为主任;第八次妇代会在1990年2月召开,选举冯桂香为主任;第九次妇代会在2002年6月召开,选举吴玉香为主任。

1956~2016年杨寿镇(乡、公社)妇联主任任职一览表

表 15-5-3

姓　名	性　别	职　务	任职年限
李秀珍	女	乡妇联主任	1956年10月~1957年10月
肖依林	女	乡妇联主任	1957年10月~1958年10月
肖依林	女	公社妇联主任	1958年10月~1960年5月
陈莹	女	公社妇联主任	1960年5月~1966年5月
冯桂香	女	公社妇联主任	1966年5月~1985年5月
冯桂香	女	乡妇联主任	1985年5月~1993年4月
王珍香	女	乡妇联主任	1993年4月~1995年5月
王珍香	女	镇妇联主任	1995年5月~2002年3月
吴玉香	女	镇妇联主任	2002年3月~2003年10月
吴玉香	女	镇妇联主任	2008年6月~2010年3月
姬瑞红	女	镇妇联主任	2010年3月~2013年3月
苏美玲	女	镇妇联主任	2013年3月~2016年7月
方正华	女	镇妇联主任	2016年7月~

五、其他团体和协会

杨寿镇计划生育协会　1991年,杨寿乡计划生育协会成立,乡计划生育协会由镇境内热心计生事业的各界知名人士、基层老党员、老干部、老模范、老职工、致富能手以及育龄群众中的积极分子组成。协会成立以后,发挥带动、宣传、服务、监督和交流的职能,发动全乡会员在控制人口数量、提高人口素质和实行计划生育中起带头作用;向群众宣传人口科学理论,宣传国家计生法规、政策和方针,传播计划生育和生殖健康等科学技术知识;协调社会力量,向群众提供生产、生活、生育服务,帮助群众解决计划生育的实际困难和后顾之忧;履行民主参与和民主监督职能,反映群众意愿与要求,保护群众合法权益。1998年,镇计生协会被县计生协会授予"先进集体"称号。

计划生育协会历任会长:夏福轩、方秀祥、陈庭康、常开勤、俞祥。

扬州市邗江区离退休教育工作者协会杨寿分会 2009年8月,扬州市邗江区离退休教师工作者协会杨寿分会成立,会员38人,薛洪礼为会长。分会会员为境内居住的教育系统的退休教职工,由本人志愿申请,经理事会批准加入。协会理事会设分会长1人,副会长和成员视情设定。经费来源为行政拨款和会员会费。

杨寿农民球迷协会 1999年1月5日,杨寿农民球迷协会在李树林等9名球迷的倡导下开始创立,李树林为负责人,并确定每月5日为球迷活动日,活动地点在树林饭店。2001年11月23日,正式成立并挂牌,有会员51人,李树林为会长。至2016年,有会员70人,先后到北京、广州、长沙、上海、杭州、南京、扬州等地以及韩国、俄罗斯等国观看球赛。历任会长为李树林、张德和。

杨寿社区扬剧票友协会 2004年5月,杨寿社区扬剧票友协会成立,俞虎权为会长,会员3人。至2016年,有会员22人,每星期二为会员活动日,活动资金由会员自筹和政府补贴相结合。先后到扬州市区、仪征市大仪镇、邗江区方巷镇、甘泉街道交流演出。

邗江区工商业联合会杨寿分会 1997年初,镇成立邗江县工商业联合会杨寿分会(简称"工商联杨寿分会")筹备工作小组,张福堂兼组长,负责组建工商联杨寿分会。是年10月,召开第一届会员代表大会,参加会议的会员代表34人,会议选举孙荣为会长。2002年11月,召开第二届会员代表大会,参会代表38人,选举俞祥为会长。1997~2016年,共召开四次会员代表大会,选举产生四届执委会和分会会长。历任工商联分会会长:孙荣、俞祥、殷亮、王正田。

杨寿镇(乡)关心下一代工作委员会 1993年9月,建立杨寿乡关心下一代工作委员会(简称"关工委"),范广玉为主任。1995年始,下设教育关工委、学校关工委、村(居)关工委、民营企业关工委。发展老模范、老干部、老军人、老教师、老科技工作者(简称"五老")为志愿者,义务监督网吧,参与校外辅导站工作。至2016年,镇关工委下设教育关工委、学校关工委、村(社区)关工委8个、民营企业关工委15个、"五老"志愿者60人、网吧义务监督员3人。历任杨寿镇(乡)关工委主任为范广玉、方秀祥、常开勤、俞祥。

杨寿镇文学艺术联合会 2016年12月9日,成立杨寿镇文学艺术联合会,并召开第一次会员代表大会。参加会议的会员代表有60人。通过会议章程,选举房惠柏为杨寿镇文学艺术联合会主席。

第十六章　人大　政府　政协

　　民国三十一年（1942）春，抗日民主政权在境内先后建立俞坝乡、杨寿乡、墩刘乡、方集乡乡公所，设正、副乡长职位。民国三十三年（1944）6月，墩刘乡与方集乡合并取名方杨乡。民国三十五年（1946）9月，境内民主政权机关北撤。民国三十六年（1947）下半年，民主政权逐步恢复，并在境内分别建立杨寿乡、墩刘乡、方集乡民主政府。1954年，境内实施人民代表大会制度，3乡分别召开第一届人民代表大会。至2016年，境内先后召开十九届镇（乡、公社）人民代表大会会议，选举产生镇（乡、公社）行政机构。1991年3月，建立杨寿乡政治协商联络组，2012年，更名为政协邗江区杨寿镇委员会，履行政治协商、民主监督职能。

第一节　人民代表大会

一、人大代表

　　1954年春，依据《全国人民代表大会和地方各级人民代表大会选举法》的有关规定精神，境内杨寿、墩刘（墩留）、方集等3个乡分别开展代表选举工作，选民直接选举产生乡人大代表，并相继召开第一届人民代表大会，选举产生乡人民政府乡长、副乡长等人选。1954年4月，墩刘乡并入方集乡。1956年10月，撤销方集乡，部分并入杨寿乡，杨寿乡召开第二届人民代表大会。至2016年，杨寿镇（乡、公社）先后直接选举二至十八届人大代表，1984年起，直接选举县（区）人大代表。

杨寿镇第六至第十九届镇（乡、公社）人大代表结构及职业分布一览表

表 16-1-1　　　　　　　　　　　　　　　　　　　　　　　　单位：人

届别	总数	代表结构					职业分布			
		女	非党	55岁以下	知识分子	大专以上	干部	农民	工人	其他
六	238	48	102	201	11	—	33	181	21	3
七	280	57	125	258	13		45	205	24	6
八	280	55	122	260	15	—	48	198	29	5

续表 16-1-1

届　别	总　数	代表结构					职业分布			
		女	非党	55岁以下	知识分子	大专以上	干　部	农　民	工　人	其　他
九	71	17	32	65	4	1	17	40	12	2
十	74	17	32	63	12	3	16	43	14	1
十一	52	11	21	45	9	2	15	22	13	2
十二	58	12	21	50	11	4	－	－	－	－
十三	60	15	19	54	15	4	－	－	－	－
十四	56	13	22	51	7	6	－	－	－	－
十五	56	11	16	50	8	8	－	－	－	－
十六	56	13	21	51	6	12	－	－	－	－
十七	53	11	19	48	5	19	－	－	－	－
十八	54	14	17	49	4	22	－	－	－	－
十九	54	18	15	52	4	23	—	—	—	—

说明：一至五届缺资料

杨寿镇（乡、公社）一至十六届县（区）人大代表

第一届不详。

第二届：杨永桃、王义高、张恒芝、邵如桃、梁秀英（女）、殷翠兰（女）、方华荣、林幼华（女）、王金龙。

第三届：周桂芝、韩立标、肖仪林（女）、赵广泉、王金龙、宫长庆、刘义元、殷久仁、周桂英（女）、卞忠发。

第四、五、六届不详。

第七届：袁金宝、肖仪林（女）、夏圣宽、吴增珊、刘维汉、吴文章、刘在銮、吴桂兰（女）、徐长正、吴文连、王文霞（女）、李政有。

第八届不详。

第九届：李万清、刘在銮、纪广余、王玉红（女）、宋春贵、时凤妹（女）、刘学华、江仁荣。

第十届：王春先、俞爱和、吴文云、颜景宝、徐怀明、曾福林、王玉红（女）、王文华（女）、刘付海。

第十一届：李华康、王心元、万明华、田宗玲、李国华、时登锁、王玉红（女）、周桂宝。

第十二届：阚肖虹、潘恒惠、徐寿华、陈庭康、柏志忠、王俭、纪圣来、王文山、徐龙庆。

第十三届：王云程、王亚民、周富成、孙荣、吴明江、佘晓燕（女）、罗世龙、李国华、耿恩柏（女）。

第十四届：王云程、王亚民、夏向群（女）、颜春飞、黄金发、贺宝兰（女）、吴明江、罗世龙、李宏庆、吴正金、张红（女）。

第十五届：与甘泉镇合并。

第十六届：张小辉、贺宝兰（女）、赵鼎、俞祥、李宏庆、苏德云、王红英（女）、丁兴艳（女）。

二、人民代表大会

第一届乡人民代表大会 1954年初,杨寿、墩刘、方集三乡分别选出人民代表。是年秋,三乡分别召开第一届人民代表大会第一次会议,选举产生乡人民政府。王义高为杨寿乡乡长,殷长禄为墩刘乡乡长,曾光祖为方集乡乡长。

第二届乡人民代表大会 1956年10月,第二届人民代表大会第一次会议召开。会议选举产生杨寿乡人民政府正、副乡长,王义高为乡长,梁怀德、殷长禄为副乡长。

第三届公社人民代表大会 1958年10月,第三届公社人民代表大会第一次会议召开。会议选举产生杨寿公社管理委员会,韩立标为社长,王义高为副社长,委员有秦玉奇、王德禄、袁道加、潘超、张鸿生。

第四届公社人民代表大会 1961年5月16日,第四届公社人民代表大会第一次会议召开。会议审议并通过朱崇伟代表上届公社管委会向大会所作的公社工作报告;选举产生新一届公社管委会,朱崇伟为社长,王义高、王德禄为副社长,委员有秦玉奇、刘义元、陈金友。

第五届公社人民代表大会 1963年4月28日,第五届公社人民代表大会第一次会议召开。应出席会议代表177人,因病、因事缺席3人,会议历时两天。会议审议并通过朱崇伟代表上届公社管委会向大会所作的公社工作报告;选举产生新一届公社管委会,朱崇伟为社长,王义高、王德禄为副社长,委员有袁道加、金汉中、秦玉奇、王志良、刘维汉、陈金友、张鸿生,张恒芝为人民陪审员。

第六届公社人民代表大会 1966年4月12日,第六届公社人民代表大会第一次会议召开。应出席会议代表237人,因病、因事缺席4人,会议历时两天。会议审议并通过朱崇伟代表上届人民公社管委会向大会所作的公社工作报告;选举产生新一届公社管委会,朱崇伟为社长,王义高、杭在香、刘静芳为副社长。

1967~1976年"文化大革命"期间,人民代表大会停开。

第七届公社人民代表大会 1977年2月,第七届公社人民代表大会第一次会议召开。应出席会议代表280人,因病、因事缺席4人,会议历时两天。会议审议并通过王义高代表上届公社革委会向大会所作的公社工作报告;选举产生新一届杨寿人民公社革命委员会,王义高为主任,陈有才、朱崇伟、夏圣宽、沈德奎为副主任。

第八届公社人民代表大会 1979年1月4日,在公社大会堂召开第八届公社人民代表大会第一次会议。应出席会议代表280人,因病、因事缺席6人,会议历时两天。会议审议并通过夏圣宽代表上届公社革委会向大会所作的公社工作报告;会议选举产生新一届公社革委会,夏圣宽为主任,陈斌、蔡志兴为副主任。

第九届公社人民代表大会 1981年3月27日,第九届公社人民代表大会第一次会议在供销社会议室召开。应出席会议代表71人,因事请假1人,会议历时三天。会议审议并通过周长源代表上届公社革委会向大会所作的公社工作报告;选举产生新一届公社管委会,周长源为社长,吴文坚、王新喜、刘恒坤、刘广毅为副社长,赵志萍、邵永坤、吴月华、许广山为人民陪审员。

第十届乡人民代表大会 1984年5月8日,第十届乡人民代表大会第一次会议在乡三楼会议室召开。应出席会议代表74人,因事请假1人,会议历时两天。会议审议并通过周长源代表上届公社管委会向大会所作的政府工作报告;选举产生新一届乡人民政府,周长源为乡长,汤贵金为副乡长,吴月华、赵志萍为人民陪审员。

第十一届乡人民代表大会　1987年3月24日,第十一届乡人民代表大会第一次会议召开。应出席会议代表54人,因事请假2人,会议历时两天。会议审议并通过李万清代表上届人民政府向大会所作的政府工作报告,审议并通过殷国义向大会所作的上年度财政预算执行情况和本年财政预算情况(简称"财政预、决算情况")的报告,审议通过1987年度全乡计划生育工作的决议,审议通过乡关于大力加强和发展基础教育的决定。选举产生新一届乡人民政府,李万清为乡长,范广玉、吴庭湘为副乡长。

第十二届乡人民代表大会　1990年3月21日,第十二届乡人民代表大会第一次会议召开。应出席会议代表58人,因病请假1人,因事请假2人,会议历时两天。会议审议并通过俞爱和代表上届乡人民政府向大会所作的政府工作报告;审议并通过殷国义向大会所作的财政预、决算情况的报告。选举产生杨寿乡第一届人大主席团专职主席,范广玉为主席;选举产生新一届乡人民政府,俞爱和为乡长,吴庭湘、朱维新、陈庭康为副乡长。

第十三届乡人民代表大会　1993年2月8日,第十三届乡人民代表大会第一次会议召开。应出席会议代表60人,因事请假1人,会议历时两天。会议审议并通过李华康代表上届乡人民政府向大会所作的政府工作报告,审议并通过范广玉向大会所作的乡人大主席团工作报告,审议并通过施宏跃向大会所作的乡财政预、决算情况的报告。选举产生新一届乡人大主席团,范广玉为主席;选举产生新一届乡人民政府,李华康为乡长,方秀祥、黄兆林为副乡长。

第十四届镇人民代表大会　1996年3月29日,第十四届镇人民代表大会第一次会议召开。应出席会议代表56人,因病请假1人,会议历时两天半。会议审议并通过张福堂代表上届乡人民政府向大会所作的政府工作报告,审议并通过范广玉代表上届镇人大主席团向大会所作的主席团工作报告,审议并通过赵庆安向大会所作的财政预、决算情况的报告。选举产生新一届镇人大主席团,范广玉为主席;选举产生新一届乡人民政府,张福堂为镇长,方秀祥、黄兆林、陈山礼、吴玉平为副镇长。

第十五届镇人民代表大会第一次会议　1999年1月7日,第十五届镇人民代表大会第一次会议召开。应出席会议代表56人,因事请假1人,会议历时两天。会议审议并通过徐寿华代表上届镇人民政府向大会所作的政府工作报告,审议并通过陈庭康代表上届镇人大主席团向大会所作的主席团工作报告,审议并通过赵庆安向大会所作的财政预、决算情况的报告,审议并通过纪广福向大会所作的1998年镇统筹经费执行情况和后三年镇统筹经费预算情况的报告,审议并通过镇"九五"发展规划;审议并通过爱国等八个中心村(爱国中心村、袁岗中心村、永和中心村、蒋塘中心村、墩留中心村、李杨中心村、建新中心村、方集中心村)建设规划,修改并通过杨寿镇镇规民约,审议并通过村级道路养护经费集资的办法。选举产生新一届镇人大主席团,陈庭康为主席,方秀祥为副主席;选举产生新一届镇人民政府,徐寿华为镇长,施宏跃、印祥贵为副镇长。

第十六届镇人民代表大会　2002年1月11日,第十六届镇人民代表大会第一次会议召开。应出席会议代表56人,因事缺席2人,历时两天。会议审议并通过孙荣代表上届镇人民政府向大会所作的政府工作报告,审议并通过周富成代表上届镇人大主席团向大会所作的主席团工作报告,审议并通过赵庆安向大会所作的镇财政预、决算情况的报告。选举产生新一届镇人大主席团,周富成为主席,方秀祥为副主席;选举产生新一届镇人民政府,孙荣为镇长,朱德昌、陈德康、黄金发、常开勤为副镇长。

第十七届镇人民代表大会 2003年10月至2008年6月与甘泉镇合并成立新甘泉镇,会议由甘泉镇召开。

第十八届镇人民代表大会 2008年8月2日,第十八届镇人民代表大会第一次会议召开。应出席会议代表54人,因事缺席1人,会议历时两天。会议审议并通过贺宝兰向大会所作的镇政府工作报告,审议并通过袁国昌向大会所作的镇人大主席团工作报告,审议并通过刘付红向大会所作的镇财政预、决算情况的报告。选举产生镇人大主席团,黄金发为主席,袁国昌、常开勤为副主席;选举产生镇人民政府,贺宝兰为镇长,朱德昌、俞祥、胡燕萍为副镇长。2009年1月11日,第二次会议在永和村部会议室召开。应出席会议代表54人,因事请假2人,会议历时一天。会议审议并通过贺宝兰向大会所作的镇政府工作报告,审议并通过袁国昌向大会所作的镇人大主席团工作报告,审议并通过刘付红向大会所作的镇财政预、决算情况的报告。会议补选房惠柏为副镇长。2009

镇第十八届人民代表大会第三次会议

年7月18日,第三次会议在永和村部会议室召开。应出席会议代表53人,因事请假1人,会议历时一天,会议补选殷亮为副镇长。2010年3月27日,第四次会议在杨寿学校阶梯教室召开。应出席会议代表52人,因事请假2人,会议历时两天。会议审议并通过贺宝兰向大会所作的镇政府工作报告,审议并通过袁国昌向大会所作的镇人大主席团工作报告,审议并通过刘付红向大会所作的镇财政预、决算情况的报告。2010年7月9日,第五次会议在永和村部会议室召开。应出席会议代表51人,因事请假1人,会议历时一天。会议补选周华青为副镇长。2011年3月3日,第六次会议在政府附属楼召开。应出席会议代表51人,因事请假2人,会议历时一天。会议补选徐德林为人大主席团主席,牛新峰为副镇长。

第十九届人民代表大会 2012年3月2日,第十九届镇人民代表大会第一次会议召开。应出席会议代表54人,因事请假1人,会议历时两天。会议审议并通过赵鼎向大会所作的镇政府工作报告,审议并通过常开勤向大会所作的镇人大主席团工作报告,审议并通过朱素梅向大会所作的镇财政预、决算情况的报告。选举产生新一届镇人大主席团,贺宝兰为主席,常开勤为副主席;选举产生第十九届镇人民政府,赵鼎为镇长,牛新峰、房惠柏、胡燕萍为副镇长。2013年3月2日,第二次会议在镇政府附属楼会议室召开。应出席会议代表54人,因事请假3人,会议历时一天。会议审议并通过赵鼎向大会所作的镇政府工作报告,审议并通过常开勤向大会所作的镇人大主席团工作报告,审议并通过朱素梅向大会所作的镇财政预、决算报告。2013 年 10 月 28 日,第三次会议在政府附属楼会议室召开。应出席会议代表 53 人,因事请假 2 人,会议历时一天。会议补选王正遂为副镇长。2014 年 2 月 21 日,第四次会议在政府附属楼会议室召开。应出席会议代表 53 人,因事请假 3 人,会议历时一天。会议审议并通过赵鼎向大会所作的镇政府工作报告,审议并通过常开勤向大会所作的镇人大主席团工作报告,审议并通过朱素梅向大会所作的镇财政预、决算报告。2015 年 3 月 28 日,第五次会议在政府附属楼会议室召开。应出席会议代表 53 人,因事请假 1 人,会议历时一天。会议审议并通过赵鼎向大会所作的镇政府工作报告,审议并通过常开勤向大会所作的镇人大主席团工作报告,审议并通过朱素梅向大会所作的镇财政预、决算报告,会议补选冯大江为副镇长。2016 年 4 月 29 日,第六次会议在政府附属楼会议室召开。应出席会议代表 53 人,因事请假 1 人,会议历时一天。会议审议并通过赵鼎向大会所作的镇政府工作报告,审议并通过常开勤向大会所作的镇人大主席团工作报告,审议并通过朱素梅向大会所作的镇财政预、决算报告。会议补选俞祥为镇人大主席团主席;补选李治禹、金学祥为镇人民政府副镇长。

三、人民代表大会主席团

机构 1981 年 3 月,依据《中华人民共和国地方各级人民代表大会和地方各级人民政府组织法》,在杨寿公社第九届人民代表大会上,首次选举产生大会主席团,并在主席团会议上选举主席团常务主席,常务主席为兼职,负责大会的各项议程,在大会期间行使人民赋予的权力,闭会后职责停止。

1990 年 3 月,依据江苏省人大常委会《关于乡、镇人民代表大会主席团在大会闭会期间设立常务主席的决定》,杨寿乡人民代表大会始设主席,并经过乡第十二届人民代表大会第一次会议选举产生,范广玉为乡人大主席。

1995 年 5 月,撤乡设镇,杨寿乡人民代表大会改称为杨寿镇人民代表大会。2003 年 10 月,与甘泉镇合并,杨寿镇人民代表大会撤销。2008 年 6 月,恢复杨寿镇建置,同时恢复杨寿镇人民代表大会,并召开杨寿镇第十八届人民代表大会第一次会议,选举黄金发为人大主席。至 2016 年,人大机构设置未有改变。

主要工作 1981 年 3 月~1990 年 3 月,公社(乡)人民代表大会主席团负责主持召开人民代表大会会议,在会议期间,征求和审议人大代表的议案和批评、建议、意见,组织代表审议并通过政府工作报告(人民公社管委会工作报告)和财政预决算工作报告,组织通过相关决议,组织大会选举等。

1990 年 3 月,乡人大设立主席团常务主席,人大主席团常务主席除负责会议期间各项工作外,还要负责闭会期间人大主席团常务工作,主要是负责人大换届选举工作,审议决定政府工作重大事项,督办政府及其相关部门办理代表议案和批评、建议、意见。

1998 年始,组织代表听取政府组成人员述职,并对政府工作开展评议。一届中基本达到政府组成人员述职和被评议一次。

1999 年 1 月 7 日,镇第十五届人民代表大会第一次会议审议通过《杨寿镇镇规民约》,审议通过爱国等 8 个中心村建设规划和村级道路养护经费的征集办法。

2000 年 6 月，镇人大主席团会议审议通过镇政府提出的村级区划调整方案，将境内 11 个行政村调整为 7 个行政村。2002 年 5 月，镇人大主席团会议，审议通过镇工业集中区设置的决定。

2008 年 8 月，镇十八届人民代表大会第一次会议，审议通过镇今后 3~5 年发展规划，镇在农业产业结构调整上，实施"三四五工程"。

2010 年始，组织开展代表联系选民活动，分期分批组织辖区内区人大代表和镇人大代表与选民见面，向选民述职，接受选民监督，并确定每年 11 月 8 日为代表与选民见面日。同时建立人大代表之家，制定《人大主席团闭会期间的工作职责》《人大代表接待选民制度》和《代表议案和批评、建议、意见办理规程》等。

2015 年 12 月 15 日，镇人大主席团组织辖区内区人大代表、政协委员和全体镇人大代表，开展视察活动，视察镇工业、农业、重点项目建设，村镇建设和社会事业等工作。

2011~2016 年，共征集代表批评、建议、意见 71 件，其中工业方面 9 件，农业方面 17 件，村镇建设方面 19 件，社会事业方面 26 件。人大主席团抓督办，做到件件有答复，代表满意率 96%。

1990~2016 年杨寿镇（乡）人大主席（副主席）任职情况一览表

表 16-1-2

姓 名	性 别	职 务	任职年限
范广玉	男	乡人大主席	1990 年 3 月 ~1995 年 5 月
范广玉	男	镇人大主席	1995 年 5 月 ~1997 年 3 月
张福堂	男	镇人大主席	1997 年 3 月 ~1998 年 3 月
陈庭康	男	镇人大主席	1998 年 3 月 ~2000 年 3 月
方秀祥	男	镇人大副主席	1998 年 3 月 ~2003 年 10 月
徐寿华	男	镇人大主席	2000 年 2 月 ~2002 年 1 月
周富成	男	镇人大主席	2002 年 1 月 ~2003 年 10 月
黄金发	男	镇人大主席	2008 年 8 月 ~2010 年 12 月
袁国昌	男	镇人大副主席	2008 年 8 月 ~2016 年 4 月
常开勤	男	镇人大副主席	2008 年 8 月 ~2012 年 1 月
徐德林	男	镇人大主席	2011 年 3 月 ~2011 年 8 月
贺宝兰	男	镇人大主席	2012 年 2 月 ~2016 年 4 月
俞 祥	男	镇人大主席	2016 年 4 月 ~

第二节　政府机构

一、中华人民共和国成立前的行政机构

民国元年（1912）至十六年（1927），国民政府行政体制沿用清制。

民国十八年（1929），境内杨寿乡、墩刘乡、方集乡分别设立乡公所，设正、副乡长职位，乡下设闾、邻，5户为邻，5邻为闾，归国民党江都县第八区管辖。民国二十三年（1934），乡境废闾邻制改保甲制。一般10户为甲，10甲为保。

民国三十一年（1942）春，人民民主政权建立湖西办事处，在境内现杨寿镇东北部（爱国村、东兴村）和仪征市大仪镇的朱桥、大姚庄，公道镇的谷营村等地域建立俞坝乡，设乡公所，吴学义为乡长。是年，国民党委任朱云龙为杨寿乡乡长，方集乡、墩刘（墩留）乡长不详。民国三十三年（1944）初，人民民主政权在境内设杨寿乡、墩刘乡、方集乡。6月，墩刘乡与方集乡合并取名为方杨乡。中共甘泉县民主政权任命陈步云为杨寿乡乡长、韦开宽为方杨乡乡长。民国三十四年（1945）8月，抗日战争胜利，日本投降，伪政权消亡，国民党江都县政府统治扬州，委任张宝信为杨寿乡乡长，夏云荣为方杨乡乡长。次年9月，国民党大举进攻解放区，境内民主政权机关北撤。民国三十六年（1947）初，中共淮南军政领导率部南下，建立东南县（后改为仪扬县），人民民主政权逐步恢复。是年5月，在境内方杨乡的西部（墩留村、宝女村、新龙村的赵庄组、工农组、红旗组、杨庄组、民主组）建立墩刘（墩留）乡民主政权，戈枕任乡长。次年11月24日（农历十月二十四）戈枕被扬州国民党保安旅抓至苏州后杀害，张广松接任墩刘（墩留）乡乡长。民国三十七年（1948）11月25日，境内解放。次年2月，废除国民党政权，恢复建立人民民主政权，并将保甲制改为村组制。

二、中华人民共和国成立后的行政机构

中华人民共和国成立初，境内设立3个乡，即杨寿乡、方集乡、墩刘乡。乡成立人民政府，名称为乡公所。乡设正、副乡长职位，由扬州市政府任命，吴信元任杨寿乡乡长，张广松任墩刘乡乡长，陈长信任方集乡乡长。村设村主任，乡政府均不内设机构，只明确几名专职干部负责民政、公安、财粮、调解等工作。

1954年底，3个乡分别召开第一届人民代表大会第一次会议，选举产生乡人民政府，王义高为杨寿乡乡长，殷长禄为墩刘乡乡长，曾光祖为方集乡乡长。乡政府内下设民政、财粮等工作委员会，每一个工作委员会1~2人，多为兼职。1956年10月，杨寿乡召开第二届人民代表大会第一次会议，选举产生杨寿乡人民委员会，王义高为乡长，梁怀德、殷长禄为副乡长。内设秘书、民政、财粮、文教、生产、治安和人民武装等部门。

1958年9月5日，邗江县建置撤销，境内改属扬州市。是月下旬，杨寿乡政府撤销，成立杨寿人民公社（简称"公社"）管委会，设正、副社长，韩立标为社长，王义高为副社长。下设爱国、永和、墩留、方集4个农业生产管理区（时称工区）。公社管委会机关设经济部、内务部、农业部、办公室。12月，根据中共中央《关于人民公社若干问题的决议》，人民公社管理机构分为公社管理委员会、农业生产管理区、生产大队三级，生产队为劳动组织单位。1959年1月，公社机关内改部为科。4月，管理区体制撤销，设立生产大队，6月，设立杨寿集镇居民委员会。公社管委会内设立农业委员、水利委员、财政委员、武装委员、服务委员、福利委员、工业交通委员、文教卫生委员、畜牧委员、供销部和信用部。

1966年下半年，境内"文化大革命"开始，政府机关一度瘫痪。1968年初，成立杨寿公社生产指挥部，负责境内工作，指挥部下设政治宣传文教卫生口（吴文坚、朱崇伟、王志良、陈剑、吴云

南、陈有林负责）、农业生产水利口（王义高负责）、多种经营口（蔡志兴负责）、财政口（曹松海、杭在香、邱在金负责）、政法口（方华盛、刘义元、盛春来负责）。

1969年12月，经邗江县革命委员会批准，成立杨寿人民公社革命委员会（简称"公社革委会"），公社革委会设正、副主任，张成礼为主任、王义高、方华盛、吴文坚为副主任。1972年，公社机关将原设部门进行调整，设立政府办公室、民政科、财务科、生产科、计划生育科和工业办公室、农业办公室、上山下乡办公室及农业技术推广站、文化站、沼气站、公安特派员。科设科长、站设站长、办公室设主任。

1981年初，杨寿公社革委会撤销，恢复为杨寿公社管委会。管委会设正、副社长。1983年5月，撤社设乡。杨寿公社管委会改称为杨寿乡人民政府，并设立杨寿乡经济联合委员会，乡政府设正、副乡长，胡增源任乡长，刘恒坤任副乡长。政府机关部门设民政科、生产科（后改为农业服务公司）、财务科、文卫科、司法科、治安科（后改设为派出所）、村镇建设科、计划生育科、副业办公室（后改为多种经营服务公司）、工业办公室（后改为工业公司）、综合治理办公室、经营管理办公室、沼气办公室、政府办公室、土地管理所、审计所、统计站、科学技术普及办公室、人民武装部等。生产大队改设为村，村以下设村民小组。1988年6月，政府部门机构改科长为助理。1995年5月，杨寿乡撤乡设镇，镇政府设正、副镇长，张福堂任镇长，方秀祥、黄兆林、陈山礼、吴玉平任副镇长。政府部门机构设置不变。2003年10月，杨寿镇与甘泉镇合并，成立新甘泉镇。

2008年6月，区划调整，在原杨寿镇区域内恢复杨寿镇建置，建立杨寿镇人民政府，8月，经镇人民代表大会选举贺宝兰为镇长，朱德昌、俞祥、胡燕萍为副镇长，政府内设民政科、司法科、教文卫体科、村镇建设科、计划生育科、民族宗教事务科、科学技术科、政府办公室、文书档案室、监察室、社会治安综合治理办公室、信访办公室、610办公室、劳动与社会保障所、财政所、企业管理站、农业技术服务站、水利农机服务站。科设助理（科长），室设主任，所设所长，站设站长。辖7个村，1个居民社区。至2016年底，机构设置未有改变。

1949年10月~1956年10月杨寿乡、墩刘乡、方集乡乡长名录

表16-2-1

机构名称	职务	姓名
杨寿乡	乡长	吴信元、徐文明、王义高、俞顺泉
墩刘乡	乡长	张广松、房锦林、林绍轩、邵永庆（代）、殷长禄
方集乡	乡长	陈长信、陈开良、方连蓬、姚国和、孟德成、李传干、曾光祖、殷长禄

注：按任职时间先后排列。

1956年10月~1958年10月杨寿行政负责人任职情况一览表

表16-2-2

姓名	性别	职务	任职时间
王义高	男	乡政府乡长	1956年10月~1957年9月
梁怀德	男	乡政府副乡长	1956年10月~1957年9月
殷长禄	男	乡政府副乡长	1956年10月~1957年9月

续表 16-2-2

姓　名	性　别	职　务	任职时间
邱邦英	男	乡政府乡长	1957 年 9 月 ~1958 年 10 月
王义高	男	乡政府副乡长	1957 年 9 月 ~1958 年 10 月
韩立标	男	公社管委会社长	1958 年 10 月 ~1961 年 5 月
王义高	男	公社管委会副社长	1958 年 10 月 ~1966 年 12 月
朱崇伟	男	公社管委会副社长	1959 年 11 月 ~1961 年 5 月
朱崇伟	男	公社管委会社长	1961 年 5 月 ~1966 年 12 月
王德禄	男	公社管委会副社长	1961 年 5 月 ~1966 年 4 月
杭在香	男	公社管委会副社长	1964 年 5 月 ~1966 年 12 月
刘静芳	女	公社管委会副社长	1966 年 5 月 ~1966 年 12 月
张成礼	男	公社革委会主任	1969 年 12 月 ~1971 年 2 月
朱崇伟	男	公社革委会副主任	1969 年 12 月 ~1978 年 6 月
玉义高	男	公社革委会副主任	1969 年 12 月 ~1971 年 2 月
方华圣	男	公社革委会副主任	1969 年 12 月 ~1981 年 3 月
吴文坚	男	公社革委会副主任	1969 年 12 月 ~1976 年 10 月
王义高	男	公社革委会主任	1971 年 2 月 ~1978 年 10 月
陈有才	男	公社革委会副主任	1971 年 12 月 ~1978 年 2 月
夏圣宽	男	公社革委会副主任	1973 年 5 月 ~1978 年 10 月
沈德奎	男	公社革委会副主任	1973 年 5 月 ~1978 年 12 月
夏圣宽	男	公社革委会主任	1978 年 10 月 ~1981 年 3 月
蔡志兴	男	公社革委会副主任	1979 年 1 月 ~1981 年 3 月
陈　斌	女	公社革委会主任	1979 年 1 月 ~1981 年 3 月
周长源	男	公社管委会主任	1981 年 3 月 ~1983 年 5 月
吴文坚	男	公社管委会副主任	1981 年 3 月 ~1983 年 5 月
王新喜	男	公社管委会副主任	1981 年 3 月 ~1983 年 5 月
刘恒坤	男	公社管委会副主任	1981 年 3 月 ~1983 年 7 月
胡增源	男	乡政府乡长	1983 年 5 月 ~1984 年 6 月
刘恒坤	男	乡政府副乡长	1983 年 5 月 ~1983 年 7 月
周长源	男	乡政府乡长	1983 年 7 月 ~1986 年 6 月
汤贵金	男	乡政府副乡长	1983 年 8 月 ~1986 年 10 月
刘在銮	男	乡政府副乡长	1985 年 6 月 ~1987 年 1 月
李万清	男	乡政府乡长	1985 年 6 月 ~1990 年 3 月
范广玉	男	乡政府副乡长	1987 年 2 月 ~1990 年 3 月
吴庭湘	男	乡政府副乡长	1987 年 2 月 ~1992 年 3 月
朱维新	男	乡政府副乡长	1988 年 3 月 ~1993 年 11 月
俞爱和	男	乡政府乡长	1990 年 3 月 ~1993 年 2 月

续表 16-2-2

姓　名	性　别	职　务	任职时间
陈庭康	男	乡政府副乡长	1990 年 3 月 ~1998 年 3 月
张福堂	男	乡政府副乡长	1992 年 3 月 ~1994 年 12 月
李华康	男	乡政府乡长	1993 年 2 月 ~1994 年 12 月
方秀祥	男	乡政府副乡长	1993 年 2 月 ~1995 年 5 月
黄兆林	男	乡政府副乡长	1993 年 2 月 ~1995 年 5 月
张福堂	男	乡政府乡长	1994 年 12 月 ~1995 年 5 月
陈山礼	男	乡政府副乡长	1994 年 12 月 ~1995 年 5 月
吴玉平	男	乡政府副乡长	1994 年 12 月 ~1995 年 5 月
张福堂	男	镇政府镇长	1995 年 5 月 ~1998 年 3 月
方秀祥	男	镇政府副镇长	1995 年 5 月 ~1998 年 3 月
黄兆林	男	镇政府副镇长	1995 年 5 月 ~1998 年 3 月
陈山礼	男	镇政府副镇长	1995 年 5 月 ~1998 年 3 月
吴玉平	男	镇政府副镇长	1995 年 5 月 ~2000 年 3 月
徐寿华	男	镇政府镇长	1998 年 3 月 ~2000 年 3 月
施宏跃	男	镇政府副镇长	1998 年 3 月 ~2002 年 1 月
印祥贵	男	镇政府副镇长	1998 年 3 月 ~2002 年 1 月
孙　荣	男	镇政府镇长	2000 年 2 月 ~2003 年 10 月
常开勤	男	镇政府副镇长	2000 年 2 月 ~2003 年 10 月
陈德康	男	镇政府副镇长	2002 年 1 月 ~2003 年 10 月
朱德昌	男	镇政府副镇长	2002 年 1 月 ~2003 年 10 月
黄金发	男	镇政府副镇长	2002 年 1 月 ~2003 年 10 月
贺宝兰	女	镇政府镇长	2008 年 7 月 ~2012 年 3 月
朱德昌	男	镇政府副镇长	2008 年 7 月 ~2016 年 4 月
俞　祥	男	镇政府副镇长	2008 年 7 月 ~2010 年 7 月
胡燕萍	女	镇政府副镇长	2008 年 7 月 ~2015 年 3 月
房惠柏	男	镇政府副镇长	2009 年 1 月 ~2016 年 4 月
殷　亮	男	镇政府副镇长	2009 年 7 月 ~2016 年 4 月
周华青	男	镇政府副镇长	2010 年 7 月 ~2013 年 12 月
牛新峰	男	镇政府副镇长	2011 年 3 月 ~2013 年 10 月
赵　鼎	男	镇政府镇长	2012 年 3 月 ~
王正遂	男	镇政府副镇长	2013 年 10 月 ~
冯大江	男	镇政府副镇长	2015 年 3 月 ~
金学祥	男	镇政府副镇长	2016 年 4 月 ~
李治禹	男	镇政府副镇长	2016 年 4 月 ~

第三节　政协组织

　　中华人民共和国成立后,境内选举政协委员,参加各级中国人民政治协商会议,履行参政、议政职能。政协委员活动由党委统战工作部门负责上下联络。1991年3月18日,经县政协批准,建立杨寿乡政治协商联络组(简称"政协组"),负责境内与上级政协及委员的联络,团结和联络境内各阶层人士为建设家乡服务,反映乡情民意。政协组设正、副组长。吴正班为组长,冯桂香、李秋萍为副组长。1995年5月,改为杨寿镇政协组。2008年6月,恢复杨寿镇建置,

恢复杨寿镇建置挂牌仪式

杨寿镇政协组亦恢复,詹坤田为组长。2012年3月,建立中国人民政治协商会议扬州市邗江区委员会杨寿镇工作委员会,赵鼎为主任,吴正岗为副主任。至2016年,设置未变。

1991~2016年杨寿镇(乡)政协负责人任职情况一览表

表16-3-1

姓　名	性　别	职　务	任职年限
吴正班	男	政协组组长	1991年3月~1993年3月
冯桂香	女	政协组组长	1993年3月~1997年8月
张巧云	女	政协组组长	1997年8月~2003年10月
詹坤田	男	政协组组长	2008年7月~2010年10月
吴正班	男	政协组组长	2010年10月~2012年3月
赵　鼎	男	政协工委主任(兼)	2012年3月~
吴正岗	男	政协工委副主任	2012年3月~

杨寿镇(乡)区(县)政协委员名录

表16-3-2

届　别	区(县)政协委员
第一届	不详
第二届	不详
第三届	李秋萍(女)、万明华、王志忠、戚永存
第四届	万明华、王志忠、戚永存、何丽成(女)
第五届	李秋萍(女)、王志忠、何丽成(女)、汤国定
第六届	杨月桃、何丽成(女)、张巧云(女)
第七届	汪福和、陈正华、殷征宇、时登锁(女)

续表 16-3-2

届　别	区(县)政协委员
第八届	期间杨寿镇与甘泉镇合并,成立新甘泉镇
第九届	谈昕、方正华(女)、陈正华、殷征宇、金宏星、汪洋、李连辉
第十届	房惠柏、柏万军、吴文军、吴福兵、吴正祥、李万翠(女)、方玉(女)

第四节　其他机构

一、杨寿乡经济联合委员会

1983 年 5 月,撤社设乡,党政分开,政企分设。按照县编委会要求,建立杨寿乡经济联合委员会(简称"乡经联委"),领导和负责全乡经济工作。乡经联委设正、副主任,周长源为主任,刘在銮、李万清、刘光毅、范广玉为副主任。乡经联委下设农业服务公司、多种经营服务公司、工业联合公司和经营管理办公室。公司设正、副经理,办公室设正、副主任。刘在銮兼农业服务公司经理,李万清兼多种经营服务公司经理,范广玉兼工业联合公司经理,刘广毅兼经营管理办公室主任。11 个村相继建立村级经济联合社,负责所在村的经济工作,村经济联合社设正、副社长,所在村村主任兼社长。1984 年 8 月,增设乡建筑安装工程公司,方福生为经理。

1990 年 3 月,不再设立乡经联委,下设的四大公司和经营管理办公室,列入乡政府部门序列。

杨寿乡经济联合委员会负责人任职情况一览表

表 16-4-1

姓　名	性　别	职　务	任职时间
周长源	男	主任	1983 年 6 月~1984 年 7 月
李万清	男	副主任	1983 年 6 月~1984 年 7 月
刘在銮	男	副主任	1983 年 6 月~1985 年 6 月
刘光毅	男	副主任	1983 年 6 月~1988 年 5 月
范广玉	男	副主任	1983 年 6 月~1989 年 12 月
李万清	男	主任	1984 年 7 月~1990 年 3 月
陈庭康	男	副主任	1989 年 6 月~1990 年 3 月

二、杨寿镇(乡)农工商总公司

1993 年 9 月,杨寿乡农工商总公司建立,乡长李华康兼任总经理。负责全乡经济工作,制定经济发展规划,组织招商引资,指导经济运行,协调经济领域内的关系。下设乡农业公司、乡工业公司、多种经营公司、乡建筑安装工程公司、乡经营管理办公室和 11 个行政村(东兴、爱国、袁岗、永和、蒋塘、墩留、李岗、杨寿、新民、方集、建龙)农工商公司。行政村农工商公司经理由所在村党支部负责人兼任。1995 年 5 月,撤乡设镇,乡农工商总公司改设为镇农工商总公司。1998 年,企业改制,撤销镇建筑安装工程公司。2000年7月,行政村区划调整,11个行政村调整为7个村,村农工商公司相应调整为7个农工商公司。2003年10月,与甘泉镇合并。2008年6月,恢复杨寿镇建置,镇农工商总公司、村农工商公司亦恢复,贺宝兰兼镇农工商总公司总经理,村党的负责人兼任所在村农工商公司经理。至2016年,设置未有变化。

1993~2016年杨寿镇(乡)农工商总公司总经理名录

表 16-4-2

机构名称	姓　名	职　务	籍　贯	任职时间
乡农工商公司	李华康	总经理	邗江	1993年9月~1994年12月
乡、镇农工商公司	张福堂	总经理	邗江	1994年12月~1998年3月
镇农工商公司	徐寿华	总经理	邗江	1998年3月~2000年3月
镇农工商公司	孙　荣	总经理	邗江	2000年3月~2003年10月
镇农工商公司	贺宝兰	总经理	邗江	2008年6月~2012年3月
镇农工商公司	赵　鼎	总经理	徐州	2012年3月~

第五节　政事纪要

一、土地改革

1950年5月,黄珏区党委农村工作委员会派工作队入乡境开展土地改革试点。次月,苏北农委农村土地改革工作团进驻境内。杨寿、方集、墩刘三乡分别成立土地改革工作委员会,依靠农民协会的内在动力,按照《中华人民共和国土地改革法》的精神开展土改工作,划分阶级成分,没收地主土地和征收富农土地等。三个乡共2771户(不含外籍地主48户),地主73户(其中外籍地主48户),占2.63%,富农(含半地主)160户,占5.77%,中农(含上中农)1090户,占39.3%,贫农(含下中农、雇农)1448户,占52.3%。没收和征收土地共计493.6公顷,房屋579间,水车4部,粮食3.25吨,耕牛6条、抽动耕牛4条和部分农具。将其分给无地或少地贫雇农耕种、使用和居住。整个土改中,有1223户受益,分得土地493.6公顷,房屋439间,耕牛10条,大农具20件,小农具401件,粮食3.25吨。年底土改结束。次年春,进行土改复查。秋,召开群众大会,向农民发放江都县人民政府颁发的《土地、房产所有证》。

二、整风　整社

1960年初,根据中共中央《关于农村人民公社当前政策问题的紧急指示信》(简称"十二条")文件精神,在全社范围内开展整风、整社运动。运动的主要内容是整顿"五风",即共产风、浮夸风、命令风、干部瞎指挥风和特殊化风。重点是"一平二调"(平均主义的供给制、食堂制;对生产队的劳力、财物无偿调拨)的共产风。公社、大队、生产队三级干部均参加这个运动。运动中共收集来自全社各方面的意见4650条,其中对公社的意见1201条,对大队的意见1941条,对生产队的意见1508条。意见中属于"一平二调"共产风的1141条,占意见总数的24.5%,属于浮夸风的465条,占意见总数的10%,属于命令风的576条,占意见总数的12.4%,属于瞎指挥风的728条,占意见总数的16.8%,属于特殊化风的1740条,占意见总数的39.4%。

针对上述问题,公社、大队、生产队三级有针对性地进行整改,彻底纠正了"一平二调"的共产风,将平调的实物折价,计23.10万元,其中公社平调的实物折价为12.43万元,大队、生产队平调的实物折价为7.63万元,平调社员的实物折价为3.04万元,这些平调的实物、款项如数退还。能归还实物的归还实物,实物无法退还的折价退还给现金。通过整风整社,公社、大队、生产队三级干部与全社社员做到"四同",即同吃、同住、同劳动、同商量。

三、肃反运动

1961年3月,中共杨寿人民公社委员会按照上级的要求,成立杨寿公社肃反领导小组,公社党委副书记肖仪林为组长,公社副社长王德禄具体负责肃反工作,并从供销社、邮电局、卫生院等单位抽调了6名专职干部组成领导小组。经过反复排查,全社肃反(清理)对象有803人,其中公社干部6人,大队干部156人,生产队干部447人,社直单位干部194人。后经调查走访,确定26人为肃反清理对象。被列为重点对象的1人(社直砖瓦厂的),一般调查对象的10人(其中社直单位的1人),需要见底的15人(其中社直单位的4人)。公社派出3名专职干部到西安、芜湖、上海、镇江等地调查核实。公社党委先后召开四次党委常委会议,第一书记张成礼亲自主持,听取肃反领导小组汇报,并逐人过堂核实,最后做出决定:芦某某为坏分子,撤销其社直砖瓦厂厂委的职务,留厂监督劳动;一般政治问题的5人,给予批评教育;无问题的20人。1962年4月肃反工作结束。

四、社会主义教育运动

社会主义教育运动,简称"四清"运动,即"清政治、清经济、清思想、清组织"。公社"四清"运动从1963年3月开始,1966年4月底结束,"四清"运动共三年时间分两期进行。

第一期"四清"运动,称"面上社教运动"。1963年3月至1964年3月,以公社党委自行组织开展。

1963年3月,中共杨寿公社委员会遵照上级组织的指示精神,为进一步巩固集体经济,发展农业生产,贯彻落实党的八届十中全会精神,在全社范围内开展"四清"运动。首先是培训骨干。公社训练165名宣传骨干,到大队、生产队、社直单位,组织广大干部、群众学习、宣传。主要内容为三个文件,即《中国共产党第八届中央委员会第十次全体会议公报》《中共中央关于在农村进行社会主义教育的指示》《农村人民公社工作条例(草案)》(简称"农业六十条")。其次是制定学习、宣传工作计划。计划要求从安排好当前生产入手开展学习、宣传,公社党委常委学习5天,委员8天,支部书记、部门党员干部学习5天,大队党支部委员学习3天,全体党员、社员代表学习4天,社员45天。同时,公社党委抽调4名机关干部组成工作队,由副书记袁道加负责。到墩留大队搞学习、宣传试点。在墩留大队培养贫下中农代表学习、宣传骨干 861 人，公社党委用 20 天时间组织干群学习公报和决定，用 25 天时间学习《农业六十条》。再次是对照标准，开展检查。经过对照检查，公社党委 9 人，其中基本没有错误的 7 人，错误一般的 1 人给予批评教育，错误严重的 1 人给予撤销党内外职务，开除党籍，并移送至司法机关处理。机关科长、助理级干部 8 人，其中基本没有错误的 6 人，错误一般的 1 人给予批评教育，错误严重的 1 人被撤销职务。公社机关内一般干部 1 人，基本没有错误。大队干部 20 人，其中 5 人胜任工作，建议提拔使用，基本胜任的 14 人，不胜任的 1 人给予撤职处理。

彻底清理大队、生产队财务账目。以生产队为单位建立整账、查账小组，全公社组织 450 名贫下中农代表参加查账。经查账核实，全公社大队干部中有经济不清问题的干部 12 人，生产队干部中有经济不清问题的干部 39 人，前任干部有经济不清问题的 6 人。经济不清问题定案，现金总计 8456.23 元，其中贪污 4518.08 元，挪用 2543.77 元，多吃多占 1394.38 元，退赔 4697.8 元；粮食总计 1.03 吨，其中贪污 0.44 吨，多吃多占 0.59 吨，退赔 0.34 吨。

第一期社教运动于 1964 年 3 月底结束。

第二期"四清"运动，称"系统社教运动"，也称面上社教。1964 年上半年始至 1966 年 4 月底止，这期运动是由省委派驻工作组领导并开展的。

1964 年上半年，首先由省委从南京市江浦县抽调人员，组成工作队来境内工作，在新民大队搞试点，新民大队十一个生产队，队队都派驻工作队，进一步开展"四清"运动，建立健全组织和建立完善管理制度。

1965 年 9 月，公社机关和其他 9 个大队（东兴、爱国、袁岗、永和、蒋塘、墩留、宝女、方集、建龙）的社教工作全面开始。省委从本市泰县抽调了 297 名工作队员，组建杨寿公社社教工作分团，并建立杨寿社教工作分团党委，周良任分团党委书记兼团长，许仁波任分团党委副书记兼副团长，陈云昇任副团长，丁金国任分团党委委员兼教导员，陈云昇、吕斯金、刘化龙、刘振奎为党委委员。同时对机关和 9 个大队派驻工作队，增设了机关和 9 个大队工作队党组织，丁德本任机关工作队党委书记兼队长，褚跃任东兴大队工作队党委书记兼队长，孙书伦任爱国大队工作队党委书记兼队长，李省杭任袁岗大队工作队党委书记兼队长，姚竞成任永和大队工作队党委书记兼队长，张宏根任蒋塘大队工作队党委书记兼队长，王元喜任墩留大队工作队党委书记兼队长，孔令元任宝女大队工作队党委书记兼队长，王志远任方集大队工作队党委书记兼队长，杨永生任建龙大队工作队党委书记兼队长。

面上社教运动主要分为两个阶段进行。

第一个阶段（1965 年 9 月至 1966 年 1 月）是清经济、清政治。首先是以清经济为主要内容，清理干部经济"四不清"，着重解决人民内部矛盾。全社 599 名社队干部中有经济"四不清"问题的 542 人，其中有千元以上经济不清的 7 人，千斤以上粮食不清的 22 人。经济"四不清"定案，总计金额 9.93 万元，其中挪用金额 3.17 万元、投机倒把金额 0.31 万元、多吃多占金额 1.62 万元、贪污盗窃金额 4.78 万元、其他金额 533 元，退赔金额 6.64 万元；粮食 101.69 吨，其中多吃多占 53.83 吨、贪污盗窃 46.98 吨、其他 877 千克，退赔 54.78 吨。其次是以清政治为主要内容，着重解决敌我矛盾。全公社共查出漏划、漏管专政对象 13 人，对已有的 300 名地富反坏分子进行评审，在评审中对 25 名有严重问题的组织社员开展斗争，对 23 名表现一贯较好的摘掉帽子，其余分别组织群众进行监管。

第二阶段(1966年2月至1966年4月下旬)是清思想、清组织。在前期边清边建的基础上,系统地进行思想、组织建设。首先是建立基层组织,全社社队干部进行重新选举,连选连任的494人,占82.6%,落选的84人,占14%,调降职务的20人,占3.4%,撤销职务的12人,占2%。成立社、大队两级贫下中农协会组织,全社5300个贫下中农成年人中,加入贫协组织的4346人,占82%。其次是重新登记党员,全社222名党员中,准予登记的196人,占88.3%;缓登的18人,占8.1%;不予登记的5人,占2.2%;开除出党的3人,占1.3%。建立建党对象406人,吸收新党员114人。新建"民主日"制度,建立健全以政治工作为中心的各项制度。

五、农业学大寨运动

1968年2月4日至10日,邗江县人武部生产指挥办公室组织召开全县农业学大寨工作会议。12日,公社召开会议,全面部署境内农业学大寨工作,参加会议的有各大队党支部书记、造反派负责人和公社机关干部。

公社建立农业学大寨办公室,负责全社农业学大寨工作,曹松海为主任,王义高、吴文坚、方华盛为副主任。各大队也相应建立农业学大寨革命领导小组,支部书记兼组长。

农业学大寨主要是学习大寨自力更生、艰苦奋斗,"千里百担一亩苗","战天斗地、治理穷山恶水"的精神。发扬集体主义、共产主义风格,举全社之力,治理境内最为突出的问题。

1968年12月16日(农历冬月初八),爱国大队组织全大队干群率先在顾庄、义和两个生产队挖河筑渠,结合平整土地,建造顾庄电灌站。突击12天,筑起一条82米长的电灌渠(在海拔8.1米的基础上增高至海拔16米),开挖了一条700多米的引水河(在海拔7.5米的高度下挖4米),搬迁土坟200多个,平整土地200多亩。用劳力2.84万多个,挑土方8.5万立方米。次年秋,除了在义和生产队完善上年度工程外,又在五九、小爱国两个生产队开展低产田改造,搬迁土坟500多座,填平大小废塘11个,投入劳动力1.75万个,挑土方3.5万多立方米,改造低产田500多亩。爱国大队连续两年兴修水利,开展农田改造,为农业学大寨工作作出示范。1969年,被县、地区、省命名为农业学大寨红旗单位、样板大队。同年,爱国大队党支部书记吴德云以邗江县"农业大寨"工作先进个人代表身份赴北京参加建国20周年庆典。

1970年始,公社组织全社劳动力改造杨寿涧、王冲涧。杨寿涧拓宽、疏浚河道5080米,挑土方30.6万多立方米,投入劳动力15.12万个;新开河道6650米(含支流),挑土方73万多立方米,投入劳动力32.5万个。王冲涧新开河道1570米,挑土方50.3万多立方米,投入劳动力21.6万个。同时,各大队低产田改造也都陆续开始。

至1979年底,全公社共投入劳动力84.8万个,挑土方184.1万立方米,受益面积100%。粮食产量由1969年的1584.0万斤增至2305.4万斤,增产721.4万斤。

六、"十星级"文明户创建活动

为了全面提升乡民素质,弘扬新文化,培育新农民,1988年,乡政府在全乡各户开展创建"十星级"文明户活动。按照创建要求分成 10 个星级,每年开展一次评星活动。1999 年,全乡 5326 户农户大门前挂上了"星"级牌,12443 人参加了评"星"活动。此创建活动持续了 6 年左右,后充实到"五好家庭"的创建内容。

"十星级"文明户标准为:

（一）富星:坚持勤劳致富,不违法经营,家庭人均收入超过全村平均水平的 20%。

（二）育星:坚持计划生育和领证结婚,不早婚、换亲、超生。

（三）法星:坚持遵纪守法,不搞赌博、偷窃等活动。

（四）新星:坚持移风易俗,不搞迷信活动。

（五）节星:坚持勤俭节约,不大操大办、铺张浪费。

（六）公星:坚持维护国家和集体利益,不拖延和逃避纳税、缴粮、应征兵役。

（七）律星:坚持节约土地。不抛荒、违章建房和乱垒水泥坟。

（八）睦星:坚持邻里团结,不逞强欺弱,吵架斗殴。

（九）爱星:坚持家庭和睦、整洁,科学育儿,不虐待老人,不使学龄子女中途退学。

（十）德星:坚持社会公德,爱护集体财物,不在公共场所撒野闹事。

七、工业集中区设置

2002 年 5 月 8 日,镇工业集中区在宝女村王庄组举行奠基仪式,参加仪式的有镇党委、政府、人大领导,机关工业口的全体人员,各村党政负责人,镇重点企业负责人。副区长徐长华、区经贸局负责人参加培土奠基。

镇工业集中区规划建设面积为 1 平方千米。截至 2016 年,规划面积已全部用完,进园企业 54 家,年销售 53.24 亿元,利税 3.99 亿元。

八、实施"三四五"工程

2008 年 7 月恢复杨寿镇建置后,镇党委、政府制定了杨寿镇 3~5 年发展规划,将各项事业发展的重点放在"三、四、五"工程建设上,即建立 3 个农业特色园:5000 亩水产养殖园,5000 亩花卉苗木园,5000 亩经济林木园。完成投入 4 个 1000 万元建设项目:镇工业集中区基础建设投入 1000 万元,农村环境和生态建设投入 1000 万元,集镇环境整治和建设投入 1000 万元,兴建行政中心投入 1000 万元。打造"五项民生工程":敬老工程,病补工程,安居工程,救助工程,就业工程。

至 2016 年底,东兴、新龙水产养殖园,永和、爱国经济林木园,方集、新龙、墩留花卉苗木园均已建成。镇工业集中区基础建设,农村环境和生态建设,集镇环境整治和建设,新行政中心建设等四项投入超额完成。五项"民生工程"均已全面实施。

第十七章　民政　公安　司法

中华人民共和国成立初期,境内民政、公安、司法机构相继成立,民政部门开展救灾救济、优抚安置、婚姻登记,建立基层行政组织,公安、司法部门开展镇压反革命、取缔反动道会门、禁赌禁毒等斗争,依靠群众监督改造地主、富农、反革命分子、坏分子,巩固新生的人民政权。60年代,建立人民陪审员制度和人民调解组织。1983年起,开展严厉打击严重经济和刑事犯罪活动,实行社会治安综合治理。1986年起,施行每五年为一个周期的全民普法教育。2009年起,实施"五大民生工程",帮扶弱势群体,杨寿镇先后获"扬州市无毒社区""扬州市无邪教乡镇""扬州市社会治安安全乡镇"和"江苏省综合治理先进乡镇"称号。

第一节　民　政

一、机构

中华人民共和国成立前,境内未设专职民政机构和专职人员,赈灾事务由县级行政机构掌管。中华人民共和国成立后,民政工作由黄珏区民政助理负责。1956年,杨寿乡始设民政助理员,负责优抚安置、社会救济、社会福利和婚姻登记等工作。70年代,成立民政科,人员编制1~2人,主要负责基层自治组织建设和开展优抚安置、救灾救济、"五保户"供养、婚姻登记、殡葬管理和军民共建等工作。此后,民政工作不断发展完善。

民政科历任负责人:张鸿生、金汉中、鲁毕华、朱有禄、方林、万明林、苏恩悦。

二、基层自治组织建设

1983年5月,农村进行基层管理体制改革,生产大队改称村,生产队改称村民小组,实行村组制。村委会由5~7人组成,主任、副主任及委员由本村村民选举产生,每届任期3年。次年3月,境内选举产生11个村民委员会。

1988年10月,贯彻《中华人民共和国村民委员会组织法》,村委会实行自我选举、自我管理、自我教育、自我服务,在乡党委和村党支部领导下开展工作,乡政府对村委会予以具体指导。村委会组成人员由村民代表10人以上提名及协商确定候选人名单,再由全体村民投票选举产生。次年初,东兴村、爱国村、元岗村、永和村、蒋塘村、墩留村、李岗村、杨寿村、新民村、建龙村、方集村等11个村委会和集镇居委会举行第二届村(居)委会换届选举。1993、1996、1998年,分别举行第三届、四届、五届村委会换届选举。

1996年起,各村建立村民代表大会制度、村民"一事一议"制度、村务公开和财务管理制度,制定村规民约,实行依法治村。每10~15户民主推选1名村民代表,与村委会同届,任期3年,参与本村经济和社会事业的规划、财务收支、农民负担等讨论、审议和审核,对涉及村民利益的重要工作和重大事项行使表决权,每年召开两次以上村民代表大会。村民委员会定期向村民公布村务、财务及其他重大事务,接受村民监督。设立村民意见箱,征询村民对村委会工作的意见和要求,由党支部(或党总支)负责处理村民的意见、建议和要求,督促村委会改进工作。

2016年12月,全镇开展第十一届村委会和第六届社区居民委员会换届选举。依照国务院《村(居)委会组织法》,成立由人大代表、党员、村(居)民代表7~9人组成的选举委员会,主持换届选举工作。村(居)民参选率97.66%,依法选举产生村(居)委会成员39人,其中,村(居)委会主任8人,副主任14人,委员17人。至2016年底,境内设有村民委员会7个、社区居民委员会1个。

三、优抚安置

优抚　中华人民共和国成立初,实行烈军属群众优待办法,无偿为其家庭代耕土地。1956年,农业合作社成立后,代耕代工制度取消,实行烈军属、荣复军人、现役军人"优待劳动日"制度,优待标准以当地村民平均收入水平为基数,不足部分以"优待劳动日"补足,纳入收益分配。1984年起,农村入伍的义务兵家属享受现金优待,以乡统筹,均衡负担。优待标准为:一年兵200元/年,二年兵230元/年,三年兵260元/年。1985年1月起,革命烈士家属和因公牺牲、病故军人家属(简称"三属")从定期定量补助改为定期抚恤,并发给"烈士定期抚恤金领取证",标准为每人每月20~35元,逐年提高。1997年,城镇户口"三属"每年抚恤金分别增至2850元、2650元和2400元;农村户口"三属"每年抚恤金分别为1750元、1660元和1500元。2003年起,"三属"抚恤按扬州市制定的标准实行自然增长。2016年,农村义务兵优待金提高至16407元/年,一次性补偿金(安置金)47500元,老复员军人定补为20284元/年,带病回乡退伍军人8790元/年,在乡残疾军人(6级)定抚为23130元/年,"两参(参战参试)"、涉核人员9468元/年,烈属30425元/年,老烈子(18周岁之前未享受过定期抚恤金且年满60周岁的烈士子女)5400元/年,老复员军人遗属7560元/年,60周岁以上退伍老兵按参军服役年限给予一定生活补贴。

2016年,全镇有老复员军人7人、烈属2人、带病回乡5人、参战涉核14人、残疾军人2人、烈士遗腹子1人、老复员军人遗属25人,农村籍退役士兵发放老年生活补助金的人数101人,按时按规定给他们发放抚恤金、优待金、安置金、农村籍退伍士兵老年生活补助金、现役军人立功受奖奖金。

拥军优属　民国三十四年(1945)1月28日,新四军甘泉支队四连班长糜家珍,战士李维朝、严如祥、糜万山、陆德昌、杨永昌、金在禄,司务长吴长才被日寇俘虏,在从公道乡押解到大仪日寇驻地的途中,经过杨寿乡高院墙(今永和村高院组)西大塘时,不甘受辱的八位英雄集体跳入塘中,被日寇射杀,壮烈牺牲。为纪念牺牲的八位英烈,1987年初,杨寿乡政府在塘边修建了杨寿烈士陵园,永久纪念为国捐躯的英雄。1995年3月,杨寿烈士陵园被邗江县政府命名为全县中小学生德育教育基地。2000年,镇创建成区级"双拥模范镇"。2008年始,在"八一"建军节期间,开展"八个一"活动,即走访慰问一次全镇优抚对象、在镇卫生院对重点优抚对象组织一次免费体检、集中组织一次国防教育活动、多形式营造一个浓烈的庆祝氛围、组织纪念双拥活动书法比赛、利用镇新杨广场宣传栏出一期"八一"专栏、组织部分退役士兵举行一次联谊会、为现役军人家庭发一封慰问信。每年逢重大节日都组织上门慰问重点优抚对象和现役军人活动,赠送慰问金和"光荣人家"招贴匾额;为家庭困难和生病的优抚对象提供生活帮助和经济救助,对需要涉军维权的做好上下沟通,提请相关部门出面到部队帮助维权。2014年,杨寿烈士陵园改建,碑文上增加了境内参加抗日战争、解放战争和社会主义建设而光荣牺牲的张友宝、徐万云、王正明、江益之、赵金来、徐兴政、陈国江、吴文元八位烈士。

2008~2016年,民政科、人武部慰问现役军人家庭80余次,慰问重点优抚人员120余人次,发放慰问金15.5万元,现役军人立功奖励金7000元。

安置　1955年,开始实行义务兵役制,退伍安置原则是"从哪里来,回哪里去",即从集镇入伍,安排到集体、全民单位工作;从农村入伍,回农村给予物质帮助,扶助生产,走勤劳致富的道路。自80年代乡办工业兴起后,安置一部分退伍军人进乡办厂工作。1985年,开始实行征兵、优待、安置三位一体,即征兵与安置同时进行,应征人员入伍之日起,农村应征青年由政府将名额安排到乡办工厂,退伍后即可到厂上班,城镇应征青年由县(区)劳动局安排,军龄与工龄合并计算。

2001年起,退伍军人开始实行货币安置,即一次性发放就业安置金,退伍军人自行就业。至2016年,退伍军人就业安置金已提高至47500元,当年发放安置金47.5万元。

四、社会救助

灾害救济　1984年7月20日下午,特大暴雨袭击乡境,倒塌房屋330间,淹没农田700公顷。乡政府成立生产救灾办公室,组织救灾,发放救济款、救济粮。1987年5月25日,龙卷风突袭建龙村、新民村、方集村。灾情发生后,乡党委、政府负责人连夜赶往灾区,指挥救灾工作。组织供应物资,帮助修建住房,安排灾民生活。1991年,境内遭遇百年未遇的特大洪涝灾害,东北部地势较低的东兴村、建龙村、爱国村均出现不同程度的涝情。乡政府成立救灾领导小组,向受灾群众发放面包、肉鸡等食品,组织各种物资抢险救灾,发放补助建房资金,帮助受灾群众进行灾后重建。

2000年起,政府设立救灾专项基金,以应对突发自然灾害的救助。至2016年,境内未发生大的自然灾害。

社会救济　中华人民共和国成立后,县、乡政府每年拨专项经费到民政科给予困难家庭临时救助,福利企业免税部分按比例上缴民政科。2000年,成立邗江区杨寿镇社会救助中心,对辖区内的低保、"五保"、重残、优抚对象和低保边缘户遇重大疾病和生活困难的家庭和人员,按照补助标准给予一定经济救助,2016年,救助146人次,发放临时救助金8.6万元。

2010年4月,设立扬州市救助管理站杨寿救助点,对流浪到境内的外地精神病人,流浪儿童,孤寡老人由镇救助点给予救助,一般一次给予 200 元救助金,遇智障病人和精神病人与镇派出所联系,由派出所派车护送病人到扬州市救助管理站。

逐年提高最低生活保障金。居民最低生活保障金实行动态管理,定期上门核查,家庭收人达到最低生活标准的及时取消,家庭遇到特殊情况生活困难的及时增补。2016 年,最低生活保障金提高至每人 630 元 / 月,孤儿 1215 元 / 月,全镇发放最低生活保障金 117 人。对城镇居民 70 岁以上"三无"(无家可归,无业可就,无亲可投)人员发放最低生活保障金,每人 1500 元 / 月,全镇"三无"人员 5 人。

五、社会福利

福利企业 1985 年始,乡政府兴办福利工厂,有劳动能力进厂工作的残疾人,工资不低于本地最低工资标准;无劳动能力的残疾人在镇民政福利企业每月领取生活补助金。福利企业还为每个残疾人购买"四金",即养老金、医保金、失业保险金、工伤保险金等。

1992 年 8 月,乡成立残疾人联合会,乡党委副书记担任理事长,民政科负责残联日常工作,开展残疾人实用技术培训、安置就业、康复医疗、社会救助等项工作。2009 年,镇创建成邗江区残疾人康复示范镇。

2016 年,全镇共有持证残疾人 430 人,开展实用技术培训 131 人,安置到民政福利企业就业的残疾人 216 人,全额享受重度残疾人生活保障金 144 人,享受重残护理补贴 83 人。接受白内障免费手术 20 人。

2016 年杨寿镇民政福利企业基本情况一览表

表 17-1-1

企业名称	法定代表人	残疾人就业人数
扬州华联电气设备实业总公司	王文山	52
扬州爱华机械制造有限公司	吴乃明	25
扬州永泰无纺机械厂	王正田	43
扬州振新热镀锌厂	方正元	22
扬州华通橡塑有限公司	殷朝擎	50
扬州宏利汽配有限公司	吴长泉	20

慈善事业 2009 年 4 月,扬州市邗江区慈善协会杨寿镇慈善分会成立,慈善资金主要用于"五大民生工程"(病补工程、安居工程、敬老工程、助学工程、就业工程),各企业和机关、事业单位员工以自愿形式捐献善款,当年募集资金 67.5 万元。2010 年募集资金 69.31 万元,其中江苏华利地产集团有限公司捐款 15 万元。是年,该集团荣获扬州市十佳慈善企业称号。

邗江区慈善协会杨寿分会成立

2016年"5·19"慈善日,募集慈善资金62.2万元,用于实施"五大民生工程"。当年对22名患重大疾病人员实施大病医疗救助,发放大病救助金17.5万元;给12户危房户发放房屋改造补助,共35万元;对99岁(含)以上老人每人每年发放尊老金1万元,当年发放尊老金4万元;资助13名学生,发放助学金4.3万元;扶持6户低保家庭发展种养殖业,支持他们靠劳动脱贫致富。

至2016年底,镇慈善分会募集善款366.5万元,帮扶弱势群体,共享经济发展红利。

镇慈善协会向困难家庭发放慰问金

六、"五保"供养

1956年,乡高级农业生产合作社依照《高级农业生产合作社示范章程草案》规定,对生活没有依靠和缺乏劳动能力或完全丧失劳动能力的老、弱、孤、寡与残疾人员,实行"五保",即保吃、保穿、保住、保医、保葬(孤儿保教),其费用在生产队集体公益金中开支,每月还发些零用钱。1958年人民公社化后,"五保"由所在生产队供养,生产队给"五保"老人每年发口粮300千克,烧草750千克,每月发零用钱5元。1981年,实行生产承包责任制后,"五保"户的生活费用纳入各户承包合同,提留粮草钱,医药费、房修费由村负责,零用钱、食油、节日费(春节、端午节、中秋节)、衣被由乡民政科发放。

1988年,乡政府在李岗村李岗组(现宝女村村部南侧)新建杨寿敬老院,占地0.35公顷,房屋15间,集中供养"五保"老人16人。敬老院建成后"五保"供养分两种形式,即集中供养和农村分散供养。是年,全乡"五保"人数136人。其中,集中供养16人,每人每年1800元由敬老院管理使用;分散供养120人,每人每年发840元。

2008年8月,镇政府为改善集中供养"五保"老人的生活条件,将置换出的原杨寿中心小学中排楼房及后排平房进行改建,投入100万元完成第一、二期改造工程。2009年1月,将原敬老院整体搬迁到新址。2010年,镇敬老院占地0.45公顷,其中建筑面积1680平方米。建有标准化卧室24间,内有空调、彩电、桌椅、橱柜、卫生间等配套设施。设有老人健身房、活动室、棋牌室、阅览室、餐厅等。院内有竹林、草坪、假山、长寿亭,环境幽雅,宜居宜乐。敬老院先后集中供养"五保"老人共76人。

2016年,全镇有"五保"人数206人,每人679元/月。其中,镇敬老院集中供养"五保"老人19人,由敬老院统筹使用;农村分散供养"五保"老人187人,分散供养"五保"老人由民政科与其所在村签订"五保"供养协议,镇村协同管理服务。

七、社会事务管理

婚姻登记　中华人民共和国成立前,婚姻是以"父母之命、媒妁之言""门当户对"为主的包办婚姻,男女双方互换庚帖,按生辰八字算命,如有相克,不能配婚。对影响优生优育的近血缘

（堂、表、姨）却无非议,谓之"老亲加新亲,亲上加亲"。地主、豪绅、官吏重婚纳妾无所顾忌,贫苦人家无钱娶媳,民间盛行领娶童养媳、抢亲、换亲等封建恶习。

中华人民共和国成立后,依照《中华人民共和国婚姻法》,适龄青年向政府申请办理结婚登记,领取结婚证。法定结婚年龄为男 20 周岁,女 18 周岁。1980 年 9 月,修改后的《中华人民共和国婚姻法》和《婚姻登记办法》公布后,法定结婚年龄调整为男 22 周岁,女 20 周岁。结婚登记和离婚登记工作,按政策规定办理,对不符合规定的做好思想教育工作。1992 年 3 月,境内由乡政府办公室文书兼办的婚姻登记工作,归口到民政科办理。1993 年后,境内婚姻登记率 99% 以上。

2007 年底起,婚姻登记工作由区民政局设立的邗江区婚姻登记中心统一登记,结婚双方携带身份证、户口簿、结婚双方合影的两寸免冠彩照 4 张,当事人亲自到场办领结婚证,离婚、再婚的携带结婚证、离婚证,由区婚姻登记中心核实并确认后,发给离婚证、结婚证。

殡葬改革　中华人民共和国成立前,境内村民去世,皆以木棺土葬,盛行一整套的殓、殡、祭等迷信色彩的礼仪和习俗。富裕人家亲人故世入墓后,在墓周加做罗圹,栽上石楠、冬青、柏木,以示壮观,占用土地较多。贫困家庭因办丧事不堪重负,负债累累,有些家庭将死者草草入土,垒起坟堆即告了事。

中华人民共和国成立后,县、乡人民政府提倡文明简办丧事,开展移风易俗宣传教育。70 年代初,开始说服动员火化尸体,后强调推行火化。80 年代初,全面实行殡葬改革。随着社会文明进步,卫生意识增强,火化渐渐成为自觉行为。

1997 年,镇政府在墩留村划出土地 4 公顷,建设杨寿公墓,新亡人员必须安葬到公墓,党员干部带头迁祖坟到公墓。2003 年 3 月,杨寿镇人民政府印发《关于"四巩固四禁止"活动的专项考核意见》。2005 年 7 月,邗江区民政局批复同意杨寿在墩留村建设镇级公益性公墓。杨寿公墓坐北朝南,地势南低北高,绿树成荫,环境整洁,管理规范,得到人民群众的认可。至 2016 年底,已安葬 4500 穴,其中迁祖坟到公墓 1000 余穴,原墓地复耕。

八、地名管理

中华人民共和国成立后,境内行政区划变更及其命名、更名,由县政府直接管理,报批手续不严谨,地名变更随意性较大。"文化大革命"期间,许多历代相传并具有当地特点的地名被当作"四旧"废除。永和大队改名为东方红大队,墩留大队改名为胜利大队,建龙大队改名为立新大队等,生产队改名为团结、东风、花园、红旗等。1982 年,按照地名标准化、规范化要求,对照有关史料,逐一核对大队、生产队、自然村庄、河流、道路、桥梁等地名,恢复有地域特点的原有名称。此后,所有新建小区、道路、街道地名均需由镇申报,县（区）批复备案。

第二节　公　安

一、机构

民国三十四年（1945）9 月,江都县在瓜洲设警察所,槐子桥、扬子桥、杨家庙、霍家桥设警察分驻所,杨寿的治安由杨家庙驻所管理。境内土匪、恶霸横行乡里,村民生命、财产安全得不到保障。

解放战争时期及中华人民共和国成立初期,治安工作由黄珏区公所治安员管理。1956 年,境内属公道派出所管理。1959 年,属甘泉派出所管理。1963 年,公社配备公安特派员,历任特派员有张宏生、盛春来、周怀高、王新喜、方正禄。

1984 年,邗江县公安局杨寿派出所成立,首任所长为吴庭湘,民警王超、时登国、汪福良、施宏来,办公地址在乡政府大门南侧,三间平房。1990 年,组建治安巡逻队,进行夜间巡逻。1993 年,派出所搬迁到迎宾路,占地面积 1500 平方米,建筑面积 650 平方米(三层楼房),设所长室、民警室、联防队室、内勤室、询问室、器械室、档案室。2011 年,派出所搬迁至镇政府西南侧,占地面积 0.23 公顷,建筑面积 1378 平方米(三层楼房),内设勤务指挥室、监控室、询问室、户籍室、办公室、会议室等功能室。2016 年,派出所有民警 10 人、辅警 15 人、联防队 6 人。

杨寿派出所历任所长为吴庭湘、徐长根、刘俊、刘祖兴。

二、镇压反革命

1951 年初,境内依据《中华人民共和国惩治反革命条例》规定和上级的统一布置和要求,全面开展镇压反革命运动(简称"镇反运动"),发动广大人民群众检举揭发反革命分子罪行,并对反革命分子采取"首恶者必办,胁从者不问,主动交代和揭发者从宽"的政策,进行惩治。

中华人民共和国成立前,境内有两股恶霸势力,一股是以邵如弼为首的青帮,一股是以刘德福为首的国民便衣队,他们横行霸道,寻衅滋事,欺男霸女,滥杀无辜,危害地方安定,被作为镇反运动的主要对象。镇反运动中,境内共镇压 5 人,分别是邵如弼,墩刘乡高庄(现墩留村高庄组)人,境内青帮头子,扬州恶霸金山的徒弟,指使徐玉良杀害王杰祥一家三口;徐玉良(小徐六),方集乡小方集(现方集村方集组)人,邵如弼首徒,杀害王杰祥一家三口;刘德福(小酒鬼),墩刘乡瞒藏留(现新龙村民主组)人,境内国民党便衣队负责人,横行乡里;张国太,墩刘乡瞒藏留(现新龙村民主组)人,国民党便衣队骨干;夏云荣,方集乡建隆村东庄(现新龙村东庄组)人,民国时期国民党方集乡乡长,中华人民共和国成立前逃至上海,改名为夏征农,后在运动中被查出押回。

三、治安管理

打击刑事犯罪 中华人民共和国成立后,为维护社会治安秩序,保卫人民群众生命财产安全,完成各个时期的中心工作,派出所及时打击违法犯罪活动,保障经济、社会的良性发展。80 年代,在县公安局的组织下,全乡对犯有流氓、盗窃、诈骗、奸幼等犯罪分子开展"严打",统一搜捕,先后两次在杨寿影剧院召开宣判大会和收捕大会。90 年代,派出所先后破获入室盗窃杀人案、生母杀人案、强奸杀人案、特大摩托车盗窃团伙案等案件。在破获特大摩托车盗窃团伙案中,杨寿派出所荣获集体三等功。

2000 年,杨寿派出所在"百日破案竞赛"中,一举破获以吴某某和李某某为骨干分子的盗窃团伙案件,侦破永和村农机具、电动机盗窃案,破获盗窃农民家禽案件 31 起,案值 2.1 万元。在打拐专项斗争中,破获 5 起拐卖妇女案件,解救被拐妇女 5 人,是年,县政法部门在杨寿影剧院召开"对违法犯罪嫌疑人公开处理大会",打击犯罪分子的嚣张气焰。2002年,破获宝女村李岗组卖淫嫖娼案。2003年,破获东兴村张庄组集体嫖娼案,抓获卖淫嫖娼涉案人员17人,移诉5人。

2016年,接处警323起,立刑事案件56起,破案18起,立治安案件180起。共打击处理各类违法犯罪人员158人,包括移诉、批捕、取保候审、治安拘留、教育等,其中查处涉娼涉毒人员15人,另外抓获网上逃犯3人。辖区内可防性案件明显下降,未发生重大案件,社会治安秩序良好。

禁赌　中华人民共和国成立前,境内赌博盛行,有麻将、牌九、纸牌、骰子等赌具。中华人民共和国成立初期,政府严禁赌博,对赌头、赌棍进行打击,赌博几近绝迹。"文化大革命"后期,境内又刮起赌博歪风,赌徒因赌博引起家庭不和,妻离子散,甚至抢劫、盗窃,走上犯罪道路。

1983年,杨寿合作商店门市部经理郭某某带头赌博,造成店内无人值班保卫,犯罪分子撬门入室,窃取现金600多元,破案后乡政府召开干群大会,对赌博、失职人员宣布处理决定,经理郭某某、值班人员顾某某、张某某分别行政拘留15天,以儆效尤。

1984年12月,乡政府印发《关于严禁赌博的八条规定》,利用有线广播向全乡干群宣传,狠刹赌博不正之风。文件规定:凡党(团)员参与赌博,视情节给予严重警告、留党(团)察看、开除党(团)籍处分;乡、村、厂、单位干部搞赌博,根据情节和态度,给予行政记大过、撤职、开除留用察看,直至开除处分;机关、学校、企事业职工,视其工作职能,比照有关干部执行;凡搞赌博和变相赌博的一律没收赌款、赌具,并罚款30~100元,提供赌博场所的罚款100元;聚众赌博的赌头及惯赌交公安司法机关追究刑事责任。成立抓赌小组,由机关干部、派出所民警、联防队员组成4个行动小组,夜晚分工在境内巡逻,接到举报的立即抓赌,对有赌博嫌疑的住户靠近观察,一经确认及时抓赌。据统计,1985~1989年,抓获赌博案件92起,涉赌人员277人,缴获赌资9500元,罚款1.7万元,11人受到党纪、政纪处分,3人被行政拘留。

2000~2016年,全镇共抓赌30余场,收缴赌资28.30万元,一批情节严重的参赌人员受到党纪、政纪处分和治安处罚,查处涉赌游戏场所5家,收缴各种赌博游戏机56台,赌博之风得以遏制。

治安巡逻　1988年,派出所组建4人专职联防巡逻队,穿制服、带警棍在集镇周边巡逻,遇可疑人员进行盘查,嫌疑人送派出所审讯,突发民事纠纷现场协调处理。1989年,联防队共抓获违法犯罪人员11人,缴获盗窃赃物21件,处理较大民事纠纷6起。1991年3月5日凌晨,联防队在集镇卡口抓获盗鸡嫌疑人1人,高邮送桥人王某某,先后伙同他人盗窃村民饲养的家禽600多只。1995年,联防队员配备警用摩托车,巡逻范围进一步扩大。

2000年,境内联防体系有镇级联防队1支,4人;村级联防队1支,2人;联防卡口1个,3人;派驻单位保安队1支,3人;重点单位组建护厂队6支,25人,形成治安联防联动体系。2008年始,设立农村警务室7个,警务工作站24个,治安岗亭1个,派驻民警3人,保安14人,当年排摸收集各类违法犯罪线索25条,抓获违法犯罪嫌疑人4人。2010年,杨寿镇被评为扬州市社会治安安全乡镇。

设立"110"报警求助热线和"网上QQ警务室",出警迅速,建立治安视频监控系统,规模企业、娱乐洗浴场所、金融网点建成监控平台,至2016年,全镇共安装摄像头155个,探头向路面延伸率达93%,出动巡防人员、红袖标志愿者对辖区进行巡逻防范。点、线、面结合,巡、查、控并举,构建网格化治安防控体系。

四、户政管理

民国时期,户口实施闾邻制,建立人丁册,由乡、坊负责户口管理。民国二十一年(1932),实行保甲制,乡以下设保,10甲为一保,设保长,10户为一甲,设甲长。由保长、甲长进行户籍管理。抗日战争时期,日伪沿袭保甲制度,伪县政府配备乡户籍干事,负责编造户口册,颁发"良民证",实行连保连坐的户籍管理,以管束百姓。

中华人民共和国成立初,保甲制被废除,城镇建立居民委员会,农村划分行政村。1953年,全国第一次人口普查,进行户口普查建册,建立出生、死亡、迁入、迁出变更制度。1958年1月,依照国务院颁发的《中华人民共和国户口登记条例》,由民政部门负责境内的户口登记。1984年,派出所成立后,设立户籍室,户口登记工作由派出所负责。是年,依照公安部制定《关于城镇暂住人口管理的暂行规定》,开始对暂住人口实施登记。1989年,对境内居民颁发居民身份证,健全常住人口登记表户籍档案。1998年,常住人口信息全部录入计算机,并进入县、市公安机关系统网络。2003年,根据省政府《关于进一步深化户籍管理制度改革的意见》,取消农业户口、非农业户口等户口性质,按照实际居住地登记户口,统称居民户口。同年8月,根据公安部统一部署,放宽迁移条件,以固定居住地登记户口。2005年,开始换发第二代居民身份证。同年,启用人口信息第六代系统,与扬州市联网,实现户口网上申报、网上迁移、网上变更等一站式服务。2016年,全镇共有常住人口6157户、2.2万人,暂住人口1284人。

五、消防管理

民国时期,集镇有消防组织"救火会",配备手压式消防泵、水桶、消防梯等简易消防器材,消防人员由地方青年志愿参加,不计报酬,一旦发生火警鸣锣示警后,消防人员立即赶来救火。

中华人民共和国成立后,消防安全管理由当地人民政府领导,公安部门具体负责。村、企业组建消防小组,备有简易灭火工具。60年代,公社公安特派员在夏秋大忙时,组织农电部门人员检查打谷场安全用电、消防设施等工作,发现隐患,立即整改。70~80年代,因用电不当及老土灶柴火引发的火灾时有发生,后经对电工、技工业务培训,提高安全用电责任意识,建立电机电源管理责任制,普及家庭防火知识,火灾发生率逐年减少。

80年代,乡办工业迅猛发展,工厂经营规模越来越大,毛绒玩具、旅游用品、橡塑制品、机械制造等支柱产业,带动了乡村集体经济壮大,农民收入的增加,安全用电被摆上重要位置。1992年,乡政府制定《杨寿镇公共聚集场所消防安全专项治理实施方案》,落实消防安全主体责任,签订消防安全责任书,各单位明确专(兼)职消防员,每年组织消防业务培训,开展消防安全教育,进行消防演练,增强防患意识,各单位按要求配备灭火器、消防栓、消防泵、应急照明、安全出口标志、应急疏散指示标志系统,乡(镇)政府在重大节日前,组织对重点消防安全单位进行检查。

2000年后,镇重点消防单位相继安装火灾自动报警系统,与区消防大队报警系统联网,实现消防同城管理。

2016年,派出所会同区消防大队对辖区的企事业单位开展消防安全检查4次,下发限期整改通知书 11 份,并按照规定给予处罚。以组织消防演练、大喇叭广播等形式,开展农村消防安全宣传活动,提升辖区居民预防火灾的意识和能力。

第三节　司　法

一、机构

1979 年,公社设司法助理员。1981 年,公社设司法所,司法助理员升任司法所所长。1983 年 5 月,杨寿乡司法所挂牌设立,地址设在乡政府(华杨路)大门右侧,3 间房屋,内设调解室(会议室)、办公室、档案室等,首任司法所所长为吴庭湘。

1988 年 11 月,杨寿乡法律服务所成立,与司法所合署办公,由司法所所长陈明兼任法律服务所主任,郑道林、佘正明为法律工作者。

2008 年 8 月,杨寿镇建置恢复后,司法所与社会管理综合治理办公室、信访办公室、610 办公室、法律援助中心等合署办公,形成社会管理、安民惠民两个服务中心,工作人员 3 人,聘请专职调解员 2 人,办公场所设有调解室、谈心室、资料室、办公室,配备电脑、打印机、录音、录像、监控、档案柜、警摩等办公设施。

2016 年,司法所编制 3 人,所长为王军,司法员 2 人。

历任镇(乡)司法所长:吴庭湘、陈明、吴月华、吴玉香、王军。

二、普法宣传

中华人民共和国成立后至 70 年代,法制宣传由公社党委宣传部门负责,利用黑板报、墙报、图片、挂图、文艺演唱等形式,宣传中华人民共和国土地改革法、婚姻法、宪法及惩治反革命条例等法律法规。1981 年,司法所成立,法制宣传列为该所的职能工作。1982 年,《中华人民共和国宪法》颁布后,司法所在境内组织公民学习宣传,当年培训宣传骨干 50 多人,村、企、学校等单位确定兼职

镇新杨广场普法宣传栏

法制报告员,组织有线广播宣传 21 场次。当年,每个家庭均安装有线小广播,法制宣传深入人心。

"一五"普法(1986~1990 年)。主要学习"九法一例",即宪法、刑法、刑事诉讼法、民法通则、民事诉讼法(试行)、婚姻法、继承法、经济合同法、兵役法、治安管理处罚条例。司法所按计划组织各条线领导、骨干分期分批在乡党校举办普法教育培训班,并经考试发给合格证。

"二五"(1991~1995 年)普法。以宣传宪法为核心,以专业法为重点,注重学用结合,推进依

法治镇。1991年，乡党校举办普法骨干培训班11期，参训580人，发放宣传资料5000多份，组织1638人参加普法考试，合格率94.5%。

"三五"（1996~2000年）普法。主要学习邓小平有关社会主义民主与法制建设的理论，开展宪法知识和公民息息相关的基本法律知识以及维护社会稳定有关法律知识的学习，普及社会主义市场经济法律知识。1996年8月，镇党委、政府制定《关于在全镇公民中开展法制宣传教育的第三个五年计划》，组织学习宪法、刑法、预防未成年人犯罪法、民法通则、合同法、行政处罚法、行政诉讼法、国家赔偿法、土地管理法、国家公务员暂行条例以及和本职工作相关的法律法规。镇财政以每人每年0.10元，村、企事业单位以每人每年0.15元的标准作为普法经费，专款专用。司法所利用逢集及"3·15"（国际消费者权益日）、"6·26"（国际禁毒日）、"12·4"（全国法制宣传日）等特定日期进行针对性的设点集中宣传，发放宣传资料，解答涉法问题，每年开展法律咨询10余场次。

"四五"（2001~2005年）普法期间。系统组织学习婚姻法、产品质量法等法律法规，加大宣传WTO法律规则、人口与计划生育法、招商引资和发展私营个体经济等法律法规。司法所成立法律宣讲团，组织法律专家或法官到村组、学校、企业宣讲法律知识。学校将法制教育纳入教学计划，每学期举办两次法制报告会。

"五五"（2006~2010年）普法重点组织对治安管理处罚法、信访条例、物权法（草案）等法律法规学习，开展村（居）普法宣传，村（居）普法达到"七个一"，即一个法制宣传栏、一个法律服务站、一个法律顾问、一个法律书架、一套法律图书、一批法律宣传志愿者、每季度一个法制宣传主题。

"六五"（2011~2015年）普法期间开展以案例说法活动，重点对劳动争议案例进行法规政策解读。组织机关部门举行法律知识竞赛活动。2014年，永和村创建成省级民主法治示范村。至2016年，全镇7个村、1个社区均先后创建成扬州市级民主法治示范村（社区）。

三、法律服务

1997年，镇法律服务所主持依法处理邗江玩具二厂的破产案件，优先解决职工的工资兑现。1999年，镇法律服务所帮助扬州乐星玩具有限公司、扬州嘉利玩具有限公司代理经济诉讼案件，在扬州中级人民法院审判一审结果不利的情况下，上诉到江苏省高级人民法院，通过两天的庭审调查和激烈的法庭辩护，案件出现转机，为两个企业挽回经济损失700多万元。

2000年，司法所建立法律援助工作站，建立老年人、残疾人法律援助服务"绿色无障碍通道"，对经济困难又遇法律诉讼问题，如老人赡养、家庭暴力等，法律服务所主动介入申请法律援助。工作站成立以来，每年法律援助对象近10人次，涉及妇女儿童权益、残疾人权益、老年人权益等。

2010~2016年，镇法律服务所年均开展法律咨询150次，代写法律文书80多件，开展合同协议见证、协办公证近百件，帮助代理非诉讼、诉讼案件50多起。与镇内25个企业、8个村（居）签订常年法律顾问协议，帮助企业审查合同110多份，调处涉企纠纷80多件。

四、人民调解

中华人民共和国成立前，民事纠纷多数由村民中德高望重者和亲朋好友进行调解，使双方当事人互相让步，息事和好。

中华人民共和国成立后，地方政府建立人民调解委员会，农业合作社建立调解小组。"文化大革命"期间，民事调解工作一度停止。1973年后，调解组织逐步恢复。

1989年，依照《人民调解委员会组织条例》，建立健全乡、村（居）和村（居）民小组三级人民调解工作组织网络，依托司法所设立乡人民调解委员会，村建立调解委员会，专人负责，村民小组有调解员，对民间纠纷做到早发现、早报告、早控制、早调处。构建由地方党委政府牵头、部门参与、公安机关行政调解、人民调解、司法调解相互衔接、良性互动的多层次、全方位矛盾纠纷大调解模式，将矛盾纠纷化解在当地，化解在萌芽状态，对重点疑难事件，司法所联合派出所人员上门，驻地妥善解决。1996年后，全镇每年矛盾纠纷排查24次以上，排查出民间纠纷每年10起以上，对排查出的矛盾纠纷及时调解，调解率100%，调解成功率97%。1998年，镇创建成邗江县"四无乡镇"（无因民事纠纷调解不当而发生民转刑案件、无非正常死亡、无重大械斗、无群体性上访）。

2008年，成立镇人民调解委员会、矛盾调处中心、信访工作领导小组、普法领导小组和社区矫正领导小组，加强人民调解工作。2009年度，杨寿镇被评为扬州市信访工作"四无"乡镇，扬州市"无毒社区"、扬州市"无邪教乡镇"。2016年，镇信访办共接待信访45批次160余人次，其中集访6起，成功阻止一起进京上访事件，化解对社会的负面影响。排查矛盾纠纷118件，处理各类矛盾纠纷102起，其中婚姻家庭纠纷10起，邻里纠纷22起，赔偿纠纷5起，房屋及宅基地矛盾15起，合同纠纷22起，劳动纠纷19起，其他纠纷9起，成功率98%。处理人民来信12件。

五、安置帮教和社区矫正

1985年3月，乡分管政法的副乡长和派出所副所长赴大丰县方强劳动教养所看望杨寿籍服刑人员李某某、薛某，送去法律、文艺方面书籍，教育其安心接受改造，早日返回家乡重新做人。

1998年，镇政府成立安置帮教领导小组，设立安置帮教工作站（设在司法所内），对刑释5年和解教3年的人员进行引导、教育、管理和扶助活动。

2000年，永和村一村民因盗窃被判刑3年，其妻出走，留下年仅14岁的儿子。工作站得知情况后，联系该村帮助其子女解决生活和上学问题。刑满释放后，司法所的人员联系该村帮他筹集砖瓦及近万元的资金修建旧房，联系安排工作，他很感激政府，表示要好好做人。

2005年起，由镇司法部门负责社区矫正工作，矫正对象为判处管制的、宣判缓刑的、暂予监外执行的、裁定假释的、剥夺政治权利并在社会上服刑的人员。是年，实施社区矫正人员7人。司法所组织社区矫正人员学习中央、省、市有关社区矫正的文件和相关法律法规；落实社区矫正工作措施，严格依法监管；组织开展公益劳动及思想汇报；加强台账建设和档案管理，做到所有管理对象不脱管，督促转化工作。

2016年，全镇刑释解教人员22人，社区矫正对象6人。司法所在矫正中把好"四关"，一是"接收关"，及时建立档案跟踪管理，防止放任自流。二是"帮教关"，成立帮教小组，选聘政治素质高、责任心强的人员担任帮教小组成员，实行"一对一"帮教，对矫正对象做到不嫌弃、不冷落、不歧视，思想上教育，生活上关心，行为上管束。三是"监控关"，做到信息及时，情况准确，防止矫正对象旧病复发，重新走上犯罪道路。四是"解矫关"，对帮教期满人员，按时进行解矫，使他们融入社会，做有用之人。至2016年，共接收刑释解教人员45人。社区矫正人员29人，均按期解除矫正。

第十八章　军　事

　　清咸丰八年（1858）8月，太平军击溃清军江北大营后，乘胜东进，席卷天长、六合，占领扬州西北月塘、陈集和黄珏、杨兽医坝、甘泉山等地，准备围攻扬州城。咸丰十年（1860）4月，在天长、六合的太平军分三路进攻扬州，一路由公道桥编筏偷渡袭击邵伯。清提督李若珠在邵伯湖、三汉河、杨兽医坝出击。太平军在公道桥失利，会合后退守陈集。

　　1945年，杨兽医坝集镇的新丰盐行是共产党联络点，盐行收入作为地下组织活动经费。

　　1948年11月23日，国民党保安五团到颜家坝（今永和村颜坝组）抢夺解放军军粮，中共东南支队闻讯前来阻击，在集镇发生激烈战斗，歼敌13人。

　　在解放战争时期，杨寿人民积极支持中国共产党领导的地方政权和人民军队，踊跃报名参加新四军、解放军，抗击日本侵略者及国民党军队，参军勇士英勇顽强血洒疆场，境内群众在党组织的领导下，投身到打击日寇、伪军和国民党军队的斗争中，涌现了许多可歌可泣的英雄事迹。中华人民共和国成立后，适龄青年踊跃报名参军，民兵在抗灾抢险、维护社会治安、发展生产等方面作出重要贡献。

第一节　机　构

　　中华人民共和国成立初，境内民兵及征兵工作由黄珏区人武部负责。1957年9月，乡成立人民武装部，部长由乡长王义高兼任，张鸿生任副部长。1962年4月，中共扬州市委员会批复，杨寿公社人民武装委员会由张成礼、朱崇伟、袁道加、肖仪林、陈文楼、王义高、王德禄、陈莹、赵广泉、陈庆友等9人组成，张成礼为主任。成立杨寿人民公社民兵团，张成礼为政委，陈文楼、肖仪林为副政委，王义高为团长，王德禄、赵广泉、陈莹为副团长，陈庆友为团参谋长。

　　1969年10月，邗江县革命委员会、邗江县人民武装部批复，组建杨寿人民公社地方武装连，方华盛为连长，张成礼为指导员，袁林余为副连长，曹松海为副指导员。

　　70至80年代，杨寿公社（乡）人武部配备部长1人。

　　90年代，乡镇人武部体制上升为副乡（镇）级机构，人武部部长为乡镇党委委员，属县管干部。人武部主要职责是抓好民兵组织建设、军事训练和政治教育，管理武器装备，做好兵员征集、拥军优属和维护地方治安及参与抗灾抢险工作。2016年,镇人武部有工作人员2人,部长柏万军。

2009年、2010年、2016年,杨寿镇人武部被扬州市政府、扬州军分区表彰为征兵工作先进单位,柏万军被扬州市委组织部、扬州军分区表彰为2016年度优秀专武干部。历任人武部部长(负责人):张宏生、陈庆友、张成礼、方华盛、王久华、刘光毅、汤贵金、朱德昌、俞祥、吴正岗、王正遂、柏万军。

第二节　民　兵

一、民兵建置

中华人民共和国成立初,实行普遍民兵制,杨寿乡组建民兵中队,村组建民兵分队,配发武器,参加站岗巡逻,维护社会治安,防范敌特分子破坏,保障土地改革成果,参与镇压反革命,保卫新生的基层政权。

1958年9月,响应毛泽东主席"全民皆兵"号召,"大办民兵师",乡成立民兵团,大队成立民兵营,生产队成立民兵排。1962年,为适应战备需要,按照"组织落实、政治落实、军事落实"的要求,进行民兵整组,把符合政治条件、身体健康的16~35周岁的男性公民编入民兵组织,建立杨寿基干民兵连,并配备武器,境内有普通民兵、基干民兵、武装基干民兵三种形式。1969年,邗江组建武装民兵独立团。是年10月,杨寿组建公社地方武装连,方华盛为连长,张成礼为指导员。

"文化大革命"后期,民兵组织建制松散,活动基本停止,武器上交县人武部保管。1978年后,民兵工作服从经济建设为中心,调整民兵编组。1981年,压缩民兵组建范围,简化民兵组织层次,取消武装基干民兵建制。

1985年2月,杨寿乡成立东兴村、爱国村、袁岗村、永和村、蒋塘村、墩留村、李岗村、杨寿村、新民村、方集村、建龙村等11个民兵营,建安公司、绣服厂、砖瓦厂、农具厂、乡机关(包括集镇)、运输站、供销社等7个民兵连,地产品公司、油米加工厂、玻璃厂、橡胶厂等4个民兵独立基干班,并任命营长、营教导员,连长、连指导员及班长。是年,人武部有训练用机枪4挺,50冲锋枪10支,762步骑枪120支及弹药2000余发,手榴弹6箱(每箱30个)。1990年,人武部有捷克式机枪3挺,冲锋枪(30发)25支,五六式步枪96支。

2000年后,贯彻中央军委新时期军事战略方针,深化民兵工作调整改革,抓好民兵应急分队和专业技术分队编组。2002年,全镇共编基干民兵200人,其中高中以上文化程度67人,党员35人,团员132人,退伍军人44人,共编5个基干排,20个基干班。

2016年,按照"编组合理,编制落实,制度健全,官兵相识,关系顺畅"的总体要求,本着"编为用,建为战"的创新思想,开展民兵组织整顿工作。全镇共编基干民兵130人,其中应急独立排40人,网络防护分队和"三战"(舆论战、心理战、法律战)分队41人,其他分队49人。

二、民兵训练

1957年,乡人民武装部分批组织基干民兵集训,每期40人,每次10~15天,在墩留、爱国、新民、李岗等村偏僻地带训练,训练内容有队列、射击、爆破、投弹、刺杀等。

1958年冬,公社集中220名基干民兵在爱国大队集训,学习政治常识和军事基本知识,增强国防意识和革命警惕性,服从国家需要,保家卫国,劳武结合,带头生产,保卫地方安全。1962年夏紧急战备期间,民兵按战备要求,多次进行"反空投、反偷渡"等军事训练。

1980年,永和村民兵姚国平在县民兵比武中成绩优秀,受到邗江县人武部表彰。1992年1月,杨寿乡农业公司基干民兵王立海在全省基干民兵和预备役部队争当"两个文明"突击队、突击手竞赛活动中,被评为江苏省"两个文明"建设突击手。

1990年以后,民兵训练以区人武部集训为主,镇人民武装部每年进行民兵集结点验。

三、民兵活动

1949年2月2日,黄珏、甘泉区(时境域属黄珏区)万人集会,动员支前,300余名民工与民兵们一道支援解放军渡江作战。同年3月7日,甘泉、黄珏两区组织民兵和民工千余名,船工50名,支援解放军渡江,境域有220余名民兵和民工参加。

1964年6月,境内民兵在"学雷锋"活动中,积极参加义务劳动,新民大队民兵起早割麦,永和大队民兵夜间挖田,群众知晓后,对民兵做好事不留名的举动纷纷赞赏。

1971年底,公社人武部组织1000余名民兵在东兴大队参加杨寿涧并涧工程,历时3个月,完成土方45万立方米。1976年,组织应急分队120名民兵到六圩乡防汛,圩堤加固,10天完成土方7000余立方米。是年,境内防震抗震,民兵分班执勤,负责巡逻放哨,安全保卫。

1978年4月16日,方集大队陈庄生产队清理沼气池残渣做肥料,队长陈文章率先进入池中,因沼气中毒,晕倒在池里,民兵葛朝坤毫不犹豫跳入池中抢救,又晕倒在池中。情况险急,胡冲生产队民兵吴德顺路过这里,奋不顾身进入沼气池内,把陈文章移到沼气池口,众人用力将陈文章救上地面,吴德顺又倒在池中,后社员合力将二人救上来,紧急送杨寿卫生院抢救,因中毒窒息严重,二人光荣牺牲。事后,上级组织对他们见义勇为的壮举进行褒奖和抚恤。

1991年7月,境内暴雨成灾,乡人武部组织120名基干民兵成立应急分队,分段负责抢修险工患段、危险涵闸。2003年7月,发大水,民兵小分队全天候在堤坝巡逻,查找管涌、渗漏,确保堤坝、涵闸的安全。

民兵应急分队协助公安部门按照上级"严打"方案,开展集中清查打击行动和夜间巡逻,维护地方治安稳定。

至2016年,镇基干民兵130人,定期点验,参加区人武部组织的集训,遇突发情况基干民兵第一时间集结,服从镇人武部的统一调配。

第三节 兵 役

一、征兵制

民国初期,兵役为征兵制,民国二十二年(1933)至民国三十五年(1946),国民政府先后颁布过三部兵役法。

民国三十六年(1947)实行募兵制,以雇佣形式招收募集兵员,由于国民党发动内战,政治上不得人心,老百姓不愿当兵,后实行征募制,强制青年当兵,并制定《违反兵役法治罪条例》,对应服役而隐匿不报者、应征而无故不到者处以徒刑。由于士兵逃亡现象严重,国民党时常下乡抢抓壮丁,补充兵源。国民党军队来杨寿坝一带抓壮丁,乡亲们东躲西藏,苦不堪言。有一天,国民党军队又来境内方家集一带抓丁,村民沈金山见状立即敲响铜锣,四面八方的群众手持钉耙、锄头、木棍潮水般涌向鸣锣地点,足有七八百人,愤怒群众边追边喊,沿途群众纷纷加入,一时聚集上千人抗丁,国民党军队惊慌逃命。从此,国民党军队再也不敢来抓丁。

二、志愿兵制

中共抗日根据地、解放区实行动员式志愿兵制度,由部队委托民主政府动员组织征集。志愿兵役制度实行自觉自愿服兵役,不分民族、性别,服役期限不定,自愿应征。入伍者多是共产党员、青年团员和群众积极分子,在他们带领下,青壮年报名参军踊跃。抗日战争时期,乡境先后有60余人参加新四军、八路军,180多人参加地方武装共同抗日。解放战争时期,有17人参加中国人民解放军。

1951~1953年,境内有36名优秀青年报名参加中国人民志愿军,45名杨寿籍战士赴朝鲜参加抗美援朝战争。1954年,根据政务院颁布的征集补充兵员命令,当年有51人服役。

三、义务兵制

1955年7月,国家颁布第一部《中华人民共和国兵役法》,开始实行义务兵役制。规定凡年满18周岁的公民,不分民族、种族、职业、家庭出身、宗教信仰和教育程度,都有服兵役义务。是年末,在建立义务兵役制的同时,开始进行预备役登记。1978年3月7日,第五届全国人民代表大会常务委员会第一次会议通过《关于兵役制度问题的决定》,规定中国人民解放军实行以义务兵役制为主体的义务兵与志愿兵相结合制度,义务兵满5年后,由本人申请,师以上机关批准,改为志愿兵,并从批准之日起,在部队服役不少于8年,年龄不超过35周岁。1984年5月,国家颁布第二部《中华人民共和国兵役法》,实行民兵与预备役相结合的兵役制度,规定18~28周岁基干民兵和28岁以下的退伍军人以及专业技术人员均为一类士兵预备役。凡18~35周岁编入普通民兵组织人员和未编入民兵组织、但经过预备役登记的29~35周岁的退役士兵,以及其他符合士兵预备役条件的男性公民编入第二类士兵预备役。

乡（镇）人民武装部负责兵员征集工作。2001 年,杨寿镇被邗江区政府、区人武部表彰为征兵工作先进单位。2009 年、2010 年、2016 年,杨寿人武部被扬州市政府、扬州军分区表彰为征兵工作先进单位。

第四节　国防教育

中华人民共和国成立后,全民国防教育始终是党和政府的重要工作之一。1950 年,开展抗美援朝保家卫国运动。1955 年,针对台湾国民党军队叫嚣反攻大陆,在区人武部的领导下,开展群众性的国防动员和国防教育工作,防范敌特骚扰和破坏。70 年代,公社把国防教育作为干部群众的政治思想教育内容之一,提高全民国防意识。每年清明节组织干部、群众、中小学生祭扫烈士墓,缅怀先烈。

80 年代,公社（乡）政府组织国防知识讲座,把国防教育纳入基层党员干部、群众职工培训计划,邀请县人武部领导、老军人进行国防知识授课。

2001 年 9 月,镇政府组织开展"全民国防教育日"活动,下发宣传资料 2000 份,开展专题讲座 11 次。同年,江苏省教育厅编写国防教育读本 1~6 册,中小学开设国防教育课,常态化进行国防教育。2011 年 9 月,结合纪念建党 90 周年、红军长征胜利 75 周年的契机,开展第 11 个全民国防教育日活动,组织干群、中小学生参观扬州市国防教育馆。每年"国防教育日"活动时,镇机关、村、企事业单位都张贴宣传标语,利用宣传栏宣传国防知识。2016 年 9 月,第 16 个全民国防教育日的主题为"传承红色基因,共建巩固国防",杨寿学校请区人民武装部领导为师生作"海洋、海军与中国梦"专题报告,各班开展"关心国家安全,维护海洋权益"主题班会,组织学生唱爱国主义歌曲,引导学生牢记历史,勿忘国耻,学好本领,报效祖国。

第五节　革命斗争纪事

一、"抢粮"抗争

民国三十七年（1948）秋,黄珏区民主政权征集了一批军粮,存放在境内马场村颜坝组（今永和村颜坝组）赵万增、徐兴祥、卜中喜家中。是年 11 月 23 日（农历十月二十三日）,国民党保安五团团长崔振庭带领江都县八、九两个区的保安队 1000 余人从江都仙女庙到马场村颜坝组卜中喜家,抢夺军粮,粮库有稻谷万斤,米 2000 余斤。保安队抓住正在邻居家做木工的宰长元以及同乡罗应顺、颜朝干、徐兴其、张秀玲等人,强迫他们将粮食运到扬州。

甘泉县县长陈仁刚闻讯后,从宝女墩方向赶来,组织 200 人的地方武装准备阻击。后了解到敌我力量悬殊,遂派人奔赴陈集向中共东南支队报告敌情。24 日早晨,东南支队司令薛磊带领 3 个连,从大仪赶至杨寿坝。下午 3 时许,向杨寿坝敌军发起进攻,两个连队从集镇北主攻,一个连队在集镇南切断敌人退路。北部敌军边打边向集镇中撤退,攻击部队跟踪追击。在集镇西北首高庄,敌军一挺机枪封锁住主攻的道路,东南支队战士梅华富(仪征陈集人)等3人猛扑上去抢夺机枪,遭敌人机枪扫射,光荣献身。后3个战士跟上,连扔几颗手榴弹将敌人机枪炸毁,支队战士勇猛冲锋,机枪、步枪、手榴弹压向敌方阵地,突破了封锁点,敌军节节败退,向街内逃窜。战斗延续至当夜10时许,敌军在扬州国民党军一部接应下得以逃脱,押送运粮老百姓向扬州仓皇逃离。在往扬州送粮的途中,宰长元心想:这是共产党的粮食,决不能落入国民党反动派军队手中。于是,他边走边与颜朝干等人商量办法,夜幕渐渐降临,他们趁国民党士兵不在身边的机会,偷偷地把一部分粮食藏到路边庄户人家,又把口袋弄开一个洞,让粮食边走边漏。到了目的地宝塔湾,剩下的粮食不足一半。押解粮食的国民党兵,明知其中有问题,但不敢张扬,害怕上司追查他们的责任。

战斗中杨寿乡乡长胡景南(安徽省无为县人)作战被俘,在经过甘泉乡姚湾村时,趁乱逃脱,被敌军发现,遭枪击英勇牺牲。墩刘乡乡长戈枕被抓,后被押到苏州监狱牺牲。第二天清理战场,发现歼敌13人,我方牺牲7人。

二、两勇士生擒日军

1942年夏天,住在大仪老僧寺的两个日寇,穿着便衣来到颜家坝(今永和村颜坝组)拦路抢劫,碰上两个年轻妇女欲强奸,在田头干活的杨寿坝朱家大荒人(今永和村三连组)江义田和杨寿坝天王寺人吴长朝看到了这一情况。江义田向吴长朝使了个眼色,他俩立即猛扑上去,其中一个日寇丢下妇女掏出手枪,眼疾手快的江义田一把抓住日寇的胳膊,夺下枪,活捉了日寇。吴长朝与另一个日寇扭打在一起,凭借自己个高力大的优势,将日寇掀倒在秧田里。江义田、吴长朝活捉两个鬼子,押送到驻地大仪乡杭集村三圣庙的游击队队部。

1944年大麦抽穗的时候,有人告密,江义田被日寇抓到大仪镇北头的老僧寺据点里,受尽"灌肚肺""坐飞机""撬指甲""穿背心"等酷刑,江义田坚贞不屈,最后被日寇杀害。

三、拥军大嫂黄秀英

1941年10月的一天,中共淮南工委路北大队大队长戴冰外出侦查地方土匪佘小牛子一伙的情况,途中与日伪军发生遭遇战,戴冰腿部受伤。

半夜时分,戴冰忍着伤痛来找曾经住过的杨寿坝人黄秀英,黄秀英听到有人敲门,开门一看,见大队长戴冰已跌坐在她家门前。她连忙喊醒丈夫,把戴冰扶到家中,为他包扎伤口。为了防止敌人搜查,白天,她把戴冰藏在屋后竹墩子下面的地窖里。晚上,她带医生来给他治伤。经过20多天的照料,戴冰的腿伤完全好了。1942年4月,戴冰提供情报,新四军四六连连长罗平带领战士抓获了土匪佘小牛子,并在永和朱家大荒将其枪毙。佘小牛子的把兄弟将内情告知伪军,当伪军得知戴冰曾住在黄秀英家养过伤,又常在她家落脚后,扬言要荡平她的家。黄秀英没有被敌人吓倒,她把家里的东西全部藏起来,晚上全家人都到别处过宿,坚持到第二年春,形势有了好转,黄秀英全家才回家居住。

1943年初冬，抗日民主政府黄珏区区长胡坚等人，来到杨寿坝一带开展工作，住在黄秀英家。当时，新四军急需一批军鞋，胡区长就找她商量。她二话没说，立即跑到庄上，找姊妹们帮忙。姊妹们听说替新四军做军鞋，都爽爽快快地答应下来。黄秀英就用家里卖猪的钱，买来针线布料，姐妹们裁的裁，剪的剪，纳鞋底的纳鞋底，做帮子的做帮子，忙得开开心心。白天时间不够用，她们就连夜做。几天下来，姐妹们有的眼睛熬红了，有的纳鞋底拔针，手指拔肿了也毫无怨言。正怀着孩子的黄秀英妊娠反应大，吃不下饭还不时呕吐，人瘦了一圈，还坚持做军鞋。胡区长见她这样，劝她休息，她却不在乎地说："你们打鬼子连死都不怕，我们累一点怕什么。"就这样，姐妹们没日没夜地忙了个把月，共做了100多双布鞋，在立冬之前交给了胡区长，前来拿鞋子的新四军战士，紧紧握住她们几个人的手，连声道谢！姐妹们祝他们多打胜仗，早日胜利归来。

四、俞宏泉夫妇救区长

1943年的一天，抗日民主政权黄珏区区长胡坚去公道三谭庄开展工作，才过了俞坝，与日寇相遇。日寇叫喊着追赶过来，胡坚调头往俞坝跑，一直跑到俞宏泉家。信仰佛教、家住杨寿俞坝（今爱国村俞坝组）的俞宏泉夫妇，正在家中念经，胡坚告诉俞宏泉自己是黄珏区区长，鬼子从后面追过来了，要找个地方隐蔽。俞宏泉夫妇毫不含糊地说："打败日本鬼子，我们也有责任，不要紧，跟我来！"他们把胡坚带进房间，打开立柜让胡坚藏在里面，拿一堆衣服把胡坚遮盖好，关上柜门，然后夫妇俩到堂屋继续念经。日寇闯进他的家，一进门就问："共产党藏在哪里？"俞宏泉非常镇定地说："我们正在念经，压根儿就没见到什么共产党，你们再到别处找找吧！"一个鬼子上前打了他一枪托。俞宏泉坚定地说："你们就是打死我，我也不晓得共产党在哪里。"日寇看到俞家养了很多鸡，一窝蜂忙着捉鸡去了。日寇捉了一些鸡，转身离开了俞家。胡区长平安脱险。

五、智除反动保长

1948年夏天，杨寿永和村农民吴文才任民主政府姚湾乡乡长。姚湾乡有个国民党反动派保长叫张义昌，平时横行乡里，敲诈勒索，欺压百姓，老百姓恨之入骨。张义昌还公然抢地方干部征集的粮食，向国民党反动派密报共产党地下组织情况。根据中共淮南工委下达的有关指示，吴文才决心除掉无恶不作的张义昌。

为了摸清张的底细，吴文才化装成叫花子，来到张义昌家门前，弄清他家情况。回来后，吴文才和时红昌等人商量对策，时红昌说："腊月初四，我家做会，到时我请他来我家吃酒，等他来时，你们见机行事。"吴文才认为这办法可取，便着手准备。到了腊月初四这一天，吴文才等一行八人，化装成国民党官兵，大模大样地来到时红昌家。中午时分，张义昌带着两个保镖，腰里挎着盒子枪，大摇大摆地来到时家。吴文才见张已到，便假装客气，上前向他打招呼，张义昌以为是自己人，也就放松了警惕。吃饭时，吴文才、时红昌和张义昌同坐一桌，吴、时两个向张反复劝酒，张义昌等人喝得酩酊大醉，吴文才看时机成熟，向其他几个人使个眼色，他们便慢慢靠近张义昌和两个保镖，活捉了张义昌，缴了两个保镖的枪。

他们把张义昌押到西大塘口,吴文才宣布了张义昌的罪状,代表民主政府就地镇压了这个坏蛋。

六、战地担架队员张仲奎

1949年春,人民解放军渡江南下解放全中国。地方政府组织担架队,支援前线。消息一传开,老百姓积极响应报名参加。也有坏人搞破坏,到处散布谣言:"参加担架队的人,都不会回来了。"方集乡(今方集村)农民张仲奎不信这个邪。他想:共产党、解放军是为我们穷人翻身而打仗的,他们死都不怕,担架队救伤员有什么可怕? 他毅然报名参加了担架队。

是年4月下旬的一天,张仲奎随部队渡江南下了,主要任务是为部队抬伤员、送子弹。在硝烟弥漫的战场上,张仲奎看到指战员们负伤流血,脑海里只有一个念头:把伤员赶快抬到救护所抢救。子弹在头顶上乱飞,张仲奎和支前民工们抬着担架飞跑,部队向南挺进,张仲奎和担架队随部队南下。几个月后,担架队完成了使命,张仲奎和支前民工胜利回到家乡。

第十九章　科学技术

　　中华人民共和国成立后,政府重视科学技术的推广与应用。1959年,公社成立科学技术委员会,围绕"科学种田""技术革新"等主题,开展多种形式的科普活动。"文化大革命"中,科技事业受到冲击。1978年3月全国科学大会召开,邓小平提出"科学技术是第一生产力",各级政府重视科技工作的开展,自上而下成立科技组织。1984年,乡成立科学技术普及协会,逐步建立起乡科协、村科普组、专业户组成的科普网络。90年代,农业科技在农村各种形式的承包经营责任制的推行中得到应用和发展,工业科技在研发新产品方面取得重要成果,助推乡镇工业快速发展。2000年,建成农业新技术实验示范项目6个。2002年,镇被评为扬州市科普文明镇。至2016年,全镇有6个村(社区)先后分别被命名为省、市、区科普示范村(社区),建成高效农业示范项目22个,8家企业获"国家级高新技术企业"称号,16项发明专利和122项新型实用专利获国家知识产权局授权,26种产品获"省高新技术产品"称号,建成市级科研技术中心8个,省级科研技术中心1个。全镇有科技人员431人,其中拥有高级技术职称人员47人。

第一节　机　构

　　50~60年代,公社有农业技术员、蚕桑技术员3人。70年代,公社有农技站农业技术人员3人,水利站有水利技术人员2人,各大队配备农技员1人,水利技术员1人。

　　1984年10月,杨寿乡成立科学技术普及协会(简称"科协"),会员由工业、农业、教育、卫生等行业专业技术人员15人组成,陈明担任科协助理。农技站、多种经营服务公司、兽医站、水利站、工业公司、学校、医院等均有专人负责科技工作。90年代,政府出台激励措施,鼓励各行业创新创造,镇境科技进步工作行政推进机制逐步建立,科协、工业、农业、多种经营等部门与县(区)政府主管部门签订科技进步指标目标责任书,科技工作加大综合配套和整体推进力度,通过委培、引进,培养、吸纳科技工作者,加大技改投入。进入21世纪,镇政府加强科技组织建设,加大资金投入,充实科技人员,突出重点,强化集成,优化科技创新环境,科技引领经济社会发展的作用尤为实显。

　　2016年,镇科技协会有会长1人,副会长3人,会员55人,镇农业技术推广站有技术员4人,水利站有技术员4人,各行政村配备农技员1人,企业有技术员84人,引进技术人才62人,5个企业设立科技"副总",建成市级科研技术中心 8 个,省级科研技术中心 1 个,全镇有科技人员431 人(包括医护卫生和中小学教师),其中拥有高级技术职称人员 47 人。历任科技助理:陈明、张巧云、李军、殷国义、颜景宝、孟存红、姬瑞红。

第二节　科技普及

50~60 年代,科技宣传主要采用有线广播、幻灯、标语、黑板报等形式,宣传卫生、计生知识以及农业生产先进技术等。70 年代,公社举办科普宣传、科技展览、技术讲座、专业科技培训等,并在农村露天放映科技电影,或在电影放映前播放 1~2 个科普幻灯片、科教电影。90 年代,乡(镇)广电站通过有线电视播放科普录像片。

90 年代初,政府重视开展农业实用技术培训,培训项目主要有桑蚕、畜禽养殖防疫技术,稻、麦新品种推广、水稻轻型栽培及病虫害综合防治技术,螃蟹、牛蛙、罗氏沼虾、鱼虾混养等养殖技术,平菇、草菇、金针菇等食用菌栽培技术,葡萄、西瓜、大棚蔬菜等果蔬种植技术等,引领农民发展多种经营,规模种植,科学种田,科技致富。

1996 年,全县开展送科技、送文化、送卫生"三下乡"活动,举办科普宣传周,每年一个主题,有科技兴农、科学技术是第一生产力、科学与健康、环境与人类、科学在我身边、防震减灾、科技创造未来等内容,组织科技人员到农村开展科技咨询、科普讲座、科普集市,送科技到村头、田头,下乡入户,发放科普资料。镇科协、农技站、计生科、企管站、文化站、成人教育中心等部门积极配合开展科普宣传周和"三下乡"活动。

学校重视科技普及工作,不断增强青少年爱科学、学科学、用科学的意识。1996 年,小学三年级开始设立《科学》课程,有科技小制作、小实验,组织青少年开展"五小"(小发明、小论文、小创作、小创造、小建议)和科普活动周、科技大篷车活动。1986 年,杨寿林木园艺职业中学参加江苏省青少年小论文竞赛,学生戎金国《银牙柳与重柳嫁接》、罗士红《云杉的高压繁殖》均获三等奖。翌年该校获"扬州市科技活动先进集体"称号。2003 年 10 月,杨寿中心小学参加邗江区首届"少儿科技节",获二等奖。2006 年和 2007 年,经区、市层层选拔,杨寿中学代表扬州市参加省教育厅、科学技术厅举办的第十八届、第十九届国际科学与和平周全国中小学生(江苏地区)"可一杯"金钥匙科技竞赛,均获团体赛二等奖。2008~2010 年,学校连续 3 年被评为"江苏省科技竞赛先进学校"。2011~2016 年,杨寿学校每年举办科普宣传周,举办低碳经济、低碳技术、节能减排与气

镇科普宣传专栏

候变化等科普讲座,开展"华通杯"航模比赛和"小哥白尼杯"科技小制作比赛等科普活动。至 2016 年,永和村等 6 个村(社区)先后获得省、市、区"科普示范村"称号。

2016 年杨寿镇科普示范村(社区)创建情况一览表

表 19-2-1

单　位	级　别	获得年份	单　位	级　别	获得年份
永和村	省级	2011	宝女村	区级	2012
爱国村	市级	2009	东兴村	区级	2014
杨寿社区	区级	2010	墩留村	区级	2016

第三节　科技成果

一、农业科技成果

新品种引用　中华人民共和国成立初,境内水稻品种以百页、堆子、红糯、白糯为主,亩产 350 斤;1956 年,推广籼改粳,品种有南特早、团粒矮,亩均 550 斤。1976 年,大面积推广杂交籼稻(杂交籼优 63),用种量减少 85%,亩产 850 斤以上。1995 年,杂交籼稻由籼优 63 改良为优质杂交组合协优系列。2002 年,推广扬稻 6 号。2011 年,推广杂交 900,水稻亩产 1500 斤左右。至 2016 年,相继推广 40 多个水稻新品种应用于粮食生产。

50 年代,小麦品种以 2419、中农 28 号为主。1962 年后,推广华东 6 号、吉利、扬麦 3、4、5 号。1995 年后,推广扬麦 158、扬麦 10 号、宁麦 8 号新品种。油菜推广种植宁油 7、8 号和宁杂 2 号等双低油菜品种。蚕桑生产推广胡桑绿枝扦插、"小蚕二回育、大蚕条桑育、上山方格蔟"、林间经济养蚕等新技术,引进猪、鸡、鸭、鹅、兔、鱼等优良品种养殖。

科学用肥　60 年代,开始施用化肥,早稻施足基肥,重施分蘖肥,中晚稻"前促、中控、后保",三麦"前促、中控、后补",棉花、油菜"施足基肥,重施花铃肥、抽薹肥"。施肥方法上,三麦追肥推广打洞穴施,水稻推广"机前肥",全层施肥。1984 年,推广以氮、磷、钾复合肥料为主的平衡施肥法。2000 年后,实施测土配方施肥技术,以满足作物对各种营养元素的需求,提高作物产量 15% 以上。

除草剂应用　80 年代,在农技人员指导下,农户开始使用水稻秧田化学除草剂防除田间杂草,取得成功后,迅速推广应用,后推广到旱田使用。2000 年,农田除草剂应用面积达 99%,人工薅草的除草方式退出历史。

林粮间作　1978 年,邗江县多管局、气象局、农业局在杨寿林木园艺职业中学实施"池杉与稻麦间作试验研究(林粮间作)",提高农田的经济效益和森林覆盖率。1980~1983 年,李岗、杨寿、爱国、永和、墩留等大队建农田林网 2000 余亩,《人民日报》专题报道,日本友人福田一郎曾来信学习取经。

旱育秧　选择地势平坦的旱地,整地开墒,杀虫施肥,将浸泡后的稻种均匀播在旱床上,覆上薄膜保温保湿,出苗后炼苗,降温降湿,控水促根防病。优点是秧龄短,秧苗壮,省种、省水,管理方便。

抛秧　将秧苗直接均匀抛洒在经过水整平的农田,其根部随重力落入田间定植,改变了农民"面朝黄土背朝天"的插秧习惯,省工、省力,操作简单,高效稳产。

水直播　农田土壤经过耕作、整平、施肥,在浅水层条件下直接播种。此方法省工、节本,产量与机插秧相仿,农田长期有水层覆盖,可抑制杂草滋生,草害较轻。2016年,全镇农田水直播面积占30%左右。

农机使用　70年代,生产队开始推广使用拖拉机、水泵、脱粒机。80年代,推广手扶插秧机、机动插秧机。90年代,推广使用开墒机、旋耕机。2000年后,高性能插秧机、联合收割机等农业机械广泛使用。2010年,镇政府购买43台插秧机免费赠送给各村。2016年,全镇农业种植、收割机械化率达99%。

二、工业科技成果

1990年,扬州华通橡塑有限公司成立技术攻关小组,研制出"铁道车辆整体密封条"。1994年,扬州华联电气设备实业总公司成立电气设备研究所,是年,该所研制开发的"系列高压共箱式母线槽"和"模数化全轨道终端组合带端字母排配电箱"被列为省级新产品计划项目。1998年,江苏省南扬机械制造有限公司成立焊管设备研究所研发的"GW型数控复杂型材轧制自动生产线"和"ZG型薄壁大扁方成型焊管机组"列为国家火炬计划项目。1999年,扬州高新橡塑有限公司成立城际铁路橡胶制品工程技术研究中心,其研制开发的"混凝土枕轨用橡胶垫板"和"KC-20电力连接器橡胶护套"被国家知识产权局授予实用新型专利证书。

至2016年,全镇有8家企业获"国家级高新技术企业"称号,16项发明专利和122项新型实用专利获国家知识产权局授权,26种产品获"省高新技术产品"称号,建成市级科研技术中心8个,省级科研技术中心1个,扬州华通橡塑有限公司为铁道部定点企业,江苏省南杨机械制造有限公司被授予江苏省著名商标荣誉,扬州金泉旅游用品股份有限公司生产的"OUTLOOK帐篷"获"江苏省名牌产品"称号。

2011~2016年杨寿镇国家级高新技术企业一览表

表 19-3-1

获批时间	企业名称
2011年10月	江苏省南扬机械制造有限公司
2011年11月	扬州市恒阳冶金科技有限公司
2014年6月	扬州市杨永焊管设备厂
2015年10月	扬州华通橡塑有限公司
2015年11月	扬州金泉旅游用品股份有限公司
2016年11月	扬州市邗江科达涂装有限公司
2016年11月	扬州高新橡塑有限公司
2016年11月	扬州诺亚机械有限公司

2004~2016 年杨寿镇发明专利获国家知识产权局授权情况一览表

表 19-3-2

专利号	发明专利名称	企业名称
201010272320.4	在线冲孔的辊压成型生产线	江苏省南扬机械制造有限公司
201010272313.4	同步冷锯切机	江苏省南扬机械制造有限公司
201210336615.2	自控切割锯	江苏省南扬机械制造有限公司
201210336904.2	自动消隙切割变速箱	江苏省南扬机械制造有限公司
201310371619.9	气动夹紧测速装置	江苏省南扬机械制造有限公司
201410540123.4	一种 T 形灯具型材的生产装置及生产方法	江苏省南扬机械制造有限公司
201410540252.3	铝杆表面氧化层去除装置	江苏省南扬机械制造有限公司
201510735076.3	用于铝管生产线上的防划伤成型装置	江苏省南扬机械制造有限公司
201510774144.1	柔性辊弯成型生产线	江苏省南扬机械制造有限公司
201610774087.7	柔性辊弯成型生产线的成型平辊装置	江苏省南扬机械制造有限公司
200410014192.8	间壁安装座	扬州华通橡塑有限公司
201610612286.8	一种耐高温丙烯酸酯橡胶油封及其制备方法和应用	扬州华通橡塑有限公司
201210027341.9	中频炉顶式吹氧燃系统	扬州市恒阳冶金科技有限公司
201312781760.3	一种用于户外帐篷的防盗系统及其帐篷	扬州金泉旅游用品股份有限公司
200810244448.2	木塑建筑模板的生产方法	扬州赛创新材料科技有限公司
200910144745.4	一种无毒防火的轨道车辆门窗用橡胶密封条及其制备方法	扬州高新橡塑有限公司

2008~2016 年杨寿镇实用新型专利获国家知识产权局授权情况一览表

表 19-3-3

专利号	实用新型专利名称	企业名称
201120499519.0	铜包铝复合机组	江苏省南扬机械制造有限公司
201220463914.8	自动消隙切割变速箱	江苏省南扬机械制造有限公司
201320698151.x	液压旋转开卷机	江苏省南扬机械制造有限公司
201320699603.4	电动旋转开卷机	江苏省南扬机械制造有限公司
201420591640.x	一种 V 形灯具边框的冲切装置	江苏省南扬机械制造有限公司
201420591879.7	铜带自定心导向机构	江苏省南扬机械制造有限公司
201420592030.1	金属杆带表面处理一体机	江苏省南扬机械制造有限公司
201520990373.8	焊管整形校直装置	江苏省南扬机械制造有限公司
201520989170.7	一种带材供料机构	江苏省南扬机械制造有限公司
201621004745.6	柔性辊弯成型生产线的成型立辊装置	江苏省南扬机械制造有限公司
201120536793.0	一种门窗玻璃密封条	扬州华通橡塑有限公司
201120536776.7	一种空调机组减震垫	扬州华通橡塑有限公司
201120536763.x	一种火车过道门密封胶条	扬州华通橡塑有限公司
201420532079.8	门框密封胶条	扬州华通橡塑有限公司

续表 19-3-3

专利号	实用新型专利名称	企业名称
201420532081.5	垃圾车毛刷固定支座	扬州华通橡塑有限公司
201520270271.9	一种高速列车转向架牵引拉杆节点	扬州华通橡塑有限公司
201520427703.2	一种高铁电控塞拉门框密封条	扬州华通橡塑有限公司
201520427577.0	一种地铁门框胶条	扬州华通橡塑有限公司
201620446034.8	一种轨道交通用门窗密封胶条	扬州华通橡塑有限公司
201620446168.x	一种汽车减震垫	扬州华通橡塑有限公司
200822616288.7	一种野营帐篷用复合阻燃面料	扬州金泉旅游用品股份有限公司
200822615566.5	一种充气式支撑骨架	扬州金泉旅游用品股份有限公司
201124391058.8	一种可呼吸多功能抑菌防风保暖睡袋	扬州金泉旅游用品股份有限公司
201224391532.7	一种抗蚊虫防辐射多功能保暖睡袋	扬州金泉旅游用品股份有限公司
201422615659.9	一种帐篷用吊挂生产线控制系统	扬州金泉旅游用品股份有限公司
201522618076.0	一种弹性睡袋	扬州金泉旅游用品股份有限公司
201522617201.3	一种高精密智能化多功能裁床	扬州金泉旅游用品股份有限公司
201622615470.2	一种带有 GPS 定位器的旅行外套	扬州金泉旅游用品股份有限公司
201622616424.1	一种方便快捷撑合的帐篷骨架	扬州金泉旅游用品股份有限公司
201626789815.2	一种多功能太阳能户外背包	扬州金泉旅游用品股份有限公司
201020518288.9	氧枪机械手横臂摆动升降装置	扬州市恒阳冶金科技有限公司
201020518313.3	炉壁自动化渣集束氧枪	扬州市恒阳冶金科技有限公司
201020518333.0	超长射流氧枪喷头	扬州市恒阳冶金科技有限公司
201020518339.8	电炉专用扒渣机	扬州市恒阳冶金科技有限公司
201120289178.4	一种无间断连续加粉装置	扬州市恒阳冶金科技有限公司
201220040104.1	一种快速熔炼中频炉	扬州市恒阳冶金科技有限公司
201320586119.2	电炉顶吹氧枪的加持装置	扬州市恒阳冶金科技有限公司
201520037071.9	一种炉门氧枪机械手	扬州市恒阳冶金科技有限公司
201520036625.3	一种电炉炉壁氧枪	扬州市恒阳冶金科技有限公司
201620482156.2	一种轨道交通车辆对开门用密封条	扬州高新橡塑有限公司
201620482155.8	一种隧道密封条	扬州高新橡塑有限公司
201620482157.7	一种轨道车辆入站防撞条	扬州高新橡塑有限公司
201620482141.6	一种公交车防滑踏板	扬州高新橡塑有限公司
201620482148.8	一种交通车辆车窗密封条	扬州高新橡塑有限公司
201520825907.1	一种打孔装置	扬州市邗江科达涂装有限公司
201520825906.7	一种角钢切割装置	扬州市邗江科达涂装有限公司
201520855653.8	一种法兰连接定位装置	扬州市邗江科达涂装有限公司
201520854379.2	金属板侧槽压制装置	扬州市邗江科达涂装有限公司
201520846361.8	一种金属板弯曲装置	扬州市邗江科达涂装有限公司

续表 19-3-3

专利号	实用新型专利名称	企业名称
201320144666.5	立辊滑块调整装置	扬州市杨永焊管设备厂
201320147217.6	焊管机组导向模具调整装置	扬州市杨永焊管设备厂
201320329857.9	外毛刺刨刀装置	扬州市杨永焊管设备厂
201520519853.6	一种立辊架调节机构	扬州市杨永焊管设备厂
201520520220.7	一种焊管制造用平辊调节装置	扬州市杨永焊管设备厂
201520912570.8	压片机主压驱动机构	扬州诺亚机械有限公司
201520911668.1	压片机主压驱动自锁机构	扬州诺亚机械有限公司
201520912567.6	压片机附轴传动机构	扬州诺亚机械有限公司
201520911169.2	压片机平移机构	扬州诺亚机械有限公司
201520911832.9	压片机重量调节机构	扬州诺亚机械有限公司
200820215493.0	一种木塑建筑模板	扬州赛创新材料科技有限公司

注：表中收录为国家知识产权局授权的部分实用专利。

第二十章 教 育

清朝末期,境内除义学外,多为私塾。民国时期,始办国民小学两所,有学生 112 人。抗日战争时期,甘泉县抗日民主政权在杨寿等地创办学校和私塾,成立私塾联合会。

中华人民共和国成立后,人民政府接办既有国民小学,组织塾师学习,逐步将有条件的私塾转为公办或民办小学。1957 年,成立邗江县杨寿中心小学。1958 年,创建杨寿农业中学。1968 年,境内有完全小学 11 所。70 年代,普及中学教育,农中改普中,农村部分完小附设初中班。1971 年,公社成立教育革命委员会,设文教专职干部 1 人。1974 年,成立杨寿中学"五七"农场(实验林场)。1976 年,开办杨寿幼儿园。1984 年,成立杨寿乡教育委员会,教育实行"三级(县、乡、村)办学,两级(县、乡)管理"。1990 年起,开展"双基"(基本普及九年制义务教育,基本扫除青壮年文盲)教育,全面推进素质教育。至 1995 年,杨寿乡基本扫除青壮年文盲,达到国家脱盲标准。1996 年,杨寿镇被评为江苏省农村教育综合改革先进单位。1999 年,民资进入教育领域,杨寿中心幼儿园改制为民营,出现民办与公办并存的办学体制。2000 年后,全面推进教育现代化建设,教育投资大幅增加,教育设施、设备和教师待遇不断得到改善和提高。2008 年 8 月,杨寿中心中学与杨寿中心小学合并组建杨寿学校。是年 12 月,镇中心幼儿园创成省优质幼儿园,2009 年,杨寿学校创建成江苏省实验小学,镇成人教育中心校创成省标准化社区教育中心。2013 年,镇政府回购中心幼儿园为公办园。

2016 年,镇内有九年制学校 1 所,幼儿园 1 所,成人教育中心校(社区教育中心)1 所,杨寿学校占地面积 3.1 万平方米,校舍建筑面积 1.1 万平方米,有教学班 33 个,在校学生 1296 人,专任教师 130 人,学历合格率 100%,拥有区级以上名师 23 人。杨寿中心幼儿园占地面积 4500 平方米,建筑面积 3592 平方米,户外活动面积 2768 平方米,11 个班级,在园幼儿 408 人,入园率达 99.6%。教职工 40 人,其中专任教师 23 人,教师资格达标率 87%。杨寿社区教育中心有专任教师 5 人。

第一节 机 构

民国时期,县教育局下设学区,每学区设教育委员 1 人,负责管理本学区教育事宜。抗日战争期间,甘泉县抗日民主政权设有文教科。1949 年至建邗江县前,境内教育机构先后属扬州市、江都县教育科管理。1956 年 4 月建邗江县后,县政府设教育科,区设文教助理,负责辖区教育工作。1958 年,公社设文卫科,负责管理教育工作。1966 年,"文化大革命"开始后,教育管理机构瘫痪。1971 年,公社成立教育革命委员会(简称"教革会"),具体负责教育管理,乔厚祥为文教干部(专职)。后教革会变为贫下中农管理教育的机构。1972 年,贯彻国务院整顿教育的精神,恢复公社文卫科。

1984 年,实行县乡"分级办学、分级管理"的教育管理体系,成立杨寿乡教育管理委员会,下设教育管理办公室(简称"教办室"),由分管教育的副乡长担任主任,文卫科科长担任副主任,相关部门负责人及中小学校长、幼师辅导员、扫盲辅导员为成员,具体负责辖区内教育系统人、财、物管理。

教办室在乡镇教育的发展上发挥较大作用。1988 年,新建杨寿中学教学楼一幢,6 个教室,建筑面积 540 平方米。1990 年,新建中心小学教学楼,建筑面积 680 平方米,12 个教室。1992 年,投入 35 万元翻建杨寿中学教学楼。1995 年,筹资 55 万元新建杨寿幼儿园。1997 年,投入 180 万元新建杨寿中心小学教学楼。次年,利用杨寿中学成立 40 周年校庆契机,筹措 220 万元新建杨寿中学综合楼。村单办初中及村小学的维修、添置,以及筹措民办教师、代课教师(1990 年后逐年减少)的工资是教办室的重要职责。定期召开教师表彰大会,动员社会各界捐资助学,每年的教育经费投入占乡(镇)财政收入的 50%以上。1998 年,全镇中小学共 8 所,71 个班级,2795 名中小学生,专任教师 140 人。镇财政对教育拨款 125.5 万元,征收农村教育附加费 137.2 万元(企业 27.9 万元,农户 109.3 万元),教育经费总收入 262.7 万元,其中支付公办教师工资 78.5 万元,民办、代课教师工资补贴 18.8 万元,办公经费支出 83.8 万元,学校基建支出 45 万元,改善办学条件 15 万元。2003 年 10 月乡镇合并,成立甘泉镇教办室。2007 年,邗江区撤销乡镇教育办公室,人、财、物由区教育局直接管理。

教育办公室历任主任(分管副乡、镇长):汤贵金、吴庭湘、方秀祥、吴玉平、黄兆林、刘光毅、李秋萍、常开勤、吴正岗、胡燕萍、冯大江。

教育办公室历任常务副主任(文卫科科长):张巧云、黄兆林、方林、颜景宝、吴正岗、王正遂、冯大江、宋付荣。

第二节　私塾教育

境内旧式教育以私塾为主,由私人开设,设置在私人住宅,由 1~2 名塾师教学,多为启蒙和初级教育,学生 10~20 人,学期为每年正月十八开学,冬至放假。教学以识字读文、算术运算和珠算、作文、写毛笔字为主,教授内容以《三字经》《百家姓》《千字文》《神童诗》等为教材,由浅入深至"四书""五经"。塾师不作讲解,传承旧注,学生唯师是从,熟读死记。每个学期视学生多少收取一定数量的学谷,通常为 1~3 斗米(每斗 15 斤)。中上等的农户都要让男孩子读几年书,能上私塾的孩子占同龄人十之一二,绝大多数农户的孩子不识字或识字不多。民国三十六年(1947),境内有私塾 15 所,塾师 19 人。较有名气的有方集乡周九私塾,塾师胡敏、方春和;方集私塾,塾师陈润霖(陈乃堂);建隆私塾,塾师林小章;杨寿乡莲子庵私塾;塾师吴玉德;贺庄私塾,塾师吴德均;蒋塘大庄私塾,塾师庄玉安;焦庄私塾,塾师王佑民(赤岸人);江庄私塾,塾师崔庆祥;大庄私塾,塾师庄玉钊;永和大高庄私塾,塾师张鹏展、常恩国(公道人);郭庄私塾,塾师陈廷龙;李岗刘庄私塾,塾师刘宝德;墩留私塾,塾师周正同等。

中华人民共和国成立后,人民政府允许私塾存在,须经政府登记审核,使用统一小学课本,称为改良私塾。1953年春,境内有私塾12所,塾师15人,吴玉德担任私塾联合会主任,协助政府管理私塾,开展教学研究,进行私塾改造转化工作。1958年,境内所有私塾撤并为公办或民办小学,部分塾师转为人民教师,境内无私塾存在。

第三节　学前教育

1976年,杨寿幼儿园成立,附设在中心小学内,1个混合班,1名教师,幼儿30多名。次年,迁至杨寿大队时庄生产队(今宝女村时庄组)。

1979年,为贯彻落实国务院《全国托幼工作会议纪要》精神,公社将幼儿教育列入普通教育工作计划,公社妇联负责幼儿教育的组织领导,中心小学负责幼师培训和教学业务辅导,卫生院负责幼儿保健,层层建立组织,明确专人负责。杨寿幼儿园改为杨寿公社中心幼儿园,各生产大队相继办起幼儿园,按照县文教局要求开设语言、常识、计算、体育、音乐、美工、汉语拼音7门课程。是年,境内有幼儿园11所,230名幼儿入园,教师12人。

1981年,开始执行教育部颁布的《幼儿园教育纲要(试行草案)》,幼儿教育做到统一计划,统一教材,统一要求,按年龄分班,按《纲要》要求开设课程。是年,公社中心幼儿园迁址到杨寿大队王庄生产队(今宝女村王庄组),2个班级,大班1个,小班1个,两名教师,幼儿78人。

1983年,撤社设乡,公社中心幼儿园改为乡中心幼儿园,有大、中、小3个教学班,教师6人,幼儿91人,学制3年,增加识字、拼音课程,大班每周上课12节,中班10节,小班8节,每日户外活动1~2小时,主要是游戏和自由活动。

1985年,实行分级办学、分级管理,乡中心幼儿园为乡办,村幼儿园为村办。村幼儿园老师的工资比照村妇女主任的工资,年终一次性发放。是年,全乡有幼儿园11所,在园幼儿321人,幼师19人。

1989年,执行国家教育委员会《幼儿园管理条例》,幼儿入园年龄为3周岁,课程以语言、计算、艺术、常识、品德、健康等方面为主。1990年,全乡3至6岁幼儿1103人,入园832人,占75%;4至6岁幼儿838人,入园764人,占91%,幼师19人。

1993年起,全乡幼儿园实现经费统筹,由乡教办室统一管理,办学经费和教师待遇得到保障,添置配齐桌椅、教学器材、幼儿玩具,乡中心幼儿园负责村园业务辅导,教师业务水平不断提升,保育质量明显改善。

1995年,乡中心幼儿园搬迁至时庄新村,占地4500平方米,新建教学楼一幢,建筑面积780平方米。5个教学班,大班2个,中班2个,小班1个,教师9人,在园幼儿150人。是年,杨寿撤乡建镇,乡中心幼儿园改为镇中心幼儿园。境内有幼儿园9所,在园幼儿360人,幼师23人。

1999年,根据县政府的改革精神,民资进入教育领域,中心幼儿园由公办转为民营。

2000年后,幼儿减少,村幼儿园分步撤并到中心幼儿园。2004年,中心幼儿园扩建教室及附属用房1689平方米,发展至9个教学班,大、中、小班各三轨,教师18人,保育员4人,后勤2人,在园幼儿360人,入园率达95%。

2006年,中心幼儿园创建成扬州市一类幼儿园,2007年创成扬州市优质幼儿园,2008年创建成江苏省优质幼儿园。

2013年,镇政府回购杨寿中心幼儿园产权,中心幼儿园由民营改制为公办。

2014年,中心幼儿园成为扬州市首批课程游戏化项目园。以"自由、自主、创造、愉悦"的游戏精神,结合幼儿的年龄和学习特点,以游戏为主要教学方式,整合"语言、科学、艺术、健康、社会"五大领域课程内容,实现"玩中学、做中学",开展省级教科研实验课题研究。

2016年,中心幼儿园占地面积4500平方米,建筑面积3592平方米,户外活动面积2768平方米。11个班级,在园幼儿408人,入园率99.6%。教职工40人,其中专任教师23人,保育员11人,后勤6人。专任教师中有大专学历的约占87%,教师资格达标率为88%。户外有运动器材、种植园地、动物饲养角等,教室有符合年龄段的桌椅、开放式可移动的低矮玩具柜及高低床、空调,有电视机、电脑、多媒体、摄像机、照相机、彩色打印机等现代化教学设备,有科学发现室、美工室、图书室、综合游戏室和多功能室等,满足现代教学需求。

中心幼儿园历任园长:方正琴、曾秀萍、吴福香、殷雪梅。

镇(乡、公社)历任幼师辅导员:刘德林、王文霞、杨伟芳、曾秀萍。

第四节　小学教育

一、规模布局

民国三十六年(1947),境内有杨寿乡国民学校和方杨乡中心国民学校。杨寿乡国民学校校址在集镇都天庙(现杨寿镇老街东首),教室2个,教务室1个,教职员5人,其中校长徐志诚,教师顾剑青、崇枚、李惠芳、潘源艿。两个班级分别为一、二年级复式,三、四年级复式,共有62名学生。方杨乡中心国民学校校址在方集村陈庄组,校舍借用民房,前进三间为一年级教室,后进右首廊房为二、三年级教室,中间一大间为礼室。学校有教职员2人,分别是校长陈润霖(陈乃堂)和教师陈

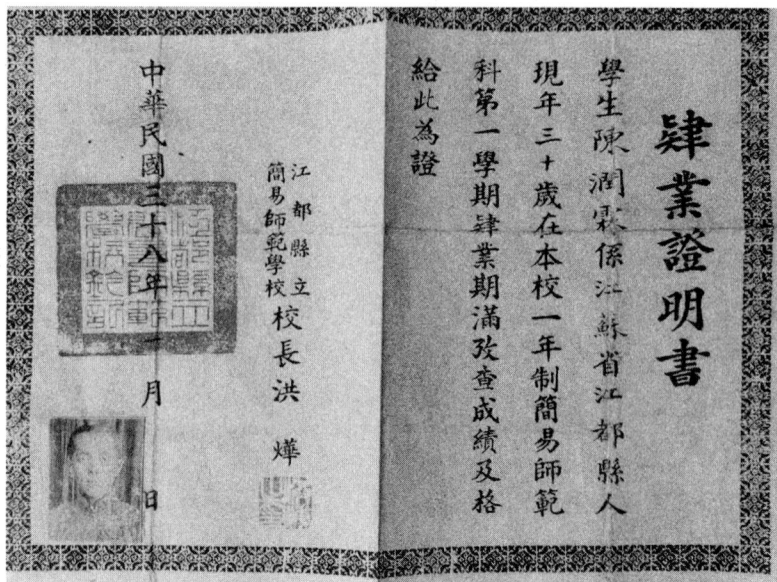

民国三十八年(1949)1月,陈乃堂获
江都县立简易师范学校肄业证书

松均。两个年级分别为一年级单式,二、三年级复式,有学生 50 人。方杨乡中心国民学校附设 3 所分校,分别为周九房、大殷庄、方家集小学。

1949 年 9 月,杨寿乡国民学校更名为江都县黄珏区杨寿小学,校长李惠芳,2 个班,不足 100 名学生。1952 年,发展为六年制完全小学,有 5 个班(五、六年级复式班),不足 200 名学生,教师 7 人。同时境内有方集、大殷、周九、万元、莲子、马场、墩留等小学。其时,中共地下党员赵永江和李正环在李岗李正禄家开办小学,利用教员身份发展党员,传播革命理论,后迁入楼庄李国朝家,中华人民共和国成立后,改为宝女小学。

1956 年 3 月,江都县分设邗江县,是年 8 月撤区并乡。1957 年,杨寿小学更名为邗江县杨寿中心小学,学校为六年制完全小学,6 个班级,学生 230 人,教师 10 人。此时,境内有方集小学、爱国小学、永和小学、墩留小学 4 所完全小学。1957 年 9 月,杨寿中心小学管理境内各小学。次年秋,邗江县并入扬州市,乡改为人民公社,邗江县杨寿中心小学更名为扬州市杨寿人民公社中心小学,校址迁至杨寿大队老吴庄(今宝女村吴庄组),校舍为原地主、富农房屋。

1962 年,中心小学迁址到杨寿大队时庄生产队(今宝女村时庄组),班级 6 个,学生 250 人左右,教职工 13 人。学校隶属于扬州市教育局,党组织隶属于杨寿供销支部。境内的小学除原有的公办杨寿中心小学、方集小学、爱国小学、墩留小学、永和小学外,新增民办新华、大同(周九)、东兴、蒋塘、宝女 5 所初级小学。次年 3 月,恢复邗江县,中心小学隶属于邗江县文教局。学校有班级 6 个,教职工 15 人。校内设立教导处、总务处和少先队大队部。除中心小学外,辖区内其他 4 所完小和 5 所初级小学,均由中心小学管理。1963 年,各大队开办简易小学,次年更名为耕读小学,全公社时有耕读小学 66 所。是年,邗江县在杨寿召开现场会,向全县推广杨寿办学经验和做法。1965 年,邗江县在方巷公社召开学习毛泽东著作积极分子讲用大会,杨寿耕读教师吴文坚在会上作先进事迹介绍,受到在方巷蹲点的中国人民解放军副总参谋长张爱萍表扬。

1966 年 4 月,杨寿人民公社文卫党支部成立,殷长禄为支部书记,方延辉为支部副书记。公社中心小学校长为方延辉,副校长为汤惠农、乔厚祥。5 月"文化大革命"开始,提出"上小学不出队、上初中不出片、上高中不出社"的口号,次年 1 月,改小学 6 年制为 5 年制,秋季招生改为春季招生,学校下放到农村大队办。杨寿中心小学被下放给杨寿大队,并附设初中班,校名变更为邗江县杨寿人民公社杨寿学校,七个年级(小学 5 个年级、初中 2 个年级),班级 12 个,学生 480 人,教职工 25 人。1968 年,境内有学校 11 所,分别是杨寿、方集、建龙、爱国、东兴、新民、袁岗、永和、蒋塘、墩留和李岗小学。1970 年后,爱国、方集、建龙、永和和墩留小学先后附设初中班,称为"戴帽子学校"。

1978 年 9 月,恢复邗江县杨寿人民

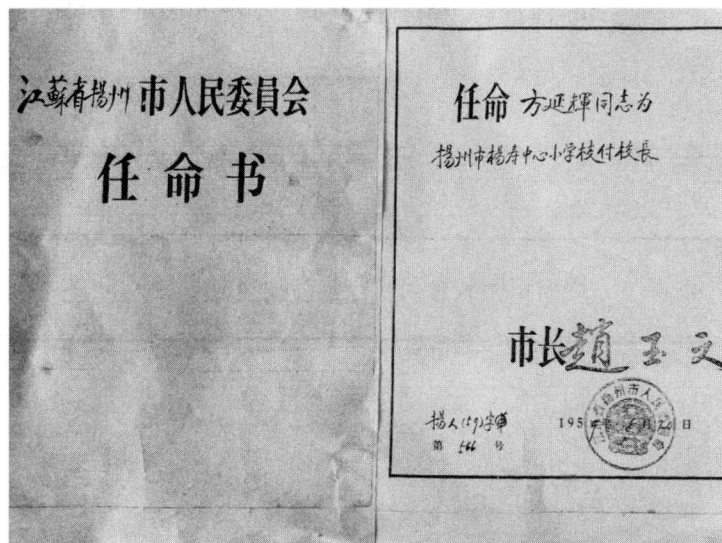

1959 年 8 月江苏省扬州市人民委员会
任命方延辉为杨寿中心小学副校长

公社中心小学,班级 12 个(小学班级 10 个、初中班级 2 个),学制为 5 年,学生近 500 人,教职工 25 人。是时,境内还有方集、爱国、墩留、永和、新民、李岗、蒋塘、袁岗、东兴和建龙等 10 所小学,由杨寿中心小学负责管理。1983 学年度,境内有小学 11 所(袁岗小学为初小),占地面积约 4.18 万平方米,校舍面积约 5896 平方米。班级 73 个,学生 2788 人,教师 118 人。

1983~1984 学年度小学系统学校基本情况统计表

表 20-4-1   单位:平方米、人

校名	占地面积	校舍面积	教师数	班级数	年级学生数						学生总数
					一	二	三	四	五	六	
中心	8871	1013	35	9	54	57	50	77	76	67	381
爱国	3669	580	13	10	64	52	66	72	81	86	421
永和	5336	440	12	9	42	65	43	58	60	31	299
墩留	5336	340	10	7	43	61	31	40	58	30	263
立新	1134	302	7	6	33	32	39	38	33	30	205
方集	6670	1350	12	9	42	70	61	67	60	59	359
东兴	2334	390	7	5	34	48	48	48	42	/	220
李岗	2501	365.8	7	6	35	36	36	40	37	29	213
新民	1000	315	7	6	34	40	42	45	48	36	245
蒋塘	3602	540	5	4	25	20	18	29	30	/	122
袁岗	1334	260	3	2	16	17	27	/	/	/	60
合计	41787	5895.8	118	73	422	498	461	514	525	368	2788

1984 年,撤销袁岗小学,学生分流到爱国小学和中心小学。1993 年,撤销新民小学,将其并入中心小学。1994 年,撤销蒋塘小学,将其并入永和小学。至 1994 年,境内有小学 8 所,班级 55 个,学生 1817 人,教师 121 人。其中中心、爱国、永和、墩留、曹安(立新)为完全小学;方集、东兴、李岗为初级小学。

1994~1995 学年度小学系统学校基本情况统计表

表 20-4-2   单位:平方米、人

校名	占地面积	校舍面积	教师数	班级数	年级学生数						学生总数
					一	二	三	四	五	六	
中心	6756	2065	45	13	73	65	75	92	87	109	501
爱国	5469	753	21	11	48	56	59	46	77	89	375
永和	8401	1120	12	8	42	65	43	58	60	23	291
墩留	5300	762	13	6	27	29	26	22	34	29	167
曹安	2560	690	11	6	36	29	25	19	45	47	201
方集	2867	900	7	4	29	24	23	20	/	/	96

续表 20-4-2

校名	占地面积	校舍面积	教师数	班级数	年级学生数						学生总数
					一	二	三	四	五	六	
东兴	3210	506	7	4	30	32	27	25	/	/	114
李岗	3668	452	5	3	24	32	16	/	/	/	72
合计	38231	7248	121	55	309	332	294	282	303	297	1817

　　1995~2005 年期间,因学生数减少,为整合教育资源,调整教育布局,先后撤并 5 所村小。1998 年,撤销李岗小学,并入中心小学。2001 年,撤销东兴小学,并入爱国小学;撤销曹安小学、墩留小学,并入中心小学。2003 年,撤销方集小学,并入中心小学。2005 年,境内有中心小学 1 所,村级完小 2 所(永和小学、爱国小学),班级 31 个,学生 1177 人,在职教师 81 人。

2005~2006 学年度小学系统学校基本情况统计表

表 20-4-3　　　　　　　　　　　　　　　　　　　　　　　　　　　　　单位:平方米、人

校名	占地面积	校舍面积	教师数	班级数	年级学生数					
					一	二	三	四	五	六
中心	14916	3244	62	19	113	129	134	152	138	174
爱国	10060	1184	11	6	27	25	25	22	31	46
永和	7200	810	8	6	21	20	21	21	23	25
合计	32176	5238	81	31	161	174	180	195	192	245

　　2008 年 8 月,杨寿中心小学与杨寿中心中学合并组建九年一贯制杨寿学校(校址在杨寿中学),撤销永和小学,并入杨寿学校。2009 年,撤销爱国小学,并入杨寿学校。2016 年,杨寿学校小学部有学生 814 人,21 个班级,专任教师 75 人。

1949~2008 年杨寿中心小学历任校长任职情况一览表

表 20-4-4

学校名称	姓 名	职 务	任职年限
杨寿小学	李惠芳	校长	1949 年 9 月~1952 年 7 月
杨寿小学	张 成	校长	1952 年 8 月~1956 年 7 月
杨寿中心小学	张 成	校长	1956 年 8 月~1957 年 7 月
杨寿中心小学	蔡亚鹏	校长	1957 年 8 月~1958 年 1 月
杨寿中心小学	薛汝愚	校长	1958 年 2 月~1959 年 7 月
杨寿中心小学	方延辉	校长	1959 年 8 月~1967 年 7 月
杨寿学校	曹气云	校长	1968 年 8 月~1978 年 7 月
杨寿中心小学	戚永存	校长	1978 年 8 月~1984 年 7 月
杨寿中心小学	张 萍	校长	1984 年 8 月~1997 年 7 月
杨寿中心小学	冯华贵	校长	1997 年 8 月~2005 年 7 月

续表 20-4-4

学校名称	姓　名	职　务	任职年限
杨寿中心小学	黄卫国	校长	2005 年 8 月～2007 年 7 月
杨寿中心小学	田宗祥	校长	2007 年 8 月～2008 年 7 月

说明：2008 年 8 月撤并至杨寿中学，组建成九年一贯制杨寿学校

1978~2008 年杨寿中心小学历任党支部书记任职情况一览表

表 20-4-5

姓　名	职　务	任职时间	备　注
戚永存	党支部书记	1978 年 8 月～1984 年 7 月	
薛洪礼	党支部书记	1984 年 8 月～1997 年 7 月	
林金红	党支部副书记	1997 年 8 月～1998 年 7 月	主持工作
冯华贵	党支部书记	1998 年 8 月～2005 年 7 月	
黄卫国	党支部书记	2005 年 8 月～2007 年 7 月	
田宗祥	党支部书记	2007 年 8 月～2008 年 7 月	

二、学制课程

学制　民国时期，境内小学执行"壬戌学制"，规定小学修业期限 6 年，初级小学 4 年，高级小学 2 年。中华人民共和国成立后，小学仍执行 6 年制，考试合格为小学毕业，发给毕业证书。1969 年，小学实行 5 年制，改秋季始业为春季始业。1974 年，恢复秋季始业，儿童年满七周岁入学。1983 年，小学由 5 年制过渡为 6 年制。1996 年，儿童年满六周岁入学，学制为 6 年。至 2016 年，小学均实行 6 年制，入学年龄为六周岁。

课程　民国时期，初级小学课程设有国语、算术、常识、美术、劳作、童子军体育等 6 门课程；高级小学设有国语、算术、地理、历史、自然、珠算、劳作、体育、图画、音乐、公民等 11 门课程。

中华人民共和国成立初期，采用人民教育出版社新编教科书，初小开设国语、算术、常识、美术、劳作、体育、音乐 7 门课程，高小增加政治、史地、自然 3 门课程。1955 年 9 月，执行教育部小学教学计划，每学年以 34 周（每周 6 天）计算。小学 1~4 年级开设语文、算术、体育、唱歌、图画、手工劳动 6 门课程，5~6 年级增加历史、地理、自然 3 门课。"文化大革命"期间，学生走出课堂学工、学农、学军，寒暑假被改为放农忙假，正常课程难以完成。1976 年，恢复"文化大革命"前的课程。1981 年，增设思想品德课。1983 年，执行教育部颁布的《全日制六年制小学教学计划（草案）》。1995 年，全县小学实行每周 40 小时标准工作制，规定每周学生在校活动总量控制在 30 课时以内。1997 年，小学执行《江苏省全日制中小学课程（教学）计划》，同时开展课外活动、班级活动、科技文体活动、兴趣活动等。2003 年 9 月，小学执行教育部义务教育课程设置方案，每周开设 3 节体育课，三年级开设英语课，自然课改为科学课，高年级增设综合实践活动课程，学校自主开设校本课程。2006 年，小学每周授课时间一、二年级为 26 课时，三至六年级为 30 课时，学生每天在校时间不超过 6 小时。2016 年，小学开设课程为语文、数学、英语、思想品德、科

学、信息技术、体育、音乐、美术、综合实践活动及校本课程。课外活动有早操或课间操、眼保健操、晨会、班队会、文体活动等。

三、教学

民国时期，课本采用政府编印教材，教学多为灌输式（注入式），教师讲，学生听，如语文课一般是先读、认生字，后解析词语，最后整理笔记。

中华人民共和国成立后，小学采用人民政府编印教材，提倡启发式教学，要求教师钻研教材、备课，改进教学方法，提高教学质量。1956年，小学一年级开始汉语拼音教学。"文化大革命"期间，教学受到冲击。

1978年起，推广读讲结合，辅导启发，精讲多练，狠抓教学"五认真"（认真备课、认真上课、认真批改作业、认真考核、认真辅导）。校际组织公开课、实验课、观摩课。80年代，开展拼音识字、提前读写等教改活动，着重抓好"双基"（基础知识、基本技能），提高学生学习能力。1990年，使用小学义务教育教材。

1998年，中心小学成立教科室，推广电化教学。2000年后，中心小学建起校园网络，教师开始运用现代教学技术授课。2003年，推行建立"平等、尊重、互动"的新型师生关系，教师由课堂教学的主角转变为学生自主学习的指导者。实行开放式教学，倡导素质教育，开发校本课程，进行特色教育。张立文老师主编《翰墨飘香》毛笔字、钢笔字、铅笔字系列校本教材，供学生练习。全校注重教育教学科学研究，探索新时期教育改革、提高教育教学质量的新路。2009年，杨寿学校创成江苏省实验小学，至2016年，杨寿学校小学部承担市级、区级研究课题6个。

2004~2016年杨寿学校小学部教育科学研究课题一览表

表 20-4-6

课题级别	课题名称	课题负责人
市级	学校和谐发展与重点突破关系的研究	焦寿金
市级	培养学生良好学习品质的研究	陈正佺
市级	促进对话、互动的小学课堂教学的研究	卜秀红
市级	小学生口语交际能力的研究	孔有春
区级	小学语文课堂教学模式的研究	宋春元
区级	小学作文教学模式研究	宋春元

四、村级小学简介

东兴小学　1950年创办，原名万元小学，校址在东兴村黄庄组。1959年，改为东兴小学。1968年，升为完全小学。80年代末，有班级8个，学生300余人，教师11人。2001年，撤并到爱国小学。

历任校长（负责人）：谢昭、刘存瑾、张久国、刘廷贵、苏桂同、刘廷贵、陈平朝。

　　爱国小学　1952 年创办,原名莲子小学,校址在爱国村义和组(莲子庵)。1959 年,改为爱国小学。1970~1980 年,学校附设初中班。1992 年,东兴小学五、六年级学生并入爱国小学。1994 学年度,学校有班级 11 个,学生 375 人,教师 21 人。1998 年,学校迁至爱国初级中学内,增建 300 平方米的教室和附属用房,配备学生微机房、图书室、体育室及水冲式厕所等,当年创成邗江县合格完全小学。2009 年,整合教育资源,撤销爱国小学,并入杨寿学校小学部。

　　历任校长(负责人):郭金佩、束长秋、朱汉儒、倪文波、赵大林、乔厚祥、赵弘信、薛洪礼、沈维宝、丁长安、陈平朝、林金红、成国扣。

　　袁岗小学　1968 年创办,校址在袁岗大队金庄生产队(现爱国村金庄组),学生多时有 5 个班,后改为初小。1983 学年度,有班级 2 个,教师 3 人,学生 60 人。1984 年撤销,学生分流到中心小学和爱国小学。

　　历任校长(负责人):沈维宝、袁学章、盛久林。

　　永和小学　1952 年创办马场小学,位于永和村军田组。1959 年,学校迁至九连生产队,更名为永和小学。"文化大革命"期间,称为"东方红小学"。1970~1980 年,学校附设初中班,有学生 450 人,教师 20 余人。1991 年,学校迁至平原组,征地 15 亩,村投资 23 万元新建教学楼一幢,建筑面积 455 平方米。1994 学年度,学校有班级 8 个,学生 291 人,教师 12 人。1995 年,创成首批邗江县合格完全小学。2008 年,撤销永和小学,并入杨寿学校小学部。

　　历任校长(负责人):胡宝林、陈廷龙、方金山、周宏云、邵懋钰、戴宝来、王春琉、林金红、许广山、成国扣、刘光勇。

　　蒋塘小学　1952 年,创办九连小学,校址在蒋塘村吴庄组。1959 年,更名为蒋塘小学。1968 年为完全小学。1983 学年度,有班级 4 个,教师 5 人,学生 122 人。1990 年,改为初级小学,为永和小学分部。1994 年,撤销蒋塘小学,并入永和小学。

　　历任校长(负责人):王仁海、庄金桃、张生生、韦开荣、邵懋钰、赵弘信、刘开华、张德宝、王永林、方德宝、万浪平。

　　墩留小学　1952 年创办,校址在墩留村马庄组,后迁至刘庄组。"文化大革命"期间,称为胜利小学。1970~1980 年,学校附设初中班。1983 学年度,学校有班级 7 个,学生 263 人,教师 10 人。2001 年撤销,并入中心小学。

　　历任校长(负责人):戴宝来、孙崇芾、赵弘信、金玉英、胡明才、方大生、宋春贵、张德宝、王文良、姚宏、陈平朝。

　　李岗小学　中华人民共和国成立前,赵永江(中共地下党员)、李正环在李岗开办小学,地点在李正禄家,后迁至楼庄李国朝家。赵永江利用教员身份发展党员,传播革命理论。中华人民共和国成立后,建成宝女小学。1968 年,更名为李岗小学。1983 学年度,学校有班级 6 个,学生 213 人,教师 7 人。90 年代后,改为初级小学。1998 年,撤销李岗小学,并入中心小学。

　　历任校长(负责人):赵永江、田同铭、方金山、方德宝、宋春贵、纪玉红、吴文龙、陈平朝、宋春贵。

　　新民小学　中华人民共和国成立前,方杨乡大殷村有国民学校大殷庄小学,地点在大殷村大殷庄(今新龙村大殷组)。1955 年,学校迁至后方庄(新龙村新华组),更名为新华小学,校长倪文波。1968 年,学校迁至新民大队民主生产队(今新龙村民主组),更名新民小学,为完全小学。

1983 学年度,学校有班级 6 个,学生 245 人,教师 7 人。1993 年,撤销新民小学,并入中心小学。

历任校长(负责人):倪文波、赵宏源、王春琉、薛洪礼、王春琉、王文良、宋春贵。

曹安小学　1958 年,创建建隆小学,校址在建隆村同兴组,1 个班级(1~3 年级复式班),教师 1 人。1964 年,学校迁至三星生产队。1968 年,迁至桥口生产队,更名为立新小学,为完全小学。70 年代,学校附设初中班。1983 学年度,学校有班级 6 个,学生 205 人,教师 7 人。1993 年,搬至刘庄组(原曹安初级中学内),更名为曹安小学。1995 年,曹安小学有班级 6 个,学生 201 人,教师 11 人。2001 年,撤销曹安小学,并入杨寿中心小学。

历任校长(负责人):周正同、钱长钰、王春琉、方金山、方德宝、许广山、陈平朝、汤福田、吴玉田。

方集小学　民国三十六年(1947),方集村境内有方杨乡国民学校和周九小学,校址分别在现陈庄组和方庄组。1949 年 9 月,原国民学校停办,成立方集小学,校址在方集关帝庙。1956 年,周九小学迁至桃园组,改名为大同小学。1967 年,撤销大同小学,改为方集小学分部。1977 年,关帝庙拆除,在汤庄生产队征地 15 亩,新建方集小学。1970~1980 年,学校附设初中班。1983 学年度,学校有班级 9 个,学生 359 人,教师 12 人。1995 年,台胞孟德宝先生的义女陈正秀遵照孟先生的遗嘱,捐赠人民币 15 万元,为故里方集小学新建教学楼 1 幢,建筑面积 648 平方米。2003 年,方集小学撤销,并入杨寿中心小学。

方集小学历任校长(负责人):陈萍、卞慰祖、汤惠农、魏克明、卜富元、倪文波、方德宝、薛洪礼、张萍、方德宝、张德宝、陈平朝、丁长安、方德宝。

周九小学(大同小学)历任校长(负责人):许崇山、方福喜、周宏云。

第五节　中学教育

一、规模布局

1958 年 9 月,建立杨寿农业中学,校址在建隆村曹安寺寺庙内(今新龙村曹安组),同时设立"万斤大学",校长周兆熊。主要课程为政治、语文、数学、农知(技)等。学生来自境内家庭经济条件差、年龄较大的历届小学毕业生,他们边学习边劳动,大搞农业试验田。1961 年,学校迁至公社原养猪场(现墩留村境内),校长殷长禄,1962 年停办。

1964 年,农业中学恢复,校址迁至集镇杨寿农具厂北侧(现扬州华联电气设备实业总公司内),有班级 2 个,学生 50 多人,教师 3 人。校长为殷长禄,负责学校迁址工作,教师康明琪具体负责学校教学工作。1967 年,王志良(公社党委委员)担任农业中学革命委员会主任,佘德峰为副主任,下设方集、爱国两所分校。

1968 年,农中迁至现杨寿学校校址,改农业中学为普通中学,更名为邗江县杨寿中学(初级中学),次年春,学校升为完全中学(简称"完中"),成立杨寿中学革命委员会,由王志良兼任革委会主任,方延辉为文卫党支部负责人,具体负责学校工作。当年招收初中班 4 个,高中班 1 个,机电班 1 个,学生 220 人,教师 15 人。

　　1970年,境内杨寿、方集、建龙、爱国、永和、墩留等小学先后附设初中班,称之为"戴帽子学校",实现"初中不出片,高中不出社"。同时方集、爱国农中并入杨寿中学。

　　1974年,杨寿中学规模扩大到初、高中各4个班,学生420人,教职工25人。1979年,初中学制由2年向3年过渡。次年,在撤并杨寿、方集、建龙、爱国、永和、墩留等小学附设初中班基础上,建立曹安、爱国初级中学(曹安初级中学为新址新建)。1980年,杨寿中学停招高中班,学校为初级中学,改名为邗江县杨寿中心中学。学校建立党支部、团总支,设立教导处、总务处,班级10个,学生450人,教职工35人。爱国、曹安初级中学由原隶属于杨寿中心小学改为隶属于杨寿中心中学管理。

　　1969年至1981年,杨寿中学共有9届高中班,高中毕业生737人。

　　1993年8月,学校内部管理体制改革,实行"三制",即校长选任制、教职工聘任制、岗位责任制,殷久春当选为杨寿乡中心中学校长,聘任65名教职工任职。学校设立党支部、校长室、教导处、总务处、团总支(1994年9月改建团委)。1994年8月,教导处分设教务处、政教处。1994年、1995年,先后撤销曹安、爱国两所初级中学,并入杨寿中心中学。爱国初级中学历任校长:赵弘信、薛洪礼、邵懋钰、吴文宝、孔凡圣、吴文宝、陈新华。曹安初级中学历任校长:薛洪礼、邵懋钰、吴玉柱。

　　中心中学规模扩大到教学班17个,学生800多人。2008年8月,杨寿中心小学并入杨寿中心中学,组建九年一贯制学校,更名为邗江区杨寿学校,校长姚盛雨,学校设有党支部、校长室、办公室、教务处、政教处、教科处、总务处、工会、团委、少先队、妇工委等部门。2016年,杨寿学校初中部有班级12个,学生305人,专任教师48人。

1969~1981年杨寿中学历届高中班情况一览表

表20-5-1

届　别	时　间	班级数	学生数	校　长	部分任课教师
七二届	1969年9月~1972年12月	1	56	方延辉	王岩、蒋九本、闵淑清、朱庆军、梁继农、张铁荪、杨昌苓
七四届	1972年3月~1974年7月	1	60	方延辉	朱庆军、梁继农、蒋九本、张铁荪、王岩、杨昌苓
七五届	1973年3月~1975年7月	1	64	方延辉	金玉章、蒋九本、朱庆军、梁继农、陈生华、张铁荪、刘大元
七六届	1974年9月~1976年7月	1	56	方延辉	朱庆军、王岩、蒋九本、杨根成、朱晓丽
七七届	1975年9月~1977年7月	2	114	方延辉	何德贞、朱庆军、朱晓丽、周学成、梁继农
七八届	1976年9月~1978年7月	2	120	方延辉	王岩、孙长兴、方家齐、杨根成、朱庆军、朱晓丽、方延辉、周学成、王锡林
七九届	1977年9月~1979年7月	2	110	方延辉 乔厚祥	金玉章、蒋九本、陈生华、刘大元、陆汉良
八〇届	1978年9月~1980年7月	2	100	乔厚祥	金玉章、孙长兴、刘大元、方家齐、杨根成
八一届	1979年9月~1981年7月	1	57	乔厚祥	王志忠、殷久春、蒋九本、刘大元、潘东舫、韦开荣、方家齐、杨根成

1983~2016 年杨寿乡（镇）初中学校及学生情况统计表

表 20-5-2

年 份	学校数	在校生数	毕业生数	年 份	学校数	在校生数	毕业生数
1983	3	876	212	2000	1	812	239
1984	3	1015	236	2001	1	910	241
1985	3	965	284	2002	1	1019	291
1986	3	864	198	2003	1	1059	291
1987	3	803	330	2005	1	862	373
1988	3	835	248	2006	1	715	332
1989	3	920	172	2007	1	602	282
1990	3	870	211	2008	1	511	255
1991	3	889	242	2009	1	408	165
1992	3	929	270	2010	1	356	147
1993	3	948	270	2011	1	351	138
1994	2	915	270	2012	1	346	142
1995	1	844	332	2013	1	350	133
1996	1	771	293	2014	1	327	124
1997	1	743	242	2015	1	321	110
1998	1	713	255	2016	1	305	118
1999	1	727	214	—	—	—	—

1958~2016 年杨寿中心中学（农中）历任校长任职情况一览表

表 20-5-3

学校名称	姓 名	职 务	任职时间
杨寿农业中学	不详	校长	1958 年 9 月~1961 年 8 月
杨寿农业中学	殷长禄	校长	1961 年 9 月~1967 年 3 月
杨寿中学	王志良	校长	1967 年 4 月~1968 年 3 月
杨寿中学	方延辉	校长	1968 年 4 月~1978 年 8 月
杨寿中学	乔厚祥	校长	1978 年 9 月~1982 年 8 月
杨寿中心中学	周以顺	校长	1982 年 9 月~1984 年 8 月
杨寿中心中学	金玉璋	校长	1984 年 9 月~1993 年 8 月
杨寿中心中学	殷久春	校长	1993 年 9 月~2003 年 8 月
杨寿中心中学	方德泰	校长	2003 年 9 月~2007 年 2 月
杨寿中心中学	姚盛雨	校长	2007 年 3 月~2008 年 8 月
杨寿学校	姚盛雨	校长	2008 年 8 月~2010 年 9 月
杨寿学校	冯华贵	校长	2010 年 9 月~2016 年 12 月

1978~2016 年杨寿中心中学（学校）历任党支部书记任职情况一览表

表 20-5-4

学校名称	姓　名	职　务	任职时间
杨寿中学	乔厚祥	党支部书记	1978 年 9 月 ~1982 年 8 月
杨寿中学	杨月桃	党支部书记	1982 年 9 月 ~1989 年 8 月
杨寿中学	金玉璋	党支部书记	1989 年 9 月 ~1993 年 8 月
杨寿中心中学	殷久春	党支部书记	1993 年 9 月 ~2003 年 8 月
杨寿中心中学	方德泰	党支部书记	2003 年 9 月 ~2007 年 2 月
杨寿中心中学	姚盛雨	党支部书记	2007 年 3 月 ~2008 年 8 月
杨寿学校	田宗祥	党支部书记	2008 年 9 月 ~2009 年 8 月
杨寿学校	姚盛雨	党支部书记	2009 年 9 月 ~2010 年 8 月
杨寿学校	冯华贵	党支部书记	2010 年 9 月 ~2016 年 12 月

二、学制课程

学制　50 年代,初中实行 3 年学制。1969 年,杨寿中学成为完全中学时,实行高中、初中各两年的"二、二"分段学制。1979 年 9 月起,初中学制过渡为 3 年,至 2016 年,初中 3 年学制未有改变。

招生　1958 年,杨寿农业中学没有入学考试。"文化大革命"中,小学升初中,由公社组织入学考试,初中升高中在考试、考核的同时,注重家庭阶级成分,家庭出身不好的子女升高中受到限制。1978 年,恢复招生考试制度,初中入学由县统一命题,在公社组织考试、评卷、录取。1994 年,实行九年义务教育后,小学毕业直升初中。至 2016 年,施教区内的小学毕业生可直接进入初中就读。

课程　1958 年,初中开设语文、数学、历史 3 门课程。1960 年,开设语文、数学、物理、俄语、体育 5 门课程。1967 年,初中语文课以学毛泽东著作和应用文为主,数学课以学习农业会计、珠算为主,物理以"三机一泵"(柴油机、电动机、拖拉机和水泵)操作技能为主。1972 年,初中课程调整为语文、数学、外语、政治、工农业基础知识、历史、地理、卫生、体育、唱歌、图画等,每周 2 节劳动课。1984 年,初中统一设政治、语文、数学(几何、代数)、外语、物理、化学、历史、地理、植物、生理卫生(初三)、体育、音乐、美术等课程。1995 年,课程设置为语文、数学、英语、政治、物理、化学、历史、地理、生物、体育、音乐、美术等课程。2000 年,增设计算机和国防教育课程。2003 年,增设地方课程(校本课程)、综合实践课程和心理与健康课程。2016 年,杨寿学校初中部开设的课程有语文、数学、英语、政治、物理、化学、历史、地理、生物、体育、音乐、美术、信息技术、国防教育、心理与健康、综合实践和地方课程。

三、教学

70~80 年代,境内中学教育质量在全县(区)处于领先地位。1979~1989 年,爱国初级中学每年考入中师、中专及县中的人数在5~8人左右。1985~1987年连续3年中考成绩名列全县第二,仅次于邗江中学,是邗江重点办好的48所初中之一。是时,有"南有红桥红卫初中,北有杨寿爱国初中"说法。1985年,邗江县政府表彰爱国初级中学为教育教学工作先进单位。杨寿中心中学、曹安初级中学均取得较好成绩,受到社会好评。

1995年10月,邗江县教育局教研室在杨寿中心中学调研一周,听课、座谈、参加教研活动,总结教学经验,在《邗江教研》头版专题介绍学校理化组的教科研做法,编者按号召全县同行向杨寿学习,高效教研,优化课堂结构,提升教学质量。1996~2003年,杨寿中心中学连续8年获县(区)初中质量考核优胜奖。

1997年,杨寿中学在"三制"(校长选任制、教职工聘任制、岗位责任制)基础上增加"校内结构工资制",推出由校长聘任班主任,班主任聘任任课教师的改革模式,对教学能力不强、缺乏责任心的落聘教师进行分流、转岗和待岗,打破铁饭碗,实行教师考评末位淘汰制。改革带来学校教学质量的全面提升,得到县教育局的认可和推广。2006、2007年,在第十八届、第十九届国际科学与和平周全国中小学生(江苏地区)"可一杯"金钥匙科技竞赛中,杨寿学校以扬州市初中组选拔赛第一名的成绩参加江苏省决赛,均获江苏省团体二等奖。2008~2010年,学校连续三年被评为江苏省科技竞赛先进学校。2007~2016年,学校有教师40多人在省、市、区学科基本功竞赛或赛课活动中获奖,有2人参加扬州市中考命题。有省级课题研究4个,市、区级课题5个,先后有100多篇论文在省级以上刊物上发表或获奖。近200人次的学生获得省、市、区级表彰及在各级竞赛中获奖。

学校严格执行《江苏省中小学管理规范》,所有班级均衡分班,开齐上足国家规定的所有课程,有序开展大课间活动,促进学生全面发展,不断提高学生的综合素质。任课教师抓平时、重积累,抓课堂、重效率,抓作业、讲科学,务实高效地开展教学工作。学校定期开展教学常规检查督促与评比,建立起随堂听课、学生测评、家长问卷的课堂教学反馈机制,完善考核条例,科学有效地考评教师的工作量和工作绩效。教学质量得到稳步提升。2016年,学校初中阶段巩固率达98%,毕业率达95%,升学率达85%以上。

2004~2016年杨寿学校中学部教育科学研究课题一览

表 20-5-5

课题级别	课题名称	课题负责人
省级	农村中学制度建设研究	殷久春
市级	初中物理高效率复习方法研究	方轶群
省级	物理实验教学与创新素质教育的研究	殷久春
省级	农村中学教科研方式的变革研究	姚盛雨

第六节 教育设施

民国时期,境内小学没有合格校舍,以庙宇或民房为教室。杨寿乡国民学校以都天庙作校舍,方杨乡中心国民学校借用民房作校舍,其他小学仅有两三间草房为校舍,教学条件简陋。

中华人民共和国成立后,杨寿小学设在都天庙内,有 4 个教室,方集小学设在关帝庙内,有 3 个教室。1958 年 9 月,杨寿小学迁至杨寿大队老吴庄(今宝女村吴庄组),占用原地主家的房屋为教室。是时,建立杨寿农业中学,校址设在曹安寺寺庙内。随着国民经济的恢复和发展,国家对教育的投资逐年增加,学校的校舍、设备得以改善。1962 年,杨寿中心小学由老吴庄迁址到杨寿大队时庄生产队(现杨寿社区),新建砖瓦结构平房 15 间作校舍。1964 年,农业中学校址迁至集镇原杨寿农具厂北侧(现扬州华联电气设备实业总公司内),有平房 11 间。1967 年,拆除都天庙以扩建杨寿中心小学校舍。1968 年,农中迁至现杨寿学校校址,新建校舍 20 间。1977 年,拆除方集关帝庙新建方集学校,学生自带课桌凳上课。1983 年,杨寿中心小学有校舍 3 排,平房 39 间;杨寿中学有校舍 4 排,46 间,各大队办学校均有满足教学基本需求的教室,大多为砖墙、水泥梁的平房。

1984 年,根据"分级办学,分级管理"精神,成立杨寿乡教育管理委员会,下设教育管理办公室,负责境内中小学、幼儿园及成人教育的统筹发展。通过政府投入,征收教育附加费,社会捐资、集资,教育教学设施得以明显改善。1988 年,新建杨寿中学教学楼一幢,6 个教室,建筑面积 540 平方米。是年,乡教育系统实现"一无两有"(校校无危房、班班有教室、人人有课桌凳)。

1990 年,新建中心小学教学楼,建筑面积 680 平方米,12 个教室。次年,永和村投入资金 23 万元新建永和小学教学楼 1 幢,8 个教室,建筑面积 455 平方米。1992 年,政府投入资金 35 万元,翻建杨寿中学 3 层教学楼 1 幢,9 个教室,840 平方米。1995 年,筹资 55 万元新建杨寿中心幼儿园教学楼,台胞孟德宝的义女陈正秀,遵照德宝的遗嘱,捐赠人民币 15 万元,为故里方集小学新建教学楼 1 幢,建筑面积 648 平方米。是年,镇通过省"两基"(基本扫除青壮年文盲,基本普及九年制义务教育)验收。1997 年,中心小学新建教学楼,局部 4 层,建筑面积 1880 平方米。1998 年,镇政府投资 220 多万元,新建杨寿中学综合楼,局部 4 层,17 个教室,建筑面积 1850 平方米。2007 年,杨寿中学在综合楼西侧,新建 4 层教学楼一幢,建筑面积 1550 平方米。2012 年,区、镇投资 600 多万元,拆除杨寿学校后排教学楼(危房),在原址重建 5 层教学楼,建筑面积 3800 平

杨寿学校

方米,为师生提供宽敞明亮的教学、学习环境。从"一无两有"(校舍无危房、有校室、有课桌凳)到"三新一亮"(班班新课桌、新板凳、新讲台、电灯亮)工程,从改造薄弱学校到教育现代化工程,政府把教育放到优先发展的重要地位,加大投入,办学条件逐步改善。

2016年,杨寿学校校园占地面积3.47万平方米,校舍建筑面积1.1万平方米,体育运动场地2.1万平方米,生均占地面积25.7平方米,图书10万余册,计算机220台。有装备齐全的理化生实验室、多媒体教室、音乐室、美术室、舞蹈房、图书馆、科学实验室等专用教室,有300米塑胶环形跑道及配套体育器材,有布局合理的校园网络系统、校园广播系统、安全监控系统,有规范完善的网络中心、电脑教室、电子阅览室和移动多媒体设备,基本满足教育现代化需求。

第七节 教师队伍

民国时期,公立小学教师采用聘任制,私塾塾师多由个人自荐。

中华人民共和国成立后,人民政府接管学校,公办学校教师由上级委派或留用原国民学校教师,民办学校由塾师留用或新任用教师。70年代,学校有中、高等师范院校分配及从优秀民办教师转正的公办教师,有教育部门聘任的民办教师,有因师资不足临时聘用的代课教师。

1983年,县文教局对教师队伍进行整顿,经过文化考试、业务能力考核,辞退不合格民办教师。对合格和基本合格的民办教师发放民办教师任用证书和民办教师试用证书。通过考试吸收一批民办教师和民办合同教师。当年全乡辞退民办教师14人,新招民办教师4人,民办合同教师8人。

1987年,学生数增加,教育规模扩大,乡教育办公室在教龄满5年的优秀代课教师中招聘乡合同教师7人。

1988年,教育系统实施校长选任制、教师定编聘任制、教育教学岗位责任制等学校内部管理体制改革,打破"铁饭碗",落聘教师跟班学习,在一学年期限内不能竞聘上岗,由学校安排到后勤岗位,领取工资的70%,再不能胜任的予以辞退。90年代,教育系统均实施定编聘任制,有5名教师因教学能力差而调整到后勤岗位。

80~90年代,县(区)教育局每年安排一定的指标,择优评选优秀民办教师转为公办教师,通过考试选送民办(合同民办)教师到师范院校深造,成为公办教师。至2000年,境内民办(县合同民办)教师除退休外,均转为公办教师。

2004年,结合全镇实际,中小学校进行第四轮学校内部改革,重点进行用人制度和分配制度改革,规范校内机构设置,合理设置各类岗位,合理配置人力资源,实行教职工全员聘用合同制,所有教职工均与学校签订聘用合同,完善校内结构工资制,70%基本工资打入个人工资账户,其余工资部分纳入浮动工资,以岗定薪,绩效计酬,与教师的工作实绩挂钩,拉开差距。

2009年9月,全镇中小学在编在岗教师实施绩效工资,根据扬州市邗江区教育局《关于义务教育教职工绩效考核工作的指导意见》和《义务教育学校校长绩效考核实施办法》,结合学校实际研究制定具体考核方案,教师绩效考核工作得到稳妥推进,调动了教师的工作激情。

至2016年,学校有33个教学班,在校学生1296名。专任教师130人,其中具有本科学历的有 59 人,大专学历的有 46 人,中师学历的 25 人,学历合格率 100％。在职在岗教师中具有高级教师职称的 14 人,具有一级教师职称的有 76 人,区级以上名师 23 人。中共党员(含退休)64 人,当选县(区)人大代表(含退休)3 人,镇人大代表(含退休)17 人,获得省、市、区政府表彰的教师(含退休)37 人。

2016 年杨寿学校名教师一览表

表 20-7-1

称　号	名教师名录
扬州市教学骨干	邵震宇、盛旺、陶明、周庆宝
扬州市教学能手	卞洋、卞丽娟、华悦、胡晓玲、陈洋、黄佳燕、蒋文、周波、居佳佳、冯秀凤、耿玲玲、汤春霞
邗江区学科带头人	冯华贵、邵正军、陈新华、方轶群、冯喜林、於兰、卜秀红
邗江区教学骨干	任学渊、徐万祥、陈鹏、钱德海、焦寿金、杨伟芳、宋春元、吴正芳、杨在高、姚春霞、姚宏、纪玉红、林金红、周伟
邗江区教学能手	姜大伟、陈瑜、周伟、吴卫东、孔有春

第八节　中等职业教育和成人教育

一、中等职业教育

1973 年,杨寿中学在李岗宝女墩南侧征用 10 余亩地栽桑养蚕,作为学校勤工俭学基地。次年,基地迁至李岗大队交通生产队(今宝女村交通组)与仪征县古井公社百寿大队周庄生产队(今百寿村周庄组)交界处,征地 40 余亩,成立杨寿中学"五七"农场。这里原是一片荒丘,1974~1976 年,杨寿中学师生自己动手,陆续搬掉一百多座荒坟,填平七个洼塘和 21 条沟槽,挖土近万方,投工近万个,将这里改良成校办实验林场,作为勤工俭学的基地。1978 年 3 月,实验林场开始实验池杉与稻麦间作。为改革中等教育结构,学校利用校办林场优势,开办林木园艺职业班。1980 年夏,"五七"农场从杨寿中学划出,成立邗江县杨寿林木园艺职业中学。

办学初期,学校开办的专业有园艺、林果、淡水养殖、庭院经济、农村经济和中药材种植与制作等。1983 年,增设农村土地管理、农业机电、农田水利、农村环境保护等专业,逐步成型为"农"字头职业学校。1986 年,学校科研成果——"林粮间作"通过省级科研鉴定,被上海科教电影制片厂拍摄成科教片《稻田种树》,在全国范围内宣传推广,时任农业部部长徐有芳亲临学校视察,日本友人福田一郎先生致函祝贺。

1988 年,学校成为江苏省重点职业中学。次年,学校更名为邗江县农业职业技术学校。1992 年,学校创成国家标准省级重点职业中学。1994 年,联合国农业发展署 22 个国家的代表到校视察,充分肯定学校为农办学的成果。是年,更名为江苏省邗江职业高级中学。其后,学校先后被国家教委、科技部、团中央、省教委评为全国农村中小学课外科技"小星火计划"先进集体、全国中学实践教育活动先进学校、江苏省德育先进学校,县政府认定学校为副局(科)级建制单位。

1996年,学校被国家教委评定为国家级重点职业高级中学。是年,学校创建为江苏省模范学校。1998年元月,国家教委职教司司长刘来泉在省教委主任周德藩陪同下到校视察。同年12月,中国教育电视台对学校采访宣传。

2001年8月,邗江县第二职业高级中学整建制并入学校。学校占地面积205亩,校舍建筑面积22000平方米,专业6个,班级21个,学生1250人,教职员工122人。

2002年5月,学校成立扬州市中小学素质教育实践基地。同年12月,学校成立扬州市维扬国家职业技能鉴定所。2003年6月,学校建成邗江区国防教育训练基地。

2005年8月,在全区职业教育布局调整中,邗江职业高级中学与邗江中专合并,整体搬入邗江中等专业学校。

学校历任校长:方延辉、乔厚祥、张文林、赵铸、丁贵田、郑军。

二、成人教育

机构设置　1988年,邗江县成人业余学历教育开始起步,成立邗江县成人业余高中文化学校,杨寿等7个乡镇设立教学班,杨寿教学班有35名学员,在供销社楼梯口挂牌"杨寿乡成人教育中心",在二楼会议室上课。

1992年,杨寿中心小学新建教学楼,将后排6间平房划出给成人教育中心校,围墙隔断,单门独院,成人教育中心先后开办经营管理培训班、人口理论培训班、车间主任培训班、市场营销培训班、文秘培训班、特水养殖培训班等。1996年10月,杨寿乡被评为江苏省农村教育综合改革先进单位。是年后,学校先后迁址到中心幼儿园和杨寿中学综合楼办学。

2003年10月~2008年6月,乡镇合并,镇成人教育中心校与甘泉镇成人教育中心校合并,成立甘泉镇成人教育中心校。

2008年5月,杨寿恢复镇建置,政府将置换出的原杨寿中心小学前排大楼装修一新,镇成人教育中心与镇文化体育中心资源共享,11月投入使用,占地10亩,建筑面积1880平方米,图书室、舞蹈房、健身房、信息共享功能室、会议室、接待室等配套实施齐全,年均举办各级各类培训班30期,参训5500人次。2009年11月,创建成扬州市特色成人教育中心校、江苏省级标准化社区教育中心。是年,省教育厅授予学校"江苏省职业教育与社会教育先进单位"称号。2011年10月,学校更名为扬州市邗江区杨寿镇社区教育中心。是年,邗江区委、区政府授予学校"'十一五'教育工作先进单位"称号。2008~2016年,学校连续7年获区年终综合考评一等奖。

1994年3月19日,杨寿爱国村爱华机械厂职工学校成立,邗江县文教局副局长方巧英、县广播电视局书记张军到会讲话,扬州电视台《乡村风采》节目组采访报道。时任厂长王新元从企业长期发展考虑,举办职工学校,开办成人高中班、机械制图班、车间主任培训班等,由乡成人教育中心组织实施,村办企业举办职工学校是全县创举。

扫除文盲　1950年1月,江都县黄珏区文教股举办扫盲老师训练班后,境内村村办起以识字为主的扫盲班,利用农闲组织乡民们免费学文化,群众称之为"冬学",包利登为区分工杨寿的扫盲辅导员。1953年下半年,继续开展扫盲教育,全县推广祁建华的"速成识字法",后来逐步转为常年民校,或称业余学校,设语文、算术、时政等课。1955 年 12 月,又掀起扫盲高潮,开展"百字运动"。

1958 年 3 月,邗江、江宁、江浦、武进四县联合向全省各县市发出"一年内实现文化县"的倡议书,当夜邗江县政府召集各乡党、政、工、团、妇、文教等干部 400 多人通宵举行"文教事业大跃进誓师大会",提出"苦战七昼夜,实现无盲县"的口号。杨寿积极响应县委、县政府号召,成立工作班子指导扫盲工作,提出"吃了端午粽,文盲帽子送"。由于领导重视,措施得力,年终经扬州市扫盲办公室验收合格,成为扫除青壮年文盲合格公社。1963 年,各大队大办业余教育,组织青壮年入学,汤惠农、刘德林、王春解、许广山为公社扫盲干事,负责督促、组织各大队扫盲。随后以生产队为单位,学习张爱萍副总参谋长在方巷蹲点组织编印的《毛主席语录(识千字)》,边学边写边复习提高。

"文化大革命"初期,扫盲普及教育受到冲击,文盲有所增加。1971 年 12 月,公社成立由党委书记任组长,宣传科科长、教革会主任任副组长的公社扫盲领导小组,并配专职扫盲辅导员。各学校教师配合,扫盲教师身背黑板,白天深入到田头、场头教,晚上上门教,见物识字、编顺口溜教学。次年底,经邗江县革命委员会验收为首批脱盲公社。1974 年,新民大队举办政治夜校,组织 120 余名学员自带煤油灯到新民小学上夜校,分成四个班教学,教师认真教,学员努力学,效果较好。是年底,邗江县在新民大队召开大办夜校现场会。1985 年,邗江县组织全县扫盲验收,杨寿总人口 22211 人,12~40 周岁总人数 11949 人,文盲半文盲人数 998 人,无学习能力人数 65人,非文盲率 91.09%(全县非文盲率 90.16%)。

1994 年,江苏省组织"两基"(基本普及九年制义务教育,基本扫除青壮年文盲)验收,乡教育办公室与文盲、半文盲所在村的教师签订责任状,每人包教 3~5 名文盲,在校小学高年级及初中学生"一对一"帮教,建立奖惩制度,定期对文盲学员进行检测,所在村校组织预验收。是年10 月,全镇 367 名文盲学员集中至杨寿中学参加邗江县脱盲考试,考试通过率 99%,杨寿非文盲率 98.45%,达到江苏省"两基"验收标准。

历任扫盲辅导员:汤惠农、俞友凡、张久国、步锦稳、黄兆林、赵宏源、盛开来。

成人业余学历教育和岗位培训　成人高中班首届成人业余高中班从 1988 年 10 月开班,至1990 年底结束,学员 35 人,毕业 33 人,班主任盛开来。聘请邗江职高及杨寿中学教师授课,利用晚上时间集中面授。开始在杨寿供销社三楼会议室,后移至杨寿中学,因当时供电不正常,时常停电,购置汽油灯照明,后教办室为高中班添置汽油发电机,保证正常上课。学习成人高中语文、数学、政治、历史、地理等课程,由邗江县文教局组织考试,合格者发给邗江县成人高中文化学校毕业文凭。第二届成人高中班从 1992 年春开班,至 1994 年底结束。班主任王正龙,学员38 人,毕业 35 人。授课地点在杨寿乡成人教育中心校(杨寿中心小学内)。

食用菌栽培技术培训班　1988 年 3 月~1988 年底,成人教育中心联合乡多种经营公司、团委在建龙村举办食用菌栽培技术培训班,共 3 期,每期 7 天,参学 80 余人。邗江文教局免费翻印培训资料 150 份,发放给学员。时任建龙村支书方林自始至终参加学习,安排培训教室及学员午餐,建龙食用菌厂提供实训基地,现场指导学员培育菌种、制作菇床及病虫害防治,推广食用菌栽培。当年全乡扩展食用菌栽培户 55 户,栽培面积达 4500 平方米,产值 32 万元。

化工培训班　1992 年 6 月~1993 年 12 月,扬州华通橡塑有限公司在乡成人教育中心举办职工轮训,每期半年,共举办 3 期,参训 115 人。时任公司总经理殷征宇注重职工素质技能提高,组织职工全员培训,聘请扬州职业大学老师讲解橡塑专业知识规定,学习时间视同上班时间,有效保证了参学率、结业率,效果明显。

机械制图班 1993 年 4 月~1993 年 11 月,学校举办机械制图中长班,来自 8 个企业 35 名技术人员参加培训,聘请扬州职业大学老师授课,成绩合格的由扬州职大发给结业证书。

经营管理学习班 1992 年~1993 年,由乡工业公司主办,成人教育中心协办。来自乡内企业 66 名管理人员参训,聘请江苏农学院老师授课,开设 8 门课程,考试合格后发给结业证书。

"两后培训" 即初中生、高中生完成学业后,毕业前集中进行培训。1993 年,邗江文教局要求初、高中毕业生在毕业前组织集训,进行创业知识、实用技术、法纪、形势、爱家乡等方面的教育。县文教局编印《实用技术读本》,各乡镇成人教育中心负责实施。杨寿集训地点在影剧院和中学报告厅,乡政府相关部门领导、邗江职高老师授课,组织参观乡内特色产业,交流培训体会,历时 7 至 10 天,对即将进入高一级学校和走上社会的青年起到教育指导作用。

车间主任培训班 1993 年 12 月~1994 年 7 月,来自境内企业的 40 多名车间主任在乡成人教育中心校参加车间主任中长班学习,扬州市广播电视大学组织授课、考试、发证。

文秘专业培训班 1995 年 9 月~1996 年 2 月,举办文秘专业培训班,31 名学员,时任宣传科科长李秋萍任班主任,办学地点在成人教育中心,扬州广播电视大学组织授课、考试、发证。

自学考试辅导 1996 年,邗江县自学考试办公室在各乡镇设立自学考试辅导站,杨寿自学考试辅导站设在乡镇成人教育中心,负责乡镇内自考报名、集中辅导工作。1996~2005 年,杨寿自学考试辅导站组织自考报名 120 人次 480 门次。2001 年度被表彰为基层先进自考辅导站。

经济管理大专班 2006 年开始,实施中央广播电视大学"一村一名大学生"计划,公道成人教育中心为邗江分校,各乡镇招收学员参加,集中授课、考试,学时 3 年,合格者发给中央电大毕业文凭。至 2016 年,境内先后有 36 名学员参加学习,毕业 25 人,在读 11 人。

职工业余中专班 2010 年,学校争取扬州市农业广播电视学校办学计划,开办机械制图职工业余中专班,学制 3 年,来自相关企业 99 名学员利用业余时间学习 15 门课程,注重实践,在完成规定课程考试和实训技能鉴定后,99 名学员均获得江苏省农业广播电视学校的中专毕业证书和技能等级证书。

1988 年至 2016 年,镇(乡)成人教育中心校(社区教育中心)专职副校长:盛开来。

第二十一章　文化　体育

　　境内民间文化源远流长。中华人民共和国成立前,由于交通闭塞,经济贫穷落后,百姓整日为生存劳作,无暇、无钱、无心享受文化娱乐,农民们只有在劳动时以打劳动号子、栽秧号子等形式减轻劳动压力,增加劳动乐趣。农闲时有文艺爱好者,自发组织唱扬州"小调"、剪纸、扎花、挑花担、荡湖船、唱麒麟、踩高跷等文艺表演形式,自娱自乐。也有大户人家组织舞龙队,逢年过节演出,增加节日喜庆气氛,有时也去境外参加竞技演出。偶有少数大户、有钱人家办喜事时,请戏班子搭台唱戏。平常百姓日出而起,日落而息,生活单调,精神匮乏。

　　中华人民共和国成立后,党和政府逐步发展文化、体育事业。1958年,公社成立文化站,负责传承地方文化。1959年,公社成立有线广播站,群众在劳作之余收听广播,了解国家大事及相关消息。随着生活条件的改善,民间文艺表演逐步发展,花担、湖船、莲湘、扎灯、剪纸、腰鼓、龙舞、狮舞等注入时代的内容。60年代,各大队成立宣传队,排演现代样板戏,公社组织会演。80年代,杨寿魔技团除了在境内演出外,赴周边乡镇巡演,风靡一时。

　　1987年,杨寿乡党委、政府决定每年举办农民文化艺术节和农民运动会。1994年6月,成立杨寿广播电视站,1999年,由境内农民自发组织,成立杨寿农民球迷协会。

　　2003年10月,区划调整,杨寿镇与甘泉镇合并,艺术节、运动会停办。2008年6月,恢复杨寿镇建置后,党委、政府顺应民心,恢复举办传统的农民文化艺术节和农民运动会。

　　2008年10月,成立镇文化体育中心,文化站并入文化体育中心(简称"文体中心")。文体中心设有万册图书室、舞蹈房、健身房、残疾人康复室、信息共享工程室、乒乓球室、棋牌室及户外健身设施等,各村建有农家书屋、健身广场。成立舞龙、空竹、太极、舞蹈、扬剧、文联、球迷等15个文艺协会。

　　2014年8月,杨寿豆腐圆制作技艺、箍桶技艺入选扬州市第三批非物质文化遗产名录。2016年10月,扬州市"最美乡村"定向越野跑首站在杨寿镇举行。同年12月,杨寿镇文学艺术界联合会成立。

　　2016年,镇境有线电视入户率达96%。杨寿镇(乡、公社)先后创建成扬州市体育先进乡镇、扬州市广播电视先进乡镇、扬州市特色文化基地、江苏省文化先进乡镇、江苏省群众文化先进乡镇、江苏省亿万群众健身活动先进乡镇、江苏省体育强镇。

第一节　文化机构

一、文化站(文化体育中心)

1958年10月,杨寿公社成立文化站,站址设在公社机关内,站长马家驹。文化站主要工作是发展地方文化事业,配合党的中心工作,组织指导文艺爱好者排演宣传节目,开展群众性文化娱乐活动,写标语,出黑板报等。后因人事变动,文化站工作不够正常。1968年,文化站经整顿后恢复正常工作,站长吴云南。

1984年,文化站迁至乡政府门旁(现华杨路西侧)的4间平房,110平方米,工作人员3人。有图书阅览室、读报室、录像放映室,向外出租图书、录像带,放映录像。每年组织文艺演出15场次(其中创作节目占百分之三十),画廊、橱窗每月更换内容,结合时势出板报,举办各类培训班、讲座,组织群众性的文体竞赛等活动。

1997年10月,在影剧院(现苏果超市)南侧新建文化中心综合楼,建筑面积670平方米,设有图书室、乒乓球室、舞蹈房、KTV练歌房等。同年,杨寿镇被评为邗江县特色文化乡镇。1998年,被评为江苏省文化先进乡镇。

2008年10月,成立镇文化体育中心,文化站并入文体中心,地址在原中心小学前排教学楼(新杨广场西侧),有工作人员4人。中心占地4500平方米,建筑面积1880平方米,集健身娱乐、教育培训于一体,设有万册图书室、舞蹈房、健身房、残疾人康复室、信息共享工程室、乒乓球室、棋牌室及户外健身设施等,成立舞龙、空竹、太极、舞蹈、扬剧、诗词、球迷等15个文体协会。

杨寿文化站(文体中心)历任站长、主任:马家驹、吴云南、倪学和、李秋萍、刘付平、冯大江、姬瑞红、宋付荣。

二、广播电视站

1959年,成立杨寿有线广播站,机构设在公社机关内,站长刘长升,无专用线路,借用电话线转播县广播站节目。

1994年6月,成立杨寿广播电视站,有线电视网初步建成并投入使用,接收各地电视台讯号传送。

1998年,杨寿广播电视站投入28万元,改造线路,架设光缆,实现县、镇光缆联网。2000年,获"扬州市广播电视先进乡镇"称号。2002年3月,杨寿广播电视站划入扬州市广播电视局管理。2009年4月,区域广电系统整合,并入扬州广播电视总台远郊广播电视中心公道中心站,杨寿设营业点。

广播电视站历任站长:刘长升、夏冬辉、刘付平。

三、杨寿魔技团

70年代,境内有一批魔术、杂技爱好者,他们时常利用农村逢集的时机卖艺谋生,有时结伴外出演出。1980年,杨寿文化站组织民间艺人成立杨寿魔技团。杨寿魔技团有15人组成,团长张福兴,副团长盛长高。主要节目有空箱换人、空中钓鱼、空袋取蛋、吃针穿线、空中悬人等魔术;吃火喷烟、油锅抓钱、洋瓶楼梯、玻璃灯塔、钢筋锁喉、气断钢丝等杂耍,主要演员有张福兴、盛长高、吕春荣、赵正国、盛久喜等,每场演出时间约两个半小时。

1980~1983年,杨寿魔技团在邗江各公社巡演,每到一个公社都要演出5~6场,在瓜洲公社演出达10天。在红桥公社演出时,因台风掀翻影剧院屋面,在观众强烈要求下,移至附近大队部演出。魔技团每年巡回演出100余场。其间,魔技团还赴仪征、高邮、江都等地演出。1985年,因部分演员身体因素,杨寿魔技团停止演出。

四、新风社

1987年,成立杨寿新风社,由乡长、村主任及政府职能部门组成领导小组,乡文化站具体负责,推行"三提倡三反对"(提倡科学,反对封建迷信;提倡节约,反对铺张浪费;提倡丧事简办,反对私埋乱葬),移风易俗,倡导喜事新办,丧事简办。婚丧嫁娶办酒不超10桌,禁止搭台唱戏,丧事除直系亲属可戴白孝外,亲朋一律戴黑袖章。禁止"唱(放)阴歌""扎房子"等封建迷信活动,组织民间艺人为丧事提供吹奏服务,收取成本费用。

五、诗文协会

2008年10月,成立杨寿镇诗文协会,有会员58人,会长薛洪礼。至2016年,会员创作诗词500余首,楹联66副,编辑出版《杨寿诗文集》2期,有100余首诗词被《邗江诗词》《春江潮》《扬州诗文》《中华诗词》等刊物录用。

第二节　文化场所

一、影剧院

1958年,公社在杨寿农具厂(现扬州华联电气设备实业总公司)南侧建成杨寿大会堂,建筑面积995平方米,座位是条凳,用于开大会和放映电影。

1981年10月,公社投资32.5万元,在原地将公社大会堂翻建成杨寿影剧院,次年建成。杨寿影剧院局部两层,建筑面积1350平方米,舞台面积100多平方米,设木椅座席1343个,时为邗江西北片规模最大的影剧院。影剧院以放映电影为主,时常邀请扬剧、淮剧、越剧、黄梅戏、歌舞等专业文艺团体在此演出,有时用于召开大型会议等。1991年,全年放映电影320场次,观众

22万人次,收入60余万元;接待专业剧团11个,演出戏剧、歌舞40场次,收入16万元。1993年始,影剧院增设舞厅、碰碰车和溜冰场。

1999年,杨寿影剧院核实资产127.5万元,改制为个人承包经营。随着电视的快速普及,观看电影、戏剧的人数逐年减少,影剧院日渐萧条。2009年,影剧院房屋整体出租给苏果超市。

杨寿影剧院历任经理:张久国、刘付平、孟习昌。

二、图书室　农家书屋

中华人民共和国成立前,境内没有图书室,私人藏书较多,建隆殷氏藏书5000余册。

中华人民共和国成立后,乡文化站建立图书室,提供书报阅览、图书借阅服务。60年代,文化站图书室图书、报刊种类、数量增加,学校、大队陆续建立图书室,供学生、社员借阅。80年代初,一些规模企业相继建立图书室。1984年,新建文化站,图书室有藏书800余册,开辟阅读区,配备桌椅、日光灯。学校图书室以儿童文学类、科普知识类为主,藏书600余册。1997年,新建文化中心综合楼,图书室面积扩大至80平方米,藏书增加到8000余册。

2006年,境内实施农家书屋工程,村(居)建立规范图书室,藏书千册以上,报刊10种以上,电子音像制品100种以上,正常开放。2008年,成立镇文体中心,中心有藏书1万余册,设立"漂流书架",定期交流、更新村(居)农家书屋图书。2010年,全镇7个村1个社区图书室均达省二星级农家书屋标准。2016年,所有村(社区)农家书屋均达到江苏省三星级农家书屋标准。

2016年底,全镇有图书室12个,其中村办8个,校办3个。藏有图书6.8万册,电子图书1500GB,有专兼职图书管理员12人。另有100余户私人藏书,达2.2万册。

三、文明驿站

2010年,杨寿镇在村(居)设立"文明驿站",方便居民就近学习、娱乐。是年10月,新龙村在吴玉良家建立首个"文明驿站","文明驿站"占用三间房屋,设立图书室、棋牌室、乒乓球室。村民闲暇时聚在一起,读书、看报、下棋、唱戏(歌)、打球、练习书法、研习诗词等。2016年,全镇在公共服务场所、民居区设立25个"文明驿站"。其类型各异,有休闲康乐型、爱心救助型、历史传承型、志愿服务型、先锋示范型。

四、歌舞厅

1993年,由个人投资在集镇华杨南路上新建的梦幻舞厅对外营业。之后,有建安舞厅、影剧院舞厅、情缘舞厅、华通音乐茶座、大桥舞厅等相继开业。在经营中部分舞厅因客源少自行歇业。2000年后,境内有香椿树KTV舞厅、顺玲KTV舞厅两家。2007年,广场舞等露天舞场开始兴起,露天舞场有硬质地面、有音响、有绿化、有健身路径、有宣传栏。2016年,镇内有KTV舞厅两家,营业面积180平方米,露天舞场12处,面积1.2万平方米。

五、游戏室

90年代,文化站开办电子游戏室,面积60平方米,有5台小型电子游戏机,按小时收费。之后,华通路永平游戏室开业,有游戏机20台。1996年,影剧院开办网吧,有电脑35台,个人承包经营。1999年,因影剧院房屋整体出租,网吧停业。2007年,在镇文体中心东侧的非凡网吧开业,地址面积110平方米,有电脑40台。2008年,镇关工委聘请两名老干部为网吧义务监督员,严禁未成年人进入网吧。2016年,镇内有网吧1家。

六、棋牌室

棋牌娱乐是境内人们休闲的重要项目,老年人、家人、亲戚、朋友经常在一起打打扑克、麻将等。2000年后,一些经营性棋牌室应运而生,为中老年人提供不以营利为目的的消遣娱乐。棋牌室按桌收取少量的费用,提供茶水、点心等服务。2016年,镇内有棋牌室110家,全自动麻将机500余台。

第三节　群众文艺

一、文艺宣传

1958年,公社组织文艺爱好者成立文艺宣传队,在农村巡回演出,每月演出20多场次,有扬剧、歌舞、曲艺,受到群众欢迎。60年代,文艺宣传的主要内容是演唱革命歌曲,背诵毛主席诗词,宣传好人好事等。1969年,各大队挑选有特长的群众演员组成宣传队,排练现代样板戏,到各大队、生产队巡演,参加公社会演、县调演,各宣传队认真表演,其演艺获得群众的好评。现代样板戏在特定时期起到了宣传正能量、净化社会风气作用。

1969~1975年公社各大队(居委会)演出现代样板戏情况一览表

表 21-3-1

单　位	演出节目	主要群众演员
东兴大队	现代扬剧《红灯记》	宋加阳、张久国等
爱国大队	现代扬剧《智取威虎山》	王在安、吴双兰、吴云鹏、刘德平、吴云东等
永和大队	现代扬剧《红色娘子军》	王广明、王秀珍、张国凤、葛根昌
	现代扬剧《沙家浜》	万明兰、王正昌、刘天峰、陈美珍、涂金宏等
墩留大队	现代扬剧《红灯记》	周兆宝、杨长英、顾万培等
新民大队	现代扬剧《沙家浜》	邵久荣、聂有翠、吴玉泉、那祝良等
方集大队	现代扬剧《海港》	盛永宝、朱兰芳、陈文朝、陈文兴、邵长珍、郭兆才等
杨寿居民委员会	现代扬剧《红灯记》	王文华、王柏林、谭稽兆、焦秀云、赵正国、王恒才等

60~70年代,每到农忙季节,公社广播站通过有线广播教唱新编栽秧号子,进行社会主义思想教育,刻印《四夏战报》分发到各个生产队。

1987年,杨寿乡举办"七一"歌咏比赛,各单位推荐选手参加。1988年,始办农民文化艺术节,挑选本地优秀节目登台演出。90年代,相继举办卡拉OK演唱会、"五四"青年歌手赛等。

2008年,成立杨寿风艺术团、杨寿扬剧票友协会。两个艺术团体除了参加镇里组织的文娱活动外,每年在新杨广场举办晚会,还选送优秀节目参加邗江区会演。2010年6月,镇宣传、文化部门组织开展"播文明、促和谐"送文化进村、企主题巡演活动,演出15场次,杨寿风艺术团的歌舞《走进新时代》《美丽中国》,扬剧协会自编自演的扬剧《夸夸杨寿新面貌》《五好家庭》,小品《生养》,滑稽戏《恶婆婆》等节目在巡演中获得好评。

2010~2016年,杨寿文体中心先后举办"元宵猜灯谜"活动、"庆国庆迎中秋"晚会、"七彩夏日"晚会等,学校、幼儿园、风艺术团、扬剧票友协会等单位均选送新节目参加演出。

二、农民文化艺术节

1987年,时任乡党委书记丁志潮倡导设立农民文化艺术节和农民运动会。经乡党委、政府研究决定,每年的农历"二月二"举办农民文化艺术节,农历"九月九"举办农民运动会。

1988年3月19日(农历二月初二),杨寿乡首届文化艺术节开幕。本届文化艺术节分为舞台表演和踩街节目两部分。第一届至第三届的

杨寿乡第二届农民运动会开幕

舞台表演在杨寿影剧院举行,容纳1300余人的剧场座无虚席,连走道都站满了观众。1990年2月26日(农历二月初二),举办第三届农民文化艺术节舞台表演,因未能进场的群众大量集聚在影剧院门口,形成人潮,向影剧院涌动,为避免踩踏事故发生,从安全考虑最后3个节目停演,此后改为露天搭台演出。舞台表演有歌舞、扬剧、相声、小品、杂技、魔术等,以本土节目为主,有时聘请境外著名演员助演。扬州著名艺术家汪琴、杨明坤、祝荣娟等曾先后登台献艺。踩街表演有龙舞、狮舞、湖船、花担、莲湘、剪纸、扎灯等,周边乡镇群众纷至沓来,镇区人声鼎沸,鞭炮声此起彼伏,掌声、欢叫声不绝于耳。艺术节期间还在影剧院安排扬剧、黄梅戏专场演出。农民文化艺术节为群众提供精彩纷呈的文化艺术大餐,杨寿人以有自己的艺术节津津乐道。1991年,新华日报刊发《扬州市杨寿镇农民艺术节有特色》新闻,报道杨寿艺术节的盛况。截至2003年共举办十六届。

2002年3月15日(农历二月初二),杨寿镇第十五届农民文化艺术节与邗江区农民艺术节合办,由舞台文艺会演、踩街和咨询展览三部分组成。舞台文艺会演在镇影剧院举行。

杨寿镇第十五届农民文化艺术节暨邗江区农民艺术节舞台文艺会演节目单

表 21-3-2

节目类别	节目名称	演出单位(个人)
群舞	精忠报国	汉河代表队
女声独唱	今夜无眠	姜丽蔚
武术表演	中国功夫	杨寿中心中学
相声	畅想新甘泉	甘泉代表队
舞蹈	戏雨	杨寿幼儿园
男生独唱	为了谁	盛旺
群舞	讲故事的孩子	李典代表队
小扬剧	祝寿	杭集代表队
舞蹈	扬鞭催马运粮忙	杨寿幼儿园
木偶表演	长袖舞	许虹
幼儿扬剧	喜鹊站枝头	邗上代表队
舞蹈	傣族姑娘在水边	杨庙代表队
唢呐独奏	百鸟朝凤	瓜洲代表队
舞蹈	这一方热土	杨寿中心小学
扬剧	双下山	嵇丽、祝荣娟
舞蹈	拍大麦	省邗职高
评话	武松打虎	李信堂
独舞	临水梳妆	沈灵
男生独唱	骏马奔驰保边疆	刘剑民
群舞	越来越好	公道代表队

踩街节目在杨寿镇集镇主干道举行，有龙舞、狮舞、荡湖船、挑花担、吹鼓号、放风筝等节目。永和村舞龙队、风筝队、墩留村舞龙队、宝女村舞龙队、新龙村舞龙队、方集村舞龙队、江苏省邗江职业高级中学舞龙队、杨寿中心中学舞龙队、杨寿中心小学舞龙一队、二队、鼓号队、农民球迷协会舞狮队、东兴村湖船队、爱国村花担队等参加演出。

咨询展览在杨寿集镇广场举行，有农税政策、养老保险知识、私营企业审办程序等咨询和书画作品等展览。

农民文化艺术节中，男子舞龙队在集镇踩街表演

咨询展览情况一览表

表 21-3-3

单　位	内　容	单　位	内　容
财政所	农税政策宣传咨询	劳动企管站	养老保险知识宣传
审计所	私营企业申办程序咨询	计生科	生殖健康知识宣传咨询
农技站	农技咨询、资料发放、实物下乡	科技办、卫生院	卫生健康知识咨询、无偿献血宣传
文化广电站	书画作品展览	司法科	法律知识咨询
水利站	《水法》知识宣传	邮政支局	邮政业务知识宣传
信用社	金融业务知识宣传	电信支局	电信业务知识宣传
工商所	《消费者权益保护法》	农行支行	金融业务知识宣传
民政科	镇老年公寓规划展览	多种经营服务站	种养殖业知识宣传咨询
供电所	用电安全知识宣传	国土所	土地管理法规宣传

2003年，区划调整，杨寿镇与甘泉镇合并，文化艺术节停办。2008年恢复杨寿镇建置，杨寿镇农民文化艺术节复办。

2009年2月26日（农历二月初二），杨寿镇第十七届农民文化艺术节在镇文化体育中心广场举行。本届农民文化艺术节分舞台表演和踩街表演两个方面。舞台表演共有13个节目，有著名扬剧演员祝荣娟、杨国彬演唱《鸿雁传书》《僧尼下山》，凌芝、张清禹表演小品《后顾无忧》，李芳的木偶表演《长袖舞》，李燕华独唱《美丽家园》，焦世培独唱《家和万事兴》，田同兵的顺口溜《杨寿新面貌》以及杨寿学校的舞蹈《青春魅力》、杨寿幼儿园的舞蹈《舞动青春》等。踩街节目有东兴村、爱国村的湖船，文体协会的腰鼓、空竹，球迷协会的狮舞，永和村、杨寿学校的双龙舞，杨寿社区的手龙舞，方集村、新龙村、墩留村、宝女村及南扬公司的龙舞等，集镇成为欢乐的海洋。

2015年3月21日（农历二月初二），杨寿镇第二十届农民文化艺术节在镇政府广场举行，本届文化艺术节分舞台表演、踩街表演和科普知识宣传、法律、法规咨询等。舞台表演有舞蹈、独唱、民歌联唱、顺口溜、扬剧、服饰表演、群口评话、乐器演奏等，踩街有狮舞、龙舞、荡湖船、花担舞等，农机水利站、科协、农技推广站、劳动服务所、法律服务所等单位设摊推广新技术，接受群众咨询。

镇第二十届农民文化艺术节开幕式

至2016年，镇（乡）共举办农民文化艺术节20届。

三、文艺会演

60~70 年代,公社不定期地组织各大队宣传队在公社大会堂表演,以歌唱革命歌曲,大唱样板戏为主要内容,有时挑选优秀节目参加邗江县会演,多次获奖。80年代,文化站以"五讲四美三热爱"为主要内容编成现代扬剧,自己组织演员排编,有时在影剧院演出,有时送戏到大队、生产队。1987 年,乡政府设立"二月二"农民文化艺术节,村、企选拔优秀节目参加会演。90 年代,杨寿挖掘地方文化,选

1971 年学习宣讲毛泽东思想文艺宣传队下基层表演

送优秀节目参加邗江西北片文娱调演,歌曲《逛杨寿》、歌舞《在希望的田野上》、杂技《空箱换人》等节目获一等奖。

2000 年 9 月,杨寿组织扬剧代表队参加县举办的庆祝中华人民共和国成立 51 周年扬剧大奖赛,杨寿代表队演出的独幕扬剧《上岗》被评为优秀创作奖。2001 年 4 月,杨寿选送的武术表演《中国功夫》、舞蹈《戏雨》参加邗江区农民艺术节文娱会演,均获二等奖。

2008 年 10 月,扬州电视台《大地飞歌》栏目组到杨寿拍摄节目,10 个表演节目中有 5 个是杨寿的才艺展示和地方特色宣传。境内机关、企事业单位代表 1000 余人在杨寿学校操场组成 8 个方阵,手拿"小巴掌",为台上的表演喝彩。此节目在扬州电视台播出。

2010~2016 年,镇先后 12 次参加邗江区举办的乡镇群众文艺会演、广场舞比赛等,获得 3 个一等奖,2 个二等奖和 4 个三等奖。

四、民间文艺

境内民间文艺源远流长,形式多样。有文艺爱好者,自发组织演唱小唱小调、吹奏乐器、讲故事等,自娱自乐。偶尔有钱人家在过生日时,搭戏台,请戏班子唱戏。香火戏、麒麟唱、挑花担、荡湖船、舞龙、舞狮、舞蚌等是杨寿群众传统的文艺表演形式。劳动时打号子,插秧唱栽秧号子,闲暇时三五结伴编顺口溜开心取乐等,在文化匮乏年代起到精神慰藉作用。中华人民共和国成立后,民间文艺得以传承和发展。

舞龙　境内舞龙历史悠久。民国时期,杨寿民间活跃着几支舞龙队,每年春节、元宵节、二月二(农历)等民间有舞龙风俗,有时选派强队到甘泉山上参加龙狮会,每逢重大活动群众都期待舞龙队表演。道具龙由龙珠、龙头、龙节(背)、龙尾组成,共 13 节,黄缎饰身,鳞片分明,形神具备,舞动时每人手持一节,群体动作协调配合,一人高举龙珠,在龙前逗舞,龙头逐珠,时而高昂,时而俯冲,在锣鼓声中,龙身腾挪转越,上下翻滚,舞龙队员在表演中随着鼓点、顺着圆弧上下翻腾,好似蛟龙缓缓游动,一片欢乐祥和。更有双龙对舞,各显技艺,使人热血沸腾。中华人民共和国成立

农民文化艺术节女子舞龙队表演

2008年永和、方集舞龙队参加扬州"4·18"经贸旅游节演出

后，村（大队）将民间舞龙队组织起来，成立村（大队）舞龙队，每逢节日在境内表演，增加节日气氛。1988年起，镇（乡）举办"二月二"农民文化艺术节时，村及有关企事业单位派舞龙队参加，舞龙表演是群众追捧的热点。方集村舞龙队、永和村舞龙队、李岗（宝女）村舞龙队及新民（新龙）村舞龙队演艺较高。2000年，镇文化站选送永和、新龙两支舞龙队参加扬州市首届文化艺术节"群龙聚会"演出，获二等奖。杨寿龙舞先后参加2004年"4·18"扬州火车站开通仪式、2005年"4·18"润扬大桥通车仪式表演。

2008年，镇政府购买9条色彩各异的长龙和9条手龙，配备锣鼓赠送给村（社区）及学校。每逢重大节日，镇区群龙起舞，鞭炮声此起彼伏，热闹非凡。是年，扬州运博会、扬州"4·18"经贸旅游节，2009年，琼瑶电视剧《苍天有泪》在扬州瘦西湖的拍摄，都有杨寿舞龙队的表演。2010年，杨寿镇被评为扬州市首批特色文化之乡——舞龙之乡。2011年9月，镇女子手龙队代表扬州参加江苏省第三届农民体育节特色团队展演，获银奖。

香火戏　清乾隆、嘉庆年间，杨寿民间盛行香火会，有祈求五谷丰登的青苗会，祈求捕捞顺利的渔船会，祈求消灾降福的火星会，祈求合家安宁的太平会，祈求人丁兴旺的家谱会等等。香火会活动的表演者俗称"香火"。清末，香火会由酬神活动发展到娱乐活动，民间称香火戏。香火戏伴奏用大锣大鼓，唱腔粗犷、质朴。曲调有七字调、十字调、宝调、星斗调、七公调、姨娘调、大开口调等，其中以大开口调最为流传，故香火戏又称"大开口"。

唱麒麟　麒麟是人们心目中的吉祥神兽，集狮头、鹿角、虎眼、麋身、龙鳞、牛尾于一体，被认为麒麟出没处，必有祥瑞。民间有"麒麟送子"之说，子女结婚，亲朋敲锣打鼓送"麒麟送子"油彩镜框画，悬挂在婚房门头，寓意早生贵子。唱麒麟一般由4人组成，2人表演，2人边敲锣鼓边唱，唱词大多应景自编，唱一些讨人欢心的歌词。民国年间，杨寿、方巷、甘泉、公道一带盛行唱麒麟。唱麒麟走村串户，传统节日期间到大户人家门前表演，农闲季节结伴外出，遇到办喜事农户即兴表演，讨要喜钱、喜烟。现在偶尔见到唱麒麟，大多是外地人路经镇内表演。

栽秧号子　中华人民共和国成立前，境内妇女在一起栽秧时，有唱"小调"解乏助兴的传统。50~70年代，农村实行集体所有制时，农民在所在生产队（小组）出工劳动，记工分领口粮，每到插秧季节，生产队（组）的妇女们在水田一字排开插秧，面朝水田背朝天，烈日当空，汗流浃背，又苦又累,栽秧号子应运而生。公社文化站负责编词,广播站负责教唱。栽秧号子,一人领唱,众人跟唱。她们借助号子,表达对美好生活的憧憬,增加干劲,开展劳动竞赛。代表性的栽秧号子曲调有《拔根芦柴花》《撒趟子撂在外》等。1982年,农业实行家庭联产承包制后,农民不再参加集体劳动,插秧也逐步实行机械化,栽秧号子不再有人唱了。

顺口溜　中华人民共和国成立前,境内一些民间艺人,为缓解生活压力,寻取乐趣,他们针对民间琐事、生活点滴编成顺口溜,在地方上传说。中华人民共和国成立后,文化生活逐步丰富,由于旧体顺口溜用词有时不太严谨,出言偶有粗俗,年轻人不再传承。偶有年长者在茶余饭后回忆往事时说一两段,顺口溜逐步被人们所淡忘。2000年后,境内有说顺口溜爱好者以宣传党的方针、政策,歌颂家乡的变化为主要内容,新编顺口溜,在境内传说,有时选择一两段,参加文娱会演,很受人们欢迎。

附:

香火戏《刘备招亲》唱段
（宝女村方秀嵩提供）

三国时蜀国君主刘备到东吴国招亲,东吴大都督周瑜要杀刘备,乔国老劝东吴国君主孙权不要杀刘备。以下为乔国老唱词。

（七字锣）劝千岁杀字休出口,且听老臣言从头。刘备他本是靖王后,汉帝玄孙一脉流。他二弟云长守亭侯,手执着青龙刀神鬼愁,白马坡斩颜良诛文丑,古城下又杀蔡阳的头。他三弟翼德性情有,手执丈八蛇矛贯取咽喉。坝林桥上一声吼,喝断桥梁水倒流。他四弟子龙英雄将,盖世英豪贯九州。长坂坡上救阿斗,只杀得百万曹兵个个皆愁。这班虎将哪国有,还有神机妙算诸葛武侯。你杀刘备不费劲,他弟兄闻知怎肯罢休。倘若兴兵来战斗,我东吴哪个敢出头。复转身来奏太后,将计就计结鸾俦。

麒麟唱《麒麟送子》唱段
（爱国村吴景栋提供）

麒麟送子到宝庄,坐北朝南好驻场,前面栽的千棵柳,后面又栽万行桑,
千棵柳上扣骝马,万行桑上歇凤凰,凤凰不落无宝地,贵人出在你府上。
麒麟送子到走廊,你府走廊好多长,好多长来好多长,府上出个状元郎,
状元郎来好福相,好比将军杨六郎,六郎把住三关口,镇住三关保朝纲。

抬起头来望一望,雨篷安在门头上,因为主家洪福大,一早一晚放豪光,
放下金子多胀眼,放下银子亮堂堂,因为主家洪福大,珍珠玛瑙动斗量。
走进府上状元门,红木地板亮铮铮,八根旗杆分左右,一对石狮子两面蹲。
抬起头来望一望,门前挂着状元灯,不知府上官大小,想必朝中有官人。
一送天子状元人,二送相公读书人,有朝一日登天下,一朝天子一朝臣。

因为主家洪福大，金银财宝送上门，今年送你摇钱树，来年送你聚宝盆，
聚宝盆上七个字，子子孙孙跳龙门。

麒麟送子到中堂，中堂福柜亮堂堂，堂中神龛三滴水，二龙抢珠在顶上。
上供西天如来佛，下供刘备与关张，两头点的长寿烛，紫金炉里万寿香。
长寿烛上结莲子，莲子头上落凤凰，凤凰不落无宝地，贵人出在你府上。
当今皇帝知道了，宣你家公子保朝纲，老年人烧香添福寿，少年人烧香富贵长。
姑娘们烧香描花朵，相公们烧香读文章。描起花朵雕龙凤，做出文章上考场。
当家人烧了一股香，连生贵子状元郎。因为主家洪福大，代代儿孙保朝纲，
也是主家运气好，文又高来武又强。

麒麟送子到府上，你府上天井四角方，四块金砖安四角，当中安下荷花缸。
荷花缸上结莲子，莲子头上落凤凰，凤凰不落无宝地，贵人出在你府上。

麒麟送子到府厅，你府上天井不离金，四块金砖安四角，当中安下古人名。
一安将军杨文广，二安韩信与张良，三安桃园三结义，四安刘备与关张。
五安做官刘志远，六安磨坊李三娘，七安七个天仙女，八安张生跳粉墙。
九安判官来赶马，十安二郎赶太阳，十个古人安得好，发财人遇见我巧瓦匠。

麒麟送子到厢房，一对门童笑嚷嚷，我问门童笑什么，一男一女送进房。
抬起头来望一望，崩子安在门头上，因为崩子安得好，代代儿孙状元郎。
崩子安起来多好看，胀眼闪亮发豪光，四角还是银镶边，玉玺安在正中央。
看看主家幸福多，大红门帘连地拖，拖到房内生贵子，拖到天上做高官，
头戴乌纱八角帽，身穿龙须大红袍，腰系玉带安八宝，脚穿乌靴走当朝。

麒麟送子到新房，新娘房内喜洋洋，银桌上面十样景，梳子牙枇摆成行。
送子送到新娘床，红漆踏板象牙床，象牙床上红绸被，一对枕头戏鸳鸯。
四根床腿垫金砖，代代儿孙做高官，四块金砖垫四角，养儿养上大半桌。
今天来把子来送，观音娘娘忙三忙，今年生下富贵子，来年生下状元郎。
昨天东风来送宝，今天西风来送财，转过南风生贵子，北风带回状元来。
老板运气超过人，房中还有聚宝盆，聚宝盆上七个字，子子孙孙跳龙门。
今年来把龙门跳，文又高来武又高，因为主家洪福大，芝麻开花节节高。

栽秧号子旧唱词选段
（爱国村陈翠萍口述）

撒趟子撂在外，二十岁小伙上长街，走到长街菊花开，左手摘一朵头上戴，右手摘一朵怀中

揣，勉强摘了三五把，看花娘子撺上来，看花娘子你别呆，我不来，花不开，正月里来花打朵，二月里来花正开，三月里来花缭乱，四月忙中把秧栽，五月真龙下大雨，六月掀扇子上楼台，七月有个玉兰会，八月初一雁门开，九月有个重阳节，十月棉衣穿起来，有人能唱十三个月，能把春秋倒回来。撒趟子撂在外，大路上走个摩登爱，小白褂子绿袖口，走起路来扭三扭，好像荷花莲子藕。

撒趟子撂在外，扬州城里一对荷花缸，荷花缸上现莲子，莲子头上凤凰歇下来。

栽秧号子新编唱词选段
（退休教师薛洪礼提供）

撒趟子撂在外，大麦场上小麦黄，丢掉麦把忙栽秧，劳动生产忙不开。

撒趟子撂在外，人民翻身做主人，哥哥，感谢那个救星共产党。撒趟子撂在外，毛主席著作天天学，哥哥，越学心里越亮堂。

毛主席号召学大寨，拔根芦柴花，艰苦奋斗记心怀，小小的郎儿来，月下芙蓉牡丹花儿开。

顺口溜旧体说词选段
（爱国村陈翠萍口述）

正月里卖大针，二月里卖花生，三月里卖荸荠，四月里卖杏梨，五月里卖菖蒲艾，六月里卖大头芥，七月里卖佛手，八月里卖菱藕，九月里卖菊花，十月里卖芝麻，寒冬腊月无啥卖，只有破布烂棉花。

二十岁小伙上南京，多买礼物送干亲，一买金簪一大把，二买耳环坠耳根，三买牙梳与篦子，四买包头和手巾，五买扬州香白粉，六买胭脂香水精，七买七尺绫绸缎，八买八幅紫罗裙，九买九包绣花针，十买十包红绿线，样样东西买完了，挑担盒子回家门。大门喊三声姐不睬，后门喊三声姐不应，蹲在后门听话音，姐不睬来话不应，不如退货了却情，一退金簪一大把，二退耳环坠耳根，三退牙梳与篦子，四退包头和手巾，五退扬州香白粉，六退胭脂香水情，七退七尺绫绸缎，八退八幅紫罗裙，九退九包绣花针，十退十包红绿线，样样东西退完了，挑担空盒回家门。一厢情愿没实现，腿无力来头又昏。滑过头来朝东跑，一脚踢在牛桩上，回过头来朝南跑，被个草堆当面挡，滑过头来朝西跑，又被柳树迎面撞，滑过头来朝北跑，又被菜笆绊倒在地上。

板凳板凳歪歪，菊花菊花开开，新娘子，起来喔，婆家送花来了，婆家送花我不要，我要胭脂花粉搽，搽不了，罨灯草；灯草长，罨生姜；生姜辣，罨韭菜；韭菜长，割两行；韭菜短，割两碗；公一碗来婆一碗，小媳妇子不得吃，跑到伙房啃锅铁，咬住锅边烫了嘴，跑到塘边喝冷水，被个蚂蟥叮住嘴，我请先生看，先生说我好吃馋猫鬼，我说先生捣命鬼。

鸭蛋鸭蛋掏掏，里面蹲个娇娇，娇娇出来买卖，里面蹲个太太，太太出来烧香，里面蹲个姑娘，姑娘出来磕头，里面蹲个黑球，黑球黑球你看家，我到南边栽荷花，一趟荷花没栽了，南边来个小亲家，亲家亲家你请坐，你家姑娘不识货，要你姑娘开开门，拿个扁担乱打人，要你姑娘扫扫地,拿个笤帚玩把戏,要你姑娘扒扒灰,她在灰上尿泡尿,要你姑娘扒扒稻,扒个窝塘睡大觉,要你姑娘量量米,头发蓬拉坠缸底,要你姑娘洁洁锅,她在锅里摸田螺,要你姑娘去弄菜,把个麦苗当韭菜。

一挑盖头,荣华富贵;二挑盖头,金玉满堂;三挑盖头,三元及第;四挑盖头,事事如意;五挑盖头,五子登科;六挑盖头,六六大顺;七挑盖头,七子团圆;八挑盖头,八仙长寿;九挑盖头,天长地久;十挑盖头,发财兴旺。

顺口溜新编《赞杨寿》说词

（杨寿学校教师田同兵编说）

逛逛杨寿四处看,心中感慨千千万,今天我先发感叹。党和政府拿方案,人民公仆带头干。为民实事大力办,群众满意又称赞。杨寿发展不算慢,先到广场看一看。气势宏伟人震撼,黄昏过后天色暗,灯火辉煌又灿烂。居民早早吃晚饭,来到广场把步散。打打扑克掼掼蛋,远离风头条饼万。手上拿把小折扇,唱歌跳舞多浪漫。人人学法守规范,苦干实干加巧干,勤劳致富天天赚。人民教育人民办,政府拨款上千万,教学大楼金灿灿,老师个个挑重担,教书育人流大汗,学生养成好习惯,成绩捧给人民看。以前天上雨沾沾,乡村道路稀巴烂,行人一走一身汗,汽车轮胎朝下陷,桥梁狭窄有隐患。如今再去看一看,新桥横跨杨寿涧,方便村民到对岸,通组道路无挡绊。杨寿又建新车站,交通状况大改善。建了垃圾中转站,环保步伐不算慢。新型沼气真稀罕,点火开关朝下按,烧水炒菜带煮饭,绿色环保省煤炭。再看便民服务站,方便村民千千万。以前最怕生病患,费用太高病难看。如今生病愁云散,新农合保抗灾难。幸福生活有期盼,敬老工程受称赞,老人脸上笑容灿。政府祝寿庆华诞,资金一千到一万,敬老院里众老汉,安度晚年福无限。建设小康路漫漫,党是我们领头雁,我们跟党好好干,今年再投四千万,杨寿明天更灿烂。

第四节 文艺创作

一、文学

镇内历史上属贫困落后丘陵地区,百姓农耕为生,识字的人寥寥无几。中华人民共和国成立后,政府重视教育事业的发展,居民受教育年限逐年提高,优秀学子进入高等学府深造。

镇内有一定知名度的作者有沙维玲、王嘉标、陈德胜等。沙维玲,其父亲毛贻颂、母亲沙文秀均为杨寿中、小学教师,退休前任邗江粮食局办公室副主任,中国散文学会会员、江苏省作协会员、扬州市美术协会会员。2003~2005年,任新加坡《联合早报》专栏作家。2006年,获全国首届朱自清文学(散文)奖。2012年,散文《背影》获首届全国亲情散文大赛一等奖。在《新加坡文艺》及国内杂志发表多篇文章。王嘉标,杨寿集镇人,江苏省作协会员、扬州市诗歌学会副会长、邗江区作家协会主席,在《扬子江诗刊》《青春》《江苏演艺》《扬州日报》《扬州晚报》等报纸杂志发表诗歌 200 多首,2014 年 8 月,出版诗集《故园的纬度》。陈德胜,杨寿新龙人,在《人民文学》《大江南北》《文艺家》《扬子晚报》《扬州晚报》《扬州日报》等刊物上发表诗歌、散文、小说、文学评论等文学作品 50 多篇,2011 年,诗歌《你的名字叫邗江》获"田园邗江"全球华人征文大赛一等奖,2013 年,小说《深渊》获扬州市禁毒征文二等奖。

2008 年,杨寿诗文协会成立,组织诗文爱好者培训、采风、创作,出版《杨寿诗文集》。2010 年,诗协参加邗江区文明春联征集,获二等奖 4 个,三等奖 3 个。

二、艺术

60~70 年代,公社文化站新编栽秧号子,通过有线广播进行教唱,各大队组织文艺爱好者编排现代样板戏到生产队巡回演出。90 年代,乡(镇)文化站开展元宵猜灯谜活动,编排节目参加县文艺会演。2000 年 9 月,邗江县举办庆祝中华人民共和国成立 51 周年扬剧大奖赛,杨寿代表队自编独幕扬剧《上岗》获优秀创作奖。2001 年 4 月,邗江区举办农民艺术节文娱会演,杨寿代表队武术表演《中国功夫》、舞蹈《戏雨》均获演出二等奖。2008 年,成立镇扬剧协会,自编自演现代扬剧《夸夸杨寿新面貌》《五好家庭》,小品《生养》,滑稽戏《恶婆婆》等节目,宣传新人新事新风尚,获好评。

镇内在书画方面有知名度的作者有邵志军、薛洪书、张立文等。邵志军,新龙村人,中国文联文艺志愿服务中心副主任,2008 年,在扬州八怪纪念馆举办个人书画展,并在全国多地举办书画作品展。薛洪书,方集村人,退休前任甘肃省卫生学校副校长,潜心翰墨。2011 年,薛洪书创作篆字书法集《万寿图》出版,全国政协常委、副秘书长、民革中央副主席修福金为其题词"中华文字万寿无疆"。杨寿学校教师张立文编写《墨润童心》,分铅笔字、钢笔字、毛笔字三册,作为校本教材,供学生训练书法。

2013 年,由镇宣传科、文化站提供素材,扬州市作家协会会员杨慧编剧、导演的微电影《没有什么可以阻挡》在境内拍摄,为扬州市首部乡村旅游微电影。电影讲述由一段知青往事引发的故事,男主角罗天磊的奶奶肖潇在 60 年代作为知识青年下乡锻炼,来到杨寿公社,在此邂逅女主角杨曼的爷爷杨正新,两人成为恋人,因家庭背景原因,没能在一起。杨正新在去世前留下一封信,促成男女主角在杨寿镇相会,最终他们走到了一起。情感故事串连了杨寿的美食美景,天王寺、千亩氧吧、水杉大道、千亩水产园、堤顶湖光、润水湾孝文化长廊、豆腐圆、草炉烧饼、红烧老鹅等一一呈现。微电影在优酷、土豆等网站同步上映,全方位展现生态杨寿、宜居杨寿。至 2016 年 12 月,微电影《没有什么可以阻挡》在优酷网、土豆网播放 4.5 万次。

三、诗文选介

散文

背 影

沙维玲

妈妈,您不是我母亲,可是我叫您妈妈。我们因为共同拥有着一个可爱的男人——您的儿子、我的丈夫而成了一家人,从此我便叫您妈妈。单单就因为此,我也要感激您一辈子!妈妈,我从来都没有告诉过您,我有多么钦佩您,更没有对您说过我爱您。虽然过去的那么多年里,我把它默念了千万遍。我其实并不是一个不善言辞和不懂表达感情的人,只是面对您默默的、深厚而又高远的情怀时,才发现任何语言都显得苍白和多余。我曾写过许多文字,可从来都没有写过您,不是不想,而是怕我写不好我心目中的您。

我不知道从寄人篱下的童养媳,到精明强干的乡干部,您要付出多么大的努力,但我清楚,为了一家老小,您真是呕心沥血。或许在别人眼里,作为一个女人,您再平常不过了,因为您从来没有过什么英雄壮举。可是,在我眼里,您足够伟大,伟大到让我汗颜。共同生活了那么多年,我已淡忘了属于您的故事里许多细节,而您那一个个动人的背影却像我生命之中的一棵常青树,永远站立在我的前面……

那一天,您的儿子指着站在村头的路边手搭"凉棚"不断踮起脚尖向远处眺望的身影说,看!那就是我妈。风儿飘舞着您的黑发,掀起了您浅黄色的衣襟,悄悄地躲在您的身后,看着您翘首盼望的背影,我对您儿子说,你妈妈站在那里,好像一树开花的树呢。您没想到热恋中的我们并没有坐班车,而是合骑一辆自行车抄小路回家的。调皮的我蹑手蹑脚地从后面一把搂住您的腰,您猛一回头,那份惊喜,那种神情,真的好像花儿开在春风里。妈妈,这是我第一次见您。

第一次见您,我记住了那个温暖的黄昏中等待的背影,也记住了您那充满惊喜的神情。

妈妈,我不知道您的青春曾经有多么闪亮,我只多见您柔和从容如绚烂的夕阳;我不说您无私,却记得您常挂在嘴边的一句话:"任亏竹子不亏笋。"不了解您的人以为您小气,因为您舍不得花一分不该花的钱,比如您用淘米的水洗碗,洗完了洗菜,完了再浇花。比如谁不随手关灯就会挨您一顿臭骂。再比如,您外出有事,哪怕是看病也从不舍得打的,只坐公交车。就连住院,都偏要住在过道上,嘴上说是过道上通风,其实就是为了床位费可以便宜几块钱。可是当您的那些早已成家的子女们需要帮助的时候,您却毫不犹豫地拿出自己一分钱掰成两半花而积攒下来的所有积蓄。这次四川大地震,早已退休的您第一个跑到单位去交纳特殊党费。您说,谁都有孩子呵!

妈妈,我永远都记得您给我买的那件嫁衣。在结婚前我们去上海购物,临走时,您悄悄塞给我带着你体温的200元钱,那时的200元已是个不小数字,您说让我给自己买几件像样的衣服。我在淮海路上,从这头走到那头,这家走到那家,跑来跑去还是舍不得买,最后,只花了14元挑了一件最便宜的羊毛衫。当我拿给您看时,您什么都没有说。隔了一个星期后,您带给我一件当时最时髦最昂贵的四平针羊毛外套,大红的,漂亮极了。您悄悄托人从上海买回来的。您说,傻丫头,结婚可是终身大事,你怎么可以这样亏待自己?看着我试穿的新衣十分合体,您心满意足地离去。妈妈,如果当时您掉头,一定会看到我眼眶里蓄满了幸福的泪水……

可以重新走进大学的校门,对于从"文化大革命"时期走过来的我,是一件多么值得庆幸的事情。而且这次机会,很可能会改变我的命运。可当我接到录取通知书的时候,我的孩子也快要出生了。怎么办?我惶惑不安,就在我举棋不定,面临艰难的选择时,是您、也只有您挺身而出。您对我说:"你就放心地去上学吧,把孩子交给我。你去了顶多会后悔两三年,可如果你为了孩子放弃了,说不定会后悔一辈呢。"去学校报到的那天,您亲自送我到车站,您抱着我的女儿在车下目送我上车,在汽车即将开动的瞬间,我突然不顾一切地跳下车,从您的怀中一把抢过襁褓中的女儿,不停地亲吻着,泪水像小河淹没了女儿的小脸。您轻轻地拍拍我的背:"好了好了,别搞得跟生死离别似的。你心疼你的女儿,我还心疼我的孙女儿呢。"其实您也哭了,您一边悄悄地擦泪一边从我手中夺过女儿,掉头就走。我知道,您是怕我反悔。才刚刚满月的那么一点点小人儿啊,就这样交给了您,接下来等待您的一切又何止是千辛万苦?多少年过去了,那天您抱着我的女儿坚决果断离去时的背影,还会时常浮现在我的脑海。心中的那份感动与感激无法言语。妈妈,是您的背驮走了本该属于我的责任,您的影给了我力量和希望。没有您哪有我的今天?

妈妈,有一件事,一直让我愧疚不已,好久好久了,我都想对您说声:妈妈,对不起……人,有时会迷失自己、会做错事——您儿子当然也不例外。当我觉得受到伤害,疼痛让我失去了理智,我不知不觉地迁怒于您。我不好声说话,对您我爱理不理。可是妈妈,我怎么没有注意到您苍老的脸上也有泪滴?当我幸福快乐时您总是远远地站在一边为我们祝福,可当我痛苦时为什么却要让您和我一起承受呢?"我梦中流淌那一条悲伤的小溪,是妈妈深夜枕边强忍啜泣"。写到这里,我的心隐隐地痛着。

因为工作问题还有许多无法言明的原因,您的儿子遭到了磨难和打击。面对突然间降临的人祸,我走投无路,欲哭无泪,夜不能寐。可是,您照样做饭、照样睡觉、照样去锻炼。开始我在心里忍不住责怪您,怎么可以这样若无其事,他是您的儿子啊!您说:"我的儿子我清楚,他绝对不会做什么违法的事情。我吃得下饭,睡得着觉才会有力气去帮助我儿子。越是这样的时候,我们越是要坚强、镇静。"

那年春节,千家万户还沉浸在节日的气氛里,您却陪着我在深夜,顶风冒雨一起去找好不容易才肯出现的当事人。那地址我们又不熟悉,穿过一条又一条街,从这幢楼摸到那幢楼,冷冷的冰雨横冲直撞从四面八方向我们袭击,小小的伞挡不住,厚厚的棉衣也不能抵御。而我一路小跑竟也跟不上您跟跟跄跄的步履。是的,您总是在我的前面。那个风雨交加的夜晚,伸手不见五指,唯有您被淋湿的凌乱的白发在黑暗中银光闪闪。寒风中您单薄的背影是那样的瘦小,可在我在眼里又是那样的高大。突然间我明白了,您是把痛苦的饮泣压回内心,将泪水转化成了一种强大的动力。妈妈,您真是一个质地坚实、内心强大的人,所以,您才拥有一种大地母亲般的生命力!妈妈,您的儿子身上那种奋发向上、顽强拼搏、不屈不挠的精神,原来就是您这风雨中背影的叠影。谁说不是你的品行影响了他的一生呢?是的,妈妈,他曾告诉我,他一生中最佩服的人就是您!

从新加坡回国后,我一次又一次地病倒,是您风雨无阻地来到医院守在我的病床前。妈妈呀,是我躺下了才能细细地看清楚您吗?您从什么时候开始,一下子就变得这样苍老了呢?背佝偻了,脚步迟缓了,连声音也沙哑了,您的白发如雪,生生地刺痛着我的眼!病魔一而再再而三地打击,让我心灰意冷,亲人们无微不至的关怀又让我内疚不安。妈妈,只有您最懂我的心。您轻松地微笑着一次又一次告诉我:"孩子,其实我也没那么无私呢,我尽心尽力地侍候你,是想让你尽快地好起来,等我老了病了以后你可以好好地服侍我呢。"其实我知道,很少为自己伤心的您,常常背着我悄悄地老泪纵横。妈妈,我永远都会记得您曾经为我这样哭过,可是,妈妈,我多么希望您可以天天笑着呀!

妈妈,您对我的千般呵护万般宠爱,刚开始我还心存愧疚,可时间长了却不知不觉地习以为常了。当爱成为一种习惯,一切都变得天经地义。甚至有时郁闷、焦虑时,我还拿您出气。这时的我,早已脱去了四十多岁的外衣,显露出十六岁少女的骄横无理。那次,为了您一句我听不顺耳的话,又小题大做,最后竟莫名其妙地号啕大哭,一哭就是两个多小时。哭完了,心里舒坦了。可妈妈您却难受得一夜没睡。后来您告诉我,您不是因为觉得受了委屈,而是担心我那样哭了会伤身体。被命运击昏了头的我,一心以为自己是这个世界上最不幸的一个,可是我却忘记了,子女的不幸,在妈妈那儿总是加倍的,我的苦难加在您身上就是苦上加苦啊。从此后,您做事总是小心翼翼,说话也犹犹豫豫,生怕一不小心又会得罪我,让我不开心。妈妈,您看我时那种隐忍的眼神,如同您为我悄悄流下的泪,已化作伤痛滴落在我的心扉。

有您在身边的日子真好。每次回家,只要我走到楼前,抬头望一下二楼家里的窗子,就好似看到一个恰到好处的画框,画面上永远是您白发飘动的身影。等我爬上楼梯,不用掏出钥匙开门,门就已经开了,门后面总有您温暖的笑脸。那天午后散步回来,我却意外地里里外外找不到您。桌上留着一张条子:玲儿,你这次大病出院,是多大的喜事!看,你已经能出去走走了,你会一天比一天好的。这条蚕丝被是我昨天过生日时给你买的,按老规矩叫长寿被,让它陪着你好吗?妈妈先回自己家了,也许你需要静养。有什么事,打个电话,我会随时回来陪你……没等看完,我一口气冲下楼去,哪里还有您的身影?一幢高高的楼前,只立着一个呆呆的我。

回到空荡荡的家里,我的心比屋子还要空。想象着您悄悄地一步一步离去时的背影,仿佛看到了您那颗支离破碎的心。唉,真想不通,从来都是贤妻良母的我,为什么会变得这样不知好歹?难道真是病害昏了头吗?妈,我其实只是个被您宠坏的孩子,只要我活一天,您就会呵护我二十四小时。可是我呢?竟忘记了您的生日。妈妈,现在那条蚕丝被夜夜覆盖着我的梦,就像我夜夜依偎在您温暖的怀抱里。

妈妈,我眼睁睁地看着您在无情的岁月里一天天地衰老,看着曾经无所不能的您越来越力不从心,我却无能为力,这是我最大的无奈与悲哀。这次您的老毛病又犯了,病得很重。原本瘦弱的您更加瘦弱了,躺在病床上盖着被子,不注意就好像床上根本没有人呢,而插在您身体里的各种管子就像一把把刀插在我的心里。

当您被抢救过来稍稍有些精神后,竟要把我们都统统赶走,说有护工守着了就行了,别影响我们的工作。我坚决不走,可您竟对我发火说,我不走你连饭都不吃。我知道那是您怕累坏我刚刚恢复的身体。不敢惹您生气,我只好偷偷地躲到医院的走廊上去。可是,当我在门缝里看着骨瘦如柴的您一手吃力地举着打点滴的吊瓶,一手扶着墙,颤颤巍巍地去洗手间时,我怎能不心如刀割呢?

妈妈,每次我去医院,几乎都会看到您站在病房的窗前向医院大门的路口张望,看着您仿佛风一吹就要倒的孤零零的背影,我真想把您紧紧地搂在我的怀里。我知道,您的内心其实是希望儿女们能来陪伴您的,您也需要被爱呵,可您却偏偏要违背自己。您把这一世都承担下来了,到最后却忘了您自己。妈妈,您真的就是一棵大树啊,即使被风霜雪雨侵蚀得伤痕累累,即使被电闪雷鸣击打得满目疮痍,只要还没有枯萎,就还要给您的儿女们撑起一片绿荫!

当爱成为一种习惯,被爱也就成了一种习惯。妈妈,我早已习惯了享受您对我的呵护;习惯了汲取您身上的暖意;习惯了有您的陪伴与鼓励;习惯了看您用您的背影去支撑我目光所及的那片蓝天。妈妈,我恳求您也能心安理得地接受我们对您的照料,就像我们接受您对我们无微不至的关怀一样,好吗? 恳求您也试着习惯接受我们对您的爱,就像您爱我们一样,好吗? 尊重别人的爱,也是一种爱,更何况我们是您含辛茹苦抚养大的子女呢? 您不是说等您老了病了以后我可以好好服侍您么? 您怎么说话不算数了!

妈妈,我常常都会像现在这样背着您,把您的恩情细数千回万遍。而您的背影就一次又一次在我的眼前闪现,那是您的爱留下的影子永远镌刻在我的心里。我真的不愿意把对您的深情只流露在我的文字里,因为我知道这世界上没有任何一种华丽的语言可以将您这份无私的爱诠释。妈妈,此时我只有一个心愿,就是要去当面告诉您:我爱您! 永远永远!

我不再说感激,如果此生可以回报您。而我又是多么多么地庆幸,这一切都还来得及……

盛夏的果实

沙维玲

有些花长在树上,开在眼里。有些花,长在水里,开在心里。就像荷花,它一直开在我情感的最深处,开在我记忆的荷塘里。

荷花于不同人的心里就有不同的模样,或许,荷花就像一面镜子,照出了我们每个人自己? 荷花与我有着一段让人悲悯的故事,所以我更愿意久久地沉浸在那"留得残荷听雨声"的忧伤里……

很久很久以前,外婆的家就住在扬州城的荷花池边上,外婆她总有讲不完的故事,很动人,也很美丽。她告诉我,荷花也叫莲花,在还没有开花前叫"荷",开花结果后就叫"莲"。

荷花是纯情无瑕的少女,莲花则是饱经风霜的母亲,而莲子呢则是她盛夏的果实。

外婆最害怕黄昏,因为黄昏一到,外婆的思念也接踵而至。那时,外公远在上海谋生,外婆眼前的那弯月亮,弯了又圆,圆了又缺……

岁月就在外婆的思念中倏忽而逝。那一年,病入膏肓的外公突然被人送回家来,为了给外公看病,她把家里能卖的都卖光了后,又卖掉了自己陪嫁的首饰,在那个夏天还没到尽头的时候,外婆眼睁睁地看着外公丢下她们娘儿四人怀着极其内疚与不甘的心情离去。这回,外婆终于把外公完完全全地等回来了。从此,荷塘边再也没有了外婆的身影……

外婆的眼泪,像荷叶上的雨珠,一滴一滴地滚落,是啊,再大的荷叶又怎么能承受得住这悲伤的重量?

我不知道外婆是不是听到了雨后残荷的哭泣,就看到了自己今后悲凉的一生?

但是,我坚强的外婆她从不绝望。她就像一支伫立在水面缄默无语的残荷,用瘦弱的肩顶起一个硕大的莲蓬。她的头,在骄阳中傲立,她的根,在污泥中不朽。

在外婆含辛茹苦的抚养下,女儿们健康地成长起来了。我妈妈上了师范学校,小姨还上了财经大学。这简直就是奇迹！而我的童年，也是在外婆那温暖的怀抱中度过的。

渐渐地，外婆老了，她真的老了。长大的我，分明看见外婆的眼里有着无穷无尽的落寞，看到她心里长满了荒草。黄昏时，我看着外婆那佝偻的孤独的身影，心就会阵阵地抽搐。

花季总是很短暂的，一岁一枯荣的只是荷的枝叶，永远不死的是莲的精神！就像我的外婆，她把青春的容颜酿成了慈母那美丽的永恒。荷塘月色里融入了外婆执着的爱恋，它像一幅不朽的画，永远定格在我们的记忆里，任凭岁月的沧桑与流逝。

荷花连着外婆的故事和儿时的记忆，以它特有的姿势在我心里生长着、开放着。所以，多少年了，每当我走进越来越美丽的荷花池公园，看见满池的荷叶互相搀扶着，衬托起一朵朵象一袭素衣女子的荷花，心里大概除了怜爱还是怜爱吧。

看着她们始终站在那里，像是守望着什么，那样的寂寞，心就会隐隐疼痛起来。或许，它们是等着我去用最纯粹最怜惜的目光去抚摸她最后的美丽？又或是跟我轻轻低语：我心里有好多好多的故事想说给你听，如果你愿意……

记叙文

怀念三爷爷

陈德胜

出师未捷身先死，长使英雄泪满襟。——杜甫

抗日战争的硝烟已散去近70年，但日本军国主义犯下的滔天罪行和中国人民遭受的深重灾难，成为中华儿女心中永远抹不去的伤痕。追忆抗战的峥嵘岁月，多少中华儿女用青春和热血保卫着祖国这一方神圣的土地，用身躯和头颅捍卫了民族的尊严，用忠诚和激情谱写了中华民族战争史上一个个动人的篇章。我的三爷爷就是其中的一员。

从我记事起，奶奶常常同我谈起三爷爷牺牲在抗日前线的事。1945年农历3月底，从江都县政府（现在的邗江区当时属于江都县）传来噩耗，年仅17虚岁的三爷爷陈开金已在农历三月二十六日（阳历5月7日）牺牲在抗日前线。这一消息犹如晴天霹雳，全家顿时哭成一团。曾祖父老泪纵横，这位饱读诗书的私塾先生失去了一位年轻少壮、血气方刚的儿子。曾祖母哭得死去活来，她无法接受这一现实——这个刚离开自己几个月、聪明活泼、英俊洒脱的三儿子眨眼间便与他们阴阳相隔。白发人送黑发人，那是一种怎样的悲凉。失骨之痛成为一种不能摆脱的阴影笼罩着这个温馨和睦的家。

大爷爷陈开宏（已于2000年去世）哭泣着赶到县政府，领回的只是一张烈士证，因为牺牲的三爷爷尸骨未还。他带回的只能是更大的悲恸。就在那年夏天，曾祖母在这一难以承受的打击之下溘然长逝了，临终前，叮嘱她的另外三个儿子：别忘了每年给老三烧上一叠纸钱，他走得太惨了，又那么年轻。

听说，曾祖父是一位知识渊博的私塾先生，在当时任保里司（相当于现在管理几个村民小组的片长）。1944年农历十月，为了及时补充兵源，新四军在我县招募了一批新兵入伍。国难当头，作为一名同情革命的私塾先生，他毅然作出表率，在自家为数不多的孩子中挑出一个去参军。

老大陈开宏已结婚生子，老二陈开福（即我的爷爷）刚结婚，小儿子还年幼，这时年仅16虚岁的三爷爷挺身而出："我去！"

三爷爷在曾祖父的熏陶下，饱读诗书，兼以天资聪慧、勤奋好学，已学完了《三字经》《千字文》《百家姓》《千家诗》以及"四书五经"等经典著作。吟诗对句颇受人们的赞赏。其学识一直是曾祖父和全村人的骄傲。他为人谦逊、热情、乐于助人，有着出色的语言表达能力。16虚岁，一米七五的个子，高大、白皙、英俊、洒脱，俨然一位二十四五岁的大小伙子，至今还令那些已进入耄耋之年的伙伴们赞不绝口与扼腕痛惜。日本鬼子在中国的残酷暴行，他已耳闻目睹；曾祖父对中国革命的理解与对劳苦大众的同情对他产生了潜移默化的影响；曾祖父对旧中国封建的社会制度与对日本侵略者的深恶痛疾给他幼小的心灵留下了深深的印痕。他早已定下了精忠报国，打击日本侵略者的决心。"国家兴亡，匹夫有责"。正值风华正茂，书生意气的三爷爷肩负着历史与民族的使命，背负着亲人的嘱托踏上了革命的征途。在那战火纷飞的年代，在那血雨腥风的岁月，随时都有生命危险。是曾祖父、曾祖母，是这个历尽沧桑与磨难的家庭，毅然将他送上抗日的前线。

三爷爷所在的部队是新四军2师5旅13团，他是作为一名骁勇的战士被选进武装侦察排的。当时，陈毅任新四军军长、罗炳辉任2师师长、宋文任13团团长。该团主要在安徽一带抗日和打击敌伪军。日本鬼子在当地实施残酷的扫荡，不断去农村奸淫掳掠，烧杀抢劫，无恶不作，老百姓苦不堪言。1945年农历三月下旬，三爷爷所在的侦察排奉团部命令去伏击下乡骚扰群众的日本鬼子。

1945年农历三月二十五日，在安徽红山一个叫大胡庄（他们记忆中好像是这个地方，但时间较长，可能有误）的地方，三爷爷所在的侦察排奉命伏击日本鬼子的一支队伍，打死不少日本兵，战斗取得了胜利。当晚，侦察排的三十多名战士继续潜伏在当地的一个村庄，准备第二天继续伏击扫荡的鬼子。由于当地一个叛徒的出卖，次日凌晨，日本鬼子调集了几百人的队伍，对潜伏在村庄的新四军侦察排30多名战士进行了反包围。30多人紧急撤退，逢大雾天气，战士们辨不清方向，一时难以脱身，于是奋不顾身，英勇杀敌。三爷爷腿部中了一枪，难以撤退，不幸被俘。同另一位战友被日本鬼子绑在一座庙里的旗杆上（据说那时破庙都有两根旗杆）作为示众的材料，还押来当地的百姓前来观看。鬼子让他交代新四军的情况，但并未得出任何有价值的东西。失去了人性的日本兵杀中国人杀红了眼睛，居然对他进行剐刑，据说将他的鼻子、耳朵割下，挖了他的眼睛，剁了他的手脚……其情景惨不忍睹。一个活生生的生命被肢解得血肉模糊。看着同胞悲惨的情景，乡亲们泪水直流，很多人背过身去，不忍心看下去。（据说，新四军了解当时的情景时，老百姓谈及此事无不失声痛哭。）

那一场战斗十分惨烈，由于大雾天气，侦察排30多人几乎全部牺牲。当晚，13团的新四军战士含着泪水秘密将英雄们的遗体找回，就在那个村庄安葬了。

三爷爷去了，带着对祖国、对民族的一腔挚爱，献出了年轻的生命。17岁——一个充满幻想，还做着七彩梦的年龄。随着历史的前进与时间的推移，一切都淹没在历史的尘埃中，人们已逐渐将他淡忘。三爷爷死的时候，目睹的是敌人狰狞残暴的面孔，死后，只能长眠他乡，未能回到扬州这一方曾写着他的童年与笑声的土地，甚至在任何烈士纪念碑上都找不到他的名字。

三爷爷牺牲后，每年的清明节，我们本家几户都要在门外烧上一叠纸钱，祭奠三爷爷的亡灵。记忆犹新的是,从祖父们肃默的神情和浑浊的泪水中,我看到了他们对三爷爷沉痛的哀悼,看到了他们对日本侵略者刻骨铭心的仇恨。

愿三爷爷在地下安息!

发表于《大江南北》2010年第3期

(陈开金系建隆村人,革命烈士)

诗　歌

返　乡

王嘉标

我所依恋的故乡
那已脱下多年的旧棉袄
在他乡不时漏风的日子
习惯捂着故乡取暖

在黄昏向晚时分
拎着迎乡情更怯的脚步
几缕炊烟瘦弱地飘荡
几盏灯火如萤火般昏黄
只剩老人,头顶芦花似的
村庄最后的值守

曾经年轻力壮的五叔
像一截树桩
沉默地靠在一棵树上
脸上暮色沉沉
香烟亮一下,眼睛才亮一下
吐着烟一样的迷茫和混浊

没有童年的灯笼
照见儿时欢歌和笑语
没有无猜的青梅
送来清浅可人的笑脸
踩着愈来愈暗的身影
我的心有被狗吠后的战栗

石径斑驳,老屋日益破旧
一把锈锁锁住破败的光景
而母亲在墙上,
目光年轻,一如当年的慈爱
轻轻地问询,一如当年的抬手
轻轻地,掸去我发上的轻霜
和岁月的悲欢

屋后的大河

王嘉标

大河像往昔落满了晚霞
而河水已然成模糊的花脸
回映不出当年星星的眸
在暮色中回家
没有牧归的老牛,只有犬吠
这条大河明显瘦弱了许多
河水缓缓地在流淌
一半清澈,一半浑浊
多像此刻我悲欣纠集的心境

那是我童年欢乐奔腾的河啊
两岸绿树依依青草漫漫
河上白帆竞发,水鸟声声传唱
扎个猛子,游鱼唾手可得
对岸的桑葚总闪着紫色的诱惑

纷飞的岁月,纷飞的记忆
如波浪里跃出鱼背上的鳞
闪一下便沉到了水底
河水无声,带走许多美好时光
此时踏进的已不是我梦中的河

冬 雪

王嘉标

大地愈沉灯火愈暗

雪千里奔波前来救赎
洁白做封面陈旧的全部封存
冬雪合力将大地抬高一寸

在雪中走了很久
雪明净的唇轻吻着
我的发丝脸颊思想
在人间行走多年烟火熏烤
无论怎样我也成不了雪人
但内心中还有部分坚持着
和雪的颜色相仿

叫我怎能不想你

毛贻颂

深深地想念你
记忆里印着你亲切的身影
热烈地赞美你
心中珍藏着你浓浓的情意

五十六年前的三月
我走进了你
那时你矮小,瘦弱
薄薄的面纱遮住你羞涩的容颜
然而你的朴实、善良、宁静
让我倾倒在你的面前
你给了尊重、信任、事业、爱情
我报答你,化作甘露护春花

一九八八年,我告别了你
至今二十二年
伴随我的是
比二十二年还要长的思念
今天,今天我看到你高了,壮了
换上时代的新衣
比我梦里见到的你更加美丽

杨寿,这片深情的土地
我,为之奋斗的事业在这里
苦辣酸甜的故事在这里
我的青春
我的情和爱统统在这里
叫我怎能不想你

你的名字叫邗江

陈德胜

你从 2500 年前走来
长江是你的血脉
运河是你的腰肢
邗江大道是你的脊梁
润扬大桥是你的翅膀

你是瓜洲渡一千年前古老的传说
沉香亭犹在
古渡边的那块碑石犹在
乾隆的御碑犹在
与京口一水间的津口犹在
一桥飞架南北
缩短了两个城市的距离
这里曾留下《春江花月夜》——
孤篇盖全唐的诗行

你是佛教禅宗四大丛林之一的高旻寺
你是寺内高高矗立的天中塔
"凝眸空万里,著足绝纤尘。"
"邗江胜地"三岔河口
看——
循着那经纶诵读的声音
有一座 18 米高阔大的禅堂
听——
日出日落
人们还能听见你的晨钟暮鼓

北湖九龙岗阮元
三朝阁老,九省疆臣
一代金融巨子胡笔江
情系桑梓,勇赴国难,救亡图存
"二七英烈"曾玉良的墓前
是气宇轩昂的丰碑
人们还默念着烈士的名字
一代名儒焦循、物理学家束星北、扬剧名旦高秀英……
后人高山仰止

凤凰岛上
皇帝蹲、关帝庙、都天菩萨
百鸟朝凤、千曲争鸣
曾经有凤来仪
润扬森林公园
太阳岛、国际露营地
生态与天然同在
和谐与纯净共存

你是杭集工业园树起的旗帜
——中国牙刷之都
你是北洲船舶工业园
中铁宝桥、大洋造船、环洲船用材料
你是北山工业园
亚星、跃进通达、三源机械
你是环保产业园
投资 10 亿元的泰达垃圾发电项目
彰显着低碳和谐的理念

你是黄珏老鹅,你是草炉烧饼
你是青草鲢鳙,你是长江三鲜
你是 8424、芦蒿、香椿、菱藕
你是西北丘陵绿杨春茶、山河摘翠
你是扬子江畔万亩林木、万顷良田
"南有大江北有湖,
运河金链串珍珠。"
你是人们用勤劳和智慧谱写成的壮丽篇章

你是人们用诗歌和图画描绘成的成熟秋色
你的名字叫——邗江

杨寿（兽）医坝

薛洪礼

三涧呈川流镇村,汉朝宝女葬南墩。
物华天宝康养地,杨寿（兽）医坝渊源深。

春游杨寿

薛洪礼

春日微风轻拂面,花香草绿双飞燕。
蒙蒙细雨润田野,三涧泛舟红鲤现。

注：三涧指贯穿杨寿境域的杨寿涧、王冲涧、朱桥涧。

秀美乡村精致杨寿

吴正岗

秀色清新环境优,美景如画不胜收。
乡野震荡龙狮舞,村户响彻和谐歌。
精雕细琢添异彩,致力倾心谋统筹。
杨氏昔日医坝地,寿延业旺人风流。

鱼水情

冯大江

党委政府重民生,心系百姓意情真。
强镇富民安居业,干群鱼水不离分。

阅报有感

吴玉德（杨寿百岁老人）

闲云潭影日悠悠,阅报感欢新杨寿。
日新月异换面貌,人民幸福铸春秋。
物华天宝从人愿,人杰地灵名士游。
商学工农齐奋进,宏图大展赛扬州。

天净沙二首

吴玉良

参观邵永清农家小院

古槐老榆黄芽,灰砖乌墙青瓦,棋牌条幅字画。安宁祥和,稻香深处人家。

邵永清门前春晖亭

蓝天白云红霞,碧池金鲤荷花,曲径绿草肥蛙。春晖亭下,休闲聊天喝茶。

杨寿四季歌

许巨亮

春来麦青菜花黄,夏日鱼虾荷满塘。
秋收稻谷千层浪,冬至庭院梅花香。

醉广陵

徐云峰

城锁千棵柳,桃燃万点霞。
亭桥烟水软,白塔鹤云斜。
紫燕裁吴韵,兰舟近酒家。
诗牵三月瘦,犹爱广陵花。

沁园春·烟花三月

徐云峰

霞生桃林,风夺柳梢,琼影渐稠。羡瘦西湖里,帆樯可寄;五亭桥上,烟水全收。塔欲高飞,楼存四海,古寺禅音送客愁。山虽小,怜吹台一角,透尽风流。

烟花故地重游,红尘上,谁无半点忧?念吴山云雾,难藏旭日;瓜洲渔火,犹照霜舟。燕雀低檐,鲲鹏极目,岂让相思空白头?西湖瘦,喜春风十里,鹤舞扬州。

杨寿三宝

杜道生

草炉烧饼

芝麻油面农家种,制作有方百载长。

去旧出新留特色,草炉烧饼万家香。

豆腐圆

白嫩清香豆腐圆,佳肴风味欲垂涎。
非遗载册不凡响,光大传承世代沿。

活珠子

活珠又叫凤凰蛋,味道称奇传世间。
常吃强身能祛病,村民康健笑开颜。

赞杨寿

方德福

杨寿天蓝水碧清,老翁垂钓一竿轻。
有霾难说城中好,无害还夸乡下行。
绿色长成鲜味美,孝心赢得体康宁。
桃花源事终虚幻,此地养生可取经。

重回永和

陈 剑

昔日朱家荒,野草长满岗。而今看永和,别墅遍山庄。
工厂连成片,马路通四方。种田有机械,打工在本乡。
更植意杨林,鸟语花又香。贫困犹记忆,人民已小康。

杨寿主题文化墙

洪宝圣

（一）

杨寿主题文化墙,文明道德大宣扬。
家风古训来提倡,社会文明风气良。

（二）

核心价值展墙上,社会和谐民主彰。
诚信做人相友善,梦圆幸福国家强。

（三）

孝行文化刻长廊,廿四孝图传统张。
百善德行先尽孝,称心父母寿而康。

第五节　广播　影视

一、广播

1959年,公社成立有线广播站,借用电话线路传输信号,每个大队装有广播舌簧喇叭,利用电话线每天早、中、晚转播县广播站节目,播音时电话暂停使用。

1971年,邗江县委提出大力发展广播的要求,掀起队队办广播,户户安喇叭的高潮,公社自建广播放大站,配置300瓦扩音机,架设广播专用线路,广播入户率88%。每天转播县广播站节目后,播送杨寿自办节目。公社配备通讯报道员,大队有"土记者",一方面向县广播站投稿,一方面充实自办节目内容。在农忙季节,播放秧歌、教唱革命歌曲及广播讲话。当时栽秧全靠妇女手工栽插,枯燥、劳累,妇女跟唱广播上的"栽秧号子",提振精神,开展劳动竞赛。农业现场会广播站工作人员挑广播器具到现场服务。1983年,全乡有广播喇叭5400只,入户率达到91%,动圈式喇叭占50%。1994年,广播放大站更名为广播电视站,随着电视的普及,有线广播逐年减少。2016年,全镇有高音喇叭75只,主要用于宣传党的方针、政策、时事政治、播放文艺节目和播送通知。

二、电影

中华人民共和国成立后,县流动电影放映队到农村巡回放映露天电影及幻灯片,每年到杨寿放映4~5次。

1971年,公社成立电影放映队,购置1台8.75毫米放映机,主要在大会堂放映,有时也到大队、生产队巡回放映。1977~1978年,是公社大会堂放映电影高峰期,每晚观众均有1000多人,过道走廊时常站满观众。1979年,购置2台16毫米放映机,在公社大会堂及各大队巡回放映爱国主义影片和科普幻灯片。1981年,杨寿影剧院落成,领取电影放映许可证,购置2台32毫米放映机,放映员6人。1986年,影剧院放映330场次,观众16.5万人次,到村放映500余场次,观众11万人次。90年代后期,随着电视普及,观众逐渐减少。1999年,影剧院整体出租,电影队解散。

2000年,文化部、国家广播电影电视总局提出实施"2131工程",即在21世纪初,农村"一村一月放映一场电影",镇政府聘请放映员到各村(社区)巡回放电影,每年完成100场次。2001年6~7月,庆祝中国共产党成立80周年,电影放映员在全镇巡回放映《大决战》《旭日惊雷》《渡江侦察记》《七七事变》《开国大典》《济南战役》等爱国主义影片。至2016年,到村(居)年放映影片1500多场次。

三、电视

70年代中期,公社、大队、企业相继购买黑白电视机,用天线接收电视信号,境内第一台黑白电视机由当时的爱国大队购买,每到傍晚大队部坐满了观众,周边大队的群众纷至沓来,观看新闻和电视剧。1978年,方集光学仪器厂用华侨券购买匈牙利产60英寸黑白电视机,1300元人民币,晚上在大队部院内放电视,挤满了观众。80年代,开始有彩色电视机,境内第一台彩色电视机由杨寿供销社购买。随着农民生活逐步改善,农户开始购买电视机,以14英寸"飞跃""金星""熊猫"品牌电视机为主,后逐步普及,架设自制天线接收电视频道,信号时强时弱不稳定。1994年,乡成立广播电视站,开办有线电视,先在集镇、新民、永和等村安装,后向全乡(镇)辐射。转播中央、省、市、县新闻节目,及时将乡(镇)境出现的新闻、好人好事向群众宣传,每逢周二播放扬剧节目,为单位、个人提供点歌服务及广告宣传。2002年,镇广播电视站划入扬州广播电视局管理。2003年,全镇有线电视用户4618户,入户率75%。2016年,境内建成有线电视主干线35千米,支干线230千米,有线电视用户5910户,入户率达96%,绝大多数为液晶大屏幕彩色电视机。

第六节　文化遗产

一、古墓葬

境内的古墓葬主要有宝女墩汉墓。

宝女墩汉墓位于杨寿镇宝女村大顺组西侧,红光河东侧,汉墓群由主墓和三座陪葬墓组成,主墓墓包封土直径120米,高度12米,夯土层0.15~0.2米,保存较好。相传墓主为汉代光武帝刘秀的妹妹。

1979年初,杨寿砖瓦厂工人在取土时,发现两座楠木古棺,扬州市博物馆、邗江图书馆(时邗江未建立博物馆)迅速组织专家进行抢救性挖掘已裸露的两座古墓。经考证,发掘的两座古墓为宝女墩汉墓的陪葬墓。发掘的两座陪葬墓,出土随葬品150余件。其一为单椁单棺女性墓,木椁长5.06米,宽3.26米。墓内出土铜器55件,琉璃衣片19片,玉猪一对,玉塞2件,漆器20余件,其中以铭文铜器和工官漆器为特色,有"广陵服食官铜钉第五""广陵服食官铜钉第十""中官""大子""恭庙"等铭文。另一墓中还出土了少见的组合齿轮和锁形器。

1992年1月,邗江县政府与杨寿乡政府签订《保护古墓葬责任书》,确定汉墓墓台底线向东至曹杨路,向西88米,向南46.5米,向北至大顺组灌溉渠,约1.35公顷,为古汉墓保护范围。2006年6月,宝女墩汉墓列为江苏省文物保护单位。

宝女墩汉墓的另一座陪葬墓——小墩汉墓,位于主汉墓东侧300米,封土直径30米,高度3米,夯层厚0.2~0.3米,保存较好。2010年6月,小墩汉墓列为扬州市第五批市级文物保护单位。现已纳入宝女墩汉墓的保护范围。

二、非物质文化遗产

杨寿豆腐圆子制作技艺　杨寿豆腐圆子制作始于清代,豆腐圆子俗称"素斩肉"。圆子以盐卤豆腐为主料,配以香菇、竹笋、虾仁、鲜贝、肉丁等配料和适量鸡蛋清,豆腐需压榨去除部分水分,与配料等搅拌均匀,制成生胚,用平底铁锅加素油烙制而成。可红烧,可清炖,口感韧、嫩,豆香浓郁,营养均衡,是居民餐桌常见食品。扬州宾馆制作菜肴常采用杨寿的豆腐圆。传承人李树林。2014年8月,杨寿豆腐圆子制作技艺入选扬州市第三批非物质文化遗产名录。

　　杨寿箍桶技艺　箍桶技艺是木匠行业的分支,是以木材为原料,使用锯子、刨子、凿子、斧子、角尺、锤子、墨斗等工具,加工木制圆形生产生活用品的传统技艺,因其所加工的制品为圆形,箍桶匠人又被称为"圆木匠"。将木材制作成木桶,要经过下料、锥孔、匡桶、抛光、扒槽、做底、装底、箍桶等工艺流程,制成的木桶结实、美观、耐用,不漏水,无论是对尺寸的把握,还是对弧度的掌控,全凭匠人的经验,对匠人的熟练程度和工作经验有很高的要求。传承人为李坤宝。2014年8月,杨寿箍桶技艺入选扬州市第三批非物质文化遗产名录。

　　"春"字门内科中医术　19世纪中叶,杨寿建隆人殷遇春得其父亲殷小四子真传,兼修内外科,创立了"春"字门医学门派,后经殷鹤春、殷富春、殷济青的传承,现已传至第6代传人殷鸿。殷鸿,现为扬州市中医院主任医师,扬州市名中医,擅治内科疑难杂病,主持参与省部级研究课题3项,发表论文20余篇,出版专著5本,成立"春"字门内科中医术工作室,传承学术和临症经验。2015年,"春"字门内科中医术入选江苏省非物质文化遗产名录。

三、地名由来

　　杨兽医坝　相传,隋朝末年,有一杨姓兽医,乘船漂流至一土坝边,在坝上开了一家兽医诊所。平时他四处行医,给当地人家的牲畜看病。他医术高明,医德高尚,方圆几十里享名。由于前来替牲畜求医的人较多,人气渐盛,便逐渐形成集市。他还经常修缮堤坝,方便百姓行走。在他去世后,当地人们为了纪念这位来自异乡的好心人,就用"杨兽医坝"来命名这个土坝边的小集市,后逐步形成集镇。民国时期,因"兽"字不雅,且与"寿"同音,故改"兽"为"寿"。"杨兽医坝"四个字读不顺口,省略"医"字,简称"杨寿坝"。

　　别驾庄　新龙村杨庄组,中华人民共和国成立前一直叫"别驾庄"。相传与乾隆皇帝下江南有联系。清乾隆二十二年(1757),乾隆皇帝第二次下江南。为了解民间乡情,一天,乾隆皇帝打扮成农民,只带一名心腹悄悄离开扬州,一路向北,来到杨兽医坝。晚上,他在集镇附近一户杨姓农户家中借宿,与庄邻谈养鸡养鸭、种树养蚕、田赋、杂税,并发表自己的看法,乡民们对这位客人很有好感,就把当地情况一一道来,他和大家畅谈到深夜才休息。第二天早饭后,随从支付了银子,他与庄邻道别,继续向北。在高邮湖西一座桥上休息时,他被扬州官员找到,随后一同回到扬州府衙。事后,人们才知道这位客人是乾隆皇帝。此后,人们把他在杨兽医坝居住过的村庄叫"别驾庄",高邮湖西的那座桥叫"送驾桥"。

　　又传,过去这里东头叫姬(鸡)庄,在其南边有一殷(鹰)庄,风水先生说,鹰时时盯着鸡不好。姬庄人为此堆起一个大土墩来遮挡,还在旁边建了个庙,叫姬家庙子。民国时期,扬州的不少商人,因城里生意不佳,常到杨寿坝赶集,杨寿老街经常淹水,就把牲口扣在大土墩上。由于杨寿集市时常萧条,生意人开玩笑说,蹩脚人来到蹩脚的地方,时间久了,人们就叫"蹩脚庄"了。后因此地杨姓居多,改称杨庄。

联合 东兴村大联圩地处境域东北一角,白马湖西侧。由于这里偏僻,有大片圩田无人耕种。为扩大种植面积,多交爱国粮,1978 年,经杨寿公社党委批准东兴大队在此设立生产队,采取一系列优惠政策。东兴大队 30 户农户自愿迁至此地,因该队农户来源于各生产队,故取名为联合生产队。1983 年 5 月,设东兴村时改称联合组。

五九 中华人民共和国成立初,莲子村有 9 个组,今五九组前身为五组,贺庄为九组。1956 年,成立爱国高级社时,因两个组毗连,将其合并,取名为五九组。1959 年 4 月,爱国大队设五九生产队。1969 年,五九生产队又分设两个生产队,一个生产队保留五九生产队名字,另一个队起名为贺庄生产队。1983 年 5 月,撤社设乡时,改称为爱国村五九组。

官庄 相传在清朝时期,此处居住 18 户人家,大多在衙门为官,当地人习惯叫这个庄子为官庄。1959 年 6 月,袁岗大队设官庄生产队。1983 年 5 月,撤社设乡时改称为袁岗村官庄组。2000 年 7 月,袁岗村并入爱国村,现为爱国村官庄组。

军田、马场 永和村境内有个军田组、马场组。相传,咸丰三年,太平军领袖洪秀全在三月十九日占领南京,四月攻克镇江、扬州,直至击破扬州清军江北大营并驻守扬州。当时流传红头压山说法,红头就是太平军部队,头围红巾,手持大刀,看到人就杀,太平军为长期固守扬州,在杨寿这一带建立根据地,保障供给。因为是丘陵山区,中间是高岗荒地,无人居住,太平军就利用这块地方驻军养马,西边 200 余亩建营房驻军、种粮,东边 800 余亩养马。因此后来人叫西边为军田,东边为马场。中华人民共和国成立之初,杨寿乡设马场村,马场村设军田、马场组。1959 年 4 月,杨寿人民公社设永和大队,永和大队设军田、马场生产队。70 年代,马场生产队农民挖小口深塘(囤积肥料之用)和搞农田方整时,发现地下还留有深井、马槽和大方砖等多处遗址。1983 年 5 月,改称为永和村军田、马场组。

杨华 相传,很久以前,这里人烟稀少很荒芜,有个外地人在此养羊。由于他为人和善,途经这里的人习惯在此歇歇脚,喝点水,聊上两句,因此周边的人和他很熟悉。大家都叫他"羊侉"子,后来叫久了,叫成"杨华"。1959 年 6 月,境内设杨华大队。1961 年 5 月,杨华大队并入永和大队,永和大队设杨华生产队。1983 年 5 月,改称永和村杨华组。

瓦屋 瓦屋组原名瓦房庄。因有钱人多,好几户人家住的房子都是瓦房,故取名为"瓦屋庄"。1959 年 4 月,蒋塘大队设瓦屋生产队。1983 年 5 月,撤社设乡时改为蒋塘村瓦屋组。2000 年 7 月,蒋塘村并入永和村,现为永和村瓦屋组。

高院墙 历史上,这里有一条通往仪征大仪的土大路。路旁有户人家,院墙很高,途经此地的人骑在驴子、骡子上都看不到院子里面,后来人们习惯称此地为"高院墙"。1959 年 4 月,蒋塘大队设高院生产队。1983 年 5 月,撤社设乡时改为蒋塘村高院组。2000 年 7 月,蒋塘村并入永和村,现为永和村高院组。

孔桥 朱桥涧流经此地形成了 10 米多宽的河面,每到汛期河满水急,两岸人交通不便。有一孔姓人家在河上搭建一座木桥,人称"孔家桥"。1959 年 4 月,永和大队设孔桥生产队。1983 年 5 月,撤社设乡时改为永和村孔桥组。

姚塘 早年此处建有一座土窑,窑旁有一水塘,当地人都称此塘为"窑塘",并以"窑塘"命名此地,后取谐音为姚塘。1959 年 4 月,墩留大队设姚塘生产队。1983 年 5 月,撤社设乡时改称为墩留村姚塘组。

碾头　民国时期,碾头这里是个大庄子,村庄中间有个巷子。一段时间庄子上不顺,常出大事。风水先生说,庄子中间的巷子脏,有邪神恶鬼在作怪。需在此垒砌石头以镇邪气。后来庄邻集资在巷子里铺设一部碾子。因为碾子是石头的,既镇了邪气又供大家碾米。当地人称此地为"石头碾子",后演化为"碾头"。1959年4月,墩留大队设碾头生产队。1983年5月,撤社设乡时改称为墩留村碾头组。

官塘　中华人民共和国成立前,此处有一宋姓和一王姓两家合用一个池塘。当地话称"合用"为"官用",故称"官塘"。1959年4月,宝女大队设官塘生产队。1966年4月,撤销宝女大队,新设李岗大队和杨寿大队,官塘生产队属李岗大队。1983年5月,撤社设乡时改称为李岗村官塘组。2000年7月,李岗村与杨寿村合并,恢复宝女村名时为宝女村官塘组。

楼庄　中华人民共和国成立前,大户人家李平书在此建一土楼,后来人们称此庄为楼庄。1959年4月,宝女大队设楼庄生产队。1966年4月,宝女大队划分为李岗大队、杨寿大队,楼庄生产队属李岗大队。1980年,楼庄生产队划分为楼一生产队、楼二生产队。1983年5月,撤社设乡时改称为李岗村楼一组、楼二组。2000年7月,李岗村与杨寿村合并,恢复宝女村时为宝女村楼一组、楼二组。

美人地　宝女村龚庄组、楼二组与新龙村安庄组之间有条界坝叫柳树坝,水流自然冲刷形成,弯曲迂回,站在高处看,好似一位美女仰卧在水面上,五官清秀,纤细的胳膊,丰满的胸脯,修长的美腿,在淡淡晨雾笼罩下,宛若仙女若隐若现。当地人们称这里为"美人地"。

玉带　清代,玉带这里居民多为夏姓,且陆地伸入河中间,故名为"夏家嘴"。民国时期,有位扬州的经商大户叫梁文山,在此收购几百亩土地,并委托专人收租。因此地经常遭水淹,便筑起了一个圩,这个圩用他扬州的店号"玉太"为名(也有人认为"玉太"为梁姓堂号),故称为"玉太圩"。时间久了,人们叫成"玉带圩"。1959年6月,建隆大队设玉带生产队。后"建隆"改为"建龙",玉带生产队为建龙大队玉带生产队。1983年5月,撤社设乡时改称为建龙村玉带组。2000年7月,新民村与建龙村合并,取名新龙村,现为新龙村玉带组。

桥口　桥口组位于曹安寺通往方集楚家圩至邵伯湖的小河边,中华人民共和国成立前河面上一直建有一座小木桥,当地人称此地为"小桥口"。后木桥被大水冲毁,重建砖桥、水泥桥。1959年6月,建隆大队设桥口生产队,后"建隆"改为"建龙",桥口生产队为建龙大队桥口生产队。1983年5月,撤社设乡时改为建龙村桥口组。2000年7月,新民村与建龙村合并,取名新龙村,现为新龙村桥口组。

瞒藏刘(留)　新龙村民主组有个村庄名叫瞒藏刘(留)。相传汉代有一刘姓皇族,遭坏人追杀至此,老百姓得知他的身份后,迅速将他隐藏起来,瞒过了追兵,留下了他的生命。故取名"瞒藏刘(留)"。

安庄　安庄组有前后两个庄子,前庄多为王姓,有一祠堂,名叫"祠堂庄",后庄有个庵,称为"庵庄"。1955年,两个庄子合并成立庵庄初级社,后演化为安庄初级社。1959年4月,新民大队设安庄生产队。1983年5月,撤社设乡时改称为新民村安庄组。2000年7月,新民村与建龙村合并,取名新龙村,现为新龙村安庄组。

工农　清代此地称为龚三房,但没有"龚"姓,而以宰姓、那姓居多,中华人民共和国成立后属瞒藏村。60年代有"工农联盟"的口号,有位领导建议将龚三房改为"工农生产队",故此名一直沿用至今。1983年4月,撤社设乡时改称为新民村工农组。2000年7月,新民村与建龙村合并,取名新龙村,现为新龙村工农组。

民主　民主组由瞒藏留(刘)庄、房庄、沟圈庄等3个自然庄组成。该组有四大姓氏,1955年,成立合作化时,这里群众思想难以统一,时任领导一直采用民主集中制的方法做好各方工作,便起名为"民主"合作社。1959年4月,新民大队设民主生产队。1983年5月,撤社设乡时为新民村民主组。2000年7月,新民村与建龙村合并,取名新龙村,现为新龙村民主组。

双栗树　位于方集村东南与方巷镇、甘泉街道办交界处,历史上长有两棵大栗树,当地人习惯称此地为"双栗树"。中华人民共和国成立后,虽然栗树不复存在,但此名一直沿用。1959年4月,方集大队设双栗生产队。1983年5月,改称为方集村双栗组。

下马桥　相传,三国时期,曹操统领大军经过方家集东南(现方集村双栗组)处一座小桥时,由于此桥两头高中间低(正桥),必须下马通过,故取名为"下马桥"。

桃园　1958年,人民公社成立后,根据公社统一规划,在方集大队南部与甘泉接壤处,大面积种植桃树。桃树成园后,杨寿公社党委决定,在种植桃树的区域设立一个生产队,取名"桃园生产队",隶属方集生产大队。1983年5月,改称为方集村桃园组。

四、地名传说

宝女墩　杨寿镇西南处(今宝女村大顺组)有个高高的大土墩子,矗立在扬天公路北侧,当地人称之为宝女墩。据说为汉光武帝刘秀妹妹的墓。光武帝刘秀有个妹妹,非常聪明,长得美丽,很受刘秀的宠爱。后来王莽身边一个星相家看出刘秀相貌堂堂,文武全才,是一个真命天子。他就悄悄告诉王莽说,这个人将来要和你争夺天下,你现在必须把他除掉,才能坐稳江山。王莽听了觉得很害怕,就决心要把刘秀杀死。

江苏省文物保护单位甘泉山汉墓群宝女墩汉墓

王莽在追杀刘秀的时候,刘秀安排妹妹到广陵城西北乡的舅舅家里去逃命。刘秀的妹妹化装成为一个普通人家的女孩,一路上哭哭啼啼,心里非常难过。她想到自己原来在父母身边生活是多么幸福,现在是孤身一人投奔他人,而且前途未卜。她刚走出广陵城不远,就遇到了强盗,强盗看见她是个小姑娘,身边还有一个沉甸甸的包袱,于是就一拥而上,把她身上的东西抢劫一空。她带的衣服、干粮、钱都被抢光了,哭干了眼泪也无人来救她。她又冷又饿,非常孤独凄凉。她走啊走,走到杨寿坝西南,天色已晚。当时正是隆冬时节,天气特别冷。她饥寒交迫,就只好在路旁边睡了下来。

第二天早晨,人们看到一个可怜的姑娘冻死在路边,大家看看这个姑娘的装束,认为是一个逃难的女子饿死在这里,都非常同情,就用一张芦苇席把她裹住草草掩埋了。

刘秀逃过大难,聚集力量,带领军队杀了王莽,自己做了皇帝,光复了汉朝。他做了皇帝,非常想念妹妹,就派人到扬州打听妹妹的消息。奉命钦差一路走,一路打听,仔细询问老百姓,当问到杨寿坝西南的时候,老百姓把曾经安葬过一个可怜的小姑娘的事情告诉了钦差。对照时间和人物长相,钦差知道这个可怜的小姑娘就是刘秀的妹妹,立即回去向刘秀禀告。刘秀来到埋葬妹妹的地方,挖开坟墓,一看就昏了过去,这个女孩子正是他的妹妹。当他知道妹妹被强盗抢光了衣服粮食,冻死饿死在路边,十分痛苦。他找来了当地的老百姓,问清了情况,重赏了掩埋妹妹的好心人,并抓住了那帮抢他妹妹东西的强盗,处以先剐后绞的重刑。然后又把妹妹按照公主的规格,在原地重新安葬。用了大量的金银珠宝作为陪葬,在杨寿坝西南边修了一座高大的坟墓。坟墓有好几丈高。在坟墓的不远处还建了一个庵,名为"墩刘庵",派人看守坟墓,四时八节都来祭祀。

因为这个坟墓是刘秀妹妹的,人们就叫这个坟墓为"宝女墩"。又因为这个坟墓里面有大量的宝贝,当地人们又叫它为"宝贝墩"。东汉末年,天下大乱,盗墓大行,宝女墩里面的宝贝被盗许多。

救生寺 在杨寿宝女墩西边,曾有一座规模宏大的寺庙,叫作"救生寺",据说是汉代光武帝刘秀赐建。

西汉末年,王莽篡位。后来听一个星象家说,刘秀是个真命天子,将来要和他争夺天下,于是就决定要把刘秀杀死。

刘秀慌忙逃命,逃到了杨兽坝西南时,四面都被大军包围。正当刘秀走投无路的时候,忽然看见前面有一座破庙,庙门口全是荒草,庙门也是破烂不堪,上面结满蜘蛛网,他也顾不了太多,就一头钻了进去。庙里空空如也,没有一个和尚,里面结满蜘蛛网。刘秀拨开蜘蛛网的时候,腾起一阵灰尘。奇怪的是,被刘秀扯破的蜘蛛网立刻又合上了,天衣无缝,上面的灰尘就和没有人进来过一样。王莽的追兵来到破庙,突然发现刘秀没有了,想必是躲进了破庙,就下令搜查。但是搜查人员走到庙门口,发现庙门口蜘蛛网密密麻麻,灰尘照旧,没有人进来过的迹象。搜查人员向将军报告,说刘秀没有躲进破庙里。大将军也不相信,一个10岁的小孩一转眼就不见了,真的奇怪。他满腹狐疑地来看了一下,确定没有人进去过的迹象。忽然有一个士兵报告说在西边有一个小孩在跑,他就紧紧向西边追去了。刘秀在这个破庙里安然无恙,躲过了一场杀身之祸。

后来刘秀做了皇帝,想到这个破庙曾经救过他的性命,就下令把这个破庙重新修建,并敕封这个庙为"救生寺"。从此,这座庙里香火鼎盛,和尚众多,寺庙供奉着刘秀的塑像。

金龙寺 金龙寺位于杨寿涧和王冲涧流向邵伯湖的交汇处(现杨寿镇新龙村玉带组内夏家嘴)。

相传明太祖朱元璋在南京登基后,叫大军师刘伯温帮助查看阴阳地理。皇帝登基时需要九条龙,数来数去只有八条。刘伯温吩咐手下八方寻找,几天后有人报告发现了异常,在金陵北面扬州杨兽医坝的夏家嘴,每到夜晚金光闪烁。刘伯温亲临一看,果然不错,正是金龙在此。龙头在邵伯湖,龙身在夏家嘴,龙尾在王冲涧。刘伯温建议在夏家嘴的龙身上建一寺庙镇住金龙,取名金龙寺。

金龙寺有前后两排各三间,后排大殿,里面供奉着观世音、地藏王、释迦佛弟子等菩萨。当地香客每到农历二月十九日、六月十九日、九月十九日,都来此敬香、拜佛,祈祷风调雨顺。明朝中期香火最为鼎盛,常住寺内居士增多,用水发生了困难。众僧和当地人们一并挑池塘蓄水。

结果发现,第一天挑出的一个池塘,一夜过来,池塘不复存在,又恢复了原样。一位年纪较长的人说,这里可能是块活地,你们池塘挑好后,用两把铁锹铲在池塘中央,看会不会有什么出现。于是大家照着老者说的去做了,第二天一早,大家发现池塘果然存在,但是池塘里不是能够饮用的清水,而是满塘的血水。人们都惊讶不已,纷纷下跪祈祷,嘴里不停地念叨:呀!是真龙在此,我们罪孽大了呀,岂敢在龙身上动土!此后,金龙寺香火渐衰,夏家嘴常遭水淹,金龙寺也连受损毁,当地人多次全力修缮。在清朝中期嘉庆年间,一次大水彻底冲毁了金龙寺。当地人也遭受水灾,颗粒无收,无力修缮。时隔多年有人仍想重建金龙寺,一位长者语重心长地说,你们伤害了龙爷,龙爷会放过你们吗?人们一听很有道理,从此金龙寺不再复建。

中华人民共和国成立初,玉带组村民苏恩康家在此附近建房,挖房基时,意外发现大量砖头和石块,从石块雕刻的内容看,原为金龙寺的遗址。因常有水患,70 年代,杨寿公社党委决定将此地改造成养殖水面。

第七节　体　育

一、群众体育

中华人民共和国成立后,毛泽东主席向全国发出"发展体育运动,增强人民体质"的伟大号召,群众性的体育活动得以蓬勃开展。1958 年 10 月,成立人民公社后,在公社机关、企事业单位干部职工起早操练带动下,农村、集镇许多青壮年利用农闲和工余之暇长跑,到学校跳高、跳远、翻单杠、打篮球、乒乓球。60 年代后期,境内活跃着一支业余男子篮球队——晨红篮球队,队员由退伍军人及体育爱好者组成,主要有柏正山、陈金有、陈绪惠、吴庭芳、贡继鹏、丁连华等,他们利用节假日和早晚休息时间积极训练,参加县及邻近乡镇比赛,屡屡取得名次。十一届三中全会后,人民生活得以改善,清晨、晚间常见老人三三两两在公路上散步、慢跑,在广场、花圃场及房前屋后做操、打太极拳、练气功等。起初健身锻炼以城镇退休的职工居多,后逐渐普及到农村(社区)居民。

1987 年,乡党委、政府为提升杨寿社会知名度,增强人民体质,集中展现人民团结向上的精神风貌,决定每年重阳节举办农民运动会,当年农历"九月九",第一届农民运动会如期举行,为邗江县乡镇首家举办。来自全乡各村(居)、企事业单位 20 余支代表队参加田赛、径赛、拔河、篮球、乒乓球、羽毛球等项目的角逐,决出个人和团体一、二、三等奖。此后,

镇特色团队女子腰鼓队表演

各单位加强体育工作,做到体育锻炼常态化。五村(永和、爱国、新民、李岗、袁岗)、三厂(玩具二厂、农具厂、橡塑厂)成立篮球队、乒乓球队,乡机关抓好一操两队(广播操、乒乓球队、象棋队),常抓不懈地训练,农民运动会纪录不断刷新。1991年,杨寿乡创成扬州市体育先进乡镇。次年,创成江苏省体育先进乡镇,1998年杨寿镇被评为江苏省亿万群众健身活动先进乡镇,镇党委书记张福堂被国家体委表彰为群众体育工作先进个人。1999年,杨寿农民球迷协会成立,为扬州市首个农民球迷协会。

2007年,政府投资200万元,建成近1万平方米的新杨广场,有鹅卵石铺就的健身路径,有休闲长廊,有开阔的活动场地,早晨有太极拳、抖空竹、打腰鼓等,傍晚有广场舞、交际舞,有时还有戏剧表演、歌舞晚会、放电影等,健身锻炼的居民日益增多。各村新建了健身广场,安装健身器材,供群众业余时间锻炼身体。2009年,杨寿女子拔河队参加扬州市全民健身节,获金奖。2010年,杨寿镇被省体育局命名为江苏省体育强镇。

2015年,政府对村(居)健身广场和体育设施升级改造,新建标准灯光篮球场4个,四投式灯光篮球场5个,完善乒乓球台、健身路径、健康宣传橱窗等。在政府西侧新建扬州市乡镇首个五人制笼式足球场。

2016年杨寿镇群众体育设施情况一览表

表 21-7-1

单　位	人口(人)	健身点(个)	健身器材(件)	乒乓球桌(张)	小篮球架(副)	大篮球架(副)
杨寿社区	2350	4	40	3	—	1
方集村	1916	2	18	2	2	1
墩留村	2227	2	18	2	2	1
东兴村	1457	2	15	2	2	1
新龙村	3218	5	30	2	1	1
永和村	3655	3	30	2	4	1
爱国村	3218	3	20	2	3	1
宝女村	2627	3	20	2	3	1
合　计	20668	24	191	17	17	8

2016年,杨寿镇有二级体育指导员30人,为扬州市定向运动培训基地。是年10月,扬州市最美乡村定向越野跑(首站)在境内举行,吸引80个参赛组320名选手参加比赛活动,从杨寿镇政府经墩留村、永和村、爱国村16千米的赛道,沿线设置10个点位,将生态园林、现代农业、历史遗存和工业企业串联,通过图文介绍、产品展示、水果品尝,推介杨寿特色乡村旅游。

二、学校体育

民国以前,学校多为私塾,不设置体育课,也没有活动场地。民国时期,公立学校开始设体育课,内容为体操、兵操、童子军训练等,学校还根据季节(一般在春、秋两季)组织学生远足、野营等活动。民办私立学校大多不设体育课。

中华人民共和国成立后,中小学校将体育纳入教学内容,在制度上不断健全,要求逐步提高。1955年,公办、民办学校全面推行第一套少年广播操和儿童广播操。1964年,开始试行《青少年体育锻炼标准》,推广眼保健操。1965年,中小学试行《国家体育锻炼标准》。"文化大革命"期间,中小学体育课一度改成军训课、自由活动课。1978年,中小学的体育工作围绕三操(早操、眼保健操、课间操)、三活动(晨间体育活动、课间活动、课外活动)开展并得到加强。1981年开始,每学期结束前,对学生的体重、身高、视力进行测试检查。1983年起,中小学校实施新的《国家体育锻炼标准》,分短跑、耐力、跳跃、投掷、技巧,实行达标测验,每年一次。每年举办一次田径运动会。冬季开展长跑、跳绳、踢毽子、仰卧起坐、跳远等健身活动,提高学生的身体素质。1995年,体育纳入中考成绩计入总分。

2003、2004年杨寿中学参加邗江区第十届中小学生冬季三项比赛,分获初中组团体总分第五名和第三名。2007年杨寿中学参加邗江区中小学生田径运动会,获初中组第六名,同年,杨寿小学参加区中小学生排球赛,获小学组第二名。2008年区冬季三项比赛,杨寿学校小学部获第三名。2014年,杨寿有学校参加邗江区冬季阳光全能比赛,获团体总分第一名。

2016年杨寿有学校运动场地1.2万平方米,建有300米环形塑胶跑道,3片篮球场,2片羽毛球场、7个室外乒乓球台、单双杠及乒乓球室等运动设施。体育活动课1~2年级每周4课时,3~9年级每周3课时。

三、农民体育运动会

杨寿农民体育运动会始于1987年,每年农历"九月九"左右举办。1987~1993年,每年举办一届,共七届。1994~2001年,每两年举办一届,共四届。2003~2008年,杨寿镇与甘泉镇合并,成立新甘泉镇,农民运动会停办。2008年8月恢复杨寿镇建置,政府决定,恢复举办农民体育运动会。2009年10月,第十二届农民运动会在杨寿学校举行。至2016年,共举办十四届农民体育运动会。

政府、村、企对举办农民体育运动会十分重视,按照比赛项目精心选拔参赛选手,领导带头参加训练。运动会期间,政府、村(居)工作人员分工到各项比赛现场,公安、城管从周边乡镇抽调人员维持比赛秩序,确保安全。

农民体育运动会比赛项目有篮球(男)、拔河(男、女)、自行车慢骑(男、女)、跳远(男、女)、羽毛球(男、女)、乒乓球(男、女)、200米(男、女)、400米(男、女)、男子800米、女子接力跑、扑克80分、象棋、男子负重跑、跳绳、踢毽子。后增加掰手腕、滚轮胎、袋鼠跳、套圈、摸石头过河等趣味项目。开幕式邀请上级领导及境内德高望重的老同志在主席台就座,庄重热烈,有文体表演,有运动员、裁判员入场式,乡(镇)长致开幕词,运动员、裁判员宣誓,党委书记(或上级领导)宣布开幕。每届参赛选手有500余人,观众最多时达万人。

比赛项目按指定区域有序进行。最吸人眼球的是篮球和拔河。爱国、永和、方集、新民、李岗村及政府机关、中心中小学、林职中等单位组织篮球队,球场上奋力拼搏,默契配合,赛出友谊,赛出水平,呈现出一幕幕团结向上、志在必得的比赛场景,围观群众拍手叫好。拔河项目竞争激烈,运动员齐心协力,围观群众激情高涨,人声鼎沸,为自己的队伍加油助威。负重接力、自行车慢骑、袋鼠跳等趣味比赛项目欢声笑语,乐在其中。每个项目决出前三名,发给奖品,各单位累计总分评出前三名,发给锦旗。政府将各村的农民运动会成绩计入年度精神文明建设考评总分,推动群众体育蓬勃发展。

2016年11月5日,杨寿镇第十四届体育运动会在杨寿学校举办。开幕式上,杨寿幼儿园、杨寿风艺术团、杨寿镇永和村等单位进行舞蹈、健美操、太极扇及杂技等文体表演。来自村(社区)、机关、企事业单位、球迷协会等17支代表队500余名运动员参加拔河、5×50米运粮接力、手足情等3个集体比赛项目,男女乒乓球单打、男女羽毛球单打、男女铅球、男女跳远、男女立定跳远、男女100米短跑、男女1500米中长跑等7个单项比赛项目,男女自行车慢骑、男女飞镖、男女袋鼠跳、定点投篮、男女200米挑担、中国象棋、掼蛋、两人三足等8个趣味比赛项目。经激烈角逐,各个比赛项目分别决出一、二、三等奖。永和村、球迷协会、杨寿学校分别获得团体总分前三名。

第二十二章　医疗　卫生

　　民国时期,境内中医行医乡野,其医技精湛、名传遐迩、门庭若市者有吴耀华、殷鹤春、方辅仁等,他们以医济人,流泽家乡。公道名医施德章、古井名医俞怀祥常来境内巡诊。中华人民共和国成立前,境内无医疗卫生机构,医寡患众。群众缺乏卫生知识,垃圾成堆,粪水流溢,蚊蝇成群,疫病丛生。劳苦群众长期遭受疾病折磨。

　　中华人民共和国成立后,党和政府关心民众健康,重视卫生工作。1952年,组织建立联合诊所。1958年,建杨寿公社卫生院。1968年下半年,11个生产大队建立合作医疗室,境内形成了医疗卫生网。1978年,党的十一届三中全会后,政府把医疗卫生工作放到为社会主义经济建设服务的重心上来,不断深化改革,加强管理,境内卫生事业进入一个新的发展时期。

　　医疗技术水平日益提高。70年代后,卫生院添置显微镜,先后启用30毫安、50毫安、200毫安、500毫安X光机和数码X光机,先后启用A型、B型、彩色B型超声波机,启用心电图机、电子胃镜、尿自动检测仪、血自动生化分析仪等诊断设备。开展下腹部手术、上腹部胆囊切除术;开展计划生育4项手术、剖宫产术、卵巢囊肿切除术、子宫切除术;开展骨折石膏外固定、切开内固定术;开展取牙补牙镶牙术、装全口假牙术、翼状胬肉摘除术、白内障摘除术、扁桃体摘除等手术。

　　卫生防疫工作成效显著。境内建立清洁管理队伍,增设公共卫生设施,大搞改水改厕。开展卫生监督检测、疾病检测。加强传染病管理,落实防疫措施,疾病发生率逐渐下降。天花已绝迹,麻疹、白喉、小儿麻痹症、流脑、乙脑被控制,血丝虫病基本消灭,疟疾已有28年未发生。

　　保健工作受到重视。境内推广科学接生,开展孕产妇、婴幼儿系统管理和妇女病查治。实施公费、劳保、合作医疗、社保、新型农村合作医疗制度,人民健康得到有效保障。普及医学科学知识,有病早治、无病早防、延年益寿的观念渐渐为人们接受。人民体质逐年增强,期望寿命已从中华人民共和国成立前的35岁(全国平均数)增加到2016年的76.9岁。

　　2002~2010年,杨寿卫生院有5年获得"邗江区十佳卫生院"称号。2013年,在华通南路东侧新建的杨寿卫生院投入使用,投资2800万元,占地面积13200平方米,建筑面积6374平方米,门诊楼、住院楼、预防保健楼及配套附属用房齐全。2015年,杨寿卫生院被评为"江苏省示范乡镇卫生院",2016年,杨寿卫生院有职工45人,其中卫生技术人员42人,核定床位25张;社区卫生服务站6个,职工21人,被评为"国家级群众满意乡镇卫生院"。

第一节　机构　队伍

一、诊所

清末民初,境内只有中医私人诊所,开业医生除在家待诊、出诊外,还经常赶集到中药店坐堂行医。40年代,吴耀华在天生堂药房坐堂,方辅仁在天和堂、同仁堂和方集薛天福药房坐堂。1947~1951年,王世和在杨寿集镇东头街开设西医诊所,王立驹在墩刘(现墩留)、蒋塘一带巡回开办西医流动诊所。1952年,私人诊所医生在"自愿结合、集体经营、民主管理、政府领导"的原则下,建立联合诊所,时有刘维翰、吴绍华开设杨寿联合诊所,殷俊川、殷济青开设方集联合诊所。至1956年邗江建县时,境内自负盈亏的联合诊所有杨寿联合诊所、墩留联合诊所、方集联合诊所、爱国联合诊所和宝女联合诊所5家。

二、杨寿卫生院

1957年,乡内联合诊所实行合并,建立杨寿民办医院。次年,人民公社化后,以杨寿民办医院为基础,建立杨寿公社卫生院。卫生院设内科、外科、药房,有医护人员30人。卫生院属小集体所有制卫生事业单位。1959年,卫生院下设爱国、方集、永和、墩留、李岗5个保健室。1960年,卫生院增设化验室及两间病房,分设中药房、西药房。1969年,公社卫生院下放12名医务人员到大队办合作医疗。1972年,能开展下腹部手术和计划生育四项手术。1980年,化验室、手术室、X光室、制剂室四室配套齐全。次年,增设妇产科、五官科、放射科。1983年5月撤社设乡,公社卫生院改为乡卫生院。1985年,升格为大集体卫生事业单位,劳动工资由县劳动局统管。1987年,卫生院有正式职工32人,核定病床23张。是年,门诊27798人次,住院669人次。1993年8月,乡卫生院经邗江县卫生局评审达到一级医院基本标准。同年,外科能开展上腹部胆囊切除术,妇科能开展子宫肌瘤切除术、卵巢囊肿切除术及剖宫产手术,骨科能开展骨折内固定手术。1995年5月杨寿撤乡建镇,乡卫生院改称镇卫生院。

1999年11月,杨寿卫生院所有制改变,由集体改制为民营,但非营利性卫生事业机构性质不变,由宰德旺负责经营。2010年底,卫生院有职工33人,核定床位30张。

2011年10月,杨寿卫生院所有制改变,由民营卫生院改制为公立卫生事业单位,同年添置眼科裂隙灯。2012年,杨寿卫生院更名为杨寿中心卫生院。同年,卫生院建成集医疗、预防、妇幼保健、老年体检、中医药为一体的综合性一级甲等中心卫生院。2013年,杨寿中心卫生院整体搬迁至华通南路东侧,占地面积13200平方米,建筑面积6374平方米。建有门诊楼、住院楼、预防保健楼及附属用房,开设内科、外科、妇产科、儿科、中医科、五官科、口腔科、护理部、预防保健部、医技科等科室,核定床位25张。2015年,被评为江苏省示范乡镇卫生院、江苏省爱婴卫生院。2016年,被评为国家级群众满意乡镇卫生院、省级数字化预防接种门诊,成为扬州大学医学院实践教育基地和扬州市第一人民医院医疗联合体成员单位。是年底,卫生院有职工45人,其中卫技人员 42 人,高级职称 3 人,中级职称 13 人,初级职称 26 人。

1952~2016 年杨寿卫生院(联合诊所)负责人任职情况一览表

表 22-1-1

机构名称	职务	姓名	任职时间
杨寿联合诊所	所长	刘维翰	1952 年~1957 年
杨寿卫生院	院长	刘维翰	1958 年~1967 年 12 月
杨寿卫生院革命领导小组	组长	郭兆才	1968 年 1~1969 年 10 月
杨寿卫生院	院长	殷长禄	1969 年 11 月~1979 年 12 月
	院长	刘维翰	1980 年 1 月~1985 年 9 月
	院长	姚顺山	1985 年 10 月~1995 年 6 月
	院长	吴玉泉	1995 年 7 月~1999 年 10 月
	院长	宰德旺	1999 年 11 月~2011 年 9 月
	院长	池年如	2011 年 10 月~2016 年 12 月

三、预防保健所杨寿分部

杨寿卫生院自成立以来一直承担境内的医疗保健和卫生防疫任务。2002 年 10 月,境内的卫生、防疫分设,建立甘泉镇预防保健所杨寿分部,有工作人员 2 人。2008 年 6 月,甘泉镇划入维扬区,甘泉镇预防保健所杨寿分部改设为方巷镇预防保健所杨寿分部,有工作人员 3 人,承担境内的预防接种、计划免疫、传染病防控、地方病调查与控制、寄生虫病防控、卫生监督及健康教育等工作。2011 年 9 月,随着杨寿卫生院由民营单位转为公办事业单位,预防保健所杨寿分部并入杨寿卫生院。

四、计划生育指导站

1987 年 4 月,杨寿计划生育指导站建立,有工作人员 1 人。指导站承担境内的计划生育四项手术业务咨询、避孕药具发放、宫内节育环放置与换取、节育措施落实后随访及上环妇女每年 2 次透环等工作。

五、社区卫生服务站

1959 年,公社卫生院在全社分片下设爱国、方集、永和、墩留、宝女 5 个保健室。1968 年下半年,永和大队建立合作医疗室。次年,新民、方集、立新(建龙)、东兴、爱国、蒋塘、胜利(墩留)和李岗 8 个大队建立合作医疗室。1970 年,杨寿大队建立合作医疗室。翌年,袁岗大队建立合作医疗室。

1970 年永和大队合作医疗小组
成员在学习毛主席卫生指示

当年全社 11 个大队均建有合作医疗室，有赤脚医生 25 人，其中 12 人是卫生院的下放医工。大队合作医疗室的职能为宣传和执行国家规定的各项卫生工作方针、政策；发动群众开展以除害灭病为中心的爱国卫生运动，搞好两管五改（管水、管粪、改水井、改厕所、改畜圈、改炉灶、改环境）的技术指导，做好预防接种、传染病管理和疫情报告；认真做好医疗工作，努力提高医疗质量，全心全意为广大社员服务；积极开展采、种、制、用中草药，充分利

方集村卫生服务站

用当地药源防病治病；对生产队卫生员和接生员进行业务培训和技术指导；宣传晚婚晚育和计划生育，落实节育措施；指导妇女四期（经期、孕期、产期、哺乳期）劳动保护、新法育儿和托幼组织的卫生保健业务，做好新法接生；宣传卫生科学知识，破除迷信，防止农药中毒、触电和外伤救护及防原子、防化学、防细菌的训练。1982 年底，11 个生产大队合作医疗室共有赤脚医生 24 人，其中女赤脚医生 11 人。次年，生产大队合作医疗室更名为村卫生室，赤脚医生改称为乡村医生。1987 年底，村卫生室共有 23 名乡村医生，领取乡村医生合格证书的有 21 人。2000 年底，11 个村卫生室中领取村卫生室合格证书的 9 个，22 名乡村医生均取得乡村医生合格证书。2004 年 7 月，撤销村卫生室，全镇建立新龙、方集、东兴、爱国、永和、墩留 6 个社区卫生服务站。社区卫生服务站承担社区基本医疗和基本公共卫生服务。基本公共卫生服务有居民健康档案管理、健康教育、传染病管理、卫生监督、妇女保健、儿童保健、老年人保健、慢性病管理、重型精神病管理和突发公共卫生事件等 10 大类。2016 年底，6 个社区卫生服务站有职工 21 人，均持有乡村医生合格证书。

六、药店

中华人民共和国成立前，境内有天生堂、天和堂、同仁堂和天福栈 4 家中药店，前 3 家设在杨寿集镇，后 1 家设在方家集。从业人员多为夫妻儿女店，规模较大的是天生堂，店主崇枚，有从业人员 4 个，其中雇用药工 1 人。各中药店均张贴"道地药材，炮制考究""货真价实，童叟无欺"等广告。药店配方时盖店戳做记号，以免造成矛盾。店堂设有茶几，冬有热水、夏有凉茶。配方迅速及时，即使吃饭午休时，顾客一到，即刻起身；深夜喊门，闻声即起。顾客来配药，不轻易回方，但有求必应，有问必答。药店经营品种数百个，一般还备有鲜货药引，供应病家配方。天生堂备有贵重药品如羚羊角、犀牛角、麝香、牛黄等。逢集时药店有医生坐堂，病人就店诊治买药。需另作小加工的，研、拌、炒、去芯、去毛等均按医嘱，先煎后下，包煎药引，反复嘱咐。各药店都能问病买药，配煎一些伤药、敷药、小膏药等方便群众。1950 年始，各中药店出售部分西药，如止痛片、消炎片、眼药膏等。

1956 年，对私营中药店进行社会主义改造，走合作化道路，境内私营中药店合并成立杨寿合

作国药店。是年,杨寿供销社设有西药柜,经营西药门市及批发。1999年后,境内开业私人药店。2002年始,供销社西药柜由杨寿卫生院统筹经营。至2016年,有迎宾药店、玄济药店、大德生药店、源东药店、信诺药店及一家人药房6家,销售西药及中成药。

七、卫生队伍

1958年,建杨寿公社卫生院,有卫生人员30人。次年,卫生院下设5个保健室,增加卫生人员5人。60年代,境内生产队有不脱产卫生员协助做卫生、防疫工作。1966年,全社有不脱产卫生员157人。1968年下半年,兴办生产大队合作医疗。1971年,全社有赤脚医生22人。1980年,生产队不脱产卫生员增加到158人。1982年,全面推行农村联产承包责任制后,生产队不再配不脱产卫生员。1983年,赤脚医生增加到24人,其中女赤脚医生11人。次年,赤脚医生改称为乡村医生。1987年,乡卫生院有职工32人,其中医师1人,医士5人,助产士1人,护士3人,中医技士1人,初级卫生人员15人,管理人员4人,工勤人员2人。村卫生室有乡村医生23人,领取乡村医生合格证书的21人。2000年,镇卫生院有职工30人,其中卫生技术人员27人。卫技人员中,中级职称4人,初级职称22人,无职称1人。村卫生室有乡村医生22人。2010年底,卫生院有职工33人,其中卫生技术人员26人。卫技人员中,中级职称6人,初级职称20人。2016年底,卫生院有职工45人,其中卫技人员42人。卫技人员中,高级职称3人,中级职称13人,初级职称26人。社区卫生服务站有职工21人,均持有乡村医生合格证书。

八、卫生人员培训

师徒传承 中华人民共和国成立前,境内医务人员培训仅限于从师学徒以及家学传承。学员要熟读《汤头歌》《药性赋》《医学三字经》,攻读《内经》《金匮要略》《伤寒论》《温病条辨》,同时随师待诊,临症抄方,先生口传心授,学生择经问义,理论联系实际。至1962年计有7名医生带徒18人。1963年,省卫生厅下发《关于严格控制收带中医学徒的紧急通知》,境内从师学徒停止。

短期培训 1956~1985年,境内有5人次参加县妇幼保健所培训新法接生,有7人参加县卫生局举办的每期三个月的助产班、医疗班、化验班、药剂班、中药剂班培训。有75人次参加公道、杨寿、甘泉举办的每期六个月的赤脚医生培训班、复训班及为期15天的针灸培训班。1987~1997年,邗江县卫生局在培训基地举办卫生短期培训班,每期培训时间7至28天不等。卫生院共有15人次参加内科短训班3期、外科短训班3期、妇产科短训班5期、检验短训班2期及影像短训班1期。

在职进修 1962年,杨寿卫生院开始派医生到苏北人民医院西医内科进修。2000~2010年,卫生院有11人参加扬州大学、南京中医药大学和镇江医学院的夜大函授学习,学制为4年,专业有西医临床、中医、高级护理和检验,8人取得大专毕业证书,3人取得本科毕业证书。2011~2016年,卫生院派8人次到三级医院进修内、外、中医、心超科专业。至2016年,派出进修内科、外科、妇科、儿科、五官科、中医等业务以及麻醉、护理、检验、放射、B型超声波等专业医技达66人次,其中47人次到县级医院、19人次到市级以上医院进修。

第二节 医疗设施与设备

一、房屋 病床

中华人民共和国成立前,私人诊所在家或借租一两间民房作诊所,设施十分简陋。1957年,乡内联合诊所实行大联合,建立杨寿民办医院,租用南头巷一民居。

1958年,建立杨寿公社卫生院,有房屋7间,面积150平方米。1962年,公社让出治所(小会堂)给医院,面积扩大到300余平方米。1981年,公社搬迁,房屋全部让给医院,杨寿卫生院占地4200平方米,建筑面积860平方米。1995年,新建950平方米门诊楼。2004年,拆除医院西侧危房,新建700平方米的住院楼,与门诊楼相连。2006年,新建病房楼300平方米。至2012年,医院占地4200平方米,建筑面积1950平方米。2013年,杨寿中心卫生院易地新建,整体搬迁至镇华通南路东侧,占地面积13200平方米,建筑面积6374平方米。建有门诊楼、住院楼、预防保健楼及附属用房,各功能室进一步细化。各村社区卫生服务站均按标准新建,建筑面积100平方米以上,设有诊疗室、治疗室、注射室、预防保健室、药房和值班室。

中华人民共和国成立前后,诊所及医院都没有病房。1960年,公社将治所让给医院,设两间病房,4张病床。1981年,公社搬迁,房屋全部让给医院,有病房6间12张病床。1987年,核定病床23张。2010年,核定床位30张。2016年,核定床位25张,病房有卫生间、空调、电视等配套设施。

二、医疗设备

中华人民共和国成立前后,私人诊所和联合诊所医疗器械很少,除体温表、听诊器外,没有其他医疗器械。60年代后,陆续添置血压表、出诊箱、贮洗槽、显微镜和小外科器械。70年代,添置手术床、氧气瓶、X光机、高压消毒器、电动吸引器等。80年代,添置A型超声波机。1992年,添置7寸B型超声波机、心电图机。1994年,添置200毫安X光机。2000年,购置9寸B型超声波机,更换7寸B型超声波机。2006年,添置电子胃镜。2008年后,卫生院陆续购置或更新先进的医疗仪器设备。先后购置彩色B型超声波机、500毫安X光机、X光胶片全自动冲洗机、X线放射DR诊断机、全自动血流变仪显微镜、6道自动分析心电图机、胎儿心率仪、口腔联式综合治疗机、电解质分析仪、单臂塔吊、综合产床、手术床等先进医疗设备。

2016年杨寿卫生院科室拥有医疗设备情况一览表

表 22-2-1

科室名称	医疗设备名称	数 量
心电图B超室	6道自动分析心电图机	1
	12道自动分析心电图机	1
	7寸黑白B型超声波机	1

续表 22-2-1

科室名称	医疗设备名称	数量
心电图B超室	9寸黑白B型超声波机	1
	彩色B型超声波机	1
化验室	显微镜BM-1000	1
	血球仪	1
	尿分析仪	1
	电解质分析仪	1
	血全自动生化分析仪	1
	电热恒温箱	1
	低速离心机	1
放射科	500毫安电视视频X光机	1
	X光胶片全自动冲洗机	1
胃镜室	电子胃镜	1
	膜式电动吸引器	1
五官科	裂隙灯显微镜	1
	对数视力表灯	1
	牙科综合治疗机	1
口腔科	预真空高压灭菌器	1
	技工抛磨机	1
	牙科综合治疗机	1
妇产	综合产床	1
	电动流产吸引器	1
	电动妇科手术台	1
	妇科手术台	1
	微波治疗仪	1
抢救室	电动洗胃机	2
	心电监护仪MMBD	2
	急诊抢救床	2
	医用氧气瓶	16
	急救呼吸机	1
手术室	内腔镜	1
	电动吸引器	1
	9头无影灯	1
	手术无影灯	1
	呼吸机	1
	高频电刀	1

续表 22-2-1

科室名称	医疗设备名称	数　量
手术室	新生儿抢救台	1
	麻醉机	1
	电刀手术台	1
	侧面综合手术	1
	心电监护仪 PM-7000	1
	心电监护仪（麦迪）	1
	立式高压蒸汽消毒器	1
	半自动台式灭菌器	1
	胆囊手术包	1
	腹部手术包	1

第三节　医疗技术

一、中医

民国时期，吴耀华师从扬州西乡汉河方家坝陈子丹学医，在温热、湿温病及内科疑难杂症治疗方面有独特经验，名噪一时。殷鹤春，承父志，业内、外科，擅长外科。著有《得其奥》一卷，收良方、验方各 60 个。方辅仁业内、妇、儿科。施德章工内科、擅治温病，人称"施大胆"，名震四乡八镇，贫病者求医，不仅免费施诊送药，路远者且招待食宿。俞怀祥承家传，精妇科，深受病者赞颂。1952 年，境内有中医师 10 人，其中 9 人从业内、外、妇、儿科，1 人专用针灸疗疾。1962~1964 年，卫生院中医学员参加扬州市与邗江县中医学员结业统一考核，有 7 人考核合格，取得中医学员结业合格证书。1978 年下半年，卫生院涂少南参加全国选拔中医药人员考试被录取，次年 1 月定为中医师，由集体所有制人员转为全民所有制人员，享受大专毕业生待遇。1999 年，卫生院有 4 名中医主治医师，能辨证施治热性病，内、儿、妇科常见病及部分疑难杂症。2016 年，卫生院有中医 4 人，其中副主任医师 1 人，主治医师 2 人，医师 1 人。

经过长期的医疗实践和师徒传承，杨寿乡逐渐形成一些中医门派，其中"春"字门内科最为著名。"春"字门内科中医术由殷遇春创立，他得其父殷小四子的真传，精于内、外、妇、儿诸科病症的诊治，至第四代殷富春则以外科为长，名噪乡里。第五代殷济青专行内、儿科，在甘泉、黄珏、杨寿、大仪、古井、天山、菱塘一带行医，在内科常见病、多发病诊治方面经验丰富。对脾胃病、慢性泄泻、眩晕、肝硬化、肝腹水、消渴等慢性病、疑难病的治疗独具匠心，效验卓著。"春"字门内科中医术在继承祖国医学遗产的基础上独创发展，创立的"胃湿治疗五法"治疗胃病、"肝病治疗方略"治疗肝病、"排毒去痘灵"治疗青春痘、"枯桂汤"治疗内耳眩晕症、"鹿丹汤"治疗颈源性眩晕、"足浴汤"泡足治疗足跟痛等疗效奇特，自制"毓麟常春胶囊"对男性有温肾壮阳、耐疲劳、抗衰老及提高机体抵抗力的功效。"还少春葆胶囊"对绝经前后的女性不仅有抗疲劳、延缓衰老、阴阳并调的功效,还有显著改善更年期症状的作用。

杨寿"春"字门内科中医术相传六代,历经180余年。2015年,"春"字门内科中医术入选江苏省非物质文化遗产名录。

二、西医

50年代,境内联合诊所、公社卫生院仅设门诊,没有病房。内科用药物口服、肌肉注射处理普通常见病,外科手术只能开脓疮、割痔疮,产科接顺产。

60年代,卫生院开展部分项目化验以及静脉输液给药治疗。能收治伤寒、麻疹、肝炎、流脑（普通型）、乙型脑炎（轻症）、白喉（轻症）病人,能抢救心力衰竭、轻度休克病人。

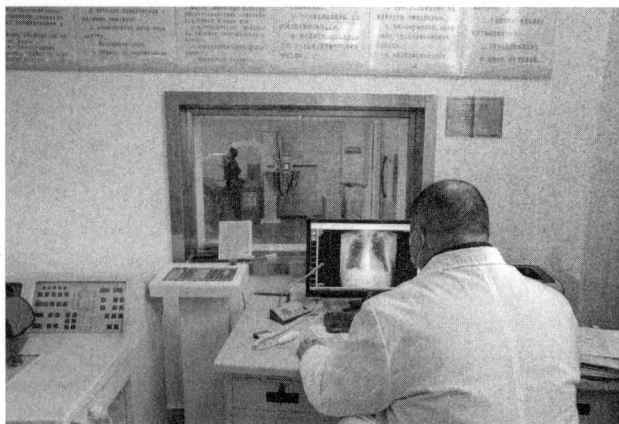

杨寿中心卫生院500毫安X光机

70年代,卫生院能开展胸部透视、摄胸片和上消化道钡餐透视检查,进行肝功能及其他部分生化检验和胸腔积液、腹腔积液、脑脊液定性试验。内科能抢救农药中毒、休克、呼吸衰竭、心力衰竭,外科能开展下腹部手术,妇产科能开展计划生育上环、取环、人工流产、引产、结扎输精管、女扎输卵管手术,五官科能开展取牙、补牙、镶牙、翼状胬肉摘除、白内障切除、扁桃体摘除手术。

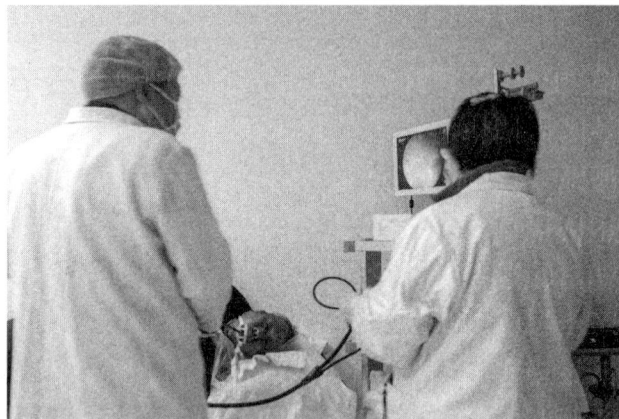

杨寿中心卫生院电子胃镜室

80年代,卫生院启用A型超声波示波仪,针灸理疗科启用"神灯""红外线理疗机"理疗;妇产科能处理高危妊娠、产前产后子痫。

90年代,能开展肝、胆、脾、胰、肾、输尿管、膀胱、子宫附件等检查及胸腔积液定位,实施胸片、上消化道钡餐摄片、钡灌肠摄片、骨片检查、椎体X线摄片,能开展空腹血糖、血脂分析,乙肝两对半检测。内科能对循环、泌尿、呼吸系统功能衰竭及急性中毒、休克、上消化道出血、急性胰腺炎、脑血管意外等危急病人做出初步诊断,并能进行维持生命的抢救处理。外科能开展胆囊切除术,开展骨科石膏外固定、切开内固定术。妇产科能开展剖宫产术、卵巢囊肿切除术、子宫切除术。五官科能开展装全口假牙术。

2000~2016年,能开展肝、胆、脾、胰、肾、输尿管、膀胱、前列腺、子宫附件等检查及胸腔积液定位、腹腔积液探查,并能通过电子胃镜直接观察看食道、贲门、胃、幽门、十二指肠病变。

三、护理

1958年,公社卫生院刚建成时,护士只能进行肌肉注射药水。1960年始,进行静脉输液药物。1963年,实行基础护理,护理人员开展基本功训练,建立护理制度,改变仅以治疗手段为护

理中心内容的做法。1978年,设护理组长,
统一管理护理工作。1980年,执行护理岗
位责任制,逐步健全分级护理、查对、交接
班、抢救、消毒、医疗文件管理、物品药品器
械管理制度。1988年,卫生院对护理人员
提出一系列规范要求,主要有仪表端庄、着
装整洁、不披长发、不戴耳环戒指、上班不
穿响底鞋、面带微笑、语言文明、礼貌待人、
举止稳重、动作轻巧、工作热情、尽职尽责。
次年,在护理人员中开展给氧、吸痰、导尿、
洗胃等急救技术及徒手心肺复苏术的规范

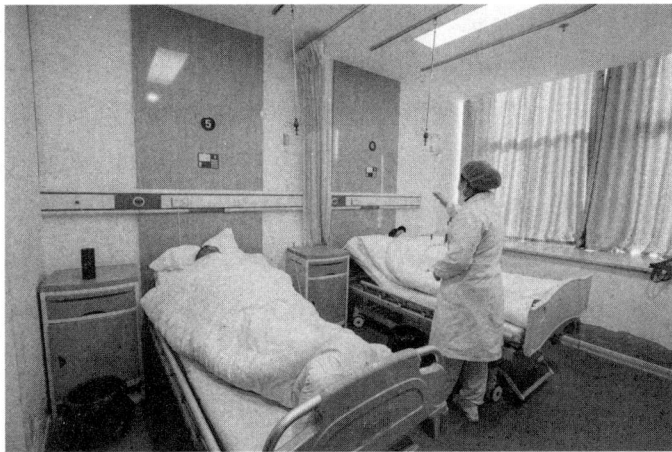
杨寿中心卫生院病房

化操作竞赛。1997年,卫生院选派两名护士参加邗江县护理技术比武,内容有护理知识笔试和
输液、氧气吸入、吸痰、导尿、徒手心肺复苏模拟操作,取得较好成绩。2000年起,护理人员在配
合医生操作治疗患者躯体疾病外,注重对患者精神安慰和心理疏导,努力使患者不急不躁、不焦
虑、不生气,达到心态平和。至2016年,卫生院有执业护士11人。

第四节　医疗服务

一、门诊　住院

中华人民共和国成立前,境内医生在家待诊、出诊、赶集到药店坐堂行医,日诊人数不等,
悬殊较大,有的兼以种田或教书,方能维持生活。中华人民共和国成立初,联合诊所及公社卫
生院初建时期,未设置病床,以门诊为主。1962年,添置不固定的简易病床数张,始收治住院病
人。1987年,有核定病床23张。80年代,卫生院年门诊诊疗人次数在26000~28000人次;观
察室年病人数在150~290人次;病房年出院病人数在340~670人次;出院病人年治愈好转率在
93%~95%。1990年至2010年,卫生院年门诊诊疗人次数在22000~24000人次;观察室年病人
数在300~600人次;病房年出院病人数在220~400人次,出院病人年治愈好转率在96%~97%。
住院病人中,以消化系统疾病、呼吸系统疾病、妊娠分娩产后病、外伤、肿瘤、心脑血管病、五官
病、传染病、泌尿系统疾病、女生殖器病患者为多,占住院病人总数95%以上。

2011~2016年,杨寿中心卫生院年门诊诊疗在32678~54255人次;观察室年病人数60~120
人次;病房年出院病人数474~1130人次;出院病人年治愈率在88%~94%。住院病人中,以脑
梗死、高血压、糖尿病、阑尾炎、腹股沟疝病患者为多,占住院病人总数70%以上。

二、水利工地医疗

1951~1982年,杨寿民工参加县境内外兴修大中型水利工程52项。在水利工地,县水利工

程团设工地医院,公社民工营设医务室。32年中,卫生院有2名医务人员到县水利工程团工地医院服务,有90余人次医务人员到杨寿民工营医务室服务。医务室除诊治常见病,还护送重病患者转工地医院医治。医务室贯彻"预防为主"的方针,管理工地环境卫生和饮水卫生,设粪缸、粪坑、简易厕所管理粪便,民工吃水与用水分塘,宣传"人人讲卫生,个个爱清洁",开展卫生运动,定期检查,预防传染病流行。

三、征兵体检

1950年,中国人民解放军在地方征集兵源,境内适龄青年志愿到县行政区集中进行目测入伍。1954年始,征兵体检分科进行,应征青年到县划片设立的征兵体检站体检。1970年,设杨寿征兵体检站。1976年,撤销公社征兵体检站,应征青年统一到县征兵体检站体检。卫生院在挑选送检青年时,做到逐一询问病史,有下面7种情况之一者,不送县征兵体检站体检:1.头部黄癣、疥疮、斜眼、耳聋、化脓性中耳炎、兔唇、五官缺陷、口吃;2.重症淋巴结核、重度甲状腺肿;3.明显驼背、腿不能伸直(跛子)、平底足;4.经常腰腿痛、严重小腿溃疡病、疝气、脱肛;5.经常心口痛、吐酸水、拉肚子、肝炎、肺结核、哮喘、象皮腿;6.癫痫、精神病、梦游症、遗尿症、与麻风病人有密切接触史;7.一年中经常生病影响学习和劳动。1983年,卫生院挑选送县站体检应征青年时,做到分科体检,并行X线胸透检查。1995~2016年,卫生院挑选适龄青年送县站体检时,增加了肝功能及乙肝表面抗原检测,送检合格率在96%以上。

四、健康体检

卫生院承担对境内企事业单位职工的健康体检工作。2010年始,对境内65周岁以上的老年人进行免费健康体格检查,是年,全镇65周岁以上老人共有3507人,实查1950人,健康体检率55.6%。体检项目有身高、体重、内科、外科、五官科检查及X线胸透、心电图、彩色B型超声波、尿常规、血常规、空腹血糖、血脂分析、肝功能、肾功能等检查检测,早期发现老年人易患的疾病,并告诫老人应注意的饮食及生活习惯。2011~2016年,对镇内65岁以上的老年人进行健康体格检查,实查人数占应查人数的75%以上。

第五节 疾病预防控制

一、预防接种

中华人民共和国成立前,境内只种牛痘,但不普及。1946年霍乱暴发流行,死者甚众。1948年,流行天花,幸存的"麻子"几乎村村皆有。中华人民共和国成立后,政府重视预防接种。1952年始,普种牛痘疫苗。1953年始,开展百(百日咳)白(白喉)二联疫苗、白喉类毒素、乙脑疫苗预防接种。1954年始,开展伤寒、霍乱、赤痢菌疫苗预防接种。1955年始,开展卡介苗预防接种。1956年始,开展副伤寒疫苗预防接种。1957年始开展百日咳疫苗预防接种。1963年始,开展副霍乱疫苗全民预防接种。1966年始,开展口服脊髓灰质炎糖丸以预防小儿麻痹症。1969年始,开展百白破疫苗、流脑疫苗、破伤风类毒素预防接种。1971年始,开展麻疹弱毒活疫苗预防接种。1977年始,开展霍伤(霍乱、副霍乱、伤寒、副伤寒)4联苗预防接种。1978年,始行0~7周岁儿童计划免疫,儿童出生后至7周岁,按免疫程序,有计划地施行卡介苗、脊髓灰质炎丸、百白破疫苗、麻疹弱毒活疫苗、流行性脑脊髓膜炎疫苗、乙型脑炎疫苗等6种疫苗的预防接种,增强儿童免疫力,预防相关传染病。1980年,江苏省进行全省计划免疫工作大检查,杨寿公社卫生院得97分,为全省公社卫生院第一名。

1981年,公社卫生院创用"剪洞穿卡法",实施卡、证管理,进行0~7周岁儿童系统计划免疫工作,简化程序,减少差错,提高了计划免疫工作质量。"剪洞穿卡"计划免疫管理方法于1982年底迅速向全县各公社推广。1983~1984年,乡(公社)卫生院先后接待江苏、安徽两省20余个县、市卫生防疫部门人员的参观学习。1987年,经调查杨寿境内12~18个月龄儿童"四苗"覆盖率为87%。

1988年始,对儿童季节性接种的疫苗有A群脑膜炎球菌多糖疫苗、乙型脑炎疫苗、白喉破伤风二联疫苗。1990年始,对新生儿、部分食品从业人员及有乙型肝炎家族史的高危人群接种乙型肝炎疫苗,其中新生儿乙肝疫苗年接种率在90%以上。为高危人群接种甲肝疫苗、风疹疫苗、腮腺炎疫苗、狂犬疫苗、伤寒疫苗、气管炎疫苗。次年,对全镇0~48个月龄的儿童进行脊髓灰质炎糖丸强化口服。1997年,全镇实行儿童计划免疫保险,当年投保率为96%。

2016年,境内0~7周岁儿童卡介苗、脊髓灰质疫苗、百白破疫苗、麻疹减毒活疫苗第4种疫苗年接种覆盖率均在95%以上,新生儿乙肝疫苗年接种率在95%以上,儿童计划免疫保险投保率为25.74%。

二、常见传染病防控

结核病防治 1955年起,对婴幼儿进行卡介苗接种,对肺结核病人进行化疗。1982~1987年,连续6年对婴儿初种、对小学1~6年级学生复种卡介苗,并进行种后12周结核菌素试验阳转水平检测,阳性率均在85%以上。是年境内进行结核病调查,总人口22017人,查出线索24人,门诊登记17人,患结核病人总数41人。对结核病人进行早期治疗,全程督导服药,并按时家访。1988~2010年,年结核病患者由15人减至5人;年正规化疗服药率、痰检阴转率均在95%以上;年治愈率由71.5%提高到99.3%。2011~2016年,结核病患者分别为11人、15人、12人、13人、10人及10人;年正规化疗服药率、痰检阴转率均为100%;年治愈率100%。

其他传染病防控 1954年,起用《传染病报告卡》报告疫情,进行疫情监测。通过防治,是年后,未发生天花病例。60年末,县境内曾发生的炭疽病、流行性出血热、狂犬病、猩红热四种传染病,杨寿境内未发生病例。1972年,进行人群白喉免疫水平检测。1975年始,对麻疹、流行性脑膜炎、伤寒、病毒性肝炎进行流行病学调查和疫点、疫区的处理,卫生院逐渐完善隔离治疗传染病人的条件。1975年后,未发生脊髓灰质炎病例。1978年后,未发生白喉病例。1981年后,未发生麻疹、流行性脑膜炎病例。1982年后,未发生乙型脑炎病例。1983年后,未发生百日咳病例。病毒性肝炎发病在80年代后逐渐减少,只零星发生。2000年后,伤寒未发生病例。2000

年,杨寿中心小学发生流行性腮腺炎。2008 年,杨寿学校发生水痘流行,经隔离治疗及学校停课一周处理,疫情被扑灭。

2011~2016 年,法定传染病仅病毒性肝炎、流行性腮腺炎、细菌性痢疾、淋病和梅毒零星发生。

2011~2016 年杨寿镇法定传染病发生情况一览表

表 22-5-1

年　份	病毒性肝炎	流行性腮腺炎	细菌性痢疾	淋　病	梅　毒
2011	11	0	3	1	0
2012	6	1	1	0	0
2013	2	1	3	0	2
2014	5	2	2	0	2
2015	2	4	2	0	2
2016	4	2	3	0	0

三、寄生虫病防控

疟疾防控　境内流行的疟疾多为间日疟。1960 年,发病率为 22.9%。1971 年,仍有 4195 人发病,发病率为 19.8%。是疟疾高发公社。1971 年始,开展疟疾防治,对有疟史的病人进行休止期根治,对现症病人进行全程正规治疗和阶段清理复治,对重点人群进行高峰期预防服药。1974 年,境内疟疾人数减少到 1470 人,发病率下降到 7.02%。次年,开展全民疟疾休止期根治和压高峰预防服药,并把蚊媒防治作为辅助措施,此后疟疾发病人数逐年下降。1977 年,发病 210 人。1982 年,发病 41 人。1987 年,发病 4 人。1988~2016 年,28 年中仅 2015 年发生一例疟疾,患者赴几内亚共和国出国劳务,感染后回家发病,是输入性病例。

丝虫病防控　中华人民共和国成立初,境内丝虫病零星发生,为低度流行乡,偶见象皮腿、鞘膜积液、乳糜尿病人。1957 年,对丝虫病用枸橼酸乙胺嗪药物治疗。1970 年,进行全民血检微丝蚴,阳性数为零。1989 年,境内抽测 4 个村,血检未发现血丝虫微丝蚴阳性。是年,卫生院吴玉泉受江苏省卫生厅表彰为丝虫病防治工作先进工作者。

肠道寄生虫病防控　中华人民共和国成立初,对饮水和粪便加以管理,不少群众不注意个人卫生,加之有喝生水的坏习惯,境内肠道寄生虫病横行,儿童发病尤多。1970 年经驱虫治疗、健康教育和"管水""管粪",肠道寄生虫病逐渐稀少。1994 年起,每年对境内幼儿园学龄前儿童及小学一年级学生普服驱虫康驱虫。1997 年,对境内儿童粪便检查 512 人,其中钩虫阳性数 17 人,阳性率 3.33%;蛔虫阳性数 28 人,阳性率 5.47%;鞭虫阳性数 49 人,阳性率 9.57%;姜片虫阳性数为零。至 2016 年,肠道寄生虫病基本绝迹。

四、浮肿病、消瘦病防控

三年经济困难时期(1959~1961 年),境内农村浮肿病、消瘦病和小儿营养性不良患者较多。

卫生院医务人员投入防治,政府共计拨出粮食 2.69 万千克、冷饼 1850 千克、食油 370 千克及其他生活必需品供病人使用。境内在莲子庵(现爱国村)设专门医疗点,集中收治重度病人;办 4 个营养食堂,治疗中度病人;对轻度患者进行门诊及送医、送药、送营养品上门治疗。据 1963 年初统计,患者治愈率达 83%。1964 年后国民经济好转,浮肿病、消瘦病渐消失。

五、碘缺乏甲状腺肿防控

境内属碘缺乏甲状腺肿低发区。1994 年始,卫生院送检新生儿脐带血,进行甲低筛查检测。1995 年,重点人群普服碘油丸。次年起,境内市场全部销售加碘盐,以全民食用合格碘盐为主综合防控地方性甲状腺肿。至 2000 年,共检测新生儿脐带血 335 份,未发现甲低患儿。境内新婚育龄妇女、哺乳期妇女、1~14 岁儿童普服碘油丸共计 9980 人次,境内未发生碘缺乏甲状腺肿病例。

六、非典型性肺炎防控

2003 年 4 月,非典型性肺炎(简称"非典")在中国中东部地区流行。非典型性肺炎一种因感染 SARS 冠状病毒引起的呼吸系统急性传染性疾病,传染性强,病死率较高。面对这突如其来的重大疫情灾害,全国进入紧急状态。是年 5 月,镇党委下发《关于成立杨寿镇非典型肺炎防治工作指挥部的通知》,由镇长任总指挥,下设"四组一室"(宣传组、防治组、治安组、后勤组、办公室),均由副书记、副镇长任组长,成立农村分指挥部、集镇工业分指挥部和集镇单位分指挥部,每村派驻一名政府工作人员,把防治非典作为近期工作重中之重,明确分工,强化责任,制定防控预案。宣传非典的传播途径、症状、防范知识和措施,消除广大群众的恐慌心理。政府购买消毒液、酒精、口罩、洗手液、体温计免费发放到各单位,做好预防消毒工作。对体温异常升高和外来务工人员、出差归来人员第一时间在医院进行隔离观察,待正常后回归家庭和单位。

10 月,镇政府下发《杨寿镇 2003—2004 年度传染性非典型肺炎防治工作方案》,对防治非典作出长期工作部署。由于防控有力,镇境内未发生非典病例。

七、疾病监测

1982 年起,邗江县被列为江苏省疾病监测网点之一。县内在杨寿设立疾病监测点,进行人群免疫水平、传染病疫情漏报、居民死亡和期望寿命检测。

人群免疫水平监测 监测点先后进行人群白喉免疫水平检测、麻疹血凝抗体水平检测、流脑 A 群杀菌抗体水平检测、儿童接种卡介苗后 12 周结核菌素试验阳转水平检测、百日咳抗体水平检测、破伤风抗体水平检测。人群免疫水平监测结果,对白喉、麻疹、流脑、百日咳、结核病等主要传染病的免疫水平均达 83%,其中对麻疹的免疫水平达 97%。

传染病疫情漏报监测 监测点法定传染病的漏报率逐年降低,1984~2016 年,主要法定传染病疫情无漏报。

居民死亡监测 1982~1988 年,7 年监测,死亡原因由恶性肿瘤、循环系统疾病为第一、二位,两类疾病的死亡数占当年总死亡数的 66% 至 72.6% 之间,而传染病死亡降至第六位以下,死亡率占当年总死亡数的 2.4% 至 3.8%。恶性肿瘤死亡中,消化系统肿瘤死亡占首位,其中以胃癌、食道癌死亡为多。1994~1996 年三年监测中,死亡原因以恶性肿瘤为第一位,分别占当年总死亡数的 41.88%、38.22%、42.44%。心血管病、脑血管病死亡为第二位或第三位,两类疾病死亡数分别占当年总死亡数的 37.3%、40.44%、37.27%。意外死亡(包括外伤、中毒)占死亡原因的第四位,死亡数分别占当年死亡数的 8.24%、7.56%、6.63%。结核病死亡亦进入死因前十位。

期望寿命 中华人民共和国成立前,境内人口平均期望寿命为全国平均数 35 岁,中华人民共和国成立后,随着人民生活条件改善,医疗技术进步,人口平均期望寿命逐年提高,1984 年为71.88 岁,2000 年为 72.66 岁,2010 年为 74.8 岁,2016 年 78.8 岁。

第六节　卫生监督

一、食品卫生

1950 年,境内食品卫生由黄珏区公安人员管理,负责监督管理市场上饮食店、摊点卫生,严禁出售病畜、病禽。1965 年,对饮食行业人员进行健康检查。1967 年,供销合作社对饮食行业加强卫生管理,食品加工、销售实行"五四制",即"五个四"制度,其具体要求是,由原料到成品实行"四不":采购员不买腐烂变质的原料,保管员不收腐烂变质的原料,加工人员不用腐烂变质的原料,营业员不卖腐烂变质的食品;成品食物存放实行"四隔离":生与熟隔离,成品与半成品隔离,食品与杂物、药物隔离,食品与天然冰隔离;食具实行"四过关":一洗、二刷、三冲、四消毒;环境卫生采取"四定":定人、定物、定时间、定质量;个人卫生做到"四勤":勤洗手、剪指甲,勤洗澡、理发,勤洗衣服、被褥,勤换工作服。1979 年始,境内食品生产、销售行业严格执行凭《卫生许可证》开业,职工凭健康证上岗,对食品行业和集体食堂职工进行以查传染病为重点的健康检查。1985 年,乡配食品卫生检查员,对查出患有传染病(包括带菌者)及不宜从事食品工作的人,均让他们调离岗位,进行治疗或调换工种,对查出不合要求的食品生产、经销单位,责令限期停业、改进。每年夏、秋季开展食品卫生大检查,对查出的变质食品均予以销毁。至2016 年,境内未发生大的食品安全事故。

二、饮水卫生

60 年代前,境内生活饮用水皆为地面水(塘水、河水)。生活污水、垃圾、人畜粪便对地面水体造成污染,水中有机质、三氮、细菌数、大肠杆菌值等项指标均不符合卫生标准。1970 年,境内居民纷纷开挖小口井或压力自灌井,因皆为浅井,经检测,压力井细菌数和大肠菌群较低,小口井则偏高。1988 年,兴建杨寿自来水厂,在集镇时庄组开挖深井,其地下水经管道供应集镇居民及邻近村组农民生活饮用。1990年、1998年、2000年,永和、墩留、方集村分别开挖深井,供应本村村民饮水。2008年,杨寿水厂和扬州自来水厂管道联通,供应扬州水厂自来水,关闭开采地下水的深井。是年,境域内全民饮用水均由扬州水厂供给。经江苏省城市供水水质监测网对扬州市管网水的水质106项全分析监测,均符合《生活饮用水卫生标准》,其中,总大肠菌群、耐热大肠菌群、大肠埃希氏菌、菌落总数皆为零。

三、劳动卫生

防治农药中毒为农村劳动卫生的重点内容。1958年人民公社化后,境内各生产队明确专人保管和使用农药。80年代后,农村实行生产责任制,农药供应到户,农药中毒事故增多。1983年,境内改变各农户分散施用农药治虫的状况,集中由村民小组配专职治虫人员承担,农药不再供应到农户。同年,建立农药安全管理制度,生产性农药中毒事故逐年减少。生产性农药中毒原因有个人防护不严、施药方法不当、个人卫生习惯不良等;非生产性农药中毒原因有自寻短见、误服、误用及其他意外事故,以自寻短见者为多。据统计,1978~1987年,境内发生生产性农药中毒11人,无死亡;发生非生产性农药中毒42人,死亡7人。1988~2010年,境内发生生产性农药中毒2人,无死亡;发生非生产性农药中毒26人,死亡5人。2011~2016年,境内未发生生产性农药中毒,发生非生产性农药中毒58人,死亡1人。

四、学校卫生

1979年,杨寿中学配备校医,杨寿中心小学配备保健老师,学校校医、保健老师培训班级学生卫生员。利用卫生科普讲座、黑板报、广播对学生进行健康教育,培养卫生习惯;组织健康检查;督导教学、体育、劳动、饮食(水)、个人卫生,预防传染病传播。是年,卫生院配合县卫生防疫站对中学、中心小学进行以测量身长、体重、胸围、坐高四项指标为重点的体格检查。调查结果,境内学生身长、体重、胸围、坐高四项数据均符合年龄生长指标,男生与女生四项数据的差距随着年龄而改变,符合性别生长规律。1986年,对中、小学生进行视力普查,小学生视力不良占2.8%,中学生视力不良占17.8%。1990年,对中小学生生长发育及健康情况进行调查,境内中小学生身高、体重、胸围均值随年龄增大而升高,符合生长发育规律。与1979年调查结果相比较,少年儿童生长发育呈加速趋势。1992年,对中小学校进行教学卫生监测,监测内容为环境噪声、教室二氧化碳浓度两项。1996年,对中小学生进行体格检查,其中龋齿人数占21.4%。视力不良(4.5~4.9)人数占18.2%,视力在4.5以下的占14.7%。1998年,杨寿中学建立学校卫生档案。1999年,对学校人均面积、黑板、玻璃面积与地面面积比、采光系数、噪声、微小气候等6项指标进行监测,结果均符合当时的教学卫生要求。2000年,杨寿中心小学建立学校卫生档案。2010年,杨寿学校设有医务室,配校医1名。2011~2016年,卫生院增加对幼儿园、学校饮用水监测频次,实施食品卫生监管和传染病防控措施,镇境学校均未发生饮用水污染、食物中毒及传染病暴发流行等突发公共卫生事件。

五、放射卫生

1978年,为开展X线防护工作,卫生院扩大荧光屏,建立隔室透视,使用防护屏、防护椅、防护亭。次年起,对卫生院放射人员进行健康监护,建立健康档案,每两年体检一次。1980年,用铅橡皮代替铅皮扩大荧光屏,进行防护,经测试X线剂量在国际允许范围内,达到防护要求。1986年,卫生院X线机经监测合格,发给使用许可证。1996年,执行国家《射线装置放射防护条例》法规,镇卫生院用X线机经测试审查合格,发给放射工作许可证。1999年,对卫生院X光机的防护区进行监测,立位、卧位透视的X光机合格,机房门、窗基本合格。2000年,卫生院放射人员经放射卫生法律法规及防护知识考试考核合格,领取放射工作人员证,持证上岗。至2016年,卫生院放射人员经两年一次的体检,未检出职业性放射病。

第七节　妇幼保健

孕产妇系统管理　1978年起,境内实行早孕建卡、产前定期检查制度,提倡产妇住院分娩,开展产后访视及产后第42天检查,并对高危孕产妇进行专案管理。1989年,境内推行"优生优育"系列服务。1992年,卫生院使用江苏省统一的围产保健管理表、卡、册及系统管理登记簿、高危妊娠管理簿,使孕产妇系统管理科学化、规范化。1992~2016年,境内孕产妇系统管理率均超过90%,25年内未发生产妇死亡病例。

新法接生　中华人民共和国成立前,境内采用旧法接生,妇婴死亡率高。中华人民共和国成立后,改造旧产婆,推行新法接生。1958年,境内新法接生率达70%,新生儿破伤风得到控制。70年代,大队合作医疗室配有1名女赤脚医生,部分大队合作医疗室建立妇产室,承担新法接生工作。1980年,境内新法接生率达100%,新生儿破伤风发病率为零。1984年,境内推行科学接生。1996年,要求孕产妇住院分娩。1996~2016年,年住院分娩率达99%以上,科学接生率达100%,无新生儿破伤风病例发生。

儿童保健　1952年始,境内相继进行各类疫、菌苗预防接种,预防多种传染病。1958年,卫生院对部分儿童进行体格检查。1979年,开展对12岁以下儿童免费驱蛔,服药率达94%,排虫率达69%。是年以后,每年6月组织儿童体检一次。1985年,乡卫生院开设儿童保健门诊。1989年,境内推行优生优育服务,卫生院预防保健科设立儿童计划免疫预防接种门诊日,进行0~3岁儿童体格检查系统管理,4~6岁幼儿园儿童于每年"六一"儿童节集中进行体格检查一次。1992年,对境内体弱儿进行防治专案管理,每月定期检查,进行喂养指导,给予药物治疗直至正常。1996年,镇卫生院经省级评估合格,被授予"爱婴医院"称号。1995~2010年,境内0~6周岁儿童系统管理率在92.5%以上。2015年,中心卫生院经市级评估合格,再次被评为爱婴医院。2011~2016年,镇境0~6周岁儿童系统管理率在85%以上。

妇女病防治　中华人民共和国成立前,境内广大农村妇女从事田间劳动,卫生保健无人过问,许多危害妇女身心健康的陈规陋习没有破除,妇女病得不到及时治疗。50年代,境内开始重视对妇女"四期"（经期、孕期、产期、哺乳期）保护。1960年初，生产队有妇女代表，对"四期"妇女出工，适当照顾。经期调干不调湿，孕期调轻不调重，哺乳期调近不调远。1958年，妇女参加超负荷劳动，子宫脱垂病人有所增加。1959~1961年，经济困难时期，粮食缺乏，营养不良，患子宫脱垂和闭经的妇女增多。1963年，境内查出子宫下垂妇女120余人，重度病人到市级医院手术治疗。1977年，境内开展妇女病普查，妇女受检率达64%，患病率为29.7%，治疗率达90%。对境内重度子宫下垂妇女予免费手术治疗。生产队对子宫下垂手术治疗的患者，其住院期间和出院后一个月给予同等劳力记工分，半年内不参加重体力劳动和蹲位劳动。1980~2016年，妇女患妇女病自行到医院妇产科门诊查治。

第八节 爱国卫生

一、除"四害"

1958年，境内土法上马，全面动手，大张旗鼓开展灭"四害"（苍蝇、蚊子、老鼠和麻雀）活动。后麻雀被"平反"，由臭虫代替，再后蟑螂代替臭虫。1963年，境内开展灭蝇、灭蚊、灭鼠、灭臭虫活动，发动公社中心小学和各大队小学学生挖蝇蛹。1980年，推广科学灭鼠。1984年春，境内首次统一时段投药灭鼠。次年，境内各行各业齐动员，千家万户参战灭鼠，对住宅和农田统一时段投药突击灭鼠。1986年11~12月，境内开展三次灭鼠活动。第一次全乡统一投药灭室内老鼠；第二次全乡野外室内双管齐下，统一投药，大面积围歼灭鼠；第三次以田间灭鼠为主。全乡共投用敌鼠钠盐35千克，灭鼠9.56万只。由于社会生活的变化，臭虫又被蟑螂取代。1990年，境内开展灭四害（苍蝇、蚊子、老鼠、蟑螂）行动。1995年冬季，境内投灭鼠药5000余包，灭鼠1万余只，墩留村闵万云1户灭鼠73只。1997年，县专业消毒杀虫人员对集镇公共厕所（包括单位公厕）每月消毒5次，做到集镇卫生管理规范化。1998年，境内配备消杀员，对集镇公厕、农贸市场、垃圾箱，每月定期消毒4次。1999年5月，境内灭鼠灭蟑，投灭鼠药、堵鼠洞、清除鼠迹，投灭蟑药，降低老鼠、蟑螂密度。2000~2016年，镇消杀人员每月对集体公厕、垃圾箱进行4次消毒，投用灭鼠药、灭蝇药、敌敌畏、溴氰菊酯、奋斗呐，努力消除"四害"对人类居住环境的影响。

二、改水 改厕

改水 境内地处丘陵地区，生活饮用水以塘水为主。50年代中期，提倡分塘用水。1970年，开始打小口井、水压井，改善饮水条件。1988年，兴建杨寿水厂，开挖深井，经加压提水供入管网，供应杨寿集镇居民及邻近村组农民生活饮用。1990、1998、2000年，永和村、墩留村、方集村分别开挖深井，井水经管网供应村民饮用。境内水厂受县爱卫会业务指导和监督管理，改进净水构建物，建立规章制度，进行档案管理、水质管理、水源保护。2000年，境内水厂和扬州自来水厂管网联通，扬州水厂自来水直供全境，地下深井关闭。2016年，境域居民自来水入户率达99%。

改厕 50年代，境内居民户均有一个粪缸。1960年起，境内开展"移风易俗、讲究卫生"宣传教育,各生产大队、集镇及单位始建公共厕所。1978年,境内始建沼气池,采用猪圈、厕所、沼气三联通技术。经检测,沼气池处理后的粪池,寄生虫卵死亡率超过75%。1986年,邗江县被农牧渔业部定为全国沼气建设重点县,境内李岗、方集、建龙、新民4个村被县政府确定为沼气建设重点村。是年,乡建立农村能源办公室。1992年,对沼气式卫生厕所运转情况进行论证,认为沼气式卫生厕所既有较高的净化效率、防止多种传染病传播,减少环境污染,净化环境,改变农村卫生面貌;又能制取沼气,节省燃料,为农业生产多积优质肥,提高土壤肥力,增产量,促进农村经济发展。1993年,县抽样调查农村卫生厕所状况,新民村被抽中,调查结果,农户有厕所率72%,沼气式、水冲式及三格式卫生厕所普及率达18%。1999年,境内改厕1180座,其中无害化厕所470座,"五有"(有门、有窗、有便器、有内外批档、有地面硬化加注塑化粪池)厕所710座,永和村、爱国村被扬州市爱卫会命名为农村卫生厕所普及村。至2016年,境内新建住房均配套建设三格式、二格式、"五有"式卫生厕所,配套率达97.8%。

三、卫生镇创建

1952年,境内响应毛泽东主席发出的"动员起来,讲究卫生,减少疾病,提高健康水平"的号召,开展卫生宣传,发动群众,进行清洁卫生大扫除,以实际行动粉碎美帝国主义的细菌战。次年江都县提出《清洁卫生七大要求》,即十净——屋内净、厕所净、院子净、街道净、饮水净、锅碗瓢盆净、饮食净、孩子净、猪圈牛棚净、鸡窝净;四常——常洗澡、常洗衣服、常晒被子、常打扫;五不——不随地大小便、不随地倒垃圾、不随地抛瓜皮果屑、不随地抛废物、不吃陈腐污染食物;四清——垃圾除清、污水除清、杂草除清、室内外扫清;七灭——灭鼠、灭蝇蛹、灭蚊、灭虱、灭蚤、灭臭虫、灭孑孓;五整洁——文具书橱整洁、被子床铺整洁、桌椅板凳家具杂物整洁、厨房整洁、食堂食具整洁;四填——填鼠洞、填树洞、填污水塘、填低洼地。境内以达"七大要求"作为开展爱国卫生运动的基本内容和评比标准,卫生环境明显改善。1985年,境内以治理"脏、乱、差"为突破口,治理环境卫生,先后组织4次卫生突击活动,清除垃圾,清除不卫生死角,疏通、新开下水道,修整路面,扩建街道。当年始设专职清洁管理人员。1989年起,开展"爱国卫生月"活动。1998年,杨寿创建卫生镇村,成立环境卫生所,每天清扫集镇街道;设置垃圾箱,逐日清理,每月定期消毒4次;整修、翻建街道两侧下水道,是年,创建成扬州市卫生镇。

2009年,投入1500万元建成污水处理厂,对集镇排水系统进行雨污分流改造。2011年,投入110万元建成标准化垃圾中转站,主干道全天候保洁,镇区日产垃圾清运率和无害化处理率均达100%。

2015年,镇政府将创建省级卫生镇作为重点民生工程,强化宣传,新设立宣传橱窗33个,固定健康教育园地46处,印制发放《致群众一封信》9000余封,建立创卫工作QQ群和微信群,利用"寻美找茬团"微信平台开展"手机找茬"实时联络监督,发动单位、部门和学校师生捡拾白色垃圾,铲除"牛皮癣",宣讲卫生环保知识,居民健康知识知晓率为86.4%,行为形成率为81.6%。建立"村庄保洁、河塘清理、道路管护、垃圾处理"环境卫生长效管理机制,确保路面清洁,排水通畅,无脏、乱、差现象,禁烧秸秆,推广秸秆还田,建筑施工现场实行围墙作业,雾炮喷淋,减尘降噪,文明施工。沿街店铺"门前四包,门内达标",农户鸡、猪等家禽牲畜实行圈养。对餐饮、理发、旅社、浴室、商场配齐卫生消毒设施,执行卫生管理规定。在重点场所与单位建立毒饵宅和诱蝇笼消灭"四害",公共场所主要卫生指标合格率达95%。12月,通过省级卫生镇验收。

2016年,镇境自来水入户率99.5%,自来水卫生监测合格率100%,建设无害化卫生户厕5766户,普及率99.07%。投入2800万元整体搬迁杨寿卫生院,投入180万元规范建设村卫生服务站。投资2000万元创成4个三星级康居乡村、2个二星级康居乡村和5个省级卫生村。新型农村合作医疗参合率100%。新增绿化面积6万平方米。农村实施"秀美乡村"工程,清洁水塘166个,清理淤泥75万立方米。

第二十三章　社会生活

　　旧时,境内地势高低落差大,水源不均,水患严重。劳动群众生活贫穷。大多数农民住房简陋。因需缴纳高额赋税,粮食严重不足。集镇市民除几家粮行、木行外,其他商户仅能勉强维持生计。中华人民共和国成立后,党和政府领导人民群众修堤引水,建排灌站,治理水患,发展农业生产,人民生活不断改善。特别是改革开放以后,农业、工业和商贸业迅速发展,人民生活水平快速提升。1959年,人均收入18.77元。1978年,人均收入71.45元。1998年,人均收入3234元。2016年,人均收入增加到2.36万元。

　　在长期生产劳动和社会生活中,杨寿形成淳朴的民间风俗。中华人民共和国成立后,一些陈规陋习逐步摒弃,尊老爱幼、勤劳致富、助人为乐、诚实守信等传统美德广泛传承。1978年以后,随着改革开放和经济的快速发展,公共社会事业发展迅速,社会文明程度逐步提高。

第一节　居民生活

一、收入

　　中华人民共和国成立前,境内人民生活十分贫困。土地大都集中在大户人家,多数农民少地无地。许多农民一年缺几个月不等的口粮,冬春两季靠吃青菜和野菜充饥,过夏要向粮行或者富户借粮,接受高利贷盘剥。农民耕作条件差,生产能力非常落后,产量低下,旱灾涝灾不断。据史籍记载,清乾隆五十年(1785),境内大旱,"饥民食草根树皮俱尽"。嘉庆八年(1803)大水,乡民"过半逃荒"。咸丰、同治年间,官府规定每5年丈量田亩一次,每次强迫农民缴丈量费千余文,豪绅势宦还趁机争沾"飞洒之利"。

　　中华人民共和国成立后,实行土地改革,无地农民分得土地,劳动成果归自己所得,农民生活逐步改善。农业合作后以后,农民收入主要依靠集体收益分配。随着工、农业生产的不断发展,人民生活水平逐步提高。1982年,境内实行多种形式的家庭联产承包责任制后,生产力得到解放,农民收入提高。1985年,农民年人均收入393元,比1982年净增297.3元,增长75.6%。农村富余劳动力走进企业或自主创业,群众收入逐年增加,生活水平不断提升。2000年,镇年人均收入 3901 元,比 1990 年增加 3046 元,增长 78.08%。2009 年,实现年人均收入超万元,达 10712 元。2016 年,镇人均收入 23608 元,比 2009 年增长 54.63%。

1959~2016 年杨寿镇部分年份人均收入一览表

表 23-1-1　　　　　　　　　　　　　　　　　　　　　　　　　　　　　　　　　　单位:元

年　份	年人均收入	年　份	年人均收入
1959	18.77	1990	855.00
1960	44.00	1991	1337.00
1961	44.00	1992	1991.00
1964	40.09	1993	2290.00
1965	53.90	1994	2533.00
1966	53.73	1995	2432.00
1967	54.59	1996	2969.00
1968	56.65	1997	3043.00
1969	61.35	1998	3234.00
1972	59.00	1999	3558.00
1973	57.61	2000	3901.00
1974	54.59	2001	4151.00
1976	63.44	2002	4268.00
1978	71.45	2008	9502.00
1980	76.10	2009	10712.00
1981	77.00	2010	12230.00
1982	95.70	2011	14114.00
1985	393.00	2012	16294.00
1986	496.00	2013	18700.00
1987	565.00	2014	21131.00
1988	757.00	2015	23458.00
1989	805.00	2016	23608.00

二、住房

中华人民共和国成立前,境内住宅大抵砖、瓦、木、土墼、麦秸结构,因贫富而异。富裕人家住房宽敞,"明三暗五",在前进和中进之间的天井里仅看到三间,但前三间中还有两边厢房,实为五间。前进多为五架梁,中进多为七架梁。前进多为大门厅,中进为客厅和房间,厢房多为厨房。后进为厕所、猪圈、牛屋、碾屋、水车等农具摆放用屋,通称小屋子,三架、五架梁居多。檐口一般六尺六(约 2.08~2.71 米之间),各进都有天井及院子,房屋窗户少,大都靠天窗采光。梁柱多为杉木,土墼墙,竹架、芦柴旺或灰巴旺,屋面盖麦秸。少数富裕户,半截墙砖居多,有些外砖里墼,椽子旺砖,小瓦屋面。普通农家住房一般是一堂两室,少部分带厢房,后面多数有小屋子。土墼墙,也有用稻田里的泥巴打下半截墙,上半截砌土墼。家前屋后的树木作房梁,杂树棍、竹棍为屋架,上面盖麦秸,一般大五架、小五架。再贫穷些的农户,小五架梁或三架梁居多。土墼墙,毛竹、杂棍梁、树枝、葵花棍当屋架,草屋面,檐口低。

中华人民共和国成立后,境内住房条件逐步改善。60年代末、70年代初,农户自建新房大多是红砖斗子墙、水泥梁、芦柴(席)旺、红瓦平房,室内泥巴地面,泥巴粉墙,墙面石灰水出白。70年代,新建房屋开始增多,大多改进为红砖青瓦,水泥梁柱,水泥地坪,室内石灰出白。70年代末,农村住房标准又有新要求,样式为平房外带走廊。80年代,开始建三下三上、三下两上的两层条式楼房,出现三联窗、四联窗、四联门,通风、采光条件大大改善。境内开始有木材市场,房梁、门窗均为杉木,原先土墙草舍,逐渐消失。1990年后,在新农村建设中,农村住房建设发生根本性变化。自建房注重外观漂亮和室内适用。两间半的"点式楼"(厨房留在半间里),一度流行,外墙一般贴马赛克,后改用瓷砖。进入21世纪,农民开始住进别墅。典雅的门厅,凹凸有致的墙面造型,外墙贴瓷砖或文化石,屋面盖琉璃瓦,门窗均为铝合金,有些居民用铜门,楼上楼下都留卫生间,地面都贴瓷砖,房间铺设木地板,内墙贴墙砖或装饰板。

1987年,杨寿乡政府开始规划居民小区。是年,建设一条农民街(现华通路东侧)。1994年,时庄新村(商住楼)开工建设,1998年建成。2000年后,今日花园、孙庄小区、孙庄新苑、河洛花园、和美苑的三间两层或两间三层每套300多平方米的豪华别墅相继建成。2016年,境内居民人均住房面积为64.5平方米,农户楼房率为82.7%,瓦房率为100%。

三、消费

中华人民共和国成立前,境内只有少数富有户拥有木制独轮车,也有部分生意人备有驴子或骡子帮助运输。60年代,杨寿集镇有人购买手表、自行车、缝纫机,俗称"三大件"。普通农民基本没有购买力。70年代至80年代,农村对中高档耐用消费品购买力仍然较低。1982年,杨寿百户居民耐用品拥有量为:手表82块,自行车76辆,电视机5台,洗衣机2台,收录机8台、缝纫机12台。之后居民购买力有所提高。至1992年,百户居民耐用品拥有量增至为:手表320块,自行车271辆,电视机119台,洗衣机35台,收录机86台,缝纫机74台。90年代中期,数字电话兴起,居民家用电器更新加快,轻便的"玉河""木兰""嘉陵50"摩托车更换为跨骑或踏板摩托车,吊扇更换为台式落地扇,黑白电视机更换为彩色电视机,模拟网大哥大移动电话逐步更换为数字网手机。2005年起,电脑、智能手机和轿车"现代三大件"兴起。新的家用器具如太阳能热水器、空调、电冰箱、油烟机、微波炉、燃气灶具、电动自行车等进入普通居民家中。2016年,每百户居民家庭耐用消费品拥有量为:自行车209辆(电动自行车166辆),摩托车88辆,空调321台,电冰箱123台,彩色电视机315台,洗衣机122台,电脑82台,手机324部,固定电话82部,数码相机24部,家用轿车71辆。一些中高档耐用品,如健身器械、名牌手表、名牌服装、名牌提包、乐器等被少部分家庭所拥有。黄金首饰进入普通家庭。

物质丰富的同时,精神文化、旅游娱乐消费迅速兴起。教育、文化、娱乐投资增加,教育支出逐年增长。集镇香椿树、顺玲两家歌厅生意红火。不少青年男女周末驱车到扬州观看3D大片。

境内有数十家棋牌室,以退休人员为主体队伍,以牌取乐,以牌会友。旅游形式丰富多样,有以老教师、老干部、老同学等民间团体组团游;有以机关、企事业单位年轻人为主体,建起驴友群,利用周末和节日组团游;以夫妻、邻居、同事、朋友等通过集散中心组团游。2010年以后,子女陪长辈、父母陪学子、举家自驾等形式增加明显。2016年,全镇近3000人次走出家门或跨出国门,领略历史人文和自然风光。全镇年人均消费16885元,占人均收入72.5%,其中住房消费占19.3%,食品消费占24.2%,教育消费占13.1%,文化娱乐消费占3.9%,交通消费占4.6%,其他消费7.4%。

第二节　习　俗

一、生产习俗

炸麻虫　元宵节夜晚,用芝麻秸秆和鞭炮扎成火把,在田埂、场头、屋角、河沟边烧炸,俗称"炸麻虫",祈祷庄稼不遭虫害。有童谣:"灯笼亮,火把红,正月十五炸麻虫,场头、田边都炸到,炸得害虫影无踪。"1956年后,农户于元宵节下午,在田头、菜园点燃草把,用烟熏杀蛾虫。炸麻虫习俗至今仍有部分农户沿袭。

育秧　旧社会农家泡稻种,要在稻缸里插杨柳枝,寓意稻芽像杨柳般发青。落谷时撒芽人要吃饭,寓意无瘪谷、收饱谷。秧田四周插杨柳枝,示意秧苗和杨柳一样旺盛。晒芽时燃香一炷于田头敬土神,保佑芽谷不撒于潮头、芽脚扎实不会跑掉,忌太阳晒芽。60年代后,破除封建习俗,讲究科学种田,育种育秧方式多样,有水育秧、旱育秧、塑盘育秧等。今育秧大多由育秧专业合作社负责。

车水　中华人民共和国成立前后,稻田灌水一般多用龙骨水车。水车按车轴长短,有5人轴、7人轴、8人轴、9人轴。水车由车轴、塔枕、捺担、车笼、车辐、吊车篙组成。车水时,打车水号子,号子多由一人领,众人和,以鼓舞精神。水源紧缺的地方,两家同在一个塘里车水,易产生抢水现象,双方组织人马,歇人不歇车,有些地方还因抢水发生械斗。70年代后,农村逐步使用抽水机抽水,用水车车水形式逐步淘汰。

栽秧　旧时,插第一块田秧的时候,妇女要到土地庙上烧一炷香,告诉土地神"开秧门"。插秧期间,忌说"蚂蟥叮人,烂手,麦桩戳脚"等不吉利语言。插秧的多为妇女,她们边插秧,边唱秧歌,俗称"打栽秧号子"。《拔根芦柴花》《撒趟子撩在外》等秧歌广为传唱。插秧结束这一天,上埂洗涤,洗掉插秧季的一套外衣,称之"了秧"。主家办了秧酒,还吃了秧面。进入21世纪,人工插秧逐年减少,逐步被插秧机、"水直播"代替。

脱粒　旧时稻谷脱粒方式多为掼稻把。掼把前家主在门外烧香一炷,预祝今日好收成,掼第一捆稻把时说"掼一掼,打万石"的吉利话。收麦子一般是把麦把子平铺在场上用牛(人)拉石磙碾压,再人工用连枷打。60年代末,用机械带动滚筒(梳子)脱粒稻谷。70年代,使用麦子脱粒机(老虎机)。进入21世纪,稻、麦人力收割渐少,基本为收割机操作,收割、脱粒一次性完成。

养猪　至20世纪末,养猪是境内农民的主要副业项目,也是农民种田的肥料来源,有"养猪不赚钱,回头看看田"之说。饲养方式多为圈养,有旱圈,也有水冲圈。大多数农户在集市上买小苗猪饲养,少数农户养母猪繁殖仔猪。境内也有一两户养种猪(公猪),当地农户称"牵脚猪的"。养母猪户需配种的,"牵脚猪的"把种猪赶至交配。杀年猪去猪毛时,留猪脊背处一撮毛(猪鬃),在堂前烧一炷香,谐音"敬祖(猪)宗(鬃)"。春节猪圈墙上贴"血财兴旺"的对子和猪神画,意表吉利。进入21世纪,居民散户养猪量减少,养猪大户、公司化养猪兴起。

养牛　旧时农历四月初八为浴牛节,农家让牛休耕一天,在塘边或河边用毛刷擦洗沐浴牛身。集市卖牛者给牛角扎红布,称"挂红",买牛到家,要解下"挂红",点起香烛,求神保佑耕牛体力强壮。春节在牛栏门上贴"牛马平安"的对子和牛栏神画。90年代起,随着农业机械化的普及,境内耕牛数逐年减少,至2016年不足10头。

养家禽　境内家禽主要为鸡、鹅、鸭。鹅、鸭多为群放,农户在塘边、河边圈栅栏,买300~400只苗鹅、苗鸭放养,成熟出售。境内永和村、爱国村、东兴村有农户放养老鹅、老鸭,下种蛋,供应给炕坊孵苗鹅、苗鸭。少数农户住处有水源的,也散养几只鸭下蛋,自家享用,多余出售。农户几乎家家都在屋内或屋外砌个鸡窝养鸡,有自家母鸡自孵苗鸡,也有在炕坊购买苗鸡,成熟后部分自家宰杀,部分上街出售,部分留着下蛋。母鸡打鸣视为不吉利,这样的母鸡不卖便宰。21世纪,境内大多居民户不再养鸡,炕坊随之减少。

建房　瓦匠为房主建房,挖基脚和铺石枕时,摆放"太平"铜钱和安豆(豌豆),寓意房子建成后人口平安。建房上梁和做屋脊"闭龙口"时说好(喜话),主家给工匠们喜封子(俗称"喜钱")。新建房屋的檐口高度和房梁长度都要带"六",以示六六大顺之意。

打家具　木工替主家打四仙桌、八仙桌时,桌面板数不成双。因当地有"成双没饭吃,成单有饭吃"之风俗。打床时,尺寸要带"半",寓意夫妻陪伴白头到老。

打草鞋　70年代前,农民做农活时多穿草鞋。农闲,农村妇女打草鞋卖钱,弥补零用钱。80年代后,人们穿戴开始讲究,穿草鞋渐无。

二、生活习俗

饮食　境内居民饮食以稻米为主,兼食麦面、山芋、豆类等杂粮。中华人民共和国成立前,农民生活清苦,农忙季节两干一稀,富裕农户外加"早茶""晚茶",一天5顿。早、晚茶一般以大麦焦面和碎米"疙瘩"为主。农闲时三顿粥,甚至一日两餐。菜肴包括:素菜以青菜、萝卜、豇豆、韭菜、青蒜、菠菜等为主,荤菜以鸡、鸭、鱼、肉为主。平时,多食自家种的蔬菜,只有过节或来客时才杀鸡、买肉。副食品一般人家吃得少,有钱人家吃的是京果、桃酥、麻花、糍粑、金刚脐、京果粉、蛤蟆酥、脆壳子等。农户有腌制冬菜的习惯,腌制大菜、雪里蕻、萝卜干等。富裕人家腌肉、鱼、鸡、鹅等,一般农家腌少量猪头或猪蹄,作为春节菜肴。

中华人民共和国成立后,人民生活逐步改善,除三年困难时期外,正常生活一日三餐均以大米为主,杂粮逐步减少。进入80年代,农民和集镇居民饮食差别减少,由吃饱转向吃好。早餐由单纯吃粥转向烧饼、油条、包子、面条等多形式早点,晚餐逐步改为吃干饭,中晚菜肴多为两菜一汤以上,且荤素搭配。做菜讲究烹饪方法和口味,逢年过节菜肴更为丰盛。21世纪,婚丧喜庆,有部分居民到市区星级宾馆或集镇酒店办酒席,也有在自家门口搭席棚操办,菜肴丰富,荤菜除传统的鸡、鸭、鱼、肉外,增加牛羊肉、海产品等,品种齐全。蔬菜除本地品种外,外来品种如菌菇、兰花菜等逐年增加,冬季也能吃上新鲜的黄瓜、西红柿等反季节蔬菜。居民生活从小康型转向富裕型,吃肉求瘦,食鱼求鲜,禽蛋禽肉为家常菜肴,讲究营养、健康。牛奶、苹果、香蕉、梨子替代京果、桃酥等传统副食,柚子、芒果、猕猴桃、红提、荔枝等水果也进入百姓家庭,各式果汁饮料成为日常生活饮品。酒水消费档次越来越高。

服饰　清末民初,春季着装,上装男穿对襟短衣,女穿有袕头(纽扣在右侧的衣服)短衣,下服男女均穿大腰长裤,也有外加夹套裤的。夏、秋季,男穿短裤,打赤膊,女穿长裤,上身穿有袕头的粗夏布或青蓝色布褂。有钱的富户士商穿印度绸、香油(镶云)纱、杭罗、老纺、小纺等褂裤。男穿杭罗大褂(长衫)。冬季,男穿棉袄头,有的加罩衫,富裕户棉袄外面加袍子和袍罩子。布料为线春、毛格、毕叽等粗布、蓝布。富户有皮袍子或长衫外罩黑马褂,腰间系蓝绸腰带。女穿大棉袄,外有罩褂,袕头领用洋缎条绳边两三道,布纽扣,腰束缀红绿须围裙,下身在衬裤外加套裤,用黑带扎脚。民国年间,服装式样无大的变化,夏天出现细纱汗衫,冬天出现棉织卫生衣裤,一般富裕人家才有能力购买,也有少数妇女穿旗袍。中华人民共和国成立后,服装式样变化较大,男性春、秋季穿人民装、列宁装、中山装、青年装、衬衣两用衫;夏穿香港衫、圆领衫;冬季棉衣有中装棉袄、军装式大衣、派克大衣。女性春秋季穿春秋衫、列宁装、中装衬衫;夏天穿长短袖衬衫、圆领衫、短袖中装;冬季穿短大衣、派克长大衣、列宁式短大衣、中装对襟棉袄。男女服装面料为咔叽、华达呢、学生蓝、工农蓝、花缚绸、直贡呢、线呢、黑白洋布、灯芯绒等。“文化大革命”期间,兴穿军装。70年代后期,涤纶、化纤布、混纺布增多,价格便宜,逐步取代纯棉布。80年代,色调鲜艳的时装逐渐流行,集镇和乡村衣着几无差别,服装四季不同,品种多,层次多,款式新颖别致,尤其以青少年、女士服装款式出新快,变化多。夹克衫、运动衫、滑雪衫、风衣、西装、呢子中装、呢大衣、喇叭裤、踩脚裤、萝卜裤,以及连衣裙、百褶裙、长筒裙、真丝裙等竞相出现,牛仔服在年轻人中开始流行。90年代,开始出现多款式短袖长袖T恤衫、羽绒服、真皮夹克、真皮风衣、牛绒衫、羊绒衫、休闲装、西装比较盛行。进入21世纪,男女服饰趋向时装化、高档化。夏季以轻薄、凉爽、舒适时尚型为主,冬季以保暖、轻质、时装化为主。佩戴耳环、戒指、项链、手镯等首饰成为大众化现象,少数男士也戴戒指、项链。

冠仪　清末,境内一般民商戴黑色缎子西瓜片帽子,顶端缀黑顶子,童帽顶端缀红顶子,冬天戴马虎帽子,只露出眼睛鼻子。婴儿戴狗头帽子。妇女头扎绣狗牙边,四角缀红丝线须子的青布首巾。民国年间,冠仪增添品种,男戴线制压发帽,富有者戴礼帽。夏天戴麦秸草帽,农民戴斗篷(竹篾编),妇女冬天增戴绒线织的芝麻花式外缀一朵菊花线帽。男女配饰:士商胸挂怀表,女戴金银珠宝、耳环、戒指、手镯、项圈,男孩戴风帽、狗头帽,小姑娘和少女发鬏上插银针、耳扒(女子耳朵饰品),中年妇女鬏插银簪、银钗子,老年妇女发鬏插禅杖。中华人民共和国成立后,男女兴戴解放帽、工人帽,夏季戴布制斗篷式凉帽。“文化大革命”期间兴戴军帽。冬天老龄妇女沿用绒线帽、纺巾,青年妇女戴掩耳状线帽,小孩戴有披风猫头式帽。70年代兴戴风雪帽、太阳帽、旅游帽等。80年代男士有戴呢制鸭嘴帽,冬天戴绒线制作的防寒帽,部分人时兴戴礼帽。进入21世纪,女士以绒线帽、纱巾居多。

步履　民国期间,境内男女老少大都穿家庭自制的圆口布鞋,有的穿尖口布鞋,富裕户穿皮底缎、呢鞋,妇女穿绣花鞋。孩童穿“猫头鞋”,雨天穿自制的桐油钉鞋和木屐。农民劳动穿草鞋,冬季穿蒲鞋,平时冬天穿元宝式的棉鞋,也有穿两节头对梁子棉鞋。青年男女夏天早晚穿牛皮底(也有布底)布拖鞋。中华人民共和国成立后,增穿球鞋、力士鞋、解放鞋、旅游鞋。夏天穿凉鞋。雨天穿胶鞋。也有时兴深口、浅口的皮鞋,青年妇女穿高跟皮鞋。90年代后,大部分家庭不再自制布鞋。皮鞋、休闲鞋、冬天保暖工艺鞋为主流,女士以穿高跟鞋和马靴为时尚。室内,夏天穿塑料底拖鞋,秋冬天穿泡沫底、塑料底绒面拖鞋。护莲(小脚)袜子自古都是自制的布袜。当出现纱织洋袜时,进口的纱袜逐步淘汰布袜。60年代,时兴呢绒和混纺短袜、丝袜、长筒女袜。21世纪,男士以棉袜为主。女士夏天穿长短丝袜、连裤袜,秋冬以加厚棉袜、加厚保暖连裤袜、脚套为主。

发型　清代,男子后脑留发梳辫子拖在背后,辫子长者拖至臀下。妇女长发盘鬏插簪钗、银针。辛亥革命后,逐步剪辫,兴理发。青年男子留"分头",中老年"平顶"、光头(和尚头),少女少妇短发齐耳或编双、单辫,中老年妇女仍盘鬏。婴儿满月剃胎发,男娃往往头顶留"桃子"。"文化大革命"后,男女时兴剪短发。80年代初,城镇时兴烫发,很快波及农村,流行至今。21世纪,时尚青年男女也有染黄、红等发色的。一些中老年男女头发渐白时,用焗油染黑。

三、岁时习俗

春节　农历正月初一,俗称过年,是中华民族最悠久、最隆重的传统节日。相传远古时代有一种叫"年"的独角怪兽,新岁之交(除夕到初一夜)总要来到人间吃人畜,人们都很害怕,想尽办法躲过这一天。因此,把安全度过除夕之夜叫作"过年"。后来,人们发现"年"最怕红色和响亮的声音,便于除夕晚上在门上贴上红纸,夜间燃放鞭炮。初一清早,人们见面,平安度过年关,便互相庆贺,互道"恭喜"。过年时家家户户门上贴红纸对联,或挂灯笼放鞭炮。

旧时,除夕夜12时一过,就由男子在火盆里接火,明烛,放鞭炮,开大门(开财门)。接着,将汤圆和清茶端至客厅菩萨前,明烛点香,先敬天地,再敬神灵。室内仪式结束,再提着灯笼,带着香烛、元宝、圆子赶往土地庙,向土地公公、土地娘娘烧烛、点香、叩拜。求子心切的人家,有争烧头香之俗。

大年初一的早餐,一般都是吃汤圆,寓意合家团圆。早餐过后,中青年人携孩童出门向长辈和庄邻拜年。人们见面,互道"恭喜",同时家中备好香烟、糖果、花生、瓜子、水果、糕点、枣子等,由老人在家接待前来拜年的客人。大年初一一般不做新饭新菜,吃除夕晚上做好的饭菜,叫"隔年陈",寓意吃余陈粮之意。

春节期间,忌说"死""坏了""不好""倒霉"等不吉利的话,要说吉利话。初一这天不扫地,有"聚宝"之意。也不洗衣服,不用剪刀。组织舞龙、荡湖船、挑花担、踩高跷、敲锣鼓等文体活动。有民间艺人(六人一组)上门"玩麒麟",边唱"麒麟调"(唱词为恭维话)边争喜钱。一般初二开始,带着礼物给长辈拜年,习惯上初二拜舅舅年,初三拜岳父母、姑父母年……依次进行,一般初五拜完。中华人民共和国成立后,机关团体也举行"团拜"慰问。烧香拜神等风俗逐步淡化。进入21世纪,贺年卡、电话、短信、微信等新拜年方式兴起。

灯节　正月十三日到正月十八日为灯节期。境内也有少数人家以十五日至二十日为灯期的。旧时人们在土地庙前竖立旗杆,为土地神挂灯。民家每晚室内张灯结彩,室外孩童玩灯。

灯为纸糊的,里面点蜡烛,有红灯笼、兔子灯、龙灯、蛤蟆灯、花篮灯等,种类繁多。灯节期间,凡出嫁姑娘的父母都要买"麒麟送子灯"赠送,叫"上灯"。现代灯饰多为塑料电子产品,增加了色彩和音乐。传统工艺的手工纸扎的灯饰渐少。上灯这天晚上吃圆子,落灯这天早上吃面条,所谓"上灯圆子落灯面",一直延续至今。

元宵节　农历正月十五俗称元宵节,又叫"上元节"。境内农民称为"小年",家家户户举办筵席庆贺。"小年"早上敬天、敬地、敬神,吃汤圆等形式与大年初一一样。旧时,民间玩龙、玩麒麟、划湖船、舞狮、杂耍等爱好者,自发聚集杨兽医坝、方家集、曹安寺等地表演,许多百姓赶来观看,场面热闹。农家有元宵节下午"炸蚂虫"之俗,预示虫害消除,五谷丰登,此俗境内还有流传。旧时正月十五日这天有请"坑三姑娘"(茅厕之神)的迷信活动。此事都由未婚姑娘举行,问卜一年中自己的运气、庄稼收成、家人是否得子等。请"坑三姑娘"之俗,中华人民共和国成立后被破除。

二月二　农历二月初二,传说是土地老爷的生日。旧时民间对它较为重视。土地庙如有破损,乡民组织筹资修建。求子心切的人,二月初一晚,就带香烛、俎豆、三牲(猪头、公鸡、鲤鱼)以及给土地公公、土地娘娘的披风,到土地庙给土地爷暖寿,以求神灵保佑得子。求神后得子的也在这天用竹篙抬来数十只灯笼参与暖寿。初二日也有乡民备置祭品,带上香烛,到土地庙祭祀土地神。时有许多生子户到土地庙前"还灯"。中华人民共和国成立后,这一习俗逐渐消失。境内有"二月二家家接女儿""二月二,龙抬头,接活猴(外孙)"的谚语,指出嫁的姑娘带孩子回娘家小住,因春耕后很少有时间再回。中华人民共和国成立后此俗渐淡,但女儿回娘家看望父母、吃饭习俗依然存在。

花朝　传说二月十二为百花生日,民间用红布条系于花枝上,或系于木棒插在花盆里,表示祝贺百花盛开,祈求花木茂盛。中华人民共和国成立后此俗渐淡。

清明节　清明这一天,民间各家各户在吃中饭前都要祭拜祖先,午饭前后赴各自祖坟,为先人修坟、换坟帽、附帽缨纸,跪拜、烧纸,以示纪念。中华人民共和国成立后,祭扫祖先的习俗犹存,清明节被列为法定假日。机关、学校、单位组织青少年到烈士陵园祭扫革命烈士墓。杨寿烈士陵园于1989年建成。墓碑刻着杨寿籍和在杨寿境内牺牲的烈士姓名。1998年3月,占地60亩的公益性公墓在墩留村建成。清明节前后扫墓者络绎不绝,既有磕头、烧纸的传统,也有人带着鲜花或塑料干花祭拜先人,寄托哀思。

端午节　农历五月初五,又名"五月节",境内人们采集艾、菖蒲,捆在一起,悬于屋檐或门头,也有放在供桌上,以避邪恶。节前,家家户户都裹好粽子,端午节早上家家都吃粽子和咸鸭蛋。中餐比较丰盛,讲究的人家还有食"十二红"之说(烧肉、烧鱼、咸鸭蛋、红烧鸡、西红柿、炒苋菜、喝雄黄酒等)。小孩、妇女手脚上扣"百索子",其意为避免邪毒保平安,一直戴到六月初六。家家户户也习惯挂上"老虎""八卦"辟邪,有些家庭还做一些"老虎""八卦"的饰品,挂在孩儿胸前。端午节正午时(中午十二时)人畜不出门,要"躲午",据说躲过午时的强烈阳光,即不生疮、不害疖子。这些习俗现在大都依然存在。

六月六　农历六月初六,古称"天贶节",又称"晒书节"。有"六月六,百索子撩上屋,家家晒红绿,猫狗河中浴"之说。另外有少妇、少女摘取红色的凤仙花瓣,将其捣烂,包在双手指甲上(食指除外),将其染红的习俗。此习俗均已渐淡。

　　七夕　农历七月初七,亦称"乞巧节",源自牛郎织女每年七月初七鹊桥相会的传说。民间有妇女看巧云、陈瓜果引线穿针、向织女求艺的习俗。中华人民共和国成立后,此习俗不复存在。90年代后期,开始演变成中国的情人节,商家借此促销商品。

　　中元节　也称盂兰节、鬼节,俗称"七月半"。境内民间为祭祖日。中午,家家户户比平时提前烧几个菜,先磕头跪拜祭祀祖先,边烧钱化纸,边叫祖宗拿钱。民间有"早清明,晚大冬,七月半祖宗等不到中"之说。祭祖仪式后,家庭成员才可以吃饭。晚上"斋孤",即在河塘边、岔路口焚化纸钱,意接济没有后代的孤魂野鬼,并放荷花灯超度河中淹死的鬼魂,保佑全家平安。此习沿袭至今。

　　中秋节　农历八月十五日,又名"八月节""团圆节"。境内民间一直有中秋节做烧饼之俗,多以芝麻糖为馅。中晚餐都备较为丰盛的团圆饭菜。晚饭后,月亮初上,开始敬月。庭院里的桌子上,摆上月饼、烧饼、菱角、有枝芽的藕、芋头、石榴、莲蓬、豆角等供品,净面点烛烧香,向圆月叩拜。有"在家不敬月,出门遭雨雪"之说。敬月后,全家团聚共尝供品。21世纪,吃月饼、做烧饼、合家团聚习俗犹存,敬月习俗渐淡。

　　重阳节　农历九月初九,旧时有登高插茱萸、吃花糕的风俗。这天,有作坊老板、种田地主备丰盛酒席请雇工,吃重阳酒,意让雇工有"吃过重阳酒,日夜不停手"的思想准备。中华人民共和国成立后,此习俗渐无。1989年,国家把重阳节定为老人节,开展多种尊老敬老活动。组织慰问老干部、老教师、老军人、老职工等,子女安排时间陪父母吃饭、购物。杨寿"大胡子足艺馆"从2008年开始,老板田明福每年在这天(方集村人)都组织员工,免费为镇敬老院老人修脚、按摩,镇妇联、团委、幼儿园、学校等单位也在这天(或提前一天)到敬老院慰问,全社会逐步形成敬老风气。

　　冬至　俗称"大冬",又称"过小年"。民间有"大冬大似年,家家吃汤圆"之说,农户当年建造新房须在冬至前进宅。冬至中午家家都要祭祀祖先,烧钱化纸。这天为无忌日,可以迁坟、脱孝、动土等,曾有"太岁让道,一切无忌"的说法。有的人家还有煮食秋天留下的番瓜(南瓜)之俗,认为吃番瓜可以治头疼病。有"吃了冬至面,一天长一线"和"过了冬,长一葱"之说。过了冬至,气温进入一年中最寒冷的阶段,俗称"交冬数九"。

　　腊八节　农历腊月初八,又为"佛成道节",古称"腊日"。境内民间大多人家煮腊八粥,配料多为大米、黄豆、赤豆、花生米、胡萝卜、莲子、红枣、桂圆等加糖煮成的甜"腊八粥"。此俗至今仍存。

　　送灶　农历腊月二十三或二十四日,是民间送灶的节日。各家各户都煮糯米饭,饭前,先盛一碗馒形糯米饭,称"灶饭",四周安上红枣、白果、莲子、花生、栗子,以示五谷丰登。灶饭顶端插上红绢花,供放在厨房灶柜前,焚香点烛,行跪拜礼,祈祷灶王爷"上天言好事"。送走灶王爷后,农家进行全面大扫除,俗称"掸尘"。用竹枝掸掉屋顶和墙面上的灰尘,同时洗擦家具物件,打扫地面,环境焕然一新,准备迎接新年的到来。农家人的口头语"家无主,扫帚舞""有钱没钱,清清爽爽过年"。农历三十晚上再次在灶台上焚香点烛,接回灶王爷,"下界保平安"。

　　谢神　谢神又叫敬神,就是到土地庙前谢土神,感谢土地公公恩赐一年的风调雨顺、五谷丰登,然后在家里谢灶神、户神、牛神、猪神、财神、仓神和天上下界的诸神,求其消灾降福。谢神供品有猪头、鲤鱼、公鸡、果品、糕点,70年代后,多为猪头或猪蹄。谢神时要焚香点烛,磕头跪拜,燃放鞭炮。谢神的时间不求一致,境内有的人家除夕前一天谢神。因忙于生计或等外地亲人,大多农户除夕当日早上谢神。一旦谢过神,就开始焊猪头、焊咸肉,一家人吃"刹馋肉"(过去生活条件差,平时很少吃肉,一般农户在谢神之后可以让家人把肉吃个够)。21世纪,生活条件提高了,每家谢神后不仅是大吃咸肉,还会备其他丰盛的菜肴,还有许多人考虑到健康因素,只少量吃点咸肉。

除夕　除夕,俗称"大年三十"(月小,腊月二十九),是全年的最后一天,家家户户全都忙于年事。年事活动也较为丰富。主要有:

"敬祖宗",也叫"辞年"。中午供四样菜,献6杯酒、6碗饭、点烛、焚香、磕头、烧纸,传说让老祖宗也像人间一样有钱过年。敬过祖宗家人吃午饭。

贴门神和对联。民国前,境内过年在大门上贴"神荼""郁磊""尉迟公""关公""岳飞"居多,后门上贴"钟馗"。其他门上及门框上贴红纸(居丧户用黄纸)写的对子。大床、锅灶、猪圈、牛栏、鸡舍、稻仓、水缸、茅厕等也要贴上各种"神头",门头上一般贴"姜太公在此百无禁忌"和"挂络"(由红纸切成的长方形,用戳刀戳出镂空的吉祥文字和龙、凤、麒麟、鱼、花、灯笼等吉祥图案)。"文化大革命"期间,不贴门神,只在门上贴对联。进入21世纪,房屋结构变化,门的款式更新,大门有铜门、铝合金门、玻璃门等,室内套装门、玻璃移门等,不适合贴对联,一般只贴个"福"字。

吃团圆饭。三十晚上的晚饭称"年夜饭""团圆饭"。在外工作、行商的人会尽量在晚饭前赶到家,即使因故无法到家,家人也会为他设杯、碗、筷一套餐具,以代表亲临团聚。三十晚上的饭煮得特别多,标准按家里有一个人淘一升米,外加天一升、地一升、猫一升、狗一升,以便新年中吃"隔年陈"。菜也是全年最为丰盛的一餐,菜肴满桌,除腌制的咸肉、咸鱼、咸鸡、咸鹅外,有几样含吉祥寓意的菜家家必备,如炒安(豌)豆苗(寓意平平安安)、炒水芹菜(寓意勤快、路路通)、烧鲢鱼(初五以后才可以吃,象征"年年有余")、烧杂烩(又称"全家福",寓意"全家幸福")。三十晚上吃团圆饭较迟,时间也长,故又称吃"守岁酒"。餐毕,长辈给晚辈发压岁钱,俗有"夫妻喜饮团圆酒,儿女欢争压岁钱"之说。接着是"封财门"。旧时,诸事做完,烧一火盆木炭火称"元宝火",为家人守岁烘火和新年初一日接火用。睡觉前告诉小孩初一早上不许说不吉利的话。

进入21世纪,电视、手机普及。三十晚上晚饭吃得早,吃完晚饭,全家都在电视机前收看央视春节联欢晚会。长辈给晚辈发压岁钱。同时通过手机互拜早年。零点一过,即燃放鞭炮、烟花,"开财门"迎接新年。

外来节日　1978年改革开放以后,国外的一些"洋节"逐步进入杨寿境内,2月14日情人节,时尚青年带爱人或男女朋友外出吃饭、看电影或购置纪念品。12月25日圣诞节,基督教信徒齐聚方集教堂庆祝。商家在店内往往装饰圣诞树等,营造购物氛围,促销商品。

四、嫁娶习俗

订婚　又称"定亲""下定""下茶"或"小定"。媒人将写有女方生辰八字的"年庚帖"(草纸帖)送往男方,男方将其压在神柜的香炉脚下,三天内平安无事,送给阴阳先生或算命先生

"合婚"。合婚非常讲究属相的"相冲相合",如"上婚""中婚"就"相亲",女方亲属去男方家察看,或暗地打听男方情况。如是"下婚"或男女八字"相冲",则退回年庚帖。合婚无冲无碍,媒人先到女家商议聘礼方案,再把方案带到男家落实,经过争多论少定下来告诉女家。聘礼包括财礼(现金)和物品。"小定"的财礼并不考究,数额不大,礼金不管多少都得带"六"字,以示吉利。物有烟、酒、茶、万年青(表示男女双方万古长青)、艾(表示彼此相爱)、花、鱼、肉、布(女方衣料)、首饰。聘礼落实后,按议定日期举行订婚仪式。订婚这天请先生填"红帖","红帖"相当于后来的结婚证书。上端写男郎的出生年月、时辰属相,下端由女家填姑娘的生辰年月。"红帖"填好后,连同礼金、首饰一并放进拜盒锁上,放鞭炮后,由媒人带领挑盒担的人送到女家,去女家的人数要成双,盒担到女家登堂,由姑娘舅父开盒,清点礼物。开盒后,女家先生填"红帖"。晚饭后,放鞭炮,表明让人知道姑娘已受聘,订婚完毕。订婚之俗80年代开始渐淡,21世纪很少见。

结婚　选择日期。男方一般请算命先生选个黄道吉日,不选农历五月(人称五月为"毒月"),不选闰月,不选十四(谐音"失事")这个日子。经济不富裕的人家把喜事安排在腊月,特别是腊月二十四(俗称老年庚),据说这天百无禁忌。日子定下后就过大礼,也叫下"大茶"。过大礼前,由媒人先到女家通知"选择日期",同时商议"大茶"的聘礼。聘礼有衣料、首饰(一般金簪、耳环、手镯等)、礼金,还有酒席钱、针线钱等。议好后,确定日期,由媒人领着挑盒担(叫通信盒子)的人,将聘礼送到新娘家,放个鞭炮算是过大礼。过"大礼"一般要在婚礼数月前进行。期间男方需送媒人两包茶叶、二斤肉或红包为"谢媒"(对媒人的答谢)。男家洞房准备:房间刷白出新;家具配套,无论新旧,需要油漆见新;床上用品配齐,新郎里外衣服全新。女家陪嫁准备:姑娘出嫁要请裁缝做嫁衣,一般要由里到外全新。姑娘除参与做嫁衣,还要做多双鞋子,鞋子做的多少,是显示姑娘针线活技艺的标志。出嫁前要请个"全福"(夫妇双全,儿孙满堂)的人来,把嫁妆整理填单。请两个福太太用红纸做个纸捻子沾香油,点燃,在嫁妆上照一照,驱邪。结婚前一天,媒人带着新郎及男方亲戚朋友等人(人数成双),挑上猪头、鲤鱼、烟酒、面条、鞭炮、糖果、糕、茶叶、两束万年青、两束吉祥草、回门用喜酒等,到女家发铺盖(嫁妆),所送东西都得成双。进到女家门,先吃三道茶,即甜茶、清茶、点心。然后发铺盖,嫁妆多少应家庭经济状况而定。有几件是必备的,直至21世纪依然基本沿袭。一是脚盆,用紫铜箍的马桶,又叫"子孙桶"。子孙桶内装有红鸡蛋(叫作"子孙蛋")、红枣、染成红色的白果、莲子、花生,统称"五子",象征"五子登科";两扎红筷子(寓意早生贵子)。另有面盆、梳妆盒、一对箱子(装满衣服和鞋子,含公公婆婆的"老口鞋",未来孩子的"小口鞋",小叔小姑的礼物)、一对富贵碗、一对漱嘴缸、一对煤油灯、被褥、枕头、马桶等。脚盆、马桶都得由未婚小伙挑,意味着媳妇娶回就能生个胖小子。嫁妆发到男家,放鞭炮迎接,搀亲太太打开箱子,一边清点陪嫁品,一边向观众炫耀,渲染喜庆氛围。随着时代发展,陪嫁品和发铺盖方法发生变化:马桶改成痰盂,过去重在衣服鞋袜,80年代后,陪嫁缝纫机、自行车、洗衣机、电视机、摩托车等,进入21世纪有许多女家陪嫁汽车,有的甚至陪嫁住房。不少人家男女双方合作办事,结婚用品早已放进婚房,无须发嫁妆。结婚前一天下午,在新房门头上悬挂麒麟送子的匾。嫁妆发回来,整理好女方的陪嫁品,在房门上、窗子上、新房大小物件上贴上红"双喜"字。晚上,男方的亲戚朋友都来吃暖房酒。暖房酒后,把迎亲的花轿抬进客厅敬轿神。夜间,找个童男子陪新郎睡新床,叫作"压床",以发吉兆早生贵子。进入21世纪,接亲都用花车,且数辆成队,很有气场,少数个性新郎新娘用花轿接亲。贴"喜"字、压床习俗依旧。迎亲,又叫接亲。旧时结婚正日这天,新娘必须在夜里12点之前到家进房,男家按照路途决定喜轿出发时间。陪喜轿到女家的,有媒人、吹鼓手、放火药的(放鞭炮的)、扛高灯火把的、抬轿的,去时人数单,回来连新娘人数成双。新娘一般要饿轿三天,防止途中如厕。喜轿到女家,吃过三道茶后,就放鞭催梳妆。新娘好梳妆,由舅舅或兄弟抱上轿,轿子抬起在门口转三圈,女家在轿子上泼水,表示"嫁出去的姑娘,泼出去的水",示意新娘不要想娘家。轿子到男家时以鞭炮相迎,新娘下轿,脚不踩地,由两个"全福"搀新太太下轿沿着铺的席子(地毯)进新房。21世纪抱轿、搀亲习俗依旧,新娘梳妆、穿婚纱有影楼专业人员服务。拜堂送房。在堂屋里,新郎站左,新娘站右,由司仪或家族长者主持,"一拜天地""二拜祖宗""三拜父母""夫妻对拜"。拜完堂,仍由搀亲太太搀扶新郎新娘进房,再由两个"全福"男人送房。一人手捧着"五子"盘,一人提着灯笼,随后说"好"(喜话),在场人也齐声应"好!",婆太太将子孙桶内的东西拿出,用围裙兜着放进房间,叫作"兜子"。一对新人进新房坐在床边(男左女右),叫"坐富贵"。搀亲(新)太太要让新郎靠近新娘,压着新娘衣角坐,以表示一辈子压着新娘。新郎新娘吃点东西,待闹新房的人走散,搀新太太分别向新郎、新娘耳语一些性生活知识,便退出新房,放鞭炮,关房门。临睡觉前,新郎将脱下的鞋子放在新娘鞋子上,表示一辈子镇住老婆。新娘在新婚的一个月内,被视为"红人",不能随便到别人家走动,满月后才无忌。结婚两天后(90年代始也有当天)新郎新娘要到女方家去拜会新娘的亲人,称"回门"。新婚夫妇由媒人陪同,到女家向长辈兄嫂请安,诸长辈给新郎见面礼。当天不在女家留宿,在太阳落山前回到家(传说带黑到家对公婆眼睛不利)。回门一般三次,两天一次,第一次隆重,女家办回门宴,诸亲朋参加,第二、三次简单。结婚这天,新娘的娘家有几代人到新郎家"点召"(亲朋愿意与新娘家认走亲戚会面),既来男家吃酒又与男家人会亲(见面、相识),今后作为新的亲戚互相来往。

中华人民共和国成立后,结婚的男女双方,按照婚姻法登记、领证、结婚。发铺盖(拿房)、暖房、接亲、吃茶、办喜酒、会亲习俗依旧。80年代后,订婚、过大茶也逐步废止。接亲方式有所改变,不再用轿子,用过拖拉机、大卡车,90年代启用小轿车。进入21世纪,大多数青年男女办婚事请婚庆公司,自主选择中式、西式的婚礼仪式,都有司仪、音响、表演、摄像、鲜花等。随着生活水平的提高,有些旧俗时有恢复。

续弦 男子丧偶以后,再次娶妻,谓之"续弦",俗称"补房"。续弦配偶,有丧偶或离异的妇女,也有未婚的姑娘。结婚时除对姑娘按照初婚办理,车轿迎娶,一般多是步行到男家,简办婚事。婚姻法实施后,进行登记、领证方为合法。

纳妾 是封建社会的一种婚姻形式,俗称"娶小老婆"。纳妾一般都是家大业大、有钱有势的人才能为之,但是也有经济富裕户,虽已娶妻,因妻没有生育,或只生女孩不生男孩,为传宗接代而纳妾。婚姻法实施后,禁止纳妾。

圆房 中华人民共和国成立前,少数十岁左右的小女孩虽经媒人介绍,却年小未婚,接到男家,叫作"童养媳",又叫"小媳妇",到男家干家务农活,不少被当着奴仆使唤,童养媳到及笄之年(15岁)以后,便选择良辰吉日与其夫结婚,办喜宴,请亲朋参加,这叫"圆房"。婚姻法实施后,童养媳之俗废止。

入赘 俗称"招女婿"。一般女方父母有女无子,招个女婿传宗接代,延续香火。也有女方子幼女大,招个女婿回来做家庭劳力,兼助抚养幼子。招女婿的婚前过程,基本与嫁娶相同。结婚不坐轿,由媒人和一个男子陪同送往女家,女家迎亲办酒。将来子女随女方姓。有些上门女婿到女家,按女方排行重新取名,也有保持原来姓名。

招夫养子　丧偶的妇女,因子女年幼需要抚养,或公婆年老需要照顾,不能离家而走,或家有房屋财产舍不得抛弃,便要求想与其结合的男方上自家门成婚,这种形式谓之"招夫养子"。新婚后所生子女,一般随原夫家姓。

改嫁　女子丧偶后,称为"寡妇",寡妇再嫁叫"改嫁"。封建婚姻制度提倡"女子从一而终",丈夫去世后,妻子改嫁被视为不忠于丈夫的行为,也会遭到公婆、亲友及社会的歧视。旧社会寡妇改嫁比例很小。有的哥哥去世,嫂子改嫁给小叔子的情况也时有所见,有"叔配嫂,不用挑"之说。中华人民共和国成立后,寡妇的婚姻自主自由,实施婚姻法后,领结婚证视为合法。

冲喜　旧社会男女双方婚约已定,其间未婚夫或未婚夫父母患疾,未婚妻暂时归夫家,象征性地举行婚礼,用办喜酒的方式来破除不祥。中华人民共和国成立后渐淡。

换亲　即双方父母皆有子有女,且男女年龄大致相当,因经济贫困娶不起媳妇,或因男子外观、能力不佳娶不到,经媒人撮合,将姑娘互嫁给对方儿子为妻。中华人民共和国成立后换亲不多,90年代后已无。

抢亲　即男方组织人员去女方强行抢夺女人。有几种原因:一种是男女双方定亲后,男方家庭困难,无钱支付彩礼和喜酒而抢;二种是觉察女方有悔婚之意而抢;三是鳏夫看上某寡妇而抢。女方被抢回来送进早已居房中的男方那里,关上房门,鸣放鞭炮,便算成亲。中华人民共和国成立后废止。

离婚　又称"离异"。旧社会没有离婚说法,但有离异之实。少数已婚男子有外遇,弃旧;少数已婚女子与其他男子偷情私奔;商贾富豪挑剔妻子缺点而休妻。中华人民共和国成立后,提倡婚姻自由,不少对父母包办的婚姻不满或夫妻关系恶化,经民政部门或法院判决办理离婚手续,恢复单身。

五、生育习俗

催生　孕妇临产前,娘家为女儿即将新生的婴儿做好衣服、抱被、披风、尿布,配齐摇篮、小蚊帐、小枕头以及红糖、生姜、艾叶、草纸、馓子(也有油条),送到男家,男家将馓子(油条)分送到各家各户,祝孕妇顺产快生。

生养　孕妇分娩后休养一个月,俗称"坐月子"。旧时医疗技术不发达,妇女生养除请接生婆,还请壮年妇女搂腰。生养后的产妇不能卧床、倚腰,坐在匾子上行污物。婴儿落地后放地上"去胎火"。产妇头扎青布首巾,防头痛病,吃生花汤促腹中内污下排。70年代后,孕妇达到预产期,为确保母子生命安全,都住进医院,视其孕妇身体、生理和胎儿状况,科学安排分娩形式、程序(顺产、引产、剖宫产)。

报喜　产妇生养第一胎不分男女,都要向岳父母家、亲戚报喜,向岳父母家送红鸡蛋(煮熟染红,数字成单)、蹄髈和糯米。亲戚陆续在月子里来送汤(营养补品)。21世纪向岳父母家报喜仍有,向亲戚报喜渐淡。

洗三　又称"三朝"。孩子出生第三天,请接生婆吃饭,用艾叶、葱白等煮沸水,待温给婴儿洗澡,谓之"洗三"。用红纸捻蘸香油点燃,照小孩脐带,看是否脱落。如果脐带处有水,用牛屎灰或鸭蛋粉吸湿消毒,再用青布旮旯蘸淘米水擦婴儿嘴,去毒辟邪,为婴儿开奶。80年代后,"洗三"都在医院里,由医生、护士按科学卫生的方法进行。

满月　婴儿出生一个月为"满月"。满月这天,办满月酒,宴请亲戚、朋友以示庆贺。给婴儿剃胎毛,又称"剃头毛"。剃下的头毛装入布囊,有的放在床顶,有的放在床下,也有人家将胎毛制成毛笔,以做纪念。

百露子　小孩出生一百天,叫"百露子"。过百露这天,办百露酒请亲朋一聚,有"生日年年有,百露一回头"之说。

抓周　小孩生下来整一年,俗称"抓周",摆设酒宴,请亲戚朋友做客。外公外婆要为小孩做抓周饼(糯米面饼),散发给亲朋和邻居。90年代后,生活水平提高,抓周操办越来越隆重。以精致礼盒包装的小生日蛋糕替代抓周饼作为伴手礼赠予亲朋。

六、寿诞习俗

境内大都以农历出生日为寿诞日,男孩到十岁生日时,外公外婆都要买衣料等礼物来庆贺,主家办酒招待。女孩旧社会出嫁早,十岁在娘家是一个大生日,家人办酒,亲朋好友庆贺。中华人民共和国成立后,法定婚龄提高,女孩二十岁生日,是在娘家最后一个大生日,父母都要为其办得隆重。男孩二十岁生日一般不办,因为不几年要结婚大操办。境内有"男不做三,女不做四"之说。女人三十岁生日一般是在婆家过,因为到婆家过第一个整生日,公公婆婆都会办几桌酒宴以示庆贺。男人三十岁生日几乎不办。男女四十岁生日,办酒庆贺非常少。1949年前后,人活的岁数不大,五十岁生日往往会热闹一下,设宴请客。90年代,很少有人大操大办五十岁生日,但子女会给父母买个生日蛋糕或礼物,家人庆贺。人逢六十、七十、八十、九十、百岁,这些大生日总要庆祝一番,叫作"祝寿"。境内有"做九"之俗,指妇女五十九、六十九、七十九、八十九、九十九岁生日,即按整十的生日庆祝。也有"男不做九,女不做十"之说。过生日的人,被称为"老寿星"。过生日前一天晚上,家人办晚餐为老寿星暖寿。女儿女婿还要"挑盒担"。盒担中有寿幛、斗香、寿烛、猪肉、鱼、寿面、元宵、寿桃、烟酒、衣服、鞋子、烟花鞭炮等。客厅还得布置寿堂,盒担中的礼物全部陈设在寿堂之上。生日这天大办酒宴,以示庆贺。过寿人如果是七十岁以上生日,主家对来客还要回赠寿碗、筷子、寿桃。21世纪,随着生活水平提高,寿桃改长寿方便面,回赠礼品增加20元的小封子和一包名烟。也有请戏班(多为扬剧)唱"寿戏"或请礼仪公司安排歌舞等演出,增加喜庆氛围。2008年,杨寿镇政府落实"敬老工程",镇内居民过九十岁生日,政府发放1000元慰问金,过百岁生日,政府发放1万元慰问金,后改为按月发放敬老金,每年发放累计1万元以上。

七、丧葬习俗

旧社会,境内民间丧葬礼俗根据死者年龄、社会地位、经济条件有繁简之分。老年人亡故一般都有俗规。

送终　亲人病重临危,子女守护塌前,谓"尽孝""送终"。咽气前,子女亲自或请人为其洗澡,修剪指甲,穿寿衣(俗称"老衣"),移体于堂中"冷铺"。男丧,置"冷铺"于堂中上首;女丧,置"冷铺"于堂中下首。气绝前,子女跪泣送终。气绝后,供"倒头饭",燃脚头灯,出嫁女儿买"七斤四两"大钱烧给亡父或亡母。请和尚或道士放"焰口",做停尸食、关殓食,请吹手吹奏哀乐。此俗延续至今。90年代起,部分富裕户为隆重操办丧事,搭台唱戏。21世纪此风依旧。

报丧　亡亲,"孝子"向死者的直系亲属长者(即"丧主")上门报丧(亡父,丧主为大伯;亡母,丧主为大舅)。丧主至,视亡亲无异,覆盖带来的孝帐,准盖"蒙脸纸"。接着孝子手执一尺长的哭丧棒,由专人带路,给庄邻和重要亲戚报丧,并告知"收纸"吊唁时间。远地和一般亲友委托专人代为转告,有丧事不报不到之俗。亲朋、邻居按时前来治丧,也叫"悼纸",吹鼓手奏乐,客人向遗体磕头,孝子跪在客人下首赔礼。21世纪丧仪有些简化,但大多延续,人亡后通知亲朋方式多为电话,通称"把信"。停尸期间,有亲朋主动组织打牌为之看尸"伴夜"。

破孝、戴孝　按照与死者亲族关系亲疏,分等级(白孝布的长短)按先后排列,由丧主主持破孝戴孝仪式。有"满堂孝""关门孝""门头孝"之别,视居丧家境而异。孝子须麻衣重孝,孙辈戴白孝,重孙辈戴红孝,曾孙戴绿孝,亲朋顺之。80年代,镇成立新风社,一度废除白孝,悼唁者臂佩黑纱。90年代后,戴孝风俗依旧。朋友前来悼唁出礼的,不领孝布,领礼品。破孝时,丧家大门框上贴上白纸条,以告知外人,此家有丧事。

盖庙　破孝结束,由孝子、孝孙抬着纸扎的轿马,带着亲朋,在吹手的吹奏下送鬼魂去见城隍,若没有城隍庙,送到过一座桥的地方,烧掉轿马和孝子身上的草鞋,让死者安心上西天,并免受入地狱的苦难。送者摘孝路边跨火返回,一般不走回头路。此俗依旧。

入殓　殡葬未改革前用木葬,亡人入殓为"下材"。奉尸入殓,在丧主同意下进行,亲友围棺一圈会面,以示告别。入殓时,根据阴阳先生推算,有忌讳属相的人和孕妇要避开。死者入殓有专人清理"冷铺",入殓后暂不钉钉,待选定的时辰,再行封钉。封钉时孝子头顶装有棺材钉的筛子,跪请丧主执钉。丧主剪其子头发一小撮"挽钉",若有不孝者,丧主为斥其过,罚久跪以戒。70年代,推行火葬,尸体暂存冰棺。此俗依旧。

出殡　又叫"出丧""出田"。出丧时,家里家外都燃放鞭炮,以除邪气,专人打扫卫生。棺柩一般八人抬,称为"抬重"。棺柩前有两面幡,长子扛白幡,长孙扛红幡;所有孝子手执哭丧棒,吹鼓手随送葬亲属一路吹奏。沿途不断散发纸制"买路钱"。亲朋好友,设案"路祭"。送丧回头人不走回头路,在回路的路口"跨火",孝子在前,到家门口喝糖水、吃云片糕,手摸门口竹篙,由下往上摸,以驱邪气,谓步步登高。少妇亡夫,少妇送葬半途归,谓"半路夫妻",日后可再嫁。

安葬　又称"下葬",谓之入土。请阴阳先生选择吉日,在坟地上开穴(打坑),又叫"开井",之后由"抬重"的将棺柩抬进坑。棺柩下坑前,用热灰烘坑,送葬晚辈往坑里撒钱币,然后棺柩下坑,下坑时抬重的还要说吉利话。安葬后,三天内,每天傍晚孝子带草把、纸钱到坟上焚烧,谓之"送火"。第三天,儿子、媳妇、女儿、女婿等一起为亡父或亡母挑起一圆锥形坟头,谓之"复三"。70年代,殡葬改革,木葬改火葬,骨灰盒入葬,葬仪仍延续。90年代,镇政府要求骨灰安葬墩留墓园,安葬旧俗简化。

回避　亡人咽气后,请阴阳先生按死者死亡的日子,推排出掉魂天数,为之"回避"期,又叫"探家"。回避这天傍晚,家人按死者生前习惯,在房间里摆放床、被、鞋等让死者阴魂回探。家中所有铁钩、铁钉等均用红纸包裹,避免钩住回家的鬼魂。这天晚上,家人不动烟火,由亲朋打理晚饭,晚饭后家人住邻居家回避,俗称"让期"。此俗流传至今,但形式有所改变,回避时,家人也可不住他家,家里请人打牌守夜,改为"坐夜"。

过七　人死后,从第一天起,七天为一个"七期"。有人家每"七"都要办几样菜向亡者灵牌祭供,有以"六七"这天进行操办,请僧尼或道士回来做"佛事",出嫁女要办六大碗菜一碗饭来祭供亡人,谓之"换饭"。孝子请人为亡者扎"房子"。祭奠亡灵时,所有戴孝人都要在遗像或灵牌前扯掉鞋子上蒙的孝布,随"七单子""房子"一起烧掉。"犯七"日进行祭供操办,所谓"犯七"日,即从死者逝世日计算,七期中逢"七"的日子为"犯七"日。

守孝　旧时亲亡,讲究守孝。"七期"内,不剃须,不理发(孝子、孝孙在亲人逝世后,破孝前,须理发),不办喜事。戴孝的白鞋要穿三年,叫"守孝三年"。此间,亡后100天为"百日",亡后一年为"周年",均行仪奠。过年时门上贴黄纸春联。三年孝满(一般不过3个清明或3个重阳),家人办菜肴到坟前祭奠,烧掉孝装孝鞋,烧钱化纸,谓之"脱孝",丧仪结束。此俗90年代起已淡化。

冥寿　旧时,民间流行为去世父母整生日做寿的习俗,称"做冥寿"。其时,请和尚为其放焰口、扎房、烧纸等。冥寿仅做至100岁为止。

八、建房习俗

选房基开工　旧时,农家选择宅基地,首先要请风水(阴阳)先生摆罗盘"问卜"定位。门向特别考究,有不对正南,不对坟地,不对山墙,不对烟囱,不对路道等之说。房基选好,按风水先生选的良辰吉日开工。先燃放鞭炮,以驱邪气,瓦匠木匠拉线钉桩,开工这一天,户主动第一锹土,叫"破土开工",主家办"开工酒",工匠饱餐,以示工程不留弊病。

上梁　上梁就是按照阴阳先生排的时间,上堂屋正中的梁(叫"正梁"或"中梁"),其他房梁可先上或后上。上梁这天非常隆重,主家除办酒招待客人外,还要请诸工匠吃"上梁酒"。岳父母家要给女儿女婿挑盒担,有糕馒、猪头、鲤鱼(龙鱼)、公鸡、香烛、排花、红布、白酒等。中柱上要贴"上梁正逢黄道日,竖柱巧遇紫微星"的吉利对联。上梁前要"暖梁",暖梁时鳏夫、寡妇禁忌在场。暖梁由木匠点燃刨花在梁下回烘,边烘边说好。烘梁后便浇酒祭梁,提起酒壶浇梁说好,主家开心,封喜钱。梁烘祭完毕,贴"福"字,此梁女人不得跨越。上梁时"红"(生养)"白"(戴孝)人避离。八仙大桌上摆放盒担礼品。把正梁抬到现场,搁在两条板凳上,举行祭天地、浇梁仪式。瓦木工分别带上麻绳、榔锤,用梯子爬上山墙,边爬边说好。时辰一到,梁系上去,轻轻放到位置,榔锤一敲,鸣放鞭炮,主家散发糕馒、糖果、喜封等,在场人争抢。90年代起,盖新房,多数是楼房,有些以封顶为上梁,仪式简单。

进宅　旧时,新居落成或另择住室,首次进住新房时称"进宅"亦称"乔迁"。乔迁要请阴阳先生择吉日,进室走木梯,谓"步步登高"。家主(一般指中堂)由兄弟家或岳父母家赠送,规定时间悬挂,悬挂完毕,燃香烛,放鞭炮,敬家神、灶君,叩首礼拜,祈求人畜平安。新灶首次使用,必须烧岳父母家送来的猪大肠(寓意源远流长)。贺客赠喜联、喜匾、贺礼,主家置酒招待。21世纪,乔迁习俗仍有,但简化许多。

第三节　方言　谚语　歇后语

一、方言

收录经常使用的方言词汇,与普通话词汇相同者不收,按词语字数排列。

表 23-3-1

杨寿话	普通话意思	杨寿话	普通话意思
皱	皮肤干裂	荷包	衣服上的口袋
赞	赞许,用言语激发别人	拢子	伞(讳语)
伸	滚走	红子	秤(讳语)
溁	液体意外溢出	银汤	米汤
咙	遗憾、失望	间交	事情的分寸,关门过节
犟	不听劝解、一意孤行	出门	女孩出嫁
驹	不听劝解	有喜	女子怀孕
戽	泼水或浇水	土墼	泥巴制的土砖
熊	批评	靸鞋	拖鞋
川	临时向他人借钱急用	作头	下脚料
拃	食指与大拇指张开的最大距离	百脚	蜈蚣
庹	两臂伸开的最大长度	曲蟮	蚯蚓
啬	小气、吝啬	皮脸	玩
踝	美美地吃	嚼蛆	瞎说
爹爹	祖父	解手	小便
奶奶	祖母	挺尸	睡觉
嗲嗲	爸爸	冲冷	打瞌睡
大大	伯父	搭手	开始做
大妈	伯母	抽千	大哭或大喊
爷子	叔父	架势	帮忙
娘娘	叔母	刚伤	吵架
上人	直系长亲	起毛	发脾气
下人	直系晚辈	作搞	儿童打架
马马	老婆	转经	无目的乱走
自感	自己	陆驹	拉倒
兄弟	弟弟	陆鬼	怪事
阿头	女孩	来丝	厉害
小伙	男孩	紧干	怎么样
老卵	假冲老大	二险	雷人,愣头青

续表 23-3-1

杨寿话	普通话意思	杨寿话	普通话意思
回乎	倒霉	绞毛	各执一端,纠缠不清
差窍	头脑不灵	桀纣	办事不顺利,遇到麻烦
搭浆	做事马虎、糊差	歹怪	偏偏
桠子	常受欺负的人	觕人	食品太咸
假觚	装腔作势	该应	应该如此
犯嫌	讨厌	恼人	得罪人
滑头	处事不诚实,玩花样的人	走手	因疏忽而发生差错
蜡烛	不识时务的人	拿乔	看相、摆架子
摸蛆	速度慢	孬种	没有骨气
楞种	看东西不入神,做事不动脑筋的人	雷堆	事情搞砸了
夯货	对事缺乏理智,没有分寸的人	勒说	胡说八道
多承	感谢	叉嘴	插话
咋个	昨天	板当	东西漂亮或做事漂亮
今高	今天	出田	出殡
明高	明天	锅上	厨房
乔个	前天	刮锅子	布谷鸟、杜鹃
后儿	后天	小儿抠	小气、不大方
焐燥	天气闷热,令人烦躁	奶黄子	婴儿
太映	太阳	公鸡头	十几岁男孩
凉月	月亮	大扁担	男孩
塘灰	灰尘	锅上转	女孩
垩田	施肥	老头子	父亲,又泛指年龄大的男人
恶水	泔水	老奶奶	母亲,又泛指年龄大的女人
灌鼓	骂人喝得太多	鱼谈坝	渔民
疰夏	夏季食欲不好	窝里鸡	自己人
香茶	中药汤剂	土狗子	蝼蛄
牸牛	母牛	蛐蛐子	蟋蟀
草狗	母狗	蠓虫子	小飞虫
起草	动物发情	几蝼子	知了,蝉
收窝	牲畜配种	小量子	手提小水桶
河歪	河蚌	古来子	过去、从前
老哇	乌鸦	就杠子	就这样
粑粑	烧饼	结巴子	口吃
眯妈	做事不较真,为人随和	两把手	两个人
波俏	小巧玲珑、得体	翘辫子	人死了

续表 23-3-1

杨寿话	普通话意思	杨寿话	普通话意思
手捏子	手绢	打摆子	患疟疾
一伏时	一昼夜	老巴子	排行最小的儿子
四串檐	四合院	老丫头	排行最小的女儿
凉月性	有月亮的夜晚	半边人	寡妇
二百五	智力不健全的人	拖油瓶	女子改嫁时带去的孩子
不胀汤	办事不牢靠的人	嘴马子	耍嘴皮子
地头蛇	地方上称霸的人	胡达人	捉弄人、骗人
炮筒子	没有心计说话直爽的人	一瓢货	一路货色（贬）
烂板凳	没完没了闲谈的人	里外里	反正或横竖、只不过
六塌油	做事不认真	亡死亡	不顾一切,孤注一掷
啬巴子	很小气的人	活德性	丢人现眼
埽有事	不和你多说	舅舅理	歪理
一刷水	很整齐	菜沿笆子	因护菜园用树枝或竹枝围的栅栏
活流尸	不务正业流落在外的人	黑漆麻乌	很黑
不啰了	别说了	一铺狼烟	乱七八糟
促刮牢	很刁的人	走头陆怪	不听话,不合作,我行我素
假好喃	怎么办呢	拗五别陆	脾气古怪,你要生姜,他偏要皂角
赫了得	感叹词,了不起	撩骚逗子	喜欢惹是生非
老油条	老资格或屡教不改	神姿武姿	张扬、炫耀,神气活现的样子
半吊子	一知半解或做事有头无尾的人	鬼陆三枪	人有点小本事或人说话做事不爽快、躲躲闪闪的
绝八代	咒骂人断子绝孙	油嘴打花	口没遮拦,乱说撩人
炮子子	骂小男孩的话	稀大陆缸	说话做事不严肃,不认真
悬达悬	差一点	陆不搭对	驴头不对马尾
小爬爬	小板凳	陆角铮铮	一本正经的样子
背搭子	背心子	狗急狗皱	慢慢吞吞很不熟练
多玩子	什么时候	一一当当	安逸,安排妥当
抄蹩脚	背后说坏话,出别人洋相	麻里木足	办事或行为不注意轻重的人
哝浆泥	用脚把泥巴踩溶	假弄哈子	事情怎么办
捣嗓子	吃东西（骂人的话）	不得说项	没有什么大不了的
做生伙	做事、干活（有一定技能）	雅面滴个	隐蔽一点或注意一点
撒脑子	小便（骂人的话）	一股邋遢	全体、全部
本斗子	簸箕	二道毛子	齐耳短发（女人）
包被子	婴儿盖的小被子	小大娘子	刚结婚的女人
棉凳子	棉衣	二姨娘形	男人做女人的事,或女性化的男人
见痧子	出麻疹	假马日鬼	装模作样

续表 23-3-1

杨寿话	普通话意思	杨寿话	普通话意思
搞七连三	纠缠不清	板板六十四	做事规矩,上路子
一塌刮子	所有东西	精屁股郎当	一丝不挂
三当陆面	几方面的人当场把话说清楚	嚼舌头根子	造谣,搬弄是非
陆打陆栽	做事心中无数,有时也能搞对	乖乖糊乖乖	做事敷衍搪塞
不得过身	无法解决,无法脱身,过不了关	抄手卖饺子	有事当没事,悠闲自得的样子
老三老四	卖老,冲内行,没礼貌	二姑娘倒贴	帮人做事不要钱,反而贴本钱
鸡巴啰唆	说话太多且多余	放屁怕伸腰	懒惰、怕动
依大陆歪	办事不认真、大而化之	屙屎离你八丈	离某人远远的
跷奇古怪	稀奇古怪,令人难以相信	大家马大家骑	按一个标准执行
叠角崭方	非常规整的正方形或非常整齐	犁不上耙不上	人不上规矩
神气大陆国	很活泼,有生机	懒牛上场尿屎直泷	懒人见到做事就找借口逃避
日说大三光	胡说八道	三鞭子抽不出一个闷屁	人的性格内向,半天说不出一句话

二、谚语

农谚

春寒多有雨,春雪吊虫头。

一年四季东风雨,唯有梅天西风灵。

春风裂石头,春寒冻老牛。

打过春,赤脚奔,挑野菜,拔茅针。

春天到,猫叫号,砖头瓦砾跳三跳。

清明要明,谷雨要雨。

二月清明不要慌,三月清明下早秧。

种田要养猪,养儿要读书。养儿不读书,犹如关圈猪。

春打六九头,穷人不要愁。春打五九尾,穷人苦断腿。

燕来雁去换春秋。

清明到,吹麦叫。

梅前三天没得割,梅后三天割不办(谐音)。

芒种到夏至,老少一起忙。

芒种无清稞,老少一起亡。

春雾雨,夏雾暖,秋雾凉风,冬雾雪。

夏至日渐短,冬至日渐长,过了冬长一葱。

不怕初一下,就怕初二阴,初三下雨月半晴。

乌云接日,三日内有雨。

早上乌云走,中午晒死狗。

雨前毛毛没大雨,雨后毛毛不晴天。

东杠(彩虹)日头西杠雨,南杠、北杠灾临头。

早霞不出门,晚霞行千里。

豆三麦六,菜籽一宿。

处暑萝卜白露菜。

六月六,种豇荬。

冬垩金,春垩银,清明再垩不见情。

收多收少在于肥,有收无收在于水。

春分春分,插犁就耕。

清明不在地,重阳不在家(指大蒜)。吃了重阳酒,日夜不丢手。

蚕老麦黄一伏时。

大冬大似年,家家吃汤圆。

霜前冷,雪后寒。

一九二九不出手,三九四九冰上走,五九六九河边插柳,七九河冻开,八九燕子来,九九加一九耕牛遍地走。

雨雪年年有,不在三九在四九。

鸡冷上树,鸭冷下河。

庄稼一枝花,全靠肥当家。

猫三狗四猪五羊六。

七九六十三,行人把衣单。

春钓浅,夏钓深,秋钓浅滩,冬钓草根。

黑云风,白云雨,昏昏暗暗满天雪。

九成熟十成收,十成熟一成丢。

黄秧搁一搁,一世到老不发作。

种田不垩,空忙一夏。

稻上场,麦进仓,黄豆挑在肩膀上。

蚂蚁搭桥蛇拦路,早晚下雨满水库。

白露不出头,割割喂老牛。(水稻白露不抽秽就无收成了)

你家种麦我打犁,三十晚上一样齐。

立冬露籽不生根,立冬不出露籽麦。(立冬后种麦要用土将麦种覆盖好)

养猪不赚钱,回头看看田。

月圈风,日圈雨。

清明断雪,谷雨断霜。

早上暗朝头,中午晒破头。

民谚

邻居好,赛金宝。

远亲不如近邻。

亲戚轮流转,邻居碗套碗。

亲兄弟明算账。

害人之心不可有,防人之心不可无。

香烟一含,无话不谈。

香烟介绍信,酒杯是大印,筷子做决定。

只有今生的朋友,没有来世的弟兄。

大路朝天,各走半边。

人敬我一尺,我让人一丈。

有来有去梁上燕,有去无回弓上箭。

有缘千里能相会,无缘对面不相识。

打死会拳的,淹死会水的。

自夸自,不费事。

娘夸女儿不算夸,婆夸媳妇一枝花。

为人不做亏心事,半夜不怕鬼敲门。

生人只说三分话,切莫全表一片心。

若要人不知,除非己莫为。

大路上说话,草棵里有人。

退一步海阔天空,让三分心平气和。

偷风不偷月,偷雨不偷雪。

在家千日好,出门时时难。

人有人途,鬼有鬼道。

家有黄金万两,不如日进分文。

好男不跟女斗,好狗不跟鸡斗。

金旮旯,银旮旯,不如自家穷旮旯。

人在人前闯,刀在石上荡。

人穷会说谎,天干不应时。

一钱逼死英雄汉。

有钱不要省,有权不要狠!

少不离家是废人,老不在家是罪人!

人到矮檐下,不得不低头。

千里送鹅毛,礼轻情意重。

人穷不夸祖上富,人老不夸少年时。

君子淡尝其味,小人胀死不休。

夜里想的千条路,天亮还是旧营生。

无志之人常立志,有志之人立志长。

笑一笑,十年少,愁一愁,白了头。

少年夫妻老来伴。

少怕丧妻,老怕丧子。

有理走遍天下,无理寸步难行。

常吃素,多跑路。

穿不穷,吃不穷,算盘不到一世穷。

门前放根讨饭棍,骨肉之亲不上门。门前扣匹枣红马,不是亲来也是亲。

曹操倒霉遇蒋干,萝卜干倒霉遇稀饭。

鱼生火,肉生痰,青菜豆腐保平安。

病从口入,祸从嘴出。

有钱没钱,娶个老婆过年。

洞房花烛夜,不如开水烫脚丫。

喝酒伤胃,吸烟伤肺。

酒是穿肠毒药,色是剐骨钢刀。

外有挣钱手,家有聚钱斗。

日求三餐,夜求一环。

男子好色,黄皮包骨。

早酒晚茶五更色,阎王把你鼻子摸。

要得小儿安,多带三分饥和寒。

在家饿得哭,出门不吃粥。

瞎钱用掉千千万,买块热豆腐烫烫心。

眼不看嘴不馋,耳不听心不烦。

是福不是祸,是祸躲不过。

穷人无灾就是福。

有娘的孩子像块宝,无娘的孩子像根草。

丑妻家中宝。

烈女怕闲夫。

寡妇门前是非多。

冷不刮风,穷不差债。

富不过三代,穷不过三代。

开门七件事,柴米油盐酱醋茶。

心急吃不了热豆腐。

心慌不能吃热粥,骑马不能看山谷(三国)。

半夜起床上扬州,天亮还在屋山头。

早上皮包水,晚上水包皮。

入池似仙境,一沐洗凡尘。

饱暖思淫欲,饥寒起盗心。

人跟人好,鬼跟鬼好,苍蝇跟烂腿好。

食落千人口,罪过一人当。

人怂被人欺,马怂被人骑。

儿行千里母担忧,母行万里儿不愁。

礼多人不怪,油多不坏菜。

打人不打脸,骂人不揭短。

一千人与你好,八百人与他交。(各人都有自己的圈子)

善有善报,恶有恶报,不是不报,时候未到。

人是铁,饭是钢,一天不吃软叮当。

没要过饭,不知道狗狠。

气急上火,心急伤肝。

小气人生病,大气要人命。

人生能有几回醉,莫到老时空对杯。

宁生穷命不生穷相,宁生穷相不生穷吼。

家有贤妻男人不遭横事。

一人有福,带起一屋;一人有难,全家受牵;一人有罪,带起一类;一人得道,鸡犬升天。

谈恋爱花言巧语,新婚时甜言蜜语,有了孩子不言不语,孩子一大恶言恶语。

脸朝黄泥背朝天,一天苦不到一包烟。

夫妻本是同林鸟,大难临头各自飞。

改日不如撞日,择日不如当日。

人心隔肚皮,对面隔千里。

人心不足蛇吞象,好了伤疤忘了疼。

宁生败子,不生呆子。

浪子回头金不换。

百年修得同船渡,千年修得共枕眠。

满堂儿女,不如半床夫妻。

一娘生九子,九子不同样。

张家长,李家短,别人闲事不要管。

各人自扫门前雪。

百善孝为先。

风吹日头晒,下雨过礼拜。

酒肉朋友不可亲,结交需结正经人。

跟和尚学修,跟强盗学偷。

走千里路,读万卷书。

书山有路,学海无涯。

十年寒窗苦,唯有读书高。

生死由命,富贵在天。

脸皮老老,肚皮饱饱。

三个臭皮匠,赛过诸葛亮。

一日为师,终身为父。

天上下雨地上流,夫妻没有隔宿仇。

堂前教子,背后教妻。

亲不过郎丈,嫡不过子舅。

一代亲,二代表,三代拉的倒。

连襟连襟,打断骨头连住筋。

长兄如父,长嫂如母。

干亲干亲,小篮子拎拎。干亲上门,不是想钱,就是想人。

人抬人高,水涨船高。

好心当成驴肝肺,还说驴肝没得味。

做梦娶马马,全想好事。

日有所思,夜有所梦。

三床棉花胎,不如一个老奶奶。

吃了端午粽,才把棉衣送。

小洞不补,大洞吃苦。

吃的油和米,讲的情和理。

桌是方的,理是圆的。

人情逼似债,头顶锅儿卖。

有眼不识金镶玉,拾到黄金当废铜。

贪图小利,必有大害。

不听老人言,吃亏在眼前。

不怕不识货,就怕货比货。

兔子不吃窝边草,不见兔子不放鹰。

跑得了和尚,跑不了庙。

砌房三担六,拆屋一顿粥。

抬头看人,低头打肉,眼是钩子手是秤。

生姜还是老的辣。

家有黄金,外有戥秤。

养儿防老,积谷防饥。

话到嘴边留半句,事到临头让三分。

良心为本,道德为准。

有理不在言高。

有理走遍天下,无理寸步难行。

八八钱八八货,八八生意八八做。

三、歇后语

纸糊的栏杆——不能依靠

头发丝拎豆腐——提不上嘴

开水磨刀——热操(指热闹)

江边上的蚊子——吃客

韭菜炖蛋——冒充(葱)

干巴菜焖肉——骨里肥

头顶生疮,脚底淌脓——坏透了顶

九月里的蒿瓜——黑心

周仓的胡子——乱糟糟

朱洪武扫地——各归原位

公鸡害嗓子——不能提(啼)

小和尚不吃晚饭——转经

六月里的火腿——走油

老奶奶不吃烂面——又下了(指下雨)

吊死鬼搽粉——死要脸

棺材里伸手——死要钱

老鼠舔猫鼻子——危险

三分钱买个黄烧饼——拣大的拿

肉包子打狗——有去无回

乡下人挑粪桶——两头死(屎)

泥菩萨过河——自身难保

被胎掉进水缸里——识(湿)不透

小孩吃胡萝卜——揩一截,吃一截

高花子嫖马马——穷开心

三天吃六顿——发穷欢

邵伯湖的虾子——白忙(芒)

哑巴吃黄连——有苦说不出

两个哑巴睡一头——没话说

聋子的耳朵——摆设

癞子头上虱子——明摆

高射炮打蚊子——大材小用

飞机上吹笛子——高调

冷水烫鸡——一毛不拔

瞎子看戏——人笑他笑

和尚不吃荤——肚里有数（素）

茅匠吃晚饭——往下爬

黄鼠狼给鸡拜年——没安好心

歪嘴买牛——找话说

六月心穿棉鞋——热嚼（脚）

六月天穿棉袄——老霉

鸡窝里面伸棍子——捣蛋

茶壶里面下汤圆——有货倒不出

竹篮打水——一场空

杀猪不吹气——软打整

关公卖豆腐——人硬货不硬

梁山上军师——无（吴）用

麻雀掉进烟囱里——没有毛了

巷子里面扛木头——直来直去

粪船过江——装死（屎）

心口上挂钥匙——开心

三个铜钱放两处——一是一，二是二

猪尿泡打人——不疼，气闷人

乌龟吃大麦——瞎糟五谷

白嗓子老鸦——开口就有祸

脱裤子放屁——多此一举

出恭作揖——多礼

王小二下面——看人兑汤

豇豆荚子下面——离汤离水

大蒜瓣子写账——混账

老狗看家——嘴动身不动

三天凿一个门窝子——慢工出细活

螃蟹过河——七手八脚

轮船出海——外行（航）

快刀切豆腐——两面光

小葱拌豆腐——一清（青）二白

狗咬鸭子——呱呱叫

黄鼠狼拖鸡——越拖越稀

黄鼠狼给鸡拜年——不安好心

乌龟吃徽子——自绕自

绣花枕头——一肚子稻草

汤罐里的水——带就带热了

狗掀门帘——全凭一张嘴

屁股上插芦花——假充大公鸡

瘫巴子掉在井里——捞上来也在坐

丈二和尚——摸不着头脑

麻油拌小菜——各有心中爱

走路撩鞋子——玩角（脚）

股拐上打灯笼——亮角（脚）

老鼠躬风箱——两头受气

老奶奶吃山芋——活抽筋

荤油点灯——肥肥眼

大舞台的班子——了戏

外甥打灯笼——照旧（舅）

和尚打伞——无法（发）无天

擀面杖吹火——一窍不通

小刀子修蜡烛——学（削）油

门缝里看人——看扁了

灶王爷上西天——有一说一

四两棉花八把弓——细谈（弹）细谈（弹）

后心贴膏药——钱（前）心重（肿）

一个月下二十九天雨——该因（阴）

二十一天不出鸡——坏蛋

二两二的码子——对了

三文钱买个金刚脐子——六角铮铮

六月二十四生的——雷寿子

七月半生的——坏鬼

十八只麻雀炒一碟——全是嘴。

大腿上搓汤圆子——一手一脚

小鬼晒太阳——不得影子

大姑娘上花轿——头一回

小和尚念经——有口无心

半夜里捉迷藏——瞎摸

寿星佬吃砒霜——活得不耐烦

城隍娘娘有喜——心怀鬼胎

土地老爷被狗咬——自身难保

木匠弹线——睁一只眼闭一只眼

瞎子吃狗肉——块块是好的

癫子洗澡——不谦（牵）

歪嘴吹喇叭——邪气十足

公公驮儿媳——吃力不讨好

茅缸里的石头——又硬又臭

出恭不带手纸——想不开（揩）

帽子不得边——顶好

头发丝扣老虎——以理服人

煤炭堆里伸棍子——倒霉（捣煤）

老掉毛的刷子——有板有眼

狗吃青草——装洋（羊）

蜻蜓吃尾巴——自吃自

鸡子不尿尿——自有去路

癫猴子垫桌腿——硬撑

癫猴子跳进戥盘里——自称自贵

墙上挂芦席——废话（画）

门外烧包子——替鬼忙

芦柴上绑爆竹——高升

庙门前的旗杆——光棍一根

哑巴打电话——南（难）通

飞机送信——高邮

船头上敲鼓——镇（震）江

船头上安喇叭——邗（喊）江

茅山上菩萨——照远不照近

湾头失火——谣言（窑烟）

送驾桥的锣鼓——各敲各

药里甘草——第一位（味）

咸菜烧豆腐——有言（盐）在先

豆腐掉进肉锅里——昏（荤）了

竹筛子兜水——漏洞百出

竹篮打水——一场空

西瓜掉进油缸里——又圆又滑

脱鞋子看病——自觉（治脚）

庵堂里的木鱼——天生挨打

苍蝇叮菩萨——看错人了

闭上眼睛哼小曲——心里有谱

抱木头投河——不成（沉）

马脊梁上钉掌子——离题（蹄）太远

第四节　宗　教

一、佛教

佛教于汉代传入境内，宋代开始兴盛并建寺。今可考的最早兴建的寺庙为宋建隆元年的建隆寺、金龙寺、曹安寺。至明清时期，都天庙、天王寺、莲子庵、关帝庙等陆续建立。中华人民共和国成立初期，境内存寺、庙、庵11座，僧尼30余人。寺、庙、庵后大都被公所、学校占用。1958年，部分寺庙被拆除，僧尼被逐，部分还俗。1978年后，宗教政策落实，佛事活动恢复。1990年12月，邗江县佛教协会成立，镇统战科科长吴正班、天王寺住持通玉、曹安寺住持宗信3名代表加入，宗信当选为理事。1995年12月，县政府批准境内袁岗村（今爱国村）天王寺、爱国村莲子庵为佛教活动登记点。至2016年底，境内有寺庙2座，庵堂1座，僧尼3人。大部分信徒属于民间善男信女，一般在家中供一尊佛像（观音为多），一炷清香，早"朝课"，夜"晚课"，分别念诵"大悲咒""往生咒""金刚经""心经""地藏经"等。经济条件好的人家设有小经堂，佛龛布幔，香烛经台等。境内以观音香为主，每月初一、十五，信徒、香客都要敬香，民间有"初一、十五整香一炷"之风俗。农历二月十九是观音诞生日，六月十九是观音成道日，九月十九是观音出家日，这三天是观音菩萨的香会之期。境内多数信徒、香客在天王寺、曹安寺、莲子庵敬香,也有部分到扬州观音山敬香。

境内亡人,民间一般都有佛事活动,邀请当地僧尼临门做停尸食、关殓食,六七超度亡灵,也有安排在寺庙举行。

天王寺 位于爱国村袁岗组。传说明太祖朱元璋定都南京的时候,叫军师刘伯温察看周边的阴阳地理。刘伯温奉命四面察看,发现有条"地龙"直接威胁到虎踞龙盘的金陵。龙头在公道镇的桑园村境内,龙身在大仪朱桥村境内,龙尾在杨寿镇的爱国村(原袁岗村)袁岗组,对朱元璋统一江山极为不利。刘伯温建议,在这条"地龙"的颈、身、尾部各建一个坛镇住它。由于每个坛有斗那么大,所以就叫斗坛。龙尾坛就建在爱国村袁岗组。后人在坛旁建了座寺庙,称天王寺。天王寺几经兴废,清嘉庆三年重建。2013~2014年,重新扩建、修缮,重塑佛像金身,供奉四大天王佛像。寺内有天王殿、大雄宝殿、斋堂、接待室、寺舍、28尊大小佛像以及铸造宝塔鼎和铁炉。门前砌有椭圆形雷塘,面积近百平方米,信徒在此放生。寺内历任比丘尼住持为愿成、中和、新定、蒲池、渐辉、净祥、通玉、释智根。2016年,寺内有常住居士5人,在家居士100多人。除杨寿当地人外,北京、天津、上海、南京、扬州等地居士,每月初一、十五到天王寺烧香念佛,香火盛旺。

天王寺

莲子庵 位于爱国村爱国组,初建于乾隆年间。因吴姓娘儿俩没有后代,便把家改成庵,得名莲子庵,有60亩田地,初任住持僧慧空。初建时,香火最为盛旺,后毁坏。复建于清光绪二十七年(1901),住持僧霞云。庵内建有前后大殿三进9间,东西耳房11间,小屋3间。1942年7月,公道镇地方恶霸王老虎,强行拆走莲子庵的

莲子庵

砖、瓦、木料。1947年,住持宏亮在地方大户和香客的捐助下,复建莲子庵的中殿和大殿。1956年,庵内大殿的三座大佛存放至天王寺,庵作为爱国高级社办公室。1958年,拆除大殿的前檐墙和中殿的后檐墙,两殿之间的天井(院子)封顶,改造成爱国大队大会堂。1979年,拆除莲子庵,改建爱国顾庄电灌站,后在离原址向西300米的荒地临时土建三间。1995年。继任住持静安用多年化缘的积蓄,在地方长老、香客的努力下,历时48天建成3间大殿,5间东厢,2间厕所,门楼围墙,硬质地坪等。大殿供奉着观音、释迦佛、地藏王和释迦佛弟子等菩萨。庵内历任住持为慧空、霞云、唐汉、宏亮、仁福、仁田、仁权、静安、圣定。每年农历六月十九佛会活动,众僧念佛咏

经,各路香客拜佛烧香。2009 年,再次修缮,重塑佛像金身。寺内常住居士 1 人,香客众多。

曹安寺 位于新龙村曹安组。相传东汉兴平元年(194),曹操率领十万大军南下,经过此地,安营扎寨,欲讨伐张鲁。张鲁也领兵来此与曹操抗衡,战斗十分激烈。曹操侄儿曹安民,在战斗中中了张鲁的毒箭。尽管军中有许多名医,但是没能救治曹安民的性命。曹操失去了喜爱的侄儿,悲痛万分。因曹安民深得将士们的爱戴,在埋葬的时候,全军十万将士用双手捧土,垒起一个面积约十二亩高二十多米的土墩墓。在土墩墓西南角的取土处,捧出了两个大水塘,取名"东、南庵塘"。因曹军军纪严明,未伤害到一个老百姓,未毁坏老百姓的庄稼,深受老百姓的爱戴。北宋建隆元年(960),当地老百姓在墓旁兴建一座寺庙来纪念他,取名曹安寺。

嘉庆年间,地方名流周纯夫对曹安寺进行大规模的重建,建筑为前后三进各 6 间,加两边厢房各 3 间,总面积 900 多平方米。门楼高大雄伟,两侧黑瓦红墙,一对石狮守门。庙门前广场 1000 多平方米。前殿和后殿的院中有一棵近 20 米高、树径达 1.5 米的千年银杏树。门楼嵌有"曹安禅寺"石碑,石碑长 90 厘米,宽 45 厘米,厚 10 厘米,碑的下方刻有"嘉庆二十一年世人周纯夫立"字样。民国二十八年(1939),曹安寺遭火灾,毁损严重。民国三十六年(1947),曹安寺重修,先砌三间后殿,从大明寺请回"西方三圣",供奉在殿堂中央。"文化大革命"期间,大殿再次遭毁,三尊菩萨未能幸免,砖瓦木料用于砌学校和电灌机房,银杏树被砍卖,时任住持宗信大师和他的徒弟方善只能居住在尚存的几间房屋里,寺内许姓居士处理日常事务。

墩留庵 墩留庵的遗址位于墩留村墩留组。该庵所建位置四周皆为"刘"姓,且庵附近有一座当地农民开挖河塘形成的巨大土墩,故而得名"墩刘庵",后更名为"墩留庵",墩留庵始建年份无法考证。日本侵华期间,墩留庵被日军烧毁。后来,法号为宝方的和尚牵头重建墩留庵,建筑规模相对较大,有大殿和东西两侧厢房等,庵内有直径 2 米的大钟。"文化大革命"期间,整座庵及菩萨佛像被红卫兵彻底毁坏。墩留庵今已经不复存在。历任住持为宝方、念正、庙赞、道泓。

东关庙 东关庙是东岳庙和关帝庙的联称。旧址位于今爱国村王庄组的东侧,建于清中期。东岳庙有前排屋、旁厢、院落和大殿,关帝庙有三间大殿,坐落在东岳庙的东侧。因为两庙毗邻,俗称"东关庙"。有过四代住持和尚,分别为第一代俞老和尚、第二代中山、第三代镜波、第四代宏云。1942 年 7 月,为砌炮楼,日伪军独立团团长王老虎带人强行拆走东岳庙和关帝庙大殿。1957 年,末代和尚张宏云还俗,拆除剩余建筑,东关庙不复存在。

万元庵 位于东兴村黄庄组方金宝家北边,东兴河南侧。约建于民国二十一年(1932),有大殿和旁厢。1950 年,公道人谢钊到杨寿办学,学校设在万元庵内。当地村民张恒桃住在万元庵,负责给和尚挑经担和看管万元庵。1953 年,地方拆除万元庵大殿,材料移作公用,学校搬至方金宝家(当地一大户人家)。不久旁厢拆除,万元庵不复存在。

都天庙(东头庵) 原址在杨寿集镇东街今老浴室所在地和郭学山家住处。建于乾隆四十五年(1780)。庙前后两排,后排是 5 间大殿,还有两边厢房。因地点在东头,也称东头庵。都天庙初始香火旺盛,清末渐弱。至中华人民共和国成立初,住持宝成和尚仍带通慧等 4 个门徒在此修炼。每年农历五月十八和六月十三,是都天菩萨和关帝菩萨的生日,庙内举办都天会和关帝会,由街上的名流轮流负责,大家出份子在庙里摆席聚餐。活动时,抬出都天菩萨和事先扎好的大船,有人扮演马匹(扮演者为今宝女村老吴庄韦在根等人),沿街做出多种杂耍动作。传说怀孕妇女不可参与,被马匹手中的神鞭甩中会有不祥之兆。沿街各户都往船里投放大纸或元宝。焚烧大船后,活动结束。民国二十七年(1938),新四军甘泉支队四六连人员,把东头庵大殿里的菩萨放进前排,拆走大殿。1945 年,宝成和尚买下街上一大户人家刘儒生的大厅房,拆除后重建东头庵大殿。1947 年,徐志诚、李慧芳到杨寿创办国民杨寿中心小学,学校设在都天庙。中华人民共和国成立后的 1952 年,李慧芳再次到杨寿办学,即杨寿小学,地址仍设在都天庙。随着办学规模的扩大,1967 年春,公社决定全部拆除都天庙,易地新建杨寿中心小学。宝成和尚带着门徒住进裕善堂厢房,都天庙不复存在。

裕善堂 原址在老杨寿医院住院部的后面。前后两进各三间,有厢房。起初裕善堂是用于典礼,供社会各阶层人士到此戒烟、戒酒、戒毒。杨寿乡第一保保长郭永贵(亦名郭正)为第一任堂长,后韦善接任。后来有许多人在此用沙盘搞"扶乩"(又称"扶箕、扶鸾、请仙"等,是一种占卜方式)。1958 年,裕善堂保留厢房,拆除大殿以建杨寿公社治所。1967 年春,拆除都天庙建学校,都天庙宝成和尚带着门徒以及大小菩萨搬进裕善堂厢房。裕善堂后被拆除,在其原址上建杨寿医院。

关帝庙 位于原方集乡集镇的北面,今方集村方集组。初建于清顺治五年(1648)。太平天国农民起义战争中,方集集市毁于大火,关帝庙也未能幸免。后重建,前后两进各五间,后排为大殿,两边厢房,门口建有砖混结构城门一般的照壁,设有大圈门和两边的侧门。庙内供奉关公菩萨,两边是周仓和关平。院内有一棵直径 1.5 米的银杏树,每年农历六月十九观音菩萨生日时,周边香客到此烧香。先正和尚圆寂后,莲子庵住持宏亮的门徒仁田接任。1952 年,建方集小学,关帝庙的大殿和西厢房作为教室和办公用房。1954 年,黄珏区政府决定拆关帝庙照壁圈门,材料运至公道建大会堂(黄珏区政府设在公道)。1960 年,方集小学扩容,公社安排仁田和尚住进方集镇薛天福药栈,关帝庙全部给方集小学使用。关帝庙内一棵近千年银杏树被锯走以作他用。1977 年,方集小学南迁,关帝庙全部拆除。后仁田圆寂。1980 年,陈集镇白水庙清净庵尼姑如海持关帝庙复建准建证,重建三间大殿和一边厢房并一直打造修缮,小邢(如海侄儿)和许广厚(仁田侄儿)分别在此修炼打理。1995 年,如海圆寂。今关帝庙无住持,由沈姓居士代为管理。

建隆寺 位于杨寿镇的东北角夏家嘴,今新龙村建隆组。始建于宋建隆元年(960),为境内有记载的最为悠久的寺庙,也是当时扬州北乡的一座大寺。建隆村、建隆组也因寺而得名。夏家嘴地势低洼,三面环水,常遭涝灾。因而建寺庙以镇水患。有山门、大殿、彰武殿,两侧建有廊庑、僧厨、僧舍、浴室、库房均在其中,方丈室前的一棵银杏树,直径超过 1 米,建隆寺内供奉着观世音菩萨、文殊菩萨、地藏王菩萨、释迦牟尼佛以及弟子等,最大的是释迦牟尼佛。农历四月初八释迦牟尼圣诞日时,建隆寺举办浴佛节法会。众弟子云集而来,众香客齐聚寺院,同沾法喜,共浴佛恩。法会由方丈拈香主法,寺内钟声齐鸣,仪仗庄严,僧俗大众赞佛诵经,虔诚礼拜。其法会声势,在十里八乡无人不知。因地势特殊,大涝之年,建隆寺无一幸免,老百姓修缮、复建多次。在清朝末年,一次大水彻底冲毁建隆寺,当地人无力重建。建隆寺不复存在。中华人民共和国成立后,杨寿人民结合杨寿涧、王冲涧的疏浚改造治理夏家嘴,今成为特色养殖基地。

二、道教

道教于明代传入境内并建寺。天王寺(斗坛)曾是道教场所,清嘉庆三年(1798)重修时,仍为道场,一度盛兴。清末之后,境内没有固定神庙,道士多为散居,集中于宝女和墩留两村。他们应主家邀请便联络赤岸和大巷等地道士5~7人上门放焰口超度亡人。法事一般在亡人六七的日子举行,供奉太乙救苦天尊和宝塔台,使用小锣、小鼓、小钵、大钵、摇铃、木鱼等。放焰口时念《小灵宝》和《朝天忏》,超度灵魂,教育活人。跪四门时念《破狱经》,让灵魂摆脱地狱升入天堂。中华人民共和国成立后,因民间道教信仰者较少,境内道教日渐衰微,2016年,信徒不足10人。

三、基督教

90年代,基督教传入杨寿。1994年5月,信徒开始集中聚会,地点设在方集村方集组许吉凤家。由起初三四人发展到几十人,由方巷镇苏窑村张庄组张秀明传教。1995年12月,经县政府审批,该地成为基督教活动临时登记点。1997年10月,杨寿基督教堂破土动工,地址在方集村方集组,12月竣工。2014年,在原地南面又新建两层楼房,增加办公、会议、接待、教学、储藏等功能室,总面积600多平方米,固定资产100多万元。2003年,唱诗班成立。2006年,设立6个片,分成12个组。2007年,多人乐器队成立。每逢礼拜日,下午2点至4点正常聚会讲圣经,每月第一个礼拜领圣餐。每礼拜五下午2点至5点和礼拜三晚上7点至8点半为祷告会。每年5月第一个

基督教堂

礼拜,邀请镇司法科科长上法制课。截至2016年底,有信徒565人,受洗人数396人,达70%以上。

第五节　帮会　会道门

一、青帮

30年代,扬州青帮"大"字辈头目阮慕伯、金山等广收门徒。境内邵如弼为金山大徒,杨寿青帮帮首。他招徒100多人,横行乡里,曾指使其首徒徐玉良(徐六)杀害王杰祥一家三口。1951年,邵如弼、徐玉良被人民政府处决。青帮组织解体。

二、大刀会　花篮会

民国二十六年(1937),为保护地方治安,抗击日寇,方集镇上的方长海到江南请人,在方集村高田组组建抗日组织大刀会、花篮会(女性组织)。方集、建隆的老百姓积极参加。不到一年

时间,大刀会发展到300余人,花篮会发展到20余人。大刀会成员主要是训练舞刀,花篮会主要训练舞花篮。次年秋,大刀会、花篮会在高田庄(今方集村高田组)组织成员训练时,驻扎在曹安寺的日寇联合驻大仪的日寇在曹安寺架机枪扫射,镇压大刀会、花篮会。大刀会成员陈祥来、花篮会成员俞杏女等10余人当场被杀害,方立德家养的一头牛也被打死,方立安的腿被打断,大刀会、花篮会因此解散。

第二十四章　社会保障

　　1958年起,按照国务院规定,境内全民所有制企业、事业单位和国家机关、人民团体的职工,实行退职、退休制度,享受公费医疗。农村建立合作医疗。1988~2000年,逐步建立和初步完善社会保障体系。开展农村居民社会养老保险工作,发放农村最低社会保障金。至2000年,农村最低社会保障标准为年人均1000元,城镇年人均1872元。随着社会经济的发展,社会保障工作得到加强。城镇住房保障制度改革、医疗保险、失业保险、工伤保险、生育保险、农民失地保险等工作陆续得到落实,新型农民合作医疗和农村社会基本养老保险制度逐步实施。至2016年,全镇新型农民合作医疗和新型农村基本养老保险参保率达100%,有462户享受最低生活保障,年支付保障金253.75万元。

第一节　机　构

　　中华人民共和国成立前,境内无社会保障机构和专职管理人员。1956年,杨寿乡设民政助理,负责优抚安置、社会救助、社会福利等社会保障工作。1958年,杨寿设卫生部部长,后设教卫科、文卫科,医疗保障工作属其职责。70年代,设立民政科,居民的生活保障、养老保障、医疗保障、扶贫帮困等依然属民政科职责。1993年,《关于邗江县企业职工基本养老保险制度改革的实施办法》开始落实,镇民政科安排专职人员培训、考试后上岗,主要负责生活保障、养老保障、医疗保障、失业保障、生育保障、扶贫救助、劳动工伤等工作。1994年,县成立住房公积金管理中心,境内机关和企、事业单位财务人员按政策标准如数解缴。由于劳动、民政、人事三部门多头管理,职能交叉,1998年5月,县成立社会保障管理局。1999年,杨寿镇劳动和社会保障所成立。2015年,改设人力资源和社会保障中心,工作人员2人,所长吴正琴。

第二节　养老保障

一、机关事业单位养老保险

中华人民共和国成立后,乡级行政机关事业单位工作人员,男年满60周岁,女年满55周岁即可办理退休手续,按照工作职级、工龄等条件领取退休金。退休金按退休前基本工资的一定比例计发,基本由财政负担。1999年7月,县政府印发《邗江县事业单位人员养老保险实施办法》。养老金以在职职工的工资总额与离退休(退职)费用之和为计提基数,单位平均计提率暂为20%,个人计提率暂为4%。是年,县政府印发《关于机关事业单位临时工参加社会养老保险办法的通知》,境内事业单位人员被纳入事业单位养老保险范围。2000年起,单位缴纳比例为26%,其中个人缴纳比例为3%。2004年起,单位缴纳比例为25%,个人比例调整为4%,以后每年增加1个百分点,最高不超过8%。2016年,养老金发放由原来企业、事业双轨制并轨成单轨制,全部由社保局发放,全镇有离退休人员393人,当年新增57人。

二、企业职工基本养老保险

中华人民共和国成立后,退休人员养老费用由各单位发放。1988年,县政府制定《邗江县企业离退休职工劳动保险基金统筹暂行办法》。是年9月,依据《县属单位临时工及乡镇企业职工社会劳动保险暂行办法》,开展企业"双退"(退休、退职)统筹工作,推行养老保险。1993年4月2日,县政府转发县劳动局《关于邗江县企业职工基本养老保险制度改革的实施办法》,境内部分企业为管理人员投保。1999年9月,《邗江县社会保险费征缴实施意见》出台,将社保工作纳入"双文明"建设考核。次年,境内有江苏省南扬机械制造有限公司、扬州华联电气设备实业总公司、扬州华通橡塑有限公司等13家企业参保,职工参保人数779人。2007年,贯彻执行《江苏省企业职工基本养老保险规定》,参保范围和对象为各类企业、民办非企业及与之形成劳动关系的所有人员,个体商户及雇工,灵活就业人员等,企业征缴比例为28%,灵活就业人员缴费比例全省统一为20%,月缴费基数为上年全省在岗职工月平均工资。2016年,设立下限和上限标准,下限为2290元,上限为6870元,在此范围内,具体缴费基数由参保人员和单位自主确定。至2016年底,全镇参保人数2578人,领取养老金1022人。

三、城乡居民社会养老保险

1992年,乡开展农村社会养老保险工作,制定《农村社会养老保险实施细则》,规定企业职工养老保险投保标准、企业中乡管干部养老保险投保标准和村干部养老保险投保标准。乡明确养老保险代办员,负责保费收缴,编制投保人员花名册,建立收支台账。农村居民社会养老保险基金征收采取个人缴费与集体补助各50%,国家予以政策扶持、个人储蓄积累的方式。领取养老金标准由缴费金额多少和缴费时间长短决定。参保人员到乡农村社会保险事业管理所办理参保手续。缴费可以按月、按季、按年,也可以一次性缴足。个人缴费和集体补助的保险费,记入个人养老保险账户,由区农保处核发农村养老保险缴费证(简称"老农保")。参保人员年满 50 周岁、55 周岁、60 周岁后,根据个人养老保险账户储存积累总额,按月领取养老保险金,直至死亡。如果死亡时,领取数额不足所缴金额,可按退保程序,一次性补足差额给其法定继承人或指定受益人。农村养老保险金通过银行、邮政储蓄网点实行社会化发放。2001 年,镇党委印发《关于农村镇管干部实行养老保险的意见》,参保人数有所增加。2008 年,杨寿镇实施新型农村社会基本养老保险制度(简称"新农保")。凡男年满 60 周岁、女年满 55 周岁,可月领取 40元。其他年龄段的人按年缴费,缴费基数 600 元,也可自愿选择 1200 元和 1800 元的缴费档次。2010 年缴费基数提高到 672 元,月领取也相应提高到 50 元。2011 年,贯彻执行《扬州市城乡居民社会养老保险制度实施办法》,实行统一的城乡居民养老保险制度,原农村社会养老保险与之并轨。凡具有杨寿户籍,年满 18 周岁以上农村居民和城镇居民未参保人员均可参保。低保和重残人员,到龄可直接享受城乡居民社会养老保险。参保人员自主选择缴费档次,由镇村办理参保登记手续,按期到银行缴纳保费,建立城乡居民养老保险账户。养老金待遇由基础养老金和个人账户养老金组成,基础养老金 2010 年 1 月至 2011 年 12 月每人每月 60 元,2012 年 1 月起为 70 元。个人账户养老金月计发标准为存储额除以 139。2014 年,城乡居民个人缴纳养老金保险费标准又增设 800 元、1600 元、2400 元 3 个档次。如果参加城镇职工养老保险达 6 个月,原"新农保"可申请退保,将其个人缴纳部分的本息(银行利息)全额退还。至 2016 年底,全镇参加城乡居民社会养老保险的有 8015 人,占应保人数的 99.6%,已经有 2156 人领取养老金,当年续缴费 2816 人,保费 171.75 万元,新增缴 58 人,新办理领取 79 人,被征地农民置换 68 人。

四、敬老金

2008 年,杨寿镇政府实施"五项民生工程"之一"敬老工程",境内达 90 周岁的居民,每年生日当月,政府发放 1000 元的敬老金;98 周岁以上老人,每年生日当月,镇政府将发放 1 万元的敬老金。2013 年,邗江区政府对全区 90 周岁以上的居民统一发放敬老金。杨寿镇"敬老工程"与之并轨,90 周岁以上老人的敬老金不再重复发放。

第三节　医疗保障

一、公费医疗

1953 年起,实施公费医疗,当年由江都县公费医疗预防实施管理委员会管理。1956 年,由邗江县公费医疗预防实施管理委员会管理。享受公费医疗的对象是乡政府、税务所等由国家预算内开支工资的行政编制工作人员、学校事业单位由国家预算内开支工资的全民所有制工作人员及长期享受抚恤的在乡二等乙级以上革命残废军人,经核定发给公费医疗证,凭证就医。公费医疗经费由国家按定额和享受人数,逐年专项拨款,超支部分从县地方财政中安排解决。公费医疗年人均支出 1956 年为 18 元,1966 年为 20 元,1976 年为 33.3 元,1985 年为 97.3 元。1985 年人均支出数为国家下达数的 3 倍以上。1986 年,境内实行系统包干管理办法。政府工作人员医药费由乡政府包干,税务所、学校人员医药费由县级本系统包干,取消公费医疗证,医药费凭发票报销。1992 年后,县公费医疗管理委员会下达的乡政府人员的年人均医药费标准有所增加,但远不够上涨的医药费支。2000 年下半年,县社会保障局筹办机关、事业单位工作人员的医疗保障。2001 年,境内机关、事业单位工作人员统一参加区城镇职工基本医疗保险,按每人工资的 9% 征集,其中单位 7%,个人 2%,参保者凭证、卡、病历在全区 35 个定点医疗机构就诊。

二、劳保医疗

1956 年,境内企业单位开始实行劳保医疗制度。1956~1981 年,境内的信用合作社、供销社、粮食管理所、电力管理站等县属企业单位的职工,社(乡)办企业单位的部分人员患病就医,医药费用凭发票到单位报销,或由特约就诊的杨寿卫生院记转结算。1982 年以后,劳保医疗药费出现失控现象,境内各单位相继取消特约记转就诊,改凭医药费收据报销。后又改为限额报销。对住院治疗的危重病人,根据情况按一定比例报销。凡职工因公致伤、致病、致残的医药费全报。1990 年,企、事业单位从福利金中支付医药费的款额难以支付上升的职工医疗费,各单位相继取消职工凭医药费收据报销的办法。实施将支付全年医药费的总额三、七分拆,三成发放给个人,由个人包干使用,不再报门诊医药费;七成由单位统管,用于职工因重病住院的医药费报销。1990~1994 年,各单位提取支付医药费的款额虽不断增加,仍难负担职工重病住院的医药费。1995 年,部分单位将年住院医药费按金额大小分段、按百分比报销,限额封顶;部分单位适当增加按月发放的个人医药费,不再报销住院医药费。2000 年下半年,县社会保障局筹办事业、企业单位职工医疗保障,建成社会保险基金管理结算中心、服务大厅和计算机信息中心,与定点医疗机构实现联网管理。

三、社保医疗

2001 年,邗江区社会保障局开办机关、事业、企业单位职工社会保障医疗。境内镇政府机关工作人员、学校教师、卫生院职工及农业银行、信用合作社、电力管理站、供销社、合作商业社、粮食管理所等单位员工投保参加区社保医疗。投保额是个人出工资的 2%、单位出工资的 8%,由单位统一上交区社保局。区办区管,由区社会保障局统管。社保局发放参保人员职工医疗保险证、社会保障卡,职工凭证、卡到定点医疗机构和定点药店就诊、购药。社保部门分年龄段按投保全额的 26%~45% 逐月充值到个人社会保障卡,由参保人员包干门诊使用。个人凭证、卡到定点医院住院,一年中须交首次住院非报销费,镇(乡)级医院 600 元,县(区)级医院 700 元,大市级医院 800 元。住院医药费减非报销费后的费用,按允许报销范围的 90% 由社保局结算报支。至 2016 年,随着参保人员工资的增长、投保金额的增加,社保局逐月充值到个人社会保障卡的金额亦同步增加。

四、合作医疗

1968 年至 1971 年,境内各大队先后建立合作医疗室,每室配有 2~3 名赤脚医生。境内合作医疗是社员互相合作、自筹资金集体办医的一种集资医疗,由所在生产大队管理。其资金筹集是社员每年每人交 7 元,生产大队出 1 元,专户储存,专款专用。就医方法是合医合药。凡参加合作医疗者,限在本大队合作医疗室就诊,只交 0.05 元挂号费。转院医疗时,凭特约介绍信限额记账,超出部分自理。赤脚医生报酬按所在大队的同等劳力持平或略高。1981 年,农村建立农业生产责任制,赤脚医生的工分分配报酬制取消,改为工资制,与所在生产大队的中层干部年工资收入持平。1983 年后,因合作医疗资金筹集不到位,部分大队合作医疗由合医合药改为合医不合药,看病时交挂号费、药费、注射费。是年,大队合作医疗室更名为村卫生室,赤脚医生更名为乡村医生。1987 年,境内合作医疗合医合药的只有永和村,其他村均为合医不合药。部分村的乡村医生工作收入得不到保证,其乡村医生独自购药行医,收入归己。1992 年,境内合医合药的村卫生室有永和村,合医不合药的村卫生室有新民村。1997 年,境内合医合药的村卫生室消失,农村合作医疗解体。农民人均收入虽逐年上升,但因病致贫现象屡屡发生。2000 年底,县政府筹划新型农村合作医疗。

2003 年,邗江区政府开始实施新型农村合作医疗保障。由区政府成立区新农合管理委员会,下设办公室。镇政府设新农合管理办公室。是年,镇参保 15335 人,占应参保人口 83.7%。个人投入 30 元,各级财政投入人均 60 元。参保人员凭身份证或参保证到定点医院就诊,门诊医药费在社区服务站就医报支 40%,在镇卫生院就医报支 30%,在区级以上医院不报支。住院医疗报销标准,在镇卫生院住院治疗的医药费中,前 500 元报支 30%,500 元以上的部分按允许报销范围的 70% 报支。到上级医院住院,须按级转诊,给予规定的报支。2010 年,镇境参保 17848 人,占应参保人口 96.7%,个人投入 40 元,各级财政投入人均 120 元。到定点医院就诊,门诊医药费在社区服务站报支 40%,在镇卫生院报支 30%,在区级以上医院不报支。住院医药费在镇卫生院就医,500 元以上的部分按允许报销范围的 75% 报支,其他不变。2016 年,全镇参保 17680 人,占应参保人数 100%,个人缴纳 120 元,各级财政投入人均 425 元。门诊医药费,在社区服务站就医报支 60%,在镇卫生院就医报支 50%;住院费用,600 元以下部分按门诊报销,600 元以上的部分按 90% 报支。

五、大病救助

2008 年始,镇政府落实"五项民生"工程之一的"病补"工程,由慈善部门对生大病的家庭给予 1000~4000 元的一次性大病救助。

第四节　住房保障

一、住房公积金

1996年4月,境内机关和事业单位建立住房公积金制度,缴纳标准为职工工资总额的10%,单位和个人各缴5%。1997年,缴存比例为12%,单位和个人各缴6%。1999年,住房公积金的缴存比例上调为14%,单位和个人各缴7%。2002年,住房公积金制度进一步完善,缴存住房储金的单位指机关、事业单位、城镇集体企业、外资企业、私营企业、民办非企业单位、社会团体等,单位和个人各缴存基础工资的8%~12%。缴存住房公积金的职工在市区购置住房可使用住房公积金,缓解经济压力。2016年,落实扬州市《关于调整住房公积金缴存基数的通知》,缴存比例仍然为8%~12%,境内机关、事业单位职工除住房补贴外的全部工资为缴存基数,单位和个人各缴存基数的12%为住房公积金。其他单位月缴存基数最低不低于扬州市最低月工资标准1770元,最高不超过月工资1.8万元。

二、危房改造

60年代,出现危房时,农户自行改造,大队、生产队以补贴粮、草、工分的形式给予支助。

70年代,公社制订农村危房改造规划,有计划、分年度地帮助困难群众改造危房。年初,打报告给县计划委员会申请木材,将批拨的木材无偿分发给困难户,再补助部分瓦匠和木匠工资。

1989年,以资金贴补的形式帮助危房户改造危房。是年,镇政府拨1.3万元帮助东兴南庄一困难户维修危房;拨2.5万元帮助新龙村民主组一困难户拆除危房,重建三间砖瓦结构房屋。

1990~1992年,镇政府对全镇"五保户"危房进行全面维修、改造,共修22户65间,保证每户不少于两间住房。

1994年3月,根据邗江县第十一届人民代表大会第二次会议通过的《关于解决农村特困户住房问题的决议》,镇政府提出每年为8~10户困难家庭(含"五保户")修缮、改造危房。1998年,全镇修缮、改造危房9户,其中新龙村2户、东兴村2户、方集村1户、永和村1户、爱国村1户、宝女村1户、墩留村1户。共23间550平方米,改造成砖瓦结构。县财政拨付8.5万元,镇财政拨付8.5万元,亲友资助1.6万元,自筹5.1万元,计23.7万元。

2010年,对无经济能力的低保户和新增困难户,镇政府采取新建、修缮、置换、出租等方式解决住房问题。2014~2016年,杨寿镇政府、区民政局、区房管局对低保户家庭中的7个危房户,一次性发放维修补贴2.5万元/户或3.5万元/户,累计投入危房改造资金22.5万元。

第五节　失业保障

1987~1997年,境内机关、事业单位、集体企业参加失业保险,其失业保险金按职工工资总额的1%征收,由县劳动部门统一收取和发放。1996年,供销社、食品站、粮管所等几家集体企业39名下岗职工,分别领取24个月失业保险金。1998年1月,失业保险基金征收比例提高为2%,其中1%为解困基金。是年7月,失业保险基金征收比例调整为3%,其中,单位缴纳2%,个人缴纳1%,同时扩大失业保险的覆盖范围,凡是被列入企业职工工资名册的均要缴纳失业保险金,征收的基金缴至县劳动就业管理处失业保险股,每月由县劳动管理处代理发放。2000年,杨寿镇征缴单位27家,参加失业保险1125人,征收金额1.1万元。2016年,征缴单位48家,累计参加失业保险6501人,征缴金额6.51万元。

第六节　生育保障

1994年5月1日,《邗江县生育社会保险实施细则》实施,境内女职工生育保险工作正式展开,参保范围为参加养老保险的城镇国有、集体企业等,县社会劳动保险管理处负责生育保险费的征缴、支付、管理等业务工作。生育保险费按参保单位全部职工工资总额的1%比例提取,在单位的管理费中列支,由企业按季度向县社会劳动管理局缴纳,职工本人不缴纳生育保险费。1999年10月1日,江苏省人民政府161号令《江苏省城镇企业职工生育保险规定》施行,设立生育保险基金。由镇劳动社会保障部门负责征收统一缴县社会保障管理局,县社会保障局负责支付和管理。生育保险参保范围由城镇国有、集体企业扩大到城镇各类企业,对享受生育保险待遇的范围、条件以及虚报冒领的法律责任均有具体规定。参加生育保险的单位女职工(一年内临时工除外),凡符合计划生育政策的生育(含婴儿、产妇死亡)均可享受生育保险补偿。生育保险金以上一年度邗江社会平均工资为支付计算标准。第一胎生育正常分娩的按7个月支付,难产的按8.5个月支付。1994年5月至1997年6月30日期间,补偿金额是:一胎顺产的1400元,二胎顺产的1300元;一胎难产的1900元,二胎难产的1700元。1997年7月至2000年6月30日期间,补偿金额是:一胎顺产的2398元,二胎顺产的2226元;一胎难产的3254元,二胎难产的2910元。2000年7月至2008年6月期间,一胎顺产的3053元,二胎顺产的2835元,一胎难产的4144元,二胎难产的3707元。2010年,境内34家企业缴纳生育保险费,参保人数465人,先后有29名女职工分别享受分娩、流产的相关待遇。2016年,境内48家企业的1058名女职工缴纳生育保险费,53名女职工享受生育保险待遇。

第七节　工伤保障

1998年起,境内的建筑、鞭炮等高危企业相继为职工办理工伤意外保险,为每人每月缴纳

150元。2005年7月1日,施行《扬州市邗江区工伤保险实施方法》。对参保企业按照风险程度征缴,分3个行业类别,其费率分别为职工工资总额的0.5%、1%、2%。境内当年参保职工1154人,缴纳工伤保险基金9.1万元。2004年后,改为职工工伤保险,按企业职工工资总额的0.5%~1.1%缴纳。2006年,调整为0.6%~1.2%。之后,境内企业在签订劳动合同时明确为职工缴纳的"五险"中含工伤保险。2016年,全镇参加工伤保险企业48家,职工6501人,当年扩大征缴人数450人,灵活就业人员91人,金额750万元。部分企业职工流动性比较大,用人单位同时缴纳商业意外保险。

第八节 最低生活保障

1997年9月,《邗江县城乡最低生活保障暂行办法》施行。农村农民最低生活保障标准为年人均800~1000元;县属城镇非农人口最低生活保障标准为年人均1440元。农村保障对象是病残、年老体弱、天灾人祸等原因丧失劳动能力后,口粮田无法耕种又无其他经济来源的特困户家庭和人均收入低于生活保障标准的贫困户。非农户口保障对象主要是"三无"人员(无固定收入、无劳动能力、无法定赡养人或抚养人)。不列入保障范围的对象是:有劳动能力的懒惰者;城镇非农人口具有正常劳动能力,但无正当理由两次不接受劳动就业介绍的人员;违反《中华人民共和国婚姻法》《中华人民共和国收养法》和无计划生育人员及家庭。保障资金由县、镇分级负担,非农人口由县、镇各半负担。1999年7月1日起,城镇居民(含五保人员)最低生活保障标准提高到每户每月156元,农村最低生活保障金为每户每月100元。2011年,对低保实行动态管理,坚持"应保尽保,应退尽退,分类施保"的原则。农村居民发放最低生活保障金144户,最高发放每户每月210元,最低发放每户每月83元,月累计发放22073.33元;城镇居民发放最低生活保障金9户,最高发放每户每月650元,最低发放每户每月340元,月累计发放4130元;农村重度残疾人生活补助55人,每人每月210元,城镇重度残疾人生活补助5人,每人每月370元,月累计发放13400元;城镇"三无"人员4人,每人每月370元,月累计发放1480元;"五保人员"213人,每人每月280元,月累计发放59640元。随着经济社会的发展,居民最低社会保障大幅度提高。2016年,全镇发放最低生活保障金433户,359.57万元。其中,农村居民发放最低生活保障金107户,最高发放每户每月1440元,最低发放每户每月280元,月累计发放69489元;城镇居民发放最低生活保障金10户,最高发放每户每月756元,最低发放每户每月518元,月累计发放7100元;城镇"三无"人员2人,每人每月1299元,月累计发放2578元;孤儿1人,月累计发放1105元;"五保"人员206人,其中,分散供养187人,每人每月617元,集中供养19人,每人每月701元,月累计发放128698元;60岁以上退役士兵生活补助96人,月累计发放111040元;铀矿开采人员11人,生活补助每人每月653,月累计发放7183元。

第九节 被征地农民生活保障

60~70年代,学校、医院、机关、供销系统等用地较多,按照使用面积,折合相应的补偿金给所在生产队,基本上坚持用地单位负责安置所属地的部分劳动力工作,被安置人员一般为合同制职工。改革开放以后,社会事业和企业用地加大,一般采用土地转让或租赁的形式。所得租金和补偿款,由村民小组管理、使用、分配。村民小组对组内剩余土地重新分配。1998年,扬州金泉旅游用品股份有限公司使用宝女村电力组2公顷土地,每公顷12万元,经村民代表会议一致要求,给组内各户缴纳程控电话和自来水初装费后,剩余部分,按组内农村户口人数平均分发。2002年,规划建设杨寿工业集中区,所用土地均为货币安置。2008年,杨寿创建村级创业园,征用宝女村姬庄组4.67公顷土地,每公顷33万元,经村民小组会议通过,按组内农村户口人数平均分发,村民自行缴纳养老保险。2011年,宝女村大庄组,有被征地农民71人申报并办理征地农民保险,金额为30万元。至2016年,大庄组已有52人领取养老金。

第二十五章 村（社区）概况

中华人民共和国成立初,废保甲制,建村组制,乡以下设行政村。时设有杨寿、墩刘、方集3个乡。下辖24个行政村。1956年4月,墩刘改"刘"为"留",墩刘乡并入方集乡。同年11月,方集乡并入杨寿乡,划出方集、苏窑、周九3个村并入裔家乡。次年10月,撤销裔家乡,裔家乡所辖方集、周九2个村划归杨寿乡,至此杨寿乡有23个行政村,146个村民小组。1958年10月,建立人民公社,设爱国、永和、墩留、方集等4个工区。同年,乡村组制改为社队制,设爱东、墩留、方集等3个农业生产大队（简称"大队"）。次年4月,境内撤销4个工区和爱东大队,设8个大队,即东兴、爱国、永和、蒋塘、墩留、宝女、方集、新民等大队,设145个生产队,后先后增加6个生产队。是年6月,增设4个大队,分别由爱国大队划分出袁岗大队,永和大队划分出杨华大队,宝女大队划分出毛正大队,方集大队划分出建龙大队。同时,设立杨寿公社集镇居民委员会（简称"居委会"）。1960年5月,宝女大队划分出烟业大队。次年5月,杨华大队并入永和大队,毛正大队、烟业大队并入宝女大队。1964年3月,宝女大队划分出李岗大队。1966年4月,宝女大队更名为杨寿大队。1983年5月,行政体制改革,社队制改为村组制,大队改称为村,生产队改称为村民小组,大队作为经济组织保留至1993年9月。公社集镇居委会改称为乡居委会。2000年7月,11个村合并为7个村,即东兴村、爱国村、永和村、墩留村、宝女村、新龙村、方集村。2009年,杨寿镇集镇居委会改设为杨寿镇社区居委会。至2016年,杨寿镇下辖7个村,151个村民小组,1个社区,3个居民小组。

第一节 东兴村

东兴村位于杨寿镇东北端,东北是白马湖,与公道镇为邻,西与爱国村接壤,南傍新龙村,杨寿涧由西向东穿境而过。

中华人民共和国成立初期,东兴村隶属于杨寿乡,村境内有苏家村、万元村、包沙村。1956年,成立东兴高级社、包沙高级社。1958年10月,属爱国工区、爱东大队。1959年4月,撤销爱国工区、爱东大队,设立东兴大队。1983年5月,改称为东兴村。2016年,村域面积3.60平方千米,辖16个村民小组,共有473户,总人口1790人。

东兴村系圩区,有东兴圩、范家大圩、白马湖圩等。耕地面积144公顷,主要种植水稻、小麦等粮食植物。有徐庄闸、陈庄闸、南大港闸、陶庄闸以及大菱田、陈庄、徐庄、黄庄、陶庄和金庄排灌站。村水域面积丰富,养殖水面160公顷。水蛭养殖、藕鱼混养等水产养殖为村一大特色。成立有东兴水产养殖专业合作社,合作社注册"杨永牌"商标。

东兴村便民服务中心

村境工业主要有模具制造、机械加工、长毛绒玩具生产等。

永爱路、东兴路、杨寿涧堤顶公路经过该村,邗江区镇村公交328路通至该村。东兴大桥是境内最长的跨河桥,建于1972年。2007年,江苏华利地产集团有限公司董事长、总经理金宏星(东兴人)出资75万元,重建大桥,更名为宏星大桥。

境内旧时有寺庙万元庵,1953年拆除,建筑材料移至公用。

2016年,村三业总产值2.77亿元,其中农业1318万元,工业2.04亿元,三产增加值5953万元,其他收入56万元。村集体可支配收入72.5万元。人均年收入2.04万元。东兴村党总支部下设3个党支部,即东兴村工业党支部、东兴村农业党支部、东兴村水产养殖党支部。

第二节　爱国村

爱国村位于杨寿镇北,西临杨寿集镇、永和村,东与东兴村接壤,北与公道镇隔朱桥涧相望,南依杨寿涧与新龙村为界。

爱国村便民服务中心

中华人民共和国成立后,境内属杨寿乡,设有仁元、金王、莲子、袁岗等4个村。1955年,成立农业初级合作社时,因交(卖)给国家爱国粮多,由当地文化名人吴玉德和黄珏区蹲点干部、区委宣传科科长陈国钧共同起名"爱国农业初级合作社"。"爱国"名由此而来。1956年,境内建爱国高级社、袁岗高级社。1958年10月,人民公社化时,属于爱国工区、爱东大队。1959年4月,撤销爱国工区、爱东大队,设立爱国大队,并建立爱国大队党支部。6月,增设袁岗大队。1983年,改称为爱国村、袁岗村。2000年7月,袁岗村并入爱国村。2016年,村地域面积6.5平方千米,其中耕地面积323.4公顷,辖28个村民小组,共有939户,总人口3588人。

1968年12月16日,农业学大寨运动中,爱国人奋战12个昼夜,筑渠82米,开挖一条700米引水河,建起顾庄电灌站,将邵伯湖水引进丘陵山区,解决莲子庵严重缺水问题。次年秋,爱国大队又在义和、五九和爱国生产队开展低产田改造,投入劳力1.75万个,挑土方3.5万立方米,改造低产田30余公顷,被县、市、省授予农业学大寨红旗大队、样板大队。是年,大队党支部书记吴德云,作为农民代表赴北京参加建国20周年庆典。后贫下中农代表、劳动模范俞长巨当选省人大代表,大队长(后任党支部书记)吴增珊当选省政协委员。农业学大寨之后,村农业生产一直是全县的典范。

全村有两个专业合作社,即林业土地专业合作社和华远土地合作社。入股土地206公顷,入股农户312户。邗江区天脊家庭农场,流转土地103余公顷,购置大型农机具、植保飞行器。根据食品加工企业订单,组织农业生产,生产过程全部机械化。

1971年,大队兴办农机配件厂,主要承接农机具维修和五金加工。80年代后,先后兴办蚊香厂、鞭炮厂、长毛绒玩具加工厂等企业。1988年,爱国农机配件厂与扬州电力修造厂联合,组建为爱华机械总厂。现村境内工业企业44家,主要从事机械制造和加工、监控设备生产、制香、长毛绒玩具生产等。爱华机械总厂为村内骨干企业。

境内杨爱路、公瓜路、永爱路、贺庄路、天王寺路、杨寿涧北堤顶公路由西向东穿村而过,镇村公交329路、330路在村内设有多个站点。杨寿涧沿村南、朱桥涧沿村北边缘经过。

村内有莲子庵、天王寺(斗坛)、东关庙等寺庙。1958年和1967年相继被毁。改革开放后,莲子庵、天王寺(斗坛)修缮扩建。

2006年,爱国村创成扬州市全面小康先进村。2008年,创成扬州市新农村示范村、扬州市环境示范村。2010年,爱国村党总支被评为扬州市邗江区先进基层党组织。

2016年,村三业总产值10.96亿元,其中工业产值9.86亿元,农业产值4035万元,三产增加值6581万元,其他收入95万元。村集体可支配收入135万元,人均年收入2.79万元。爱国村党总支部下设3个党支部,即爱国村工业党支部、爱国村大众党支部、爱国村金王党支部。

第三节　永和村

永和村位于杨寿镇西北部,南临杨寿集镇、墩留村,东与爱国村接壤,西与大仪镇路东村为邻,北隔朱桥涧与仪征市大仪镇相望。

中华人民共和国成立前及初期,境内有马场村、杨华村、蒋塘村、高院村。1955年,成立农业初级合作社时,黄珏区政委步永源将所蹲点村今小永和组起名"永和农业合作社",意为期盼永久和平,"永和"村名由此而来。

1956年,村境有永和、杨华、蒋塘高级社。1958年10月,境内属永和工区、爱东大队。1959年4月,撤销永和工区、爱东大队,设立永和大队、蒋塘大队。"文化大革命"期间永和大队改名为东方红大队,"文化大革命"后恢复原名。1983年5月,改称为永和村、蒋塘村。1987年12月,永和村党支部改设为永和村党总支部。2000年7月,蒋塘村并入永和村。2008年7月,设村党委建制。2016年,全村地域面积7.85平方千米,其中耕地面积356.36公顷,辖29个村民小组,共有1073户,总人口4061人。

村地域多为丘陵岗区,1958年,开挖引水渠4000米,在官庄建一级电灌站(时称北一站),郭庄建二级电灌站(时称北二站),通过两级提水,局部三级提水(杨华、吴庄组由杨华电灌站三级供水),解决村内农田缺水问题。

全村有两个专业合作社,即永丰土地专业合作社和金葡萄种植专业合作社。入股土地100余公顷,参股农户396户。金葡萄种植专业合作社在生产过程中,禁用农药、化肥、激素,产品无公害,被注册为"永禾春"商标。2011年,金葡萄种植专业合作社被评为邗江农家乐示范点。

村内规模以上企业5家,江苏省南扬机械制造有限公司生产的焊管机组、轧辊远销国内外,为省级高新技术企业。江苏永和建设工程有限公司建设的扬州佳家花园工程获得"省文明工地"称号。杨寿镇行政服务中心大楼建设项目获得扬州市"环境杯"奖。

村内公路有永和路、永爱路、东兴路、杨华路、蒋塘路、焦庄路、果园路,其中通镇公路永和路为四车道,长3000米,宽12米,道路两旁有路灯、绿化。杨寿汽车客运站迁址该村,为市公交107路、7路、79路车起点站,邗江区镇村公交329路途经该村。村居民集中居住区面积5万平方米,有住户150户。有便民服务中心、超市、老年康养娱乐中心、大礼堂、党建广场、生态农庄、大学生创业园、连片意杨林等。

镇烈士陵园位于村内高院大塘畔,是邗江区爱国主义教育基地。

永和村先后被评为全国文明村、江苏省文明村、江苏省卫生村、江苏省级生态村、江苏省社会主义新农村建设示范村、江苏省三星级康居乡村、扬州市先进基层党组织、扬州市优美乡村等。

2016年,村三业总产值24.09亿元,其中工业产值19.78亿元、农业产值3568万元、三产增加值6339万元、建筑安装业产值1.5亿元,其他收入1.82亿元。村集体可支配收入168万元,人均年收入2.74万元。永和村党委下设7个党支部,即永和村蒋塘党支部、永和村高庄党支部、永和村杨华党支部、永和村马场党支部、永和村江苏永和建筑工程有限公司党支部、永和村江苏省南扬机械制造有限公司党支部、永和村邗江轻纺机械厂党支部。

第四节　墩留村

墩留村地处杨寿镇西部,与仪征市大仪镇、刘集镇接壤,南与宝女村为邻,东与杨寿集镇、宝女村以红光河为界,北与永和村(蒋塘)隔杨寿涧相望,244省道扬天公路沿村西侧穿境而过。墩留村原名墩刘村,以境内寺庙墩刘庵得名。1947年,以墩刘名乡,辖墩刘、救生、宝女、毛正、李岗、瞒藏6个村。乡政府设在寺庙裕善堂内(现杨寿社区新风路北侧,杨寿卫生院旧址)。

中华人民共和国成立后,属扬州市黄珏区。1950年8月,改属江都县。1956年3月,建立邗江县,墩刘乡改属邗江县。1956年4月,墩刘乡(改"刘"为"留")并入方集乡,分设墩留村、救生村。1956年,成立墩留高级社。1958年10月,属墩留工区,墩留大队。1959年4月,撤销墩留工区,墩留大队划出宝女大队,建立新墩留大队。"文化大革命"期间改名为胜利大队,"文化大革命"后恢复原名。1983年5月,改称为墩留村。2016年,村域面积4.50平方千米,其中耕地面积313公顷,辖17个村民小组,共有601户,总人口2238人。

村内地域多属冈塝地。旧时田块零散、大小不一、高低不平,农民种植较为困难。70年代,在"农业学大寨"运动中,该村率先在马庄队及周边地域开展农田平整。80年代后,又分期

墩留村便民服务中心

分批组织劳力对村内农田进行改造。2009年11月后,村先后成立3个土地股份合作社,创办2个农业生产经营公司。2010年,创办扬州市创日营养畜牧科技有限公司,占地近22公顷,主要从事种猪改良、生猪集约生态养殖和生产生猪饲料。2016年,公司生猪出栏2.5万头,生产饲料1.2万吨。

村内工业有生产建筑材料、焊管设备、电气包装等企业,扬州市锦寿建材有限公司是村重点企业,主要生产红砖和17孔、20孔等多孔砖,2016年,销售1.43亿元,利润1668万元。

村主要道路有扬天路、杨裔路、杨墩路、合墩路。邗江区镇村公交328路通至该村,村东庄组有水运码头1座。

2011年1月,被扬州市委、市政府授予"社会主义新农村建设示范村"称号。2015年,创成省级生态村。

2016年,村三业总产值约4.33亿元,其中工业产值3.81亿元、农业产值1148万元、三产增加值3953万元,其他收入59万元。村年可支配收入55.10万元,人均年收入2.30万元。墩留村党总支部下设3个党支部,即墩留村农业党支部、墩留村工业党支部、墩留村经济合作党支部。

第五节　宝女村

宝女村位于杨寿镇西南部,东与新龙村、甘泉街道办公路集村吴庄组接壤,南与甘泉街道公路集村马庄组相连,西临扬天公路,西北与墩留村隔红光河(杨寿涧支涧)相望,北依杨寿社区。回归大道7路、107路公交线路穿境而过。是杨寿镇的南大门。

宝女村由境内汉墓宝女墩得名。相传东汉光武帝刘秀的妹妹逃难至此,冻饿,死在路边,被百姓葬于此地,后刘秀在此立墓,并用大量金银珠宝陪葬。因是皇帝妹妹之墓,故称宝女墩,亦称宝贝墩。此地出土的文物铜鼎、漆盘、铜熨斗、猪形玉握、"日有熹"铜镜、铜奁为市和省博物馆收藏。宝女墩汉墓东侧有一陪葬墓,名为"小墩汉墓"。两墓葬均为省级文物保护单位。

中华人民共和国成立初期,村属墩刘乡。1956年4月,改属方集乡,境内有毛正村、宝女村、

宝女村党群服务中心

李岗村。1956年，成立李岗、毛正两个高级社。1958年10月，隶属于墩留工区、墩留大队。1959年4月，撤销墩留工区，墩留大队划改设宝女大队。1960年5月，宝女大队划设烟业大队。1961年5月，撤销烟业大队并入宝女大队。1964年3月，宝女大队划设李岗大队。1966年4月，宝女大队改名为杨寿大队。1983年5月，改称为杨寿村、李岗村。2000年7月，镇村级区划调整，杨寿村、李岗村合并，恢复称为宝女村。2010年，杨寿镇政府行政中心迁至村大庄组。2016年，地域面积3.54平方千米，其中耕地134.78公顷，辖23个村民小组。共有838户，总人口2606人。

70~90年代，大队（村）结合小流域治理，进行低产田改造，高低不平、零散不整的土地改造成大片方整田，并进行沟渠林网配套，为省、市、县低产田改造样板。1996年3月，全国绿化委员会授予李岗村"国家绿化千佳村"称号，1997年10月，农业部授予李岗村"国家级林网之村"称号。

村内有工业企业48家，主要产品有钣金电气、橡塑化工、工艺品、长毛绒玩具、机械、建筑材料等。镇工业集中区、镇村级创业园位于该村。

村交通便利，主要道路有扬天路、回归路、曹扬路、合墩路、楼庄路等。市区公交107路、7路，区镇村公交330路在村内设有多个站点。

2012年5月，江苏省环境保护厅授予该村"江苏省生态村"称号。

2016年，村三业总产值13.32亿元，其中工业产值12.31亿元，农业产值3006万元，三产增加值3370万元，其他收入86万元。村集体可支配收入60.55万元，人均年收入2.48万元。宝女村党总支部下设3个党支部，即宝女村杨寿党支部、宝女村李岗党支部、宝女村扬州高新橡塑有限公司党支部。

第六节 新龙村

新龙村位于杨寿镇东北部，西起杨寿集镇，东至白马湖，与公道镇、方巷镇（黄珏）相望，南与方集村、甘泉街道焦巷村接壤，北与爱国村以杨寿涧为界。王冲涧流经该村汇入杨寿涧，县道杨裔公路穿境而过。

中华人民共和国成立初期，境内属方集乡，有建隆村、曹安村、大殷村、瞒藏村。1956年，设有建隆高级社、建国高级社、新华高级社、民主高级社、曾巷高级社。1958年10月，属方集工区、方集大队。1959年4月，撤销方集工区，建立新民大队。同年6月，建立建龙大队。"文化大革命"期间，建龙大队改名为立新大队，"文化大革命"后恢复原名。1983年5月，改称为建龙村、新民村。2000年7月,新民村与建龙村合并取名为新龙村。2016年,地域面积6.48平方千米,其中耕地面积320公顷,23个村民小组,4个合作社。共有878户,总人口2725人。

新龙村便民服务中心

新龙村有半数以上田块属于圩田,有玉带圩、夏家大圩、殷家圩等。中华人民共和国成立前,水利失修,十年九淹。中华人民共和国成立后,大兴水利建设,逐年完善水利设施,疏浚河流,加固圩堤,建设排灌两用电站,确保旱涝丰收。2010年10月始,先后成立新龙高效土地专业合作社、新龙水产养殖专业合作社、兴隆禽业合作社和新龙农机合作社。村内有扬州市人防工程基地,占地4公顷。

村内有工业企业7家,主要从事热镀锌、机械电气、长毛绒玩具加工等,扬州市邗江区振兴热镀锌厂为村内重点企业。

村主要道路有杨裔路、公瓜路、甘新路、红旗路、堤顶公路。邗江区镇村公交328路在村内设有站点。杨寿涧沿村北全境经过,王冲涧主要流域在该村。

村内有农家书屋、百姓讲堂、文明驿站。大殷组村民吴玉良利用自家房屋开设文明驿站,开境域文明驿站先河。

村境有古寺庙建隆寺、金龙寺、曹安寺。建隆寺、金龙寺早年被洪水冲毁。"文化大革命"时期,曹安寺被拆除。2015年,当地民众集资筹建,曹安寺得以恢复。

2016年,村三业总产值12.52亿元,其中工业产值11.60亿元、农业产值4082万元、三产增加值3748万元,其他收入85万元。村集体年可支配收入55.3万元,人均年收入2.44万元。新龙村党总支部下设3个党支部,即新龙村建龙党支部、新龙村新民党支部、新龙村工业党支部。

第七节 方集村

方集村地处杨寿镇东南部,东南与方巷镇(原黄珏镇)裔家村、甘泉街道焦巷村接壤,西北与新龙村以王冲涧、曹安涧为界,县道杨裔公路穿北境而过。

方集(方家集)原为集镇,属扬州西山十三集之一,民国时以方集名乡,辖苏窑、方集、周九、建隆、曹安、大殷6个村。1956年4月,墩刘乡并入,原墩刘乡所辖墩留、救生、宝女、李岗、毛正、瞒藏6个村随属。1956年11月,方集乡并入杨寿乡。方集村、苏窑村、周九村划归裔家乡。1957年9月,撤销裔家乡,方集村、周九村划入杨寿乡。1958年10月,属方集工区、方集大队。1959年4月,撤销方集工区,划出新民大队,建立新方集大队。同年6月,新方集大队划出建龙大队。1983年5月,改称为方集村。2016年,地域面积3.81平方千米,其中耕地193.47公顷,

方集村便民服务中心

辖 15 个村民小组。共有 586 户,总人口 2160 人。

中华人民共和国成立前及初期,方家集与杨兽医坝齐名,方集乡治所驻方家集镇。方家集除每天早市外,农历每月初五、初十、十五、廿、廿五、卅(月小二十九)为逢集日。镇上有商铺近 30 家。集镇主街道为南北向,辅街为东西走向(人称巷子口),北首是关帝庙。后因方集乡并入杨寿乡,行政中心设在杨兽医坝而逐步萎缩。

村境内革命斗争和办学校起步较早。民国十七年(1928)初,中共江苏省委指派郭成昌、施道泉(即周长庚),由上海新华专科大学地下党支部书记张学之引荐,以卖肥田粉为名到方集乡双栗树一带开展农民运动,发展中共基层组织,在境内建立双栗树支部。该村人胡文德曾为党支部委员。民国三十六年(1947),在陈庄建立方杨乡中心国民小学,附设方家集、周九房、大殷庄小学,校长陈润霖(陈乃堂)。民国三十七年(1948)成立方集乡国民周九小学,校长胡敏。

村域中南高北低,岗、塝、冲、圩田交错,农田零散。70 年代末,村分期开展低产田改造。至 2000 年,已基本改造成高产稳产的良田。2005 年 5 月,成立方集苗木园艺合作社。2010 年 10 月,成立高田土地专业合作社。

村内有光学玻璃仪器、车辆配件、电气、文教用品、长毛绒玩具生产加工等企业 12 家。80 年代起,方集光学玻璃厂生产的铅玻璃,被用于广州大亚湾等多个核电站辐射防护。

村主要道路有杨裔路、合墩路、甘新路、五方路。邗江区镇村公交 329 路在村内设有站点。

2009 年 2 月,该村被江苏省民政厅授予"管理民主示范村"称号。

2016 年,村三业总产值 2.78 亿元,其中工业产值 2.20 亿元、农业产值 2717 万元、三产增加值 3032 万元,其他收入 55 万元。村集体年可支配收入 56.2 万元,人均年收入 2.40 万元。方集村党总支部下设 3 个党支部,即方集村农业党支部、方集村工业总支部、方集村花卉苗木业总支部。

第八节 杨寿社区

杨寿社区位于杨寿镇中心位置,东与新龙村接壤,南与宝女村为邻,西与墩留村隔红光河相望,北与永和村以杨寿涧为界。旧时为纪念坝上的杨姓兽医得名,称此为杨兽医坝集。民国时期,改兽为寿,省略医坝,始名杨寿集。

1959 年 6 月,建立杨寿公社集镇居民委员会(简称"居委会")。1983 年 5 月,政社分设,改称为杨寿乡集镇居委会。1989 年 4 月,建立杨寿乡居委会党支部。1995 年,撤乡建镇,改称为杨寿镇集镇居委会。2009 年,杨寿镇居委会改称为杨寿社区。2016 年,社区面积 1.5 平方千米,辖 3 个居民小组。社区主要道路有华杨路、乐星路、迎宾路、回归路、华通路、新风路、富民街、达胜街和小南巷等老集镇街道。时庄新村、今日花园、孙庄小区、和美苑小区、河洛花国等商住区和集镇老街片区。共有 1260 户，总人口 2888 人，常住人口 4000 多人，外来暂住人口 1200 多人。有区属驻镇单位 11 家。

杨寿集镇属扬州北乡十三集之一。集市除每天早市外，农历每月初一、初六、十一、十六、廿一、廿六日为逢集日。中华人民共和国成立前及初

杨寿社区党群服务中心

期，集镇老街有粮行、木行、鱼行、竹行、盐行、饭店、布店、杂货店、香店、药店、浴室、邮局等商铺 60 多家，有学校、诊所各 1 所。旧时杨寿涧绕集镇，由西南向东北经西头北下，流水十分不畅，经常内涝。1953 年 7 月 2 日，24 小时连降暴雨，山洪暴发，一夜间把杨寿镇老街所有的房子淹没并冲毁、家具被冲走。60~70 年代，杨寿涧四次理直拓宽、浚深改道。从此，居民不受洪水威胁。

境内有邮政电信、银行、医院、学校、幼儿园、敬老院、农贸市场、超市、休闲娱乐广场、文体活动中心等机构和设施。杨寿农民球迷协会为全市独有。盐水鹅、豆腐圆、炝壁蛋（活珠子）、草炉烧饼为杨寿镇特产。

社区内有工业企业 31 家，主要从事机械电气、监控电缆、电力设备、包装装潢、金属材料、玩具鞋帽的生产加工。

社区境内有 7 路、107 路扬州城市公交车，有 328 路、329 路、330 路乡村公交车，通达方巷、公道等乡镇和镇内各村。

2016 年 8 月，杨寿镇社区党支部改为杨寿镇社区党总支部，下设 3 个党支部，即杨寿社区青松党支部、杨寿社区工作站党支部、杨寿社区创业党支部。

1959~2016 年杨寿镇（公社、乡）各村（大队）、社区党组织及负责人一览表

表 25-8-1

机构名称	建立时间	历任负责人名单	备 注
爱东大队支部	1959 年 1 月	宰巨元	1959 年 4 月撤销
墩留村（大队）支部	1959 年 1 月	袁道加、周兆昌、张恒芝、刘富春、朱有禄、张福义、刘在銮、邵富桃、周万梁、邵兴胜、赵富昌、张福安、王正遂、许广林、吴玉香	2013 年 8 月改建总支
方集村（大队）支部	1959 年 1 月	邱邦英、徐学志、倪加昌、宋云诗、吴德坤、吴德标、任在堂、方秀祥、徐在坤、吴正岗、王跃、纪圣来	2013 年 8 月改建总支
东兴村（大队）支部	1959 年 4 月	王荣国、吴乃魁、吴鸿、王久宽、范广玉、陈山礼、汪福根、徐习宝、宋加扬、吴文军	2012 年 10 月改建总支

续表 25-8-1

机构名称	建立时间	历任负责人名单	备　注
爱国村（大队）支部	1959 年 4 月	倪加昌、吴乃魁、吴德云、吴增珊、纪广余、吴德阳、纪广福、王心元、吴德云、吴文云、吴乃明、王正遂、李军	1987 年 12 月改建总支
永和村（大队）党委（支部）	1959 年 4 月	朱有才、王荣国、林恩甫、郭兆才、俞顺泉、李华康、颜景宝、吴正龙、施宏跃、吴明江、苏德云	1987 年 12 月改建总支，2008 年 7 月改建党委
袁岗村（大队）支部	1959 年 6 月	赵广泉、吴鸿宝、吴乃魁、王心林、陈金有、张福堂、徐在坤、吴玉良、汪福根	2000 年 7 月撤销
杨华大队支部	1959 年 6 月	朱有才	1961 年 5 月撤销
蒋塘村（大队）支部	1959 年 4 月	王志良、周德胜、许万田、邵富桃、焦世爱、王德生	2000 年 7 月撤销
宝女村（大队）支部	1959 年 4 月	陈在旺、张祥有、殷长禄、吴乃魁、汪福根、王富林、金学祥、陈立顺、盛久湘	1966 年 4 月撤销，2000 年 7 月重建总支
新民村（大队）支部	1959 年 4 月	吴朝栋、王德禄、俞治礼、刘静芳、吴文坚、方道龙、赵庆林、吴正路、江仁荣、王富良、吴正班、方正元、陈德康	2000 年 7 月撤销
建龙村（大队）支部	1959 年 6 月	王国义、周兆熊、周福涛、方林、柏兆富、夏福才、赵庆松、周春林、詹坤田	2000 年 7 月撤销
毛正大队支部	1959 年 6 月	宋云诗	1961 年 5 月撤销
李岗村（大队）支部	1966 年 4 月	王德金（副）、杭在香、吴文坚、方秀祥、李政有、李茂元、李国际、吴玉平、陈正发、常开勤、王富林	2000 年 7 月撤销
杨寿村（大队）支部	1966 年 4 月	邢华凤（副）、耿国华、李兆松、陈正朝、程爱国、曾福林、周万元	2000 年 7 月撤销
新龙村总支部	2000 年 7 月	陈德康、詹坤田、柏万军、周万元	—
杨寿社区支部	1989 年 4 月	陈正朝、吴福祥、徐习宝、王德生、汪福根、吴正祥、俞寿祥、孟存红	2016 年 8 月改建总支

注：表中负责人姓名以任职时间先后排列

1959 年 1 月～1993 年 9 月杨寿乡（公社）各大队及其负责人一览表

表 25-8-2

机构名称	建立时间	历任负责人名单	撤销时间
爱东大队	1959 年 1 月	潘超	1959 年 4 月
墩留（胜利）大队	1959 年 1 月	肖仪林、丁长道、刘富春、朱有禄、张福义、邵富桃、赵富昌、张福安	1993 年 9 月
方集大队	1959 年 1 月	陈文楼、周兆熊、陈在兴、吴德坤、吴德标、王玉宝、王开福、徐在坤、吴正岗、陈金桃	1993 年 9 月

续表 25-8-2

机构名称	建立时间	历任负责人名单	撤销时间
爱国大队	1959 年 4 月	吴德兴、吴德云、吴增珊、纪广余、吴增朗、王心元、俞国富	1993 年 9 月
永和（东方红）大队	1959 年 4 月	张恒芝、林思甫、郭兆才、俞顺泉、朱有禄、李华康、颜景宝、吴正龙	1993 年 9 月
东兴大队	1959 年 4 月	吴乃魁、张德胜、王久宽、范广玉、汪福根、徐习宝	1993 年 9 月
蒋塘大队	1959 年 4 月	周德胜、李春云、黄兆田、殷久恒、焦世成、王德生	1993 年 9 月
宝女大队	1959 年 4 月	宋云诗、王德金、王日元	1966 年 4 月
新民大队	1959 年 4 月	吴文明、吴文坚、殷长文、方道龙、赵庆林、王富良、吴正班	1993 年 9 月
建龙（立新）大队	1959 年 6 月	苏恩康、周兆熊、周福涛、陈庭康、夏福才、柏正云	1993 年 9 月
袁岗大队	1959 年 6 月	张恒芝、王心林、金久万、江义宝、袁翔、陈永祥	1993 年 9 月
杨华大队	1959 年 6 月	徐开元	1961 年 5 月
毛正大队	1959 年 6 月	殷久仁	1961 年 5 月
烟业大队	1960 年 5 月	李国良	1961 年 5 月
李岗大队	1966 年 4 月	王日元、杭在香、吴文坚方秀祥、李政有、李国安、王富良、王富林	1993 年 9 月
杨寿大队	1966 年 4 月	陈在兴、陈正朝、程爱国、耿国锁、曾福林	1993 年 9 月

注：1969 年 12 月~1981 年 3 月，大队长改称为大队革委会主任，表中负责人姓名以任职时间先后排列。

1984 年 3 月~2016 年 12 月杨寿镇（乡）各村民委员会、社区居民委员会及其负责人一览表

表 25-8-3

机构名称	建立时间	历任负责人名单	撤销时间
东兴村村民委员会	1984 年 3 月	汪正卿、汪福根、丁宝堂、徐习宝、宋加扬、吴文军、张宝和	—
爱国村村民委员会	1984 年 3 月	薛云凤、纪广福、吴福祥、俞国富、吴安春、李军、吴文海、吴正庆	—
袁岗村村民委员会	1984 年 3 月	陈金有、薛云山、俞虎泉、顾学柱、袁国松	2000 年 7 月
永和村村民委员会	1984 年 3 月	江仁荣、吴正龙、蒋玉才、宋付荣、吴晓耘	—
蒋塘村村民委员会	1984 年 3 月	殷久恒、焦世爱、焦世成、万明福、姚国太	2000 年 7 月
墩留村村民委员会	1984 年 3 月	赵富昌、张福安、刘学联、马政祥、杨长青、倪学和、周福刚、盛久湘、马金才、田圣祥	—
李岗村村民委员会	1984 年 3 月	王德福、李政朝、柏荣山、方锦斌	2000 年 7 月
杨寿村村民委员会	1984 年 3 月	程爱国、曾福林、吴月华、周万元	2000 年 7 月

续表 25-8-3

机构名称	建立时间	历任负责人名单	撤销时间
新民村村民委员会	1984 年 3 月	宰德龙、王富良、李巨泉、赵志杉、李军、詹坤田	2000 年 7 月
方集村村民委员会	1984 年 3 月	王开福、胡学科、吴正岗、王跃、方生平、纪圣来、时登全	—
建龙村村民委员会	1984 年 3 月	方林、夏福才、周万元、周春林	2000 年 7 月
宝女村村民委员会	2000 年 7 月	王富林、冯大江、金学祥、陈立顺、吴红梅	—
新龙村村民委员会	2000 年 7 月	俞寿祥、王富祥、张红	—
杨寿社区居民委员会	1959 年 7 月	张恒芝、杨方林、王柏林、赵宝贵、耿国华、陈正朝、汪福根、吴正祥、俞寿祥、张恒悦、周福刚、严标	—

注：表中负责人姓名以任职时间先后排列

第二十六章　人　物

　　杨寿镇历史悠久,人才辈出。在政治、经济、军事、文化等方面涌现一批优秀人物和为革命牺牲的烈士。本章中以传略、简介和名录等形式,分别记述对杨寿经济和社会发展有影响的人物,以及杨寿籍旅外有贡献的人物。

第一节　人物传略

　　本节选录自民国以来,杨寿籍和在杨寿生活、工作的客籍已故名人、革命志士、宗教人士以及对杨寿经济、社会发展有一定影响或贡献的典型人物,计21人,按其卒年先后排序。

殷富春

　　殷富春(1905—1938),"春"字门第四代传人,名地久。自幼随父学医,博览中医典籍和多家著作,且融会贯通,运以新意,倡导"师夷之长,参西衷中"。1934年,赴沪博爱医院(德国教会医院,上海长征医院前身)随德国名医张若元习西洋医学3年余。学成回乡开设手术室,锯骨(现存20世纪30年代德国产骨锯一把)、切乳、剖腹,名噪扬州北乡。奉行和善仁术,不追求报酬,穷苦百姓分文不收。为一陈姓女子凿骨放脓盈盂,治愈她的"骨疽"(今名化脓性骨髓炎),其女士盛赞其医术高明"有华佗为关圣刮骨疗毒之风范"。著有《药性心传》《功用指南》。

　　1937年底,"抗日义勇团"团长陈文登门聘他为军医,他毅然投身抗日民族大业。因战事不断,救治伤员任务重。据房坚(黄珏镇人,原邗江新华书店经理,离休干部)回忆:他目睹一战士腹部中弹,肠子露出许多,殷富春紧急为其清创、缝合救治达3小时,挽救了伤员生命。一次,殷富春连续两天一夜抢救伤员,工作过度,竟晕倒在手术台边。1938年冬,安徽天长沦陷,日军围攻"抗日义勇团",殷富春在抢救伤员的手术中,被日军飞机炮弹击中遇难,年仅33岁。

殷鹤春

　　殷鹤春(1882—1943),"春"字门第三代传人,名长庚,扬州北乡方家集(今杨寿镇新龙村刘庄组)人。他自幼聪颖好学,誓承父志,由师兄为师传艺,内外科技艺名闻乡里。东起邵伯湖,西至安徽天长,南至维扬蜀冈,北到高邮湖畔,救人无数。客厅四壁挂满痊愈患者赠送的"橘井妙手""青囊济世""华佗圣手"等漆器牌匾,乡民誉为殷谪仙。他将医技传授给子殷富春。抗日战争期间,他将爱子送至当时驻扎在公道的陈文领导的"抗日义勇团",其子投身抗日救亡斗争而牺牲。他老年丧子后,一边课孙习医,一边著书立说。著《得其奥》一卷,收其良方、验方各60余种,方后附有药性、功用和配制方法。其序云:"吾国经验良方很多,皆因散乱各科,秘不授传,希图独自称奇,虽亦美名乡里,实难遍行天下。有药不遇是病,有病难寻其药,误人误己,利益何在?……鄙人有经验良方数十种,功效发明,奉呈大端,以待对病选用。"晚年,他总结一生的临床经验,著有《撮其要》一书。1943年逝世。

吴耀华

吴耀华(1904—1945),甘泉县北乡墩刘乡老吴庄(今扬州市邗江区杨寿镇宝女村吴庄组)人。字在铨,早年师从三汊河(今邗江区汊河镇)方家坝陈子丹医师,学成后回杨寿行医。在治疗内科疑难杂症、湿温病、温病等方面有独特经验。于杨寿、甘泉、古井、刘集、大仪一带声誉卓著,被称为"扬州北乡吴耀华"。家中赠有"妙手回春""救死扶伤"等数十匾额。他为人谦逊、医德高尚、不分贵贱、一视同仁。遇有贫困病人,免费在"天生堂"(原杨兽医坝集最大的药房)配药,由他结算。亲手抄录《王九峰厚案》《医疗四要》《马培之医案》,尚保存于世。他不但医术精湛,还有较高的文学水平。经常写诗,赠挽联,现存两首。《赠恩师陈子丹》:"传经传道,门墙添列沫恩波,我是先生弟子,曾记得当年立雪;寿世寿人,社会同声称国手,公为医界名流,治好了无限病夫。"《悼道友阚景辰》:"幼年孤露历艰辛,笃志岐黄济世人。坐我春风老振铎,感公时雨赖传新。执经此后凭谁问,侍教于今入梦频。含泪忍将诗句写,手拈斑管益怆神。"

他医术独传长子吴绍华,因为他言传身教、治学严谨,吴绍华成长很快。对血液病如再生障碍性贫血、慢性白血病有独到的治疗经验和疗效。1945年,吴耀华因病去世,吴绍华继承父业,后又由其弟吴文萃传承。

苏宏明

苏宏明(1909—1946),江都县方集乡夏家嘴(今杨寿镇新龙村玉带组)人。家里兄弟三人,苏宏明排行老二,从小随父母干农活养家。由于受进步思想的影响,民国三十一年(1942),被推选为农抗会负责人。他积极动员当地农民参与抗日救亡运动。民国三十五年(1946)秋,民主政权机构北撤,部分人员留守,一些逃亡外地的地主恶霸,纷纷组织反动武装还乡团回乡反攻倒算,到处抓捕共产党人和革命积极分子。一天,当地一恶霸地主带着还乡团来苏宏明老家夏家嘴找其报复。事先得知消息的农民将苏宏明掩护起来。还乡团没有抓到苏宏明,便将苏的家人抓起来严刑拷打,扬言苏宏明不出来将杀光全家,面对凶残的敌人,他毅然出现在敌人面前,大声喝道:"我苏宏明在这里,一人做事一人当,不要为难其他人!"敌人放了苏宏明家人,将他押往大仪镇,施用各种酷刑,他紧咬牙关,坚强不屈,没有说出任何组织机密,没有交出一个组织成员,最后被敌人用绳索捆绑,拖在马后至扬州西门扫垢山杀害。

戈 枕

戈枕(?—1948),今淮安市涟水县五港镇人。民国三十七年(1948)春,二十出头的他受中国共产党组织委派任墩刘乡(今杨寿镇西南部)乡长。当年 6 月,任东南县黄珏区副区长,8~12 月代理黄珏区长。因为有一只眼睛视力不好,当地人都叫他"戈瞎子"。到墩刘乡不久,他几乎跑遍每个村子,了解社会各阶层的人物,组织工作组。白天在小殷庄吴在林家(当地一大户人家,房屋宽敞,今新龙村红旗组)中进西头房办公,晚上走庄串户从事地下革命工作。他平时衣着朴素,说话和气,与当地民众打成一片,尤其注重向年轻人传播革命思想。民国三十七年(1948)9 月 25 日,他在杨寿坝集市上散发自己连夜编写的关于济南解放的快报,并在耿恩朝母亲开的小饭店里召集近 20 个青年人宣传革命形势和进步理论。10 月初,他按照组织要求,挨家挨户为新四军筹集军粮,存放在当时的方集乡双栗树。11 月 23 日(农历十月二十三),国民党江苏省保安旅及国民党江都县第八、九区逃亡人员 1000 余人侵犯杨寿坝,并窜至永和村颜坝组抢夺新四军存放的军粮。这天早晨雾大较冷,戈枕一人刚刚到办公地点,数百敌人把庄子包围。戈枕撤离时,走到庄子东头被一群早已守候的敌人抓住。同时被捕的还有共产党的财粮稽征员张燕。几天后戈枕在苏州殉难。

张福泰

张福泰(1889—1971),号名张介平,单字介。杨寿医坝乡第一保(今扬州市邗江区杨寿集镇)人。自幼入塾读书,后在扬州读中学,于 1905 年毕业。年少时爱打抱不平,街坊邻里出现矛盾他乐意参与调解,避免镇上多次官司的发生(过去时常因为一场官司而造成倾家荡产)。他为人仗义,好接济穷人,对遇有灾难的困难家庭,能动员本地的有钱人出资帮助。年根岁底、青黄不接时,许多穷人都能凭他字据在房兴(木行、六陈行)、韦在有(木行)、韦善(粮行)等多家商行领取大米或钞票,受到民众的信任尊重。民国二十九年(1940),他参加革命组织,担任杨寿、朱公(今仪征市路东村)、公道三乡代征税契员。民国三十一年(1942)带领裔国礼及儿子张恒鼎等 9 名青年参加新四军。曾在仪扬常备军任文书,后因家庭无人料理,请求离队回家。抗战时期派其子为新四军买枪支弹药。解放战争时期,帮助区长朱志成、王德仁征集税收。中华人民共和国成立后,帮助地方组织处理大量的民事纠纷。1971 年,因病去世。

殷济青

殷济青(1926—1986),"春"字门第五代传人,名国璋。幼习岐黄,受祖、父辈爱国之情熏陶,发奋读书。在祖父殷鹤春的指导下,熟读中医典籍,打下扎实基础。16 岁拜扬州名医任步青为师,入"青"字门,师起医名"济青"。因而"春"字门内科中医术中又融入"青"字门元素。三年满师,在杨寿、甘泉、黄珏、大仪一带行医,擅内科、儿科,为一方名医。1956 年,组建方集联合诊所。1958 年,参与组建杨寿卫生院。集镇一房姓患霍乱,危在旦夕,因延请其治疗。他运用四诊辩证法,综合各种病征进行考量,药服一日见效,三日而愈,标本兼治,病员及其家属万分感激。1969年夏日,劳累发烧,却步行十几里路为建龙大队玉带生产队(今新龙村玉带组)一老年患者上门诊治,回来的路上,晕倒跌落于电灌沟,幸好有人及时发现,才免于不测。工作期间,多次为病员垫付药费,使其顺利就诊。病家高度评价其医德、医术。1986年,病故。

能 勤

能勤(1900—1987),杨兽医坝莲子庵(今扬州市邗江区杨寿镇爱国村周庄组)人。俗姓吴,名学道,法名能勤,以法名行。23岁出家于宝应县大王庙,同年受戒于扬州重宁寺。此后,相继住常州重宁寺、扬州高旻寺、上海法藏寺、扬州万寿寺。住扬州万寿寺时,潜心攻读寺中所藏全帙,终日不倦。读经之余,为各寺庙修补残破经书多部。

抗日战争后期至扬州解放前夕,能勤常以其积蓄购买柴、米、油等,手提肩挑至小人堂、老人堂、残废局等社会救济场所,以助孤寡老幼残疾。

扬州解放后,能勤任扬州准提寺住持。1950年,受扬州市抗美援朝分会佛教支会委派,负责僧尼生产自助工作,分工管理编席组,并亲自参加劳动,设法解决部分僧尼的生活困难。1957年,任扬州大明寺住持。1963年,被选为扬州市佛教协会会长。"文化大革命"期间,一度住扬州紫气东来观音庵。1973年,复回大明寺主持寺务。1978年,参加赵朴初率领的中国佛教代表团赴日访问。1980年,大明寺恢复为开放寺庙,并恢复丛林执事制度,能勤仍为大明寺住持。先后担任扬州佛教协会名誉会长、省佛教协会副会长、中国佛教协会理事及省、市、广陵区政协委员。任中卓有成效地开展大明寺修复整理工作,悉心佛学传播和慈善事业,主持大明寺迎接鉴真大师坐像回扬巡展。能勤常躬亲劳作,洒扫庭院,锄草浇花,略无闲暇,为僧众所敬服。

1987年9月9日,能勤圆寂。

陈乃堂

陈乃堂(1908—1991),字润霖。江都县方集乡陈庄(今邗江区杨寿镇方集村陈庄组)人。清光绪三十四年(1908)4月生。早年在甘泉乡九道村潘先生家读私塾。由于刻苦好学,成绩出众,十六岁时在甘泉乡六里庄办起私塾,接收许多困难家庭的孩子在那免费就读。因治学严谨为当地培养一批人才,后来不少人走上革命道路。民国三十五年(1946),国民政府地方组织选派他去江都县参加6个月的培训。培训后任杨寿乡文化股长,拒绝通过行贿做杨寿乡乡长。民国三十六年(1947),他在方集乡陈庄陈国安家办起国民小学,全称为江都县方杨乡中心国民小学,他任校长。学校开设国语、数学、体育、音乐等课程,是当地第一所洋学堂(学校),在周边有较大影响力,培养上百名学生。学校还下设周九房、大殷庄、方家集3个分部。江都县府给总部派两名沈姓姊妹教师,工资由上级政府发放。后因教师工资被地方官员侵吞,由他筹集发放。民国三十七年(1948)1月,他参加学制一年的江都县立简易师范学校学习,取得肄业证书,回来继续任教。中华人民共和国成立后,陈乃堂到百寿庙(今仪征市刘集镇百寿村)兴办改良私塾,同乡人殷国璜任教师。后又在科陈庄(今仪征市刘集镇纲要村)办改良私塾。1951年回家务农。1991年去世。

姬文福

姬文福(1918—1994),江都县北墩留庵(今杨寿镇墩留村姬庄组)人。出生在一个贫苦家庭,从小受进步思想的影响,积极投身革命。民国三十一年(1942)3月1日元宵节,中共湖西工委部分同志和当地群众在曹安寺联欢,驻在公道的日寇化装成老百姓,欲过河偷袭曹安寺。在河对岸站岗的游击队员姬文福发现日寇诡计,立即绕到东边连放几枪,给联欢人员报警,然后边打枪边向方家集、裔家集方向跑,日寇循声追到方家集,知道上当,调头赶往曹安寺。这时的曹安寺,已空无一人,活动人员安全撤离。民国三十二年(1943),姬文福加入新四军甘泉支队四连,主要活动在巷子口(今甘泉姚湾)、杨寿、大仪、天长一带。是年深秋的一个早晨,姬文福离家归队,走不多远隐隐约约看见迎面走来一队人,他急忙隐蔽起来,仔细一看,是7个伪军,他转身从路边捡起一只空酒瓶,冷不防快步冲出,大喝一声"不许动,动就炸死你们!"伪军一看是远近闻名的"姬大炮",吓得魂不附体,跪地求饶。他缴了伪军的枪,并将其押往夏家大塘(新四军路北大队驻地)。民国三十四年(1945)5月14日,甘泉支队四连组成突击队,从古井寺出发,袭击湾头镇伪军据点。黎明时分到达目的地,姬文福翻过丈高的围墙,孤身一人摸近敌人营房。敌人岗哨有所察觉,便开枪警戒,敌营一片混乱。他躲在墙角趁势射击,打死两个,打伤两个,接着又把准备好的手榴弹扔进营房,轰的一声,敌人伤亡许多。这时不少敌人都钻进炮楼,他正准备去炸掉它,不料一颗掷弹筒弹头落在他左手上爆炸,4个指头当场炸飞,脸部也受伤。正当他撤离时,一颗子弹击中左臂,在战友的帮助下获得救治,因左臂伤重而截肢。

中华人民共和国成立后,地方政府安排他在杨寿粮油加工厂工作,享受残废军人待遇。1994年去世。

孟德宝

孟德宝(1929—1994),江都县方集乡(今邗江区杨寿镇方集村大同组)人。民国三十八年(1949)春,18岁的孟德宝在上海应征入伍(国军)。后去台湾,在国民党空军就职。服役期间发生事故,左腿受伤截肢致残。因为有较好的船舶吸浆技术,退伍后在越南工作。他为人正直,生活简朴,身居台湾心系家乡。随着两岸关系的日益改善,他和家人取得联系,每年都回家省亲一次,帮助兄弟们解决一些生活困难,主动承担老母亲的生活费用。1979年,他捐助5000美元,帮助邗江县台办改善交通装备。1993年,孟德宝捐赠15万元人民币用于改善家乡孩子们的读书环境。1994年,生病期间他立下遗嘱,专门委托三弟负责完成他的凤愿。是年5月29日,他因病去世。次年7月18日,由他捐资的方集小学校舍翻建工程破土动工。同年9月,12个标准教室的教学楼竣工落成,并交付使用。

吴玉珊

吴玉珊（1926—1996），江都县杨兽医坝袁岗（今杨寿镇爱国村吴庄组）人。1940年2月，参加新四军甘泉支队。民国三十一年（1942），任甘泉支队大仪区队长。次年，日伪军强占大仪天主教堂以存放军火弹药，在教堂前面建炮楼，后边开深水渠防控。是年秋，甘泉支队搞到日伪军换防的情报，决定利用敌人换防空隙拔掉这颗毒牙。吴玉珊主动要求完成这个任务。他带领三名战士，夜里摸到炮楼附近，让三名战士从正面开枪佯攻，吸引敌人，自己扛了一桶火油，从后面乘机游过深水渠，摸进弹药库，浇油点火后，快速离开。弹药库、炮楼瞬间爆炸，出色完成了任务。民国三十四年（1945）4月，在阜宁战役中，他担任侦察队长，为掩护战友自己腿部负伤，荣立三等功。1946年3月，担任徐海东将军的警卫工作。民国三十七年（1948）12月，主动请求参加淮海战役，战斗中机智勇敢，升任为营长，荣立二等功。

1952年4月，他转入家乡工作，为家乡经济发展出钱、出力。70年代初，他主动筹资创办袁岗五金厂，并亲自拓展市场洽谈业务。同时，他还利用关系，为社（乡）办企业开拓市场，做出努力。1996年，病逝。

王义高

王义高（1922—1998），江都县杨兽医坝乡第六保（今扬州市邗江区杨寿镇永和村九连组）人。兄弟二人，义高居长。入私塾读书两年后就因家庭困难离开学堂，回家从事家务劳动。1953年，参加革命工作。1954~1957年，任黄珏区杨寿乡乡长期间，带领人民走集体化道路，完成"三大改造"（农业、手工业、资本主义工商业）任务。1958年12月，杨寿人民公社成立，他担任副社长，兼人民公社水利委员和内务部部长。他走遍杨寿每一个村庄，查看杨寿所有河涧、岗田、塝田、圩田。根据杨寿旱灾、涝灾严重的丘陵地形特点，组织专家制定河流疏浚、圩田筑坝、排灌站配套的中长期规划。1958~1960年期间，每年冬季组织全乡劳力兴修水利，挑筑永和一级站、二级站，解决永和九连岗、军田岗、杨华岗、马场岭、朱家荒等近4000亩地的灌溉问题；修筑建龙、宝女、墩留翻水站，解决方集、建龙、宝女、墩留等几万亩农田的灌溉困难。1967年4月至1977年3月，动员组织全乡干部群众齐心协力改道、疏浚杨寿涧，共出5.8万个劳力，完成土方11.6万立方米，彻底解决杨寿老街十年九淹的状况。1969年12月，当选杨寿人民公社党委副书记。1971年2月，当选杨寿人民公社党委书记兼革命委员会主任。1971年秋，组织实施杨寿涧三涧并涧联圩工程，引进邵伯湖水。1972年春，拓浚桥口至苏家嘴段，改道苏家嘴出湖。逐年维护修筑境内玉带圩、南大圩、曹安圩等30余个，圩堤长达33120米，受益面积达19000余亩。70年代后期，他把工作重点从农业调整至工业，亲自外出调研，引进人才，办起砖瓦厂、玩具厂、毛呢服装绣品厂、建安公司等10余家集体企业，解决几百人的就业问题，扩大集体经济。1978年，他调任霍桥人民公社党委书记。1980年退休。1998年3月病故。

吴锦江

　　吴锦江（1928—2003），江都县杨寿医坝乡第八保（今邗江区杨寿镇永和村马场组）人。父亲宰寿荣没有地，在永和马场岭租地养家。民国二十三年（1934），父亲将其过继给舅舅吴云贞。民国二十八年（1939）舅舅病死，他在镇上一家浴室跑堂谋生。民国三十二年（1943）初，受张信桃、颜长朝两个新四军战士影响，参加新四军，直接进入淮南军区路东分区。一边学习，一边训练，一边打仗。民国三十五年（1946），在白色恐怖的环境里，面临随时被捕的可能，出色完成十余次情报传送任务，受到高度评价。同年6月，加入中国共产党。民国三十六年（1947），到东北牡丹江炮校学习，在极其寒冷的环境下刻苦训练，实弹和理论成绩双优，立三等功。民国三十七年（1948），辽西战役，他担任副排长指挥战斗，在一次冲锋中负伤，包扎完，他主动要求继续指挥战斗，消灭敌人10余人。荣立一等功，受到军区表彰。平津战役一结束，他主动参加湘西剿匪。

　　1952年，参加干部训练班学习1年。后从事空军地勤工作。1955年1月，他到天水步校学习政治理论、战略战术、射击比武，以全优成绩毕业。1957年6月，分配到青海省军区内卫三团，任一营参谋长，当年被授予上尉军衔。1958年6月，调青海军区作训处任参谋。1960年，参加玉树平叛。1962年6月，被授予大尉军衔。次年3月调工程兵14团技术营任副营长，是年6月，任营长。1967年5月，转陕西省临潼县武装部任副部长。1981年1月离休。2003年12月19日，因突发心肌梗死，在扬州去世。

李万清

　　李万清（1955—2004），邗江县杨寿公社李岗大队大庄生产队（今邗江区杨寿镇宝女村大庄组）人。1963年开始读书，1973年在杨寿中学高中毕业。次年，调李岗大队交通生产队任副队长。1976年，调杨寿公社办公室从事文书工作，后担任杨寿公社团委书记。他组织团员青年一边学习提高文化水平，一边下基层劳动实践，磨炼意志，因而锻炼培养了一批人。1983年6月，被提拔为杨寿乡经济联合委员会副主任，次年任主任。1986年10月，经乡人民代表大会选举为杨寿乡乡长。1987年，组织杨寿乡首届农民运动会。1988年，组织举办杨寿乡首届农民文化艺术节。这两项活动，至今仍为杨寿镇文体活动的重要载体。同年12月，出任杨寿乡党委书记。根据杨寿集体经济薄弱的现状，他理清思路，突出重点，支持原农具厂增加项目、扩大规模，筹建扬州华联电气设备总公司，创办扬州华通橡塑有限公司。引进商贸人才，以玩具二厂为龙头，鼓励、扶持大家创办玩具厂，全镇有近4000人（含外来务工）从事玩具生产，办有近百家玩具厂，解决一大批富余劳动力就业问题，造就一批企业管理人才。在全县"两个文明"表彰会上多次获奖。他主政杨寿时期，曾面向社会公开招聘干部，通过文化考试、基层锻炼、组织考察、择优录用工作人员。1995年，被提拔为扬州市民政局副局长。1999年，任扬州市计划生育委员会主任。2004年因食道癌晚期病逝。

李国朝

　　李国朝（1937—2005），江都县墩刘乡（今邗江区杨寿镇宝女村红星组）人。他出生贫苦农家，少时仅读两年私塾就回家务农。1954年，参加中国人民解放军，1957年退伍。1958年，响应国家"大炼钢铁"的号召，进入邗江县瓜洲钢铁厂工作，后调任参与创办邗江县瓜洲化工厂（石灰厂）。当时石灰生产的设备落后，特别是搬运原料，体力劳动量大，他身为生产组长，苦活重活带头干，认真钻研生产技术，与技术人员一道改进操作流程，减少窑内冻结，提升产品质量，月产量提高15.45%，成本下降3.8%。1966年7月，加入中国共产党。1969年10月1日，国庆20周年，他以邗江县工业战线先进工作者代表身份参加国庆观礼，受到毛主席、周总理等领导亲切接见。1970年，任邗江县瓜洲化工厂党支部副书记。1977年，调邗江县工具四厂工作，任党支部副书记。1982年退休，2005年病逝。

步永源

　　步永源（1928—2007），江都县方集乡步庄（今邗江区杨寿镇新龙村步庄组）人。兄弟四人永源最小，10岁那年入私塾读书1年，后回家放牛、做饭、参与农活。民国三十三年（1944）10月，参加新四军，在安徽省二师五旅十三团二营六连任战士。民国三十五年（1946）3月，他随部队到江苏，担任通讯员。6月，转至山东沂县，开展生产自救工作，荣立三等功。民国三十六年（1947）10月，加入中国共产党。同年，任23军69师205团政治处警卫员。次年1月，升任排级特务员。淮海战役中，排除若干次险情，身上数十处伤口，仍然坚守岗位，出色完成所有任务，受到嘉奖。民国三十八年（1949）5月，从部队转到地方工作，任仪征县黄珏区庙头乡副乡长。1951年4月，任江都县黄珏区武装部副部长、公安助理。1954年9月，任黄珏区委副书记、书记。1956年12月和1957年2月，分别担任黑桥乡（今广陵区红桥镇）、方巷乡党委书记。1958年2月，任赤岸乡党委书记。1966年11月，任邗江副业局副局长，兼邗江通用机械厂党支部书记、革委会主任。1969年11月，调邗江医院任支部书记兼革委会主任，在医院人才引进与培养、医院改革与发展方面做了大量工作，受到全院员工和邗江县卫生局的肯定。1979年10月，调邗江第二工业局任副局长兼邗江工艺美术公司书记、经理。1990年7月离休。2007年10月6日，因病去世。

韦开宽

　　韦开宽（1915—2010），江都县墩刘乡王庄（今邗江区杨寿镇宝女村王庄组）人。兄弟五人，开宽排行老二，因家庭困难仅读几个月私塾就回家干活。幼年在扬州当学徒，后在"大老刘"师傅（后来成为工人运动骨干人物）的带领下，去上海纱厂工作，参与五卅运动，在上海从事地下工作。民国二十四年（1935），参加中国工农红军，在安徽大别山参加游击战争。民国二十七年（1938），成为红军四支队的一名班长，并加入中国共产党。民国三十年（1941），在教导队接受

训练。民国三十一年（1942），参加抗大学习。民国三十三年，参加步桥战役，战斗中身上多处受伤时仍不下前线，最后和日寇肉搏，终因头部被子弹击穿被抬下抢救。伤口还没痊愈，由部队转入地方，历任大仪区盛堂乡、三河乡、方杨乡乡长。民国三十五年（1946）8月，随部队北撤。民国三十六年（1947），部队编入第二野战军，他担任司令部保卫队队长。参加淮海战役期间，为完成各种保卫任务身上多处受伤。1949年，在山东沂县渤海医院任科长。1950年调至扬州，任扬州市公安局看守所所长。1959年，任扬州市民政科副科长。1961年，因脑伤和胸伤复发不能正常工作，回家休养，享受一等残废军人待遇。1982年8月离休。1984年1月，扬州市委决定他享受处（县）级政治经济生活待遇。2009年9月24日，扬州市委书记王燕文亲自上门慰问。2010年7月，在扬州去世。

张恒鼎

张恒鼎（1925—2011），江都县杨兽医坝乡第一保（今邗江区杨寿集镇）人。八岁开始，读四年小学，后在一家私塾读书三年。十六岁到公道镇上当学徒。其二姑父是一名新四军战士，看他机灵聪明，就介绍参加革命，在甘泉货管局杨寿税务所任征收员。民国三十二年（1943）6月到民国三十三年（1944）2月，因其工作出色，被调至甘泉县局税务科工作。7月，到仪扬县开展工作，接收并管理地方各所。面对没有办公地点、没有交通工具、人员不足等诸多困难，他依然一次又一次出色完成上级下达的解款票的任务。民国三十四年（1945）2月，加入中国共产党。民国三十五年（1946）7月，随县机关北撤至苏北，进入华东财经干校学习。

这期间，他一边学习党的理论，一边学习会计知识。次年2月，被山东省委调至渤海区工作，分配到乐陵支局税务所工作。民国三十七年（1948）7月，山东淄博解放后。张恒鼎留在华东工矿部淄博矿务局金岭铁矿工作，先后担任财务科科长、人事劳资科科长、副矿长等职，是该矿第一、二、三、四届党委委员。1965年5月，张恒鼎受命新建明水铝矿，担任矿长。他克服资金、设备、技术、安全等一系列的困难，按期按质投入运转，为国家矿产事业作出贡献。1984年离休。2011年12月1日，因肺癌晚期在扬州去世。

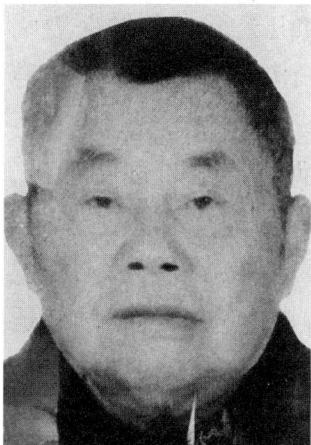

田金和

田金和（1928—2017），江都县方集乡桥口（今邗江区杨寿镇新龙村桥口组）人。民国三十三年（1944）10月参加新四军，驻扎在安徽境内。短期训练后编入新四军二师13团，先后担任班长、排长、连长。参加过十多次战斗，先后在涟水战役中被评为战斗模范，在淄州战斗中荣立三等功，在兴州战斗中荣立一等功，4次负伤。民国三十八年（1949）

4月,在渡江战役中,他担任突击连长,冲锋在前,并按上级命令,组织三十几条小船从安徽芜湖强行渡江。因战斗激烈,头部、肩部、腿部等多处受伤,出色地完成任务,他因伤势过重被抬离战场,在苏州救治。1953年5月,被组织送至江苏省军区速成中学学习。1955年1月,分配在宝应县兵役局工作。1960年1月,调镇江市工作,先后任该市建筑公司副主任,市蔬菜公司运输队队长,国营共青团农场三中队、十二中队队长、农场医院院长等职。他廉洁奉公,作风正派。竭尽全力为公司和农场谋求发展。1991年10月离休。2017年2月24日,在镇江病逝。

裔国礼

裔国礼(1922—?),江都县杨寿医坝乡第一保(今邗江区杨寿集镇)人。兄弟二人,国礼居长,8岁那年入镇南头陈邵先生私塾,读书5年,家庭生活靠父亲裔二在镇上开一小吃店维持。早年受进步思想的影响,20岁时在同乡张介(张福泰)带领下,参加新四军仪扬常备团,常年活动在江都、天长、大仪等地。后随部队到锦州、抚顺、哈尔滨等地,历任排长、连长、营长、团长、师长等职。1955年,被授予上校军衔。1962年,被授予大校军衔。1979年,转业到哈尔滨道里区工作。1983年离休。卒日不详。

第二节　人物简介

本节记述的人物是出生在杨寿的党、政、军干部,以及知名教授、学者、书法家、名医等,计15人,以出生年月排列为序。

吴　飞

1926年3月出生,今爱国村官庄组人。读私塾八年,由于受姨父胡坚(时任黄珏区区长)的影响,1942年7月,随胡坚开辟敌占区。黄珏区成立,担任事务长兼文书。后协助甘泉支队消灭曾杀害黄珏区第一任书记戴锡久的反共顽固派苗章甫。民国三十三年(1944)7月,加入中国共产党。秋,受甘泉县委安排,到杨寿坝新丰盐行(党的地下联络点)当会计。民国三十五年(1946)3月,北撤到山东沂水地区,在华东局党校学习一个月,7月,被分配到八路军鲁南八师二十四团特务连当文化教员兼文书。同年冬,参加鲁南战役,参与歼灭国民党第一快速纵队。民国三十六年初,参加三个月政治干部培训班学习后,分配到三纵政治部任组织干事。参加保卫临沂战役、济宁战役、鲁西南战役等。民国三十七年(1948)秋,参加解放济南的战斗,冬,投身淮海战役。次年4月,赴安徽芜湖训练水上作战。4月21日,参加渡江战役。

1951年,调三野第七兵团首长办公室当秘书。1952年夏,兵团撤销,调军委总干部特种兵、装甲兵、工兵干部处担任助理员。1955年,被授予大尉军衔。1956年,调军区战史编辑室,编写新四军抗日战争史和三野解放战争史。1960年,被授予少校军衔。1964年初,调军区后勤部政治部任秘书。8月,被选调到中央农业政治部宣传部任副处长。1977年,调中央党校进修部任组织员。1984年,晋升为副局级。1986年,在中央党校离休。

陈开达

1929年2月出生,今新龙村东庄组人。读五年私塾后,回家务农。民国三十三年(1944)10月,他与同村步永源、陈开金、陈开贵、田金和等一同参加新四军,驻扎在安徽省境内。民国三十四年春,在安徽黄土庙与新五军(国民党广西军)交战。民国三十五年(1946)1月,在山东枣庄加入中国共产党,后担任通讯班长。民国三十六年(1947),在山东莱阳与国民党军交战中负伤,被安排到拥军学校休养。中华人民共和国成立后,在安徽省军区服役,担任连长。1951年转地方,任江都县黄珏区桑园乡指导员,后任公道镇、埝桥乡指导员。1955年,任黄珏区副区长。1957年夏,任赤岸乡第二书记,后当选为乡长。1958年2月,公道、赤岸合并,担任公道镇农业部部长。1961年,当选为公道人民公社社长。任职期间,发现公道水利资源严重不平衡,动员干部群众参与开河开沟,用了3个多月的时间修建成三级提水站,解决公道三分之二面积的灌溉问题。1970年1月,先后调至邗江木材公司、槐泗工具厂、邗江棉织厂等县属企业担任厂长、支部书记。1979年,调任公道医院支部书记。1983年离休。

聂祥元

1929年5月出生,今方集村双栗组人。民国二十七年(1938)5月入私塾读书,民国三十一年(1942),因家庭无力支付学费而停学。民国三十四年(1945)1月,在"吃菜要吃白菜心,好人要当兵,当兵打日本,救国又救民"共产党抗日救亡歌声中,参加了新四军。在方集乡区中队新兵连集训期间,表现勇敢、机智,6月被调到新四军军部机要科,担任陈毅司令警卫员。民国三十六年(1947)3月,被任命为司令部通讯班长。5月,孟良崮战役时,他带领通讯班,保证电报准时发送传递,出色完成陈毅司令下达的各项任务,荣立三等功。6月15日,加入中国共产党。1947年12月,任命为司令部机要处二区队长。先后参加淮海战役和渡江战役。中华人民共和国成立后,他跟随陈毅到上海,在中共中央华东局机要处工作,继续担任陈毅警卫员。1950年3月,陈毅回中央工作,他调南京华东机要印刷厂工作。1953年3月,在陈毅关怀下,被保送到原南京军区21速成中学(芜湖)读书三年。1954年7月,芜湖遭遇百年罕见的洪涝灾害,聂祥元冒着生命危险抢救两名落水战友,被评为抢险英雄,再次荣立三等功。1955年10月,被授予中尉军衔。1958年3月,转业至南昌铁路局调度科任特调,专门管理军事运输。10月,任人事室主任。他对事业极端负责,关心同事,善待职工,从不以权谋私,亲弟弟想托关系找工作被其拒绝。1989年5月,离休。

俞长巨

杨寿镇爱国村潘庄组人,1931年2月出生。因家庭贫穷,仅读一年半书就去大户人家帮工。1950年工作,老百姓一致推选他作为贫下中农代表参加土地改革。1953年,任潘庄互助组组长。1958年后,任佘庄、潘庄、小爱国等生产队长。1976年,当选爱国大队党支部副书记。1977年12月,当选为江苏省第五届人民代表大会代表。

俞长巨无论是任生产队队长,还是任村支部副书记,脏活、累活都带头干,处处做大家的表率。哪个生产队粮食产量上不去,大队就会调他去,他都能让领导满意,受群众欢迎。1961年,任潘庄队长时,带领全队社员积极劳动,实现粮食总产翻一番。任佘庄队长期间,虽然离家仅

500米左右,坚持驻队,没有宿舍睡牛棚,实现年粮食总产比上年度超5万斤。1978年冬,公社组织民工加固东兴圩堤,因连续阴雨,场地积水无法施工。他是爱国村带队干部,在零下10℃的情况下,仅穿一条短裤,3个小时开挖3个水坞(蓄水坑)蓄水。第二天,民工顺利进场施工,提前一个星期完成任务。水利广播站连续10天报道他的事迹。时任杨寿公社党委书记在"三干"会上号召干部群众向他学习。多次受到公社和县(区)表彰。

薛洪书

1936年出生,境内方家集人,毕业于上海市商业干部学校,高级会计师。1952年,在上海参加工作。1956年,响应党和政府的号召,自愿报名,参加大西北经济建设,由上海到兰州,在省级商业、卫生部门从事财务管理工作。曾任甘肃省公费医疗办公室负责人,甘肃卫生学校副校长。民革甘肃省委员会直属第四支部主委。他兢兢业业工作四十多年。获财政部颁发的"从事财务工作三十年荣誉证书"。

业余时间,薛洪书坚持书法篆刻艺术的学习和创作,作品多次在省内外报刊发表、获奖。尤其是篆书作品被友人携至港、澳、台等地以及美国、日本等海外各国进行广泛交流,部分书法作品载入《第二十五届澳门书法联展》《陇原情——纪念新中国成立六十周年改革开放三十周年书画精品集》和《甘肃省首届农民健康生活书画作品集》等。退休之后,积极参与海峡两岸经济文化交流工作。进入古稀之年,还潜心翰墨,广泛收集历代不同写法的篆体"寿"字,来往于兰州、珠海、澳门三地,历经四个春秋,终完成鸿篇巨制的篆体"寿"字——《万寿图》,装裱成七十四个条幅,在兰州、澳门等地展出。数十年来,他对书法篆刻艺术孜孜以求,乐此不疲,业已形成隶篆见长、诸体并进之格局。其篆书古雅端庄,笔法简淡,布局自然,力追朴实可亲之美。

吴德云

1941年1月出生,今爱国村佘庄组人,中共党员。1956年参加工作,任乡村邮递员。1958年,任爱国大队佘庄生产队会计。次年,任爱国大队会计。1968年,任爱国大队党支部书记。

吴德云长期从事农村和农业工作,担任爱国党支部书记期间,带领干部群众自力更生,艰苦奋斗,治理水利、平整农田,为农业学大寨工作做出示范。爱国大队被县、市、省命名为农业学大寨红旗单位。1969年10月1日,国庆20周年,他作为邗江县农民代表参加国庆观礼,受到毛主席、周总理等领导人的亲切接见。1971年,出席江苏省活学活用毛主席著作积极分子代表大会。1973年,任杨寿公社党委副书记。同年,当选为江苏省党代表并出席会议。1974年,任邗江县委副书记。无论蹲点甘泉姚湾还是公道埝桥,他都和当地干群一道兴修水利,平整田地,推广科学种田技术。1978年,调赤岸公社任党委副书记,后任乡镇巡视员。

涂金坤

1947年12月1日出生,杨寿集镇人。1968~1977年,插队在杨寿公社新民大队曾巷生产队,期间在新民小学担任民办教师。1978年,考取南京大学哲学系。1982年,分配至扬州工学院马克思主义教研室任教。1986年,调连云港市委党校工作,后调连云港师专任教。1993年,加入中国共产党。2005年,晋升为教授。主要研究马克思主义哲学,发表文章四十余篇,其中《生产力要素的新探索》《对邓小平概括社会主义本质的逻辑进程的探讨》《资本主义半途夭折和寿终正寝语境下的"两个必然"和"两个决不会"》《社会主义所有制方程的正确解》等四篇文章被中国人民大学书报资料中心的《哲学原理》《邓小平理论研究》《社会主义论丛》等刊物全文转载。《在新的历史条件下纪念十月革命胜利给我们的新启示——纪念十月革命90周年》被中国社会科学院副院长李慎明收入其主编的世界社会主义研究丛书《十月革命与当代社会主义》。《〈资本论〉的剩余价值论在社会主义消灭剥削过程中的当代价值研究》应邀参加由中国社会科学院马列研究院、上海市委党校和上海财经大学联合举办的"《资本论》及其当代价值国际学术研讨会"并在大会上进行发言交流。出版《生产力理论的研究与当今世界》专著(29万字),《光明日报》作简介报道,该书获江苏省政府哲学社会科学三等奖。退休后,依然从事马克思主义哲学思想的宣传与研究。

步锦昆

1955年1月出生,杨寿镇新龙村人。1969年12月,应征入伍。1974年7月,加入中国共产党。1978年8月,毕业于解放军信息工程大学测绘学院。先后担任测绘大队分队长、教员、工程师、副队长、队长等职。1970~1972年,分别在中蒙边境、中苏边境参加全军边境战备测绘大会战,1979年,在甘肃省腾格里沙漠"无人区""生命禁区"执行任务多次遇险,经历生与死的考验。他在大别山革命老区工作长达7年,经历艰苦环境的磨炼。1985年8月,调原南京军区司令部作战部工作,先后担任作战参谋、处长、代团长、安徽淮北和马鞍山军分区参谋长、亳州军分区司令员等职。

入伍38年,步锦昆受各级嘉奖12次。1991年8月,参加全军军事测绘五项技术大比武取得战术标图项目团体第一名,受到原总参谋部表彰;1993年,因工作突出,立三等功并被评为优秀共产党员;1997年6月赴莫斯科,以中国国防部官员和中国政府边界谈判代表团顾问的身份参加中、俄、哈、吉、塔五国边界划定谈判;1998年10月,领衔编撰的《中国军事地理》获军队科学技术进步二等奖,受原总装备部表彰。近20年,先后撰写学术论文100余篇,多篇论文获奖或入选"军事文库"、论文汇编。

2007年7月,步锦昆转任江苏省教育厅副厅级巡视员,担任中国教育学会中小学安全教育与安全管理专业委员会顾问,江苏省青少年犯罪研究会副会长,江苏省消防志愿者行动指导委员会成员,江苏省教育基金会常务理事长等多个职务。

殷 鸿

1956年出生,新龙村刘庄组人。主任医师,扬州"春"字门内科中医术第六代传人,承家学,出科班,融中、西、营养三大学科于一身。1975年开始行医,历任扬州市中医院医务科科长、神经内科主任、消化科主任、治未病中心主任、扬州大学医学院、南京中医药大学临床教授。2004年起被聘为江苏省中医学会肝病委员会常委;2005年,被《中华中西医杂志》聘为常务专家编委;2008年,被南京医科大学研究生院聘为硕士研究生学位论文答辩委员会委员;2011年,成为江苏省中医巡讲团专家组成员;2013年,被聘为全国中医专家委员会常务委员、农工民主党江苏省委"中医同行工作小组"专家成员。他在数十年的临床实践中,利用中、西医理论知识继承发展家传内科术的技能,对高血压病、高脂血症、糖尿病、肝胆、脾胃疾病及疑难杂症,尤其对慢性肝炎、肝硬化、脂肪肝、胆囊炎、胆石症及胃肠疾病的中医、中西医结合治疗有深入研究,在国内外多种医学杂志上发表 20 余篇论文,参与并主持省部级研究课题 3 项。编写出版《陪伴人生健康名方——逍遥丸》《中医内科一本通》《家常养生粥》《常见疾病中医食物疗法》等书,其中《家常养生粥》获 2012 年度中国商业联合会科学技术三等奖。

刘在銮

1956 年 10 月出生,墩留村炕坊组人。1974 年 5 月参加工作,中共党员,中央党校大学毕业。

1974 年 7 月~1976 年 1 月,在杨寿中学任教。1976 年 1 月,在杨寿农科站从事农业技术工作。1979 年 4 月,任杨寿公社墩留大队副大队长、支部书记。1983 年 5 月,任杨寿乡经济联合委员会副主任。1985 年 6 月,任杨寿乡副乡长,党委副书记。1987 年 2 月,任公道镇党委副书记、镇长。1989 年 7 月,任甘泉乡党委书记。1992 年 8 月,任公道镇党委书记。1995 年 3 月,任邗江县副县长(陕西省留坝县挂职副县长两年)。1997 年 12 月,任邗江县委常委、副县长。2001 年 3 月,任扬州市邗江区委副书记、副区长。2002 年 2 月,任扬州市郊区(维扬区)区委副书记、代区长、区长。2006 年 5 月,任扬州市经济贸易委员会主任、党组书记。2007 年 12 月,任扬州市经济贸易委员会主任、党组书记、市商业贸易局局长。2010 年 1 月,任扬州市政协副主席、市经济和信息化委员会主任、党组书记至今。

邵志军

1960 年 3 月出生,新龙村三星组人。现任中国文联文艺志愿服务中心副主任,中国文艺志愿者协会副秘书长,兼中国书法家协会维权鉴定工作委员会秘书长,为中国书协第四届创作委员会委员。业余时间研习书法,作品曾获 1995 北京国际书画周二等奖,1997 迎香港回归中华书法摄影艺术大展赛一等奖,入选 1998 "兰亭"奖、"牡丹杯"全国书画大赛,参加庆祝中华人民共和国成立 50 周年华人画家、书法家、诗人作品联展,入选第八届全国中青年书法篆刻展,获 2007 中直机关书画展一等奖,还先后在扬州、北京举办个展,作品被中南海、人民大会堂、中央电视台及海内外人士收藏。《光明日报》《中国文化报》《中国书法》《书法》及扬州电视台等媒体曾作专题介绍。他多次随中国文艺艺术家采风团赴全国各地采风创作,曾赴日本、南非等地进行文化艺术交流,为第四、五届中国书法家协会代表大会代表。出版有《歌吹是扬州·邵志军书法集》《邵志军书法艺术》等。

张福堂

1961 年 2 月出生,墩留村张桥组人。1978 年 9 月参加工作。1985 年 5 月入党。研究生学历,硕士学位。历任杨寿乡政府文书、乡团委书记、袁岗村副大队长、党支部书记,乡党委秘书、乡工业公司经理、副乡长,杨寿镇党委副书记、镇长、人大主席、镇党委书记。2003 年 8 月,任邗江区副区长、开发区管委会主任。2005 年 11 月,任蜀冈 – 瘦西湖风景名胜区党工委副书记、管委会主任。2006 年 8 月至 2012 年 8 月,兼任扬州市园林管理局局长、党委书记。现任扬州市蜀冈 – 瘦西湖风景名胜区党工委书记。中共扬州市第五、六届候补委员、委员,市人大第六、七届代表。

他在杨寿工作期间,一直致力于推进乡村经济发展、农民增收致富、和谐杨寿建设。任邗江区副区长时,他分管城市建设,主抓经济开发区工作,推动邗江工业园转型升级,推动邗江城市建设和环境综合整治。担任蜀冈管委会主任,兼任扬州市园林局局长、党委书记期间,主导推动实施园林局一系列体制机制、营运模式的创新改革,使城市园林绿化事业迅速发展。他主导实施瘦西湖综合保护工程、万花园、宋夹城体育休闲公园、唐子城保护利用工程等一系列重大项目建设,推动景区事业实现跨越式发展。

殷国勇

1965年12月出生,新龙村大殷组人。1990年,毕业于同济医科大学,获得学士学位;1996年,毕业于南京医科大学,获得硕士学位;1999年,毕业于苏州医学院,获得博士学位;1999~2003年,在美国罗切斯特大学做博士后。擅长脊柱脊髓损伤、颈椎病、腰腿痛、椎骨狭窄、脊柱滑脱、畸形、结核、肿瘤的诊断与治疗。

他先后任江苏省人民医院(南京医科大学第一附属医院)骨科行政主任、二级教授、主任医师、博士生导师,南京医科大学特聘教授,美国罗切斯特大学客座教授,国家自然科学基金会重点项目评审组长,国家骨科手术机器人中心技术指导委员会副主任委员,中国康复医学会脊柱脊髓专业委员会基础学组副主任委员,中国研究型医院协会骨科创新与转化专业委员会常务委员以及基础学组副主任委员,中华医学会骨科分会脊柱学组委员,国家卫健委外科专家委员会委员,江苏省康复医学会修复与重建委员会主任委员,江苏省康复医学会常务理事,江苏省"333第二层次"人才,江苏省人事厅六大高峰人才,江苏省卫生厅135重点医学人才,江苏省教育厅青蓝工程青年骨干,南京医科大学第一临床医院"创新团队"首席专家,中国临床医师杂志特邀审稿专家,Neuroscience 等多家杂志审稿人。

他一直注重研究与发明,6次获得国家及省部级奖励,获得4项发明专利,17次承担国家及省部级科研项目,在国内外发表60多篇科研论著,出版3部学术专著。《微创治疗骨质疏松性椎体骨折的临床应用与基础研究》获国家科技进步二等奖、卫生部2013年华夏医学科技三等奖和江苏省医学科技一等奖。《新型椎体扩张器微创治疗骨质疏松性椎体压缩骨折》获江苏省卫生厅新技术引进一等奖,江苏省人民医院、苏北医院、镇江江滨医院等多家三甲医院将其转化为临床应用。

吴正坤

1968年3月出生,爱国村(原袁岗村)吴庄组人。1986年毕业于邗江高级中学,1988年加入中国共产党,1990年毕业于南京政治学院哲学系。

1990年7月,任海军潜艇学院训练团政治教研室教员。业余时间他大量阅读书刊,潜心创作,成为青岛作家协会的会员,先后在《解放军报》《青岛文学》等报纸杂志发表数十篇散文。他服从组织安排,在基层多个政工岗位工作锻炼。1998年6月,担任海军潜艇学院训练团政治处副主任。2004年10月,任海军潜艇学院保卫处处长,主抓学院安全稳定工作,研究制定一系列加强学院安全稳定建设的措施,处理一批案件和问题。2008年6月,被评为"全国隐蔽斗争工作先进个人"。2012年12月,晋升为海军潜艇学院综合训练中心政委(副师职),被授予海军大校军衔。2014年12月,因工作需要,出任海军潜艇学院作战指挥系政治委员,承担全海军潜艇副艇长的培养任务。三年多的时间里,他带领党委一班人锐意进取、努力拼搏,使该系成为名副其实的第一系、龙头系。2016年,作战指挥系在海军组织的教学监察中取得优异成绩,系党委被评定为"优秀师团党委"。

周学军

1969年12月,永和村马场组人。1987年11月入伍。1992年1月入党。后任部队政治部主任,大校军衔。先后毕业于解放军理工大学和省委党校研究生班。历任战士、学员、技术员、副政治指导员、指导员、基地政治部组织处干事、船部门副政委、政治处副主任、主任、船部门政委、政治部主任,基地政治部宣传处处长等职。

周学军先后参加"神舟""嫦娥"等国家级重大科研试验任务40余次,围绕基地重大事件,全方位搞好媒体宣传工作。1998年,他先后参加南京江浦和安徽滁州等地抗洪抢险。在2008年四川汶川大地震救灾中,交纳"特殊党费"5000元。他结合工作实际撰写并发表理论文章30余篇。参与政治研究的成果被原总装备部政治部表彰为一等奖。采写的系列报道,先后获第二届中国人民解放军新闻奖三等奖和军区军兵种报纸好新闻三等奖。两次被解放军原总装备部表彰为军事训练优等个人,被基层站表彰为优秀共产党员,被基地表彰为"四会"优秀政治教员,立三等功1次。2010年12月20日,被人力资源和社会保障部、工业和信息化部、国家国防科技工业局、国务院国有资产监督管理委员会、原总装备部和中国科学院等六部委授予"探月工程嫦娥二号任务突出贡献者"称号,在北京人民大会堂参加表彰大会,受到胡锦涛、习近平等党和国家领导人的亲切接见并合影。

第三节　人物名录

本节收录革命烈士、中华人民共和国成立前参加革命的人物、先进人物、在外乡贤、高级职称人员、优秀学子、能工巧匠、百岁老人等计277人。

一、革命烈士名录

杨寿儿女,英雄辈出。自抗日战争至今,有23名优秀儿女,被追认为革命烈士。其中外籍在境内牺牲的烈士9人。现将烈士、英雄姓名记述入志,以昭告后世(以牺牲时间先后为序)。

革命烈士一览表

表 26-3-1

姓　名	性　别	出生年份	籍　贯	牺牲时所在单位及职务	牺牲时间、地点及原因
徐万云	男	1928	杨寿镇爱国村王庄组	新四军某部战士	1944年4月8日牺牲于山东跑马山朱万区
张有宝	男	1919	杨寿镇爱国村陈庄组	新四军甘泉支队排长	1944年牺牲于山东南马据岭
盛康田	男	1933	杨寿镇方集村谭巷组	新四军某部战士	在淮阴与日军交战中牺牲
糜家珍	男	不详	仪征市	新四军甘泉支队四连班长	1945年1月被日寇押往仪征途经蒋塘高院西大塘被杀害

续表 26-3-1

姓 名	性 别	出生年份	籍 贯	牺牲时所在单位及职务	牺牲时间、地点及原因
李维朝	男	不详	仪征市	新四军甘泉支队四连战士	1945 年 1 月被日寇押往仪征途经蒋塘高院西大塘被杀害
严如祥	男	不详	仪征市	新四军甘泉支队四连战士	1945 年 1 月被日寇押往仪征途经蒋塘高院西大塘被杀害
糜万山	男	不详	仪征市	新四军甘泉支队四连战士	1945 年 1 月被日寇押往仪征途经蒋塘高院西大塘被杀害
陆德昌	男	不详	仪征市	新四军甘泉支队四连战士	1945 年 1 月被日寇押往仪征途经蒋塘高院西大塘被杀害
杨永昌	男	不详	仪征市	新四军甘泉支队四连战士	1945 年 1 月被日寇押往仪征途经蒋塘高院西大塘被杀害
金在禄	男	不详	仪征市	新四军甘泉支队四连战士	1945 年 1 月被日寇押往仪征途经蒋塘高院西大塘被杀害
吴长才	男	不详	仪征市	新四军甘泉支队四连司务长	1945 年 1 月被日寇押往仪征途经蒋塘高院西大塘被杀害
王正明	男	1917	杨寿镇爱国村	新四军某部战士	1945 年 5 月牺牲于安徽富王
陈开金	男	1929	杨寿镇新龙村同兴组	新四军某部侦察排战士	1945 年 5 月在安徽境内一次伏击战中牺牲
陈开贵	男	1926	杨寿镇新龙村同兴组	新四军某部通讯员	1946 年在淮阴城的苏中阻击战中牺牲
张成功	男	1916	公道镇	公道镇镇长	1946 年牺牲于杨寿镇
赵金来	男	1928	杨寿镇方集村湾里组	华东野战军二纵四师十一团二营六连副排长	1948 年淮海战役牺牲于小海李明庄
江益芝	男	1922	杨寿集镇	华东野战军二纵队四师通讯员	1948 年淮海战役牺牲于小海
李巨信	男	不详	杨寿镇新龙村曾巷组	华东野战军	1948 年淮海战役牺牲于小海
冯广友	男	不详	杨寿镇新龙村曾巷组	华东野战军	1948 年淮海战役牺牲于小海
徐兴政	男	1916	杨寿镇永和村颜坝组	华东野战军二纵四师十一团八连副指导员	1949 年 1 月淮海战役牺牲于水城县李明庄
陈国江	男	1927	杨寿镇方集村陈庄组	解放军某部通讯员	1949 年 11 月牺牲于山东陵山
吴文元	男	1953	杨寿镇爱国村义和组	解放军南京部队后勤部战士	1974 年 11 月在安徽杨柳因公牺牲
步永康	男	1932	杨寿镇新龙村步庄组	北京警卫部队某团团长	1981 年 8 月因公牺牲

二、中华人民共和国成立前参加革命者名录

受进步思想影响许多杨寿人在中华人民共和国成立前就投身革命,参加抗日战争、解放战争,为民族独立、人民解放作出杰出贡献。现收集46人,以参加革命时间先后为序。

中华人民共和国成立前参加革命者一览表

表26-3-2

姓　名	性别	出生年月	籍贯（祖籍）	工作及职务情况
韦开宽	男	1915.6	杨寿村王庄组（今宝女村王庄组）	早年在上海参加工人运动,1935年参加红军,参与步桥战役、淮海战役,负重伤成一等残废军人,后任扬州市民政科副科长。1982年离休
邢华龙	男	1924.7	杨寿集镇（今杨寿社区）	1939年在安徽大别山参加新四军,当年入党,淮海战役中右腿受重伤而截肢。1950年转地方,参加宝女村土改,后进供销系统工作
耿国山	男	不详	杨寿村耿庄组（今宝女村耿庄组）	1939年参加抗日游击战,1946年退伍
吴玉珊	男	1926.11	袁岗村吴庄组（今爱国村吴庄组）	1940年2月参加甘泉支队,在大仪冒死炸毁日军炮楼。担任徐海东大将警卫工作多年。参加淮海、阜宁等战役,任营长、侦察队长等职,身负十多处伤口,立二等功一次,三等功两次。1952年4月转地方
周　广	男	1920.4	方集村大同组	1940年参加工作,曾担任连长,因参加战斗而负伤,成为三等残废军人。1952年转地方
王万朝	男	1922.1	方集村湾里组	1941年参加新四军,参与多次作战,曾担任班长、副排长等职务,荣立三等功三次
张恒鼎	男	1925.12	杨寿集镇（今杨寿社区）	1942年1月,为新四军征税纳粮,1945年2月入党。北撤后学习财务,中华人民共和国成立后任金领铁矿财务科科长,后组建明水铝矿并任矿长。1984年离休
陈序康	男	1923.2	李岗村交通组（今宝女村交通组）	1942年3月参加新四军甘泉支队,投入抗日战争,一直在华野总部担任通讯警卫工作。1952年5月转地方
吴　飞	男	1926.3	袁岗村官庄组（今爱国村官庄组）	1942年7月,随胡坚参加开辟敌占区工作,1944年7月入党。先后参加鲁南战役、淮海战役、渡江战役。1960年被授予少校军衔。1977年任职于中央党校（副局级）。1986年离休
王云才	男	1927.7	杨寿集镇（今杨寿社区）	1942年参加新四军,投身抗日战争和解放战争,担任连指导员。中华人民共和国成立后参加抗美援朝战争,后转业到地方,在境内供销系统工作
吴锦江	男	1928.9	杨寿集镇（今杨寿社区）	1943年1月参加新四军,1946年6月入党,参加辽西战役、平津战役、湘西剿匪等。后任陕西临潼县武装部副部长。1981年离休
李聚福	男	1928.6	新民村曾巷组（今新龙村曾巷组）	1943年5月在扬州入伍,1945年9月在新四军二师五旅十五团入党,立四等功一次

续表 26-3-2

姓 名	性别	出生年月	籍贯(祖籍)	工作及职务情况
王在扬	男	1923.11	爱国村金王组	1943年投身新四军二师四旅,参加抗日战争,后参与孟良崮、淮海、渡江等战役,多次负伤。历任排长、连长等职。1963年,转邗江县政府工作
姬文福	男	1918.2	墩留村姬庄组	1943年参加新四军,在袭击湾头镇伪军据点时,因攀爬炮楼摔伤膀子而截肢致残
金 林	男	1924	建龙村玉带组(今新龙村玉带组)	1943年投身新四军,参加过抗日战争,在一次战斗中,右臂严重受伤而截肢致残
纪 祥	男	1919	建龙村建龙组(今新龙村建龙组)	1943年参加新四军,跟随陈仁刚担任警卫工作,1944年入党,后参加抗美援朝并多次立功
李久柏	男	1921.12	杨寿集镇(今杨寿社区)	1943年参加新四军,参加淮海战役时头部受伤。抗美援朝时,任志愿军24军74师25团机枪班长,立一等功一次,二等功两次,后转地方务农
聂祥元	男	1929.5	方集村双栗组	1943年投身新四军,参加孟良崮、淮海等战役。担任陈毅司令警卫员多年。后在南京、杭州、福州等地担任军代表。1958年,转业至南昌铁路局工作。1989年于福建省邵武市离休
吴朝栋	男	1929.8	新民村民主组(今新龙村民主组)	1943年9月参加新四军,立三等功两次,山东莱芜战斗中负伤,享受三等乙级残废军人待遇。1950年5月转地方工作,曾担任新民村支部书记等职,后安排在境内客运站工作
吕兆奎	男	1927.2	杨寿集镇(今杨寿社区)	1946年5月转入新四军,担任华东海军军械处文书,作战三次,立四等功一次。1949年5月在山东后备兵团入党。1955年8月转地方工作
裔国礼	男	1922	杨寿集镇(今杨寿社区)	1944年参加新四军,北撤后参加解放战争,历任团长、师长等职。1962年被授予大校军衔。1979年转业至哈尔滨道里区工作。1983年离休
葛有信	男	1926.6	永和村高庄组	1944年4月在津浦路东办事处参加新四军。1948年5月入党,立三等功两次,四等功一次。1955年4月转地方工作
陈万保	男	1925.8	东兴村金庄组	1944年4月参加新四军并加入共产党组织,后任解放军21军61师工兵连排长,立三等功三次
郭金槐	男	1929.7	永和村平原组	早年参加新四军并加入共产党组织,投身抗日,参加了淮海战役、渡江战役。中华人民共和国成立后,又参加抗美援朝,多次立功受奖,晋升为副团长。1965年转地方工作,任江都县卫生局副局长。1998年10月,病逝
陈步云	男	1924.1	永和村三连组	1944年6月任杨寿乡乡长,同年入党。1946年北撤参加新四军,任鲁南八师后勤部留守处文书、助理员,参加淮海战役、渡江战役立四等功一次。1955年10月毕业于解放军军需学校,后任浙江省军区后勤部军需处科员。1958年授予中尉军衔。1973年9月转地方,任浙江省湖州市德清县运输公司经理,高桥、禹越供销社支部书记等职。1984年1月离休
步永源	男	1928.9	建龙村步庄组(今新龙村步庄组)	1944年10月参加新四军,在安徽参与抗日。1947年10月入党,淮海战役中负伤,曾任黄珏区、公道乡、赤岸乡、方巷乡党委书记,邗江轻工局副局长等职。1990年离休

续表 26-3-2

姓　名	性别	出生年月	籍贯（祖籍）	工作及职务情况
傅云高	男	1923.6	仪征县大巷乡（今仪征市大仪镇大巷村）	1944年参加新四军，参加辽沈等战役，在四七三一部队高炮营任政治部主任，转地方后，先后任公道乡、杨寿乡粮管所主任、支部书记等职，后离休
陈开达	男	1929.2	建龙村东庄组（今新龙村东庄组）	1944年10月参加新四军二师，一直在安徽抗日。1946年入党，转地方后，历任赤岸乡乡长、书记，公道公社社长，邗江棉织厂厂长、书记等职。1983年离休
曹培和	男	1929.5	李岗村大顺组（今宝女村大顺组）	1944年投身新四军抗日，1947年3月加入共产党，参加多次战役，后转地方务农
姬文法	男	1927.7	杨寿村姬庄组（今宝女村姬庄组）	1944年10月在淮南参加新四军，1947年3月入党，参与莱芜战役、淮海战役等，立三等功三次，四等功两次。中华人民共和国成立后转地方工作
赵万猛	男	1920	永和村马场组	1944年10月投身新四军并加入共产党，参加抗日战争和解放战争。1957年转业到南京油脂化学厂工作，1962年因精简人员，回家乡务农
李春云	男	1918.10	蒋塘村刘家组（今永和村刘家组）	1944年11月参加新四军，1945年11月在新四军二师四旅入党，参加莱芜、孟良崮等战役。在江苏邳县作战时提为副排长后升为连长，后在作战中负伤，立三等功三次
吴道华	男	1923.2	袁岗村官庄组（今爱国村官庄组）	1943年3月参加甘泉支队，1946年6月入党。作战五次，负伤两次，立三等功一次，任副排长。1952年6月转地方，曾任袁岗村党支部副书记
俞松泉	男	1918	永和村九连组	1944年参加新四军，是年农历三月十五早晨，训练时生病吐血，组织决定留安徽来安半塔治病休养，后退伍
方久朝	男	1917.1	建龙村乔口组（今新龙村桥口组）	1945年10月参加解放战争，中共党员，立三等功一次，1952年转地方工作
韦开山	男	1919	杨寿村杨寿组（今宝女村杨寿组）	1956年9月在华野二师四旅政治部任运输员，后为饲养员，立四等功两次。1950年8月入党，1952年5月转地方工作
杨春余	男	1918.8	新民村杨庄组（今新龙村杨庄组）	1946年入伍，参加淮海战役、平津战役、渡江战役，担任连队司务长。1952年转家乡务农，1958年安排在邗江县化工厂工作
焦宝熙	男	1930.6	永和村丘陵组	1948年入伍，先后参加解放战争和抗美援朝战斗，立二等功两次，任班长、副排长等职。1957年转地方工作
张友才	男	1923	方集村	1948年10月入伍，二十三军六十九师二〇五团四连战士，作战四次，立四等功八次。1953年6月转地方工作
屈绍元	男	1919.4	方集村高田组	1949年3月参加中国人民解放军，任步兵老店一分部司令部摇机员。1951年8月入党，立二等功一次，三等功两次。1956年转地方工作
王元松	男	1924.2	爱国村前刘组	1949年4月入伍，1950年5月入党，后参加抗美援朝战争，任二十四军七十师二十团一营机枪连副排长，立一等功一次，二等功一次，三等功一次。退伍后担任过爱国村副支书

续表 26-3-2

姓　名	性别	出生年月	籍贯（祖籍）	工作及职务情况
苏恩安	男	1927.3	建龙村玉带组（今新龙村玉带组）	1949年6月在福建省闽侯县自愿入伍，1949年12月入党，参加抗美援朝战争，立二等功一次，三等功两次，四等功三次。退伍后一直务农
金佩瑜	女	1935.8	浙江镇海县城	吴飞夫人。1949年7月在宁波解放区参加革命，服役原南京军区，1956年考取南京师范学院，毕业后在南京教育学院工作。后调农业部宣教司高教处任副处长。1996年离休
王国义	男	1930.12	建龙村建国组（今新龙村建国组）	1949年8月在福建入伍，1955年1月入党，立三等功两次，四等功三次。1955年4月转地方工作
田其富	男	1920.3	方集村田庄组	1949年8月在福建连江入伍，是部队炊事员，立三等功一次，四等功两次。1954年转地方工作
胡学坤	男	1924.4	方集村方集组	1949年8月在福州入伍。1952年3月入党，立三等功三次，四等功一次，1955年5月转地方工作

三、先进人物名录

中华人民共和国成立后，杨寿涌现一大批先进模范人物。他们在平凡的岗位上勤奋工作、无私奉献，为杨寿的经济和社会发展作出突出贡献，受到上级党委、政府奖励和表彰。现收录的是受到国家、省级和市委、市政府奖励、表彰的先进人物，计36人。以获得表彰时间先后为序。

杨寿镇先进人物一览表

表 26-3-3

姓名	性别	出生地	所在单位	表彰时间	荣誉	授予单位
戴宝来	男	黄珏乡	杨寿小学	1956.5	劳动模范	江苏省人民政府
吴玉太	男	新龙村大殷组	杨寿乡政府	1987.7	见义勇为先进个人	扬州市人民政府
王珍香	女	新龙村安庄组	杨寿镇（乡）政府	1987.12	计划生育先进个人	扬州市人民政府
				1996.3	"双学双比"竞赛三等奖	省"双学双比"竞赛活动领导小组
				1996.6	计划生育先进工作者	扬州市人民政府
				2001.6	"九五"计划生育先进工作者	扬州市人民政府
吴乃奎	男	爱国村吴庄组	杨寿乡政府	1989.2	"丰产杯"竞赛四等奖	江苏省农林厅
张萍	女	广陵区	杨寿小学	1989.9	优秀教育工作者	扬州市人民政府
				1993.9	优秀工作者	扬州市人民政府
盛开来	男	方集村谭巷组	杨寿成人教育中心	1989.12	扫除文盲先进工作者	江苏省教育委员会
吴玉泉	男	新龙村周庄组	杨寿卫生院	1989.12	丝虫病防治工作先进工作者	江苏省卫生厅
颜景宝	男	永和村颜坝组	永和村支部	1990.6	优秀支部书记	中共扬州市委员会
				1991.6	优秀共产党员	中共扬州市委员会

续表 26-3-3

姓　名	性别	出生地	所在单位	表彰时间	荣　誉	授予单位
王福兰	女	爱国村大众组	爱国村大众组	1993.3	"双学双比"竞赛女能手	省"双学双比"竞赛活动领导小组
				1996.3	"双学双比"竞赛三等奖	省"双学双比"竞赛活动领导小组
吴正龙	男	永和村郭庄组	永和村支部	1993.6	优秀共产党员	中共扬州市委员会
陈庭康	男	新龙村建龙组	杨寿镇(乡)政府	1994.6	"百日增肥"活动先进个人	扬州市人民政府
				1995.3	社会治安整治先进个人	中共扬州市委员会 扬州市人民政府
				1996.3	"双学双比"竞赛三等奖	省"双学双比"竞赛活动领导小组
				1997.6	优秀共产党员	中共扬州市委员会
王心元	男	爱国村下凹组	爱国村支部	1996.6	优秀支部书记	中共扬州市委员会
				1996.6	优秀共产党员	中共江苏省委员会
				1996.10	劳动模范	江苏省人民政府
周朝珍	女	爱国村上瓦组	爱国村委会	1997.3	"双学双比"竞赛二等奖	省"双学双比"竞赛活动领导小组
张福堂	男	墩留村炕坊组	杨寿镇政府	1997.10	全国群众体育工作先进个人	国家体育运动委员会
陈祥林	男	宝女村交通组	杨寿镇政府	1998.3	第一次农业普查先进个人	扬州市人民政府
				2001.12	第五次人口普查先进个人	江苏省人口普查领导小组
吴庭湘	男	新龙村民主组	邗江交警大队	1998.7	公安系统抗洪救灾先进个人	公安部
田同礼	男	宝女村田庄组	宝女村田庄组	1999.2	优秀农民经纪人	扬州市人民政府
邵兴盛	男	墩留村姚塘组	墩留村委会	1999.9	劳动模范	扬州市人民政府
				2002.2	全国种粮大户	农业部
吴月华	男	宝女村吴庄组	杨寿镇司法所	2001.10	人民满意基层司法工作者	江苏省司法厅
				2002.12	基层人民满意司法助理员	江苏省司法厅
朱德昌	男	永和村九连组	杨寿镇政府	2002.2	基层武装工作先进个人	扬州市人民政府扬州市军分区
陈　明	男	永和村平原组	杨寿国土所	2002.12	土地整治创新三等奖	江苏省国土资源厅
方道潮	男	永和村丘陵组	杨寿国土所	2002.12	土地整治创新三等奖	江苏省国土资源厅
冯华贵	男	方集村双栗组	杨寿小学	2003.10	科普教育先进个人	江苏省教育厅
			杨寿学校	2010.9	优秀教育工作者	扬州市人民政府
邵正军	男	新龙村三星组	杨寿中学	2003.12	先进工作者	江苏省教育厅
吴明江	男	永和村军田组	永和村党总支部	2004.2	"双带"创业之星	扬州市人民政府
				2004.6	优秀"双带"村支书	中共扬州市委员会
				2006.5	好市民	扬州市人民政府
				2006.5	劳动模范	江苏省人民政府

续表 26-3-3

姓　名	性别	出生地	所在单位	表彰时间	荣　誉	授予单位
袁国云	男	爱国村袁岗组	杨寿镇政府	2005.1	农村集体财务与资产管理先进个人	江苏省农村合作经济经营管理站
陈秀云	女	东兴村徐庄组	东兴村委会	2005.3	计划生育工作先进个人	扬州市人民政府
方德太	男	方集村方庄组	杨寿中学	2005.12	优秀辅导教师	全国青少年普法教育办公室
俞　祥	男	邗江区杨庙镇	甘泉镇政府(杨寿和甘泉合并)	2006.2	基层武装工作先进个人	扬州市人民政府扬州市军分区
姬瑞红	女	宝女村姬庄组	杨寿镇文体中心	2008.10	群众体育工作先进个人	扬州市人民政府
				2009.12	群众体育工作先进个人	江苏省农村工作委员会
赵庆珍	女	甘泉镇五湖村	扬州金泉旅游用品股份有限公司	2009.5	"五一劳动奖章"	扬州市人民政府
李杏凤	女	永和村刘家组	杨寿镇计划生育科	2009.12	信息化建设先进个人	江苏省人口与计划生育委员会
				2010.9	计生工作三十年特别荣誉	江苏省人口与计划生育委员会
焦世培	男	甘泉镇	杨寿学校	2010.8	少儿京剧大赛园丁奖	江苏省文明办
袁国松	男	爱国村袁岗组	杨寿镇政府	2011.8	农村清洁能源建设先进个人	扬州市人民政府
苏恩军	男	东兴村宋庄组	江苏省南扬机械制造有限公司	2012.5	"五一劳动奖章"	扬州市人民政府
薛洪礼	男	方集村方集组	杨寿学校	2012.10	诗教先进工作者	江苏省教育厅、省诗词协会

四、在外乡贤名录

20 世纪以来,杨寿相继走出一批优秀人才,在祖国各地事业有成者,成为家乡人民的荣耀。现收录 69 人。按姓氏笔画为序。

杨寿镇在外乡贤一览表

表 26-3-4

姓　名	性别	出生年月	出生地	工作单位、职务、职称
丁福圣	男	1963.9	东兴村张庄组	审计署驻上海特派员、财政审计处处长、高级审计师
丁寿文	男	1969.1	永和村唐庄组	江苏邗江交通建设工程有限公司董事长
王义高	男	1922.5	永和村九连组	霍桥乡党委书记
王广明	男	1948.1	永和村九连组	赤岸乡党委副书记、邗江粮食局正科级巡视员
方久松	男	1930	新龙村桥口组	江都区真武乡副书记

续表 26-3-4

姓　名	性别	出生年月	出生地	工作单位、职务、职称
方艳芬	女	1955.12	新龙村建国组	瓜洲闸水利管理处主任
方德祥	男	1954.5	方集村方庄组	安徽省人大行政管理处副处长
刘在銮	男	1956.10	墩留村炕坊组	扬州市政协副主席
刘付喜	男	1970.10	墩留村刘庄组	邗江区财政局副局长
刘学宏	男	1963.4	永和村刘家组	南京机场高速公路管理处副处长
刘德琴	女	1963.8	爱国村后刘组	江苏省国土资源厅财务处副处长、高级会计师
刘长坤	男	1950.2	新龙村曾巷组	扬州市矿务局煤炭工业公司副书记、副局长、副总经理
张福堂	男	1961.1	墩留村炕坊组	中共扬州市蜀冈－瘦西湖风景名胜区管理委员会书记
张永宏	男	1963.12	永和村吴二组	中国人民解放军空军勤务学院财务系正师级教官
吴正宝	男	1941.7	永和村郭庄组	山东胜利油田国有资产管理处处长
吴正才	男	1949.7	永和村郭庄组	解放军海军青岛流亭机场副团职军官
吴正坤	男	1968.3	爱国村吴庄组	解放军海军潜艇学院作战指挥系政委
吴义彪	男	1963.11	永和村唐庄组	江苏华伦化工有限公司董事长
吴德荣	男	1953.11	爱国村爱国组	邗江区国税局副局长
吴福文	男	1968	爱国村薛庄组	扬州市市政工程公司经理、扬州新纪元股份有限公司董事长
吴学道	男	1900	爱国村周庄组	法名能勤,大明寺原住持、省佛教协会理事、扬州市政协委员
吴庭湘	男	1953	新龙村民主组	邗江交警大队副大队长
吴玉潮	男	1947	新龙村周庄组	江苏省农垦集团有限公司副总经理
吴文静	男	1946.2	方集村方集组	扬州市总工会安全管理负责人
吴春坚	男	1959.8	新龙村周庄组	宁波市发改委主任、副巡视员
吴春雨	男	1975.6	新龙村大殿组	扬州征远律师事务所律师
李华康	男	1953.12	永和村丘陵组	杨寿镇党委书记、邗江区统战部副部长、民族宗教事务局局长
李万清	男	1954.7	宝女村大庄组	杨寿镇党委书记、扬州市民政局副局长、扬州市计生委主任
李杏桃	男	1956.7	永和村刘家组	邗江区农委办公室副主任
李杏海	男	1952.3	永和村刘家组	扬州市中级人民法院审判员、司法支部书记
李金兵	男	1970.4	永和村永和组	扬州漆器厂厂长
陈扣礼	男	1966.3	东兴村陈庄组	邗江区教育局党委书记、副局长
陈常礼	男	1965.8	东兴村张庄组	邗江区国税局
陈正华	男	1963	新龙村同心组	江苏省建筑安装公司董事长
陈德康	男	1971.6	方集村陈冲组	邗江区槐泗镇党委书记
陈正云	男	1963.6	宝女村宝女组	三峡集团溪洛渡工程建设部副主任
陈仁源	男	1950.5	杨寿集镇	东海舰队 132 舰副政委,维扬区财政局副局长
汪福兵	男	1974.1	东兴村西庄组	邗江区交通局副局长
汪福明	男	1958.9	东兴村西庄组	国家电力公司自动化研究院高级工程师
邵志军	男	1960.3	新龙村三星组	中国文联文艺志愿服务中心副主任、中国文艺志愿者协会副秘书长、书法家

续表 26-3-4

姓　名	性别	出生年月	出生地	工作单位、职务、职称
邵志定	男	1951	新龙村三星组	江苏省广播电视厅音像出版处处长、江苏省新四军研究会秘书长
步锦昆	男	1955.1	新龙村步庄组	安徽亳州军分区司令员、江苏省教育厅副巡视员
苏恩香	女	1981.10	方集村胡庄组	邗江区邗上街道办副主任
周学军	男	1969.12	永和村马场组	国防科工委江阴基地"远望7号"船
周琴芳	女	1953.5	新龙村三星组	江苏省体制改革委员会副处长
金宏星	男	1966.6	东兴村金庄组	江苏华利地产集团有限公司董事长
罗世龙	男	1952.11	爱国村罗家组	扬州市广华房地产开发有限责任公司董事长
施宏跃	男	1958.3	永和村高庄组	甘泉镇镇长、邗江区审计局副局长
赵志群	男	1955.10	新龙村赵庄组	酒甸镇纪律检查委员会副书记
俞　祥	男	1958.12	爱国村吴庄组	江苏省铁路办公室副主任
林金田	男	1963.12	永和村颜坝组	仪征市会计师事务所注册会计师、高级会计师
胡　浩	男	1960.4	方集村胡庄组	海军东海舰队营职参谋、扬州市检察院行政装备处主任
胡学生	男	1979.1	方集村胡庄组	北京电子设备科技有限公司总经理
胡林森	男	1978.4	方集村方集组	邗江区瓜洲镇党委委员、副镇长
柏志坚	男	1954.8	爱国村吴庄组	二炮师部作训科科长、邗江环保局副局长
柏正友	男	1967.7	新龙村步庄组	扬州市公安局邗江分局副局长
倪在高	男	1948.1	墩留村徐庄组	国防科工委江阴基地副司令员
耿广松	男	1966.2	墩留村邵庄组	江阴市粮食局党委书记
徐生如	男	1963	墩留村姬庄组	泰州市110办公室主任
徐国清	男	1940	爱国村王庄组	海军东海舰队团政委、邗江区交通局副局长
涂金坤	男	1947.12	杨寿集镇	连云港师范学院马克思主义哲学教授
涂巨峰	男	1985.11	永和村涂庄组	江苏省机关事务管理局主任科员
殷　杰	男	1969.7	新龙村大殷组	扬州市检察院政治部人事处长
龚振志	男	1970.9	永和村永和组	扬州市邗江区委副书记、区长
黄伟青	男	1980.12	永和村唐庄组	32194部队主任
程　强	男	1962	宝女村红星组	扬州艾特装饰工程有限公司董事长、总经理
薛洪书	男	1936.10	方集村方集组	甘肃省卫生学校副校长、高级会计师
薛　茂	男	1971.7	方集村方集组	邗江区政府法制办副主任、邗江纪委园区工作室副主任
薛　培	男	1970.12	方集村方集组	央视网消防频道总监、央视指南频道《安全与法》制片人

五、高级专业技术人员名录

开展职称评定工作以来,杨寿各行业专业技术人员积极申报。至2016年底,全镇计有副高级以上职称者31人。以获得职称时间先后为序。

杨寿镇高级专业技术人员一览表

表 26-3-5

姓　名	性　别	工作单位	专业技术职称	评定时间
韦开荣	男	邗江职业高中	中学高级教师	1994.11
王志忠	男	邗江中等专业学校	中学高级教师	1997.12
殷久春	男	杨寿中心中学	中学高级教师	2003.12
陈新华	男	杨寿中心中学	中学高级教师	2003.12
方德太	男	杨寿中心中学	中学高级教师	2003.12
李国勋	男	甘泉成人教育中心	中学高级教师	2004.11
冯喜林	男	杨寿中心中学	中学高级教师	2006.10
徐万祥	男	杨寿中心中学	中学高级教师	2007.10
邵正宇	男	杨寿中心中学	中学高级教师	2007.10
吴玉田	男	杨寿学校	中学高级教师	2008.10
方贵生	男	杨寿学校	中学高级教师	2008.10
汤益道	男	杨寿学校	中学高级教师	2008.10
杨在高	男	杨寿学校	中学高级教师	2009.11
林金红	男	杨寿学校	中学高级教师	2009.11
任学渊	男	杨寿学校	中学高级教师	2009.11
方轶群	男	杨寿学校	中学高级教师	2009.11
杨家祥	男	杨寿学校	中学高级教师	2009.11
纪玉虹	女	杨寿学校	中学高级教师	2010.10
方　权	男	杨寿学校	中学高级教师	2010.10
邵正军	男	杨寿学校	中学高级教师	2010.10
邵志平	男	杨寿学校	中学高级教师	2011.11
冯华贵	男	杨寿学校	中学高级教师	2012.11
宰德旺	男	杨寿中心卫生院	副主任医师	2012.12
杨伟芳	女	杨寿学校	中学高级教师	2013.12
吴玉香	女	杨寿学校	中学高级教师	2013.12
陈　鹏	男	杨寿学校	中学高级教师	2014.12
孙桂珍	女	杨寿学校	中学高级教师	2015.12
盛　旺	男	杨寿学校	中学高级教师	2016.12
吴正芳	女	杨寿学校	中学高级教师	2016.12
钱德海	男	杨寿学校	中学高级教师	2017.12
卜秀红	女	杨寿学校	中学高级教师	2017.12

六、优秀学子名录

　　1977年恢复高考以后,杨寿许多学子考入大学读书,其中不少学生考取名校,毕业后在家乡及祖国各地工作,现选录优秀学子39人(以出生年月为序)。

杨寿镇优秀学子一览表

表26-3-6

姓　名	性别	出生年月	出生地	毕业院校	工作单位及职务(职称)
施宏飞	男	1962.12	永和村高庄组	扬州大学	南京中医学大学营养学院教授、博士生导师
楚荣江	男	1964.4	宝女村楚庄组	中国人民大学	中国石油化工股份责任有限公司
胡学奎	男	1964.12	方集村胡庄组	北京大学	扬州大学经济学院副教授
吴明朗	男	1965.4	方集村方集组	北京大学	美国维讯化工公司科研副总裁
陈德礼	男	1965.8	东兴村陈庄组	中国人民大学	新华人寿保险公司副总经理
王　继	男	1965.9	永和村永和组	西安交通大学	江苏省电力公司电力科学研究所高级工程师
周万亮	男	1965.9	永和村王庄组	北京大学	北京人力资源经理工作委员会
殷国勇	男	1965.12	新龙村大殷组	美国罗切斯特大学	江苏省人民医院骨科主任、博士生导师
杨劲松	男	1968.1	新龙村周庄组	南京师范大学	扬州市湾头中学校长
任中伟	男	1968.11	方集村大同组	武汉大学	广陵区信访局副局长
周万安	男	1969.3	永和村王庄组	中国人民大学	江苏省广电总台
王云全	男	1969.7	方集村方庄组	北京大学	新加坡软件研究开发公司
胡桂香	女	1969.8	方集村胡庄组	上海交通大学	扬州市能源监察中心高级工程师
金礼久	男	1969.8	永和村金庄组	南京师范大学	南京师范大学副研究员
詹爱军	男	1970.5	新龙村曹安组	广州华南农业大学	深圳检验检疫科学研究所副主任
刘世虎	男	1974.3	方集村大同组	中国人民大学	国家发改委公共事业处处长
王　斌	男	1974.7	杨寿村集镇组	华中理工大学	华为公司驻美国分公司
丁庆波	男	1976.10	永和村唐庄组	南京师范大学	省财政厅党委办公室
方　荣	男	1976.12	新龙村方庄组	南开大学	美国微软公司
万明礼	男	1977.9	永和村王庄组	中国矿业大学	盱眙县环保局局长
方正杰	男	1978.12	方集村方庄组	河海大学	上海市水务局人事科科长
汤如俊	男	1979.10	新龙村东庄组	新加坡国立大学	苏州大学副教授
王　飞	男	1980.2	永和村唐庄组	长沙电力学院(今长沙理工大学)	江苏省电力公司后勤工作部
张永俊	男	1980.8	永和村蒋塘组	华中科技大学	中国移动广东发展有限公司
陈红霞	女	1980.8	永和村三连组	哈尔滨工程学院	中国核动力研究设计院
宰　娟	女	1980.10	永和村军田组	南京大学	常州市武进区规划局
吴春蕾	女	1981.6	杨寿村集镇组	北京航空航天大学	泰雷兹(驻中国)集团

续表 26-3-6

姓　名	性别	出生年月	出生地	毕业院校	工作单位及职务（职称）
方 建	男	1981.9	新龙村前方庄组	香港大学	上海雅芳公司市场部高级经理
姚 平	男	1981.12	新龙村红旗组	清华大学	广东省烟草公司部门经理
俞 亮	男	1982.6	新龙村三星组	上海交通大学	扬州大学机械学院
赵玲玲	女	1982.9	墩留村姬庄组	复旦大学	如新（中国）日用保健品公司
雷 捷	男	1983.2	杨寿村集镇组	西安交通大学	华为公司驻爱尔兰分公司
方 俊	男	1983.3	方集村方庄组	西北大学	天长市人大秘书处
胡学峰	男	1983.5	方集村胡庄组	北京大学	博士、北京大学
步海军	男	1985.4	新龙村步庄组	中国科学院	南京大学纳米技术研究员
刘 宇	男	1986.1	爱国村后刘组	哈佛大学	美国银行
冯仁宇	男	1986.12	方集村双栗组	清华大学	上海烟草总公司
宰大伟	男	1988.9	永和村军田组	东南大学	扬州市旅游局
李 炜	男	1991.6	宝女村大庄组	大连理工大学	中国今日头条公司

七、能工巧匠名录

　　杨寿人勤劳智慧、聪明能干。在各个时期涌现出一批能工巧匠。他们技艺高超，服务乡里，造福一方，在地方有着较好口碑。现收录能工巧匠 25 人（以其职业归类）。

杨寿镇能工巧匠一览表

表 26-3-7

姓　名	性别	生卒年月	家庭住址	职业	主要经历及绝活
贺德元	男	1921.12—1981.5	爱国村贺庄组	瓦匠	自幼随父亲学手艺，20 多岁就能识图施工，个人组织一班人马曾在家乡及盱眙、天长一带建民房和粮管所。由于他施工严谨，建沉井式电灌站滴水不漏，名声大振，当时许多外地人前来请他建沉井式电灌站。杨寿建筑站成立后他负责瓦匠带班，奔波于湖北、安徽等地
成文荣	男	1938.10—2011.8	永和村徐庄组	瓦匠	曾因做小工时留心观察而学会支锅。很快能独立操作，支锅速度快，一天能支两家锅，不仅外观漂亮，且好烧、耐用，闻名一方。在杨寿建筑站工作，自学建筑理论，施工操作兼优，一直带班作业。80 年代初回家成立建筑包工队，生意火爆。后带包工队参与组建永和建安公司，出任首任经理。用水泥沙浆粉刷后镂空的"新魏体"美术字，既漂亮又有立体感，堪称一绝
赵庆书	男	1939.6—	新龙村方庄组	瓦匠	22 岁在盱眙学习瓦匠，因吃苦耐劳很快满师。后学习建筑业务知识，参与组建杨寿建筑站，在湖北发展多家工地，曾建筑一 38 门大轮窑，建 75 米高大烟囱而成名。后成为杨寿建筑站一队队长

续表 26-3-7

姓　名	性别	生卒年月	家庭住址	职业	主要经历及绝活
方道开	男	1947.12—	新龙村方庄组	瓦匠	自幼随叔父在安徽黄山学瓦匠，一直从事砌房造屋。砌墙粉刷速度快且质量高。是杨寿建筑站最早聘请的师傅之一。70年代他建造的杨寿轮窑烟囱高达45米，被称为奇迹。后学习建筑理论，从事建筑施工
邵如生	男	1908.12—1982.12	新龙村三星组	木匠	少时学艺，最为擅长农村龙骨水车的制作。后一直在扬州城区做活，专业从事城市民居建筑中的精细木工
王春元	男	1913.2—1997.9	新龙村安庄组	木匠	十几岁在甘泉山周师傅家当学徒，很快满师，自立门户，一直在杨寿、甘泉、大仪一带农户家建房、打家具。雕刻最为见长，雕刻出的动物、植物栩栩如生。中年进安徽蚌埠部队从事修建，因人品、技术兼优，留部队工作，后转正、退休
吴学元	男	1924.10—2007.11	爱国村周庄组	木匠	18岁跟随本村师傅学习木匠，很快入门满师。先做普通橱柜家具，后做多种形式的现代家具。杨寿建筑站成立后，他是首期聘请的木工领班师傅，在湖北、安徽等工地，既抓管理又抓质量，受到工人的称赞
刘学尧	男	1939.8—1999.9	墩留村留组	木匠	13岁开始在外婆家学习木工技艺，满师后一直从事房屋建造和家具制作。擅长木艺雕刻，无论梁、柱、门、窗，还是床、桌、柜、椅，皆能在其上雕刻飞禽走兽、花草树木，惟妙惟肖，观者赞不绝口。50年代，受聘于杨寿乡农具厂从事农业服务，后转向模具制作，由于精密度高，赢得众多客户
李在兴	男	1890.10—1970.10	宝女村孙庄组	箍桶匠	出生在一个世代箍桶之家，自幼随父亲学习箍桶、箍盆，不久手艺娴熟。大至蒸锅、大澡盆，小至水盆、水壶，不但结实耐用，而且精致美观。制作工艺被列为扬州市非物质文化遗产
刘德朝	男	1901.5—1977.10	杨寿集镇	铁匠	从小跟随父亲学铁匠，20岁就成打铁能手。他打制的镰刀、锄头、斧头、厨刀等灵巧好使，堪称上乘，产品远销周边集市
倪家满	男	1929.9	爱国村上瓦组	铁匠	17岁随哥哥学习铁匠，他打制的厨具、农具既美观又耐用，深受大家的青睐。他设计制作烧窑的窑锹，既适用又省力，解决小煤窑添料难题
邵茂余	男	1924.5—1993.10	墩留村邵庄组	白铁匠	自幼学习白铁活，早年从事补锅、补碗、补缸等活，后增加铝锅、水壶换底等，手艺娴熟，再破烂的锅碗也能修补完好。足迹遍布仪征、邗江、高邮一带
蒋顺宝	男	1911.9—2002.6	永和村杨华组	铜匠	祖籍江都邵伯。自幼随父亲学习手艺，后随船流入杨寿永和，一直在当地回收废铜废铝，根据不同用途浇制成坯，再精心制作，主要器物有蜡烛台、香炉、床、柜、桌、椅的装饰片以及儿童首饰、水盆、水壶、暖手暖脚的手炉、脚炉等，工艺精湛，深受当地人的喜爱
杨永富	男	1933.12—1998.1	杨寿集镇	铜匠	老家盐城，排行老三，人们称之杨三。16岁跟父母随船到杨寿落户，与其父操持祖业。除浇制蜡烛台、香炉、铁锅外，还开辟白铁行业，油抽、钓鱼篓、粉筛等为其绝活，又能配钥匙、补缸等，在当地很有名气

续表 26-3-7

姓 名	性别	生卒年月	家庭住址	职业	主要经历及绝活
陈永信	男	1941.4—2012.2	爱国村唐庄组	机修工	19岁参加扬州市机械培训班,因为聪明好学,很快对柴油机的性能原理了如指掌。只要听一听机器的声音就能准确判断故障并能予以修理。60年代受聘于安徽天长,不久被家乡请回,负责全村拖拉机维修。70年代多次被杨寿中学聘请教授机械课程,一直是杨寿镇农机站培训老师
方长巨	男	1902.4—1970.6	杨寿集镇	厨师	自幼随父亲学厨艺,不到20岁就能独当一面,杨寿集镇上每年五月十八的都天会都是他主厨,名闻方圆几十里。两道菜最为响名:红烧肉肥而不腻,血子汪豆腐始终滚烫保温。素宴也很有特色,素烧肉、素烧鱼、素烧鸭等,都是自己亲自制作,僧尼叫绝
李树林	男	1966.7—	杨寿集镇	厨师	从事餐饮工作30多年,其特色菜为菜烩豆腐圆和黄颡鱼炖臭大圆。豆腐圆用本地产老豆腐,拌以姜、葱、肉泥、虾米、香菇、干贝丝等佐料,做成圆子用油煎炸,最后用青菜或大白菜烩制而成。此菜在首届中国民间民族菜肴大赛中获金奖。黄颡鱼炖臭大圆,系采用当地黄颡鱼和臭大圆,加辣椒等调料炖制而成,臭大圆空而不散,黄颡鱼既嫩又香,令人回味无穷
潘朝元	男	1883.5—1974.10	爱国村潘庄组	制香	早年在陈家集学习做香,学成后回家生产神香、卫生香、斗香、寿香、檀香等,很快在公道镇上开香店,家人每天到周边集市赶集。他带出多名徒弟,其中以在杨寿集镇开香店的柏正道最有成就
薛云广	男	1918.5—2003.1	爱国村薛庄组	孵禽师	自幼随祖父和父亲当学徒,由于聪明好学,炕孵期的火头、温度把握特别准确,出壳率在93%以上。他家的雏禽成活率高,上门求购者络绎不绝,占据了周边大部分市场。中华人民共和国成立后炕坊归集体所有,他还带出许多徒弟
宰长林	男	1919.8—1963.5	永和村军田组	石匠	20岁学习石匠手艺,很快满师。能够根据石头原料制作打谷脱粒的碌子、磨粉磨浆的磨子、碾米的碾子、装饰大门口的石鼓等,还能打磨修制石器,在当地较有名气,带出多名徒弟
吴万明	男	1920.5—1998.9	新龙村民主组	篾匠	自幼学习篾匠,练就一副好手艺。他制作的竹席、竹编密不漏水,筛孔均匀,稻箩等日用品,经久耐用,成为抢手货。他诚实可信,不偷工减料,留有较好的口碑
苏广田	男	1933.1—2001.1	东兴村宋庄组	制陶	从小随父亲学习制瓦谋生,泥土暴晒去杂,踩泥掺水适度且翻踩四次,做坯光滑,厚度均匀,制作十分严谨。所做的小瓦、猫头滴水瓦、珠笼、旺砖、地砖等窑制品,一直销售很好。60~70年代曾受聘于安徽大别山等地窑厂
陈义元	男	1936.3—	东兴村陈庄组	豆制品制作	20岁随哥哥学习磨豆腐,几十年一直坚持传统工艺。用石磨磨制,适度掺水,大锅烧浆,把握温度,盐卤点浆,豆腐吃起来又细又嫩,百叶吃起来有劲味浓
夏圣华	男	1941.10—	杨寿集镇	畜禽收购	早年多次参加扬州市、邗江县供销系统内关于畜、禽、蛋收购培训。培训班组织现场测试,众多学员中,他精确度都是名列前茅。对畜、禽等通过一看二摸,都能够精确判断出等级和重量,同行赞不绝口

续表 26-3-7

姓 名	性别	生卒年月	家庭住址	职业	主要经历及绝活
赵正国	男	1945.8—	杨寿集镇	理发师	18岁随父亲赵春富学习理发。由于刻苦钻研,他既能剪传统发型,也能剪时尚发型,吹风、修面、推拿等技艺更高人一等。大集体年代,他是理发店经理,不仅门市生意好,还有许多社会名流请他上门服务

八、百岁老人名录

本表收录中华人民共和国成立后至2016年12月境内的百岁(虚岁)老人8人,以出生年月先后排列。

1949~2016年杨寿镇百岁(虚岁)老人一览表

表 26-3-8

姓 名	性 别	出生年月	家庭住址	是否健在或去世时间
金范氏	女	1888.3	爱国村金庄组	1990年去世
王秀凤	女	1903.5	新龙村杨庄组	2004年去世
吴立英	女	1911.6	新龙村大殿组	2011年去世
朱桂芳	女	1911.9	爱国村薛庄组	2015年去世
吴松英	女	1911.10	永和村高院组	2012年去世
吴德玉	男	1914.2	爱国村小爱国组	2014年去世
周文英	女	1915.12	墩留村张桥组	健在
方阳英	女	1917.10	爱国村罗家组	健在

附　录

一、文件选登

乡规民约

为了搞好社会主义物质文明和精神文明建设,维护社会治安,端正社会风气,建立良好的生产、生活秩序,特制定《乡规民约》如下:

一、热爱中国共产党,热爱社会主义祖国,热爱社会主义制度,坚持四项基本原则,自觉遵守党和国家的各项政策和法令。

二、兼顾国家、集体、个人三者利益,服从村、组(工厂)的统一安排。积极种好责任田(做好工),进行政策范围内的经济活动。完成各项任务和应尽的义务,信守承包合同,执行奖赔制度。

三、坚持土地(包括自留地、宅基地)等基本生产公有制长期不变。保护公共建筑、生产设施和公共财产。砌房造屋搞基建要履行手续,经过批准,服从安排。不得侵占集体的土地盖房、葬坟,更不准将土地买卖、出租和转让。

四、遵守社会公德,维护社会治安。尊老爱幼、尊师爱生、礼貌待人。搞好家庭和睦,邻里团结。反对搬弄是非,打架斗殴。不准虐待老人、遗弃子女、溺害女婴和虐待女婴母亲。

五、支持婚姻自主,坚持晚婚晚育。实行计划生育,大力提倡育龄夫妇只生一个孩子,杜绝多胎生育。反对包办买卖婚姻,反对抢亲逼婚和干涉寡妇婚姻,禁止非法同居。

六、提倡有益的文化娱乐活动,反对低级下流、败坏社会风气的言论和行动,禁止赌博。搞好公共卫生、四旁绿化,创造优美环境。

七、提倡勤俭节约,反对铺张浪费。婚丧喜庆要简办。积极拥护殡葬改革,不搞封建迷信活动。

八、遵守公共场所秩序,维护交通安全。服从用电规定,不得私拉乱接电线,更不得偷电。爱护集体树木,不得私自砍伐。不准侵犯集体和承包户的利益。

九、干部要以身作则,秉公执约。鼓励揭发坏人坏事,反对感情用事,反对放纵包庇不良行为。不准徇私舞弊,侵犯群众利益;不准打击报复;不准诬陷他人。

十、凡执行本规约成绩显著、事迹突出者,分别给予口头表扬、书面表彰、颁发奖状、赠送奖品、发给奖金。凡违反本规约者,视过错大小、情节轻重、态度好坏、一贯表现,分别给予批评教育、公开检讨、追回款物、赔偿损失、罚款等处理,后果严重的送交司法机关依法惩处。

本规约从公布之日起生效。

杨寿乡人民政府

1983 年 5 月 3 日

关于廉政建设的十条规定

为了切实加强廉政建设,坚决惩治腐败,保持党政干部的清正廉洁,根据党的十三届四中全会精神和中共中央、国务院关于近期做几件群众关心的事的决定,结合本乡实际情况,乡党委、政府经过反复认真的讨论,对推行廉政建设的问题特作如下规定:

一、严禁用公款吃请

凡是上级或外单位来乡机关检查、联系工作的,坚持对口接待,坚持"三菜一汤",坚持不喝酒。乡机关干部到下属单位工作,原则上不在下面就餐,确因工作需要的,一律吃工作餐,严格限于"四菜一汤"之内,严禁喝酒、饮料。不得以私人名义变相用公款超标招待。在本乡范围内单位领导之间不得借用公款相互宴请,本单位内部人员不得用公款进行吃喝,更不得借干部职务变迁和工作调动之机用公款搞吃喝。乡里除召开党代会、人代会外,其他无论什么活动不得招待。乡党委、政府及所属部门到基层单位开会、活动,一律不得安排伙食,如确因工作之需的,严格执行工作餐的标准,并由主办单位依照有关规定支付会议补助费。

乡办企业在对外经营活动中,也应本着勤俭节约的原则,坚决反对奢侈浪费。

对违反规定请吃或接受吃请的,一经查实,除责令补交必要的费用外,并在《杨寿情况》上通报批评,情节严重的给予纪律处分。

二、严禁用公款送礼和旅游

乡党委、政府及机关各部门不准用公款送礼。从乡党委委员、政府组成人员到乡机关工作人员(含离退休人员)不准接受用公款购买的礼品;不准收受用公款购买的名烟、名酒、名茶;一律不准用公款或变相用公款旅游。违者视其情节轻重,将给予必要的党纪、政纪处分。

三、严禁以权谋私

乡党委委员、政府组成人员、乡机关工作人员(含离退休人员)、各企事业单位行政管理人员和各村三套班子成员,不得利用职权和工作之便向下属单位或本单位提价兜售或强行推销自己的产品以及压价购买产品、物资等。不得为亲友牟取私利,不得向下属单位或个人索要礼物,不得在下属单位或本单位领取规定以外的报酬和私自安插亲朋好友为行管人员,不得挪用拖欠公款,严禁一切侵占集体资财的不法行为。违者除进行必要的清退和批评教育外,还要视情节轻重给予必要的党纪、政纪处分,直至追究刑事责任。

四、严禁违反规定建造房屋

乡机关干部,各村及企事业单位主要干部需要建房时,必须严格执行乡纪委〔1989〕8 号文件精神和乡土管、村建部门有关用地标准和规定。在建房过程中不得徇私舞弊,弄虚作假,不得超标建房。违者,将根据情节轻重,分别给予严肃处理。

五、严禁赌博

赌博是封建社会遗留下来的一种恶习。党和政府对禁止赌博早有明确规定,每个公民都应自觉地与这种恶习彻底决裂,特别是党员干部要做好表率。今后,全乡各级干部都不得以任何借口参与赌博,违者,从重处罚。凡被抓获或举报被查实的,罚款五百至一千元,并在一定范围内公开检查,进行批评帮助。态度不好造成一定影响的将给予党纪政纪处分。对屡教不改的,除加大罚款数额,给予党纪、政纪处分外,同时建议政法部门依法追究其刑事责任。

六、严禁大操大办婚丧喜事

全乡各级党员干部应带头严格执行乡政府制定的"新风社"章程。坚持"三提倡,三反对",不得大摆酒席,搞宴请,收受礼物、礼金,做到新办、省办、俭办婚丧喜事,违者,除写出书面检查,给予一定的经济处罚和通报批评外,将根据具体情况给予必要的党纪、政纪处分。

七、严肃查处贪污受贿,以权谋私,违法乱纪案件

乡党委、政府及有关职能部门要认真查处贪污受贿、投机倒把、以权谋私、渎职等违纪违法案件,要认真负责地分析情况,深入排查案件线索,发现一件,查处一件,特别是对涉及领导干部的案件,要集中力量,重点突破,公开处理,坚持在法律面前人人平等的原则。不论涉及谁,该受处罚的一律要受处罚,决不手软,决不姑息养奸。对主动彻底坦白交代,积极退赃,并如实检举其他犯罪人员犯罪事实的,依法从轻、减轻或免于处罚。

八、严格控制非生产性建设

各村、机关企事业单位都必须执行杨政发〔1988〕95号《关于压缩基建投资和严格控制非生产性开支的规定》,各级组织要动员全乡人民勒紧裤带,过几年苦日子,发扬艰苦奋斗、勤俭办一场事业的精神,用穷办法治企业,用小算盘理家业,对违背规定的要追究当事人的责任。

九、大力开展"双增双节"活动

全乡各级组织要广泛深入地开展"增产节约,增收节支"的活动。要把活动落实到每一件细小的工作上,从节约用电、用水、办公费用、严格用车等具体工作抓起,决不能大而化之,财大气粗,杜绝一切不合理的开支。今后原则上不搞开业典礼、厂庆、剪彩等活动,确实需要的,也要本着节约的原则,不搞宴请招待,更不得以此为名义赠送礼品、纪念品。违者,将视具体情况,给予必要的处理。

十、建立举报站

为了充分依靠和发动群众,检举揭发本乡各级党员干部,特别是主要干部的贪污受贿、以权谋私、生活腐败等违法乱纪行为,乡党委建立举报站,地点设在乡纪委,同时邮电局、粮管所附近设立两个举报箱。各级党组织都要号召和支持群众检举。对举报有功者,凭其价值予以适当的奖励,严禁对举报人进行打击报复。违者将从严处理。

为了确保上述十条规定得以实施,并在短期内见效,首先各级领导要统一好思想,提高认识,坚持从我做起,从现在做起,从点滴做起,严于律己,当好表率;其次,各级组织要从现在抓起,建立组织,明确专人抓,广泛宣传,动员群众监督抓;逐条落实,脚踏实地抓,只要我们全乡上下齐心协力,坚持不懈地抓好廉政建设,必将振奋党心民心,党政干部抗腐蚀能力就会不断增强,党的改革开放与社会主义现代化建设事业就会立于不败之地。

本规定自公布之日起执行,并在实施中不断加以完善。

中共杨寿乡委员会

杨寿乡人民政府

1989 年 8 月 7 日

关于开展依法治镇的决定

我镇开展全民普法教育以来,在全镇党政组织的领导下,广大干部群众认真学法用法,公民的法律意识明显增强,各级干部依法行政,依法管理的水平不断提高,有力地促进了经济的发展和社会的全面进步。为认真贯彻党的十五大精神坚持党和国家关于"依法治国,建设社会主义法治国家"的指导方针,进一步巩固和发展全镇普法成果,确保社会稳定,实现跨世纪战略目标,党委决定,在全镇范围内全面开展依法治镇工作,使各项事业逐步走上依法管理的轨道,为改革、发展、稳定创造良好的法制环境。

一、充分认识依法治镇工作的必要性

江泽民同志在党的十五大报告中指出:"我国经济体制改革的深入和社会主义现代化建设跨世纪的发展,要求我们在坚持四项基本原则的前提下,继续推进政治体制改革,进一步扩大社会主义民主,健全社会主义法制,依法治国,建设社会主义法治国家。"依法治国,是党领导人民治理国家的基本方针和策略,是发展社会主义市场经济的客观需要,是社会文明进步的重要标志,是国家长治久安的重要保障。实行依法治镇,将全镇工作纳入法制化、规范化管理的轨道,树立宪法、法律在政治、经济和社会生活各个领域中的权威。在现阶段积极推进依法治镇工作,对贯彻党的十五大精神,建设高素质的干部队伍,提高全民素质,实现经济和社会发展各个阶段的目标,保障社会的长期稳定,都具有十分重要的意义。

二、依法治镇工作的指导思想和目标

依法治镇工作必须以邓小平理论和党的十五大精神为指针,大力加强普法、司法、执法、法律监督、法律服务以及制定政府规范性文件、建章立制等项工作,把全镇各项工作逐步纳入依法管理的轨道,做到有法必学,有法必依,执法必严,违法必究,促进全镇民主法制建设与物质文明和精神文明建设同步发展。

主要目标:一是全体公民的法制观点不断增强,机关工作人员,特别是领导干部、执法人员依法决策、依法管理、严格执法的能力和自觉性显著提高。二是形成与国家法律、法规相配套,与我镇改革和建设实际相适应的政府规范性文件体系,使各项工作有法可依,有章可循,逐步纳入依法管理的轨道。三是执法工作得到加强,能有效地制止和纠正各种违法行为,能较好地保证各项法律、法规、规章及制度在社会生活中的贯彻。四是执法监督和法律服务工作不断发展和完善,对各项执法活动能实行有效监督,公民的合法权益等得到法律保障。

三、切实加强对依法治镇工作的指导

依法治镇是一项全局性的法制建设系统工程,必须切实加强指导,统筹规划,精心组织,注重实效。镇政府要根据本决定制定依法治镇规划。各村、企事业单位党政组织和镇司法机关要把这项工作列入经济和社会发展总体目标,列入社会主义精神文明建设规划,统筹安排,有机结

合,抓好落实。要使依法治镇工作与第三个五年法制宣传有机结合,同步实施,相互促进。各村、企事业单位和机关各科室要结合本地、本系统、本单位的实际,制定和落实依法治理措施,把依法治镇的各项任务落到实处,镇人大要加强对这项工作的检查和监督。

中共杨寿镇委员会

1998 年 2 月 10 日

关于对全镇行政村撤销组长设立片长和精减村干部的实施意见

随着社会主义市场经济体制的逐步确立和乡镇企业机制转换的逐步到位,大力推进村级行政体制改革,撤销组长设立片长、精减村干部人数已势在必行,为了使这项工作认真而有序地开展,现提出如下意见:

一、目的意义

撤销组长设立片长和精减村干部人数,是逐步向"无组村"过渡、建立农村股份合作社的重要基础工作;是控减农民负担的重大举措;是强化服务,提高工作效率,发挥村干部整体功能的有效途径;是密切党群关系,增强基层组织凝聚力、战斗力的有力措施。

二、具体要求

1. 全镇全面实行撤销组长设立片长制度。

2. 现有的村干部除党(总)支部书记、村委会主任、妇女主任原则上实行专职外,其他干部(含联片会计,下同)一律实行兼职,并对富余人员全面进行转化。

3. 片长人选主要采取"三制":

兼任制,现有的村干部兼任。

任命制,由村党(总)支部对那些在群众中享有一定威望和具有相当工作能力,事业心、责任心比较强,且身体健康的现任组长中筛选任用。

竞选制,面向社会公开竞争选拔任用。

4. 设片的规模,一般村设 3~4 个片,规模大的村设 5~6 个片。

三、时间步骤

从 1998 年 2 月 19 日起至 3 月 5 日结束,共 15 天时间,具体分为四个阶段:

1. 调查、摸底,准备工作阶段(19~20 日)2 天,主要做好以下工作:

对村现有村干部的现状进行全面调查,填写好调查登记表。

制定出撤销组长设立片长和精减村干部的工作方案。

排出片长的初步人选和留任村干部的人员方案,并对下岗的村组干部作出妥善安排的预案。

2. 宣传发动阶段(21~23 日)3 天,主要开好三个会:

支部扩大会。扩大到全体村干部,讨论通过撤销组长设立片长和村干部职数的整体方案,明确责任、分工到人。

全体村干部、党员大会。对此项工作进行动员,强调村组干部和共产党员在整个工作过程中要带好头,个人的小局要服从改革的大局。

村民小组群众会。由村干部分工到各村民小组召开群众会,重点宣传撤销组长设立片长和精减村干部人数的重大意义和工作方案,达到家喻户晓,人人明白。

3. 组织实施阶段(24~28 日)5 天。

村干部一人多职和片长人选是否按镇党委批准的方案执行。

以村制订好村干部和片长的岗位责任制,以明确职能,强化责任。

对下岗组干部的生活是否全部得到妥善处理。

镇党委将于 3 月 3 日左右组织专门人员对上述工作进行检查验收。

四、有关问题的说明

1. 凡下岗的村组干部其生活费安排的办法是:属镇管干部的,按镇党委有关文件执行,其他干部根据各村的实际情况,由村党(总)支部研究确定。

2. 片长日常上班一律到村部,接受村党(总)支部、村委会统一管理。

3. 片长的职级等同于联片会计,其工资报酬视其各村的实际情况,由村党(总)支部研究确定。

4. 片长的工作实行全脱产,其工作职能涵盖农村所有的工作事项。

5. 对富余村干部,一律实行竞争淘汰制,不得迁就或照顾性安排其工作岗位。

6. 对不服从组织安排实行兼职的村干部,视其具体情况,可以实行提前退休或一次性安置生活费。

7. 凡一人多职的村干部和联片会计、联片片长,其年终报酬都要有一定幅度的提高,具体办法和标准由村依据自身实际研究确定。

8. 以组为核算单位的体制暂时不变。

五、加强领导,确保按时完成工作任务

撤销组长设立片长和精减村干部工作在镇党委统一领导下进行:各村支部书记和村主任具体负责并操作这项工作;镇分工到村的三套班子成员及中层干部包到村,党委不再组织专业班子。

中共杨寿镇委员会

杨寿镇人民政府

1998 年 2 月 18 日

镇规民约

为了加快依法治镇步伐,促进全镇两个文明建设协调发展,根据有关法律、法规,结合全镇实际,特制定《镇规民约》如下:

一、每个公民都必须自觉执行党的各项方针、政策,遵守法律、法规,争做"四有"新人。

二、每个公民都必须学法、用法,敢于同一切违法犯罪行为作斗争,鼓励见义勇为。

三、公民必须积极参加"十星级"文明户活动,争为文明人。提倡团结友爱、相互关心、相互帮助,不打架斗殴,不酗酒闹事,不侮辱他人,严禁赌博,严禁制作、传播、贩卖黄色音像报刊。

四、自觉维护公共秩序、公共卫生,遵守公共场所纪律,严禁欺行霸市、聚众闹事,摊点、车辆、建筑材料、杂物等不乱停、乱放,服从管理人员管理。

五、自觉保护各类公共设施,严禁盗用或破坏。不得在大、小堤坝上取土或种植,不得侵占、哄抢公私财物、侵占他人承包地和承包水面等。

六、每个公民在生产活动中,应遵守自愿、平等、互利的原则,农忙不争水、争电、争农机具。

七、维护社会公德,建立保障制度,积极参加医疗统筹保险和养老保险以及其他方面的社会保险,尽义务照顾好五保户和特困户,自觉参加必要的社会公益活动和捐助活动。

八、公民应服从村镇建设规划,新建或翻建房屋必须按规划领取合法手续,严禁私建乱搭。

九、禁止非法养犬,公民饲养的畜禽要圈养栏养,不得污染环境,不得损害他人利益。

十、实行婚姻自主,反对任何干涉包办或买卖婚姻的行为,禁止借婚姻索取财物。提倡喜事简办,反对大操大办,铺张浪费。

十一、提倡厚养薄葬,丧事简办,反对戴白孝,搭台唱戏,禁止摆路祭。严禁乱埋乱葬,严禁修复、新垒坟头,骨灰应存放到镇墩留公墓或经政府批准的骨灰存放处。

十二、严禁算命、打卦、相面、看风水以及神祭等封建迷信活动,打击巫婆、巫医,取缔非法宗教活动。

十三、夫妻在家庭中的地位平等,共同承担家庭生产生活义务、共同管理家庭财产、共同肩负赡养老人和抚育好子女的责任,尊老爱幼,反对男尊女卑,禁止家庭成员中的虐待和遗弃。

十四、对丧失劳动能力无固定收入的人,其子女及其配偶或其他近亲属必须尽赡养、抚养义务,生病及时安排就医,生活不能自理的给予护理服侍,保证吃穿住落实。

十五、适龄儿童必须按时入学,接受九年制义务教育,对子女不完成九年制义务教育的,依法追究其父母或监护人的责任。

十六、任何人不得以任何理由和方式干扰机关、企事业等公共场所和公务人员的正常工作,不违法上访。

十七、反对未办理结婚登记而非法同居,对未婚先孕的应及时终止妊娠,未婚生育的按计划生育有关法律法规处理;已婚夫妇必须凭《结婚证书》领取《准生证》方可生育,生育后必须在三个月内落实有效的节育措施;照顾二胎生育的,生育后必须在三个月内落实绝育措施,逾期不落实并造成计划外怀孕的一律自行处理,费用自理。

十八、严格流动人口管理,凡外来人员需在本地短期居住的,被居住户应主动到公安机关报办暂住登记手续,缴验计划生育方面的证明;已有孩子的育龄妇女,外出必须签订好流动人员管理合同,定期回镇接受检查。

十九、公民必须认真种好责任田、自留地,严禁抛荒,并按春订合同自觉缴纳"两金一费"以及其他各类规费。

二十、依法服兵役是每个公民的应尽义务,每个适龄青年必须报名应征,服从祖国挑选,对不主动报名应征者,进行批评教育并处经济处罚,对逃避服役者视情节轻重按《兵役法》等法规处罚。

本《镇规民约》如有与国家的法律、法规相抵触的则以国家法律、法规为准。

本《镇规民约》自1999年1月8日起实施。

杨寿镇人民政府
1999年1月8日

关于进一步加快全镇民营经济发展的激励办法

为了进一步挖掘潜力,调动民力,加快全镇民营经济的发展步伐,提高镇域经济的总量规模,镇党委、政府研究决定在继续坚持原有激励政策的基础上,将进一步加大激励力度,放手放开发展民营经济。特制定加快全镇民营经济发展激励办法如下:

1. 对新办民营企业或企业技改投入新增销售部分的镇综合规费,第一年免交,第二年减半征收,第三年减免百分之二十,以后正常解缴,若今后未经批准迁移镇外或擅自变更企业名称,镇政府将追回免收部分的综合规费。

2. 对新办民营企业或企业技改投入所建设的基本建设配套费一律减半征收。

3. 凡新办民营企业(包括现有企业扩大规模)需征用土地一律安排在集镇规划范围内,其统计口径仍然坚持"谁引进归谁"的办法不变。

4. 在集镇规划区范围内征用土地建设,报批手续由政府组织专门班子,实行一条龙服务,以最快的速度确保企业取得合法用地和建设手续,其收费标准按最低限予以征收。

5. 凡投入在 100 万元以上的企业,由镇三套班子主要成员牵头负责,为企业电力、土地征用、用工、执照申领等方面提供一条龙优质服务。

杨寿镇人民政府
2000 年 4 月 29 日

关于镇村合作经济组织财务管理暂行规定

第一章　总　则

第一条　为了加强村合作经济组织的财务管理工作(简称"村财务"),促进农村经济的发展,根据国家农财两部颁发的《村合作经济组织财务制度(试行)》《村合作经济组织会计制度(试行)》和中央在农村的方针、政策及有关法规,结合杨寿镇村合作经济组织财务管理的实际,制定本规定。

第二条　村财务包括:行政村财务、村民小组财务和村组所属的一产、二产、三产业财务等。

第三条　村财务管理的方法和内容,在权责不变的前提下,实行"村账镇管、组账村管"的双代管管理办法。主要内容包括:村合作经济组织的流动资产、固定资产、其他资产、各项负债、积累等。

第四条　村财务工作必须自觉接受镇农经站的指导、管理及镇审计所的审计和监督。

第五条　村财务总账由镇农经站代管,组财务总账由村农经站代管。

第六条　村农经站长(主办会计)有镇党委委派,业务上接受镇农经站指导,行政上接受镇农经站和村党(总)支部、村委会的双重领导,并在村兼任一个以上实职。

第七条　村农经站站长和镇农经站专职财务人员的年薪由镇农经站考核后统一发放,并实行业务和行政双百分考核,经费来源,按行政村田亩、人口、经济规模等由镇农经站向村收取。

第二章　预决算管理

第八条　行政村和村民小组每年年度收支实行预决算制度。

第九条　编制预决算的原则。行政村坚持"以收定支、确保平衡"的原则,实行"三定",即定收入、定支出、定积累,每年初由镇党委、政府与村党政负责人签订责任书。村民小组预算坚持"按实提留、专款专用"的原则。村组均不得编赤字预算,不得借资安排支出。

第十条　编制预算的内容。1.行政村预算。预算收入,主要包括:村属企业上交、农副业项目承包上交、集体直接经营收入、农业税、农业特产税及附加、上级专项拨款、一事一议专项经费、投资收益、其他收入等。预算支出,主要包括:行管人员经费支出、公务费支出、集体直接经营支出、投资分利、公益金、其他支出等。2.村民小组预算收支包括:农业税、农业特产税及附加和生产统筹费等。

第十一条　编制预算的依据,行政村预算按照有关规定,根据实际收入来源和基本费用支出编制收支平衡预算。村民小组预算根据国家规定编制。

第十二条　编制预算方案的时间及程序。行政村预算方案的编制应在当年年初1月份进行。根据收入来源和支出需求对照有关规定自行编制预算方案。预算必须压缩开支,保证收支平衡。预算支出大于收入的,首先消减公务费,如还达不到收支平衡的村,降低行管人员报酬,直至达到收支平衡。预算方案提交村两委会讨论通过,报镇农经站审核。经镇政府原则同意备案后执行。村民小组预算方案,应在当年度3月前结束,对照有关规定编制提留方案,交群众会讨论通过,经村两委会审核,报镇农经站备案后执行。

第十三条　预算调整。行政村的预算方案批准后,中途确需调增支出的,必须具报告经镇长办公会议原则同意后方可使用。

第十四条　决算编制几个要求。决算方案由镇农经站专职人员和村农经站长在年度终了后的第一个月内编制到位。村组财务经民主理财小组清理并公布编制决算,编制村组的决算方案必须划清年度界限,结清当年收支,做到收支数额准确,内容完整,报送及时。

第十五条　预决算违规处理。凡擅自调整预算和不执行预算方案,编报虚假决算的,视其情节轻重,对村主要负责人和责任人给予经济和行政处罚,并追究负责人和直接责任人的责任。

第三章　民主理财

第十六条　行政村和村民小组分别建立3~5人组成的民主理财小组,负责行政村和本村民小组的民主理财工作,每个小组推荐组长一名,保管民主理财小组章印。

第十七条　行政村和村民小组理财小组成员,必须具备一定的政治素质、文化素质和业务素质,能坚持原则,主持公道,维护集体利益和群众利益。行政村民主理财小组由村民代表组成,经过民主选举产生。村民小组的民主理财小组由村民代表组成,经过组民会民主推荐。村组民主理财小组每三年民主选举一次。

第十八条　行政村、村民小组民主理财小组每年度活动两次,分别对村、组前半年度的收支凭证、原始单据予以审查复核,合理的加盖民主理财小组章和组长私章,不合理的只要查实应予以纠正。

第十九条　行政村和村民小组民主理财小组每年分别审查行政村当年财务收支预算和村民小组的预算方案,并形成意见,对平时理财的每笔收入和支出,都要对照预算方案有关规定,严格执行。每次理财后,根据实际情况针对具体问题提出合理化的整改意见。村民主理财小组每年度分别向村两委会和组民会汇报当年收支预算执行情况和存在问题。

第二十条　村组民主理财小组的活动情况,要有完整的记录,即将活动日期、地点、参与理财人员、审查的凭证张数、金额、有问题的凭证等记录完整。

第二十一条　村组民主理财小组,要认真履行职责,因工作不负责滥用职权,徇私舞弊,弄虚作假,并造成集体经济损失的,视情节轻重给予严肃处理。

第二十二条　村合作经济组织,必须支持配合民主理财小组的工作,严格执行财务管理制度,及时采纳民主理财小组的合理化建议,认真解决和处理发现的问题。因拒绝或阻碍理财小组开展工作或打击报复、诬陷民主理财人员和检举者的,由镇村两级组织根据情节予以处理,构成犯罪的移送司法机关处理。

第四章　审批　审核　公开

第二十三条　村组财务收支凭证由行政村党(总)支部书记或村主任,对照预算方案和有关规定,逐笔审批。向镇外争取资金的费用由镇长和分管领导审核批准。

第二十四条　镇农经站专职财务人员对村级财务在每月记账前必须逐笔审核,村农经站长对组级财务在每季记账前必须逐笔审核,主要审核是否执行预算方案,是否按有关规定和手续制度程序办理,不符合规定和要求的应予以退回。

第二十五条　村合作经济组织财务,每月5日由各村主办会计到镇农经站结账,组级财务,每季度末月30日由专业会计到村农经站结账。村级财务每月收支每月清、每月记,组级财务每季收支每季清、每季记,村组财务报表在记账后及时编制,组报表要上报镇农经站,村报表要上报镇分管领导、下级各村两委会。

第二十六条　村组财务要按规定向群众公开。行政村预算方案年初进行公开。每月的收支在下月初进行公开,年度的决算方案年终进行公开。村级财务预算编制后,公布编制方案,按季公布收支情况,年终公布各户承包结算兑现结果。

第五章　经费开支

第二十七条　村合作经济组织相关费用的开支

1.人员经费:

现职的村片干部。按镇党委、政府核定的人员编制数和考核年薪标准在村财务中支出;

退休的村干部。镇管干部按镇党委组织科核定的标准执行,非镇管干部在杨寿与甘泉合并期间,以甘泉名义已办理退休手续的按村核定的标准在村财务中支出;

退岗的村以下干部。不办理退休手续,退岗时根据各村经济承受能力实行一次性处理,但最高不超过镇管干部的标准。

2.公务费:公务费主要是指办公费、旅差费、邮电费(含电话费)、文印费、会议费(含学习培训费)、报纸杂志费等,该项经费开支,根据有关规定结合实际情况,由镇政府核定。在年终决算时凡超标准支出和违规支出全部在行管人员经费中扣除。

3.公积金:

为民办公共事业:年初纳入村级预算,确保收支平衡,不得赤字办事。

投资办企业:投资方案经镇政府原则同意后可以分年摊销,摊销部分必须纳入当年度村级预算。

固定资产添置：对照年初预算，购置总额 1000 元以上或没有预算急需购置 500 元以上的固定资产，必须经两委会讨论通过，报请镇政府原则同意方可添置。

4.公益金（计划生育经费、社会福利支出等）：本着"量力为出，量体裁衣，严格控制"的原则，按年初预算使用。

5.村民小组经费：

严格执行年初预算方案，实行"专款专用"的原则，有关统筹款不得挪作他用，统筹性劳务用工不得用现金结算和食物补助，一律采用平时记工，年终以田亩面积或以劳动力出勤数结账。

第二十八条　村组杜绝白条支出或白纸抵库，杜绝打的费用的报支。村组一切财务收入都必须执行先入账后使用的原则，不得坐收坐支。村组资金统一在杨寿信用社开设专户储存。

第二十九条　村备用金留用标准限额在 1000 元以内，严禁超标留用。因失窃或其他原因造成损失由财务人员赔偿。

第六章　票据管理

第三十条　村所有财务支出中，都必须使用由上级农经主管部门统一印制的邗江区农村合作经济组织"收款收据"、往来"结算凭据"。

第三十一条　收据凭证由镇农经站同意保管，以村为单位领用，农经站专人登记领用本数和编号，领用人签字，年终由镇审计部门进行专门审查核对，对剩余收据下年度重新登记使用。

第三十二条　村财务一切收支活动都必须通过账目反应，不得收支直接相抵，不得私设小金库，一经发现作为贪污论处。

第七章　档案管理

第三十三条　村合作经济组织档案管理的范围主要包括各类经济报表、账簿、凭证、土地登记资料、农副工及三产承包合同和各级服务合同。

第三十四条　会计档案应按规范化管理的要求进行分类装订。

中共杨寿镇委员会
2001 年 4 月 15 日

关于农村镇管干部实行养老保险的意见

为适应农村税费改革以后的新情况，切实解决农村干部的后顾之忧，保持基层干部的稳定，激发大家工作的积极性和主动性，现就农村镇管干部实行养老保险工作，提出如下意见：

一、投保对象

农村全体在职镇管干部

二、缴费标准

根据区城镇职工养老保险规定，按上一年度全区社会平均工资的 20% 的标准，以统筹式逐年投保。由镇社保所负责操作。其中集体和个人投缴比例分别为党（总）支部书记 7∶3，村民主任（含副主任）6∶4，其他人员 5∶5。

三、经费来源

集体投保部分,纳入村级财政预算支出,逐年投保。个人投缴部分,则由个人出资。如果有的村暂时无能力支付投保金的,可由投保人垫支,村出具借据,并按银行同期的存款支付利息。

四、享受待遇

参加投保的对象,其退休金有基础养老金和个人账户养老金两个部分构成。凡男满60周岁,女满50周岁,单位和本人按规定缴足养老金且缴费年限满15年及以上的人员,可以享受按月领取基本养老金待遇。其标准为:基础养老金以当地上年社会工资平均基数 $\times 20\%$ ＋个人账户养老金按本人基本养老保险个人账户的累计储存额 $\div 120$。

五、投保时间

从2001年1月1日开始实施投保。

六、投保规定

(一)从2001年1月1日起,农村镇管干部退休一律按本规定办理。凡应投保而不愿投保的,需本人出具申请交党委组织科,退休后不得享受生活费及其他补助待遇。2000年12月31日前办理退休手续的人员,仍按原规定执行。

(二)对所有投保人2000年12月31日(含)前的干龄实行一次性按级别补偿,其标准是:党(总)支部书记(含原镇属企业党政正职)每年300元,村民主任(含副支书)每年250元,其他人员每年200元,并按其任职情况严格分段计算。干龄的确定,一律从镇管干部任职之日起算。在机构事业部门任职的干龄,按镇党委〔1999〕第32号文件规定执行。本镇范围内,有组织调动的,连续计算干龄,由现工作单位负责投保。自动离岗、调岗的工龄不予认可。

(三)对本次投保前,已有集体投保的,进行严格清理,一律按本规定标准重新测算,实行多退少补,并按银行存款同期利率计息由集体收取。

(四)本意见实施以后,由镇党委组织科建立干部投保档案,投保卡由镇社保所代管,实行动态管理。

1.属组织正常的工作、职务变动,投保则按变动后的职级由调入单位负责续保,中间不得脱节。

2.属个人自愿辞职、离岗,并经组织批准的,从批准之日起,集体停止投保,此前的投保归个人所得,投保卡即交其本人保管。

3.凡未经组织批准,擅自离职脱岗的,从离岗之日起个人缴纳的保险金本息仍属投保人,集体投保部分,由所投单位收回50%后,投保卡即交本人保管。

4.符合退休条件,经组织批准退休的,由镇党委组织科办理退休证书,投保卡发给个人保管,并由所在单位按退休时的职级和投保比例给予续保,直至享受养老保险金之日止。在办理退休手续之日至享受养老保险金之日期间,由所在单位发给每月150元的生活补助金。

5.接近退休年龄,组织劝其退让现职的,可以选择从事现职以下的工作,直至办理退休手续。在此期间,仍按原职级由原单位续保。

6.由于种种原因,被组织就地解聘或免职的,从决定之日起,集体停止投保,此前的投保归个人所得,投保卡即交其本人保管。

7.因违背纪律,受到撤职(含)以上处分的,从决定之日起终止投保手续,并按有关规定研究处理。

8.居委会、环卫所、敬老院、监察中队和会计管理站参照本意见执行。

本意见从 2001 年 1 月 1 日起施行,此前镇党委、政府的有关文件如与本文有抵触的,以本文为准;如本文与上级文件有抵触的,则以上级文件为准。

本意见由镇党委组织科负责解释。

中共杨寿镇委员会

杨寿镇人民政府

2001 年 7 月 13 日

关于全面小康社会建设工作实施意见

为进一步动员全镇各级组织和广大干部群众积极投身创建全面小康社会,扎实推进社会主义新农村建设,确保实现 2008 年建成全面小康社会,经党委、政府研究,对全镇全面小康社会创建工作提出如下意见:

一、工作任务及措施

1.人均地区生产总值大于 24000 万元,农民人均纯收入大于 8000 元,人均钢筋、砖木结构住房面积大于 40 平方米,通村硬质化道路 100%,通组硬质化道路 70%,人均拥有硬质化道路面积 12 平方米以上。

2.百户电脑拥有量 30—40 台,该项目指标根据调查,百户拥有量不足,实现该指标的措施:①加大集镇信息化推动力度,以集镇指标填补农村指标不足;②鼓励党员干部带头,影响带动身边的人。

3.居民文教娱乐服务支出占家庭消费支出比重 18%。主要措施:①加强标准化文化中心建设;②加强行政村(居)文化书屋建设;③送文化电影下乡。

4.研发经费支出占国内生产总值比重不低于 1%,主要措施:①引导企业加大科研经费投入,开发新产品;②吸引高科技企业来我镇投资,创办科研机构。

5.城镇劳动保障三大保险覆盖率不低于 95%,主要措施:①全镇重点企业职工养老保险投保率在 95% 以上;②全镇合作医疗保险投缴率达 100%。

6.森林覆盖率 20%,主要措施:①河塘绿化②道路绿化③村庄绿化④集镇绿化⑤成片造林。

7.加大全面小康社会建设的宣传力度,依法行政。①采用戗牌、标语、横幅、宣传栏、有线电视等载体,召开党员干部及村民代表会,编印传单,进行广泛宣传,达到群众全面小康社会知晓率 100%;②采用各种形式,宣传法律法规,增强群众的法制意识,减少各类案件的发案率,建立和谐社会,使人民群众对社会治安的满意度达 90% 以上,使村(居)委会依法自治达标。

8.加大为民服务的力度,主要措施:①为民办实事,搞好规划,兑现到位;②为民解难事,出现矛盾,及时调解处理;③关心群众生活,帮助群众发展经济,增加收入,使困难户、特困户及早脱贫;④抓好环境整治,使村庄、道路、河塘清洁卫生,达到 70% 以上的群众满意度。

二、基本要求

1.强化领导,镇成立由书记为第一责任人的全面小康社会建设领导小组,各村(居)要组建以党(总)支部书记为第一责任人的全面小康社会建设领导班子,切实加强对全面小康社会建设的领导。

2. 强化检查督促。机关分工干部要深入到分工联系村（居）指导督促全面小康社会建设工作，涉及全面小康社会建设的责任部门，要定期对指标完成情况进行检查测算，掌握序时进度，实施动态管理。

3. 强化措施落实。各村（居）要对全面小康社会建设指标进展情况以及政府明确的创建工作重点，立足村情，明确措施，将任务指标排细排实，规定时间，落实专人完成，自加压力，奋力冲刺全面小康社会建设，确保通过上级检查验收。（各村将实施方案和工作计划报宣传科。）

中共杨寿镇委员会

杨寿镇人民政府

2008 年 8 月 27 日

关于建立万户民生档案的实施意见

为认真贯彻落实科学发展观，全面了解掌握我镇广大人民群众的生产生活状况，有效实施"惠民"工程，扎实推进和谐杨寿建设，经镇党委、政府研究，决定在全镇开展"万户民生档案"调查工作，现就建立万户民生档案工作提出如下意见：

一、充分认识新形势下建立万户民生档案工作的重要意义

民生档案是加强社会管理、维护群众权益、有效改善民生、促进社会和谐的一项重要的基础性工作，涉及广大群众生产、生活等实际利益和问题。在全镇开展"万户民生档案"调查工作，是镇党委、政府认真贯彻落实科学发展观、加快构建和谐杨寿的重要举措，是镇党委、政府了解基层民生、掌握基层民情、务实推进民生工程的重要依据，是惠及全镇 2 万多群众的实事工程，对保障群众基本生活、维护公民合法权益、提升人民生活品质具有重要作用。全镇各村（居）、各有关部门要从贯彻落实科学发展观和建设社会主义和谐社会的高度，切实增强对建立万户民生档案工作重要性和必要性的认识，认真做好万户民生档案调查工作，充分管好用好万户民生档案，不断提高服务群众、改善民生的水平和能力，努力实现杨寿百姓"学有所教、劳有所得、病有所医、老有所养、住有所居"的目标。

二、切实做好万户民生档案调查工作，确保基础资料的全面性、准确性

1. 强化组织领导。为切实做好万户民生档案调查工作，镇党委、政府成立了以贺宝兰镇长为组长、镇党委副书记周华青、镇人大副主席袁国昌、副镇长朱德昌、胡燕萍、党委委员吴正岗、冯大江为副组长，以统计农经站、民政科、计生科等 10 个科室部门负责人为成员的镇万户民生档案工作领导小组。领导小组下设办公室，由镇统计农经站站长纪广福同志兼任办公室主任，具体负责万户民生档案调查、立卷、管理、调用工作。各村（居）也要抽调 3—5 名文化素质较高、业务能力较强、工作认真细致、具有较强责任心的精干人员组成民生档案调查工作小组，在镇统计农经站的统一指导下，深入到农户、居民家中认真调查填写民生档案表格。

2. 明确工作要求。各村（居）要高度重视万户民生档案基础数据调查工作，9 月份为基础数据调查阶段，各村（居）要集中精力、集中人力挨家挨户走访调查、认真填写，确保在 9 月底将基础数据报送至镇统计农经站；10 月份为基础数据入库归档阶段，统计农经站要组织专门业务人员将各村（居）调查的基础数据录入数据库，实现电子化管理，以便随时抽调利用。万户民生档案基础数据每年要适时更新，保证数据的可用性，每年更新时间为 12 月底，各村（居）要将本地情况进行适时更新上报统计农经站。

3. 注重抽样调查。万户民生档案调查工作要深入到农户、居民家中逐项填写，确保应填尽填，不漏填、不误填，保证各项基础资料的全面性、准确性。镇统计农经站要将万户民生档案调查工作纳入年终综合考核，并组织专门人员对各村（居）所调查档案进行随机抽样，对发现误填漏填的村（居）要追查责任，对问题严重的村（居）要在年终考核时给予扣分。

三、严格万户民生档案管理利用，确保档案利用的规范性、安全性

1. 加强对万户民生档案的规范管理。万户民生档案是档案资源的有机组成部分，必须按照有关业务标准，按照"谁主管、谁负责"的原则，将其纳入档案基础业务建设范畴，实行集中统一管理。镇统计农经站要全面负责万户民生档案的调查、管理和利用工作，建立和完善万户民生档案的归档制度，包括万户民生档案的分类方案、归档时间和归档要求等。要完善万户民生档案的整理更新，编制档案检索目录，并运用档案管理软件管理档案，进一步提高万户民生档案管理水平。

2. 加强对万户民生档案的安全保管。民生档案涉及面广，数量大，因此确保民生档案的安全与完整至关重要。镇统计农经站要认真做好民生档案的安全保管工作，建立档案安全管理责任制，明确相关人员的工作职责，建立统计台账，定期检查民生档案的保管情况。同时，统计农经站要将万户民生档案整理归档后每年定期向镇档案室移交一套目录备查。档案管理人员变动时，必须办理万户民生档案的交接手续，确保档案的完整与安全。

3. 加强对万户民生档案的综合利用。各单位要从服务群众、改善民生的角度充分利用好万户民生档案。镇统计农经站要积极做好民生档案的利用服务工作，通过设立公共查阅室等方式，为各单位利用万户民生档案服务民生创造便利条件。要依据《档案法》和《政府信息公开条例》有关规定，明确万户民生档案公开的范围、方式和程序，规范万户民生档案利用制度。涉及个人隐私及国家规定不宜公开的档案内容，统计农经站不得擅自向社会开放。

万户民生档案涉及面广，难度大，既是一项长期的基础性工作，又是一项综合性的系统工程。各村（居）、各有关单位要协调配合，共同推进万户民生档案的调查、建档、管理、利用工作，为镇党委、政府利用万户民生档案更好地服务群众、改善民生、促进和谐提供坚强保证。

中共杨寿镇委员会

杨寿镇人民政府

2009 年 9 月 7 日

关于成立杨寿镇安民惠民中心的实施意见

为了深入推进"幸福杨寿、和谐杨寿"建设，推动社会管理创新，维护社会和谐稳定，现就成立镇安民惠民中心提出如下实施意见：

一、指导思想

坚持以科学发展观为统领，有效整合政法综治、矛盾调处、信访接待、社会救助等社会管理功能,建立镇安民惠民中心,做到"以人为本,有求必应",与镇便民服务中心为经济发展提供"一站式"服务相呼应,全面承载起党委政府服务经济发展、维护社会稳定的职能,为"率先实现基本现代化、共建共享幸福和谐新杨寿"提供更加安定和谐的社会环境。

二、机构设置和人员

镇安民惠民中心与政法综治中心、社会救助中心合署办公,在镇党委、政府领导下,由镇党委政法委牵头,综治办、民政科、司法所、法治办、信访办、矛盾纠纷调处服务中心、流动人口管理服务中心等部门在中心统一设置接待窗口,工会、妇联、团委、劳保所、企管站、村建科等部门协作联动。镇安民惠民中心主任、副主任由镇党委、政府分管政法工作负责人兼任。各部门单位驻中心工作人员原则上服从中心统一领导和调配,日常在中心办公。

三、工作原则和要求

镇安民惠民中心,在不改变部门体制、不增加人员编制的前提下,按照"主体不变、职能拓展、联合运作、优势互补、方便群众、服务大局"的原则做好有关工作,使群众能安心,让群众得实惠,推动社会持续和谐稳定。

(一)职能大整合,让群众省心。镇综治办、民政科、信访办、司法所等部门作为基本部门,在安民惠民中心接待大厅设置接待窗口,接受、处理群众咨询、求助、投诉和控告等;镇工会、妇联、团委等部门作为协作部门,按照各自职能服从中心统一调配,让群众"进一门,解千忧",方便群众办事,体现有求必应。

(二)服务全方位,使群众安心。镇安民惠民中心实行首接负责制,首次接待人员对群众咨询、投诉、求助等事项负直接责任,实行全程跟踪,一包到底。对职责范围的所有事项限期办理,对其他事项做好指导、咨询等协调工作,并在相关事项移交后负责对接、督促和信息反馈,帮助群众办实事、解难事,体现高效便捷。

(三)办事讲原则,给群众信心。镇安民惠民中心坚持"公开、公平、公正"的原则,在接待大厅设置岗位监督台和举报电话,公布办事须知和办事流程,所有办理程序和结果均实现网上公开,接受广大群众和社会各界的监督。同时,建立纪检、法律援助的绿色通道,保证群众能够及时、合理表达诉求,切实提高行政管理服务的公信力,体现公平公正。

(四)工作重和谐,为群众暖心。镇中心实行多部门联合会商,对具体事项的办理,从法律、心理、政策等多方面、多角度进行综合考量,不仅追求"定纷止争",更加重视"案结事了人和",让广大群众感受到党委政府的温暖,推动实现政治效果、法律效果和社会效果的有机统一,体现安民惠民。

四、工作制度

(一)首接负责制度。群众来访时,镇安民惠民中心在岗接待人员即为责任人,应第一时间登记备案,帮助协调解决问题,及时做好分流、交办等有关工作,并向中心领导汇报。首问责任人对案件办理进展情况进行全程跟踪督办,直至工作流程终结。

(二)议事会商制度。镇安民惠民中心每周召开一次例会,会商解决问题;每月召开一次联席会议,交流汇报当月主要工作和重点、难点问题;每季度召开一次研判会议,分析社会治安和稳定情况,报镇主要领导。遇有重大难点热点问题,适时召开协调会。

(三)民情研判制度。建立镇社情民意台账系统,把低保户、低保边缘户、残疾人等困难群体以及可能肇事肇祸的精神病人、重点人口等特殊人群全部纳入视线,通过健全完善信息管理综合信息平台,全面掌握、了解社情民意,并定期开展走访、救助等有关工作,确保将矛盾纠纷化解在基层,稳控在当地。

(四)应急反应制度。镇安民惠民中心所有工作人员原则上受中心直接领导和统一调配,对镇社会治安和稳定情况负总责。中心设立专业应急处置小分队,日常加强应急处置演练。对突发性、紧急性事态,在镇党委、政府的统一领导下积极开展有关工作。

(五)督查督办制度。镇安民惠民中心对上级交办、领导批示的重要事项和阶段性重点工作的办理、推进情况开展督查督办,督促落实工作措施,检查工作实际效果,并提出督办意见,必要时可约谈相关负责人。

五、实施步骤

安民惠民中心建设分三个阶段扎实推进:

(一)宣传动员,整合推进(4月初至4月底):召开镇推进镇安民惠民中心工作动员会议,并挂牌,将原有的万户民生档案,政法综治中心、社会救助中心等进行整合提升,研讨规范运作方式。

(二)挂牌运作,完善提升(5月初至8月底):5月底前,在镇安民惠民中心挂牌的前提下,建立专门的电子软件系统,将相关人员、数据录入,建立基础台账。全面规范运作,切实体现成效。

(三)总结验收,规范运作(9月初至年底):10月底前,镇对安民惠民中心建设进行总结回顾,对出现的问题进行整改完善。年底,结合政法综治工作综合考核,镇对相关部门涉及安民惠民中心建设和运行情况进行考评验收。

六、相关要求

(一)强化组织领导。镇成立镇安民惠民中心工作领导小组,由镇党委分管领导任组长、镇政府分管领导任副组长,镇相关部门负责人为成员。领导小组下设办公室,办公室设在镇党委政法委(综治办),由镇党委政法委副书记、综治办主任兼任办公室主任。加强组织领导,加大支持力度,统筹规划、整体推进。

(二)强化工作保障。镇各有关科室部门要结合各自特点和工作职能,做好贯彻落实。要强化组织保障,要落实专人在中心挂牌办公。要因地制宜,配备必要设施,切实做到人员、设施的落实到位。

(三)强化协作配合。安民惠民中心建设工作,按照职责管理原则,要认真落实安民惠民中心相关工作任务分流指派权、工作人员指挥调度权、工作进展检查督办权等,切实增强安民惠民中心的执行能力。各有关科室部门要增强大局意识和责任意识,积极支持参与安民惠民中心建设,努力形成推进社会管理创新的整体合力。

中共杨寿镇委员会

2011 年 4 月 15 日

二、先进单位名录

中华人民共和国成立后,杨寿镇各项事业快速发展,涌现出一批先进单位,受到上级党委、政府、部门的表彰。本表收录 1988~2016 年之间,受市委、市政府及以上表彰的先进单位,按受表彰时间为序。

1988~2016 年杨寿镇先进单位一览表

单位名称	荣　誉	表彰时间	授予单位
杨寿乡人民政府	省第一批对外开放重点工业卫星镇	1988.7	江苏省人民政府
爱国村委会	江苏省农业现代化试验区	1989	江苏省农林厅
杨寿镇人民政府	江苏省农村教育综合改革先进单位	1995.9	江苏省教育厅
李岗村委会	全国绿化千佳村	1996.3	全国绿化委员会
江苏省邗江职业高级中学	全国中学生实践教育先进学校	1997.7	共青团中央、国家教委、中国科协
永和村委会	电话小康村	1997.10	江苏省邮电管理局
李岗村委会	国家级林网之村	1997.10	农业部
永和村委会	江苏省文明村	1998	江苏省精神文明建设指导委员会
永和村委会	江苏省卫生村	1999.3	江苏省爱国卫生运动委员会
永和村委会	江苏省文明村	2000.2	江苏省人民政府
杨寿镇人民政府	扬州市广播电视先进镇	2000.2	扬州市人民政府
杨寿镇人民政府	扬州市计划生育红旗镇	2000.4	扬州市人民政府
扬州金泉旅游用品股份有限公司	先进三资企业	2001.2	扬州市人民政府
杨寿镇人民政府	扬州市新型小城镇	2001.3	扬州市人民政府
杨寿镇工业园	扬州市乡镇工业示范园	2003.2	扬州市人民政府
杨寿中心小学	扬州市文明单位	2004.1	中共扬州市委员会、扬州市人民政府
永和村委会	扬州市文明村	2006	中共扬州市委员会、扬州市人民政府
永和村委会	扬州市全面小康建设先行村	2006.2	中共扬州市委员会、扬州市人民政府
永和村委会	江苏省民主法制示范村	2006.4	江苏省依法治省领导小组
永和村委会	第二届江苏模范电视片展播优秀单位	2006.5	江苏省总工会
永和村党总支	先进基层党组织	2006.10	中共扬州市委员会
永和村委会	平安扬州建设先进集体	2006.10	中共扬州市委员会、扬州市人民政府
永和村委会	全面小康建设先进村	2006.10	中共扬州市委员会、扬州市人民政府
永和村委会	省环境整治试点村	2006.10	江苏省政府办公室
永和村委会	农村集体财务管理示范村	2006.10	江苏省农林厅

续表

单位名称	荣誉	表彰时间	授予单位
杨寿中心中学	第十八届国际科学与和平周全国中小学生（江苏赛区）"可一杯"金钥匙科技竞赛团体二等奖	2006.12	江苏省教育厅
永和村委会	江苏省生态村	2007.8	江苏省环境保护委员会
杨寿中心中学	第十九届国际科学与和平周全国中小学生（江苏赛区）"可一杯"金钥匙科技竞赛团体二等奖	2007.12	江苏省教育厅
永和村委会	扬州市示范村	2008	中共扬州市委员会、扬州市人民政府
杨寿镇人民政府	社会治安安全乡	2008.1	中共扬州市委员会、扬州市人民政府
方集村委会	江苏省管理民主示范村	2009.2	江苏省民政厅
杨寿镇成人教育中心	江苏省职业教育与社会教育先进单位	2009.12	江苏省教育厅
杨寿中心小学	江苏省实验小学	2009.11	江苏省教育厅
杨寿镇人民政府	江苏省体育强镇（乡）	2010.1	江苏省体育局
杨寿镇人民武装部	2009年度征兵工作先进单位	2010.9	扬州市人民政府、扬州军分区
杨寿镇总工会	江苏省模范乡镇职工之家	2010.12	江苏省总工会
杨寿镇人民武装部	2010年度基层武装工作先进单位	2011.1	扬州市人民政府、扬州军分区
永和村党委	江苏省社会主义新农村建设先进村	2011.1	中共江苏省委农村工作领导小组
墩留村委会	扬州市社会主义新农村建设示范村	2011.1	中共扬州市委员会、扬州市人民政府
永和村委会	扬州市先进单位	2011.8	扬州市人民政府
杨寿镇人民政府	"十一五"农村清洁能源建设先进单位	2011.8	扬州市人民政府
杨寿镇文体中心	江苏省第三届农民体育节项目展示银奖	2011.9	江苏省体育局
杨寿镇文体中心	江苏省第三届农民体育节优秀组织二等奖	2011.9	江苏省体育局
杨寿镇人民政府	扬州市文明乡镇	2012	中共扬州市委员会、扬州市人民政府
永和村委会	扬州市优美乡村	2012.2	中共扬州市委员会、扬州市人民政府
宝女村委会	江苏省生态村	2012.5	江苏省环境保护厅
杨寿镇档案室	达《江苏省机关团体事业单位档案工作规范》二星级	2012.9	江苏省档案局
墩留村档案室	达《江苏省机关团体事业单位档案工作规范》二星级	2012.9	江苏省档案局

续表

单位名称	荣　誉	表彰时间	授予单位
宝女村档案室	达《江苏省机关团体事业单位档案工作规范》一星级	2012.9	江苏省档案局
东兴村档案室	达《江苏省机关团体事业单位档案工作规范》一星级	2012.9	江苏省档案局
新龙村档案室	达《江苏省机关团体事业单位档案工作规范》一星级	2012.9	江苏省档案局
杨寿镇总工会委员会	模范职工之家	2013.3	江苏省总工会
扬州金泉旅游用品股份有限公司工会委员会	模范职工之家	2013.3	江苏省总工会
永和村委会	三星级康居乡村	2013.8	江苏省村庄环境整治推进工作领导小组办公室

编 后 记

　　《杨寿镇志》编纂工作始于 2011 年夏。中共杨寿镇委员会、杨寿镇人民政府对修志工作十分重视，将修志工作作为镇文化建设的重要内容，在人力、财力等方面给予有力支持。编纂期间，镇党政领导虽有更迭，但都一如既往地重视关心，使编纂工作有始有终。

　　本志经过四订纲目，四易文稿，由邗江区史志办副主任曹云飞、杨寿镇人民政府副镇长冯大江、杨寿镇教育科科长宋付荣亲自参与修改。首稿于 2016 年如期送审，根据专家评审意见，将志书记载截止时间由 2010 年延至 2016 年底。故又增收 6 年资料，顺延修编时间。全书共分 26 章 144 节，另加图片、凡例、序、概述、后记等，共 50 万字左右。

　　本志的编写分工：凡例、概述、党政社团、政权政协、村社区概况由方秀祥编写；建置区划、自然环境、人口、环境保护、土地资源管理、镇村建设、交通能源邮电、商贸业、服务业由薛洪礼编写；水利、民政、公安司法、军事、科学技术、教育、文化体育、医疗卫生由盛开来编写；农业、工业、建筑业、房地产业由吴玉良编写；财政税务金融、经济综合管理、社会生活、社会保障、人物、附录、后记由成国扣编写。统稿：曹云飞、方秀祥。老照片提供：朱有禄、姬瑞红等。摄影：袁国昌、刘江瑞。封面题字：邵志军。

　　编修镇志是一项全新的工作，在编纂工作中遇到不少困难，主要是记事时间跨度久远，分类体量难以平衡；区划多变，记事范围难以把握；资料缺乏，断层难以弥补；编辑都为新手，业务生疏，且人手紧。但编纂人员以高度负责的态度，发扬求实存真、敬业奉献的精神，团结一心，精益求精，终于众手成志。地方志是一方之百科全书，需要掌握众多的资料。我们在编纂过程中搜集到的资料达数百万字。主要来自三个方面：一是各村（社区）请出一名熟悉地情、了解历史的老干部和一名村干部作为联络员，搜集、提供资料，政府各科室、企事业单位委派专人整理资料；二是口述资料，编纂人员广泛走访镇内外熟悉杨寿历史的老干部、老职工、老农民，获得丰富的资料；三是查阅档案，修志人员在扬州市、邗江区、广陵区、江都区、仪征市档案馆以及扬州市、邗江区许多局机关档案室查阅众多档案，获取大量文字图片资料。志书力求反映时代特色、贯穿改革开放主旋律，在篇目创新、突出地方特色和专业特色方面做了一些尝试，如增设《土地资源管理》《社会生活》《环境保护》《社会保障》《建筑房地产》等专章。同时还增设"农民文化艺术节""农民体育运动会""舞龙之乡""文化遗产""工业集中区""工业门类""林木花卉""水产养殖"等节，凸显杨寿"四乡"（建筑之乡、玩具之乡、花卉苗木之乡、机械制造之乡）、"四镇"（经济兴镇、文体强镇、生态佳镇、康养名镇)的特色主线,彰显杨寿人精神和智慧。志书坚持以人为本,增加人文内容的记述,尤其把"记人"作为重点之一,如人物章除设《人物传略》《人物简介》外,还收录革命烈士、中华人民共和国成立前参加革命者、先进人物、在外乡贤、高级专业技术人员、优秀学子、能工巧匠、百岁老人名录等,不少"小人物"记入志书。志书增写企业选介、地名来历、居民习俗、方言谚语、生活保障等,提高实用性、可读性和传承性。在体例完整、资料翔实的基础上,力求文字严谨、简洁、流畅,图文并茂。

　　因为镇志涉及面广,时间跨度大,资料不足,编纂人员水平有限,书中失当、漏记等错误之处敬请各位读者批评指正。

《杨寿镇志》编辑部

2021 年 10 月

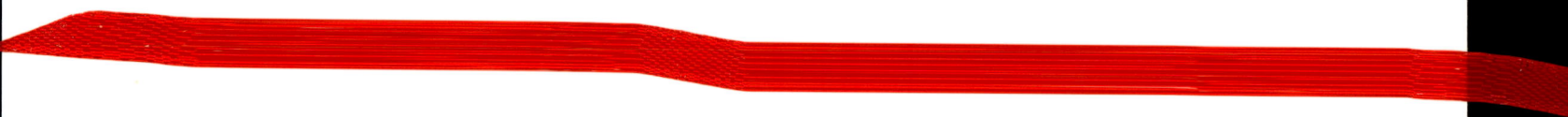